Carl-Auer-Systeme

Wirklichkeit und Welterzeugung

Hans Rudi Fischer
Siegfried J. Schmidt (Hrsg.)

In memoriam Nelson Goodman

2000

Über alle Rechte der deutschen Ausgabe verfügt Carl-Auer-Systeme
Verlag und Verlagsbuchhandlung GmbH, Heidelberg
www.carl-auer.de
Fotomechanische Wiedergabe nur mit Genehmigung des Verlages
Satz und Diagramme: Paul Richardson
Umschlaggestaltung: wsp-design, Heidelberg
Umschlagfoto: © photodisk
Printed in Germany 2000
Druck und Bindung: Freiburger Graphische Betriebe

Erste Auflage, 2000
ISBN 3-89670-127-4

Die Deutsche Bibliothek – CIP-Einheitsaufnahme

Ein Titeldatensatz für diese Publikation ist bei
Der Deutschen Bibliothek erhältlich.

Alle Bilder von René Magritte © VG Bild-Kunst, Bonn 2000

Inhalt

Vorwort der Herausgeber ... 9

Hans Rudi Fischer
Von der Wirklichkeit des Konstruktivismus zu den Weisen
der Welterzeugung – Zur Einführung ... 13

Philosophische Probleme und Fragen des Konstruktivismus

Wolfgang Welsch
Verteidigung des Relativismus ... 29

Robert Schwartz
Ganz von vorne anfangen ... 51

Josef Mitterer
Der Radikale Konstruktivismus: "What difference does it make?" ... 60

Peter Janich
Realitätsbezug auf Natur oder Praxis?
Zur Konstruktivität des Kulturalismus ... 65

Siegfried J. Schmidt
Medien – die alltäglichen Instrumente der Wirklichkeitskonstruktion ... 77

Fritz G. Wallner
Die konstruktive Wende in der Philosophie –
Der Konstruktive Realismus ... 85

Kersten Reich
Benötigen wir einen neuen konstruktivistischen Denkansatz?
Fragen aus der Sicht des Interaktionistischen Konstruktivismus ... 97

Frieda Heyting und Theo Hug
Fragmentierte Erkenntnis und einheitliche Welten –
Instantwissen im Dienste flotter Weisen der Welterzeugung ... 111

Ernst von Glasersfeld
Die Schematheorie als Schlüssel zum Paradoxon des Lernens ... 119

Hans Rudi Fischer
    Rationalität zwischen logischem und paralogischem Denken   128

Konstruktivismus in der Hirnforschung

Gerhard Roth
    Das Gehirn und seine Welt   165

Wolf Singer
    Neurobiologische Anmerkungen zum Konstruktivismus-Diskurs   174

Hinderk M. Emrich
    Synästhesien als Konstruktion   200

Luc Ciompi
    Affektgesteuerte Wirklichkeitskonstruktion in Alltag,
    Wissenschaft und Psychopathologie   207

Jürgen Kriz
    Chaos, Angst und Welterzeugung   216

F. B. Simon
    Imaginäre Räume
    Ansätze einer systemischen Psychopathologie   224

Sprache, Gespräch und Kommunikation

Achim Eschbach
    Der Quellpunkt der Semantik: das eine durch das andere   235

Martin Kurthen
    Lob der Oberfläche
    Die Psyche nach dem Unbewußten   244

Wolfram Karl Köck
    Menschliche Kommunikation: „konstruktivistische" Aspekte   256

Jens Loenhoff
    „Innen" und „Außen" –
    Eine problematische Leitdifferenz in Kommunikationstheorien 1. und 2. Grades   278

Jürgen Broschart
   Konstruktivistischer Pluralismus als wissenschaftliche Grundlage
   der linguistischen Typologie   290

Johann G. Juchem
   Das Gespräch: eine koordinierte Störung?   307

H. Walter Schmitz
   „Hören Sie?" – Der Hörer als Gesprächskonstrukteur   317

Geschichte(n), Interpretation und Hermeneutik

Hayden White
   Vergangenheiten konstruieren   327

Jörn Rüsen
   Narrativität und Objektivität in der Geschichtswissenschaft   339

Gebhard Rusch
   Verstehen
   Zum Verhältnis von Konstruktivismus und Hermeneutik   350

Catherine Z. Elgin
   Interpretation und Verstehen   364

Michael Hanke
   Erzählend konstruieren   373

Ludgera Vogt und Andreas Dörner
   Literaturkritik als Konstruktionsakt zwischen literarischem Feld
   und politischer Kultur   383

Helm Stierlin
   Pluralismus der Wirklichkeitskonstruktionen:
   Chancen und Risiken für ein demokratisches Zusammenleben.
   Sprachmacht, Gesellschaftsmacht, Glaubensmacht   391

Robert Schwartz
   Über Nelson Goodman   405

Vorwort der Herausgeber

Der Diskurs des radikalen Konstruktivismus hat in den letzten beiden Jahrzehnten eine transdisziplinäre Debatte zwischen Natur-, Geistes- und Sozialwissenschaftlern entfacht. Da der Konstruktivismus ein Verständnis von „Wirklichkeit" favorisiert, das diese nicht als *ready made* voraussetzt, gleichwohl die Existenz von Wirklichkeit(en) nicht bestreitet, muß er danach fragen, *wie* diese zustande kommt bzw. zustande kommen. Konstruktivistisches Denken läßt die Idee der einen und einzigen Wahrheit und der vorgefundenen Wirklichkeit hinter sich und verfolgt statt dessen den Gedanken einer kognitiven und sozialen Erzeugung von Wirklichkeit(en).

Wie aber sind verschiedene Wirklichkeiten, verschiedene Welten möglich? *Wie* werden sie erzeugt? *Wie* sind sie zu kommunizieren und zu verstehen? Welche Rolle spielen Gehirn, Sprache und Kultur bei der Konstitution geistiger Prozesse? Welche Rolle spielen geistige Prozesse bei der Konstitution von Gehirn, Sprache und Kultur? Zur Beantwortung dieser Fragen haben Wissenschaftler unterschiedlicher Disziplinen – Hirnforscher, Psychologen, Linguisten, Kognitionswissenschaftler, Psychotherapeuten und andere – damit begonnen, ihre Disziplinen auf konstruktivistischer Grundlage neu zu entwerfen und zu erproben.

Der Kongreß „Weisen der Welterzeugung. Die Wirklichkeit des Konstruktivismus II", den das Heidelberger Institut für systemische Forschung und das Institut für empirische Literatur- und Medienforschung der Universität Siegen (LUMIS) vom 30. April bis zum 3. Mai 1998 in Heidelberg veranstalteten, hatte zum Ziel, diesen Wissenschaftlern Gelegenheit zu geben, ihre praktischen Anwendungen und Weiterentwicklungen zu diskutieren und im Kontext einer konstruktiven Atmosphäre kritisch zu reflektieren.

Einer der bedeutendsten Philosophen des Jahrhunderts und konstruktivistischer Vordenker, Nelson Goodman, gab mit seinem Buch *Weisen der Welterzeugung* diesem Kongreß seinen Namen.

Nelson Goodman sollte ein Hauptreferat auf dem Kongreß halten. Da er am Vortag seines Abfluges nach Frankfurt einen Schlaganfall erlitt, vom dem er sich nicht mehr erholen sollte, war es ihm leider nicht möglich, nach Heidelberg zu reisen und die Konstruktivismus-Debatte durch seinen Beitrag zu bereichern. Nelson Goodman starb im Alter von 92 Jahren im November 1998.

Viele Autoren dieses Bandes beziehen sich explizit oder implizit auf das große, einflußreiche Werk dieses so vielseitigen, pluralistischen Denkers. In einem eigenen Beitrag faßt Robert Schwartz Leben und Werk Nelson Goodmans zusammen.

Wir haben uns entschlossen, diesen Band Nelson Goodmann zu widmen, der in seinem unvergeßlichen, vielseitigen Werk wie kaum ein anderer Leben, Werk und Persönlichkeit zu verbinden wußte.

Das vorliegende Buch versammelt die wichtigsten Beiträge des Heidelberger Kongresses aus Philosophie, Hirnforschung, Psychologie, Linguistik und Psychiatrie. Es wäre ohne die tatkräftige und umsichtige organisatorische Leistung von Birgit Vey, die schon den Kongreß erfolgreich organisierte, nicht zu realisieren gewesen; ihr sei an dieser Stelle herzlich gedankt. Außerdem danken wir dem Carl-Auer-Systeme Verlag und seinem Lektor Ralf Holtzmann für die zügige und jederzeit professionelle Verwirklichung dieses Buchprojektes.

Hans Rudi Fischer
Siegfried J. Schmidt
Heidelberg, im Juni 1999

René Magritte: *Die Promenade des Euklid*

Von der Wirklichkeit des Konstruktivismus zu den Weisen der Welterzeugung. Zur Einführung[1]
Hans Rudi Fischer

> *Die wahre Methode philosophischer Konstruktion besteht darin, das bestmögliche Gedankenschema zu entwerfen und auf der Grundlage dieses Schemas unbeirrt die Interpretation der Erfahrung zu erforschen.*
>
> A. N. Whitehead, *Prozeß und Realität*

Von der Wirklichkeit des Konstruktivismus

Im Jahre 1992 gelang es, mit einem attraktiven Programm viele Teilnehmer aus allen Teilen der Welt zu dem transdisziplinären Kongreß „Die Wirklichkeit des Konstruktivismus" (Fischer 1998a) nach Heidelberg zu ziehen.

Der konstruktivistische Diskurs, belebt durch neue technologische Verfahren in der Hirnforschung, hat seither nichts von seiner Vitalität eingebüßt, im Gegenteil, er breitet sich inzwischen auch in klassischen Disziplinen aus, die bislang die eigenen realistischen Prämissen weder reflektiert noch in Frage gestellt hatten. Augenscheinlich hat konstruktivistisches Denken an Attraktivität gewonnen, ist medial sehr wirksam, was die ständig zunehmende Zahl wissenschaftlicher Publikationen und Zeitungsartikel zum Thema deutlich belegt.

Sechs Jahre nach dem Kongreß war das Ziel von „Weisen der Welterzeugung. Die Wirklichkeit des Konstruktivismus II", diesen inzwischen mehr und mehr konstruktivistisch arbeitenden Wissenschaftlern Gelegenheit zu geben, ihre praktischen Anwendungen und Weiterentwicklungen zu diskutieren und im Kontext einer offenen Atmosphäre kritisch zu reflektieren.

Konstruktivismus als Kryptogramm: der Irrationalismus-Verdacht

Obwohl sich konstruktivistisches Denken in den letzten zwei Jahrzehnten immer weiter verbreitet hat, wirkt der Konstruktivismus auf viele noch immer wie ein Kryptogramm, das sowohl Erleichterung als auch Angst auslöst. Vielleicht liegt das an gelegentlich provozierend einfachen Antworten auf komplizierte, jahrtausendealte Fragen? Die Verunsicherung ist jedenfalls so groß, daß die Gegner des Konstruktivismus rhetorisch aufrüsten, ihre Kritik bekommt einen inquisitorischen Unterton, der Konstruktivismus wird zur Bedrohung stilisiert.[2]

---

1 Leicht überarbeitete Fassung des Eröffnungsvortrages.
2 Die Stilisierung von etwas als Bedrohung ist in der Geschichte abendländischen Denkens immer der Exkommunikation vorausgegangen.

Um das zu illustrieren, möchte ich ein Beispiel aus der Feder eines der prominentesten und brillantesten Köpfe des Kritischen Rationalismus, des in Heidelberg lebenden Philosophen und Wissenschaftstheoretikers Hans Albert, zitieren.

„Der sogenannte ‚Konstruktivismus' ist, wie Devitt mit Recht feststellt, die gefährlichste moderne geistige Tendenz und, so darf man wohl sagen, eine der am weitesten verbreiteten Auffassungen" (Albert 1997, S. 15).

Albert sagt an der betreffenden Stelle nicht, warum der Konstruktivismus die „gefährlichste geistige Tendenz" ist. Aber es besteht eine interessante Spannung zwischen der von Albert und Devitt diagnostizierten „Gefährlichkeit" dieser „Auffassung" – die bei Albert nur behauptet, nicht begründet wird – und deren „weitester" Verbreitung.[3]

Auffallend ist der unkritische Habitus, mit der die wissenden Hüter der rationalistischen Orthodoxie die Kritik vortragen. Offenbar fallen die Welten der rationalistischen Diagnostiker und der vom gefährlichen konstruktivistischen Virus Infizierten hier auseinander.

Offenkundig schaffen es konstruktivistische Denker, in einen Bezirk „gefährlicher Gedanken" einzutreten, den es in jeder Gesellschaft gibt, Gedanken, die tabu sind, weil sie heilige Glaubensvorstellungen bedrohen und die bestehende Ordnung untergraben könnten.

Klar ist, daß sich der Konstruktivismus gegen eingefahrene Geleise richtet, unser etabliertes Weltbild erschüttert und damit den Glauben an tradierte Gewißheiten untergräbt.

Was ist in den Augen der Kritiker das Gefährliche am Konstruktivismus, und welche Rolle spielt „das" bei der Argumentation für oder gegen den konstruktivistischen Diskurs?

Um im Zusammenhang zu entwickeln und zu klären, wo des Pudels Kern liegt, möchte ich hier einen kleinen Exkurs in die Wirklichkeit der Konstruktivismusgegner unternehmen, um von der anderen Seite her die philosophische Position des Konstruktivismus zu beleuchten.

Die Gefährlichkeit wird dem Konstruktivismus über eine subtile Argumentation angedichtet, deren Logik ich hier explizieren möchte. Die nicht explizit formulierte, sondern nur insinuierte Folgerung der Argumentation ist folgende: Konstruktivismus ist Irrationalismus.

Ich möchte die Argumentation der rationalistischen Kritiker, die ja die Form der deduktiven Argumentation bevorzugen, in Form eines Modus Barbara so rekonstruieren:

---

3 Vgl. Hans Albert: „Es geht nicht mehr um die zutreffende Darstellung wirklicher Zusammenhänge, sondern um die Fabrikation von Aussagensystemen, die aus irgendwelchen Gründen auf die Zustimmung einer Gemeinschaft rechnen können. Damit hat der Pragmatismus den Sieg über den Realismus davongetragen." Devitt stellt mit Recht fest: "Constructivism has led to a veritable epidemic of 'worldmaking'" (S. IX). Interessant ist die in diesem Kontext pejorativ zu interpretierende Formulierung „aus irgendwelchen Gründen", die für einen vernünftigen Rationalisten offensichtlich nicht der Rede wert sind.

1. Prämisse: Relativismus ist irrational (Irrationalismus)
2. Prämisse: Konstruktivismus ist Relativismus
Konklusion: Konstruktivismus ist irrational (Irrationalismus)

Das ist ein logisch gültiger Schluß, d. h., wenn die Prämissen wahr sind, folgt daraus die Wahrheit der Konklusion analytisch.

Mit dieser Konklusion sind wir bei einer von allen Mitgliedern der *scientific community* geteilten (analytischen) Wahrheit angekommen, daß Irrationalität das Ende jeglichen rationalen Diskurses ist und von daher bekämpft werden muß.

Kritische Konstruktivisten müßten die zweite Prämisse, den Untersatz, zugestehen, d. h., daß der Konstruktivismus als eine Form des Relativismus unter den Begriff Relativismus fällt. Der Mittelbegriff (M), der einen Schluß überhaupt ermöglicht, ist hier „Relativismus", und ihm wird bei einer solchen Argumentation im Obersatz (erste Prämisse) ein Prädikat („irrational") unterschoben, das dann in der Schlußfolgerung vom Subjekt (Konstruktivismus) logisch „folgerichtig" ausgepackt (prädiziert) wird.

Der argumentative Hebel muß also bei der ersten Prämisse ansetzen, indem deren Wahrheit bestritten wird. Freilich gleicht dies einer herkulischen Aufgabe, denn die Gleichsetzung von Relativismus mit Irrationalismus ist nun schon mindestens 23 Jahrhunderte alt (man denke an die Darstellung des Protagoras bei Platon). So daß heutzutage Irrationalität und Relativismus tautologisch verschmolzen sind. Als nicht wirklich hinterfragtes, kritikimmunes Vorurteil scheint es im Laufe der Jahrhunderte durch Tradierung zu einer Wahrheit sedimentiert zu sein. Denn kann man heutzutage zeigen, daß eine Position relativistisch ist, ist das in den meisten diskursiven Kontexten ein argumentatives K.-O.-Kriterium für die Rationalität dieser Position.

Lassen Sie mich die realistische der konstruktivistischen Position gegenüberstellen, um zu entwickeln, worin die Unterschiede bestehen, die auf rationalistischer Seite zum Irrationalitätsverdacht führen.

Die realistische Position läßt sich auf zwei Prämissen bringen:

1. Es gibt *eine* wohlstrukturierte Welt, die *unabhängig* von unseren Vorstellungen, Beschreibungen bzw. Repräsentationen von ihr existiert (ontologische Prämisse).
2. Die in 1) postulierte Welt ist prinzipiell erkennbar, wir können objektives Wissen in Form zutreffender, wahrer Darstellungen erlangen (epistemologische Prämisse).

Diese beiden miteinander verbundenen Postulate sind in der jahrhundertealten Geschichte des Antirealismus auf viele verschiedene Weisen attakkiert worden. Der moderne Konstruktivismus attackiert die realistische Position nun nicht mehr hauptsächlich mit apriorischen bzw. logischen Argumenten, sondern er rekurriert auf Wissenschaften – wie die Psychologie, Neurobiologie und Hirnforschung –, die empirisch zu klären suchen, *wie* das zustande kommt, was wir menschliches Erkennen nennen. Damit betreten diese Wissenschaften das klassische Terrain der philosophischen Erkenntnistheorie, was ganz natürlich Revierkämpfe, Immunreaktionen und Interessenkonflikte erwarten läßt. Wenn die Hirnforschung zur Geisteswissenschaft wird, stellt sich die Frage, wo der Raum für die philosophische Erkenntnistheorie bleibt.

Die konstruktivistische Position läßt sich auf folgende zwei Prämissen reduzieren:

1. Wir können eine von uns als unabhängig gedachte Welt prinzipiell *nicht* erkennen.
2. Wir erzeugen die uns bekannte Welt mit Hilfe mentaler Operationen (inferentieller Prozesse), mit Hilfe unserer Begriffe – d. h., die Idee von einer gegenüber unseren Vorstellungen unabhängigen Welt (Ontologie bzw. Metaphysik) ist obsolet.

Der kritische Realismus gesteht zu, daß es eine Vielfalt möglicher Beschreibungen, unterschiedliche Begriffsschemata, Theorien etc. gibt, aber er gibt seine erste Prämisse – das ontologische Postulat –, nachdem sich hinter all den unterschiedlichen Beschreibungen die eigentliche Welt identischer Fakten verberge, nicht auf, weil sein Wahrheitsverständnis mit der Bezugnahme auf diese eine Welt steht und fällt.

Mit der konstruktivistischen Attacke auf die Ontologie, die fundamentale Prämisse des Realismus, sind wir beim Bedrohlichen angekommen, das der Konstruktivismus für einen Realisten an sich hat, es ist der Wahrheitsrelativismus.

Die Wahrheit ist nicht mehr absolut und zeitlos gültig, auch sie ist eine Tochter der Zeit, ein Kind des kulturellen Rahmens, ein Abkömmling des sozialen Horizontes und der unterschiedlichen Begriffssysteme. Diese Auflösung des absoluten Wahrheitsbegriffs – wie sie der Pragmatismus betrieben hat – heißt aber nicht ein Umschlag ins kontradiktorische Gegenteil, daß es keine Wahrheit gibt, sondern daß es viele Wahrheiten gibt. Was es gibt, die ontologische Frage nach den Gegenständen unserer Welt, ist abhängig vom jeweiligen Beschreibungssystem, sie ist auf einen Kontext, einen Rahmen hin relativiert.

Damit hätten wir einen Riß im Fundament des Realismus: Seine ontologische Prämisse, nämlich daß es eine von unseren Beschreibungen unabhängige Welt gibt, die unsere Erkenntnis von ihr bestimmt, wäre damit konterkariert. Die unike Welt, die Wirklichkeit – wie auch immer man dieses absolute Etwas nennt – wäre als alleiniger Referenzpunkt für unser Wissen vom Throne gestoßen. So gesehen wirkt der Konstruktivismus als eine fundamentale Verunsicherung des etablierten realistischen Weltbildes, er schürt die Gefahr einer ontologischen Bodenlosigkeit, die als zutiefst bedrohlich erlebt wird und Angst auslöst, obwohl sie eigentlich un-

Zur Einführung

René Magritte: *Schlüssel der Felder*

ser Glaubenssystem, das, was wir für wahr halten, betrifft. Diese Phänomene sind uns aus der Psychotherapie wohl bekannt. Martin Heidegger nannte die Angst vor dem Relativismus die Angst vorm Dasein bzw. die Angst vorm Selbstsein.

Ist man so beim Relativismus angekommen, scheint es nur noch ein kurzer Schluß zum Irrationalismus, und dann ist man nicht mehr weit von einer Pathologisierung und einer Exkommunikation entfernt.

Nun ist der Relativismus keine konstruktivistische Erfindung, und den Abschied von hybriden, absoluten Erkenntnisvorstellungen haben nicht erst Konstruktivisten unseres Jahrhunderts vollzogen, sondern schon die antiken Skeptiker. In diesem Zusammenhang möchte ich einen der Paradegäule der Erkenntnistheorie erwähnen, dem man ganz gewiß keine Liebe zum Irrationalismus nachsagen kann, nämlich Immanuel Kant. Er kann mit Fug und Recht als Wegbereiter des Konstruktivismus und des Relativismus (wie auch Albert sieht), in Anspruch genommen werden.

Der heimliche Abschied vom Absoluten

Daß das menschliche Erkenntnisbegehren in dem Versuch, die Welt zu erkennen, wie sie wirklich (an sich) ist, spätestens seit und mit Kant erfuhr, daß sie nur als Konstrukt des menschlichen Geistes begreifbar wird, ist eine tragische Einsicht, die das moderne Bewußtsein zu verdauen hatte und immer noch hat. Die Kantische Transzendentalphilosophie hatte bereits alles Erkennen auf das Subjekt hin relativiert. Der Verstand des Erkenntnissubjektes prägt mit seinen Denkformen (Kategorien) jeden Gegenstand möglicher Erfahrung, vermittelt Subjekt und Objekt und ermöglicht so Erkenntnis. Durch seine Prämisse vom transzendentalen Subjekt, die für die Erkenntnis konstitutiven geistigen Strukturen seien für alle denkenden, menschlichen Wesen identisch, schien Kant dem Subjektivismus zu entgehen und rettete den universalistischen Geltungsanspruch seiner Erkenntnistheorie. Durch die behauptete überindividuelle Gültigkeit der Werkzeuge (Kategorien) des Verstandes, die einer Verabsolutierung der Aristotelischen Logik und der Newtonschen Zeitbegrifflichkeit geborgt war, sicherte er der wissenschaftlichen Erkenntnis einen intersubjektiv verbindlichen Rahmen, einen Rest an Realismus und gemachter Objektivität. So gibt es nach Kant zwar noch wohlbegründete objektive Erkenntnis, allerdings hat sie bereits einen irreversiblen Makel, sie ist Resultat von Verstandesoperationen, die das Erkenntnissubjekt auf ein Erkenntnisobjekt vornimmt.[4]

Erkenntnis ist somit Resultat eines Prozesses, einer Tat (*pragma*), sie ist erzeugt, das Subjekt hat mit dem Begreifen des Apfels vom Baum der Erkenntnis gegessen und endgültig seine Unschuld verloren.

In den Augen der Gegner greift der Konstruktivismus auf zwei Ideen Kants zurück (Albert) und verbindet diese zu einer relativistischen Position.[5] Das ist sicherlich eine zutreffende Darstellung der konstruktivistischen Argumentation.

Bei Kant heißt dies, daß „die menschliche Vernunft nur das einsieht, was sie selbst nach ihrem Entwurfe hervorbringt" (KdrV, B XIII). In Kants Logik heißt es bei der Bestimmung des Begreifens als vollkommenster Form der Erkenntnis: „... alles Begreifen ist nur relativ ... schlechthin (und

---

4 Es ist für die Begriffsgeschichte interessant, daß die erkenntnistheoretische Vorstellung vom Erkennen als Tun, als Hervorbringen des Gegenstandes der Erkenntnis bereits in dem Aristotelischen Dingbegriffe präformiert ist, den das moderne Griechisch auch noch verwendet: Ding, Sache d. i. Πραγμα, pragma. Im 19./20. Jahrhundert gab dieser Begriff im Sinne von Handlung der Philosophie des Pragmatismus seinen Namen. Vgl. dazu Aristoteles, Lehre vom Satz, 16a: „... die einfachen seelischen Vorstellungen, sind bei allen Menschen dieselben, und ebenso sind es die Dinge Πραγματα, deren Abbilder die Vorstellungen sind" (Aristoteles, Philosophische Schriften in sechs Bänden, Bd. 1, Felix Meiner, Hamburg 1995).
5 Vgl. Hans Albert: „Der sogenannte ‚Konstruktivismus' ... verbindet zwei Kantische Ideen mit dem modernen Relativismus, nämlich die Idee, daß wir die uns bekannte Welt mit Hilfe unserer Begriffe herstellen, und die, daß wir eine von uns unabhängige Welt durch unsere Erkenntnis nicht erreichen können" (1997, S. 15, Anm. 16).

Zur Einführung

René Magritte: *Das Auge als falscher Spiegel*

das ist das alte Wort für absolut; H. R. F.) begreifen wir gar nichts ..."[6] Kant teilte sehr wohl die ontologische Prämisse des Realismus, nur die epistemische nicht, denn die noumenale Welt, die Welt der Dinge außerhalb jeglicher Beobachtung, hielt er für unerkennbar.

Nun ging Kants Erkenntnistheorie von einem kategorialen, eindeutigen Rahmen aus, der für jede mögliche Erkenntnis konstitutiv sein sollte, d. h., dieser Rahmen bestand aus Kategorien – wie Raum und Zeit –, die für jeden möglichen Beobachter der Welt der Erscheinungen a priori gültig und invariant waren. Als Transzendentalphilosophie beanspruchte Kants Theorie – trotz der eingebauten Relativierung auf das menschliche Subjekt – absolute, d. h. zeitlose Gültigkeit. Kant befriedigt also doch noch die menschliche Begierde nach Ewigkeit, nach Absolutem, indem er die kategoriale Struktur des Geistes, des denkenden Bewußtseins zur Bedingung der Möglichkeit jeder Erfahrung von Welt macht.

Mit der kopernikanischen Wende Kants hatte bereits – still und heimlich noch – der Abschied vom Absoluten begonnen, aber war oder wurde er je verdaut?

In unserem Jahrhundert vollzog sich durch revolutionierende Arbeiten in der Physik (Relativitätstheorie), in Geometrie und Mathematik (Gödel, Lobatschewski u. a.), der Entwicklung der nichtklassischen (mehr-

---

6 Bei der Bestimmung der logischen Vollkommenheit der Erkenntnis teilt Kant den „objektiven Gehalt" unserer Erkenntnis in Grade ein, die gesteigert werden können. Der höchste Grad ist das Begreifen, und hier sieht er die Mathematik die höchste Stufe erreichen, aber eben doch mit Einschränkung: Kant (Logik, 1800, IX 65): „... Denn alles unser Begreifen ist nur relativ, d.h. zu einer gewissen Absicht hinreichend, schlechthin begreifen wir gar nichts. Nichts kann mehr begriffen werden, als was der Mathematiker demonstrirt, z. B. daß alle Linien im Cirkel proportional sind. Und doch begreift er nicht: wie es zugehe, daß eine so einfache Figur diese Eigenschaften habe. Das Feld des Verstehens oder des Verstandes ist daher überhaupt weit größer als das Feld des Begreifens oder der Vernunft."

wertigen) Logik (Lukasiewicz u. a.) eine Pluralisierung: Es bürgert sich die Rede von Geometrien, von Logiken, von Axiomensystemen etc. im Plural ein. Aus der Erfahrung wissen wir, daß die vermeintlichen Fakten mehr als eine Beschreibung zulassen. Das tradierte realistische Erkenntnismodell gesteht zwar zu, daß es eine Vielfalt möglicher Beschreibungen, unterschiedlicher Begriffsschemata, Theorien, Weltbilder, Perspektiven etc., gibt, dahinter aber verberge sich die eigentliche, verborgene wirkliche Welt identischer Fakten. Nun gab es zu Zeiten Kants weder die Relativitätstheorie noch die moderne Hirnforschung. Daher wissen wir heute, daß der von Kant postulierte apriorische Rahmen jeder möglichen Erkenntnis transkulturell *nicht* identisch ist, sondern interkulturell variabel, man muß von einem relativen Apriori (Fischer 1987) sprechen. So trat und tritt immer offener zutage, daß es nicht nur einen einzigen Erkenntnismaßstab gibt, nicht nur ein Paradigma oder eine Methode, mit der gemessen wird, sondern viele. Mit dieser viele Wissenschaftsbereiche durchziehenden Erfahrung setzt sich der Abschied vom Absoluten kontinuierlich fort. Es gilt zwar nicht Feyerabends ironisch und provokativ vorgetragenes *Anything goes*, aber die rationale Rechtfertigung einer alle anderen ausschließenden und damit absoluten Methode der Erkenntnis („Methodenzwang") war damit hinfällig geworden.

Auf der Jagd nach dem *fundamentum inconcussum*, der Suche nach der wahren Erkenntnis der wirklichen Welt, ist man in der philosophischen Erkenntnistheorie von der Vorstellung einer, uniken, prinzipiell erkennbaren Welt an sich ausgegangen, dem Betriebsgeheimnis des Realismus, um schließlich in unserem Jahrhundert bei einer Mannigfaltigkeit von Welten zu landen. Ob diese auch und gerade nach dem Ende der großen Entwürfe in der „Postmoderne" erfahrene Pluralität der Welten eine Selbsttäuschung der Konstruktivisten bezüglich eigener realistischer bzw. metaphysischer Voraussetzungen ist oder ob diese Pluralität den Sieg des Pragmatismus über den Realismus manifestiert (Albert 1997, S. 20), sollte auf dem Kongreß „Weisen der Welterzeugung ..." diskutiert werden.

Daher hatten wir den dezidierten Relativisten Nelson Goodman eingeladen, der seit vielen Jahren gezeigt hat, wie vernünftig eine relativistische Position begründet werden kann.

Weisen der Welterzeugung

Nelson Goodman, dem dieses Buch gewidmet ist, gilt in der Philosophie nicht nur als Mann von Welt, nein, er ist ein Pluralist, er ist ein Mann von Welten. Mit seinem 1978 erschienenen Buch *Ways of Worldmaking* hat er diesem Kongreß den Titel gegeben. Ich verstand diese Titelwahl auch als Hommage an das Werk eines der bedeutendsten Philosophen unseres Jahrhunderts, der mit schier unbändiger geistiger Kraft und Vitalität den Diskurs der analytischen Philosophie mitbestimmt hat. Daher hatten wir ihn

Zur Einführung

René Magritte: *La condition humaine*

als philosophischen Protagonisten des Konstruktivismus nach Heidelberg eingeladen. Tragischerweise konnte er diese Reise nach Heidelberg nicht mehr antreten. Da sein Werk ein in der Philosophie geschmähter Versuch ist, Relativismus hoffähig zu machen, gehört seine Arbeit notwendig in den argumentativen Kontext, den wir hier diskutieren.

In seinem Buch „Weisen der Welterzeugung" formuliert er ein konstruktivistisches Verständnis von Wahrheit, für ihn ist die Wahrheit „alles andere als eine erhabene und gehorsame Dienerin. Der Wissenschaftler, der annimmt, er widme sich ausschließlich der Suche nach Wahrheit, täuscht sich selbst ... Er sucht nach System, Einfachheit, Reichweite, und wenn er in diesen Punkten befriedigt ist, schneidert er die Wahrheit so zurecht, daß sie paßt. Die Gesetze, die er aufstellt, verordnet er ebensoehr, wie er sie entdeckt, und die Strukturen, die er umreißt, entwirft er ebensoehr, wie er sie herausarbeitet" (Goodman 1990, S. 32).

Goodmans analytischer Blick ist nicht ontologisch orientiert, er fokussiert nicht auf die Gegenstände, sondern die Symbol- bzw. Zeichensysteme dieser Welt. Für Nelson Goodman ist Kants Diktum, daß Begriffe ohne Anschauung leer und Anschauung ohne Begriffe blind seien, auch und gerade bezüglich der Vorstellung von einer einzigen, allen Versionen der Welt zugrundeliegenden wirklichen Welt maßgebend. Denn eine solche wirkliche Welt erweist sich als leerer Begriff, als Begriff, dem keine mögliche Wahrnehmung entspricht. Andererseits wäre ein Begreifen dieser Welt jenseits unserer Begriffe, jenseits irgendwelcher Symbolsysteme, eine blinde Wahrnehmung. Daher, so Goodmans Folgerung, kann durch die eine zugrundeliegende, unike Welt – wie Wittgensteins Käfer in der Schachtel – gekürzt werden, es bleiben nur die vielen, pluralen Versionen von Welten. Die Vorstellung von der Wirklichkeit ist damit in dem Sinne aufgegeben, daß an ihre Stelle eine Vielfalt von Welten tritt. Nelson Goodman lehnt damit die Voraussetzung eines ontologischen Fundamentums jenseits unserer Theorien und Beschreibungssysteme ab.

Als Kunstnarr, von einer „unwissenschaftlichen Leidenschaft" getragen, versucht er seit vielen Jahrzehnten, die ästhetische Erfahrung mit der der Wissenschaften zu vermitteln. So möchte er den vermeintlich strengen Gegensatz von Fakten und Fiktionen, von den Erkenntnisweisen der Wissenschaft und denen der Kunst versöhnen. Daher ist es auch nur konsequent, daß sein Buch *Vom Denken und anderen Dingen* (1987) einer berühmten fiktionalen Figur gewidmet ist. Einer literarischen Figur, die Kinder- und Logikerherzen gleichermaßen höher schlagen läßt, nämlich Lewis Carolls Figur Tweedledee aus *Alice behind the Mirrors*. Tweedledees Maxime lautet „In genau entgegengesetzter Weise" oder „Ganz im Gegenteil" und ist als Versuch zu verstehen, eine definitive Festlegung zu vermeiden. So ist denn auch Goodmans argumentativer Angriffspunkt ein Fundamentalimus, der die Welt auf eine und nur auf eine *bestimmte* Weise festlegen will (Gabriel 1991). Sein Pluralismus zerstört die falsche Hoffnung auf ein *fundamentum inconcussum*; die Welt als eine fixe Grundlage ist damit ein für allemal verloren. Gewonnen haben wir dagegen eine bunte Vielfalt von Welten, von Weltentwürfen. Die Denkbewegung Nelson Goodmans verläuft nach eigenem Bekunden weg „von der einen und einzigen Wahrheit und einer fertig vorgefundenen Welt zum Erzeugungsprozeß einer Vielfalt von richtigen und sogar konfligierenden Versionen oder Welten" (1990, S. 10).

Die Ontologie mit ihrer Vorstellung einer irgendwie vorgefertigten und vorstrukturierten Welt wird zum Verschwinden gebracht. Wenn es keine Welt gibt, die *ready made* ist, dann, so die optimistische Aufforderung Goodmans, laßt uns gemeinsam Welten konstruieren. Wenn es keine objektiven Standards gibt, dann laßt uns solche konstruieren. Wir alle sind demnach Welterzeuger, wir konstruieren ständig neue Welten aus alten und nicht aus dem Nichts. Insofern erweist sich das Problem des Anfangs, der ersten Ausgangsbasis, als theologisches. Ein berühmter Kritiker und Kommentator, der auch auf dem Heidelberger Kongreß referierte, Hilary Putnam, beschreibt Goodmans Position sehr schön so: „Was wir sehen, wahrnehmen, berühren, alles ist im Fluß – einem Fluß, den wir selber schaf-

Zur Einführung

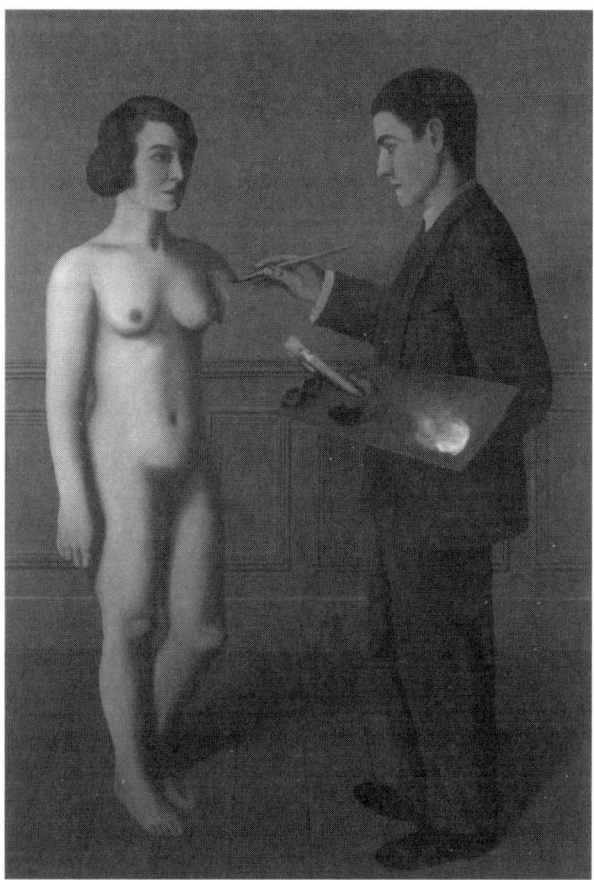

René Magritte: *Versuch des Unmöglichen*

fen. Das wirkliche psychologische Problem besteht darin, auf welche Weise *wir ihm* Gestalt geben und *wie wir* in ihm manövrieren" (Vorwort in Goodman 1988, S. IX f.).

Tweedledees Diktum ist auch für Nelson Goodman selbst in Anspruch zu nehmen, denn er weigert sich konsequent, sich in das Prokrustesbett einer einzigen Kategorie zwängen zu lassen, er sträubt sich dagegen, sich unter einen Ismus subsumieren zu lassen. Er sagt uns, was er ist, indem er sagt, was er nicht ist: „Ich bin Relativist, der dennoch behauptet, daß es eine Unterscheidung zwischen richtigen und falschen Theorien, Interpretationen und Kunstwerken gibt ... Ich bin ein Anti-Realist und ein Anti-Idealist – also ein Irrealist" (1987, S. 9). Goodmans Irrealismus behauptet nicht, daß alles oder überhaupt etwas *irreal* ist, sondern er sieht die Welt sich in Versionen auflösen und sieht, wie Versionen Welten erzeugen. So fragt der Irrealist – wie der Konstruktivist –, was eine Weltversion, eine Wirklichkeit zu einer richtigen und eine Welt zu einer solide gebauten Welt macht. Seine Aufmerksamkeit richtet sich auf die Prozesse (das *Wie* der Konstruktivisten), die beim Aufbau von Welten aus anderen Welten im Spiel sind. Genau damit reflektiert und thematisiert er das Feld, auf dem sich der konstruktivistische Diskurs in den letzten beiden Dekaden entfaltet und diversifiziert hat.

Wenn Wahrheit vom Referenzsystem abhängig ist, so die Kritik am Relativismus, dann kann es sein, daß dasselbe Urteil wahr und zugleich falsch ist.[7] Das aber wäre ein Verstoß gegen ein logisches, die Eindeutigkeit garantierendes Gesetz, den Satz vom ausgeschlossenen Dritten, nach dem ein Satz entweder wahr oder falsch ist, aber nicht beides.[8] Wäre beides möglich, so bedeutete dies den Verlust jeglichen rationalen Maßstabes, alles wäre beliebig, und das wäre das Gefährliche.[9]

Ja, der Konstruktivismus ist eine Form von Relativismus (Fischer 1998b), dessen Vernünftigkeit noch stärker argumentiert werden muß.

Dazu ist es notwendig, die Legendenbildung um den schon von Platon verdammten Relativismus aufzuklären (vgl. Wolfgang Welsch in diesem Band). Der konstruktivistische Relativismus ist nicht das Gespenst des Irrationalismus, als das er von seinen Gegnern immer wieder so gerne hingestellt wird. Der Konstruktivismus behauptet nicht solche Formeln, wie sie dem Vulgärrelativismus nachgesagt werden: Alles ist relativ, *anything goes* etc. Das Konstruieren oder Erfinden, von dem der Konstruktivismus spricht, ist ein konzeptuelles Machen, und als solches unterliegt es den rationalen Einschränkungen des jeweiligen Begriffssystems wie beispielsweise logischer Konsistenz, Kohärenz etc. Dem Erfinden und Konstruieren sind also schon intellektuell Grenzen gesetzt, von Beliebigkeit keine Spur. Darüber hinaus wird Wahrheit nach konstruktivistischem Verständnis nicht rückwärtsgewandt begründet, durch Rekurs auf absolut gesetzte Prämissen, sondern vorwärts, durch evolutionäre Passung, durch Bewährung im Handeln, durch das, was funktioniert. Das Thema Relativismus wird also auch in der zukünftigen Debatte eine gewichtige Rolle spielen, und so auch im vorliegenden Band.

---

7 Blaise Pascal hat bei einer Reflexion über den pyrrhonischen Skeptizismus vor über 300 Jahren das so ausgedrückt: „Was auf dieser Seite der Pyrenäen Wahrheit ist, ist auf der anderen Irrtum" (Gedanken 319).
8 Die Aristotelische Logik ist im historischen Entstehungskontext betrachtet selbst nur als Konstruktion in die damalige gesellschaftliche Zeit passender Konzepte zu begreifen. Sie wimmelt von – aus heutiger Sicht – nicht durchgehaltenen Dichotomien bzw. Widersprüchen.
9 Bei der ganzen Debatte um Rationalität von Diskursen sollte nicht vergessen werden, daß die sogenannte „Rationalität" – sofern es sie gäbe – selbst nicht rational begündet ist noch werden kann. Auch der konsistenteste, noch so kritische Rationalismus hat das eigene irrationale Fundament auf den blinden Fleck rationalisiert. Ist nicht das Irrationale am Rationalismus gerade der Glaube, das Irrationale ausschließen zu können? Insofern könnte man dem Vorwurf des Irrationalismus gelassen entgegensehen, zeugte er doch nur von der Wiederkehr des Verdrängten, eines Verdrängten, dessen sich die Relativisten bewußt wären.

Mit dem Titel Wirklichkeit und Welterzeugung werden zwei Ideen auf den Punkt gebracht: Wir leben nicht in einer Welt, sondern in mehreren gleichzeitig, und zweitens haben wir diese Welten selber erschaffen, sie sind Resultat von Konstruktionsprozessen.

Die Richtung konstruktivistischen Denkens verläuft von einer einzigen Wahrheit und der einen vorgefundenen Welt zum Erzeugungsprozeß vielfältiger Welten.

Wie aber sind verschiedene Wirklichkeiten, verschiedene Welten möglich? Wie werden sie erzeugt? Wie sind sie zu kommunizieren und zu verstehen? Welche Rolle spielen Gehirn, Sprache und Kultur bei der Konstitution geistiger Prozesse? Welche Rolle spielen auch umgekehrt die geistigen Prozesse bei der Konstitution von Gehirn, Sprache und Kultur? Das vorliegende Buch liefert einen repräsentativen Querschnitt zu Antworten, die Wissenschaftler verschiedener Disziplinen zu den thematischen Hauptfragen des Kongresses zu geben haben.

Literatur

Albert, H. (1996): Realität und menschliche Erfahrung. Zur Problematik der Erfahrung im transzendentalen Realismus. In: J. Freudiger, A. Graeser u. K. Petrus (Hrsg.): Der Begriff der Erfahrung in der Philosophie des 20. Jahrhunderts. München (Beck), S. 93–110.
Albert, H. (1997): Der Mythos des Rahmens und der moderne Antirealismus. In: V. Gadenne u. H. J. Wendel (Hrsg.): Rationalität und Kritik. Tübingen (Mohr-Siebeck), S. 9–28.
Fischer, H. R. (1991): Sprache und Lebensform. Wittgenstein über Freud und die Geisteskrankheit. (Monographien zur philosophischen Forschung. Bd. 242.) (2. Aufl.) Heidelberg (Carl-Auer-Systeme) [Erstaufl. 1987, Frankfurt a. M. (Athenäum)].
Fischer, H. R. (Hrsg.) (1998a): Die Wirklichkeit des Konstruktivismus. Zur Auseinandersetzung mit einem neuen Paradigma. (2. Aufl.) Heidelberg (Carl-Auer-Systeme).
Fischer, H. R. (1998b): Abschied von der Hinterwelt? Zur Einführung in den Radikalen Konstruktivismus. In: H. R. Fischer (Hrsg.): Die Wirklichkeit des Konstruktivismus. Zur Auseinandersetzung mit einem neuen Paradigma. (2. Aufl.) Heidelberg (Carl-Auer-Systeme), S. 11–34.
Fischer, H. R. (1999): Rationalität als offene Ordnung. Zur Logik und Evolution neuer Sprachspiele: In: H. J. Schneider u. Matthias Kroß (Hrsg.): Mit Sprache spielen. Die Ordnungen und das Offene nach Wittgenstein. Berlin (Akademie), S. 149–168.
Gabriel, G. u. N. Goodman (1991): Ein Mann von Welten. *du. Die Zeitschrift der Kultur* (11): 22–24.
Goodman, N. (1987): Vom Denken und anderen Dingen. Frankfurt a. M. (Suhrkamp).
Goodman, N. (1988): Tatsache, Fiktion, Voraussage. Frankfurt a. M. (Suhrkamp).
Goodman, N. (1990): Weisen der Welterzeugung. Frankfurt a. M. (Suhrkamp).
Pascal, B. (1976): Gedanken. Nach der endgültigen Ausgabe übertragen von Wolfgang Rüttenauer. Birsfelden (Schibli-Doppler).

Philosophische Probleme und Fragen des Konstruktivismus

René Magritte: *Das Fernglas*

Verteidigung des Relativismus[1]
Wolfgang Welsch

What emerges can perhaps be described as a radical relativism under rigorous restraints.

Nelson Goodman

Der Relativismus hat eine schlechte Reputation. Seitdem der Terminus „Relativismus" an der Wende vom 19. zum 20. Jahrhundert eingeführt wurde, diente er mehr zur Verurteilung als zur objektiven Kennzeichnung relativistisch genannter Positionen. Als Rudolf Eisler 1899 das Stichwort „Relativismus" in sein *Wörterbuch der philosophischen Begriffe und Ausdrükke* aufnahm, beeilte er sich sogleich darauf hinzuweisen, daß ein logischer Relativismus absurd sei (Eisler 1904, S. 252). Edmund Husserl nannte den „individuellen Relativismus" einen „frechen Skeptizismus", der, „wenn überhaupt je, so gewiß nicht in neueren Zeiten ernstlich vertreten worden" sei – die Lehre sei „sowie aufgestellt, schon widerlegt" (Husserl 1968, S. 115). Bis in unsere Tage blieb „Relativismus" ein Schimpfwort. Joseph Margolis' Feststellung, "relativism has a bad name" (Margolis 1989, S. 246), ist noch untertrieben. Bernard Williams nennt den Relativismus "possibly the most absurd view to have been advanced even in moral philosophy" (Williams 1972, S. 20). In den Augen der meisten Philosophen scheint Relativismus geradezu das Übel – um nicht zu sagen der Teufel – schlechthin zu sein.

Gleichwohl könnte längst Anlaß zu einer anderen Bewertung bestehen.[2] Denn eine vorbehaltlose Analyse des Relativismus lehrt, daß dieser reichlich anders ist oder sein kann, als man glaubt: strenger nämlich, haltbarer und vernünftiger. Was man üblicherweise als „Relativismus" diskutiert und diskreditiert, sind allenfalls Zerrformen von Relativismus.

Im folgenden will ich eine Version von Relativismus skizzieren, die mir vernünftig zu sein scheint. Zu diesem Zweck diskutiere ich in einem ersten, vorbereitenden Teil zunächst den exemplarischen antiken Relativismus: den des Protagoras; anschließend gehe ich auf dessen untergründige Beerbung in der neuzeitlichen Philosophie ein. Dabei wird sich zeigen, daß Positionen, die jedermann ehrt, von ihren Grundlagen her reichlich relativistisch sind. Vielleicht vermag das die Bereitschaft zu erwecken, sich auf eine ernsthafte Diskussion des Relativismus einzulassen.

---

1 Überarbeitete Fassung des am 1. Mai 1996 beim Heidelberger Kongreß „Science/Fiction" gehaltenen Vortrags „Vernünftige Relativität: Zwischen Fundamentalismus und Beliebigkeit".
2 Fritz Mauthner hatte schon 1910 gemeint, eine nüchterne Anerkennung des Relativismus sei fällig, denn dieser sei „von allen scharfsinnigen Denkern als berechtigt zugegeben worden" und „für die neuere Erkenntnistheorie" geradezu „selbstverständlich" (Mauthner 1910, S. 308).

Im zweiten Teil werde ich die Grundzüge meines Verständnisses von Relativismus darlegen. Mein Konzept ist ziemlich einfach, keineswegs extravagant. Das Erstaunliche ist, daß schon im Licht weniger Überlegungen die geläufigen Einwände gegen den Relativismus sich als falsch erweisen. Sie richten sich nur gegen selbstgebastelte und im Grunde anti-relativistische Zerrformen von Relativismus. Deren effizienteste Kritik läßt sich vom Relativismus selbst aus leisten.

1. Relativismus in Geschichte und Gegenwart – einige Stationen

1.1 Antiker Relativismus – Beispiel Protagoras

1.1.1 Der „Homo-mensura"-Satz

Protagoras, der etwa 485–415 v. Chr. lebte, gilt als Vater des Relativismus. Sein berühmter Satz lautet: „Der Mensch ist das Maß aller Dinge, der seienden, daß sie sind, der nichtseienden, daß sie nicht sind" (*panton chrematon metron estin anthropos, ton men onton hos estin, ton de ouk onton hos ouk estin*) (vgl. Diels u. Kranz 1952, Bd. 2, S. 263 [B 1]). Möglicherweise – das liegt an einem Doppelsinn des griechischen *hos* – ist auch gemeint, daß der Mensch das Maß der Dinge nicht nur hinsichtlich ihres Daß, ihrer Existenz, sondern ebenso hinsichtlich ihres Wie, ihrer Beschaffenheit, ist. Dann wäre zu übersetzen: „Der Mensch ist das Maß aller Dinge, der seienden, daß und wie sie sind, der nichtseienden, daß und wie sie nicht sind."

Bei Artefakten – etwa einem Rad – machen beide Auslegungen Sinn: Die Existenz von Rädern verdankt sich dem Menschen, und auch ihre Bedeutung ergibt sich im Kontext menschlichen Verstehens und Handelns. Bei Sternen hingegen scheint es sinnlos, sagen zu wollen, sie verdankten ihre Existenz dem Menschen; nur ihre Bedeutung hängt von menschlichen Sinnkontexten ab – man denke etwa an die unterschiedlichen Bedeutungszuschreibungen in mythologischen, astrologischen oder astronomischen Kontexten. Freilich könnte man auch sagen: Daß Sterne überhaupt als Gegenstände in der menschlichen Welt aufscheinen, ist durch die menschliche Vermögenspalette bedingt: *Wir* sind in der Lage, Sterne wahrzunehmen, Zecken sind es nicht.

1.1.2 Der Protagoreische Sinn des Satzes

Was meinte Protagoras? Zunächst gibt es ein starkes Indiz dafür, welche Art von Gegenständen er im Auge hatte. Was wir im Deutschen mit „Dinge" übersetzen, heißt im griechischen Wortlaut *chremata*. *Chremata* aber sind nicht Gegenstände beliebiger Art, sondern spezifisch solche Dinge, die wir benutzen oder brauchen, Gegenstände, die für uns wichtig sind, mit denen wir Umgang haben, kurzum: Gegenstände unserer Lebenswelt.

Zudem ist überliefert, daß sich das Denken des Protagoras generell auf soziale Verhältnisse richtete.[3] Mit dem Menschen (*anthropos*), der als Maß bezeichnet wird, ist der Mensch als Mitglied einer bestimmten kulturellen und gesellschaftlichen Organisationsform gemeint. Der Homo-mensura-Satz ist ein sozialphilosophischer Satz über lebensweltliche Gegenstände.

1.1.3 Weitere Lehrsätze des Protagoras – Verhältnis zum Relativismus
Was hat Protagoras sonst noch gelehrt? Ganz andere Dinge, als das Klischee vom Protagoreischen Relativismus erwarten ließe. Protagoras, der auch als Gesetzgeber tätig war, hat sich zu Fragen von Recht und Sitte erstaunlich streng geäußert. Er sagte beispielsweise: „Was einem jedem Staat gerecht und gut erscheint, das ist es auch für ihn, solange er bei dieser Meinung bleibt" (Diels u. Kranz 1952, Bd. 2, S. 260 [B 1]). Protagoras betonte, daß die Menschen ohne Gesetze nicht leben und Staatswesen ohne Gesetze nicht bestehen können (vgl. Platon, *Protagoras,* 323 a 2 f.). „Wer aber unfähig ist, sich Scham und Recht zu eigen zu machen, der ist zu töten wie ein Geschwür am Leibe des Staates."[4] – Merkwürdig: Protagoras, dieser Urvater des Relativismus, scheint alles andere als den „Anything-goes-Relativismus" vertreten zu haben, den man ihm unterstellt. Entweder war Protagoras gar kein Relativist, oder unser gängiges Bild vom Relativismus ist falsch. – Protagoras hat zum einen die Notwendigkeit von Standards verteidigt und zum anderen deren soziale Veränderbarkeit gelehrt und ihre interkulturelle Verschiedenheit anerkannt. Protagoras scheint ein ziemlich vernünftiger Relativist gewesen zu sein.

1.1.4 Historische Umstände
Der Relativismus des Protagoras antwortet auf die spätestens seit den Perserkriegen für die Griechen offenbar gewordene Legitimität unterschiedlicher kultureller Muster. Die Griechen konnten die anderen Kulturen nicht mehr einfach als „Barbaren" diskreditieren. Protagoras stand damit nicht allein. Auch andere griechische Intellektuelle zeigten sich damals hoch sensibel für Relativität, beispielsweise Herodot, der etwa zeitgleich mit Protagoras lebte (um 484 bis 425 v. Chr.). In den *Historien* schrieb er: „... wenn man alle Völker aufriefe, sie sollten sich aus allen Gesetzen, die sich fänden, die besten auswählen, so würde jedes nach erfolgter Prüfung die seinigen allen anderen vorziehen, so sehr hält jedes Volk seine eigenen Gesetze für die besten" (1990, S. 219 [3,38]). Und Herodot meinte (wie Protagoras), für den eigenen Gebrauch sei das auch richtig, nur dürfe es nicht zur Verurteilung der Sitten anderer Völker führen.

1.1.5 Die antike Verzeichnung des Protagoreischen Relativismus
Protagoras hatte kein günstiges Schicksal. In Athen wurde er verfolgt, seine Bücher wurden eingezogen und öffentlich verbrannt. Einem Prozeß

---

3 Das entspricht der Haltung der Sophisten, und Protagoras soll der erste gewesen sein, der sich selbst als „Sophist" bezeichnete.
4 Platon, *Protagoras,* 322 d 4 f.; vgl. auch ebd., 325 a 8–b 1: „Ist aber einem durch Züchtigung und Belehrung nicht beizukommen, so muß man ihn als unheilbar aus dem Staat verjagen oder ihn töten."

wegen agnostischer Thesen über die Götter entzog er sich durch die Flucht, woraufhin er bei einem Schiffbruch ums Leben gekommen sein soll.

Der Schiffbruchbericht ist unsicher, aber als Metapher aufschlußreich: Man läßt Protagoras durch genau das umkommen, was er vertreten haben soll: die Auflösung absoluter Orientierung, festen Bodens, verläßlichen Halts – bildlich gesprochen handelt es sich um die Aussetzung des Menschen aufs schwankende Meer. Der Bericht stellt gewissermaßen die narrative Version des philosophischen Einwands vom performativen Widerspruch dar: Relativismus, meint man, könne nicht gutgehen, diese Position sei unhaltbar, und ihrem Herold Protagoras sei die passende und gerechte Strafe zuteil geworden: Ihn ereilte lebensmäßig, was er philosophisch propagiert hatte.

1.1.5.1 Platons Entstellung des sozialen Relativismus des Protagoras zu einem wahrnehmungsbezogenen und subjektivistischen Relativismus

Aber warum eigentlich soll die Lehre des Protagoras auf gesellschaftlichen Schiffbruch hinauslaufen? Wie kann man jemanden, der für die gesellschaftliche Geltung von Institutionen und Gesetzen eintritt, zum Anarchisten stempeln? Das ist eine Leistung der Platonischen Protagoras-Legende.

Wie wir wissen, war Platon generell ein großer Legendenbildner. Wir verdanken ihm beispielsweise auch die Legende vom Ursprung der Bezeichnung „Philosophie": Pythagoras soll Platon zufolge diesen Namen aufgebracht und die Philosophie erstmals (im Unterschied zur älteren Tradition der *sophia*, die stets ein praktisch-politisch besonders wertvolles Wissen bezeichnete) als Wissenschaft reiner Betrachtung definiert haben. Aber dabei hat Platon (427–347 v. Chr.) in Wahrheit nur sein eigenes, neuartiges Konzept von Philosophie dem altehrwürdigen Pythagoras (um 580–496 v. Chr.) in den Mund gelegt, damit seine eigene Neuerung als etwas erscheine, was von jeher gegolten habe, also das Ansehen der Tradition und des Alters für sich habe (vgl. Burkert 1960).

Die Platonische Protagoras-Legende wird im *Theätet* entwickelt. Platon trägt dort eine Kritik des „Homo-mensura"-Satzes vor, die dem Protagoras auf Jahrtausende hinaus den Garaus machen sollte. Sie beruht auf einer Entstellung des Sinnes des Satzes. Platon führt ein ganz neues Stichwort ein: „Wahrnehmung". Während Protagoras von Wahrnehmung überhaupt nicht gesprochen hatte, soll er Platon zufolge von schier nichts anderem gesprochen haben. Protagoras' These ergebe sich folgendermaßen: Vermutlich ist unsere gesamte Erkenntnis von der Art der Wahrnehmung; diese aber ist offensichtlich subjektiv (was dem einen gefällt, kann einem anderen mißfallen, was dem einen als süß erscheint, kann für einen anderen bitter schmecken); also ist alles relativ. Der „Homo-mensura"-Satz wird zu einem Satz über die aisthetische Relativität umgedeutet (vgl. Platon, *Theätet*, 152 a).

Platon nimmt offenbar zwei Verschiebungen vor. Erstens verlagert er den Sinn des Satzes von praktischen Fragen der Sitte und des Rechts zu theoretischen Fragen der Erkenntnis und Wahrnehmung. Zweitens gibt er dem Ausdruck *anthropos* eine ganz andere Bedeutung, als er sie bei Protagoras hatte: Nicht der Mensch als Mitglied einer je bestimmten Kultur und Gesellschaft soll gemeint sein, sondern das Individuum, der Einzelne, der Empfindungen haben mag, die von denen der Frau oder des Mannes neben ihm abweichen. Der Homo-mensura-Satz wird in ein auf Wahrnehmungen bezogenes und subjektivistisches Prinzip umgedeutet.

Diese pseudoprotagoreische Auffassung kann Platon dann natürlich leicht ihrer Widersprüchlichkeit überführen. Denn wenn die rein subjektive Auffassung das Maß der Wahrheit bildet, dann muß ja die Meinung derer, welche den Homo-mensura-Satz bestreiten, dem Satz zufolge gleichermaßen wahr sein, und so hebt der Satz sich selbst auf (vgl. ebd., 170 d–171 b).

Für sich genommen ist Platons Argument stichhaltig – nur trifft es allenfalls den Popanz, den Platon sich zurechtgemacht hat, nicht jedoch den historischen Protagoras, der sich für seine Relativitätsthese weder auf Sinneswahrnehmungen bezogen noch gar die Gleichwertigkeit subjektiver Meinungen behauptet hatte.

1.1.5.2 Geschichtliches Fortwirken der Platonischen Entstellung

Seitdem jedoch wird das Platonische Argument bis in die Gegenwart hinein wiederholt – es ist ein Evergreen der Philosophiegeschichte. Man widerlegt den Relativismus durch Nachweis seiner Selbstwidersprüchlichkeit. Der historische Protagoras ist für Jahrhunderte, ja Jahrtausende hinter seinem Zerrbild verschwunden.

Selbst Hegel, der das kritische Räsonieren der Sophisten und speziell des Protagoras schätzte, weil er es als Entfaltung der Verstandesdynamik begriff (vgl. 1986, S. 424), nannte zwar den „Homo-mensura"-Satz einen „großen Satz" (ebd., S. 429), fiel aber gleichwohl auf dessen platonische Präparierung herein, wenn er Protagoras vorhielt, er habe in diesem Satz den Menschen „nach seiner besonderen Partikularität" und nicht „nach seiner vernünftigen Natur und seiner allgemeinen Substantialität" verstanden (ebd., S. 430). Hegel verfehlt damit genau die Mittenposition, die Protagoras eingenommen hatte. Dieser hatte ja weder die individual-subjektivistische Position vertreten, die man ihm seit Platon unterstellt, noch die schlechthin universalistische Position, die Hegel im Auge hat, sondern – eben just dazwischen – eine sozialrelative Position.

1.2 Der verborgene Relativismus der Neuzeit

Da es hier nicht um eine Geschichte des Relativismus, sondern nur um die Benennung von Schlüsselstationen geht, deren Betrachtung Anlaß zu einer veränderten Bewertung des Relativismus bieten kann, gehe ich nun sogleich zur Neuzeit über. Ich werde eine lästerliche These aufstellen: daß die Philosophie der Neuzeit relativistisch sei. Zu diesem Zweck will ich zunächst darlegen, daß die frühneuzeitliche Protagoras-Rezeption von der soeben geschilderten Großlinie Platon–Hegel auf interessante

Weise abweicht. Protagoras wird – beim Cusaner und bei Bacon – positiv rezipiert.

1.2.1 Cusanus

Nikolaus von Cues mahnt ausdrücklich, sich „den Satz des Protagoras zu merken, daß der Mensch das Maß der Dinge ist" (1987, 7 [Kap. 5]). Er kann dies, weil er den Satz von den beiden Prägungen befreit, mit denen Platon ihn versehen hatte. Er versteht ihn nicht mehr als spezifisch wahrnehmungsbezogenes und auch nicht mehr als subjektivistisches, sondern als generelles Prinzip, wonach der Mensch in jedem Bereich das Maß für die Dinge dieses Bereichs in sich enthält: Mit den Sinnen mißt er das Sinnliche, mit dem Intellekt das Intelligible, und durch seine Fähigkeit, über den Intellekt hinauszugehen, das den Intellekt Überschreitende (vgl. ebd.). Dadurch hat der Cusaner die antike Entstellung überwunden und den Weg zur neuzeitlichen Aneignung des Satzes eröffnet. Der Cusaner gibt dem Satz des Protagoras ein transzendentales Verständnis: Wir selbst tragen die Erkenntnisprinzipien für die Seinsbereiche, auf die wir uns beziehen, in uns; was immer uns erscheint, wird diesen Prinzipien entsprechen, wird relativ auf sie sein. Der neue, der neuzeitliche Sinn des Satzes ist der einer transzendentalen Relativität.

Beim Cusaner ist diese Relativität allerdings dadurch entschärft oder abgefedert, daß er annimmt, wir hätten unsere Erkenntniskraft von Gott erhalten, um dessen Herrlichkeit in der Schöpfung bewundern zu können.[5] Deshalb sei unsere transzendentale Struktur schöpfer- und schöpfungsadäquat und laufe nicht auf eine anthropomorphisierende Verzerrung hinaus. Die Bedingtheit durch unsere Erkenntnisorganisation tue der Objektivität unseres Erkennens keinen Abbruch. Diese Objektivität soll durch die Metaerzählung von Gott, Schöpfung und Menschenauftrag weiterhin gewährleistet sein.

1.2.2 Bacon

Francis Bacon setzt diese Rahmenerzählung außer Kraft und gelangt dadurch zu einer Position, die der Sache nach Protagoras sehr nahe ist. Zwar lehnt Bacon den überlieferten Satz des Protagoras ab, weil er ihn im Sinn der von Platon initiierten Einschränkung auf Sinnesverhältnisse versteht; solch partiale Geltung aber ist Bacon zu wenig; er plädiert vielmehr (wie der Cusaner) für ein erweitertes transzendentales Verständnis, demzufolge nicht nur die Wahrnehmungen der Sinne, sondern ebenso die des Geistes nach Maßgabe des Menschen erfolgen (vgl. Bacon 1990, 101 [41]). Zudem lehrt Bacon, daß unser Erkennen konstruierend und nicht etwa abbildend ist; wenn es nach Maßgabe unseres Erkenntnisvermögens erfolgt, so bedeutet

---

5 „Die Schöpfervernunft also macht sich zum Ziel ihrer Werke, nämlich damit ihre Herrlichkeit offenbar werde, und deshalb erschafft sie Substanzen, die mit Erkenntniskraft begabt sind, damit sie ihre Wahrheit sehen können, und ihnen zeigt sich der Schöpfer in der Weise, in der sie ihn erfassen können, als sichtbaren" (von Cues 1987, 5 [Kap. 3]).

dies für Bacon genau, daß es „nicht nach dem Maß des Universums" geschieht (ebd.). So erweitert Bacon die vermeintlich auf Sinnesverhältnisse eingeschränkte Protagoras-These auf unser Erkennen insgesamt und streift dabei zugleich die traditionalistische Äquivalenzthese des Cusaners ab (der eben noch geglaubt hatte, unsere transzendentalen Strukturen entsprächen – dank göttlicher Einrichtung – den Wesensstrukturen der Welt). Damit wird Bacon zu einem ziemlich konsequenten Protagoreer. Unser Erkennen ist insgesamt konstruktiv und geschieht nach Maßgabe unseres Erkenntnisapparats.

So wirkt der Homo-mensura-Satz des Protagoras wie ein Ferment bei der Herausbildung des Bodens der neuzeitlichen Philosophie. Die transzendentalphilosophische Sicht ist sein neuzeitliches Äquivalent.[6]

1.2.3 Kant

Nun habe ich vorhin die These angekündigt, daß die Philosophie der Neuzeit relativistisch sei. Das klingt kontraintuitiv – aber nur deshalb, weil der neuzeitliche Relativismus so elementar ist, daß er gut verborgen bleiben kann. Das Pathos der Neuzeit ist natürlich nicht relativistisch, sondern man spricht, ganz im Gegenteil, von unerschütterlicher Gewißheit, vom sicheren Weg der Wissenschaft, gar von absolutem Wissen.

Aber betrachten wir aus Zeitgründen (um bald zur systematischen Diskussion des Relativismus übergehen zu können) nur einmal Kant. Auch er spricht mit dem für die Neuzeit typischen Pathos der Gewißheit und Vollendung. Im Schlußsatz der *Kritik der reinen Vernunft* von 1781 gibt er seiner Hoffnung Ausdruck, daß es aufgrund seiner „Revolution der Denkart" noch vor Ablauf des Jahrhunderts gelingen werde, „die menschliche Vernunft, in dem, was ihre Wißbegierde jederzeit, bisher aber vergeblich, beschäftigt hat, zur völligen Befriedigung zu bringen" (Kant 1781, A 856).

Was aber ist die Methode dieser so vielversprechenden Revolution? Sie beruht auf der Einsicht, daß wir „von den Dingen nur das a priori erkennen, was wir selbst in sie legen" (ebd., B XVIII). Als erstes sind dies natürlich die Anschauungsformen von Raum und Zeit und als zweites unsere Ordnungsbegriffe, die Kategorien. Indem unser Erkenntnisapparat diese seine transzendentalen Strukturen allen Gegenständen einschreibt, ist sichere Erkenntnis möglich. Entscheidend ist dieser elementare Projektionscharakter unserer Erkenntnis. Kant macht dies unzweideutig klar. Er sagt lapidar: „Wir machen alles selbst." (Kant 1938, S. 82). Zudem formuliert er auch die Konsequenz dieses Ansatzes mit aller nur wünschbaren Deutlichkeit – allerdings an einer viel zu selten gewürdigten, weil skandalös relativistisch klingenden Stelle. Sie lautet: „Alles unser Begreifen ist nur *relativ* ... *schlechthin* begreifen wir gar nichts" (zit. n. Jäsche 1800, A 98).

---

6 Verändert ist der Satz allerdings neuzeitlich insofern, als sein Sinn von praktischen zu theoretischen Fragen verschoben wird und sich auf den Menschen überhaupt, nicht auf den Menschen als Mitglied einer bestimmten kulturellen Gemeinschaft bezieht. Der neuzeitliche Sinn des Relativismus ist nicht sozial relativ, sondern anthropologisch relativ.

Das ist der Relativismus der Neuzeit. Das neuzeitliche und moderne Wissen basiert auf einem transzendentalen und anthropologischen Relativismus. Was immer uns begegnet und was immer wir erkennen, ist grundlegend durch die menschlichen Erkenntnisstrukturen bestimmt. Alles ist auf sie hin relativ.

Nur fällt diese Relativität nicht auf, weil die transzendentale Grundausstattung – so konnte jedenfalls Kant noch denken – bei allen Menschen die gleiche ist. Das garantiert Invarianz, Gewißheit und Universalität trotz menschlicher Relativität. Gerade dadurch, daß all unsere Erfahrungen und unser Wissen anthropologisch relativ sind, ist ihre Einheitlichkeit gewährleistet.

Freilich ist auch absehbar, daß dieser untergründige Relativismus des neuzeitlichen Denkens in dem Moment offenbar werden muß, wo Kants These, daß wir alle die gleichen transzendentalen Strukturen besitzen, fraglich wird und wo statt dessen die geschichtliche, kulturelle und soziale Varianz transzendentaler Strukturen zutage tritt. Dies ist der Schritt, der über Herder, Hegel und Nietzsche zum Relativismus unserer Tage führt.

1.3 Die gegenwärtige Verurteilung des Relativismus

Ich komme zur Gegenwart. Vielleicht sind wir heute de facto alle Relativisten. Nur mag es de jure keiner sein. Unsere offiziöse Kultur ist von Abwehr gegen den Relativismus geprägt – Bob Dole beispielsweise erklärte im US-amerikanischen Präsidentschaftswahlkampf von 1996 selbstbewußt: "We must fight relativism." (Inzwischen wissen wir, mit welchem Erfolg.) Mehr noch gilt Relativismus in der philosophischen Sphäre als Übel schlechthin. Relativismus, sagt man, ist gefährlich, denn er untergräbt die Wahrheit und Moral und hebt am Ende gar das Philosophieren auf. Allerdings wird auch ein Trost geboten: Eigentlich sei Relativismus gar nicht durchführbar, weil er ganz selbstwidersprüchlich sei.[7]

Besonders aufschlußreich für die allgemeine Verurteilung des Relativismus scheint mir zu sein, daß sie keineswegs nur von harten Rationalisten betrieben wird, sondern ebenso von denen, die als die bösen relativistischen Buben gelten. Anscheinend kann es sich in der akademischen Welt niemand leisten, als Relativist zu gelten. So versichern noch die offenkundigsten Relativisten in schöner Einhelligkeit und Regelmäßigkeit, daß es einen Relativismus gar nicht geben könne, weil diese Position sich selbst aufheben würde. So sagt Derrida: „Le relativisme ... reste une position philosophique qui se contredit elle-meme" (Derrida 1990, S. 252). Und Richard Rorty erklärt: "Relativism is the view that every belief on a certain topic, or perhaps about *any* topic, is as good as every other. No one holds this view" (Rorty 1982, S. 166).

[7] In manchen Aspekten scheint Whiteheads Wort, „die philosophische Tradition Europas" bestehe nur „aus einer Reihe von Fußnoten zu Platon" (Whitehead 1979, S. 91), noch immer zuzutreffen.

Eine der wenigen Ausnahmen in diesem Jahrhundert bildete Heidegger. 1924 erklärte er in einem Vortrag lapidar, „die Angst vor dem Relativismus" sei „die Angst vor dem Dasein" (1989, S. 25). Auf Absolutheit zu setzen und die faktische Relativität zu leugnen und zu verurteilen, wie das üblicherweise geschieht, bedeutet laut Heidegger, die *Conditio humana* zu verleugnen. Man laufe dabei vor der faktischen „Unheimlichkeit" des Daseins davon und flüchte sich ins „Phantastische" (ebd.). Heidegger empfahl den umgekehrten Weg: sich auf den Relativismus einzulassen. – In der Gegenwart ist unter den Ausnahmen fast einzig Nelson Goodman zu nennen, der sich zu einem „radikalen Relativismus" bekannte (1984, S. 10, 117; ich werde darauf unten näher eingehen).

Manchmal kommt es allerdings auch zu Bekehrungen. So meinte Bernard Williams 1972 noch, Relativismus sei "possibly the most absurd view to have been advanced even in moral philosophy" (1972, S. 20). Drei Jahre später hingegen erklärte er, "the only area in which I want to claim that there is truth in relativism is the area of ethical relativism" (1981, S. 132) – so schnell war ihm der exemplarische Absurditätsbereich von Relativismus zu dessen paradigmatischem Geltungsbereich geworden.

Insgesamt aber gehört Relativismusschelte noch immer zum Pflichtarsenal philosophischer Bekenntnisse. Man erwirbt sich keine Meriten, wenn man den Relativismus ernst nimmt. Freilich: Wenn an meiner Neuzeitthese etwas dran ist, dann ist diese Haltung absurd. Dann wäre es längst an der Zeit, die Sache des Relativismus neu zu überdenken. Dennoch zieht die Zunft weiterhin reflexartig – Reflex vor Reflexion setzend – gegen den Relativismus zu Felde.[8]

2. Zur systematischen Struktur eines vernünftigen Relativismus

Ich will hier das Gegenteil tun. Ich mache mich anheischig, den Relativismus zu verteidigen. Das verlangt zunächst eine Klärung der begrifflichen Struktur des Relativismus. Was genau ist mit „Relativismus" gemeint?

2.1 Begriff und Elemente des Relativismus

Relativismus ist eine Position, welche die Relativität unserer Aussagen und Handlungen behauptet. Was bedeutet dabei „Relativität"? Aussagen, so wird verlangt, sind relativ zu Prämissengeflechten, Handlungen sind relativ zu Lebensformen zu verstehen. – So die allgemeine Bestimmung, die nun näher zu erläutern ist.

---

8 Eine der Groteskerien dabei ist, daß sich die emphatische Verurteilung des Relativismus im allgemeinen selbst – nur undurchschaut – auf einen Relativismus stützt: eben den neuzeitlichen.

I. Philosophische Probleme und Fragen des Konstruktivismus

2.1.1 Die Relativität von Aussagen

Die Prämissenrelativität von Aussagen ist eigentlich eine alte Einsicht, die traditionell beispielsweise in dem Satz „contra principia negantem non est disputandum" zum Ausdruck gebracht wurde – es hat keinen Sinn, mit jemandem zu streiten, der die Prinzipien nicht teilt. Aussagen haben eben nur in Relation zu solchen Prämissen Geltung und Sinn – nicht darüber hinaus, nicht schlechthin.

Aber gibt es nicht auch Aussagen, die universal gültig sind – unter allen Umständen, also absolut und nicht relativ? Das ist in der Tat die entscheidende Frage.

Das Neuartige scheint mir nun zu sein, daß die Philosophie der zweiten Hälfte des 20. Jahrhunderts immer einhelliger sagt: Nein, solche Aussagen gibt es nicht, sondern alle Aussagen sind relativ zu einem bestimmten Rahmen zu verstehen, und dieser ist, so weit gespannt er auch sein mag, jeweils ein spezifischer. Neben ihm existieren de facto andere Rahmen, und weitere werden auftreten können. Was es hingegen nicht gibt, ist ein universaler, ein absoluter Rahmen.

2.1.2 Das Verwehrtsein einer Metaposition

Und man kann Gründe anführen, warum das so ist. Ich will dies zunächst von Willard Van Orman Quine, dem Grand Old Man der analytischen Philosophie, her erläutern.[9] In Fortsetzung seines bahnbrechenden Aufsatzes "Two Dogmas of Empiricism" von 1951 zeigte Quine 1960 in *Word and Object*, daß jede wissenschaftliche Theorie notwendig empirisch unterbestimmt ist, weil die empirischen Befunde stets auch andere und gleichermaßen schlüssige Deutungen durch alternative Theorien zulassen würden. Also kann keine Theorie dadurch sich als die richtige beweisen, daß sie die empirischen Befunde schlüssig interpretiert – konkurrierende Theorien können das ebenso. Somit ist, „wissenschaftlich gesehen", keine dieser möglichen Systematisierungen „besser oder einfacher als alle möglichen Alternativen. Es erscheint vielmehr wahrscheinlicher ..., daß zahllose alternative Theorien Anspruch auf den ersten Platz haben würden" (Quine 1980, S. 55). In der Konsequenz bedeutet dies schließlich: „Mehr als den Standpunkt der einen oder anderen Theorie ... einzunehmen können wir niemals erreichen" (ebd., S. 54). Am Ende eines Aufsatzes über "Relativism and Absolutism" von 1984 zog Quine folgendes Resümee: "I was showing that scientific discourse radically unlike our own ... could claim equal evidence and that we are free to switch. Still we can treat of the world and its objects only within some scientific idiom, this or another; there are others, but none higher" (S. 295).

Die Unmöglichkeit einer Metaposition, wie Quine sie hier für wissenschaftliche Theorien formuliert, scheint mir generell der entscheidende

---

9 Natürlich berufe ich mich nicht auf Philosophen, die als relativistische „Softies" gelten – damit würde ich es mir zu leicht machen –, sondern ich will vom starken und strengen Stamm der neueren Philosophie aus argumentieren.

Gedanke der neueren Philosophie zu sein – ihrer analytischen ebenso wie kontinentalen Versionen. Als einer der ersten hat diese Einsicht (wie so vieles, was heute wichtig ist) Wittgenstein formuliert, der es als seinen „leitenden Gedanken" bezeichnete, daß es keine „Metaphilosophie" gibt (1984a, S. 116 [Teil I, 72]).[10] – Man sieht: Der „Abschied" von den „Metaerzählungen" ist keine – und schon gar nicht eine antiphilosophische – Erfindung der Postmoderne; allerdings kommt Lyotard das Verdienst zu, diesen Grundgestus der neueren Philosophie dem allgemeinen kulturellen Bewußtsein bekannt gemacht zu haben.[11]

2.1.3 Unmöglichkeit eines Metastandpunktes und eines unmittelbaren Bezugs auf eine Wirklichkeit an sich

Letztlich folgt die Unmöglichkeit einer Metaposition daraus, daß ein unmittelbarer Bezug auf eine Wirklichkeit an sich, wie er für eine solche Position notwendig wäre, nicht bloß empirisch nicht gelingt, sondern eine nur scheinbar Sinn machende, in Wahrheit aber begrifflich ganz widersprüchliche und unsinnige Vorstellung ist. Wer die These einer Wirklichkeit an sich – sozusagen einer Alphawirklichkeit – vertritt, tut etwas anderes, als er meint. Er meint, von einer deutungsunabhängigen Wirklichkeit zu sprechen. Aber offensichtlich gibt er dieser Wirklichkeit im gleichen Zug bereits eine bestimmte Auslegung – eben im Sinn ihrer Transzendenz gegenüber allen Deutungen. Er macht also selber eine alles andere als deutungsfreie Aussage. Diesem Dilemma – daß noch die intendierte Deutungsunabhängigkeit nur als Deutung aufzutreten vermag – kann man prinzipiell nicht entkommen. Auch die postulierte Alphawirklichkeit ist unweigerlich eine als beschreibungstranszendent *gedeutete* und *beschriebene* Wirklichkeit. Und anders als in derlei Deutungen und Beschreibungen kann es eine Wirklichkeitsvorstellung – wie immer sie im einzelnen beschaffen sein mag – überhaupt nicht geben. Wirklichkeit ist – so hat das beispielsweise Rorty ausgedrückt – immer „Wirklichkeit unter einer Beschreibung" (Rorty 1981, S. 409). Goodman sagt dafür: Wir sind „bei allem, was beschrieben wird, auf Beschreibungsweisen beschränkt" (Goodman 1984, S. 15).

Ich habe diese Einsicht, daß die Idee einer strikt unabhängigen Wirklichkeit in sich unhaltbar ist, soeben in Anlehnung an die neuere analytische Philosophie vorgetragen – unter Verweis auf Rorty und Goodman und zuvor auf Wittgenstein, und ich könnte ebenso Sellars und Davidson

---

10 Wittgenstein fügte hinzu: „Man könnte alles, was wir zu sagen haben, so darstellen, daß das als ein leitender Gedanke erschiene" (ebd.).
11 „In äußerster Vereinfachung bedeutet ‚Postmoderne', daß man den Meta-Erzählungen keinen Glauben mehr schenkt" („En simplifiant à l'extrême, on tient pour ‚postmoderne' l'incrédulité à l'égard des métarécits"; Lyotard 1979, S. 7.) – Man vergleiche auch die Parallele in der modernen Physik: Es war der bahnbrechende Gedanke von Einsteins spezieller Relativitätstheorie, daß es keinen absoluten Raum gibt und daß daher in jedem Fall die Relativität auf Bezugssysteme in Rechnung zu stellen ist.

nennen. Aber die Einsicht als solche ist durchaus älteren Ursprungs. Sie war schon die Lehre Hegels und zuvor die Kants wie nachher Nietzsches.[12]

2.1.4 Die Relativität von Handlungen

Was in theoretischer Perspektive bezüglich unserer Aussagen gilt – daß deren Vorkommen und Gültigkeit bezugssystemrelativ ist –, das gilt analog auch für unsere Handlungen. Praktiken gehören letztlich bestimmten Lebensformen zu; sie sind von diesen her entstanden und machen inmitten derselben Sinn. Agierend wie reagierend beziehen wir uns auf eingespielte Gemeinsamkeiten, machen von den kulturellen Selbstverständlichkeiten geteilter Lebensformen Gebrauch. Versetzt man solche Handlungen hingegen in einen anderen Kontext, so werden sie unpassend oder komisch; und wenn man sie völlig dekontextualisiert, werden sie unverständlich und sinnlos.

Auch diese Relativität von Handlungen hat wohl am frühesten Wittgenstein herausgestellt. „Nichts, was man tut", schrieb er 1931, „läßt sich endgültig verteidigen. Sondern nur in bezug auf etwas anderes Festgesetztes" (1984b, S. 472). „Wenn ich will, daß die Türe sich drehe, müssen die Angeln fest stehen" (1984c, S. 187 [343]). Das ist eine Einsicht des Relativismus. Man rekurriert letztlich immer auf Handlungsrahmen, die kulturell oder situativ verläßlich sind – ohne deswegen in einem absoluten Sinne gültig oder stabil sein zu müssen.

2.1.5 Fazit

Zusammengefaßt: Die logische Struktur des Relativismus beruht auf zwei Pfeilern: auf der Relativität aller Aussagen bzw. Handlungen im Verhältnis zu einem bestimmten Rahmen und auf der Unmöglichkeit eines überlegenen Metastandpunkts. Es gibt keinen *God's-eye-standpoint*, keine *view from nowhere* – nicht in theoretischen und nicht in praktischen Fragen.[13, 14]

---

12 Hegel zeigte in der Einleitung der *Phänomenologie des Geistes*, in welche Widersprüche die Vorstellung vom Erkennen als einem „Werkzeug" bzw. „Medium" sich verwickelt, wenn dieses dazu dienen soll, sich des Absoluten zu bemächtigen; er legte dar, daß die Unterscheidung von „An sich" und „Für uns", von Gegenstand und Bewußtsein, *in* das Bewußtsein selbst fällt. Das war eine Form, vom Boden der Bewußtseinsphilosophie aus die Einsicht auszusprechen, daß wir, von einer Wirklichkeit an sich sprechend, gar nicht anders können, als diese in der Weise eines Bewußtseinskonstrukts (einer Vorstellung) zu konzipieren. Ähnlich hatte schon Kant gezeigt, daß unsere Wirklichkeit als eine Konstruktion im Rahmen transzendentaler Vorgegebenheiten (Anschauungsformen und Kategorien) zu begreifen ist. Und Nietzsche verstand den Menschen grundsätzlich als *animal fingens*, als fiktionenerzeugendes Wesen. Heute macht die (post)analytische Philosophie diese Einsicht mancher Stränge der kontinentalen Philosophie dankenswerterweise mit aller begrifflichen Schärfe klar.
13 Ich spreche hier abkürzend. Natürlich ist die obige Feststellung nicht absolut gemeint. Aber nach allem, was wir (unter Berücksichtigung der fortgeschrittensten zeitgenössischen Diskussionen) wissen, verhält es sich so, wie hier behauptet. Wir kennen keine Position, die sich dem entziehen könnte, und kein Argument, das dagegen etwas verschlüge. – Freilich wissen wir nicht alles. Man kann nicht ausschließen, daß eines Tages eine Position auf den Plan treten wird, welche den gegenwärtigen Einsichtsstand aushebelt. Nur ist gegenwärtig nichts dergleichen in Sicht.

2.2 Zwei Regeln: Relativierung und Unterschiedsbeachtung

Soviel zum logischen Grunddesign des Relativismus. Für die Praxis folgen daraus zwei Regeln. Ich werde zu zeigen versuchen, daß sie genügen, um den Relativismus als tragfähige und vernünftige Position zu praktizieren.

Die erste Regel ist die der *Relativierung*: Alle Aussagen und Handlungen müssen tatsächlich relativ auf ihr jeweiliges Bezugssystem verstanden und beurteilt werden. Das logische Prinzip vom ausgeschlossenen Dritten beispielsweise gilt in zweiwertigen, nicht aber in mehrwertigen Logiken; und „rechts vor links" ist in kontinentalen Straßenverkehrsordnungen geboten, nicht aber in der britischen.

An diese erste, die Relativierungsregel schließt die zweite unmittelbar an. Sie verlangt, die Unterschiedlichkeit der diversen Bezugssysteme zu beachten und deren Grenzen nicht zu überspringen. Ich nenne sie die Regel der *Unterschiedsbeachtung*.

Das ist eigentlich schon alles, was man braucht.[15] Die genannten Regeln mögen als reichlich trivial erscheinen – um so besser. Desto leichter sollte es sein, sie zu befolgen. Ich will hier den Relativismus nicht als eine exquisite Position vorstellen, sondern eher als eine selbstverständliche. Und doch als eine, die schlüssig zu praktizieren (also nicht bloß ein oder zwei Schritte weit, sondern wirklich konsequent) wir noch zuwenig gewohnt sind; und auch als eine Position, die beträchtliches kritisches Potential enthält: nicht bloß gegen dogmatische Anmaßungen, sondern ebenso – und das ist mir besonders wichtig – gegen grassierende Zerrformen von Relativismus, die man gemeinhin, aber kurzschlüssigerweise für den Relativismus überhaupt nimmt und durch deren in der Tat leichte Widerlegung man dann fälschlicherweise den Relativismus als solchen erledigt glaubt.[16]

2.3 Inwiefern scheinbar geläufige Relativismen in Wahrheit gar keine sind

Ich will nun im Ausgang von dieser rudimentären Charakterisierung des Relativismus dessen kritisches Potential demonstrieren, indem ich einige geläufige Standardeinwände gegen den Relativismus diskutiere. Ich möchte zeigen, daß einige vermeintliche Formen von Relativismus in Wahrheit bloß Scheinrelativismen darstellen, weil sie nicht, wie es für eine relativi-

---

14 Ein dieser Situation Rechnung tragendes Vernunftkonzept habe ich entwickelt in *Vernunft. Die zeitgenössische Vernunftkritik und das Konzept der transversalen Vernunft* (Welsch 1995).
15 Ich werde mich im folgenden (um des exemplarischen Charakters willen) auf vergleichsweise einfache Fälle relativistischer Situationen beziehen. Es gibt gewiß auch komplexere (und etwas davon wird nachher zur Sprache kommen). Aber solch komplexere Situationen erfordern nicht etwa die Einführung neuer, sondern nur eine detaillierte Fortschreibung der beiden genannten Regeln.
16 Joseph Margolis hat sehr zu Recht bemerkt: "Any would-be defense of relativism must make its way against ... ignorance of logical options not often exercised" and against "the fatal support of historically hopeless theories that monopolize the popular sense of the label" (Margolis 1989, S. 232.). Ähnlich schreibt Jack W. Meiland, "relativism ... needs a careful, sympathetic, and detailed examination free from the gross oversimplifications indulged in by its past proponents and critics alike" (Meiland 1977, S. 580).

stische Position obligat wäre, *beide* Grundregeln des Relativismus praktizieren, sondern allenfalls eine.

2.3.1 Relativismus = Beliebigkeit?

Einem ersten, vulgären Verständnis zufolge läuft Relativismus auf Beliebigkeit hinaus. Wenn in einer bestimmten Kultur die Trauerfarbe Schwarz, in einer anderen Weiß und in einer dritten Rot ist und wenn man, wie der Relativismus es verlangt, solche Unterschiede anerkennen muß, dann, so wird gesagt, tritt Beliebigkeit ein. Denn dann kann man nicht mehr wissen, ob ein Kleid nun Trauer oder Eheschließung oder Erotik signalisiert. Dann werden die Wahlen und die Bedeutungen beliebig – "anything goes".

Aber das ist offensichtlich ein voreiliger und unsinniger Schluß. Denn wenn man Regel eins – die der Relativierung – und Regel zwei – die der Unterschiedsbeachtung – befolgt, dann besitzen die Farben weiterhin eine präzise Bedeutung innerhalb der jeweiligen Kultur: Man wird nicht in der Kultur, in der bei Traueranlässen Schwarz angezeigt ist, Weiß oder Rot tragen, oder in der Weißkultur Schwarz usw.; auch käme niemand in der Schwarzkultur auf den Gedanken, daß ein rotes Kleid Trauer signalisieren solle. Von Beliebigkeit kann also keine Rede sein. Die Bedeutungsunterschiede sind intrakulturell wie interkulturell weiterhin klar und stabil. Was sich ändert, ist nur, daß man nun insgesamt mit einem komplexeren Spektrum von Möglichkeiten rechnen muß als dann, wenn man alles nur aus dem Blickwinkel der einen (im allgemeinen der eigenen) Kultur anvisiert und beurteilt.

Das Beispiel lehrt zudem, daß der Eindruck von Beliebigkeit just dann entsteht, wenn man *nicht* relativistisch vorgeht, sondern sich insbesondere über die zweite Relativismusregel – die der Unterschiedsbeachtung – hinwegsetzt. Nur dann entsteht der Anschein, als könne man beliebig, nämlich kontextindifferent Schwarz oder Weiß oder Rot als Trauerfarbe tragen – "anything goes". Dieser Slogan, üblicherweise dazu verwendet, den Relativismus zu diskreditieren, charakterisiert in Wahrheit genau ein *nichtrelativistisches* Vorgehen. Es ist, wie so oft, umgekehrt, als man meint: Nicht die Relativisten, sondern die Absolutisten – die Kontextverleugner – erzeugen den Fehler der Beliebigkeit, des "anything goes".

2.3.2 Wahr = falsch?

Ein zweiter, ebenfalls weitverbreiteter Vorwurf betrifft die Frage der Wahrheit. Relativismus, so wird gesagt, läuft auf die Aufhebung der Wahrheit hinaus. Denn relativistisch könne man „alles behaupten ... und daher nichts. Alles ist wahr, oder nichts. Die Wahrheit ist also bedeutungslos", so hat das Karl Popper formuliert (1987, S. 217). Da hat er – dies will ich nun zeigen – entweder das Denken oder die Redlichkeit pausieren lassen.

Allenfalls *scheint* der Relativismus zu behaupten, daß *derselbe Satz* in einem Bezugssystem wahr und in einem anderen falsch sein könne. In Wahrheit ist die Behauptung des Relativismus eine ganz andere. Ihm zufolge können nur *scheinbar* gleiche – etwa gleich*lautende* – Sätze in einem Bezugssystem wahr, in einem anderen hingegen falsch sein; dann nämlich, wenn die beiden Bezugssysteme zwar die gleichen Ausdrücke verwenden, diesen aber eine abweichende Bedeutung geben,[17] so daß die Termini zwar gleich lauten, semantisch aber nicht identisch sind; entsprechend werden dann auch gleichlautende Aussagen durchaus verschiedenen Sinn haben können. Linguistisch gleiche Sätze, einmal im Newtonschen, einmal im Einsteinschen System formuliert, sind semantisch eben nicht dieselben Sätze.

Es stimmt also nicht, daß für den Relativismus, wie man unterstellt, *derselbe* Satz einmal wahr und einmal falsch wäre, sondern durchaus *verschiedene* (allenfalls gleichlautende) Sätze können dem Relativismus zufolge im einen Bezugssystem wahr und im anderen falsch sein – und diese Auffassung ist logisch alles andere als widersprüchlich.

Somit erweist sich der Vorwurf, der Relativismus hebe die Wahrheit auf, weil er zu einer Äquivalenz von wahr und falsch führe, als unzutreffend. Wieder verhält es sich umgekehrt, als gewöhnlich vermeint. Die Wahrheitsindifferenz, die man dem Relativismus unterstellt, ergibt sich gerade nicht auf relativistischer Basis, sondern wird von der Gegenposition erzeugt, die (diesmal insbesondere die erste Relativismusregel, das Gebot strikter Relativierung auf das Bezugssystem, außer acht lassend) die möglichen semantischen Unterschiede gleichlautender Prädikate und Aussagen ignoriert. Es sind die Relativismusgegner, welche den Pseudorelativismus produzieren, den sie dann in einem kuriosen Falschspiel mit Wahrheitspathos angreifen.

2.3.3 Supplement: Das Aristotelische Prinzip der Hinsichtlichkeit

Übrigens war schon der traditionellen Logik ein elementares Relativierungsgebot eingebaut. Aristoteles hat es im Zusammenhang seines berühmten Widerspruchssatzes formuliert. Der Satz besagt, daß es unmöglich sei, daß dasselbe demselben in ein und derselben Hinsicht zugleich zukomme und nicht zukomme. Für unseren Zusammenhang ist die Betonung der Hinsichtlichkeit entscheidend. Es ist sehr wohl möglich, daß ein und dieselbe Person zugleich weiß und rot ist – aber in verschiedenen Hinsichten: weiß etwa hinsichtlich der Hautfarbe und rot im Gesicht aus momentaner Verlegenheit; und natürlich kann diese Person dann auch noch schwarz sein – in einer noch mal anderen Hinsicht, etwa bezüglich ihrer politischen Gesinnung. Bloß kann die Person, die in diesem Sinne zugleich weiß, rot und schwarz ist, nicht im gleichen Moment kreideweiß im Gesicht, ein Sozialist und von schwarzer Hautfarbe sein.

---

17 Und je unterschiedlicher die Bezugssysteme sind, um so mehr steht zu erwarten, daß dies tatsächlich der Fall ist.

2.3.4 Sind Toleranz und Anerkennung gleichbedeutend mit Gleichwertigkeit und Übernahme?

Ein weiterer Standardeinwand – diesmal mehr auf praktische Konsequenzen bezogen – lautet: Relativismus läuft auf die Behauptung einer Gleichwertigkeit und Austauschbarkeit unterschiedlicher Praktiken (und der mit ihnen verbundenen Überzeugungen) hinaus.

Gewiß ist richtig, daß aus dem Relativismus Gebote der Toleranz und Anerkennung gegenüber anderen Orientierungen erwachsen. Unrichtig aber ist – nur wird das oft verwechselt –, daß dies mit Gleichwertigkeitsbehauptungen oder gar Übernahmeansinnen gleichbedeutend sei.

Es ist eines, zu sagen, daß das andere anzuerkennen sei – für seinen eigenen Rahmen. Es ist etwas ganz anderes, zu sagen, daß es gleichermaßen für unseren Rahmen tauglich und also übernehmbar wäre. Der Relativismus vertritt das erstere, nicht das letztere.

Relativisten meinen, daß die unterschiedlichen kulturellen Praktiken und Symbolsysteme für ihre jeweiligen Kulturen funktional sinnvoll sind – aber eben unterschiedliche Praktiken für unterschiedliche Kulturen. Das schließt Austauschbarkeit tout court gerade aus. Von Gleichwertigkeit könnte allenfalls in dem Sinn gesprochen werden, daß die verschiedenen Praktiken und Symbolsysteme für die Kulturen, hinsichtlich deren sie relativ sind, jeweils von vergleichbarem *funktionalem* Wert sind. Daraus folgt aber, wie gesagt, eben keineswegs Gleichwertigkeit im Sinn von Austauschbarkeit, sondern eher das Gegenteil. Wenn ein System von Praktiken und Werten für eine *bestimmte* Kultur probat ist, so damit nicht schon eo ipso für eine andere und schon gar nicht für alle. Übernahmeansinnen sind gerade antirelativistisch. Der Relativismus beharrt auf einem Hiatus zwischen Anerkennungsgebot und Übernahmeempfehlung.

Auch in diesem praktischen Aspekt also erweist sich der Relativismus wieder, wie zuvor in den logischen Aspekten, als weitaus anders – und ich denke, beträchtlich stichhaltiger und vernünftiger –, als sein vulgäres Zerrbild es suggeriert. Just der Relativismus gebietet eine *Kritik* all der Defizite, die man ihm unterstellt und die sich in Wahrheit nicht als Eigentümlichkeiten des Relativismus, sondern als Projektionen der nichtrelativistischen Betrachtungs- und Verfahrensweise der Opponenten herausstellen.

2.4 Zwischenfazit: Sicherheit und Verbindlichkeit innerhalb der diversen Bezugssysteme – aber eben nicht absolut, sondern relativ

Ein konsequenter Relativismus bietet also de facto eine Reihe von Sicherheiten, anstatt – wie die Communis opinio unterstellt – Sicherheit einfach aufzuheben. Innerhalb der einzelnen Bezugssysteme bleiben die Bedeutungen verläßlich, und auch zwischen den Bezugssystemen herrscht nicht etwa Beliebigkeit, sondern klare Unterschiedlichkeit.

Nur ist die Gesamtsituation komplexer, als sie dem erscheint, der (schlecht absolutistisch) nur ein einziges Bezugssystem (das eigene) für relevant erachtet. Gewiß ist, um mit der modernen Situation der Pluralität zurechtzukommen, ein Blick über den eigenen Zaun und die Anerkennung anderer Gärten und Orientierungsweisen unerläßlich. Die Fundamente dazu aber wurden immerhin schon vor zweihundert Jahren, im Toleranzdenken der Aufklärung, bereitgestellt.

Nelson Goodman kommt das Verdienst zu, die Strenge eines solch geklärten Relativismus deutlich gemacht zu haben. Sein „radikaler Relativismus" hat nichts mit Beliebigkeit zu tun, sondern ist „von unnachgiebigem Absolutismus und schrankenlosem Laissez-faire gleich weit entfernt": von einem unnachgiebigen Absolutismus infolge der Unmöglichkeit einer Metaposition, und von schrankenlosem Laissez-faire, sofern innerhalb der einzelnen Bezugssysteme weiterhin klare Regeln und Festlegungen gelten (Goodman 1987, S. 66).[18]

2.5 Ergänzungen
2.5.1 Zur Wohldefiniertheit und Unterschiedlichkeit der Bezugsrahmen

Bis hierher ging ich von der Annahme aus, daß die einzelnen Bezugsrahmen wohldefiniert und daß ihre Unterschiede hinreichend deutlich sind. Nun will ich fragen, wieviel dafür verlangt ist. Muß die Unterschiedlichkeit der Bezugsrahmen, damit eine Betrachtung im Sinn von Relativität geboten ist, bis zur Heterogenität gehen?

Das hielte ich für übertrieben, zumindest für sehr mißverständlich. Natürlich müssen die Rahmen in relevanten Punkten unterschiedlich sein. Aber dafür müssen sie nicht toto coelo divers, nicht in jedem Punkt von ganz anderer Art – nicht heterogen in diesem Sinne – sein. Auch in puncto Unterschiedlichkeit gilt das Prinzip der Hinsichtlichkeit.

Wenn wir uns beispielsweise mit kulturell unterschiedlichen Heiratsregeln befassen und eine Kultur betrachten, in welcher die Schlüsselrolle dem Onkel mütterlicherseits, und eine andere, wo sie der „Liebe" in unserem modernen Sinn zukommt, so sind diese Determinanten und etliches damit Zusammenhängende natürlich höchst unterschiedlich, aber nicht alles ist es. Man wird ja nicht bezweifeln, daß die Menschen in beiden Kulturen entweder weiblich oder männlich sind und daß Heirat unter anderem deswegen zum kulturellen Pensum gehört. Man sieht also: Sogar Hinsichtsrelevantes (in diesem Beispiel die Zweigeschlechtlichkeit) kann gerade gemeinsam sein und gemeinsam sein müssen, damit der dann entscheidende Unterschied überhaupt greift.[19] – Drei Feststellungen also sind fällig: 1. Der Hinweis auf Unterschiede macht nur in einem Horizont von Gemeinsamkeiten Sinn. 2. Dies ist die Logik der vielumrätselten und vielkritisierten

---

18 Eine eingehende Diskussion von Goodmans Relativismus bietet Siegel (1984).
19 Und selbstverständlich gibt es daneben auch viel anderes Gemeinsames wie Unterschiedliches, von dem jeweils erst zu ermitteln wäre, ob und wie es aspektrelevant ist: Beide Kulturen beispielsweise leben auf dem Planeten Erde, aber die eine vielleicht in einer Zone ohne, die andere mit Jahreszeiten, und das könnte auch einen Einfluß auf das Geschlechtsverhalten und die Heiratsbedürfnisse haben.

Inkommensurabilität: sie existiert hinsichtsspezifisch, innerhalb eines Horizonts von Kommensurabilität. 3. Ein Relativismus, der diese Doppelstruktur und das Prinzip der Hinsichtlichkeit außer acht ließe, würde sich selbst ruinieren.

Gehen wir zu Beispielen aus dem Theorienbereich über. Oder zunächst aus einem Zwischenbereich: Der Unterschied allopathischer und homöopathischer Heilmethoden setzt natürlich nicht außer Kraft, sondern setzt voraus, daß diese sich auf den gleichen Gegenstand, den menschlichen Organismus, beziehen. Wieder also greift die Unterschiedlichkeit nur in einem Raum von Gleichheit.

Schließlich: Kopernikanische und Ptolemäische Theorie oder Einsteinsche und Newtonsche Physik stehen in einem Verhältnis der Kritik und Sukzession, wobei die spätere Theorie die Erklärungen der früheren substituieren oder als Grenzfall aus sich ableiten können muß. Auch hier also besteht alles andere als reine Heterogenität, sondern ein Verhältnis der Sukzession und Implikation.

2.5.2 Möglichkeiten von Kritik und Veränderung

Wenn man diese Doppelstruktur von Unterschiedlichkeit und Gemeinsamkeit im Blick behält, werden Fragen oder Einwände gegen den Relativismus, die andernfalls gravierend wären, gut beantwortbar. Etwa die folgenden: Hebt Relativismus nicht – erstens – die Möglichkeit von Kritik auf? Er scheint ja allenfalls die interne Kritik von Inkonsistenzen einer Konzeption zu erlauben, jede externe Kritik aber als beckmesserisch und ungerecht auszuschließen, weil sie gegen die zweite Relativismusregel, die der Unterschiedsbeachtung, verstoße. Und zweitens: Läuft Relativismus nicht auf die Akzeptation und gar Legitimation des Bestehenden hinaus, weil er vorhandene Regelsysteme praktischer oder theoretischer Art schlicht hinzunehmen gebietet – etwa im Sinn von Wittgensteins Diktum, Lebensformen seien „das Hinzunehmende" und die Philosophie müsse alles so lassen, „wie es ist"? (1984d, S. 572 bzw. 302 [124]).

Das ist so nicht richtig. Selbstverständlich rechnet gerade der Relativismus mit einer Veränderbarkeit der jeweils tragenden Strukturen. Er sieht sie ja prinzipiell als erzeugt, nicht durch eine überlegene Ordnung normiert und daher als sowohl divers wie auch flexibel an. Und er bietet ein Erklärungsmodell für solche Veränderungen. Der Regelsatz von Bezugssystemen ist stets in dem Sinn hierarchisch strukturiert, daß es vordergründigere und hintergründigere Prämissen, oberflächlichere und tiefere Annahmen gibt. Dann kann es sehr wohl sein, daß eine Praxis zugunsten einer anderen verlassen wird, weil man meint, daß diese einem grundlegenderen Zug der Lebensform oder Theorie besser zu entsprechen erlaubt als die bisherige, oder weil andere (etwa ökonomische oder kulturelle) Veränderungen nur noch mittels der neuen Praxis jenem grundlegenderen Glauben gerecht zu werden erlauben. Kurzum: Tiefere Prämissen können als Standbein fungieren, wenn das

Spielbein einen neuen Gestus annimmt. Und natürlich kann prinzipiell auch jedes Stand- zum Spielbein (oder, in Wittgensteins Bild, jede Angel zur Tür) werden.

Gewiß also lehnt der Relativismus jede krude Kriterien- oder Regelintervention von außen ab. Aber für Kritiken, welche die Struktur des jeweiligen Bezugssystems berücksichtigen, ist er ebenso offen wie für Veränderungen. – Es wäre ja auch paradox, wenn ausgerechnet der Relativismus auf ein Stabilitätstheorem von geradezu metaphysischer Qualität, wenn gerade er auf Fundamentalismus hinauslaufen sollte.

2.5.3 Zeitgenössische Komplexifizierungen

Im Licht der letzten Überlegungen will ich mich schließlich Besonderheiten der aktuellen Situation, insbesondere in kultureller Hinsicht, zuwenden.

Lebensweltlich sehen wir uns heute interessanten Komplexifizierungen gegenüber. Die diversen kulturellen Muster sind weniger separiert und eindeutig als ehedem. Ich unterscheide zwei Tendenzen (die untereinander zusammenhängen): Mikrologisierung und Vernetzung.

2.5.3.1 Mikrologisierung

Die Codes von Verhaltensweisen sind heute vielfach kurzlebiger und spezifischer geworden, sie sind kaum noch gesellschafts- oder gruppenspezifisch, sondern eher mikrogruppenspezifisch. Die Codes zu erkennen ist schwieriger geworden – zu viele kommen jeweils in Frage, und oft sind sie nur Insidern bekannt. Ob etwa schwarze Männerkleidung in einem Raum Trauer um einen Angehörigen, die Nostalgie eines ehemaligen Priesters, die Zugehörigkeit zur Kaste der Designer (insbesondere einer vermeintlich ungebrochenen Bauhaus-Tradition), die Haltung anarchischer Weltverachtung oder einfach den Modestandard einer sich unentwegt avantgardistisch dünkenden Intellektuellenschicht signalisiert, ist schwer zu sagen. Aber gewiß würde jemand, der solche Kleidung trüge, auf Befragen eine bestimmte Antwort zu geben vermögen und andere Lesarten von sich weisen. Das "anything goes" bleibt ein Oberflächenanschein. Zeitgenossen sind oftmals ganz schrecklich enttäuscht, wenn man den Code ihrer exquisiten Ausstaffierung nicht kennt oder mißdeutet oder ihr ausgesuchtes Arrangement für beliebig hält. – Nur sind eben die Zuordnungsschwierigkeiten größer geworden, seit die Codes vielfältiger, gemischter und kurzfristiger wurden. Wie soll man heute beispielsweise wissen, ob das Tragen einer Krawatte Zeichen eines Aufsteigers oder eines Umfallers ist?

2.5.3.2 Vernetzung

Zudem erleben wir heute eine zunehmende Mischung kultureller Muster. Die Kulturen folgen zunehmend weniger nationalen Abgrenzungen, sondern durchdringen einander; vor allem verbinden sich in der kulturellen Formation der Individuen immer mehr Muster von unterschiedlicher Herkunft. Ich habe diese Entwicklung verschiedentlich unter dem Stichwort „Transkulturalität" beschrieben.[20]

Unter diesen neuen Bedingungen treten Anschlußfähigkeiten in bezug auf die unterschiedlichen kulturellen Muster in den Vordergrund. Die neuen, transkulturellen Netze schließen ja, bei aller Unterschiedlichkeit, auch ein beträchtliches Maß an gemeinsamen Elementen ein, und diese Schnittmengen verbürgen weit mehr Anschlußfähigkeit und Austauschbarkeit als früher.

Das hebt die Unterschiede natürlich nicht einfach auf. Aber sie bestimmen nun doch vergleichsweise eher vordergründigere als tiefergründige Niveaus. Unter diesen Bedingungen nimmt der Relativismus ein neues Gesicht an. Er kann nicht mehr, wie es gelegentlich ein Dilemma des älteren kulturellen Relativismus war, als Theorem der Abschottung, gar Ghettoisierung praktiziert werden, sondern muß zunehmend als eines der Vernetzung entwickelt werden. Er wandelt sich von einem Theorem der Trennungen zu einem der Verbindbarkeit. Möglicherweise könnte er so auch von seiten der Philosophie eine veränderte Einschätzung erfahren. Aber ich will es hier bei dieser Andeutung belassen, mich nicht in Spekulation ergehen.

Wenn diese neue Situation – die Gemengelage unterschiedlicher Symbole und Codes – eine neuartige Kompetenz verlangt, dann eine zur Variation und zur Erwägung von Alternativen. Man sollte sich seiner Lesarten nicht allzu sicher sein, sondern versuchsweise auch andere erproben. Dabei kann man Entdeckungen machen, Volltreffer landen oder danebenliegen. Insgesamt sollte sich unser Blick nicht mehr ausschließlich auf Eindeutigkeit richten, sondern sich für mögliche Mehrdeutigkeit öffnen.

2.6 Relativismus: eine Position welcher Art – eine Metaposition?

Ich komme zu einem letzten Punkt. Einer der ältesten und Standardeinwände gegen den Relativismus bezieht sich auf dessen absolutistische Version – und dies natürlich zu Recht. Die widersprüchliche Position eines solch absolutistischen Relativismus würde besagen: Der Relativismus ist die eigentliche, die letzte und ultimative Wahrheit – *alles* ist relativ. Freilich bedürfte man für eine solche Allaussage eines prinzipiellen, nicht seinerseits bloß relativen Arguments. Ein solches Argument aber, so wenden die Gegner des Relativismus zu Recht ein, ist gerade dem Konzept des Relativismus zufolge unmöglich. Es würde ja die Einnahme einer allen Relativitäten überlegenen Position – eben des vorhin erwähnten God's-eye-standpoint – verlangen.

Nur hält natürlich auch der konsequente Relativist ein solches Argument für unmöglich. Er legt seine Position keineswegs so an, daß sie eines solchen Arguments bedürfte; er vertritt seinen Relativismus nicht als Letztaussage über alle Wirklichkeit, sondern, wie gebührlich, in einem seiner-

---

20 Vgl. zuletzt Welsch 1997, S. 67–90, sowie Welsch 1998, S. 194–213.

seits relativistischen Modus. Er wird etwa darauf hinweisen, daß jede Betrachtung der empirischen Bezugssysteme einschließlich der vorgeblich absolutistischen zeige, daß diese allesamt de facto relativ, begrenzt, partikular sind. Oder er wird – eher pragmatisch – sagen, daß er den Relativismus nicht als Wahrheit über die Welt, sondern als eine Empfehlung verstehe, wie man die Dinge betrachten möge, um zu sehen, ob man damit durchkommt und zu welchen Konsequenzen man damit gelangt.

Kurzum: Man kann die relativistische Position selbst in einem relativistischen Modus vertreten und sollte das tun – nicht nur, um dem Dauervorwurf performativer Inkonsistenz zu entgehen, sondern weil der Relativismus von sich aus danach verlangt. Und ein solch relativistischer Modus ist zweifellos durchhaltbar – zumindest dann, wenn man die absolutistische Versuchung, die uns allen innewohnt (Lacan bietet für sie eine plausible Erklärung) und die wir in Reflexionsdingen allzulange praktiziert haben, erst einmal gründlich durchgearbeitet hat.

*

Wittgenstein, der sich in seinem Denken zunehmend auf eine Exposition relativistischer Strukturen zubewegte, hat einmal notiert: „Meine Art des Philosophierens ist mir selbst immer noch, und immer wieder, neu, und daher muß ich mich so oft wiederholen" (1984b, S. 451). Aber er hatte auch eine Hoffnung, er fuhr fort: „Einer anderen Generation wird sie in Fleisch und Blut übergegangen sein ..." (ebd.). – Gerne würde ich eine solche Hoffnung hinsichtlich der Ausbildung und Praxis einer vernünftigen Relativität hegen.

Literatur

Bacon, F. (1990): Neues Organon. Hamburg (Meiner).
Burkert, W. (1960): Platon oder Pythagoras? Zum Ursprung des Wortes „Philosophie". *Hermes* 88: S. 159–177.
Derrida, J. (1990): Limited Inc. Paris (Galilée).
Diels, H. und W. Kranz (Hrsg.) (1952): Die Fragmente der Vorsokratiker. 3 Bde. (6. Aufl.). Zürich (Weidmann).
Eisler, R. (1904): Artikel. „Relativ". Wörterbuch der philosophischen Begriffe und Ausdrücke. Berlin (Mittler), S. 251–254.
Goodman, N. (1984): Weisen der Welterzeugung. Frankfurt a. M. (Suhrkamp).
Goodman, N. (1987): Vom Denken und anderen Dingen. Frankfurt a. M. (Suhrkamp).
Hegel, G. W. F. (1986): Vorlesungen über die Geschichte der Philosophie. In: G. W. F. Hegel: Werke in zwanzig Bänden. Frankfurt a. M. (Suhrkamp), Bd. 18.
Heidegger, M. (1989): Der Begriff der Zeit. Tübingen (Niemeyer).
Herodot (1990): Neun Bücher der Geschichte. Nach der Übersetzung v. H. Stein bearbeitet und ergänzt v. W. Stammler (3. Aufl.). Essen (Phaidon).
Husserl, E. (1968): Logische Untersuchungen. Bd.1: Prolegomena zur reinen Logik (5. Aufl.). Tübingen (Niemeyer).
Jäsche, G. B. (1801): Immanuel Kants Logik. Ein Handbuch zu Vorlesungen. Reutlingen (Mäcken).
Kant, I. (1781): Critik der reinen Vernunft. Riga (Hartknoch).

Kant, I. (1938): Opus postumum. Zweite Hälfte. Akademie-Ausgabe, Bd. XXII. Berlin/Leipzig (de Gruyter).
Lyotard, J.-F. (1979): La Condition Postmoderne. Rapport sur le Savoir. Paris (Minuit).
Margolis, J. (1989): The truth about relativism. In: M. Krausz (ed.): Relativism: Interpretation and Confrontation. Notre Dame, IN (University of Notre Dame Press), S. 232–255.
Mauthner, F. (1910): Stichwort „Relation (relativ)". In: F. Mauthner: Wörterbuch der Philosophie. Bd. 2. München (Georg Müller), S. 308–311.
Meiland, J. W. (1977): Concepts of relative truth. *The Monist* 60: S. 568–582.
Cues, N. von (1488): Über den Beryll (3. Aufl.). Hamburg (Meiner), 1987.
Platon (1993a): Protagoras. In: Sämtliche Dialoge, Bd. 1. Hamburg (Meiner).
Platon (1993b): Theätet. In: Sämtliche Dialoge, Bd. 4. Hamburg (Meiner).
Popper, K. (1987): Auf der Suche nach einer besseren Welt. Vorträge und Aufsätze aus dreißig Jahren. München (Piper).
Quine, W. Van Orman (1980): Wort und Gegenstand. Stuttgart (Reclam).
Quine, W. Van Orman (1984): Relativism and Absolutism. *The Monist* 67: S. 293–295.
Ritter, J. (Hrsg.) (1984): Historisches Wörterbuch der Philosophie. Völlig neubearb. Ausg. d. „Wörterbuchs der philosophischen Begriffe" von Rudolf Eisler. Darmstadt (Wissenschaftliche Buchgesellschaft).
Rorty, R. (1981): Der Spiegel der Natur: Eine Kritik der Philosophie. Frankfurt a. M. (Suhrkamp).
Rorty, R. (1982): Pragmatism, Relativism, and Irrationalism. In: R. Rorty: Consequences of Pragmatism. Essays 1972–1980. Minneapolis (University of Minnesota Press), S. 160–175.
Siegel, H. (1984): Goodmanian Relativism. *The Monist* 67: 359–375.
Welsch, W. (1995): Vernunft. Die zeitgenössische Vernunftkritik und das Konzept der transversalen Vernunft. Frankfurt a. M. (Suhrkamp).
Welsch, W. (1997): Transkulturalität: Zur veränderten Verfassung heutiger Kulturen. In: I. Schneider u. C. W. Thomsen (Hrsg.): Hybridkultur. Köln (Wienand), S. 67–90.
Welsch, W. (1998): Transculturality: The Puzzling Form of Cultures Today. In: M. Featherstone a. S. Lash (eds.): Spaces of Culture. London (Sage), pp. 194–213.
Whitehead, A. N. (1979): Prozeß und Realität. Frankfurt a. M. (Suhrkamp).
Williams, B. (1972): Morality: An Introduction to Ethics. New York (Harper & Row).
Williams, B. (1981): The truth in relativism (1975). In: B. Williams: Moral Luck: Philosophical Papers 1973–1980. New York (Cambridge University Press).
Wittgenstein, L. (1984a): Philosophische Grammatik. In: L. Wittgenstein: Werkausgabe, Bd. 4. Frankfurt a. M. (Suhrkamp), S. 5–485.
Wittgenstein, L. (1984b): Vermischte Bemerkungen. In: L. Wittgenstein: Werkausgabe, Bd. 8. Frankfurt a. M. (Suhrkamp), S. 445–573.
Wittgenstein, L. (1984c): Über Gewißheit. In: L. Wittgenstein: Werkausgabe, Bd. 8. Frankfurt a. M. (Suhrkamp), S. 113–257.
Wittgenstein, L. (1984d): Philosophische Untersuchungen. In: L. Wittgenstein: Werkausgabe, Bd. 1. Frankfurt a. M. (Suhrkamp), S. 225–580.

Ganz von vorne anfangen
Robert Schwartz

Der Titel meines Aufsatzes benennt nicht nur sein logisches Prinzip, er ist auch ein Kürzel für eine seiner wichtigen Schlußfolgerungen. Ich habe vor einiger Zeit in einem Artikel, *I'm Going to Make You a Star* (1986), eine These der Welterzeugung verteidigt (vgl. auch Schwartz 1985). Ich habe in der Tat zu zeigen versucht, in welcher Weise sogar *Sterne* zu den Dingen gehören, bei deren Herstellung wir eine Rolle spielen. Dieser meiner kleinen Arbeit und auch Nelson Goodmans umfänglicheren Bemühungen (1978, 1984) ist es leider nicht besser ergangen als William James' früheren Überzeugungsversuchen (1907, 1909). Nun ist natürlich zu erwarten, daß die Verteidiger metaphysischer Zwänge und Wesenheiten, der Analytisch-synthetisch-Unterscheidung, abstrakter Tatsachen und Aussagen etc. Widerstand leisten. Beunruhigender ist allerdings, daß auch Kollegen, die pragmatischen Auffassungen gegenüber gewöhnlich aufgeschlossen sind, die These der Welterzeugung für abwegig halten (vgl. McCormick 1996). Ja, sagen sie, wir können nicht über „die Welt an sich" reden, unabhängig von einer Sprache oder irgendeiner anderen Art ihrer Abbildung. Und ja, wir erzeugen Sprachen und andere Symbolsysteme. Aber das ist immer noch meilenweit entfernt davon, in der Erzeugung unserer Welt eine Rolle zu spielen.

Um mitzuhelfen, diese Kollegen zu überzeugen, möchte ich „ganz von vorne anfangen" und das Problem der Welterzeugung aus einer anderen Richtung angehen. Zunächst werde ich jedoch einige Dinge klarstellen, um verbreitete Fehlauffassungen und Verwirrungen von vornherein auszuschließen.

1. Wird „machen" als „backen" verstanden, als zeitlich vorgängiges, physisches Zusammensetzen materieller Zutaten, dann ist die These der Welterzeugung falsch. Dies ist die herrschende Interpretation oder besser Fehlinterpretation, und es ist nicht verwunderlich, daß Gegner der Welterzeugung immer wieder zeitlich und räumlich entfernte Objekte (z. B. Sterne) oder Ereignisse (z. B. den Urknall) anführen, um die These in Frage zu stellen. Offensichtlich braucht es keines Beweises, um eine solche Machensbehauptung als unplausibel zu erweisen, und keine Menge an Beweisen könnte oder sollte die Kritiker eines anderen belehren.

2. „Wenn alle P glauben, dann ist ‚P' wahr" oder subjektivistische Varianten davon werden, entgegen herrschender Meinung, von der These der Welterzeugung weder behauptet noch logisch notwendig impliziert. Die auf dieser Basis vorgebrachte Kritik verfehlt weitgehend die Sache. Zweifellos finden viele Vertreter der Welterzeugungsthese Korrespondenztheorien der Wahrheit rätselhaft, die These läßt jedoch genügend Raum für eine Vielfalt robuster, nichtsubjektiver Zugänge zur Wahrheit.

3. Welterzeugung erfordert, nicht anders als Kuchenbacken, daß *wir* Sätze wahr machen. Wenn der Kuchen fertig ist, dann ist die Wahrheit von „Es ist ein Schokoladekuchen" oder „Der Kuchen ist viereckig" *unabhängig* vom Bäcker. Auch wenn der Kuchen von uns gemacht worden ist, hängt die Wahrheit über den Kuchen nicht von uns ab, sondern vom Kuchen. Das gleiche gilt für kognitives Machen. Welterzeugung ist vollkommen im Einklang mit der Idee: „P" ist wahr dann und nur dann, wenn P.

Wie erzeugen wir also unsere Welt? Ich habe mich in meinem früheren Aufsatz mit Himmelsdingen befaßt und werde dies hier wieder tun, gemäß dem alten Schlager über New York „If you can make it there, you can make it anywhere". Diesmal werde ich aber erst die Rolle klären, die wir bei der Erzeugung von *Eigenschaften* spielen. Später dann werde ich erläutern, welche Rolle wir durch die Bildung von Eigenschaften in der Erzeugung von Welten spielen.

Für manche Leute ist die Behauptung, daß wir Eigenschaften herstellen, noch um einiges verrückter als die Behauptung, Welten zu erzeugen. Eigenschaften sind abstrakte Dinge, existieren zeitlos im platonischen Himmel, es ist ein Ding der Unmöglichkeit, sie zu machen. Ich habe zu diesen metaphysischen und ontologischen Ansprüchen wenig zu sagen, verstehe allerdings, daß Menschen mit solchen Überzeugungen Teile meines Aufsatzes frustrierend und zwecklos finden mögen. Wie dem auch immer sei, meine Darlegung gründet sich auf wenig mehr als die Annahme, daß Eigenschaften, die verschiedene Objekte denotieren oder von diesen instantiiert werden, verschiedene Eigenschaften sind.[1]

Betrachten wir die Sterne des Universums, $\alpha, \beta, \gamma \ldots$, die Menge aller Sterne, P_s, und alle einfachen Vereinigungsmengen dieser Sterne, P_1 bis P_n. Jede Menge ist eine verschiedene Eigenschaft oder ist mit einer solchen korreliert. Nehmen wir auch an, daß wir eine Liste besitzen, die angibt, welche Individuen Elemente welcher Menge sind. Die Tatsachen oder Wahrheiten, die diese Liste bietet, sind apriorisch und zeitlos. α ist zeitlos ein Element von P_{23} und nicht von P_4. Ähnlich ist der Satz „α ist Element von P_{23}" wahr unabhängig von allem, was irgend jemand sagt oder glaubt. Keine Person, Gruppe oder Kultur wirkt daran mit, diese Merkmale der Realität zu erzeugen. Sie sind fertig gegeben, zumindest können wir das für den Augenblick zulassen.

Nehmen wir nun an, wir stellen eine Version der Frage von James (oder Goodman): „Ist α Teil des Großen Wagens?" (Oder ein Element der Klasse der Sterne des Großen Wagens oder ein Fall der Eigenschaft STERN DES GROSSEN WAGEN?) Die Durchsuchung der Liste nach einer Antwort kann uns nur dann helfen, wenn wir wissen, welche Menge alle und nur die Sterne

---

1 Um die Sache zu vereinfachen, werde ich nur ihre Denotate in der wirklichen Welt in Betracht ziehen. Die Gleichsetzung von Eigenschaften mit Mengen von Objekten in allen möglichen Welten hat keinen Einfluß auf die wesentlichen Punkte meiner Argumentation. Aus Darstellungsgründen nehme ich außerdem an, daß wir es mit einem endlichen Universum zu tun haben.

enthält, die den Großen Wagen ausmachen. Anders gesagt, wir müssen wissen, welcher Menge die Eigenschaft GROSSER WAGEN eindeutig zukommt. Diese Tatsache ist nicht vorgegeben. Sie ist abhängig von der Organisation der Himmelskörper in Konstellationen, im besonderen von der Entscheidung, welche Himmelskörper den Großen Wagen bilden. Ohne diesen kognitiven Beitrag ist ausgeschlossen, daß α der GROSSE WAGEN ist oder nicht ist oder die Eigenschaft GROSSER WAGEN hat oder nicht.

Der kognitive Akt, Konstellationen zu bilden, erzeugt nicht die sieben Sterne des Großen Wagens, noch bestimmt oder fixiert er ihre Zugehörigkeit zu P_{23}. Die Zugehörigkeit zu P_{23} ist zeitlos und unabhängig von jeglichem menschlichen Handeln. Indem wir die Konstellation formen, wirken wir aber in der Tat mit an der Festlegung, welche Menge auf unserer Liste die Eigenschaft GROSSER WAGEN ist. Hätten wir den Himmel anders aufgeteilt, hier einen Stern hinzugefügt und dort einen weggenommen, wäre die Eigenschaft anders bestimmt worden. P_4 und nicht P_{23} hätte dann etwa der GROSSE WAGEN sein können. Und wäre die Bildung von Konstellationen nie von Interesse für die Menschen gewesen, gäbe es auch keinen Grund dafür, daß eine Menge von Sternen der GROSSE WAGEN wäre oder alle und nur die Instantiierungen der Sterne des GROSSEN WAGEN umfaßte.

Auf diese Weise wirken wir mit an der Gestaltung von Eigenschaften. Ohne unser Zutun ist keine Menge die Eigenschaft, und kein Stern könnte folglich eine Instantiierung davon sein. Die Eigenschaft GROSSER WAGEN zu dem zu machen, was sie ist, ist kognitives Tun, nicht „Backen". Es erfordert keine Verbindung von Sternmaterie und auch keine physische Umordnung des Firmaments. Die Sterne in P_{23} existierten sowohl als Individuen wie auch als Himmelsmuster lange vor den Menschen, und sie hätten existiert unabhängig davon, ob sprachbegabte Organismen je entstanden wären. Ohne uns könnten P_{23} oder ihr abstraktes metaphysisches Gegenstück in der Mengentheorie oder im platonischen Himmel existieren. Weder das eine noch das andere könnte aber seinem Wesen nach oder aufgrund eines ihm innewohnenden Gesetzes mit der Eigenschaft GROSSER WAGEN verknüpft werden.

Wenn aber die Eigenschaft selbst von unserem kognitiven Tun abhängig ist, so gilt dies gleichermaßen dafür, daß α die Eigenschaft besitzt. In der vorgegebenen Welt kann es keine festen Fakten geben, was die Zugehörigkeit von α zu einer bestimmten oder überhaupt einer Konstellation angeht.

Einwände und Antworten

Einwand: Diese Version der Welterzeugung ist wenig mehr als das bereits vorhin erwähnte triviale Sprachargument. Klar, wir haben den Begriff „Großer Wagen" geprägt, und wir könnten keine astronomischen Aussagen über diese Konstellation machen ohne diesen oder einen vergleichbaren Begriff. Wir haben aber weder die einzelnen Sterne noch die Sterngruppe gemacht, die der Begriff erfaßt.

Antwort: Ich habe nicht bestritten, daß P_{23} unabhängig von uns oder unseren symbolischen Aktivitäten existierte, existiert und existieren wird. Ich habe auch betont, daß α ein Element von P_{23} ist, ob uns das nun gefällt oder nicht. Das ist nicht das Problem. Ich habe behauptet, daß weder die sieben Einzelsterne noch P_{23} einfach den GROSSEN WAGEN *in natura rerum* haben oder dieser sein könnten. Die Eigenschaft befindet sich nicht schlicht da draußen mit eindeutig abgegrenzter Gestalt und wartet nur darauf, einen Namen zu bekommen. Wenn die Eigenschaft zeitlos „real" existiert, dann eher so, wie Michelangelos David in dem Marmorblock existierte, bevor der Künstler den Meißel ansetzt.

Die These der Welterzeugung geht also weiter als die unbestreitbare Behauptung, daß wir die Sprache machen, weiter als der Gemeinplatz, daß die Beschreibung der Welt ein System der Abbildung voraussetzt. Ihre besondere zusätzliche Kraft liegt in der Idee, daß wir durch die Formulierung von Beschreibungen, Organisationsschemata und Theorien gerade den Eigenschaften, die Dinge haben können, Form oder Substanz verleihen. P_{23} und ihre Elemente könnten ohne uns nicht der GROSSE WAGEN sein oder ihn instantiieren.

Alles dieses stimmt überein mit der Behauptung, „α ist der kleinste Stern des Großen Wagen" ist wahr dann und nur dann, wenn α der kleinste Stern des Großen Wagens ist. Dieser Satz wird durch den Sternenhimmel „wahr gemacht", nicht durch uns. Darüber hinaus können Verfechter der Welterzeugung, wenn sie die kontrafaktische Aussage sorgfältig syntaktisch analysieren, ohne weiteres behaupten, daß „α der kleinste Stern des Großen Wagens wäre, wenn es nie sprachbegabte Wesen gegeben hätte".

Einwand: Mit dem Großen Wagen mögen Sie recht haben, aber das ist kein wirklich wichtiges Zugeständnis. Der GROSSE WAGEN erfaßt keine genuine Eigenschaft und keine natürliche Art. Es handelt sich nicht um ein richtiges Universale; ihre Grenzen sind nur eine Sache der Konvention. Wir mögen eine Rolle spielen, wenn es um Konstellationen und vergleichbare Fälle künstlicher Arten geht. Bei natürlichen Arten liegen die Dinge anders.

Antwort: Auch wenn Kritiker der Welterzeugung dieses Zugeständnis für minimal halten mögen, so ist es doch ein großer Schritt in die richtige Richtung. Er zeigt erstens, daß die Artefakte, die wir herstellen, nicht nur solche sind, die wir „backen". Indem wir künstliche Arten (z. B. Konstellationen) gestalten, spielen wir eine Rolle, ohne Materie zu manipulieren. Es ist also nichts Inkohärentes oder Weithergeholtes an der Idee, daß wir Welten dadurch bilden, daß wir kognitive Versionen entwerfen. Es sei auch darauf hingewiesen, daß die „Wirklichkeit", die wir zu erzeugen helfen, zeitlich und räumlich entfernte Objekte und Ereignisse enthalten kann – Dinge, die vor uns da waren. Zweitens zeigt das Zugeständnis, daß es möglich ist, die Idee der Welterzeugung anzunehmen, ohne sich auf eine

Ganz von vorne anfangen

subjektivistische Wahrheitstheorie zu verpflichten. Sobald die Sprachparameter einmal gesetzt sind, sind Sätze wahr (Punkt!), wenn sie sagen, was der Fall ist, und falsch, wenn sie sagen, was nicht.

Schließlich, der Versuch, Welterzeugung auf den Bereich „nichtgenuiner" Eigenschaften oder Arten zu beschränken, bürdet dem Kritiker eine schwere Last auf. Diese Begrenzung durchzuhalten erfordert eine begründete Unterscheidung zwischen natürlichen und unnatürlichen Gruppierungen, zwischen konventionellen und empirischen Fakten. Diesen Schuh muß sich aus meiner Sicht aber der Kritiker anziehen. Und auch wenn dies die metaphysisch Gestimmten nicht besonders berühren mag – ich erinnere daran, daß ich in erster Linie versuchen wollte, die Kollegen mit einer eher pragmatischen Einstellung zu gewinnen.

Konstellationen sind in jedem Fall eine schöne Herausforderung der gegnerischen Fähigkeiten, eine Rückzugslinie zu halten. Die Konstruktion von Konstellationen entwickelte sich als eine Mischung aus Wissenschaft und Mythen, getragen von empirischen Tatsachen und einer guten Portion Erfindungen. Heute sind Astronomie und Mythologie geschieden. Sternkarten und Konstellationentafeln werden in den Wissenschaftsabteilungen unserer Buchläden verkauft. Interessanterweise teilt sogar die aktuelle Astronomie den Sternenhimmel in Regionen auf, die mit den hervorstechendsten Konstellationen verbunden sind. Diese Grenzziehungen auf der Basis von Konstellationen liefern eine naturwissenschaftliche Standardkarte zur Lokalisierung von Objekten am Himmel. Wenn es also auch eine Sache der Konvention sein mag, daß α ein Stern des GROSSEN WAGEN ist, so erfüllt diese Art oder Eigenschaft doch eine ganze Reihe von Zwecken in der Beschreibung und Handhabung der Realität.

In der See- und Raumfahrt ist es nützlich, den Großen Wagen lokalisieren zu können und zu wissen, daß seine Kante zum Polarstern zeigt. Die Sätze „α ist der kleinste Stern des Großen Wagens" und „α gehört zur gleichen Konstellation wie β, aber nicht γ" scheinen objektive Information über den Sternenhimmel zu vermitteln. Und es trifft nicht zu, daß die Sterne des Großen Wagens etwa gleich weit von der Erde entfernt sind, auch wenn dies wahrscheinlich von jenen angenommen wurde, die als erste die Grenzen der Konstellationen festgelegt und benannt haben.[2]

Einwand: Eigentlich brauchen wir uns keine großen Gedanken zu machen über die Scheidung künstlicher und natürlicher Arten, konventioneller und nichtkonventioneller Wahrheiten. Unser eigener Beitrag zur Gestaltung von Eigenschaften ist und war nie das Kernproblem. Die entscheidende Schwierigkeit mit der Welterzeugung ist immer die Vorstellung gewesen, daß wir bei der Herstellung der *Objekte* der Welt wirklich eine Rolle spielen sollen. Kognitive Versionen mögen zwar organisieren,

---

2 Die Tatsache, daß die Eigenschaften KONSTELLATION und GROSSER WAGEN in den Gesetzen der Physik oder Astronomie nicht funktionieren mögen, schließt nicht aus, daß sie echten Halt in der „Realität" haben.

was da ist, aber sie spielen keine Rolle in der Konstruktion dessen, „was da ist" und was also kategorisiert und geordnet werden muß.

Antwort: Die Erklärung der Eigenschaft GROSSER WAGEN gilt gleichermaßen für die Eigenschaft STERN. Sobald die anstößige Unterscheidung von künstlichen und natürlichen Arten einmal vom Tisch ist, gibt es in der Tat wenig Veranlassung zu leugnen, daß Eigenschaften im Prozeß des Aufbaus wissenschaftlicher Theorien und anderer Organisationsschemata gestaltet werden und sich herausbilden. Das Machen von Eigenschaften passiert ganz unten ebenso wie ganz oben, je nachdem.

So kann also α in der vorgegebenen Welt existieren, doch gibt es *in natura rerum* keine inhärenten Fakten bezüglich seiner Eigenschaften. Es ist ebensowenig ein Stern, wie es ein Stern des Großen Wagens ist. Natürlich ist α auch in einer Welt ohne irgendwelche festen Eigenschaften ein Element von P_{23}, von P_s und vielen anderen Mengen. Das spätere Zuschneiden von Eigenschaften hat keinen Einfluß auf diese Sachverhalte. Diese „Tatsachen" sind vollkommen unabhängig von uns und den Versionen, die wir spinnen. Unsere Rolle ist eine andere. In der Konstruktion von Konstellationen haben wir dazu beigetragen, P_{23} zum GROSSEN WAGEN zu machen. In ähnlicher Weise haben wir bei der Gestaltung astronomischer Theorien dazu beigetragen, daß P_s, und nicht irgendeine andere Ansammlung von Sternen, die Menge mit der Eigenschaft STERN ist. Eben dadurch machen wir es möglich, daß α eine Instantiierung beider Eigenschaften ist.

Aus der Sicht des Welterzeugers ist die ungemachte Welt eine Welt ohne feste Eigenschaften und Gestalten. Reine Substanz, Diesheit oder Sein in Fülle, aber nichts, was *ihr ihre* spezifische Eigenart geben könnte. Gegner der Welterzeugung sehen die Lage weniger trostlos. Sie erwidern: Sie haben zugegeben, daß P_s unabhängig von uns existierte, existiert und existieren wird. Außerdem ist jedes ihrer Elemente ein Stern. Was ist daran so großartig? Sie können vielleicht das Recht beanspruchen, mit der konstruktiven Rolle zu prahlen, die wir in der Bildung unserer Kategorien der Realität spielen, wir aber müssen uns um die realen Dinge kümmern, die Objekte selbst sind bar jeder menschlichen Einmischung.

Diese Teile-und-herrsche-Strategie hat zwar ihren Reiz, verspricht aber mehr, als sie erfüllt. Sie ruht auf einer falschen Annahme, die bislang nicht in Frage gestellt, sondern vielmehr bekräftigt worden ist. Wir haben immer so getan, als ob das Herausgreifen von Sternen oder Mengen von Sternen selbst eine völlig unproblematische Sache wäre. Allein die Beschreibung von $\alpha, \beta, \gamma \ldots$ „als Sterne" oder der Menge P_{23} „als der GROSSE WAGEN" sollte von kognitiver Konstruktion abhängig sein. Die bloße Bezugnahme auf diese Sterne oder Sterngruppen mit Hilfe eines Namens erfordert diese Arbeit nicht. Es sind diese benannten Objekte, die waren, sind und sein werden, ob ein kognitiver Organismus die Bühne jemals betritt oder nicht. So oder so ähnlich die Kritiker der Welterzeugung.

Aber die Sachlage ist überhaupt nicht klar. Wie sehen zum Beispiel die Grenzen dieser benannten Objekte aus, und wie werden diese Grenzen festgelegt? Eine eingehende Behandlung dieser Thematik würde die ausführliche Erörterung des Pro und Kontra hinsichtlich unterschiedlicher Theorien der Referenz und der Eigennamen erfordern, was mir an dieser Stelle nicht möglich ist. Ich glaube, daß mein zentrales Argument ohne eine solche komplexe Prüfung konkurrierender Positionen vorgetragen werden kann.[3] Ganz schlicht formuliert, besteht die Behauptung darin, daß ohne die durch die Konstruktion von Konstellationen geschaffene Bühne nicht erkennbar wäre, daß α, β, γ bestimmte Teile des Sternenhimmels herausgreifen können. Zeigen und andere kausale Verknüpfungen können dies alleine nicht leisten. Ein Band von den Fingern oder Lippen zu den Sternen würde ebensowenig genügen. Damit sich ein Name auf jeden sternähnlichen Teil des Firmaments und nur auf einen solchen beziehen kann, müssen die zeitlichen und räumlichen Dimensionen der Sterne bestimmt sein. Wieviel an Materie welcher Art, verteilt über welche räumlichen und zeitlichen Intervalle, konstituiert einen Stern?[4] Wenn dies, wie ich plädiert habe, von der kognitiven Gestaltung der Eigenschaft STERN abhängt, dann schließt sich der Kreis. Ähnliche Überlegungen gelten für die Bestimmung des Umfangs und der Reichweite von P_{23}.

Einwand: Die These der Welterzeugung kann kosmologisch unmöglich zutreffen. Jeder Mensch weiß, daß man nicht etwas aus nichts herstellen kann. Auch noch so viel reden läßt keine Welt entstehen. Es muß etwas Fundamentales geben, Teilchen, Wellen, Raumzeitpunkte usw., auf dem alle Konstruktion operiert. Umgekehrt kann eine Beschreibung dieser Fundamente mit Recht beanspruchen, die Realität darzustellen, die vorgegebene Welt, schlicht und rein.

Antwort: Einverstanden, eine Konstruktion setzt etwas voraus, mit dem gearbeitet werden kann. Daraus folgt aber nicht, daß es *irgendein Ding* (oder irgendeine Art von Ding) gibt, auf dem alles Machen letztendlich beruht oder stattfindet. Hier scheint es mir sinnvoll, auf den Titel dieses Aufsatzes zurückzukommen: „Ganz von vorne anfangen".

Dieser Ausdruck wird typisch dann benutzt, wenn es um die Rolle geht, die eine Person spielt, wenn sie etwas macht. Wenn etwa ein Kuchen vom Anfang bis zum Ende selbst gemacht wird, dann heißt das, er wird nicht im Laden gekauft, wird nicht aus einer vorgefertigten Backmischung hergestellt und wird auch nicht tiefgefroren im Supermarkt gekauft und braucht nur noch einige Zeit im Backofen. Nein, die Zutaten müssen besorgt und gemischt und das Ergebnis gebacken werden. Etwas von Anfang an zu machen bedeutet aber nicht, mit gar nichts anzufangen. Nur ein

---

3 Ich erwarte, daß all jene, die fest an Wesenheiten und metaphysische Identitäten glauben, die Knappheit meiner Ausführungen besonders problematisch finden werden. Ich möchte allerdings betonen, daß meine Schwierigkeiten und Behauptungen nicht von der Verpflichtung auf eine Kennzeichnungstheorie der Eigennamen bedingt sind.
4 Die hier angesprochenen Probleme sind nicht die Probleme Quines, zwischen der Referenz auf Sterne und der Referenz auf unabgetrennte Sternteile oder Sternzeitschnitte zu unterscheiden. Ich befasse mich mit Referenzunterschieden, die ganz klar nicht in der gleichen Weise undurchschaubar sind.

Rezept allein ohne Zutaten läßt keine Kuchen entstehen. Machen setzt immer etwas Existentes, Vorgegebenes voraus. Und es gibt je nach Situation und Projekt keine Schwierigkeiten, sowohl die Zutaten als auch das Endprodukt zu identifizieren. Für den häuslichen Kuchenbäcker sind Mehl, Eier und Butter Basismaterial, die Lebensmittelindustrie stellt das Mehl her, für sie sind Weizen und Roggen Basismaterial, und für den Bauern fängt alles mit Erde, Luft, Wasser und Samen an. Und dennoch gibt es keine Stoffkategorie, keinen „Ausgangsstoff", an dem alles physische Machen ansetzen müßte.

In ähnlicher Weise ist auch alle Welterzeugung immer ein *Wieder*machen. Wie Dewey nicht müde wurde zu betonen, ist jede Konstruktion notwendig immer eine *Re*-Konstruktion. Wir fangen mittendrin an, arbeiten an oder mit dem, was da ist. Machen wir Konstellationen, werden Sterne selbstverständlich vorausgesetzt. Machen wir Sterne, dienen die Gruppierungen und Kategorien der Materie, die die Physik aufschlußreich findet, als Ausgangsbasis. Aber es gibt keine privilegierten, sich selbst zeigenden, der Realität inhärenten Bausteine. Noch auch wird von allen kognitiven Konstruktionen eine singuläre Abbildung dessen, was da ist, vorausgesetzt.

Schluß

Nach all dem Gesagten und Gezeigten sind wir nun vielleicht in der Lage, einen Kompromiß zu schließen, mit dem sowohl die Verfechter als auch die Kritiker der Welterzeugung leben können. Die Verteidiger der Welterzeugung können zugestehen, daß sie den Großen Wagen nicht *gemacht*, sondern nur dazu beigetragen haben, daß eine Gruppe von Sternen der Große Wagen *ist*. Ebenso haben sie nicht die Sterne *gemacht*, sondern nur daran mitgewirkt, daß bestimmte Ansammlungen von Materie Sterne *sind*. Wenn also die Gegner der Welterzeugung im Geiste einer Versöhnung bereit sind zuzulassen, daß wir mithelfen, Eigenschaften zu machen, dann können auch die Verfechter der Welterzeugung zugeben, daß jede kognitive Konstruktion von etwas Vorgegebenem abhängig ist. Welten werden nie aus nichts gemacht. Wir müssen mit irgend etwas „ganz von vorne" anfangen.

Literatur

Goodman, N. (1978): Ways of Worldmaking. Cambridge, MA (Hackett Publishing).
Goodman, N. (1984): Of Mind and Other Matters. Cambridge, MA (Harvard University Press).
James, W. (1907): Pragmatism: A New Name for Some Old Ways of Thinking. New York (Longmans, Green & Co.).
James, W. (1909): The Meaning of Truth: A Sequel to Pragmatism. New York (Longmans, Green & Co.).

McCormick, P. (ed.) (1996): Starmaking: Realism, Anti-Realism, and Irrealism. Cambridge (MA) (MIT Press).
Schwartz, R. (1985): The Power of Pictures. *Journal of Philosophy* 82: 711–720.
Schwartz, R. (1986): I'm Going to Make You a Star. *Midwest Studies in Philosophy* 11: 427–439.

Deutsche Fassung: Wolfram Karl Köck

Der Radikale Konstruktivismus: "What difference does it make?"[1]
Josef Mitterer

1. (Radikaler) Konstruktivismus und Realismus besetzen verschiedene Positionen im erkenntnistheoretischen Spektrum. Die Unterschiede werden von den jeweiligen Vertretern als so groß empfunden, daß es kaum zu ausführlichen Auseinandersetzungen kommt.

Die Kritik beschränkt sich meist auf Standardsätze oder verständnislose Abwertungen. Jeder findet, daß seine Auffassung verfälscht oder unzulässig verkürzt wiedergegeben wird oder gar, daß er die ihm unterstellten Ansichten (etwa Leugnung der Realität hier und naiver Abbildrealismus dort) nie vertreten hat.

2. Der Hauptvorwurf des Realisten ist, daß der Konstruktivismus ohne realistische Voraussetzungen nicht auskommen könne. (Und für Niklas Luhmann ist der Konstruktivismus sogar explizit eine realistische Erkenntnistheorie.) *Der Konstruktivist ist in Wirklichkeit ein Realist* – und spätestens dann, wenn er mit dem Kopf durch die Wand will, müßte er dies auch eingestehen.

3. Der Konstruktivist kritisiert vor allem den realistischen Grundsatz einer zumindest prinzipiell erkennbaren Realität. Unsere Vorstellungen von der Realität können nur mit anderen Vorstellungen verglichen werden und nicht mit der Realität selbst. Richtigkeit oder gar Wahrheit von Weltbildern ist nicht feststellbar. Eine Welt jenseits unserer Sinne und Begriffe ist nicht erkennbar. Jeder konstruiert seine eigene Wirklichkeit – wenn auch nicht unabhängig von seiner Umwelt und in Abstimmung mit anderen.

4. In seiner Kritik universalisiert der Konstruktivist jedoch die eigenen Grundsätze zu Voraussetzungen, die auch für Realisten gelten. Er kann dem Realisten nicht zubilligen, daß dieser im Gegensatz zu ihm die Welt tatsächlich erkennt und also zu Recht Realist ist. Wenn die Welt zu 100 Prozent die Welt meiner Erfahrung und mein Erleben ist, wenn Wissen ausschließlich eine interne Konstruktion des menschlichen Subjekts ist, dann gilt dies auch für den Realisten, ob er dies wahrhaben will oder nicht: *Der Realist ist in Wirklichkeit ein Konstruktivist.*

5. Der Realismus wird so zu einem Sonderfall des Konstruktivismus, der versucht, seine Konstruktion der Wirklichkeit zu verabsolutieren, indem

---

[1] Dieser Artikel ist dem Buch *Die Flucht aus der Beliebigkeit* entnommen, das im Januar 2001 im Fischer Taschenbuch Verlag erscheinen wird. Abdruck mit freundlicher Genehmigung des Verlags.

er sie mit der unabhängigen Realität gleichsetzt. Damit reduziert der Konstruktivismus den Unterschied zum Realismus auf einen Unterschied in der Erkenntnis*haltung* und Erkenntnis*einstellung* – also auf eine Attitüde. Da sich die Idee, daß wir alle Konstruktivisten sind, ob wir dies einsehen oder nicht, auf bestimmte biologische und psychologische Voraussetzungen stützt, muß sich der Konstruktivismus hier genau den Vorwurf der Verabsolutierung gefallen lassen, den er gegen den Realisten erhebt.

6. Konstruktivismus und Realismus setzen in der gegenseitigen Kritik einander die jeweils eigene Position voraus. Die Wirklichkeit wird dem Konstruktivisten vom Realisten „realistisch" vorgegeben und dem Realisten vom Konstruktivisten „konstruktivistisch" geschaffen.

Beide unterstellen, daß die wissenschaftliche Praxis ihre Seite unterstützt. Die Realisten sagen, daß die Wissenschaftler letztlich realistisch vorgehen; die Konstruktivisten, daß sie konstruktivistisch vorgehen. Die wissenschaftliche Praxis ist sowohl realistisch als auch konstruktivistisch interpretierbar.

Ob die Wissenschaftler sich eher als Realisten oder als Konstruktivisten sehen, hängt vor allem davon ab, welche (Wissenschafts-)Philosophie gerade in Mode ist. Es gibt keine Anzeichen, daß realistisch orientierte Wissenschaftler erfolgreicher sind als konstruktivistisch orientierte Wissenschaftler, und es macht für die Ergebnisse von Wissens- oder Erkenntnisanstrengungen auch wenig Unterschied, ob sie als Erfindungen oder als Entdeckungen interpretiert werden. Zwar haben nach von Glasersfeld erst im 20. Jahrhundert „Wissenschaftler einzusehen begonnen, daß ihre Erklärungen der Welt stets auf Begriffen beruhen, die der menschliche Beobachter formt und seinen Erlebnissen aufprägt" (von Glasersfeld 1998, S. 564). Aber auch schon vor dieser Einsicht haben die Wissenschaftler genau das getan, wovon sie inzwischen eingesehen haben, daß sie es tun.

7. Von Glasersfeld ersetzt Wahrheit/Richtigkeit durch Viabilität und Falschheit/Irrtum durch Nichtviabilität. (Manchmal tun es statt „wahr" auch Ausdrücke wie „unbestreitbar", „unwiderlegbar" oder „logisch unanfechtbar".) Die konstruktivistischen Ersatzbegriffe sind jedoch mit den gleichen Problemen behaftet wie jene, die sie ersetzen wollen. Viable Konstruktionen können mit der Realität nicht positiv abgeglichen werden. Merkwürdigerweise kann es gerade dann, wenn unsere (deshalb?) nichtviablen Konstruktionen mißlingen oder scheitern, zu einem *direkten* Kontakt, zu einer Konfrontation mit der „ontischen Realität" kommen. Zwar erlaubt uns das Scheitern unserer Konstruktionen eine bloß negative Bestimmung der Realität, ein „*So* (geht's) *nicht!*": „Die Realität kann nur mit Bezug auf jene Gedanken beschrieben werden, die sich als erfolglos erwiesen haben" (von Glasersfeld 1996, S. 193). Von Glasersfeld sagt, daß „für den Konstruktivisten völlig gleichgültig ist, wie das Sein ist" (von Glasersfeld 1996, S. 324). Aber daß die Realität ein „Rad ist, das nichts dreht" gilt wohl nur so

lange, als unsere Konstruktionen viabel sind und nicht durch die „natürliche Auslese" ausgeschieden werden.

8. Die Inkonsequenz des Konstruktivismus gerade dann, wenn Konstruktionen „scheitern", ist ein Zeichen dafür, daß der Konstruktivismus mit der Voraussetzung einer zumindest negativ erkenntnisrelevanten sprachunabhängigen Realität auch die damit verbundene dualistische Argumentationstechnik übernommen hat.

Aber vielleicht ist diese Inkonsequenz vermeidbar? Ein *radikaler* Konstruktivismus könnte auch argumentieren, daß unsere (theoretischen) Konstruktionen weder positiv *noch* negativ mit der Realität abgeglichen werden können. Das immer wieder beschworene Argument der Skeptiker gilt wohl nicht bloß für Ansichten oder Vorstellungen, die richtig oder viabel sind.

9. Wie werden Scheitern oder Widerlegung von theoretischen Konstruktionen bestimmt? Für das *Gelingen* unserer Konstruktionen sind wir selbst verantwortlich – ist für das *Mißlingen* die Natur, die Realität verantwortlich? Wer bestimmt, ob unsere Konstruktionen nichtviabel sind? Die Realität oder *eine* (andere) *Theorie über die Realität*? Der Konstruktivismus würde an Konsequenz gewinnen, wenn er sich für die zweite Variante entschiede. Diese wird in der Praxis von wissenschaftlichen Diskurskonflikten hinsichtlich Viabilität/Nichtviabilität von theoretischen Konstruktionen angewandt. Das Scheitern von Theorien, ihre Widerlegung, wird dabei immer von *anderen* theoretischen Positionen aus konstatiert, die als (noch) nicht gescheitert den gescheiterten Konstruktionen vorausgesetzt werden. Das erklärt auch teilweise, warum sich Theoretiker nur selten davon beeindrucken oder beirren lassen, daß ihre Theorien von anderen für gescheitert erklärt wurden.

10. Der Konstruktivismus behauptet häufig, daß die „natürliche Auslese" oder gar die „Realität" gleich einem „Sieb" über die Viabilität von Konstruktionen entscheidet.

Vielleicht wäre der Konstruktivismus stringenter, würde er einräumen, daß hier von der Basis einer zur Voraussetzung für diese Konstruktionen mutierten Evolutionstheorie aus geurteilt wird.

11. Daß eine Theorie scheitert oder widerlegt wird, heißt nicht mehr, als daß sie der Theorie zuwiderläuft, von der aus Scheitern und Widerlegung konstatiert werden. In der Wissenschaft finden sich vermutlich kaum theoretische Konstruktionen – es sei denn, niemand kennt sie außer ihren Vertretern –, die nicht von irgendeiner anderen Theorie aus widerlegt wurden. Wie oft wurde die Relativitätstheorie schon für „widerlegt" oder „gescheitert" erklärt oder, worauf die Widerleger bestehen, *tatsächlich* widerlegt. Weder lassen sich Evolutionstheoretiker davon beeindrucken, daß

sie von Kreationisten falsifiziert wurden, noch umgekehrt. In den verschiedensten Wissenschaften wurden oder werden die seltsamsten Ansichten vertreten: daß die Erde eine Scheibe ist, daß die Menschheit nicht älter als ein paar tausend Jahre ist, daß alle Höhlenmalereien Fälschungen sind, daß das Universum mit oder gar aus einem Knall entstanden ist, daß Aids (k)eine Viruserkrankung ist, daß die Materie aus Quarks und anderen Teilchen oder aus Energie besteht, daß es schwarze Löcher gibt, daß Phlogiston existiert etc. etc. – und alle diese Konstruktionen haben in der Überzeugung ihrer Konstrukteure funktioniert oder funktionieren immer noch. Viele, wenn nicht die meisten Vertreter ihrer Theorien haben diese trotz aller Anfechtungen und Vorwürfe des Scheiterns, trotz aller Falsifizierungen bis zum Ende ihres Lebens vertreten. Oft haben sie auf die Widerlegung ihrer eigenen Theorie mit der Widerlegung jener Theorie geantwortet, von der aus sie widerlegt wurden. Und wenn sie denn ihre Theorie zugunsten einer anderen aufgegeben haben, dann haben sie erst vom Ansatz einer Nachfolgetheorie aus ihre frühere Theorie als gescheitert erklärt.

12. Realistische, traditionell wahrheitsorientierte Denker behaupten manchmal, wie von Glasersfeld hervorhebt, daß der Konstruktivismus und andere verwandte Denkweisen mit relativistischer Tendenz und multiplen Wirklichkeiten „gefährlich seien, weil sie Verirrungen, wie zum Beispiel dem Nazismus, nichts entgegensetzen können" (von Glasersfeld 1998, S. 510). Karl Popper hat dem Relativismus sogar unterstellt, daß er „zur Anarchie, zur Rechtlosigkeit und zur Herrschaft der Gewalt führt" (Popper 1983, S. 106). Nun schützen aber auch realistische Überzeugungen keineswegs davor, beliebige Auffassungen zu vertreten und zu rechtfertigen. Dazu braucht es nicht die in durchaus realistischem Jargon verfaßten Texte von Kreationisten wie Ross oder Morris oder gar von Revisionisten wie Faurisson oder Buckley – es genügt vielleicht der Hinweis auf die Unterstützung der Vereinigungskirche („Mun-Sekte") durch realistisch orientierte Theoretiker wie Eccles, Bartley und Radnitzky, der auch im rechtsextremen Schrifttum prominent vertreten ist.

13. Ich bezweifle, daß Konstruktivisten „aus rein epistemologischen Gründen" tolerant sein müssen. Zum einen nehmen auch (Kritische) Realisten und Rationalisten das Toleranzpostulat für sich in Anspruch und begründen es mit der Irrtumsanfälligkeit der Menschen. Und warum sollte es nicht dogmatische, intolerante und ignorante Konstruktivisten einerseits und tolerante und bescheidene Realisten andererseits geben (auch wenn Popper seine Toleranz nur gepredigt hat und von Glasersfeld sie auch lebt)?

14. Beide Denkmodelle – das realistische wie das konstruktivistische – sind Manifestationen einer Argumentationstechnik, mit deren Hilfe beliebige Auffassungen als wahr, falsch oder gescheitert im realistischen Fall und zumindest als nichtviabel, gescheitert oder widerlegt im konstruktivisti-

schen Fall ausgewiesen werden können, je nachdem, ob sie vertreten oder abgelehnt werden. Dies geschieht unter Berufung auf eine „unabhängige Realität" oder andere Instanzen, die durch die Realisierung und Universalisierung von theoretischen Konstruktionen aus der Biologie oder anderen Bereichen erzeugt werden.

Dem Radikalen Konstruktivismus von Ernst von Glasersfeld ist immerhin anzurechnen, daß er sich bei dieser Argumentationsweise nicht wohl fühlt und mit dem Problem kämpft, eine Terminologie zu verabschieden, die zutiefst objektivistisch und realistisch geprägt ist. Das ist manchmal schwierig: „Daß andere ihre Wirklichkeit nicht so sehen müssen, wie man die eigene sieht" (von Glasersfeld 1998, S. 510), ist trivial, wenn es sich dabei um verschiedene, vom jeweiligen Subjekt abhängige Wirklichkeiten handelt. Wenn aber für den anderen die gleiche Wirklichkeit vorliegt wie für mich und wir sie verschieden sehen, dann geht dem „Sehen" das konstruktive Moment verloren.

Und wenn „alles, was gesagt, gesehen oder gefühlt wird, verschieden interpretiert" werden kann – dann stellt sich wieder die Frage, ob gleiche oder verschiedene Objekte verschieden interpretiert werden, und dann, welche dieser Interpretationen viabel sind und welche nicht. (Auf die terminologischen Schwierigkeiten, mit denen konstruktivistische Theorien konfrontiert sind, verweist besonders S. J. Schmidt 1998, S. 567 f.).

15. Der Widerstreit zwischen konstruktivistischer Hervorbringung von Wirklichkeiten und realistischer Reduktion in Richtung auf die eine Realität wird nach Präferenzen zu entscheiden sein, die aus Voraussetzungen gewonnen werden, die nur dann zwingend sind, wenn wir sie machen.

Literatur

Glasersfeld, E. von (1996): Radikaler Konstruktivismus: Ideen, Ergebnisse, Probleme. Frankfurt a. M. (Suhrkamp).
Glasersfeld, E. von (1998): Die Radikal-Konstruktivistische Wissenstheorie. *Ethik und Sozialwissenschaften* 9 (4): 503–511.
Popper, K. (1983): Duldsamkeit und intellektuelle Verantwortlichkeit. In:
F. Kreuzer (Hrsg.)(1986): Offene Gesellschaft – Offenes Universum. Wien (Deuticke), S. 103–117.
Schmidt, S. J. (1998): Der nächste Schritt. *Ethik und Sozialwissenschaften* 9 (4): 567–569.

Realitätsbezug auf Natur oder Praxis?
Zur Konstruktivität des Kulturalismus
Peter Janich

Einleitung

Der Heidelberger Kongreß „Weisen der Welterzeugung" erlebte ein geradezu inflationäres Vorkommen der Wörter „Konstruktivismus", „Konstruktion", „konstruktivistisch" und „konstruktiv". Dazu darf man in Erinnerung rufen, daß das lateinische *construere* soviel heißt wie „zusammensetzen", „bauen" und damit auf eine Tätigkeit verweist, für die zwei Aspekte von entscheidender Wichtigkeit sind: Es geht um *poietisches*, d. h. handwerklich herstellendes Handeln, und es geht um *Handeln*, d. h. um ein Verfolgen von Zwecken. Die deutsche Wortbedeutung von konstruieren für planen etwa im Bereich der Architektur oder der Ingenieurskunst verweist ebenfalls auf diese beiden Aspekte.

Die Konstruktivisten und Welterzeuger aller Provenienzen und Schattierungen stellen sich dagegen ganz in eine rund 3000jährige Tradition und ignorieren die Poiesis. Vielleicht abgesehen von Aristoteles, hat sich die Philosophiegeschichte von den Vorsokratikern bis in die Gegenwart mit Ideen, Erkenntnis, Begriffen, und vielem anderen mehr befaßt, was sich treffend als Produkte und Betätigungsfeld der Mundwerker im Unterschied zum Handwerker charakterisieren läßt. Kurz, trotz der Herkunft ihrer Positionsbezeichnung haben die mundwerklichen Konstruktivisten, nicht anders als andere Philosophen und Wissenschaftler, das Handwerk schlicht vergessen.

Der folgende Text konzentriert sich entgegen dieser Einseitigkeit auf die genannten beiden Gesichtspunkte:

- die Poiesis als „Weise der Welterzeugung",
- die Zweckrationalität menschlichen Handelns.

Dabei wird sich im Blick auf den Radikalen Konstruktivismus eine Fülle stillschweigender, jedoch problematischer Annahmen und Voraussetzungen ergeben. Diese sind im Methodischen Konstruktivismus begründet kritisiert und konstruktiv überwunden. Letzterer bedarf als eine selbst schon historische Position (der Konstruktivismus der Erlanger Schule) einer kulturalistischen Revision. Damit ist zugleich der folgende Text in drei Abschnitte gegliedert.

I. Philosophische Probleme und Fragen des Konstruktivismus

1. Der Radikale Konstruktivismus und sein stillschweigender Naturalismus

Es hieße Eulen nach Athen tragen, wollte man hier betonen, daß sich unter der Bezeichnung „Radikaler Konstruktivismus" schon wieder eine Vielfalt zum Teil recht verschiedener Ansätze versammelt hat. Für die folgenden Argumentationsziele soll deshalb exemplarisch ein einzelner Autor stehen, der wegen seiner Rolle als Namensgeber und Repräsentant dieser Position nur Ernst von Glasersfeld heißen kann: Er hat im Anschluß an J. Piaget die Bezeichnung „Radikaler Konstruktivismus" geprägt und der Position zentrale programmatische Orientierungen gegeben (von Glasersfeld 1996, 1998).

Die Auswahl dieses Autors als Repräsentant einer Richtung ist mit der Hoffnung verknüpft, Fairneß in folgender Hinsicht zu signalisieren: Die folgende *Naturalismuskritik* am Radikalen Konstruktivismus wählt nicht die einschlägig am leichtesten zu kritisierenden radikalsten Naturalisten wie U. Maturana oder F. J. Varela, braucht andererseits nicht zu übersehen, daß z. B. S. J. Schmidt als prominenter Vertreter dieser Richtung sicher eine Ausnahme bezüglich naturalistischer Orientierung bildet. E. von Glasersfeld steht gleichsam in der Mitte zwischen den Polen von Naturalismus und Kulturalismus.

Im folgenden sei also unter Radikalem Konstruktivismus stets eine Position vom Typ von Glasersfeld verstanden. Dabei gehe ich von einer *prinzipiellen Übereinstimmung* zwischen dem Radikalen Konstruktivismus, dem Methodischen Konstruktivismus und dem Methodischen Kulturalismus aus, wonach Adäquations- oder Abbildtheorien der Wahrheit oder der Erkenntnis in allen Formen unhaltbar sind. Alle Formen von Erkenntnis stellen menschliche Konstrukte dar. Von Glasersfeld ist zuzustimmen, wenn er in klassischer Kürze formuliert: „Der Radikale Konstruktivismus ist unverhohlen instrumentalistisch." Auch die methodischen Ansätze sind instrumentalistisch.

Von Glasersfeld nun nennt zur Bildung oder Erläuterung seiner Kernbegriffe „Anpassung" und „Viabilität" drei Anschlüsse, nämlich an Ernst Mach, an Charles Darwin und an Jean Piaget. Bei Mach ist es *„die Anpassung der Gedanken an die Tatsachen und aneinander"* (E. Mach 1917, S. 164); von Glasersfelds Darwin-Interpretation stellt heraus: „*Anpassung* ist nicht eine Tätigkeit der Organismen, sondern eine Beschreibung ihres Zustands" (1998, S. 4); und zu Piaget: „Der springende Punkt dieser Theorie (d. h. Piagets) ist das Prinzip der *Akkommodation*" (1998, S. 5), wo „Akkommodation" verstanden wird als die Bildung eines neuen Schemas, wenn eine Handlung einer wahrgenommenen Situation assimiliert ist, aber nicht zum erwarteten Ergebnis führt, d. h., wenn eine „Perturbation" auftritt. Zahlreich sind die Hinweise von Glasersfelds, daß *Erfahrungen* im täglichen Leben wie in den Wissenschaften lediglich „viable", also durch Anpassung haltbare oder überlebensfähige Ergebnisse haben.

Diese drei Anschlüsse bedeuten mehr und anderes, als nur bescheiden Vorläufer oder die historische Herkunft von Unterscheidungen zu nennen; für diese Anschlüsse ist vielmehr entscheidend, daß sie als *Anerkennung naturwissenschaftlicher Forschungsergebnisse* verstanden werden. Genauer findet mit diesen Anschlüssen also ein Import naturwissenschaftlicher Ergebnisse in einen erkenntnistheoretischen Ansatz statt, der im folgenden kritisch zu betrachten ist.

Leider ist es hoffnungslos, von Naturalisten eine konsensfähige Definition eines erkenntnistheoretischen Naturalismus zu erwarten – gibt es vielleicht so viele Konstruktivismen wie Konstruktivisten, so scheint es beim Naturalismus noch ärger zu stehen: Es gibt mehr Naturalismen als Naturalisten. Deshalb soll hier unter „Naturalismus" die Auffassung verstanden werden, die Zuständigkeit der Naturwissenschaften und die Anerkennung ihrer Ergebnisse als *grundlegend für erkenntnistheoretische Klärungen* zu nehmen.

Ich unterstelle dabei selbstverständlich, daß sich zwischen naturwissenschaftlichen und philosophischen Sätzen klar unterscheiden läßt. Wie dies geschieht, kann hier nur angedeutet werden und ist z. B. in einschlägiger Literatur des Methodischen Konstruktivismus mit ausgearbeiteten Theorien nachzulesen. So wird man etwa Wörter wie „Länge", „Dauer", „Masse", „Kraft", „Energie" zur Objektsprache der (klassischen) Physik rechnen, während Wörter wie „Theorie", „Hypothese", „Experiment" zur Wissenschaftstheorie und insbesondere selbstverständlich Wörter wie „Sprache", „Handlung", „gültig/ungültig" zur Erkenntnistheorie zu zählen haben. Wissenschafts- und Erkenntnistheorie sind philosophische Teildisziplinen. „Naturalistisch" ist es dann, *naturwissenschaftliche* und *philosophische Sprache* beliebig zu vermengen und mit der schlichten Verwendung von (als gültig unterstellten) naturwissenschaftlichen Resultaten in erkenntnistheoretischen Diskursen zu übersehen, daß damit philosophische und naturwissenschaftliche Urteile beliebig verwechselt und naturwissenschaftliche Urteile unbegründet einer Erkenntnistheorie zugrunde gelegt werden.

Damit ist zugleich der Kerneinwand formuliert: Wenn Erkenntnis- und Wissenschaftstheorie überhaupt ein eigenes, sinnvolles Betätigungsfeld haben sollen, kann dies nur in der Bestimmung von Erkenntnis bzw. Wissenschaftlichkeit als Erkenntnisform und damit in der *kritischen Beurteilung* historisch vorfindlicher wissenschaftlicher Resultate auf gültig und ungültig hin liegen. Wer aber eine Erkenntnistheorie auf der stillschweigenden *Anerkennung* naturwissenschaftlicher Ergebnisse aufbaut, hat sich unbegründet und deshalb *dogmatisch* auf ein Urteil gestützt, das zu begründen erst die Aufgabe der angestrebten Erkenntnistheorie sein kann. Naturalismus in der Form einer Allzuständigkeit der Naturwissenschaften für erkenntnistheoretische Probleme ist also prinzipiell und generell dogmatisch.

Im einzelnen zeigt sich dieser Dogmatismus z. B. im Anschluß von Glasersfelds an Mach, wenn, in Abwehr ontologisch-metaphysischer Er-

I. Philosophische Probleme und Fragen des Konstruktivismus

kenntnistheorien, nun von einer Anpassung der Gedanken *an die Tatsachen* die Rede ist. Hier wird der Teufel einer Ding- mit dem Beelzebub einer Tatsachenontologie ausgetrieben. Daß Tatsachen selbst als Konstrukte zu fassen und das Wort „Tatsache" entsprechend handlungstheoretisch und sprachphilosophisch zu explizieren ist, ist dabei sowohl als Aufgabe verkannt als auch als Chance verspielt (zum Begriff der Tatsache vgl. W. Kamlah u. P. Lorenzen 1973).

Nicht anders steht es beim Anschluß an Piaget, der selbst seinen Ansatz zu Recht eine *biologische* Theorie nennt und dabei z. B. beim Handlungsschema gerade den Unterschied verliert, der handlungstheoretisch als der Unterschied von Handeln und Sichverhalten, von authentischem Vollzug zweckgerichteten Handelns einerseits und bloß sich ereignendem Ablauf andererseits bestimmt ist. So überrascht es auch nicht, daß von Glasersfeld z. B. davon spricht, ein *Organismus* könne Erfahrung haben, statt zu sehen, daß „Organismus" ein Terminus technicus der Biologie ist und nur einen Beschreibungsaspekt von Menschen betrifft, die, nicht zuletzt als Biologen, Erfahrungen im Kontext ihrer authentisch vollzogenen Handlungen gewinnen.

Auch die Anschlüsse an Darwins Konzeption einer wissenschaftlichen Naturgeschichtsschreibung sind bei von Glasersfeld ohne jede Nachfrage nach den *Bestimmungen grundlegender Begriffe*, nach den *Bedingungen des Geltens* und nach der Rechtfertigung, evolutionsbiologische Beschreibungen auf Kulturleistungen des Erkennens zu übertragen, vorgenommen. (Man vergleiche hierzu die Arbeiten aus dem Methodischen Kulturalismus zur Biologie, zur Naturgeschichte und zur Evolutionären Erkenntnistheorie etwa von M. Gutmann, P. Janich und M. Weingarten.)

Es scheint, daß von Glasersfeld diesen naturalistischen Import nicht bemerkt. Die Naturwissenschaften sind ihm sozusagen der Garant dafür, daß eine Art von Ereignis- oder Tatsachenontologie auch seiner eigenen, radikal-konstruktivistischen Bemühung zugrunde gelegt werden darf. Deshalb komme ich nun zur Alternative einer nicht von vornherein wissenschaftsaffirmativen Auffassung.

2. Die Wissenschafts- und Erkenntniskritik des Methodischen Konstruktivismus

Einleitend wurde die Vernachlässigung der Poiesis durch die Philosophiegeschichte einschließlich des Radikalen Konstruktivismus behauptet. Folgenschwer wird diese Vernachlässigung im Zusammenhang mit einer erkenntnistheoretischen Beurteilung der Naturwissenschaften. Diese haben, vor allem seit ihren neuzeitlichen Anfängen im 17. Jahrhundert, ein *technisches Fundament*. Beobachtung, Messung und Experiment sind Formen naturwissenschaftlicher Erfahrungsproduktion, bei denen die Verwendung von Geräten, also von poietisch hergestellten Artefakten, nicht nur unverzichtbar ist, sondern konstitutiv für Resultate und ihre Geltungsansprüche wird. Der Kürze und Einfachheit halber soll dies am Beispiel der Zeitmessung erläutert werden, wie sie seit den ersten Fallexperimenten bei Galilei eine wichtige Rolle spielt (vgl. Janich 1969, 1997b).

In den Naturwissenschaften wird unter Zeit verstanden, was als Meßresultate mit Uhren gewonnen wird. Uhren, vom Menschen poietisch zweckmäßig hergestellt, verfehlen bei Störung oder Defekt ihren Zweck. Ist dies der Fall und liefert damit die Uhr keine brauchbaren Daten, wird dadurch aber kein empirisches, kein Naturgesetz widerlegt. Vielmehr erklären Naturwissenschaftler und Techniker Defekte von Meßgeräten gerade wieder mit ihren empirischen Sätzen – selbstverständlich zum Zweck der Störungsbeseitigung, deren Gelingen dieses Vorgehen rechtfertigt. Die *Ungestörtheit von Meßgeräten* wie Uhren ist damit *nicht durch Naturgesetze*, nicht durch empirisch gewonnenes naturwissenschaftliches Wissen erklärt, sondern normativ als Zweck gesetzt. Der poietisch handelnde Uhrmacher bzw. der die Uhren anwendende, poietisch handelnde Laborforscher realisiert diesen Zweck durch Herstellung und Verwendung der durch Ungestörtheit definierten Uhr.

Dieses einfache Beispiel soll stellvertretend für ausgeführte Theorien der methodischen Philosophie (Protophysik) belegen, daß die Funktion von Geräten, die der Naturwissenschaftler zur Erfahrungsgewinnung benötigt, nicht ihrerseits durch Naturgesetze erklärt werden kann; denn dadurch kann nie der Unterschied von ungestörten und gestörten Funktionen bestimmt werden. Die Gestörtheit ist nur durch ein Verfehlen des Zwecks von Erfindern, Erbauern und Benutzern solcher Geräte gegeben. Allgemein, keine naturwissenschaftliche, erfahrungsgestützte Theorie kann in ihrer Geltung ihrerseits empirisch durch Naturwissenschaften bestimmt werden. Naturwissenschaften sind Teile zweckgerichteter menschlicher Praxen, sind eine durch Handeln erbrachte Kulturleistung.

Grundlegend für diese Kritik an naturalistischen Mißverständnissen der Naturwissenschaft ist ein Bezug auf menschliches *Handeln*, das nun in Unterscheidung zu den Sprachgebräuchen bei von Glasersfeld und Piaget terminologisch genauer bestimmt werden soll. Der Kürze halber sei hier auf den Aspekt verwiesen, der für Erkenntnis- und Wissenschaftstheorie der wichtigste wird: Wer handelt, unterscheidet für seine eigenen Handlungen authentisch zwischen *Gelingen* und *Mißlingen*. Die wichtigste (wenn auch nicht die einzige) Form dieser Unterscheidung ist, das Gelingen als *Erreichen eines Zwecks*, das Mißlingen als dessen *Verfehlen* zu bestimmen. Damit wird Handeln von einem bloßen Verhalten wie Stolpern, Erschrecken, Niesenmüssen unterschieden.

Auch im täglichen Leben könnte ein Mensch, der nicht als kleines Kind gelernt hat, konsequent zwischen Handeln und bloßem Verhalten zu unterscheiden, nicht die einfachsten eigenen Verrichtungen beurteilen. Ihm würde jedes Minimum an sozialer Kompetenz mit der Unterscheidung von Handlungen, die dem Handelnden als Schuld und Verdienst zugerechnet werden, von unzurechenbaren Widerfahrnissen fehlen. Auch unser Rechtssystem, wie alle Rechtssysteme, nimmt diese Unterscheidungskompetenz grundsätzlich in Anspruch.

Schon der *alltägliche Lebensvollzug* zwingt jeden Menschen, nicht nur als Mundwerker, sondern auch *als Handwerker* zu leben, d. h. poietisch zu handeln (vgl. Janich 1999b). Und schon in alltäglichsten Verrichtungen, erst recht in den komplexen Zusammenhängen naturwissenschaftlicher Laborforschung, haben wir es mit Handlungsketten zu tun, deren Ausrichtung auf Zwecke ein Rationalitätsprinzip legitimiert: Man veranschauliche sich dies an einem einfachen Beispiel des Kochens: Wer russische Eier zubereiten möchte, muß dazu Eier kochen, schälen, halbieren und garnieren – und zwar in dieser *Reihenfolge*. Niemand falsifiziert ein Naturgesetz oder verstößt gegen ein Sittengesetz, wenn er von dieser Reihenfolge der Teilhandlungen abweicht, kann dies aber nur bei Strafe des Mißerfolgs: Das Endprodukt wird nicht das gewünschte sein.

Im poietischen Handeln finden sich die exemplarisch klarsten Fälle zwangsläufiger Reihenfolgen von Teilhandlungen in Handlungsketten relativ zur Zweckerreichung. Sie sind aber auch für nichtpoietische Praxen, darunter auch in sprachlichen und symbolischen Handlungsbereichen, zu finden. Wo nun *über Handlungen gesprochen*, also z. B. (auch) poietische Handlungsketten der Laborforschung zur Beschreibung empirischer Resultate vorkommen, darf diese Reihenfolge nicht anders beschrieben werden, als zum Erfolg führend. Dieses Postulat, das im Methodischen Konstruktivismus als „Prinzip der methodischen Ordnung" bezeichnet wird, ist recht besehen eine Verbotsnorm, in sprachlich-theoretischer Darstellung von der erfolgreichen Reihenfolge der Teilhandlungen einer Handlungskette abzuweichen. Dieses Prinzip selbst ist nicht dogmatisch, sondern auf den Zweck relativiert, in behauptender Rede zu wahren Beschreibungen, in vorschreibender Rede zu erfolgreichen Rezepten zu kommen.

Damit ist eine Rationalitätsnorm für die Aufstellung von Theorien gewonnen, gegen die in der Geschichte der theoriebildenden Wissenschaften, von der antiken Geometrie Euklids über die Prinzipien der Naturphilosophie bei Newton bis zu modernsten, heutigen Theorien, immer wieder verstoßen wird. Die anerkannten Defizite im definitorischen Vorspann von Euklids Geometrie oder Newtons Mechanik beruhen genau auf diesem Verstoß. Die Konstruktion von Terminologien (Begriffssystemen) und Theorien hat dagegen eine spezifisch konstruktive Form genau dann, wenn sie *auf die praktischen*, d. h. im Handeln bestehenden bzw. erzeugten *Gegenstände Bezug* nimmt, denen sie sich tatsächlich verdankt.

Ein weiterer wichtiger Aspekt kritischer Beurteilung der Naturwissenschaften schließt an das unbestrittene Faktum an, daß Naturwissenschaftler mit ihren Ergebnissen *Geltungsansprüche* verknüpfen. Wer dies bestreiten wollte, müßte akzeptieren, daß in die sprachliche Formulierung seiner Resultate z. B. beliebig Negationen eingestreut werden – aber jeder normalsinnige Wissenschaftler würde auf ein solches Ansinnen mit Empörung reagieren, weil dies seine Resultate falsch macht.

Damit „gibt es" aber nur Resultate als solche, die von Naturwissenschaftlern durch *Vollzug* mit Geltungsansprüchen verknüpft sind – „durch Vollzug" im Gegensatz zu „in Beschreibung". Es ist ein Kernaspekt des methodisch-konstruktiven Zugangs zur Erkenntnis über die Handlungstheorie, daß *zwischen Handlungsvollzug und Handlungsbeschreibung unterschieden* wird. Auch dies ist implizit übrigens von jedem normalsinnigen Menschen anerkannt, sonst würde ja z. B. zwischen dem Vollzug und der Beschreibung eines Mordes nicht unterschieden. Auch beim Lokaltermin, bei dem zu kriminalistischen und rechtlichen Zwecken ein Tathergang rekonstruiert werden soll, wird zwischen Vollzug, Rekonstruktion und Beschreibung unterschieden.

Sowohl für die Kritik am Radikalen Konstruktivismus wie für eine Überwindung seiner Defizite ist die *Unhintergehbarkeit des Handlungsvollzugs durch Handlungsbeschreibung* entscheidend. Wer etwa Handlungen erklären, gar noch kausal oder naturwissenschaftlich, z. B. organismustheoretisch oder systemtheoretisch erklären wollte (wie von Glasersfeld in seinen Anschlüssen an Mach, Darwin und Piaget), hat bereits übersehen, daß er einen solchen Wunsch bzw. einen solchen Zweck nur durch Handlungsvollzug überhaupt in Angriff nehmen kann. Mit anderen Worten, alle Handlungsbeschreibungen und -erklärungen sind selbst Produkte von Handlungen, die ihrerseits nur als vollzogene produktiv sind. Auch das *Erheben von Geltungsansprüchen* für jedwede Behauptung, sei sie im Alltag, sei sie in der Wissenschaft, sei sie in Erkenntnis- und Wissenschaftstheorien, auch des Radikalen Konstruktivismus, ist nur durch Vollzug möglich. Selbstverständlich lassen sich über solche Vollzüge wieder Diskurse für Begründungs- und Rechtfertigungsfragen führen, jedoch niemals in vollständiger Ablösung vom tatsächlichen Handeln der Handelnden. Es ist dem Radikalen Konstruktivismus, vor allem in der systemtheoretischen Variante Maturanas, entgangen, daß seine eigenen Geltungsansprüche *im performativen Widerspruch mit sich selbst*, d. h. mit der durch diese Theorie gegebenen Beschreibung ihrer Urheber, stehen.

Zusammenfassend läßt sich an die Stelle der stillschweigenden Prämissen des Radikalen Konstruktivismus aus der Sicht eines Methodischen Konstruktivismus die Einsicht setzen,

– daß jedwede Erkenntnis einschließlich der naturwissenschaftlichen durch zweckgerichtetes menschliches Handeln zustande kommt,
– daß dabei das poietische Handeln eine tragende Rolle spielt, zumal für die modernen Naturwissenschaften mit ihrer auf Gerätegebrauch gestützten Beobachtung, Messung und Experimentierkunst für das Gewinnen von Erfahrungen, und
– daß die unerläßliche sprachliche Formulierung empirischer Resultate durch Vollzug mit Geltungsansprüchen verknüpft werden muß, deren Einlösung verlangt, ein Prinzip der methodischen Ordnung zu berücksichtigen.

Naturwissenschaften gewinnen ihre Geltung also, wie auch Radikale Konstruktivisten annehmen, nicht durch Abbildtreue gegenüber einer menschenunabhängig gedachten Natur oder ihren Gesetzen, sondern durch Bezug auf eine Praxis. Geltung und Wahrheit als Kriterien zur Bestimmung von Erkenntnis und Wissen sind dabei durch den Unterschied des Gelingens und Mißlingens in dieser Praxis bestimmt. Das ist „unverhohlen instrumentalistisch".

3. Die methodisch-kulturalistische Revision

Bezieht sich das Wort „Natur" auf das, was wächst, so bezieht sich „Kultur" als Wort auf das, was vom Menschen poietisch handelnd kultiviert wird. In originärer Wortbedeutung greift der Mensch also (mit seinen Händen) in das Natürliche, d. h. nicht von ihm Gemachte, sondern Vorhandene, vor den Händen Liegende, ein, um es nach seinen Zwecken zu verändern – primär als Sammler, Jäger, Acker- und Waldbauer sowie als Tier- und Pflanzenzüchter, und zwar durch Werkzeuggebrauch und damit über Werkzeugherstellung.

Eine kulturalistische Position besteht, recht besehen, in der Betonung unbestrittener und unbestreitbarer Sachverhalte wie desjenigen, daß auch die Naturwissenschaften von Menschen handelnd hervorgebracht werden und mithin eine Kulturleistung sind. Insbesondere ist die Form der Erfahrung moderner Naturwissenschaften, mit den Mitteln des Handlungsbegriffs erkenntnistheoretisch rekonstruiert, die zweckgerichtete Provokation von Widerfahrnissen an den technisch planvoll produzierten Artefakten der Laborforschung. Sprache und insbesondere fachsprachliche Darstellung empirischer Resultate bezieht sich auf das Gelingen dieser konstruktiven Tätigkeit nach menschlichen Zwecken, während die Erklärung naturwissenschaftlicher Ergebnisse durch die Naturwissenschaften selbst in jeder Form eine uneingelöste und in diesem Ansatz auch prinzipiell uneinlösbare Geltungsunterstellung machen muß, also nur metaphysisch-dogmatisch möglich ist.

Der *Kulturalismus* als Betonung unbestrittener Aspekte ist insofern *methodisch konstruktiv*, als nach dem Vorbild der Poiesis Handlungsrationalität für das Hervorbringen von Erkenntnissen zugrunde gelegt wird. Da Erkenntnisse nur in Form ihrer sprachlichen Darstellung Gegenstand ihrerseits einer erkenntnistheoretischen Debatte werden können, bedarf es über die *Handlungstheorie* hinaus einer *Sprachphilosophie*, die Reden als Handeln betrachtet und dabei das entscheidende Kriterium von Gelingen/Mißlingen im Auge behält. Hier muß auf einschlägige Literatur verwiesen werden, wie die Unterscheidung von semantischen oder Bedeutungsproblemen zu Wahrheits- oder Geltungsproblemen als zwei verschiedenen Formen des Gelingens/Mißlingens im Sinne des Verstehens bei sprachlicher Kommunikation bzw. im Sinne des sprachfreien

Handlungserfolges rekonstruiert werden können (vgl. Janich 1996b, 1998a).

Im Kontext eines Kongresses der Konstruktivisten sollte der Hinweis nicht überflüssig sein, daß, wie „Konstruieren" immer im einzelnen verstanden wird, auch hier eine *Handlung* vorliegt. Das heißt, es ist auch für das Konstruieren zu fragen, welchen Zwecken es dienen soll, welche Mittel es ergreift und welche Kriterien den Gelingens- vom Mißlingensfall unterscheiden. Dabei ist nicht nur an das Konstruieren im Alltagswortsinne zu denken, wie es ein Techniker oder Architekt ausführt, sondern auch an die *Sprachkonstruktionen*, und zwar wieder in der gesamten Bandbreite von der Alltagssprache über die Konstruktion einer Handlung eines Kriminalromans, die Konstruktion einer neuen Terminologie bis zum konstruktiven Aufbau einer neuen Theorie. Schließlich sind auch die Rekonstruktionen historisch vorfindlicher, aber konstruktiven und methodischen Prinzipien nicht verpflichteter Theorien einzuholen.

Auch dies ist im Methodischen Kulturalismus und seinen Herkunftsansätzen im Methodischen Konstruktivismus ausführlich bearbeitet. Der Kürze halber sei hier zur Erläuterung des Rekonstruktionsbegriffs an das oben gegebene Beispiel der Rekonstruktion eines Mordes erinnert – bei der Rekonstruktion eines Mordes wird selbstverständlich nicht gemordet. Aber die Rekonstruktion ist ein entscheidendes Mittel, zu Erkenntnissen über den Tathergang zu kommen. So dienen methodisch-kulturalistische Rekonstruktionen historisch vorfindlicher Theorien *ihrer Begründung* (und damit ihrer Beurteilung, ob faktisch erhobene Geltungsansprüche eingelöst sind oder nicht). Und weil das ganze Geschäft des Treibens von Wissenschaft, ja allgemeiner: des Gewinnens von Erkenntnis der Sache nach an zweckrationales Handeln gebunden bleibt, sind die gesetzten und verfolgten Zwecke auch immer offen für *Rechtfertigungspflichten* im moralischen und politischen Sinne.

Wo sich der Radikale Konstruktivismus in seinen stillschweigenden naturalistischen Prämissen gleichsam blind auf die Geltung naturwissenschaftlicher Resultate verläßt und wo es heute eine Vielfalt von skeptischen, relativistischen Wissenschaftstheorien gibt, die die Geltung historisch, sozial oder kulturell relativieren und mit einer Ablehnung von Absolutbegründungen gleich jede Möglichkeit des Begründens über Bord gehen lassen, besteht die *Revision des Methodischen Konstruktivismus der Erlanger Schule durch den Kulturalismus* darin, einen *Mittelweg* zu gehen. In der Tat ist jede Form des Wissens einschließlich seiner wissenschaftlichen Formen eine erbrachte Kulturleistung und damit *kulturrelativ*. Kulturrelativität ist aber nicht gleichzusetzen mit Beliebigkeit. Vielmehr haben alle Bemühungen um Wissen einschließlich der wissenschaftlichen einen Sitz im Leben, d. h. entwickeln sich aus Lebensbewältigungszusammenhängen heraus, in denen nicht alles beliebig zur Disposition gestellt werden kann. Alle Lebensformen, in denen sich Wissensbestände artikulieren, zumal in der kunstvollen Form von Theorien, sind auf *Kulturhöhen* angesiedelt, auf denen niemand hinter die erreichten Kulturleistungen zurückgehen kann oder möchte (eine explizite Definition von Kulturhöhe findet sich in Janich 1998b).

Am Beispiel der Erfindung des Rades möchte ich diese These wenigstens exemplarisch veranschaulichen. Selbstverständlich hat das Rad zur verbesserten Lösung von Transportproblemen eine *historisch einmalige Erfindungsgeschichte,* in der Fähigkeiten und Bedürfnisse bestimmter menschlicher Gemeinschaften maßgeblich waren. Sind Räder aber erst einmal als nützliche Mittel im Zusammenhang mit dem Lastentransport erkannt, so ist diese Erkenntnis in dem Sinne *kulturinvariant,* als in *jeder* kultürlichen Situation, in der ein Bedarf nach Lastentransport über festen Grund entsteht, ihr Gebrauch technisch erfolgreich ist. Hier ist es also nicht bloß der faktische Konsens einer Kulturgemeinschaft noch gar eine Falsifikation von Theorien über ältere Techniken, die Erkenntnis im Sinne eines Wissens von der Zweckmäßigkeit bestimmter Mittel ausmacht.

Die Erfindung des Rades erlaubt es, noch einen zweiten Aspekt zu verdeutlichen: Steht das Rad technisch zur Verfügung, entweder frei drehbar auf einer Achse oder fest auf einer frei drehbaren Achse sitzend, dann sind bestimmte Anschlußerfindungen möglich: Schon in der Antike wurde das „Wellrad" erfunden, zwei fest miteinander verbundene Seilrollen unterschiedlichen Durchmessers, mit denen sich eine Über- bzw. Untersetzung etwa beim Heben von Lasten erreichen läßt. Die Erfindung des Zahnrades, des Getriebes und anschließend des Schneckenrades haben jeweils die Verfügbarkeit der Vorgängererfindungen zur Bedingung. Das heißt, in der technischen Erfindungs- und Entwicklungsgeschichte ist durch das Prinzip der methodischen Ordnung eine Reihenfolge ausgezeichnet, die umgekehrt nicht verlaufen kann. Insofern kann jemand, der ein Zahnradgetriebe verwendet, nicht die Erfindung des Rades ignorieren oder bestreiten.

Diese beiden Aspekte mögen die Rede von der erreichten „Kulturhöhe" plausibel machen. In einer methodisch nicht umkehrbaren Reihenfolge ist ein technischer Stand erreicht, der nichts mit der bloß faktischen Zustimmung einer Kulturgemeinschaft zur Eignung eines Mittels für einen technischen Zweck zu tun hat und in diesem Sinne von niemandem aufgegeben werden kann. In der Literatur ist nachzulesen, wie das Beispiel poietischen Handelns auf nichtpoietische Praxen zu übertragen ist (vgl. Janich 1998c).

Der methodisch-kulturalistische Mittelweg zwischen Absolutbegründung (oder Naturalismusglauben im Radikalen Konstruktivismus) und den Relativismen, wie sie in der Tradition vor allem durch den Einfluß Th. S. Kuhns und P. Feyerabends allgemeine (postmoderne) Mode geworden sind, liegt darin, nicht die *Struktur wissenschaftlicher Revolutionen* mit der dort stillschweigend getragenen Sprachfixierung in den Mittelpunkt zu stellen, sondern die *Struktur technischer Innovationen.* Wie der Mensch in seiner alltäglichen Lebensbewältigung, durch sprachliche Kommunikation seine Kooperation mit anderen Menschen verbessernd, das Repertoire seiner Mittel erweitert und dabei eine Weise der Welterzeugung ergreift, in der der Konstruktivist primär ein rationaler Poietiker ist, führt der Methodische Kulturalismus zur tragfähigeren Erkenntnistheorie.

Wo es bis in den Volksmund eingegangen ist zu sagen, man wolle das Rad nicht noch einmal erfinden, wird es zur Ironie der Geistesgeschichte, wenn der Realitätsbezug des Wissens von Erkenntnistheoretikern, bei naturalistischer Orientierung die Radikalen Konstruktivisten eingeschlossen, immer noch auf Natur gerichtet ist statt auf das poietische Handeln und sein Gelingen. Metaphorisch gesprochen, menschliches Wissen von Rädern betrifft einerseits Konstruktionen und ist andererseits sowohl endlich als auch absolut verläßlich begründbar im Sinne einer Abwandlung eines Wortes von Erich Kästner: Es gibt nichts Absolutes, außer man tut es.

Literatur

Glasersfeld, E. von (1996): Radikaler Konstruktivismus: Ideen, Ergebnisse, Probleme. Frankfurt a. M. (Suhrkamp).

Glasersfeld, E. von (1998): Die Radikal-Konstruktivistische Wissenstheorie. *Ethik und Sozialwissenschaften* 9: 1–9.

Gutmann, M. (1996): Die Evolutionstheorie und ihr Gegenstand. Beitrag der methodischen Philosophie zu einer konstruktiven Theorie der Evolution. Berlin (Amand Aglaster).

Gutmann, W. F. u. M. Weingarten (1990): Die biotheoretischen Mängel der Evolutionären Erkenntnistheorie. *Zeitschrift für allgemeine Wissenschaftstheorie* 21: 309–328.

Hartmann, D. u. P. Janich (Hrsg.) (1996): Methodischer Kulturalismus. Zwischen Naturalismus und Postmoderne. Frankfurt a. M. (Suhrkamp).

Janich, P. (1969): Die Protophysik der Zeit. Mannheim (Bibliographisches Institut).

Janich, P. (1987a): Evolution der Erkenntnis oder Erkenntnis der Evolution? In: W. Lütterfelds (Hrsg.): Transzendentale oder evolutionäre Erkenntnistheorie? Darmstadt (Wissenschaftliche Buchgesellschaft), S. 210–226.

Janich, P. (1987b): Naturgeschichte und Naturgesetz. In: O. Schwemmer (Hrsg.): Über Natur. Philosophische Beiträge zum Naturverständnis. Frankfurt a. M. (Vittorio Klostermann), S. 105–122.

Janich, P. (1992): Grenzen der Naturwissenschaft. Erkennen als Handeln. München (C. H. Beck).

Janich, P. (1996a): Konstruktivismus und Naturerkenntnis. Auf dem Weg zum Kulturalismus. Frankfurt a. M. (Suhrkamp).

Janich, P. (1996b): Was ist Wahrheit? Eine philosophische Einführung. München (C. H. Beck).

Janich, P. (1997a): Kleine Philosophie der Naturwissenschaften. München (C. H. Beck).

Janich, P. (1997b): Das Maß der Dinge. Protophysik von Raum, Zeit und Materie. Frankfurt a. M. (Suhrkamp).

Janich, P. (1998a): Informationsbegriff und methodisch-kulturalistische Philosophie. Argumente versus Standpunkte. Replik auf die Kritiken. *Ethik und Sozialwissenschaften* 9: 169–182 / 253–268.

Janich, P. (1998b): Radikal halbherzig. Die Wissenstheorie E. v. Glasersfelds. *Ethik und Sozialwissenschaften* 9: 21–23.

Janich, P. (1998c): Die Struktur technischer Innovationen. In: D. Hartmann u. P. Janich (Hrsg.): Die Kulturalistische Wende. Zur Orientierung des philosophischen Selbstverständnisses. Frankfurt a. M. (Suhrkamp).

Janich, P. (1999a): Kulturhöhe und prädiskursiver Konsens. Zur lebensweltlichen Konstitution von Wahrnehmungsgegenständen. In: P. Janich (Hrsg.): Wechselwirkungen. Zum Verhältnis von Kulturalismus, Phänomenologie und Methode. Würzburg (Königshausen & Neumann).

Janich, P. (1999b): Handwerk und Mundwerk In: M. Wehr u. M. Weimann (Hrsg.): Die Hand – Werk des Geistes. Heidelberg/Berlin/Oxford (Spektrum).

Kamlah, W. u. P. Lorenzen (1973): Logische Propädeutik. Vorschule des vernünftigen Redens. (2. Aufl.) Mannheim/Wien/Zürich (Bibliographisches Institut).

Mach, E. (1917): Erkenntnis und Irrtum. Leipzig (J. A. Barth).
Weingarten, M. (1993): Organismen – Objekte oder Subjekte der Evolution? Philosophische Studien zum Paradigmenwechsel in der Evolutionsbiologie. Darmstadt (Wissenschaftliche Buchgesellschaft).

Medien – die alltäglichen Instrumente der Wirklichkeitskonstruktion
Siegfried J. Schmidt

1. Wie immer in wissenschaftlichen Diskursen sind es die (oft undurchschauten) Startoperationen, die schon im vorhinein festlegen, wohin die argumentative Reise geht. Und wie immer zählen zu den wichtigsten Startoperationen die Wahl und die inhaltliche Füllung der Basiskonzepte, die die Argumentation tragen und ergiebig machen sollen.

Dieser Zusammenhang zeigt sich besonders deutlich in allen Überlegungen zum Zusammenhang von Medien und Wirklichkeit, der im Zentrum der folgenden Darlegungen stehen soll. Daher beginne ich mit einer kurzen Vorstellung des hier verwendeten Medienbegriffs.

Unter „Medien" fasse ich alle materiellen Substrate von Kulturtechniken, die als zeichenhafte (semiotische) Kommunikationsmittel genutzt werden können. Die Nutzung besteht darin, daß agierende Systeme i. w. S. solche Kommunikationsmittel zur gesellschaftlich geregelten, dauerhaften, wiederholbaren und gesellschaftlich relevanten strukturellen Kopplung von Systemen einsetzen. Die agierenden Systeme – im folgenden spezifiziert als kognitive und kommunikative Systeme – nutzen diese Kopplung zur systemspezifischen Sinnproduktion.

Die gesellschaftliche Durchsetzung der Verwendung eines Kommunikationsmittels ist gebunden an die Entstehung sozialer Institutionen oder Organisationen, die sich auf die kommerziell gewinnbringende Vermarktung konzentrieren, so z. B. Verlage, Filmgesellschaften oder Fernsehanstalten. Damit aber kommen technische, ökonomische und rechtliche sowie politische Faktoren ins Spiel, die nicht nur die gesellschaftliche (etwa die ordnungspolitische) Regelung des so entstehenden Mediensystems betreffen, sondern auch auf die Inhalte und Nutzungsmodalitäten der Medienangebote durchschlagen. Wie zum Beispiel in der sogenannten Mediumtheorie seit H. A. Innis immer wieder betont worden ist, entwikkelt dabei vor allem die Technik ein meist unbeobachtetes Eigenleben, das über die Individuen weggeht, was Philosophen der Medientechnologie zu weitreichenden Hypothesen bis hin zum Verschwinden des Individuums in den Tiefen von Datenströmen angeregt hat.

Diese allgemeine Definition kann nun durch eine Fülle von Spezifikationen und Unterscheidungen angereichert werden. So kann zwischen Kommunikations-, Verbreitungs- und Speichermedien unterschieden werden. Medien können eingeteilt werden in verbale und nonverbale, körpergebundene und artifizielle, heiße und kalte (McLuhan), in analoge, digitale und immersive Medien (wie das Internet). Man kann zwischen Publikumsmedien und Massenmedien unterscheiden und so fort.

Wichtig scheint mir bei allen Spezifikationsschritten zu sein, daß man eine scheinbare Trivialität nicht aus den Augen verliert: Medien sind menschliche Konstruktionen, die für menschliche Konstruktionen genutzt werden können. Darum bleibt der Mensch auch für sie verantwortlich, auch wenn etwa die Evolution eines Mediensystems nicht wie gewünscht oder prognostiziert verläuft oder die technische Entwicklung über den einzelnen User hinausgeht, ohne daß er sie noch nachvollziehen könnte.

Im Kopplungsaspekt ist ein Bedeutungsmoment aufgehoben, der seit den ersten Begriffsbestimmungen von „Medium" immer mitgespielt hat: der Aspekt der Vermittlung. Bei diesem Vermittlungsaspekt muß aber auch mitbedacht werden, daß Medien gerade durch Trennung und deren Bewußtwerdung bzw. Bewußtmachung vermitteln, daß sie aber zugleich diese Differenzen durch Habitualisierung der Nutzung überspielen. Dabei geht es um Differenzen wie die zwischen Trennung und Kopplung, Materialität und Semantik, Präsenz und Latenz, Konstruktion und Illusion bzw. Repräsentation des Realen.

2. Mit dem Begriff der Kopplung soll darauf verwiesen werden, daß es sich dabei um einen zeitlich bestimmten Prozeß handelt. Medien koppeln nicht per se und automatisch, sondern Medienangebote müssen von aktiven Systemen als geregelte Anlässe zur Sinnproduktion genutzt werden. Diese Hypothese impliziert wichtige Folgerungen für die Argumentation hinsichtlich Bedeutungen und Wirkungen von Medienangeboten. Über Bedeutungen wie über Wirkungen kann nur empirisch, also mit Blick auf tatsächlich ablaufende bzw. vollzogene Mediennutzungen gesprochen werden. Wohl kann theoretisch über die Voraussetzungen und Bedingungen von Bedeutungskonstruktion und Wirkungen gesprochen werden, wobei die Argumentation etwa folgenden Verlauf nehmen kann.

Wichtig ist nun, daß die Kopplungsprozesse ausschließlich über die *Materialität* der Kommunikationsmittel laufen, da Sinn ja nur innerhalb von Systemen (nämlich als Prozeßresultat) angesetzt werden kann. Materialitäten aber kann man nur koppeln und nicht hermeneutisch ineinander übersetzen. Folglich müssen die Materialitäten all das enthalten, was eine systemspezifisch bewertbare Anschlußfähigkeit von Medienangeboten eröffnet; denn wir gehen kognitiv wie kommunikativ mit der Materialität von Medienangeboten um, nicht mit Sinn oder Bedeutungen. Die Ausdrucksseite (also die Materialität) der Zeichenprozesse verkörpert bzw. sedimentiert die gesellschaftlichen Erfahrungen mit dem erfolgreichen Prozessieren von sprachlichen Komponenten. Sprache als soziale Gestalt ist Ausdrucksgestalt, und eben diese Ausdrucksgestalt organisiert Bedeutung für Kommunikation und damit Verständigung. Um erfolgreich zu kommunizieren, müssen die Sprecher einer Sprache brauchbare Ausdrücke zu bekannten Zwecken verwenden, also Ausdrücke, die sich im bisherigen Gebrauch bewährt haben und durch diesen Gebrauch konventionalisiert worden sind, wodurch sich ein von allen Sprechern geteiltes Erfahrungswissen über den akzeptablen Gebrauch von Zeichen herausgebildet hat, das als Erwartungserwartung für erfolgreiches kommunikatives Handeln dient. Semantische Referenz ist deshalb als eine Operation anzusehen, die auf Kommunikation und Common-sense-Wissen bezogen ist und gerade nicht auf eine beobachterunabhängige Realität. Dieses Wissen wird im Verlauf der sprachlichen Sozialisation in kognitiven Systemen aufgebaut und bildet in Form von Erwartungserwartungen und Unterstellungsunterstellungen die fiktive und eben deshalb so erfolgreiche operative Grundlage und Referenzebene akzeptabler Kommunikation.

3. Kognition wie Kommunikation arbeiten also mit einer zwar selbst erzeugten, aber erfolgreich der Umwelt (fremdreferentiell) zugeschriebenen Ressource: mit kollektivem Wissen. Das „Management" dieses Wissens ist in allen Gesellschaften an ein „Programm" delegiert, das wir in der Regel *Kultur* nennen. Dazu einige Erläuterungen.

Im evolutionären Prozeß der Menschheitsgeschichte sind durch Kommunalisierung, Kommunikation und die Entwicklung von Sprache als Instrument symbolischer Kommunikation dadurch Interaktionsgemeinschaften entstanden, daß Aktanten bestimmte Vorstellungen und Unterscheidungen in ihrer Erfahrungswirklichkeit zu teilen begonnen haben, also ein gemeinsames Wirklichkeitsmodell konstruiert und im Bezug auf dieses Modell zu handeln begonnen haben. Solche Wirklichkeitsmodelle enthalten die für eine Gruppe relevanten Unterscheidungen hinsichtlich einschlägiger lebensweltlicher Bereiche. Solche Wirklichkeitsmodelle fungieren für die interagierenden Mitglieder einer sozialen Gruppe als Wissensordnungen für Problemlösungen, die aus gemeinsam akzeptierten Problemlösungen entstanden sind und wiederum für künftige Problemlösungen zur Verfügung stehen. Hinsichtlich ihrer Entstehung wie ihrer Akzeptanz sind solche Wirklichkeitsmodelle soziale Konstruktionen. Aber sie müssen empirisch in den Individuen angesiedelt werden, die diese Wissensordnungen immer wieder aufbauen, anwenden und bewerten. Da solche Wissensordnungen in der Sozialisation unbewußt erworben werden, empfinden die Individuen solche Wissensbestände als kollektives Wissen, das für alle Gruppenmitglieder als verbindlich unterstellt wird und damit das Handeln der Individuen in der Gruppe koorientiert bzw. steuert.

Solche Wissensordnungen für Problemlösungen sind kognitiv über Differenzen aufgebaut: wir und die anderen, wir und die Umwelt, Haß und Liebe, Macht und Ohnmacht, Gesundheit und Krankheit usw. Da alle unsere kognitiven Prozesse aber emotional und wertmäßig besetzt und gesteuert sind, muß dies auch für den Umgang mit solchen Dichotomien gelten. Anders als reine Klassifikationssysteme müssen sie also kognitiv wie kommunikativ ständig *semantisch* kombiniert, rekombiniert und thematisiert werden. Dieses dynamische Feld von semantisch bewerteten Unterscheidungen regelt wie ein Programm die in einer sozialen Gruppe unterstellten und akzeptierten Kognitionen und Kommunikationen. Und eben dieses *Programm* der gesellschaftlich als verbindlich unterstellten semantischen Thematisierung von Wirklichkeitsmodellen nenne ich *Kultur*.

Entsprechend kann es keine Gesellschaft ohne Kultur und keine Kultur ohne Gesellschaft geben. Kultur als Programm setzt Anwender voraus. Also kann es keine Kultur ohne aktive Individuen geben. Und umgekehrt werden die Kognitionen wie Kommunikationen dieser Individuen erfolgreich koorientiert und damit interaktionsfähig durch das von allen fiktiv als allgemein unterstellte kulturelle Wissen. Im Zusammenspiel von Koorientierung und Anwendungsvarianten werden einerseits Problemlösungen im Bereich von Sinnkonstruktionen auf Dauer gestellt, wird andererseits kultureller Wandel erklärbar.

Kultur als Programm bewältigt zwei Aufgaben, die für den Bestand jeder Gesellschaft eine zentrale Rolle spielen: Reproduktion der Gesellschaft und Kontrolle der Individuen. Die Reproduktion erfolgt durch die kontinuierliche Weitergabe des Kulturprogramms an den Nachwuchs. Die Kontrolle erfolgt in erster Linie über Sinn- und Bedeutungsstrukturen, die das Zusammenspiel zwischen individuellen Freiräumen (zwischen Kreativität und Willkür) und sozial verbindlichen symbolischen Ordnungen regeln.

Im Zuge der funktionalen Ausdifferenzierung moderner Gesellschaften sind für alle ausdifferenzierten Sozialsysteme notwendigerweise eigene Teilkulturprogramme entstanden, deren Verhältnis zueinander immer problematischer geworden ist. Entsprechend stellt sich nicht erst unter den Bedingungen von Inter- und Multikulturalität die Frage, ob man noch sinnvoll von *der Kultur einer Gesellschaft* sprechen kann.

Kultur als Programm der ständigen Thematisierung des Wirklichkeitsmodells einer Gesellschaft setzt notwendigerweise Kommunikationsmittel bzw. allgemein Medien voraus. So gesehen sind alle Kulturen notwendigerweise *Medienkulturen.* Je mehr Medien für diese Thematisierungen zur Verfügung stehen, desto mehr erhöht sich die Beobachtbarkeit von Kulturprogrammen, die ihrerseits wieder beobachtet werden kann und so fort. Ausdifferenzierte Gesellschaften mit komplexen Mediensystemen setzen deshalb eine Dauerthematisierung von Kulturprogrammen in Gang, die deren *Kontingenz* zur jedermann zugänglichen Einsicht werden läßt, womit offenbar unvermeidbar Probleme der Kontingenzbewältigung zum Dauerthema komplexer Mediengesellschaften werden.

4. Orientiert man sich bei der theoretischen Modellierung von „Medien" an der Kopplungsthematik, dann wird damit von vornherein die Unvermeidbarkeit wie die Unentbehrlichkeit von Medien bei denjenigen Prozessen postuliert, die als Hauptaufgabe von Kognition und Kommunikation zu betrachten sind: die sogenannte Konstruktion von Wirklichkeit.

Lange Zeit haben sich die Vertreter des Konstruktivismus der Aufgabe entzogen, den Zentralbegriff ihres Diskurses, „Konstruktion", hinreichend deutlich zu definieren bzw. zu explizieren. Daher ist es nicht verwunderlich, daß gerade an dieser Stelle immer wieder Kritik angesetzt hat, angefangen bei dem Vorwurf, der Radikale Konstruktivismus widerspreche eklatant dem gesunden Menschenverstand, bis hin zu dem Vorwurf, der Konstruktivismus sei ein (philosophisch längst überholter) haltloser Idealismus, Solipsismus oder Subjektivismus. Hinter dieser Kritik steht unsere umgangssprachliche Semantik, die „Konstruktion" gleichsetzt mit der willkürlichen und intentionalen Herstellung von Etwas. Entsprechend haltlos, ja widersinnig erscheint dann die Behauptung des Konstruktivismus, jedes Individuum konstruiere seine Wirklichkeit.

Wenn nicht diese Wortbedeutung gemeint sein soll: Was heißt „Konstruktion" dann?

Auch eine skizzenhafte Antwort auf diese Frage verlangt eine kurze Rekapitulation zentraler konstruktivistischer Argumente. Beginnen wir mit dem Beobachterargument, das seit Demokrit in der europäischen Philosophie hinreichend bekannt ist: Wir können in der Wahrnehmung nicht hinter die Wahrnehmung zurück und Wahrgenommenes mit noch nicht Wahrgenommenem vergleichen, um die Objektivität oder Wahrheit der Wahrnehmung beurteilen zu können. Daraus folgt, daß jede Wahrnehmung genau so ist, wie sie ein Beobachter in bzw. durch seine Aktivitäten erzeugt. Oder anders gesagt: Jede Wahrnehmung ist eine Funktion des Wahrnehmungsprozesses, und dieser Prozeß ist eine Funktion der konkreten empirischen Bedingungen, unter denen er in einem kognitiven System abläuft, das in einer sozialen Umgebung operiert. Mit dieser scheinbar harmlosen Konsequenz aber sind weitreichende Implikate verbunden. Zu den empirischen Bedingungen, unter denen kognitive Prozesse ablaufen, gehören die biologischen Bedingungen des Aktanten als Individuum einer bestimmten Spezies, seine psychischen Bedingungen an einer bestimmten Stelle seiner Biographie sowie die sozialen und kulturellen Bedingungen, die sich aus seiner Zugehörigkeit zu einer bestimmten Gesellschaft ergeben. Das aber bedeutet im Klartext: Aktanten können nicht nur nicht hinter ihre Wahrnehmung zurück, sondern sie können ebensowenig zurück hinter Sprache, Kommunikation, Sozialstruktur und Kultur. Dieser Funktionszusammenhang von Kognition, Kommunikation, Kultur und Medien bildet eine sich selbst konstituierende und sich selbst tragende und legitimierende Prozeßeinheit, die eben jene temporär stabilisierten Prozeßzustände bzw. Prozeßresultate herausbildet, die den wahrnehmenden Aktanten als Elemente von (für sie sinnvollen, da von ihnen erzeugten) Wirklichkeiten erscheinen und ebenso interpretiert werden. Mit anderen Worten, Aktanten produzieren durch ihre soziokulturell geregelten Aktivitäten i. w. S. Wahrnehmungseinheiten, Kommunikations- und Handlungsresultate, die sie zugleich im Sinne ihrer kulturell geprägten Ordnungs- und Deutungsmuster sowie davon geprägter Anschlußhandlungen als sinnvolle Komponenten der (= ihrer) Wirklichkeit interpretieren. In dieser Argumentation erscheint Wirklichkeit als Prozeßresultat und nicht als das Umgebende von Realität, in dem als einem immer schon bestehenden Raum Aktanten agieren. Da sich die Prozesse in ständiger Entwicklung befinden, ist es einerseits unwahrscheinlich, daß sie zu identischen Resultaten führen, wird andererseits plausibel, daß jeder Prozeßbeteiligte den Prozeßablauf wie seine Ergebnisse anders akzentuiert, empfindet und bewertet. In genau diesem Sinne lebt jeder in seiner eigenen Wirklichkeit, die er im Verlaufe seiner Teilnahme am gesellschaftlichen Prozeß der Wirklichkeitskonstruktion handelnd und kommunizierend konstruiert.

Dieser gesellschaftliche Gesamtprozeß erfordert empirische *Prozeßorte*, in die er im Verlauf von Sozialisationsprozessen die soziokulturellen Regularien, Schemata und symbolischen Ordnungen einer Kultur gewissermaßen implantiert. Diese Prozeßorte sind die individuellen kognitiven Systeme. Diese Argumentation erlaubt das Fazit, daß die gesellschaftliche Konstruktion von Wirklichkeiten an Individuen gebunden ist, die wohl als Träger, aber nur bedingt als Gestalter dieser Konstruktion anzusehen sind. Mit anderen Worten, Wirklichkeitskonstruktionen von Aktanten sind subjektgebunden, aber nicht subjektiv im Sinne von willkürlich, intentional oder relativistisch. Und zwar deshalb, weil die Individuen bei ihren Wirklichkeitskonstruktionen im oben geschilderten Sinne immer schon zu spät kommen: Alles, was bewußt wird, setzt vom Bewußtsein unerreichbare neuronale Aktivitäten voraus; alles, was gesagt wird, setzt bereits das unbewußt erworbene Beherrschen einer Sprache voraus; worüber in welcher Weise und mit welchen Effekten gesprochen wird, das setzt gesellschaftlich geregelte und kulturell programmierte Diskurse in sozialen Systemen voraus. Insofern organisieren diese Prozesse der Wirklichkeitskonstruktion sich selbst und erzeugen dadurch ihre Ordnungen der Wirklichkeit(en).

Eine beliebte Streitfrage in Diskussionen über Konstruktivismus lautet, ob dieser die Wirklichkeit bzw. die Realität leugnet oder nicht. Eine beliebte Streitfrage im konstruktivistischen Diskurs selbst lautet, ob man neben dem Konzept der (Erfahrungs-)Wirklichkeit noch ein Konzept von „Realität" braucht. Auf beide Streitfragen möchte ich gemeinsam wie folgt antworten.

Es dürfte ohne große Begründungen einleuchten, daß man die Frage nach der Wirklichkeit oder Realität nur in der Wirklichkeit stellen kann. Ebendarum hat jeder, der diese Frage stellt, sie auch schon im positiven Sinne beantwortet. Kluge Philosophen haben uns überdies seit langem belehrt, daß weder die Zuweisung des Existenzprädikats an die Wirklichkeit noch seine Aberkennung an dieser irgend etwas ändert. Die Frage nach der Existenz der Wirklichkeit ist also eine sinnlose Frage, da die Wirklichkeit eine Bedingung und kein Resultat der Prädikation ist, und man tut besser daran, nach der Funktion dieser Frage in einem Diskurs zu fragen und nicht nach ihrem Sinn.

Wenn man – wie oben vorgeschlagen – den Wirklichkeitsbegriff konsequent prozessualisiert und damit temporalisiert, dann macht es keinen Sinn mehr, zwischen wirklichen und realen Operationen zu unterscheiden. Man könnte dann aphoristisch formulieren: Wer genug Wirklichkeit hat, braucht keine Realität mehr. Wirklichkeit ist keine Frage des Ortes, sondern eine Frage von Prozeßstrukturen und Prozeßresultaten und deren Bedingungen. Und diese Bedingungen werden für kognitiv autonome (da operativ geschlossene) Systeme nicht von einer unerkennbaren Realität gesetzt, sondern von kollektivem Wissen, von Kommunikation, Sozialstrukturen und Kultur. Sibylle Moser hat (brieflich) die Kontroverse um Wirklichkeit und Realität einmal auf den bündigen Nenner gebracht: „Die Ausführung der Operation ‚Realität' besteht im ‚Realisieren von Wirklichkeit'." Und ich füge hinzu: Würde die Wirklichkeit die Realität wirklich einmal einholen – sie würde es nicht bemerken.

5. Es ist sicher kein Zufall, daß wir seit Jahren dabei sind, alle wichtigen wissenschaftlichen Probleme gewissermaßen einer Sekundärkodierung zu unterziehen, woraus neue Forschungszweige resultieren wie Medienpsychologie, Medienpädagogik, Mediensoziologie, Medienästhetik oder Medienepistemologie. Medien prägen unsere kognitiven wie kommunikativen Möglichkeiten und Funktionen. Was wir heute wissen, wissen wir zum größten Teil aus den Medien. Medien bestimmen, was wir erinnern und vergessen. Sie steuern die Sequenzierung von Wissenskonstruktion und deren Kontrolle. Sie beeinflussen die Thematisierung und Inszenierung von Emotionen, liefern narrative bzw. inszenatorische Muster der Identitätskonstruktion und wirken sich aus auf unsere Selbst- und Fremdwahrnehmung, auf die Auszeichnung von Sinnesorganen, auf die Wahrnehmung von Raum und Zeit.

Medien beeinflussen zunehmend die Prozesse sozialer Differenzierung und Entdifferenzierung. Die modische Diskussion über Globalisierung und Weltgesellschaft würde sicher gewinnen, würde man Weltgesellschaft nicht als ein bereits erreichtes Faktum betrachten, sondern als eine durch weltweite Mediennutzbarkeit temporär bzw. funktional verfügbare Möglichkeit.

Da Medien das Management individueller wie sozialer Aufmerksamkeit, also die Herstellung von Öffentlichkeit für Themen und Personen übernommen haben, gibt es heute im sozialen Bereich keine Dimension mehr, die ohne mediengerechte Inszenierung auskäme. Ob Recht und Politik, Kirchen und Verbände, Stars und Sportler, Künstler und Wissenschaftler: Alle unterwerfen sich den Selektions- und Inszenierungsstrategien der Medien, um Medienöffentlichkeit zu erreichen.

Und auch die Mediennutzer gliedern sich sozial nach Spezifika der Mediennutzung in Mediennutzergemeinschaften bis hin zu neuen sozialen Gruppierungen im Internet.

Die inzwischen beobachtbare Tendenz der audiovisuellen Medien, von der Herstellung von Sichtweisen (der Welt) zur Erzeugung von Sichtbarkeiten (Virtualitäten), von der Abbildung zur Herstellung von Wirklichkeiten überzugehen, läßt die liebgewordene und Sicherheit verheißende Unterscheidung zwischen Lebenswirklichkeit und Medienwirklichkeit verschwinden. „Wirklichkeit" ist konsequent in den Plural zu versetzen, und die Einschätzung der Verläßlichkeit der jeweiligen Wirklichkeit kann sich nicht auf ontologische Kriterien berufen, sondern nur auf die Kriterien, die in einer Gesellschaft an die voraussetzungsreiche Konstruktion dieser Wirklichkeit angelegt werden. In jede dieser Konstruktionen aber gehen in Medienkulturgesellschaften Medien als Lebensumwelt, als Konstanten der Sozialisation und als Bedingungen der Möglichkeit von Kognition und Kommunikation ein.

Aus diesem Grunde sind Medien unsere *alltäglichen* Instrumente der Wirklichkeitskonstruktion!

Die konstruktive Wende in der Philosophie –
Der Konstruktive Realismus
Fritz G. Wallner

Der Konstruktive Realismus ist mit der Zielsetzung begonnen worden, den Konstruktivismus mit den Vorstellungen, Wünschen und Bedürfnissen von Wissenschaftlern, vor allem Naturwissenschaftlern, vereinbar zu machen. Er ist aus einer Arbeitsgruppe entstanden, in der Wissenschaftler aus verschiedenen Sachgebieten mitgearbeitet haben, die – obwohl es sich dabei um keine rein philosophische Unternehmung handelte – stark von der Philosophie Wittgensteins beeinflußt waren.

Will man den Konstruktivismus zurückverfolgen, um festzustellen, wann er schon eine Rolle gespielt haben kann, könnte man bis Kant zurückgehen: Es ist durchaus legitim und wurde philologisch auch nachgewiesen, daß es möglich ist, Kant nicht konstruktivistisch zu deuten (siehe Kaulbach, 1978). Wir könnten uns die Frage stellen, warum Kant diese Konsequenzen gezogen hat, und diese Frage kann man sich auch bei einigen anderen – im Vergleich zu Kant kleineren – Geistern des 19. Jahrhunderts stellen. Man muß feststellen, daß die abendländische Wissenschaft – abendländische im Unterschied z. B. zu der chinesischen – Voraussetzungen hat, die sich überhaupt nicht mit dem Konstruktivismus vereinbaren lassen. Diese Voraussetzung gipfelt vor allem in dem, was ich die „Voraussetzung der Einheit des Geistes" nenne, und das bedeutet, daß man, instruiert vom Christentum, vom Platonismus usw., die Überzeugung impliziert und diskutiert, daß die Welt von einem vernünftigen Geist geschaffen ist und damit auch bis in ihre Grundlagen von Vernunft erforscht werden kann. Voraussetzungen sind immer undiskutiert, übernommen, wie z. B. die Prämisse, daß die Natur, einfach ausgedrückt, Strukturen hat, die von einem vernünftigen Wesen in sie gelegt sind. Kein Wissenschaftler würde heute auf diese Weise reden, klarerweise, aber die prinzipielle Voraussetzung ist, daß die Natur solche Strukturen hat; das ist die eine Seite der Voraussetzung der Einheit des Geistes, und die andere Seite ist, daß alle menschlichen Wesen, unabhängig von der Kultur, im Prinzip dieselben geistigen Strukturen haben. Beides sind starke Voraussetzungen, die eine – um auf Wittgenstein anzuspielen – sinnlos, die andere falsch, aber ein großer Teil des Wissenschaftsbetriebs lebt indirekt implizit noch immer davon, ohne daß es durchdiskutiert wird.

Man sollte sich im klaren sein, welche gewaltigen und verheerenden Auswirkungen das Konzept der Einheit des Geistes überhaupt hat. Manchmal wird vorausgesetzt, daß es so etwas gibt wie die Einheit des Geistes, und hier haben wir die verschiedenen Positionen, die meinen, daß vielleicht größere Chancen bestehen, der Wahrheit näher zu kommen, wenn man konsensuell denkt und wenn man den Konsens in einer Gruppe sucht. Wenn sie diese Voraussetzung nicht haben, so wird auch die Konsenstheorie nur zu einer Technik der Wahrheitsfindung und hat damit kein Problem. Natürlich gibt es immer wieder andere Kohärenztheorien im wissenschaftlichen Bereich, nur werden sie nicht so genannt, weil man nicht diese Ansprüche stellt, die man in der Philosophie seit einiger Zeit gestellt hat. Wenn man sieht, daß die Frage, ob es so etwas gibt wie eine wahre Struktur der Wirklichkeit, eine sinnlose Frage ist, eine Frage, die man wirklich nicht stellen kann, so fallen alle damit im Zusammenhang stehenden Fragen auch als sinnlos weg, wenn man sie so stellt, wie sie normalerweise die Philosophie gestellt hat. Die reichhaltigen Techniken, die dort gelegentlich errungen und vorgezeigt werden und damit nicht sinnlos sind, sind Techniken, die im Argumentationsalltag eine Rolle spielen können.

Wenn ich meine Arbeit vorstelle, werde ich manchmal im Ausland gefragt, wie wir junge Leute noch motivieren können, ihre ganze Arbeitskraft und ihre Energie für die Physik, zum Beispiel, zu spenden, wenn die Wissenschaft wirklich diesen Stellenwert hat. Ich glaube, daß es ein Mißverständnis ist.

Die Voraussetzungen, die die europäische Kultur bis in unser Jahrhundert getragen hat, sind brüchig geworden, werden nicht mehr geglaubt, werden als unverständlich aufgefaßt. Das hat man aber interessanterweise nicht zuerst in der Philosophie festgestellt – ich schließe nicht aus, daß es auch Philosophen gegeben hat, die das getan haben –, sondern zuerst in der Kunst. Zieht man die Kunst zu Beginn des 20. Jahrhunderts in Betracht, so kann man Bestrebungen finden, die mit dem Konstruktivismus durchaus konform gehen, die damit zu verbinden sind: die Bestrebungen des russischen Formalismus, des Dresdner Bauhauses, des Dadaismus oder, zum Beispiel in Wien, Josef Hoffmann und Adolf Loos oder die Zwölftonmusik. Es handelt sich um eine Reihe von kulturellen Erscheinungen, die eine die traditionelle Ästhetik beherrschende Überzeugung aufgegeben haben, und zwar die Überzeugung, daß Schönheit etwas ist, in dem das Schauen zu einer gewissen Vollendung kommt, und daß sich das im Prinzip auch bei allen Menschen auf die gleiche Weise vollzieht. Diese idealistische Überzeugung, die die Voraussetzung der Einheit des Geistes mitnimmt, ist verlorengegangen, darum hat die Kunst Produkte hervorgebracht, die manche oder viele Leute nicht als schön empfinden. Die Kunst hat unter dem Eindruck der geistigen Änderung das Konzept der Schönheit – im traditionellen Sinn – verloren.

In der Philosophie gab es eine Neuerung par excellence, den Wiener Kreis; seine Mitglieder haben aber auch etwas getan, das sie durchaus mit der traditionellen Philosophie verbindet, denn sie waren alle überzeugt – und das war etwas, was diese so verschiedenen Geister im Wiener Kreis verbindet –, daß die wichtigste Aufgabe, wenn man Wissenschaftstheorie betreibt oder Wissenschaft reflektiert, ist, die Wissenschaftlichkeit der Wissenschaft zu garantieren. Man kann auf verschiedene Arten versuchen, die Wissenschaftlichkeit der Wissenschaft zu garantieren. Diese Problemstellung setzt voraus, daß es so etwas gibt wie eine strukturelle Einheit zwischen Denken und Sein. Der Wiener Kreis hat ein Ergebnis erbracht – abgesehen von seiner Vielfalt, von seinen großartigen Detailergebnissen –, das erst in den 70er Jahren richtig überzeugend sichtbar wurde, nämlich daß die Wissenschaftlichkeit der Wissenschaft nicht erwiesen werden kann. Das Ende des Wiener Kreises ist ein negatives; keine philosophische Strömung überhaupt hat so konsequent über die Wissenschaft nachgedacht wie der Wiener Kreis und so konsequent, indirekt, ungewollt auch gezeigt, daß diese Art des Denkens nicht existiert.

Seit dieser Zeit ist das Problem überholt, wir müssen die Frage anders stellen; das ist das traurige Ende des Konzepts der abendländischen Wissenschaft von Parmenides bis Carnap, könnte man sagen. Der Wiener Kreis, zumindest Rudolf Carnap – der einer der größten Philosophen dieses Jahrhunderts war – kam aber, meiner Meinung nach, dem Konstruktivismus sehr nahe.

Die Folge war die Stärkung des Aufkommens des Realismus – den es natürlich vorher auch schon gegeben hat; der Realismus war als philosophische Strömung in den 70er und 80er Jahren am stärksten. Und es hat immer die Feinde des Relativismus gegeben, wie eben Popper selber, aber man könnte noch eine lange Reihe von Wissenschaftsphilosophen aufzählen, die ehrlicherweise überzeugt waren, daß, wenn man den Relativismus zuläßt, der traditionelle Anspruch der Wissenschaft auf Wahrheit aufgegeben wird.

Die Frage ist, warum es um den Realismus in den 90er Jahren so still geworden ist. Nicht weil etwas Besseres kam, sondern weil leider das Interesse an Theorie stark nachgelassen hat. Diese Tatsache kann man an verschiedenen Symptomen feststellen und vor allem bei den Wissenschaftlern selber; heute, mehr und mehr in den letzten Jahren, ist eine gewisse Resignation eingetreten und hat ein Rückzug in das Fachspezialistentum stattgefunden.

Diese Resignation hängt mit dem Objektverlust in der Wissenschaft zusammen, womit schon die Quantenphysik in Verbindung gebracht werden konnte, obwohl es sich in diesem Fall nur um ein philosophisches Problem handelte. Betrachtet man heute den real arbeitenden durchschnittlichen Wissenschaftler – ich habe viele Kontakte zu Physikern und zu Psychologen –, so hat er meistens im Normalfall keine Ahnung von der Bedeutung der Ergebnisse, die er publiziert. Das hat Konsequenzen, die ich selbst erlebt habe, Ende der 80er Jahre, als der Konstruktive Realismus – der tatsächlich aus der Auseinandersetzung mit Wissenschaftlern entstanden ist – seinen Anfang nahm.[1]

Ich arbeitete damals für ein Institut für interdisziplinäre Forschung und wurde eingeladen, ein Projekt zu betreuen: Es ging darum, den Wissenschaftlern Selbstreflektion – so haben wir es genannt – beizubringen, die Wissenschaftler darin zu üben, könnte man sagen, ihre Arbeit, ihre Resul-

---

[1] Zu den Grundlagen des Konstruktiven Realismus siehe z. B.: Dijkum a. Wallner (1991); Wallner, (1994a); Slunecko (1997)

tate, eventuell auch ihr Leben selbst zu reflektieren (vgl. Wallner 1992a, S. 101–104). Dies alles hat einen sehr realen Hintergrund gehabt, weil in dieses Institut doch häufig Wissenschaftler gekommen sind, die sich über ihre Situation beklagt haben: Sie konnten den Sinn ihrer Arbeit nicht mehr sehen, und trotz der großen Möglichkeiten befanden sie sich in einer Situation, die, überspitzt formuliert, Marx' Entfremdung nahe war. Das heißt, daß eben die Wissenschaftler zunehmend Probleme haben – zumindest diejenigen, die damals bei uns waren (vielleicht handelte es sich um keine repräsentative Gruppe, aber es gilt im Prinzip wahrscheinlich doch für alle) –, das, was sie herstellen, zu begreifen, würde ich es einfach formulieren.

Für viele ist es natürlich eine Verlockung, die Wissenschaft mit Anwendbarkeit zu verbinden, denn wenn man etwas technisch anwendet, kann man sagen, daß es stimmt; alles andere sind einfach nur nicht unbedingt notwendige philosophische Probleme.

Das ist tatsächlich etwas, wenn man diese Haltung einnimmt, das den ursprünglichen Anspruch der europäischen Wissenschaft zur Gänze verläßt. Man kann natürlich sagen, die Wissenschaft wolle nichts anderes, als das Leben zu verbessern. Die meisten Wissenschaftler würden dagegen protestieren, aber wenn man in dieser Konsequenz denkt, kann man es sagen, sobald etwas entstanden ist, das gut anwendbar ist, das technisch verwendbar ist. Der ursprüngliche Anspruch der Wissenschaft in Europa, der bis heute noch offiziell aufrechterhalten wird, war aber kein technischer.[2]

In der Terminologie des Konstruktiven Realismus unterscheidet man Wirklichkeit und Realität in der folgenden Weise: Wirklichkeit ist die Welt, in der wir leben, mit der wir leben, von der wir aber nicht wissen und auch nicht wissen können, ob sie Strukturen hat oder nicht, die aber zweifellos unser Leben trägt, als Ernährungsinstanz im weitesten Sinn; es ist ein Wirklichkeitsbegriff, dem Maturana nahe kommt, könnte man vielleicht sagen. Wirklichkeit wäre danach: Es gibt keine guten Argumente, daran zu zweifeln, daß es so etwas wie eine Welt gibt, die unser Leben trägt (siehe dazu u. a. Wallner 1990, S. 39–48).

Die Wirklichkeit kann nicht mit guten Argumenten weggeleugnet werden, und wenn man wissenschaftlich argumentiert, so hat man zweifellos, wenn man Naturwissenschaftler ist, einen Bezug zur Wirklichkeit, eine Intention auf die Wirklichkeit: Diese Intention wird von den klassischen metaphysischen Vorstellungen – in der Diktion des Wiener Kreises – gereinigt. Der Konstruktive Realismus stellt den typisch philosophischen hochtrabenden Anspruch, daß wir die Unklarheiten, mit denen der Wissenschaftler bei seiner Intention auf die Wirklichkeit zu tun hat, mit ihm ausräumen oder zumindest vermindern; für den Begriff der Wahrheit braucht man nicht unbedingt die Wirklichkeit. Es wäre einfach sinnlos, diesen Begriff herauszunehmen und zu sagen, daß es nur die Realität gibt; es wäre eine falsche Aussage.

---

2 Man denke an Aristoteles' Unterscheidung zwischen *techne* und *episteme*.

Diese Gedanken fallen jenen Philosophen besonders schwer, die sich überhaupt nicht mit Wittgenstein auseinandergesetzt haben; der Konstruktive Realismus betrachtet sie als seine implizite Voraussetzung: Wir verstehen Philosophie in einem therapeutischen Sinn, wir verstehen Philosophie als eine Tätigkeit, die überflüssig werden kann; nur sie wird es nie, weil die Welt oder die Wissenschaft viel zu kompliziert ist.

Als Realität wird die Wissenschaft verstanden, die die Welt darstellt. Die Realität ist die Erkenntniswelt, also die Welt, die wir kennen oder erkennen. „Kennen" und „erkennen", denn ein Parallelbegriff zu Realität ist die Lebenswelt im Sinne von Alfred Schütz (siehe z. B. Schütz u. Luckmann 1988/1990); die Lebenswelt wäre auch ein Weltkonstrukt, eine Welt, in der man sich auskennt, die aber nicht wissenschaftlich, sondern kulturell, sozial bedingt ist und das ausmacht, was eben unsere Überzeugungen sind. Die Lebenswelt beeinflußt ja z. T. die Wissenschaft, zum Teil ist die Lebenswelt sehr verschieden von der Realität.

Die Lebenswelt ist konstruiert, aber nicht individuell konstruiert: Sie ist eine Kulturkonstruktion – könnte man sagen –, eine soziokulturelle Konstruktion, das heißt, daß es neben der Realität die Lebenswelt gibt. Es trifft auf die Wirklichkeit irgendwie zu, nur man weiß nicht, wie, das kann man nicht erkennen, aber es ist insofern wahrheitsfähig, als es in Relation zur Realität steht. Nun steht aber der Wissenschaftler auch in einer Lebenswelt, er kann sich noch immer in der Deutung seiner Ergebnisse artikulieren, so daß er sagen kann: Was ich hier tue, hat Wahrheitsanspruch in der Relation zu der Tradition der Psychologie unter den und den Gesichtspunkten, ich nehme mir aber heraus, daß ich als Person sowohl in der Wirklichkeit als auch in der Lebenswelt stehe, neben der Realität oder zusätzlich, daß darum auch für mich etwas anderes gelten kann, zum Teil zumindest, als das, was die wissenschaftliche Seite beansprucht. Es handelt sich um ein Problem, das wir z. B. in der Medizin haben. Der klassische, traditionelle Arzt, in Europa zumindest, orientiert sich an der Naturwissenschaft; die entsprechenden Fakultäten sind noch heute stark naturwissenschaftlich orientiert, weil man sich offenbar darüber klar ist, daß die Medizin soviel Unklarheiten hat, daß es am besten ist, sich an eine ganz klare und erfolgreiche Wissenschaft anzuhängen. Man muß aber die Frage stellen: Wie funktioniert etwa die Behandlung in der chinesischen oder tibetischen Medizin? Diese drei Medizinen, die chinesische, die tibetische und die europäische, argumentieren vollkommen verschieden und strukturieren den Menschen auf vollkommen verschiedene Weise, aber sind ganz zweifellos in gewissen Fällen, sehr häufig sogar, erfolgreich. Vor dem Hintergrund der traditionellen Wissenschaftsauffassung muß man sagen, man muß erklären, warum die Akupunktur funktioniert.

Die Lebenswelt dominiert die Erlebenswelt. In Kulturen, bei denen das Alter eine ganz andere Rolle spielt als bei uns, hat so etwas auch eine andere Funktion. Das ist kulturabhängig; es kommt darauf an, wie man Wissen versteht und konstituiert. Ein Buddhist würde sagen, daß es die „reine

I. Philosophische Probleme und Fragen des Konstruktivismus

Erfahrung" gibt; er ist davon überzeugt und kann auch sagen, warum. Wahrscheinlich würde er auch behaupten, daß er das weiß oder wissen kann. Wenn man Wissen so versteht, daß wir gewisse unzweifelhafte Einsichten haben, die uns bestimmte Phänomene erhellen, so können wir sagen: Natürlich kann man davon wissen. Mit dem für die europäische Wissenschaft typischen Methodeninventar kann man das sicher nicht behandeln, und gegenüber allem anderen habe ich gewisse Zweifel. Beim Buddhismus ist es schon eine Verfälschung, wenn die Leute, die aus Europa kommen, den Buddhisten erklären wollen, was sie als Erkenntnis bezeichnen, das ist eine gefährliche Situation. Wenn man so Erkenntnis auffaßt, hat man überhaupt keine Instanz, die einem vor Irrtümern bewahren kann, bedeutet es in unserer Sprache, man hat dann die volle Einsicht, die zweifelhaft nur subjektiv überprüfbar ist; man kennt die Kriterien nicht, die das etwa zweifelhaft machen könnten, darum glaubt man daran. Also in unserem Sinne weiß man auch nichts darüber. Ich behaupte, daß man über die Möglichkeiten des methodologischen Inventars, das wir in Europa haben, nichts wissen kann, und ich kenne keine andere Kultur, die mich überzeugen könnte, daß es ein Verfahren dafür gibt, um zu erfahren, wie man das wissen könnte oder erfahren könnte.

Die Verwendung des Begriffes „Wirklichkeit" im Konstruktiven Realismus wurde oft mißverstanden und in Verbindung mit Kants Ding an sich gebracht. Wirklichkeit wird im Konstruktiven Realismus als *nature*, als das, mit dem wir leben, verstanden. Da es Wirklichkeit ist, können wir nicht abschätzen, wie es verändert wird. Wenn man z. B. irgendwelche anderen Kulturen nimmt, zum Beispiel Kulturen in Afrika, kann es sein, daß bestimmte Krankheiten oder bestimmte Naturerscheinungen auch recht gut erklärt werden: Auch diese Kulturen versuchen, die Wirklichkeit verständlich zu manchen, auch sie haben eine Realität; nur wir werden sagen, daß es eine Lebenswelt ist. Die verständlich gemachte Wirklichkeit ist nicht mehr Wirklichkeit, hingegen wenn ein afrikanisches Stammesmitglied nach Europa kommt und zum Arzt geht, so wird ihm unter Umständen etwas ganz anderes gesagt, aufgrund seiner Beschwerden, als zu Hause, aber in dem Fall ist wieder die Wirklichkeit durch Realität oder durch eine andere Realität ersetzt worden.

Man braucht das Konzept der Wirklichkeit. Man könnte meinen, daß die Wirklichkeit, auf die Wirklichkeit der Neurophysiologie bezogen, in Wirklichkeit eine Lebenswelt ist, nicht nur Alltagsverhalten, sondern das Kooperieren des Menschen mit der Wirklichkeit unter einem gewissen System. Man müßte aber fragen, ob hier eine Kulturunabhängigkeit besteht oder nicht. Wenn man keine Kulturabhängigkeit finden kann, so ist es nicht überzeugend. (Sind Farben real oder eingebildet bzw. wahrgenommen, existieren Farben nur in meinem Bewußtsein? – Ein Physiker meint, Wellen treffen aufs Auge, der Philosoph sagt, ich habe eine Wahrnehmung.)

Nature als *nurture* – Interaktionen zwischen der Natur und dem Menschen würde ich im weiteren Sinn zur *nurture* rechnen, in dem Sinn, als man diese Interaktionen, wenn man sie beschreiben will, nur über Mikrowelten, also durch die Realität beschreiben kann. Der Physiker sagt: „Das sind Wellenlängen", weil das Konsequenz seiner Realität ist, wie er sie konstruiert hat, die Beziehung des Gehirns zur Wirklichkeit ist hier eine Beziehung über die *nurture*. Das Ergebnis dieser Überlegungen ist, daß man den Begriff der *nurture* weiter fassen muß, als man es normalerweise tut, Alltagsverständnis ist nur eine Ehrung, das ist aber zweifellos alles das, was den Menschen als Lebewesen trägt.

Der Konstruktive Realismus geht davon aus, daß die Natur, die Wirklichkeit als System, mit unserer Wissenschaft verändert werden kann. Es handelt sich also um ein System, das besteht, auch wenn wir nicht da sind; was verändert wird, ist die Weise, wie die Wirklichkeit sich zu uns verhält und wir uns zur Wirklichkeit verhalten. Wenn man ein wissenschaftliches Satzsystem begreift, indem man sieht, was es für implizite Voraussetzungen hat, so hat man mehr Chancen, seine Möglichkeiten und seine Gefahren zu verstehen, als wenn man es nicht begreift. Das ist der Punkt. Man kann nicht von vornherein abschätzen, wie die sogenannte Natur reagieren wird, weil es ja dann vieles gibt, das man einfach nicht weiß, aber man kann zumindest abschätzen, was alles passieren könnte, bei bestimmten Anwendungen dieses Systems, wenn man seine Voraussetzungen kennt.

Wir stellen keine metaphysische Frage, sondern wir haben in Übereinstimmung mit der wissenschaftlichen Arbeit ein System entwickelt, das die wissenschaftliche Arbeit verständlich macht. Wir diskutieren keine Frage im Sinne der traditionellen Philosophie, sondern wir diskutieren die Bedingungen des Anspruchs der Wissenschaften. Inwieweit man diese Bedingungen erfüllen kann und inwieweit sie überhaupt sinnvoll sind. Die Frage, ob die Realität der Wirklichkeit nahe kommt und ob beide sich berühren oder nicht, ist eine Frage, die man nicht lösen kann, das scheint mir, nach Wittgenstein, ein sinnloses Bemühen zu sein. Andererseits ist es sehr schwer, so zu argumentieren, wenn man sowohl den Alltag als auch die Anwendungen der Wissenschaft betrachtet, daß überhaupt keine Beziehung zu einer Wirklichkeit besteht.

Wir können nur feststellen, daß etwas funktioniert und etwas geschieht, das können wir in einer wissenschaftlichen Weise und auch in verschiedener Weise systematisieren, in der Physik anders als in der Biologie; und zweifellos weisen solche Erfahrungen darauf hin, daß die Realität eine Beziehung zur Wirklichkeit hat, nur über die Beziehung kann man nicht reden; es ist noch viel schwerer zu behaupten und auch argumentativ nicht durchzuhalten, daß keine Beziehung besteht. Insofern ist das auch ein Ergebnis. Von der Beziehung hängen wir ab, wir leben nicht die Gegenseite die uns die Beziehung zuschießt, aber wir erleben die Auswirkungen der Gegenseite, daß die Wirklichkeit Auswirkungen hat, das ist nicht zu bestreiten, das ist durchaus kompatibel mit dem Konstruktiven Realismus.

Betrachtet man, was man damit gewinnt, wenn man diese Terminologie einführt oder wenn man sich in dieser Weise die Welt insgesamt strukturiert denkt, so kann man das erst sehen, wenn man weiß, welche Zielsetzungen der Konstruktive Realismus für die Wissenschaftler hat oder welche Wünsche er mit diesem Konzept erfüllen könnte.

Es geht bei diesem Konzept vor allem darum, so etwas wie Erkenntnis zu bewahren, obwohl natürlich nach diesem Konzept Erkenntnis relativ ist, weil verschiedene Kulturen verschiedene Realitäten haben. Die chinesische Wissenschaft stellt eine andere Realität als die europäische dar. Wenn man sich nun fragt, wo die Wahrheit angesiedelt ist oder ob es so etwas wie Wahrheit gibt, stellt man eine finessenreiche Frage, denn: Erstens ist es so, daß man zweifellos bei einem Resultat der Forschung, wenn bestimmte Bedingungen erfüllt sind, sagen kann, „das ist wahr". Der Terminus „wahr" wird selten, eher von Wissenschaftlern verwendet, und im Hinblick auf dieses System meint Wahrheit dann das Übereinstimmen von Aussagen mit der Realität. Das heißt, daß er ein operativer oder lokaler Wahrheitsbegriff ist. Dies alles muß uns nicht besonders aufregen oder ärgern, denn tatsächlich ist dieser absolute Wahrheitsbegriff – den man bis zur Gegenwart manchmal gebraucht und den es immer in Europa gegeben hat – an sich ein Widerspruch. Er setzt sogar voraus, daß wir so denken und so weiter, wie ein absoluter Geist denkt: eine Fiktion, wofür es keine guten Gründe gibt, sie zu halten.

Die Aufgabe, die sich der Konstruktive Realismus gestellt hat, ist, dem Objektverlust der Wissenschaft entgegenzuarbeiten oder etwas anzubieten, das den Objektverlust im optimalen Sinn wettmachen kann; ein Verfahren hat sich angeboten, das ich vor einigen Jahren eingeführt habe und das in vielen Disziplinen eigentlich einen großen Erfolg hatte: das Verfahren der Verfremdung.[3] Es handelt sich um einen Begriff, der zum Teil durch den Einfluß Wittgensteins zustande kam und der mit der Hermeneutik verwandt ist: Gadamer hat ähnliche Gedanken.

Die Verfremdung ist ein Verfahren, bei dem man ein Satzsystem aus seinem Kontext herausnimmt und in einen neuen, in einen anderen, nach Möglichkeit ganz verschiedenen Kontext stellt. Also nicht von der Psychologie zur Biologie, das ist vielleicht zu nahe, sondern von der Psychologie z. B. zur Historie oder von der Physik in die Historie oder in die Soziologie. Dieses Verfremdungsverfahren führt zunächst zu absurden Sätzen oder zu absurden Situationen, zu paradoxen Situationen, in denen ein Kommunikationsabbruch stattfindet. Man kann sich das leicht, glaube ich, vorstellen, wie es läuft, wenn man einen Elementarphysiker plötzlich in die Soziologie versetzt, in deren Bereich er seine Thesen, seine Normalsprache, seine wissenschaftliche Normalsprache anlegen soll; es geht nicht nur darum, seine Sachen darzustellen, sondern die wissenschaftliche Normalsprache auf die soziologischen Probleme anzuwenden, was keine Spielerei und keine Universalisierung ist, so daß man sagen kann, wir müssen

---

3 Über den Begriff Verfremdung im Konstruktiven Realismus vgl. u. a. Wallner (1994b; 1992b, S. 87–89).

jetzt endlich wieder zu einer Einheit der Wissenschaften kommen. Vielmehr handelt es sich um ein Verfahren, bei dem man die zahlreichen impliziten Voraussetzungen einer Sprache sieht.

Die wissenschaftliche Ausbildung besteht ja nach meinen Beobachtungen zu einem beträchtlichen Teil – sagen wir so: – aus der sprachlichen Einbindung der Studenten, denn wer erfolgreich in einer Disziplin sein will, muß sich sprachlich einbinden. Er muß eine Sprache lernen, die die anderen auch sprechen, er muß auch wissen, wie die Begriffe funktionieren, wie die Argumentation funktioniert etc. Das heißt, daß sehr vieles natürlich von der Argumentation gleich ausgeschlossen ist, dieses Verfahren mindert die kreativen Möglichkeiten natürlich sehr stark. Einiges von diesen impliziten Voraussetzungen lernt der Wissenschaftler, wenn er verfremdet, und die impliziten Voraussetzungen eines Systems, eines Sprachsystems verstehen heißt das Sprachsystem verstehen. Das heißt, daß man bei der Sprache unterscheiden muß: Man kann sie bloß verwenden – man kann eine Sprache verwenden wie ein Werkzeug –, das ist der Normalfall in der Wissenschaft; oder man kann eine Sprache verstehen. Aber man versteht eine Sprache nur dann, wenn man ihre impliziten Voraussetzungen kennt.[4]

Im Wiener Kreis hat man versucht, die Vereinheitlichung der Wissenschaften weiterzutreiben, indem man sagte: Wenn eine Methode in der Physik funktioniert, muß sie eigentlich, wenn man es richtig macht, auch in der Psychologie funktionieren; das ist eine Radikalisierung des Prinzips der Einheit des Geistes.

Im Konstruktiven Realismus ist das Verfahren hingegen sprachorientiert. Wir stellen natürlich keinen Anspruch, daß die Psychologie und die Physik ähnliche Methoden haben müssen, aber wir meinen – wenn man ein physikalisches Satzsystem in einen anderen Kontext, zum Beispiel Psychologie, aber zum Beispiel auch in die Lebenswelt oder zum Beispiel in die chinesische Kultur hineinstellt –, daß man dann zu Einsichten über die Voraussetzungen dieses Sprachsystems kommt, die man vorher verwendet, aber nicht gekannt hat. Der Gewinn der Verfremdung ist ein Gewinn der Einsicht in die Voraussetzungen; fragt man, ob es eine Evaluierung der Verfremdung gibt, ob es richtige und falsche Verfremdungen gibt, so kann man dies wieder mit dem Konzept der Wahrheit in Beziehung setzen.

Die formale Logik ist z. B. ganz eindeutig eine Verfremdung wissenschaftlicher Theorie. Die formale Logik, die von den Philosophen lange Zeit sozusagen als das Allheilmittel der Wissenschaftskritik angesehen wurde und nicht sehr viel gebracht hat in der Praxis, ist aber insofern manchmal interessant, wenn man ein wissenschaftliches Satzsystem in ein

---

4 Diese Fragestellung wird in der Politikwissenschaft und in verschiedenen Disziplinen sehr interessant, weil man sich ja dann auch fragen kann, wie das außerhalb der Wissenschaft ist, wer von uns oder wer von unseren Landsleuten im Alltag eine Sprache versteht und wer nicht.

logisches System übersetzt, dann sieht man auch Dinge, die man vorher vielleicht nicht gesehen hat. Wenn ich sage, ich habe ein gewisses Konzept im Hinblick auf ein Problem, und ich stelle es einem anderen jetzt dar, bzw. ich veranlasse den Wissenschaftler, mit dem ich rede, seine Theorie in mein Konzept zu integrieren, nicht zu übersetzen, dann sehe ich, wo er das kann und wo er das nicht kann. Bei diesem Verfahren kann man feststellen, wo wir sprachlich verschiedene Voraussetzungen haben oder wo wir die gleichen haben.

Die Psychoanalyse verstehe ich als eine Verfremdung einer Lebenssituation. Ein Therapeut lädt seinen Patienten ein, sein Problem in seiner Sprachweise in ein anderes System zu verfremden. Ich meine, daß der Erfolg, wenn es einen Erfolg gibt, es der Erfolg der Verfremdung ist.[5]

Das Funktionieren der Wissenschaft könnte man als die Beziehung der Realität zur Wirklichkeit benennen; ich behaupte nicht, daß wir dieses Funktionieren verstehen oder diskutieren können. Auf einem indirekten Weg, durch Verfremdung, kann man zeigen, welche Bedingungen vorhanden sind, und kann damit abschätzen, wie es und ob es und wann es funktioniert oder nicht. Ähnliche Ideen, aber vielleicht nicht im ganzen oder im Detail, sind bei vielen Philosophen schon einmal aufgetreten, schon vor Jahrhunderten und in der Gegenwart.

Der Name „Konstruktiver Realismus" ist gewählt worden, weil wir meinen, daß die wissenschaftliche Alltagsarbeit nicht Beschreibung ist, sondern Konstruktion im weiteren Sinn, die Arbeit im Labor ist Konstruktion, beschrieben wird dort sehr wenig; deswegen spricht man von Konstruktivismus. „Realismus" auch aus dem Grund, weil wir nicht mit der philosophischen Position des Idealismus vermischt werden wollen.

Die Welt beinhaltet, so wie Popper sie versteht, die Summe der Ergebnisse, Techniken und Möglichkeiten der Konstruktionen. Man kann natürlich sagen, die Ergebnisse der Wissenschaft spürt man an den Sinnen, aber das ist nicht der Hauptaspekt.

Realismus bedeutet für den Konstruktiven Realismus, daß die Produkte der Wissenschaft reale Veränderungen der Welt darstellen. Das heißt, was die Wissenschaft oft erzeugt, verändert die gegebene Welt und wirkt ja auch auf die Wirklichkeit ein, wie man also ökologisch sieht; wenn man das leugnete, so würde man ja eben in der idealistischen Position meinen, die Wissenschaft habe nur eine geistige Vorstellung; weil wir Realität so verstehen, daß die Realität eben die Ganzheit der Produkte einer Wissenschaft ist, in einer Kultur, meinen wir, daß es Realismus ist. Wir scheiden uns hier natürlich vom philosophischen Realismus überkommener Weise; Hilary Putnam versteht Realismus ganz anders, obwohl er in der Konsequenz uns nahe kommt (siehe z. B. Putnam 1991).

---

5 Zur Methode der Verfremdung in der Psychotherapie siehe Slunecko (1996a, S. 308–318; 1996b; 1997, S. 243–261); Wallner (1996).

Der Konstruktive Realismus bietet ein ganz neues Instrumentarium in der Diskussion von Umweltproblemen, man kann klassischerweise meinen – und viele meinen das heute noch –, entweder ist die Wissenschaft richtig, dann heißt das, je mehr Wissenschaft, desto besser; wenn die Wissenschaft schlecht mit der Natur fährt, war sie nicht richtig, das wäre noch eine naive Ansicht, aber wäre konsequenterweise die Fortführung der traditionellen Ansicht, wenn die Wissenschaft so funktioniert, wenn die Wissenschaft so arbeitet, wie sie soll, dann kann sie doch die Natur nicht zerstören, die Reaktion auf diesen doch sich nicht erfüllenden Glauben ist dann die Resignation an der Wissenschaft; man sagt sich, daß man soviel wie möglich verbieten muß; Kommissionen werden eingesetzt, damit sie entscheiden, was getan werden darf und was nicht. In allen diesen Fällen kann man von vornherein sagen, daß es nicht funktionieren wird, darum läßt der Konstruktive Realismus der Wissenschaft Freiraum: Wissenschaftliche Produkte verändern und ersetzen die Wirklichkeit; wenn man sich ein wenig Metaphysik gestattet, würde ich diese Formulierung vorschlagen: Die Realität kann Aspekte der Wirklichkeit ersetzen, durch Realität wird auch die Wirklichkeit verändert, nur wissen wir nicht, wie, das ist ja eben unser Problem, deswegen muß man, wenn man irgendwie abschätzen will, was Realität der Wirklichkeit antun kann, die Realität verstehen. Wenn man die Realität versteht, hat man zumindest Abschätzungskriterien, was man wissenschaftlich anwenden soll und was nicht, das scheint mir ein sehr wesentliches Problem zu sein. Mit Hilfe einer geduldigen, langwierigen Verfremdungsarbeit kann man die Realität verstehen.

Ich glaube, daß die Philosophie sehr viele Anwendungsmöglichkeiten hat, man denke nur an diesen reichen Pool an Verfremdungsmöglichkeiten. Meines Erachtens liegt die Zukunft der Philosophie der Wissenschaften darin, daß man für wissenschaftliche Theorien philosophische Systeme anbietet, die in ganz anderer Weise über Probleme reden. Aber nicht mit der Intention, daß durch die Philosophie oder durch das gemeinsame Gespräch die Bedingungen der Möglichkeit des Objektbezugs, die Findung des Objekts beigebracht werden kann. Die Findung des Objekts geschieht in indirekter Weise; wenn ich die Bedingungen einer Theorie abschätzen kann, so weiß ich etwas über ihren Weltbezug, der Weltbezug muß aber nicht unbedingt der Bezug auf die Wirklichkeit sein – darüber weiß ich natürlich nichts direkt –, sondern kann auch ein Bezug auf die Lebenswelt sein.

Mit der Verfremdung hat man die Möglichkeit, vor allem die Wissenschaft in die Lebenswelt zu verfremden – was übrigens auch große Wissenschaftler und auch interessierte Praktiker schon oft getan haben, bevor es die Verfremdung als Methode überhaupt gegeben hat. Außerdem zeitigt die Übersetzung oder die Übertragung eines europäischen Satzes in eine andere Kultur sehr interessante Ergebnisse hinsichtlich der eigenen Kultur. In den letzten Jahren ist der Konstruktive Realismus durch das Verdienst eines chinesischen Philosophen, der darüber ein schönes Buch (siehe Shen 1994), geschrieben hat, auch zu einer Kulturphilosophie geworden, und wir arbeiten daran, durch Verfremdungen in andere Kulturen die eigene Kultur besser zu verstehen, denn für das Verstehen der eigenen Kultur ist das Gehen in die andere Kultur sehr wertvoll, vielleicht unerläßlich (siehe Wallner 1997).

Literatur

Dijkum, C. a. F. Wallner (1991): Constructive Realism in Discussion. Amsterdam (Socrates Science Publisher)
Kaulbach, F. (1978): Das Prinzip Handlung in der Philosophie Kants. Berlin/New York (De Gruyter).
Putnam, H. (1991): Repräsentation und Realität. Frankfurt a. M. (Suhrkamp).
Schütz, A. und Th. Luckmann (1988 u. 1990): Strukturen der Lebenswelt. Bd. I u. II. Frankfurt a. M. (Suhrkamp).
Shen, V. (1994): Confucianism, Taoism, and Constructiv Realism. Wien (Universitätsverlag).
Slunecko, Th. (1996a): Einfalt oder Vielfalt in der Psychotherapie. In: A. Pritz (Hrsg.): Psychotherapie – Eine neue Wissenschaft vom Menschen. Wien/New York (Springer), S. 308–318
Slunecko, Th. (1996b): Wissenschaftstheorie und Psychotherapie. Ein konstruktiv-realistischer Dialog. Wien (WUV).
Slunecko, Th. (Hrsg.) (1997): The Movement of Constructive Realism. Wien (Braumüller).
Slunecko, Th. (1997): Simplicity and diversity in psychotherapy. In: Th. Slunecko (Hrsg.): The Movement of Constructive Realism. Wien (Braumüller), S. 243–261
Wallner, F. (1992a): Epistemologische Anmerkungen zur interdisziplinären Kooperation jenseits des Fächerkanons. In: F. Wallner: Konstruktion der Realität. Wien (WUV), S. 101–104.
Wallner, F. (1990): Von Wirklichkeit und Realität. In: F. Wallner: Acht Vorlesungen über den Konstruktiven Realismus. Wien (WUV), S. 39–48.
Wallner, F. (1994): Constructive Realism. Aspects of a New Epistemological Movement. Wien (Braumüller)
Wallner, F. (1994b): Philosophy and Constructive Realism – A relationship of Strangification. In: F. Wallner: Constructive Realism. Aspects of a New Epistemological Movement. Wien (Braumüller); Wallner, F. (1992b): Das Verfahren der Verfremdung. In: F. Wallner: Wissenschaft in Reflexion. Wien (Braumüller), S. 87–89.
Wallner, F. (1996): Eine neue Ontologie für Psychotherapien. Zur Korrektur eines epistemologischen Mißverständnisses. In: A. Pritz (Hrsg.): Psychotherapie – Eine neue Wissenschaft vom Menschen. Wien/New York (Springer), S. 341–357.
Wallner, F. (1997): How to Deal with Science if You Care for Other Cultures. Wien (Braumüller).

Benötigen wir einen neuen konstruktivistischen Denkansatz?
Fragen aus der Sicht des Interaktionistischen Konstruktivismus
Kersten Reich

Der Interaktionistische Konstruktivismus, den ich hier vorstellen will, ist ein neuer konstruktivistischer Ansatz, der neben den Radikalen und Methodischen Konstruktivismus (Kulturalismus) tritt und der, trotz seiner Nähe zum Sozialen Konstruktivismus, gerade dessen kulturtheoretische Implikationen zu erweitern und zu präzisieren versucht. Es ist mir angesichts der sehr umfassenden Argumentation, die ich in dem zweibändigen Buch „Die Ordnung der Blicke" entfaltet habe, hier kaum möglich, diesen Ansatz in Kurzform darzustellen. Mir scheint eine andere Frage für diese Einführung auch viel sinnvoller zu sein. Wer einen neuen konstruktivistischen Ansatz zu entwickeln versucht, der muß sich zunächst die Frage stellen: Benötigen wir überhaupt einen neuen konstruktivistischen Denkansatz?

Mit der Beantwortung dieser Frage sollen Sie als Beobachter in meine Selbstbeobachtungen eintreten, die sich zu Beginn der Entwicklung meines eigenen Ansatzes einstellten; Sie sehen mich sozusagen als Beobachter, der Defizite und Überbetonungen sieht, die er ausräumen will, und Sie sollen durch diesen Vortrag in die Lage versetzt werden, diese Konstruktionen für sich nachzuvollziehen. Sie blicken so in die Voraussetzungen meiner Beunruhigung über bisherige Varianten des Konstruktivismus, so wie es meine Vorredner aus der Sicht des Methodischen Konstruktivismus (Janich) und der Systemtheorie (Kriz) für ihre Ansätze auch schon getan haben.

Meine Darlegungen sollen allerdings nicht nur theoretischer Natur sein, sondern durch einen Bezug auf die Orte, wo der Konstruktivismus besonders praktisch wurde, d. h. insbesondere für die systemische Beratung, auch praktisch reflektiert werden. Hier habe ich nämlich festgestellt, daß die von mir beobachteten Defizite und Überbetonungen sehr oft von praktizierenden Konstruktivisten schon bemerkt und kritisiert wurden.

1. Defizite konstruktivistischer Ansätze

Beginnen will ich mit drei exemplarisch herausgegriffenen, aber mir wesentlich erscheinenden Defiziten der bisherigen konstruktivistischen Erkenntniskritik (vgl. Bild 1).

1.1 Das Begründungsdefizit
Jeder Denkansatz unterliegt bestimmten Intentionen, die von einer Verständigungsgemeinschaft gebildet werden. Der französische Dekonstruk-

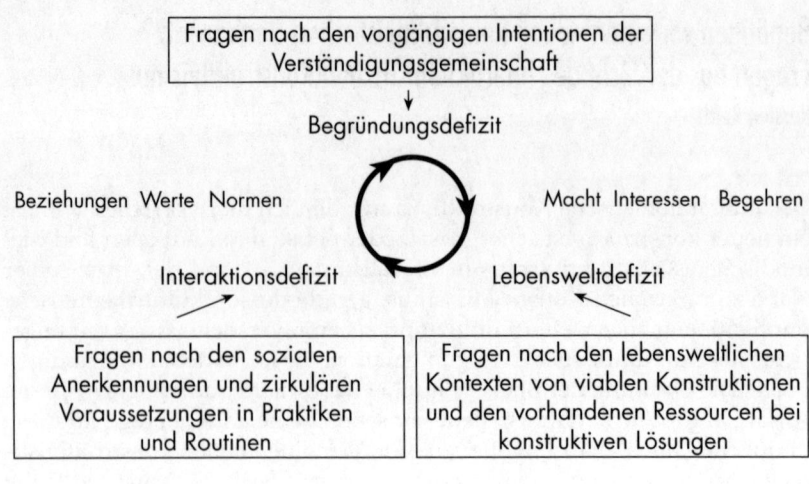

Abb. 1

tivismus hat uns darauf aufmerksam gemacht, daß hier immer eine Machtfrage auftritt: Konstrukte von Wirklichkeit drücken Interessen von Beobachtern aus und bedingen Kontexte, die unterschiedliche Machtpositionen umfassen (vgl. dazu ausführlich Reich 1998a, b).

In der Praxis systemisch orientierter Beratungen tritt die Machtfrage immer wieder auf, wenn sich Therapeuten mit Blick auf ihre Begründung von Wirklichkeit mit den Begründungen ihrer Klienten auseinandersetzen. Zunächst scheint der Konstruktivismus hier als Erkenntniskritik äußerst hilfreich. Er gestattet es, daß wir überhaupt anerkennen können, daß es unterschiedliche Beobachter mit unterschiedlichen Beobachtungen gibt. Er betont die Subjektivität und daraus eine abgeleitete Relativität von Wahrnehmungen, Erkenntnissen, Begründungen und Wirkungen. Jeder scheint nun mächtig, folgendes zu sagen: „So bin ich."; „Ich konstruiere, was wirklich ist."; „Diese Wirklichkeit paßt zu mir, und ob sie zu anderen paßt, das können diese nur aus ihren Konstruktionen heraus überprüfen."

In solchen Aussagen, wie wir sie immer wieder bei Konstruktivisten finden, steckt ein intentionaler Vorbehalt. Wann immer wir über diese Sätze sprechen wollen, so müssen wir die in ihnen gesetzte Intention schon mitdenken: „Ja, so kann es sein." Würden wir diese Sätze ins Belieben stellen und ganz andere als Konstrukte zulassen, so kämen wir zu gänzlich anderen Intentionen, also z. B. zu nichtkonstruktivistischen Setzungen der Art, daß eine äußere objektive Welt für uns die abbildende Begründung für alle Erkenntnisse gibt.

Schauen wir uns den intentionalen Vorbehalt ein wenig näher an. Konstruktivisten argumentieren hier öfter so:

Die alten Wahrheiten sind zerfallen. Als Möglichkeit der Wahrnehmung, des Erkennens, der Begründung und Wirkungen müssen wir zugeben, daß alle Wirklichkeitskonstruktionen subjektive, selbstreferente Setzungen sind, die von Beobachter zu Beobachter anders sein mögen.

Wechseln wir nun in die Praxis: Ein konstruktivistischer Praktiker erklärt in einem Beratungsprozeß seinem Klienten, daß alle seine Erklärungen nur Konstrukte seien. Nun bietet er ihm an, zu prüfen, ob diese zu ihm passen. In seinen Konstrukten aber behauptet er z. B. sehr traditionelle Weltbilder, die er aus eigenen Lebenserfahrungen und Wünschen abgeleitet hat. Der Rahmen der Behauptungen scheint konstruktivistisch begründet, die einzelnen Konstrukte werden dann als normative Setzungen sehr konventionell aus vorhandenen Lebensformen gebildet. Dies ist eine neue Wahrheitsdefinition: Der Klient muß sehen, was zu ihm paßt und für ihn wahr werden kann.

Nun entsteht die Frage: Reicht es für den Konstruktivismus aus, die eigenen Aussagen als intentional konstruktivistisch zu charakterisieren, um dann die in diesem Rahmen stehenden Konstrukte als wahr behaupten zu können?

Beantworten wir diese Frage mit Ja, dann geraten wir in einen Relativismus, der nicht nur erkenntnistheoretisch das Subjekt überbetont, sondern auch willkürlich verfährt. Wir immunisieren uns nämlich von vornherein gegen jede mögliche Kritik an unseren nunmehr „wahren" Konstrukten durch den Hinweis darauf, daß diese Wahrheit ja jederzeit von denen bestritten werden könne, zu denen sie nicht paßt. Was wir dabei übersehen, ist allerdings der Kontext von intentionaler Verständigung und die weitreichende Begründung, die wir gegeben haben. Der Praktiker tritt z. B. als Therapeut auf und gewinnt aus diesem Habitus Macht und Geld, Ansehen, Status usw., die auf Erwartungen eines hilfesuchenden Menschen gründen, der eine bestimmte Wahrheit, die ihm hilft, gerne hören will. Jeder Relativismus ist ihm gegenüber erschlichen, sofern er die aufgestellte Wahrheitsposition nicht aus eigener Mächtigkeit als Konstrukt hinterfragen kann. Sofern die intentionale Konstruktivität der „wahren" Aussagen vom Konstruktivisten aber nicht als symbolische Begrenzung seiner Absichten eingeführt wird, sondern bloß zur formalen Legitimation seiner konstruktiven Behauptungen dient, erschleichen wir ein Begründungsdefizit. Als scheinbarer Konstruktivist sagen wir dann z. B.: „Das Konstrukt kam mir so. Da konnte ich nicht mehr anders. So ist die Natur der Sache usw." Die konstruktivistische Rahmenbehauptung ist hier bloß eine Schutzbehauptung, die eine Reflexion an der Stelle des Kontextes verweigert.

Beantworten wir die Frage nun aber mit Nein, dann können wir die Reflexion von Konstruktionskontexten nicht mehr verweigern, sondern müssen uns fragen, welche jeweiligen symbolischen Begrenzungen durch Intentionen bei den Konstrukten, die wir aufstellen, benutzt werden. Dann kommen wir auch gegen den Instrumentalismus, mit dem Konstruktivisten sich oft an dieser Stelle retten wollen, auf die alten hermeneutischen Fragen zurück, die mit dem Problem der Begründung von konstruktiven Intentionen immer auch Fragen nach dem Interessenhorizont des Konstrukteurs, nach dem kulturellen und sozialen Kontext von Aussagen, nach der Bedeutung von Verständigung hierüber verbinden müssen. Es gibt nämlich keine Konstrukte ohne Konstrukteur, wie Roth in einem naturalistischen Fehlschluß in seinem Einführungsvortrag zu diesem Kongreß behauptete. Dann müssen wir auf einmal erkennen, daß es ein Defizit insbesondere des Radikalen Konstruktivismus ist, die Intentionalität des Verständigens auf einen rein subjektiven Vorgang zurückgesetzt zu haben, der kulturell gar nicht in dieser reinen Form existiert. Auch der Klient ist eben nicht völlig frei, sich für seine Konstrukte zu entscheiden, da er diese Konstrukte *als Konstrukte* nicht hinreichend durchschaut. Man müßte ihn quasi erst zu einem Therapeuten und Metabeobachter ausbilden, also z. B. zu solchen Kongressen wie diesem schicken, damit er diese Beobachterrolle erwirbt. Was würde er erwerben? Eine hermeneutische Fähigkeit, die konstruktive Intentionalität, die als Rahmensetzung gilt, vielleicht deutlicher hinterfragen zu können. Im Kontext eines Klienten ist dies aber unwahrscheinlich und absurd. Die subjektivistische Freiheitsposition, die konstruktivistisch hier meist genannt wird, ist oft bloß eine Schutzbehauptung, die von dem Defizit ablenkt, das entstanden ist.

Was ist das Begründungsdefizit? Es ist die Verweigerung einer intentionalen Reflexion auf die von vornherein eingesetzten Bedingungen von Verständigung, um die eigenen normativ-konstruktiven Aussagen als vermeintlich „nur" konstruierte zu schützen. Dieser Schutz wird zu einer naiven Anpassung an bestehende oder unterstellte Kontexte, er führt auch in Beliebigkeit, wenn er sich allein auf den formalen Vorgang der Konstruktion bezieht und die konkrete und lebensweltbezogene Intentionalität von Kontexten übersieht. Auch Konstruktivisten sind nie frei von Kultur, von sozialen Voraussetzungen, von Beziehungen, auch sie stehen in den intentionalen Spannungen einer Lebenswelt, die durch ihre Konstrukte vorrangig symbolisch, durch normative Sätze begrenzt wird. Daraus rettet auch kein Pluralismus von Intentionen, wie er gegenwärtig zu beobachten ist, denn er löst uns das Normative ja nicht auf, sondern stellt es bloß in ein Nach- und Nebeneinander. Deshalb benötigen wir hier ein radikales Umdenken: hin auf die intentionalen Voraussetzungen von kulturellen Kontexten von Verständigung (vgl. dazu auch Graumann 1995). So kehren einige alte Begriffe, die ich exemplarisch in das Bild 1 gesetzt habe, in unsere Überlegungen zurück: Beziehungen, Werte, Normen, Macht, Interessen, Begehren usw. sind wesentliche Kon-Texte, die für uns Perspektiven markieren, zu denen auch Konstruktivisten sich begründend äußern sollten.

1.2 Das Interaktionsdefizit

In der systemischen Beratungspraxis der letzten Jahre ist eine bunte Vielfalt von Ansätzen und wechselnden Ideen zu erkennen. Die Bandbreite der Möglichkeiten ist groß, und unter dem Namen Konstruktivismus finden sich sehr plurale Varianten zusammen, die von keiner Abgeschlossenheit künden. Der Konstruktivismus bedeutet, wenn wir ihn konsequent betreiben wollen, daß wir ohnehin eine Geschlossenheit aufgeben müssen. Doch reicht dafür eine klar subjektivistische Position, wie sie der Radikale Konstruktivismus favorisiert? Oder eine sprachpragmatische Vorverständigung, wie sie der Methodische Konstruktivismus bzw. Kulturalismus zu rekonstruieren versucht? Oder soziale Vorannahmen von Verständigung, die der Soziale Konstruktionismus als postmodernes Weltbild nachzuzeichnen versucht?

Sehen wir auf andere Erklärungsversuche in unserem Jahrhundert, dann stoßen wir auf das Phänomen der Interaktion, das ja auch Konstruktivisten vertraut ist. Aber haben sie es bisher hinreichend erarbeitet? Das Interaktionsdefizit wird sofort erkennbar, wenn man konstruktivistische Ansätze mit klassischen Interaktionstheorien vergleicht (vgl. Reich 1998a, S. 219 ff.). Gegenüber dem symbolischen Interaktionismus etwa von Mead ist die in Kommunikationstheorien aufgestellte Deutung nach einem Sender-und-Empfänger-Modell nicht nur ein Fortschritt, sondern auch ein teilweiser Rückschritt. Und dies gleich in einer doppelten Weise: Einerseits gestattet Meads Theorie zu erkennen, daß das einzelne Subjekt, das für sich ein Selbst und eine gewisse Identität findet, nicht jeweils beliebig anderen gegenübergestellt ist und mit diesen interagiert, sondern dabei zugleich erfahren muß, daß diese anderen „dort draußen" in der Lebenswelt sich auf bestimmte Vorverständnisse geeinigt haben, die als symbolische Werte und Normen für das Leben vieler Menschen Geltung haben. Eine Betrachtung von Interaktionen wird einseitig, wenn man sie nur beschränkt kommunikationstheoretisch als Rückkopplung beschreibt, aber nicht erkennen will, daß dabei ganz bestimmte Geltungen von lebensweltlicher Praxis hervorgebracht und wiederholt werden. Andererseits zeigt Mead, daß die Spannung zwischen inneren, subjektiven Setzungen eines Ich, bei ihm als „I" hervorgehoben, sich im Verhältnis zu einer anderen Seite dieses Ich, des „Me", bewegt, in dem das Rollenverständnis bereits regulierter Deutungen und Geltungen von symbolischer Verständigung durch andere vorhanden ist. Mit anderen Worten: Als Subjekte in der Kommunikation sind wir immer auch in der Lage, unsere eigenen Wünsche und inneren Strebungen in uns im Blick auf das erwünschte und verstärkte Rollenverhalten zu beziehen, das durch Vorverständnisse in der Lebenswelt, also z. B. durch die Erwartungen von Eltern, Lehrern, Vorgesetzten, Mitmenschen, vorhanden ist. Dies ist ein sehr relevantes Spannungsverhältnis in unserem Leben.

Für diese beiden Seiten hat sich der Radikale Konstruktivismus bisher allerdings nicht sonderlich interessiert. Nehmen wir das Modell der Autopoiesis, das für viele Konstruktivisten als neues Weltbild maßgebend wurde, dann wird die Fehlstelle von vornherein klar: Es ist kein Modell intendiert, das der inneren Differenzierung des Subjekts oder der kulturellen Eingebundenheit von sozialen Vorannahmen in menschlicher Verständigung dienen soll, sondern nur sehr allgemein (biologisch konstatierte) Wirkungskräfte beschreibt, die vor allem für die sprachliche Kognition dann näher ausdifferenziert wurden. So entstand ein Interaktionsdefizit, das vor dem Hintergrund der sprachpragmatischen Wende in den Geistes- und Sozialwissenschaften, wie sie bei uns vor allem von Habermas herausgearbeitet wurde, auffällig ist. Als Konstruktivist höre ich daher insbesondere von Philosophen und Sozialwissenschaftlern immer wieder zwei berechtigte Vorwürfe:

(1) Warum nehmen Konstruktivisten die sprachpragmatische Wende nicht zum Ausgangspunkt ihrer Überlegungen, sondern rekurrieren oft auf das erkenntniskritisch schwächere Modell einer „Biologie der Kognition" von Maturana oder auf die engere konstruktivistische Entwicklungssicht von Piaget?
(2) Wieso gibt es bisher so wenig re- oder dekonstruktivistisch betriebene Kulturanalysen? Sieht der Konstruktivismus denn nicht, daß die Erfindungen von Wirklichkeiten immer Verständigungsgemeinschaften erfordern, in die sich das Subjekt bereits eingefunden hat, wenn es scheinbar subjektiv konstruiert?

An dieser Stelle nicke ich zustimmend und füge dann meist noch eine dritte Frage aus eigenem Interesse hinzu:

(3) Wieso erkennt der Konstruktivismus zuwenig, daß er auch die innere Spannung im Subjekt, den Wechsel der Beobachterpositionen zwischen „I" und „Me", aber auch, wie ich umfassend darlegte (vgl. Reich 1998a, S. 424 ff.; 1998b, S. 40 ff.), zwischen inneren Ich-Wünschen und bereits imaginativ aufgerichteten Bildern eines anderen in sich beachten muß, um das Erfinden nicht als einen isolierten subjektivistischen Vorgang darzustellen?

Mir fallen zwar auch Gegenargumente ein, die ich an dieser Stelle einbringen könnte. Zur „Biologie der Kognition" ließe sich sagen, daß Konstruktivisten sich z. B. auch mit Wittgenstein (vgl. Fischer 1991) beschäftigt haben und daß die Position Maturanas ja nur ein Gesichtspunkt in einer größeren Debatte ist. Insbesondere der Methodische Konstruktivismus auf seinem Weg zum Kulturalismus (vgl. Janich 1996; Hartmann u. Janich 1996) sieht dies wie ich kulturtheoretisch und aus der Alltagspraxis abgeleitet. Gleichwohl bleibt das Defizit in der Mehrzahl der Veröffentlichungen relevant, und es ist schon erstaunlich, wieso Konstruktivisten sich bisher so wenig mit anderen wesentlichen erkenntniskritischen Strömungen unseres Jahrhunderts beschäftigt haben.

Dabei wird der Mangel durch das Begründungsdefizit verstärkt: die fehlende Auseinandersetzung mit dem Problem der Verständigungsgemeinschaften. Gegenwärtig wirken Verständigungsgemeinschaften sehr subtil, und wir sind stets Teilnehmer mehrerer Verständigungsgemeinschaften, d. h., wir leben im Grunde in einer Verständigungsgesellschaft, die in unterschiedliche Verständigungsgemeinschaften zerfällt, wobei wir in diesen je nach Interessenlage partikulare, lokale, ereignisbezogene Kontexte suchen, um unser Denken und Handeln zu legitimieren, zu begrenzen, Perspektiven zu gewinnen, Ordnungen herzustellen usw.

Die therapeutischen Praktiker sprechen allerdings stärker von Interaktionen, sie unterbreiten auch vielfältige Analysen von Ressourcen und Lösungen in Familiensystemen. Dabei helfen ihnen die konstruktivistischen Interaktionstheorien, um die äußere Seite von Kommunikation – etwa mit Hilfe von Bateson und in seinem Gefolge von Watzlawick und anderen und schließlich zahlreichen Umsetzungen in systemische, praxisbezogene Analysen – zu beobachten und zu analysieren. Sie erlauben es auch, Aussagen über innere Gefühle zu machen, sofern sich die Beteiligten in einem Gespräch hierüber äußern. Warum aber gibt es nun eine so große Scheu, ein inneres Modell von den Spannungen im Subjekt zu konstruieren? Mir scheint dies weniger eine Scheu der konstruktivistisch-systemischen Praktiker als vielmehr der kognitiv-rationalen Theoretiker zu sein. Warum ist bisher im Konstruktivismus, sofern wir die Theorieseite ansehen, eine Bevorrechtigung der in sprachlichen Äußerungen beobachtbaren Kognitionen und eine Vernachlässigung von eher im Inneren vermuteten Emotionen und Imaginationen entstanden? Die Gründe mögen vielfältig sein, aber die Wirkung ist hinderlich: Das Interaktionsdefizit wirkt wie eine Art Denkverbot, das ich bei konstruktivistischen Praktikern in der systemischen Beratung längst nicht so ausgeprägt finde: Sie sprechen immer wieder von inneren Zuständen, vom Begehren, von Imaginationen und Visionen, vom Wundern und von Wünschen, mit denen die konstruktivistische Theorie sich noch schwertut. Es ist Zeit, dies zu ändern und die Theorie neu auf die schon vorhandenen Praktiken hin zu reflektieren oder visionär über diese Praktiken hinauszudenken, damit sie wieder attraktiver auch für Praktiker wird.

1.3 Das Lebensweltdefizit

Als Konstruktivist werde ich oft gefragt, ob denn alle Wirklichkeitssetzungen bloß Konstruktionen seien. Bejahe ich dies, dann kommt die eigentliche Frage hinterher, und sie trägt eine ethische Relevanz in die erkenntnistheoretische Bestimmung: Wenn ein Krimineller, ein Gewalttätiger, eine Person mit abweichendem Verhalten, und die Fragenden illustrieren dies meist so, daß ich direkt Partei für die Schwächeren, die Unterdrückten und Gequälten einnehmen soll, wenn also eine solche Person nun aber auch – wie alle Menschen – unter die Norm der Konstruktion gestellt sei, dann könne sie doch zu ihrer Verteidigung genau diese Begründung anführen: „Ich konstruiere eben meine Wirklichkeit so, daß sie zu mir paßt. Leider muß ich dazu andere mißbrauchen, Gewalt ausüben, quälen. Aber sie könnten sich ja wehren."

Verbleibt der Konstruktivismus auf einer rein subjektivistischen, solipsistischen Erkenntnisposition, so geraten wir an dieser Stelle schnell in einen Argumentationsnotstand. Wir können zwar menschlich das Zugeständnis machen, daß wir dies auch nicht wollen, aber erkenntniskritisch kaum noch sinnvoll begründen, warum dies nicht so sein kann oder soll.

Dies möchte ich als das Lebensweltdefizit des Konstruktivismus bezeichnen. Dieses Defizit schließt zwei bemerkenswerte Punkte ein: Erstens kann der Konstruktivismus keine universalistischen Begründungen mehr leisten, die angeben, warum welche Konstrukte auf Dauer zu bevorzugen sind, weil alle möglichen Konstrukte viabel, d. h. passend für unterschiedliche Menschen sein können. Zweitens fällt es Konstruktivisten daher schwer, sich überhaupt über ethische Fragen im Sinne ihres Theoriekonstruktes zu äußern.

Aber muß dies notwendig so sein? Was führt denn im wesentlichen zum Lebensweltdefizit? Eine für mich naheliegende Antwort ist die einseitige Ausrichtung vieler Konstruktivisten an naturwissenschaftlichen Modellen, die sehr reduktiv an einem Verhältnis von Organismus und Umwelt ansetzen, ohne hinreichend zu begreifen, daß wir dies unter einer lebensweltlichen Perspektive ja nicht auf der Stufe von Zellverbänden oder in biologischer Perspektive vorrangig diskutieren können. Dies gilt auch für die Hirnforschung, so interessant ihre Ergebnisse für uns auch im Einzelfall sein mögen. Aber sie liegen derzeit auch fern von den Perspektiven, die wir lebensweltlich eingehen, und ich bestreite, daß sie direkt auf die Kultur übertragen werden können. Solche naturalistischen Fehlschlüsse sind für den Konstruktivismus zu vermeiden. In dem Wechsel der Perspektive auf die Lebenswelt haben wir es mit kulturellen und sozialen Ereignissen zu tun, die auf komplizierte Interaktionen von Selbst und anderen verweisen. Ich begegne meinen Mitmenschen zwar auch als Gehirn, aber in meinen Selbstbeobachtungen und in den Fremdbeobachtungen anderer überwiegt die Perspektive, mich als sozialisierten Menschen, als Kulturwesen, das immer schon eine Vermittlung mit seiner Lebenswelt geleistet haben muß, zu sehen und zu interpretieren. Insoweit bedeutet dieser Perspektivwechsel aber auch, daß wir hier eine gänzlich andere, nicht mehr naturalistische oder biologische Begründungsarbeit unseres Sehens zu leisten haben. Eine umfassende Beschäftigung mit Lebensweltmodellen zeigt (vgl. Reich 1998b, S. 163 ff.), daß wir uns aus meiner Sicht hierbei vorrangig zunächst mit drei Fallen beschäftigen sollten, in die wir auch als Konstruktivisten immer wieder geraten:

(1) *Objektfallen* sind für mich in der Lebenswelt schon eingerichtete, damit für Beobachter stets auch vorgängige und nicht ohne weiteres zu verändernde Praktiken, Routinen und Institutionen. Sie erscheinen als objektiv, oft als unveränderlich und beharrend. Konstruktivistisch gesehen wissen wir zwar, daß es auch nur Konstruktionen sind, aber es wäre naiv, sie nur als subjektive Erfindungen zu sehen und ihre strukturelle Macht zu unterschätzen. Insoweit wird unsere Beobachtung als Rekonstruktion und Dekonstruktion solcher Strukturen entwickelt

werden müssen, wenn wir Ressourcen ermitteln und konstruktive Lösungen in diesen lebensweltlichen Bereichen realisieren wollen.
(2) *Machtfallen* sind durchgehend in allen sozialen Beziehungen und damit für jeden Beobachter festzustellen. Der Konstruktivismus, der sich intensiv z. B. mit Foucault auseinandersetzen sollte, hat auf der Ebene der systemischen Beratung längst das Machtproblem aufgespürt, weil es so typisch für zwischenmenschliche Beziehungen und therapeutische Situationen ist. Auffallend ist demgegenüber das Defizit in der konstruktivistischen Theoriebildung.
(3) *Beziehungsfallen* sind hingegen wohl am besten auch konstruktivistisch dokumentiert und reflektiert. Allerdings ist die Breite der Aufarbeitung noch nicht befriedigend: Die Vernachlässigung der Emotionen und des Imaginären, die bei vielen Beschreibungen von Beziehungen immer noch anzutreffen ist, führt oft zu theoretisch oberflächlichen Beschreibungen von Beziehungsverhältnissen.

2. Überbetonungen konstruktivistischer Ansätze

Wieso haben wir mit diesen Defiziten zu tun? Lassen sie sich nicht einfach beseitigen? Den drei von mir beschriebenen Defiziten stehen konstruktivistische Überbetonungen in der Erkenntniskonstruktion zur Seite, die es meines Erachtens schwer machen, die Defizite zu überwinden (vgl. Bild 2). Andererseits zeigen aber die konstruktivistischen Praktiken insbesondere in systemischen Beratungsprozessen längst, daß die Überbetonungen gar nicht mehr funktionieren.

Ich will hier ausgewählte Überbetonungen jeweils nennen und mit praktischen Problemen konfrontieren. Dazu bilde ich exemplarisch vier Thesen.

2.1 Konstruktivisten suchen oft einseitig nach einer naturwissenschaftlich begründeten Herleitung ihres Ansatzes

Konstruktivisten sind ja nicht die ersten, die in unserem Jahrhundert davon fasziniert sind, aus den Ergebnissen von Einzelwissenschaften, insbesondere aus den Naturwissenschaften, ein völlig neues Weltbild zu gewinnen. Dies ist zunächst sehr viel bequemer, als den beschwerlichen Weg einer Rekonstruktion der kulturellen und geistes-, gesellschafts- und sozialwissenschaftlichen Seite zu leisten, die ein kaum noch überschaubares Angebot an Erklärungen und lohnenswerten rekonstruktiven Aufgaben bereithält. Demgegenüber bieten naturwissenschaftlich orientierte Analysen scheinbar eindeutige Resultate. Sie erzeugen aufgrund der relativen Eindeutigkeit, der Geschlossenheit und Prägnanz ihrer Erklärungsmodelle ja zunächst auch leicht den Eindruck, grundlegende Veränderungen in der Konstruktion unseres Weltbildes einleiten zu können. Wir denken hier z. B. an die Erfolge der Evolutions- oder Relativitätstheorie. Aber diese Erfol-

Überbetonungen in Konstruktivismus

Naturwissenschaftliche Herleitung	erweist sich in der komplexen Lebenswelt als zu vereinfachend.
Kognitivismus	vernachlässigt zu stark die Gefühle und subjektive Unschärfen.
Abstraktes Systemdenken	geht zuwenig auf die konkreten Lebensformen und Alltagspraxis ein.
Selbstbezüglichkeit	Der Konstruktivismus kreist zu sehr nur um sein eigenes Modell und damit verbundene Praktiken.

Abb. 2

ge sind bereits das Problem. Im Rahmen der Kultur sind diese nur eine Möglichkeit für eine reduzierte, eine beschränkte, eben fachwissenschaftlich einseitig ausgerichtete Sicht. Man neigt leicht zu Übergeneralisierungen und zu einer Vernachlässigung von maßgeblichen kulturellen, sozialen, lebensweltlichen Kontexten und Frage- und Problemstellungen, die erst gar nicht in den Blick genommen werden. Man wird dann Opfer eines Reduktionismus, der auf eine zu einfache Erfindung der Wirklichkeit hinausläuft und über kurz oder lang zuwenig aussagekräftig für die Lebensweltprobleme wird. So kommt es, wie Heinz von Foerster richtig schlußfolgert, daß die „harten Wissenschaften" sich mit den „weichen Problemen" beschäftigen, die vermeintlich „weichen Wissenschaften" aber mit den „harten Problemen" konfrontiert sind. Diese „harten Probleme" finden sich in unserer Lebenswelt in all den Risiken, die wir erzeugt haben und die es erforderlich machen, auch theoretisch mehr zu riskieren als einfache Weltbildableitungen.

2.2 Konstruktivisten bevorzugen kognitivistische Ansätze

In Abwandlung des eben erwähnten Theorems von Heinz von Foerster möchte ich sagen: „Je enger und abstrakter das Problem gestellt wird und je mehr es gleichzeitig für alle denkbaren Fälle zu gelten scheint, um so größer ist der Erfolg in der Wissenschaft. Die Auslassungen will niemand hören, und kaum jemand wird sie bemerken. Der Fortschritt, der sich dokumentieren läßt, muß sich zunächst vorrangig in der Theorie erweisen."

Für diese These scheint mir der konstruktivistische Kognitivismus symptomatisch zu sein. Hier werden z. B. Lernvorgänge betrachtet und differenziert, indem sie zunächst auf ein Abstraktum hin reduziert werden: die sprachlich-kognitive Vermittlung, die man noch halbwegs empirisch nachvollziehen kann. Ein Eingehen auf Emotionen, auf Imaginationen, auf all die Unschärfen, die im subjektiven Lernen nun eben auch noch vorhanden sein mögen, das werden auch Kognitivisten zugestehen müssen, ein solches Eingehen, das dann auch vielleicht noch Beziehungen und lebensweltliche Aspekte mit berücksichtigen würde, das überfordert heute selbst das Konstrukt einer konstruktivistisch orientierten Forschung. Aber gerät nun die Abwehr der Überforderung nicht zu einer neuen Falle? Mir schiene es hier sehr hilfreich, wenn die kognitiven Forscher sich stärker mit der Praxis z. B. auch der systemischen Beratung oder einer systemisch-konstruktivistischen Pädagogik (vgl. Reich 2000) befassen würden, wenn wir nicht nur von Vernetzungen so häufig sprechen würden, sondern diese stärker praktizieren könnten. Dann kämen die Kognitivisten auf neue Fragen und weitreichendere Antworten.

2.3 Konstruktivistisches Systemdenken bleibt gegenüber praktischen Lebensweltproblemen zu abstrakt

Konstruktivistische Theoretiker unterliegen oft der Versuchung, sich den scheinbar großen Theorien zuzuwenden, die eine All-Lösung versprechen und doch nie halten können: Systemtheorie, Chaostheorie, Zeittheorie, Selbstorganisationstheorie usw. Stellen wir den Konstruktivismus einmal um, benutzen wir die Alternative einer kulturtheoretischen und alltagspraktischen, lebensweltlichen Orientierung, dann sind wir gezwungen, von den konkreten Ereignissen in Beziehungen, Praktiken, Routinen und Institutionen auszugehen, so wie wir sie alltäglich erfahren und erleben. Die Wirklichkeitskonstruktionen sind hier widerständiger und erscheinen vielleicht auch uninteressanter, weil sie nicht gleich einen theoretischen Neuentwurf mit „kosmischen Folgen" gestatten, aber sie sind zugleich in ihrer lebensweltlichen Relevanz realistischer – allerdings auch bescheidener. Dies erst sichert, so können wir am Beispiel vieler Theoriebildungen sehen, ein relativ langes Überleben einer Theorie; die großen Versprechungen hingegen, die nicht zu halten sind, ermüden sehr schnell das Publikum.

Dies habe ich die „Rache der Lebenswelt" am Konstruktivismus genannt (vgl. Reich 1998a, S. 198 ff.). Worin besteht diese Rache? Die eindeutigen, auf alles übertragbaren reduktiven Modelle erweisen sich in der Lebenswelt immer wieder als Illusion. Zwar mag es begrenzte Zeit so scheinen, als ließen sich überwiegende Teile der Lebenswelt aus einer neuen Sicht erfassen; diese Erfassung erreicht die Mehrheit der Beobachter in der Lebenswelt aber immer weniger. Die Lebenswelt hat sich in großen Teilen von den Objektivationen der Wissenschaft abgekoppelt und folgt kaum noch den Voraussagen von Wissenschaftlern. Und Wissenschaftler haben sich zunehmend darauf eingerichtet, die Bewegungen der Lebenswelt immer erst im nachhinein zu erfassen, um so der Unschärfe der konstruktiven, chaotischen, zu komplexen Lebenswelt zu entgehen. Andererseits aber greifen die experimentellen Naturwissenschaften und Techniken dort sehr gut, wo es um kausal planbare, lineare Fertigungen von Konstrukten bzw. Produkten geht, die in der Lebenswelt als materieller Fortschritt eingesetzt werden. Dies gestalten wir gegenwärtig umfassend, ohne die dabei erzeugten Risiken hinreichend überschauen zu können. Nach uns die Sintflut. Gleichzeitig aber schielen wir gerne auf diese ach so wirksame Wissenschaft und hoffen auch für die Lebenswelt noch auf die einfachen Lösungen. Jede dieser Hoffnungen ist trügerisch, und die Lebenswelt rächt sich. Es ist keine bewußt geplante Rache, sondern eine Macht des Konstruierten aufgrund der mehr oder minder blinden Tätigkeiten der Konstrukteure, die zu uns zurückkehrt.

Ich ziehe hier eine neue Konsequenz. Für mich scheint es an der Zeit, daß die Einzelwissenschaften, insbesondere die Naturwissenschaften, sich von vornherein stärker mit Problemen der Lebenswelt beschäftigen, um einer übertriebenen Vereinfachung zu entgehen, die sie heute zu einem zunehmenden Risikofaktor in einer Risikogesellschaft (vgl. Beck 1986) macht. Der Konstruktivismus bietet hier eine Chance. Da er anerkennt, daß wir unsere Wirklichkeiten selbst konstruieren, könnte es ihm leichter als anderen Theorien fallen, das wissenschaftliche Risiko einer umfassenderen Re- und Dekonstruktion von Wirklichkeiten einzugehen und eigene Lösungen konstruktiv zu entwickeln.

2.4 Auch der Konstruktivismus kreist zu sehr um sein eigenes Modell

Jede Theorie, so sagt Thomas S. Kuhn, beschäftigt sich eigentlich nur mit sich selbst. Andere dienen ihr allenfalls als Beleg für eigene richtige Ansichten oder als Feld der Kritik und Bloßstellung. Dieses Phänomen trifft auch den Konstruktivismus, wobei es sich sowohl auf theoretische Abgrenzungen als auch auf praktische Einübungen bezieht. Im Sinne der Aus- und Weiterbildung in Formen der systemischen Beratung werden nun schon über längere Zeit Kurse und Seminare durchgeführt, die eine umfassende Beschäftigung mit sich selbst generieren: Es haben sich etliche konstruktivistisch und systemisch orientierte Ausbildungsinstitute gebildet, deren Praktiken und Routinen ein bestimmtes konstruktivistisches Verständnis und einen therapeutischen Habitus vermitteln. Hier entsteht, wenn wir es in der Sprache von Bourdieu ausdrücken, ein konstruktivistisches symbolisches Kapital, das sich auch begrenzt in soziales Kapital (Anerkennung in der Verständigungsgemeinschaft von Konstruktivisten) als auch teilweise in ökonomisches Kapital (in Jobs und Geld) umsetzen läßt. Viele der konstruktivistischen Theoretiker stehen im Bannkreis solcher Praktiken und Routinen, und diese Zusammenarbeit kann als durchaus gelungen und produktiv angesehen werden. Aber sie ist auch eine Last, wenn es um die weitere Entwicklung des Konstruktivismus geht. Worin besteht diese Last?

(1) *Übersetzungsprobleme:* Eine Aus- und Weiterbildung strukturiert ihre eigene Praxis und unterliegt hierbei schnell einer Eigendynamik, sofern

sie sich nicht mehr hinreichend auf andere Praktiken beziehen kann. Die Lehrtherapeuten waren ehemals Praktiker und können nun mangels Zeit nicht mehr praktizieren. So entstehen Übersetzungsprobleme, die für die Universitäten schon lange typisch sind und zu einer Last für alle Beteiligten werden. Praxis wird schnell zu einem verlorenen Gut, und dann häufen sich Übersetzungsprobleme.

(2) *Gewohnheit:* Wir haben uns an gewisse Standards gewöhnt, und diese haben sich bewährt. Aber sind sie damit hinreichend? Wer verstört uns in unseren bequemen Rollen? Warum gelingt es so wenig, sich auf neue Sichtweisen einzulassen und eine ursprüngliche Dynamik zurückzugewinnen? Insbesondere Ausbildungspraktiken und -rituale konstruieren Stillstand: Als Curriculum werden alle konstruktivistischen Impulse auf einmal zu rekonstruktiven Anliegen. Je weniger wir ständige Veränderungen kreieren, um so schneller werden wir im Stillstand enden.

3. Die Notwendigkeit eines neuen konstruktivistischen Modells

Abschließend will ich meine Titelfrage noch einmal aufnehmen: Benötigen wir einen neuen konstruktivistischen Ansatz? Meine Antwort lautet „ja". Ich für meinen Teil bevorzuge dabei einen Ansatz, den ich als Interaktionistischen Konstruktivismus bezeichnet habe. Er versucht insbesondere die Defizite, die ich hier markiert habe, auszugleichen und die Überbetonungen zu vermeiden. Wie ich mir das vorstelle, das kann man in umfangreichen Publikationen nachlesen (vgl. Reich 1998a, 1998b, 2000; ferner Neubert 1998, Burckhardt u. Reich 2000). Ich versuche, den drei Defiziten folgendermaßen zu begegnen und sie zu überwinden:

(1) das Begründungsdefizit dadurch, daß ich die Spezifik der konstruktivistischen Begründung aus dem Kontext der neueren Erkenntnistheorien herzuleiten versuche und gegen andere Ansätze deutlicher abgrenze; hier zeigt sich als Ergebnis, daß in anderen geisteswissenschaftlichen Strömungen mehr impliziter Konstruktivismus enthalten ist, als es bisher viele Konstruktivisten vermuten;
(2) das Interaktionsdefizit wird von mir dadurch überwunden, daß ich ein Interaktionsmodell entwickle, das mir überhaupt erst eine Grundlage für eine konstruktivistische Erkenntniskritik zu schaffen scheint; als Konstruktivisten benötigen wir Unterscheidungen wie Selbst und andere, wir müssen uns als Beobachter in den verschiedenen Rollen als Akteure oder Teilnehmer in realen, fiktiven oder virtuellen Kontexten erkennen, und ein Beobachtermodell hierzu wird notwendig, um sich über dieses Erkennen zu verständigen;
(3) das Lebensweltdefizit bringt dem Konstruktivismus zur Zeit viel Kritik von jenen ein, die durch die kulturellen, sozialen und ethischen Perspektiven unserer Gesellschaften beunruhigt sind; haben wir dies-

bezüglich keine Normen, keine Mindestanforderungen, nicht einmal Hinweise? Ich schlage vor, daß sich auch Konstruktivisten auf bestimmte normative Konstrukte durch Verständigung einigen, die zumindest das ermöglichen helfen, was sie intendieren: möglichst alle Beobachter in dieser Welt als Konstrukteure von Welt aufzufassen und ihnen eine Mächtigkeit zumindest der eigenen Beobachtungen zu gestatten und diese kulturell zu verteidigen.

Aber leider gibt es auch bei meinem neuen Modell eine entscheidende Einschränkung: Dieser neue Konstruktivismus ist nur einer von vielen weiteren, die ich erhoffe. Deshalb kann er nun auch nicht als der letzte Schlüssel zur Weisheit aufgefaßt werden, sondern ergänzt die bisherigen Ansätze, erweitert sie, ist aber gewiß auch von neuen Einseitigkeiten getragen. Doch diese herauszufinden, das überlasse ich Ihrem Spürsinn.

Literatur

Beck, U. (1986): Risikogesellschaft. Auf dem Weg in eine andere Moderne. Frankfurt a. M. (Suhrkamp).
Burckhardt, H. u. K. Reich (2000): Begründung von Moral: Diskursethik versus Konstruktivismus. Eine Streitschrift. Würzburg (Königshausen & Neumann).
Fischer, H. R. (1991): Sprache und Lebensform. Wittgenstein über Freud und die Geisteskrankheit. (2. Aufl.) Heidelberg (Carl-Auer-Systeme).
Graumann, C. F. (1995): Intentionalität: Zwischen Rezeption und Konstruktion. In: H. R. Fischer (Hrsg.): Die Wirklichkeit des Konstruktivismus. Heidelberg (Carl-Auer-Systeme).
Hartmann, D. u. P. Janich (Hrsg.) (1996): Methodischer Kulturalismus. Zwischen Naturalismus und Postmoderne. Frankfurt a. M. (Suhrkamp).
Janich, P. (1996): Konstruktivismus und Naturerkenntnis. Auf dem Wege zum Kulturalismus. Frankfurt a. M. (Suhrkamp).
Neubert, S. (1998): Erkenntnis, Verhalten, Kommunikation. John Deweys Philosophie des "Experience" in interaktionistisch-konstruktivistischer Interpretation. Münster (Waxmann).
Reich, K. (1998a): Die Ordnung der Blicke. Bd. 1: Beobachtung und die Unschärfen der Erkenntnis. Neuwied u. a. (Luchterhand).
Reich, K. (1998b): Die Ordnung der Blicke. Bd. 2: Beziehungen und Lebenswelt. Neuwied u. a. (Luchterhand).
Reich, K. (2000): Systemisch-konstruktivistische Pädagogik (3. Aufl.). Neuwied u. a. (Luchterhand).

Fragmentierte Erkenntnis und einheitliche Welten – Instantwissen im Dienste flotter Weisen der Welterzeugung
Frieda Heyting und Theo Hug

> *Our passion for one world is satisfied, at different times and for different purposes, in many different ways.*
>
> Nelson Goodman (1978)

Einleitung

Der Konstruktivismus bringt eine Vorstellung fragmentierter Erkenntnis mit sich (1. Abschnitt). Die Konstruktion, Kombination und Rekombination von Erkenntnisfragmenten wird in den verschiedenen konstruktivistischen Traditionen unterschiedlich gefaßt. Global unterscheiden wir psychologische und biologische, soziologische und kulturalistische sowie systematisch-philosophische Traditionen (2. Abschnitt). Möglichkeiten des Umgangs mit Fragmentierung und Einheit der Erkenntnis werden weiters am Beispiel des „Instantwissens" veranschaulicht (3. Abschnitt). Gerade die Vielzahl an Formen des Instantwissens macht dieses Beispiel illustrativ für die Erörterung der Frage, wie diese unterschiedlichen Beschreibungen systematisch als eine Einheit, d. h. als Manifestationen ein und desselben Phänomens, aufgefaßt werden können (4. Abschnitt).

1. Fragmentierung der Erkenntnis

Die Welt, wie sie im alltäglichen Leben meist für die „wirkliche" gehalten wird, besteht nach Goodman aus Fragmenten von Wissenschaft, Kunst und dem Kampf ums eigene Überleben (Goodman 1978, S. 20). Diese willkürliche Zusammensetzung von Erkenntnisfragmenten zu einer Welt könnte man der Mangelhaftigkeit und der Unvollständigkeit der Erkenntnisse zuschreiben, auf die man sich bei alltäglichen Entscheidungen stützen muß. Immer wieder befindet man sich in der Lage, entscheiden zu müssen, ohne ausreichend über relevante Informationen verfügen zu können. Trotzdem spricht Goodman in diesem Zusammenhang nicht von einer Unvollkommenheit der Erkenntnis. In der Wissenschaft nimmt er gleichfalls einen fragmentierten Aufbau der Erkenntnis wahr: „We flit back and forth between extremes as blithely as a physicist between particle and field theories" (Goodman 1978, S. 119). Auch die Welt der Physik kann also nicht ohne weiteres als eine „Einheit" betrachtet werden. Das hat nichts mit einem Erkenntnismangel zu tun, sondern eher damit, daß Goodman als Konstruktivist davon ausgeht, daß die Welt Produkt statt Input der Beschreibung ist. Weil viele Möglichkeiten der Beschreibung in Betracht kommen, gibt es nach Goodman (1989, S. 83) ebenso viele Welten.

Jeder Ausgangspunkt und jeder Gesichtspunkt führen in der Beschreibung zu spezifischen Fakten, den Fakten der jeweiligen Welt (ebd., S. 81). Wenn man zum Beispiel davon ausgeht, daß die Erde stillsteht, dann resultiert daraus das Faktum, daß die Sonne sich bewegt (und umgekehrt); ob die Erde oder die Sonne sich „an sich" bewegen, ist aber nicht feststellbar (ebd., S. 82 f.), und er konkludiert: „How we take them determines the facts" (ebd., S. 85). So gibt es viele Möglichkeiten „to take the facts". Wir können unterschiedliche Perspektiven einnehmen, wir können diese aber nicht in einer umfassenden Perspektive zusammenführen. Turner (1998, S. 116) vergleicht diese Perspektiven mit Steinen, die aus dem Wasser eines Flusses hervorragen, und den Wechsel von Perspektiven mit der Überquerung des Flusses über diese Steine. Man kann vom einen Felsenblock zum anderen springen, aber in jedem Augenblick befindet man sich auf einem spezifischen Stein, und nur von dort aus sind die anderen Steine zu beobachten und zu beurteilen. Einen Standort zur „umfassenden" Beobachtung gibt es nicht.

Die Fragmentierung der Erkenntnis und die Vielheit von Welten ist eine unvermeidliche Konsequenz der konstruktivistischen Auffassung, daß Erkenntnis letztendlich von Perspektiven statt von einer erkenntnisexternen materiellen oder ideellen Realität bestimmt wird. Dieser Perspektivismus, für den die unterschiedlichen Traditionen des Konstruktivismus eintreten, wird z. B. bei Rorty dort sichtbar, wo er die Mannigfaltigkeit der Vokabulare betont, die zur Weltbeschreibung zur Verfügung stehen. Auch diese Vokabulare sind nach Rorty nicht zu kombinieren im Hinblick auf eine „umfassende" Beschreibung. Eine Weltbeschreibung anhand von „Molekülen" kann nicht mit einer Beschreibung anhand von „Bewußtsein" oder „Sprache" vermischt werden. Nach Rorty ist es sinnlos, nach dem Zusammenhang solcher unterschiedlichen Welten zu fragen. Solche Fragen – z. B. nach der Stelle des Bewußtseins in einer Welt von Molekülen oder nach dem Verhältnis von Sprache und Denken – sind seiner Ansicht nach zu vermeiden (Rorty 1989, S. 11 f.).

Die These der perspektivenabhängigen Fragmentierung der Erkenntnis hat weitreichende Konsequenzen auch für das Verständnis des alltäglichen Lebens. Das wurde in der Literatur am Beispiel des Identitätsbegriffs ausführlich diskutiert. Identität wird dabei als Produkt optioneller, gesichtspunktabhängiger Beschreibungen betrachtet mit der Folge, daß man nicht mehr davon ausgehen kann, jeder Mensch hätte *eine* Identität. Statt dessen gibt es immer mehrere Möglichkeiten der Selbstbeschreibung (vgl. z. B. Gergen 1991; Michael 1996). Auch die Erkenntnis des eigenen Selbst ist fragmentiert und nicht in eine Einheit integrierbar.

Die Fragmentierung der Erkenntnis wirft die Frage auf, wie man sich aus konstruktivistischer Sicht die gegenseitige Verbindung von Erkenntnisfragmenten aus verschiedenen Welten vorstellen kann. Um an das obengenannte Beispiel anzuknüpfen: Es ist üblich, unterschiedliche Selbstbeschreibungen als Beschreibungen ein und derselben Person zu verstehen. Aus konstruktivistischer Sicht liegt ein Rekurs auf eine „Person", die unabhängig von der jeweiligen Beschreibung „da" wäre und zum Vergleich oder zur integrativen Beschreibung zur Verfügung stände, nicht auf der Hand. Wie sind solche Einheitsbildungen wie „Person" oder die obengenannte „Welt der Physik" oder die aus Fragmenten zusammengebastelte „alltägliche Welt" denn zu verstehen?

2. Einheit und Zusammenhang

Die Frage nach der Bildung von Einheiten aus Fragmenten unterschiedlicher Welten wird in den verschiedenen konstruktivistischen Traditionen sehr unterschiedlich beantwortet. Global sind drei Traditionen zu unterscheiden: Erstens gibt es Ansätze, in denen das psychische oder auch biologische Funktionieren des erkennenden Subjekts als Quelle der Erkenntnis verstanden wird. Piaget kann als Begründer dieser Tradition gelten; heute ist von Glasersfeld ein wichtiger Vertreter. Dieser Orientierung zufolge nehmen unsere Sinnesorgane nicht „Dinge" wahr, sondern Unterschiede. Wie diese Signale zu Gegenständen verbunden werden, ist nach von Glasersfeld (1992, S. 22) aus der Handlungssituation zu erklären, d. h., die konstruierte Einheit soll zur Erreichung der Ziele des Individuums führen. Von Glasersfeld benutzt dazu den Begriff „Viabilität": Begriffe, Theorien oder Problemlösungen sind dann viabel, wenn sie in einem Erfahrungsbereich erfolgreich funktionieren.

In einer zweiten, eher soziologisch orientierten Tradition steht der Mensch als „Gattungswesen, als Gesellschaftsmitglied, als Sprecher einer Muttersprache sowie als Angehöriger einer Kultur" im Vordergrund (Schmidt 1994, S. 46 f.). Der individuelle Aktor ist nach Schmidt zwar die empirische Instanz der Sinnproduktion, er ist ohne strukturelle Koppelung an soziale Systeme aber nicht zu verstehen. Die Konzeption des sozial konditionierten Charakters des epistemischen Subjekts hat eine wichtige Tradition in der Wissenschaftsforschung inspiriert (vgl. Latour a. Woolgar 1979; Knorr-Cetina 1981). Luhmann (1988) geht hier noch einen Schritt weiter; er fängt gar nicht mehr beim epistemischen Subjekt an. Er sieht Kommunikationssysteme als Möglichkeitsbedingung jeglicher Erkenntnis, auf die die Unterscheidung von Unterscheidungen sowie die Möglichkeit von Sinnbildung überhaupt zurückzuführen ist. Bei ihm ist das „Subjekt" Produkt statt Ursprung solcher Unterscheidungen. In dieser soziologisch orientierten Tradition sind die Welt und die „Dinge", die wir darin unterscheiden, soziale Artefakte und Produkte historisch situierter Austauschprozesse.

In den genannten psychologisch und soziologisch orientierten Traditionen wird die Frage der Erkenntniskonstruktion letztendlich als die Frage nach den Konstitutions- und Akzeptanzbedingungen von Erkenntnis interpretiert. Primär werden hier psychische oder soziale Konstitutions*prozesse* erklärt. Wie oben aufgezeigt, gibt es viele verschiedene Erklärungen dieser Erkenntniskonstruktionsprozesse. Unbeantwortet ist aber noch die Frage, wie man sich den Charakter der Beziehung zwischen den Erkenntnisfragmenten, die zu einer neuen Welt fusioniert werden, vorstellen soll. Diese letzte Frage ist systematischer Natur (vgl. Longino 1994).

Goodman (1978) sowie Goodman und Elgin (1988) erklären die Möglichkeit, unterschiedliche Welten miteinander in einen Zusammenhang zu bringen, mit dem Begriff „Variation". Dieser Begriff ist in dem Sinne wichtig, daß nach Goodman neue Welten immer aus alten und bekannten Welten zusammengesetzt werden (Goodman 1996, S. 227). Der Variationsbegriff bezieht sich also nicht auf die Psychologie oder Soziologie der Welterzeugung, sondern auf philosophische Aspekte der Möglichkeiten unterschiedlicher Welten, sich aufeinander zu beziehen. Prinzipiell können Variationen als Repräsentationen eines Originals verstanden werden. Unterschiedliche Identitäten bzw. Selbstbeschreibungen sind so als Variationen einer Person zu verstehen. Der Punkt ist aber, daß das Original „an sich" unmöglich als Kriterium zum Vergleich und zur Relationierung der als Variationen gemeinten Beschreibungen mit dem Original dienen kann.

Goodman und Elgin lösen das Problem, indem sie darauf hinweisen, daß mit den Variationen auch ein zugehöriges Original konstruiert wird. Anders gesagt: Die spezifische Beschreibungsperspektive bringt Original *und* Variationen mit sich. Am Beispiel der Meninas-Variationen von Picasso weisen sie nach, daß nicht das Original des Velázquez selbst Picassos Variationen erklären kann, sondern eine spezifische Perspektive, aus der Original und Variationen erst als solche erscheinen. Die Ähnlichkeiten mit dem Original, die Variationen zu Variationen machen, werden von dieser Perspektive erst *kreiert*, und damit wird zugleich auch ein Unterschied zwischen Variation und Original hervorgebracht. Der Charakter der Verbindung zwischen Erkenntnisfragmenten, die mit der Variation hergestellt wird, beruht nach Goodman auf dem Prinzip der „metaphorischen Übertragung" (1978, S. 8).

Die Möglichkeit der Variation unterliegt nur der Beschränkung der Perspektiven, die Originale und Variationen erst als solche hervorbringen. So ist es möglich, Fragmente aus der Welt der Musik mit Fragmenten aus der Welt der Malerei zu verbinden, und so sind vielleicht auch Perspektiven denkbar, die sogar die Welt der Moleküle durch metaphorischen Transfer mit der Welt des Bewußtseins verbinden könnten. So ist weiters zu verstehen, wie man aus Fragmenten von Wissenschaft, Kunst und Überleben *eine* alltägliche Welt hervorbringen kann, wobei zu bedenken ist, daß aus jeder Perspektive eine andere Welt hervorgebracht wird.

3. Instantwissen im Lichte ausgewählter Konzeptionen

Das Zusammenspiel von Fragmentierung und Einheit der Erkenntnis läßt sich auch im Hinblick auf „instantane" Wissensformen gut verdeutlichen. Das sind grosso modo jene oft unterhaltsamen, jedenfalls schnell nachvollziehbaren und leichtverständlichen Wissenstypen, die im Zuge der Beschleunigung und Technisierung der Lebensverhältnisse zunehmend bedeutsam geworden sind. Dieses Instantwissen kann auf verschiedene Weise näher charakterisiert werden. Wir wollen uns hier auf drei Kurzbeschreibungen beschränken.

Im Anschluß an Gergen (1991) beispielsweise läßt sich Instantwissen als situations- und kontexbezogenes „Sofortwissen" beschreiben. Damit ist jenes Wissen gemeint, das angesichts beschleunigter Interaktionsformen, episodischer Identitäten und pluraler Zugehörigkeiten schnelle Orientierung und flexibles Fortkommen ermöglicht oder erleichtert. Mobiltelefone, Computer, E-Mail, Fax und Satelliten intensivieren die sozialen Verknüpfungen und lassen immer mehr Menschen und Einrichtungen miteinander „kommunizieren". Ständig neue Situationen, Personen, Umstände und Konstellationen erfordern situationsadäquate Handlungsmuster, neues soziales Orientierungswissen sowie entsprechende Formen geographischer, sozialer und psychischer Mobilität. So gesehen verlangen die High-Tech-Veränderungen *high skills*, also jene Kunstfertigkeiten und Kenntnisse, die erfolgversprechendes Weiterkommen in allen Lebenslagen in Aussicht stellen.

Eine andere Lesart des Instantwissens ergibt sich im Kontext von Schulzes „Erlebnis-Gesellschaft" (1995). In dieser detailreichen Analyse richtet der Autor das Augenmerk auf den Wandel grundlegender Lebensauffassungen und auf neuere, weitverbreitete Bestrebungen, möglichst viele Situationen so zu gestalten, daß sie als angenehm und befriedigend erfahrbar werden. Der kleinste gemeinsame Nenner dieser Orientierungen besteht seiner Ansicht nach in der „Gestaltungsidee eines schönen, interessanten und subjektiv als lohnend empfundenen Lebens" (Schulze 1995, S. 37). Im Zuge einer sukzessiven Verfestigung erlebnisorientierter Handlungsweisen werden milieuspezifische und routinisierte Ziel-Mittel-Komplexe herausgebildet. Die „Erlebnisrationalität", die sich aus dieser „Systematisierung der Erlebnisorientierung" (ebd., S. 40) ergibt, erfordert unproblematisches Gebrauchswissen, das seinen Überzeugungscharakter weniger aus der „Richtigkeit" der Sache oder der Angemessenheit der Begründung, sondern primär aus dem Grad der psychophysischen Befriedigung oder der Annehmlichkeit der begleitenden Emotion bezieht.

Instantwissen kann auch beschrieben werden als Massenwissen im Dienste von Herrschaftsinteressen transnationaler Konzerne und politischer Eliten. Diese Variante läßt sich insbesondere im Lichte der Medien- und Kulturkritik von Herman und Chomsky (1988) verdeutlichen. Ihrer

Auffassung zufolge sind einige wenige Großkonzerne mit der nationalen und übernationalen „Fabrikation von Konsens" befaßt. Während die neuen Zugangsmöglichkeiten bezüglich umfänglicher Datenbanken und differenzierter Hintergrundanalysen meist für intellektuelle Minderheiten reserviert bleiben, dienen die audiovisuellen Kommunikationsmedien hauptsächlich der Ruhigstellung und Indoktrinierung der Massen in der liberalen Demokratie.

Situationsbezogenes Orientierungswissen, unproblematisches Gebrauchswissen und Massenwissen im Dienste von Herrschaftsinteressen ergeben sich damit als vorläufige Leitmarken der Kurzbeschreibungen, ohne daß damit andere „Lesarten des ‚Instant Knowledge'" (vgl. Hug 1998) ausgeschlossen sein sollen.

4. Variationen des Instantwissens

Bei den skizzierten Varianten des Instantwissens handelt es sich einerseits um verschiedene Zugänge und Begrifflichkeiten, andererseits sind aber auch Gemeinsamkeiten auszumachen. Wir wollen nun mit Hilfe des Variationsbegriffs zeigen, wie diese unterschiedlichen Konstruktionen als Beispiele „eines" Wissenstypus – „des" Instantwissens – aufgefaßt werden können. Dazu wählen wir drei optionelle Gesichtspunkte, die jeweils die drei exemplarischen Beschreibungen von Instantwissen als Variationen über *ein* Thema erscheinen lassen.

Der erste Gesichtspunkt, aus dem die drei Beschreibungen als Variationen über *ein* Thema zu (re)konstruieren sind, bringt das Original des Instantwissens mit den definitorischen Eigenschaften *Brauchbarkeit* und *Kontextabhängigkeit* hervor. Diese Merkmale machen die drei Skizzen zu Variationen *des Instantwissens*. Zugleich kommen aus dieser Perspektive folgende Kontraste ans Licht:

- der Bezug auf jeweils aktuelle Lebenslagen und die Beweglichkeit in verschiedenen Lebenswelten im ersten Fall,
- die Eignung des Wissens zur Steigerung der Erlebnisintensität im zweiten Fall
- sowie die Eignung des Wissens zur Durchsetzung von Herrschaftsinteressen im dritten Fall.

Ein zweiter möglicher Fokus definiert das Instantwissen über das Merkmal *Fragmentierung*. In allen drei Kurzbeschreibungen läßt sich Instantwissen als fragmentarisches bzw. episodisches Wissen sichtbar machen. In diesem „postmodernen" Kriterium liegt dann die Ähnlichkeit der Variationen. Ihre Verschiedenheit resultiert in dieser Perspektive aus den jeweiligen Motivationsgrundlagen. Diese bestehen

- im Erlernen und im Erhalten der Flexibilität in unterschiedlichen Diskursfeldern im ersten Fall,
- in der Bereitstellung von Anhaltspunkten für strategisch günstige Entscheidungen im Hinblick auf die gewünschte Erlebnisqualität sowie die erwartbare Befriedigung im zweiten Fall
- und in der maximalen Anschlußfähigkeit der Wissensangebote für möglichst viele Rezipienten/Rezipientinnen im dritten Fall.

In einem dritten Gesichtspunkt schließlich besteht das definitorische Merkmal von Instantwissen im *Erklärungsanspruch*. Instantwissen im Sinne „mundgerechter" Informationsangebote erscheint dann als einfaches Erklärungswissen, das weiteres Nachfragen unnötig erscheinen läßt. Dies betrifft zunächst die Angebotsseite etwa im Hinblick auf vereinfachende Erklärungsangebote anhand von Klischees, Reizwörtern oder Anspielungen. Darüber hinaus ist auch die instantane Dimension auf der Rezipientenseite – z. B. im Hinblick auf die unproblematische Integration der simplexen Angebote in den je eigenen Wissensbestand – nicht zu vernachlässigen. Auch diese Variationsperspektive bringt ihre eigene Kontrastierung der drei – jetzt über den Erklärungsanspruch definierten – Varianten von Instantwissen mit sich. Sie besteht

- in der Eignung und Reichweite der Erklärungen oder Begründungen für die Beweglichkeit und das Fortkommen in verschiedenen lebensweltlichen Zusammenhängen im ersten Fall,
- im Überzeugungscharakter der Angebote, der im zweiten Fall, wie erwähnt, weniger aus der Richtigkeit oder Angemessenheit der Erklärung, sondern vielmehr aus dem Grad der psychophysischen Befriedigung oder der Annehmlichkeit der Situation folgt,
- sowie im Grad der Zustimmungserwartung und der massenhaften Konsensfähigkeit im dritten Fall.

Alle skizzierten Charakterisierungen von Instantwissen lassen sich damit auf unterschiedliche Weisen als Variationen eines Phänomens beschreiben, ohne daß eine ontologische Festlegung erforderlich wäre. Sie sind vielmehr Entwürfe instantaner Wissensformen, deren Gemeinsamkeiten und kontrastierende Besonderheiten gleichsam durch Modulationen hervorgerufen werden. Goodmans Variationsbegriff erweist sich damit auch im Kontext flotter Weisen der Welterzeugung als fruchtbares Analyseinstrument, das eine relationale Verbindung der verschiedenen Perspektiven ohne Auflösung derselben in einen frei flottierenden Zeichensalat und ohne Rekurs auf ein festes Fundament ermöglicht.

Literatur

Gergen, K. J. (1991): The Saturated Self. Dilemmas of Identity in Contemporary Life. New York (Harper Collins).
Glasersfeld, E. von (1992): Konstruktion der Wirklichkeit und des Begriffs der Objektivität. In: H. von Foerster, E. von Glasersfeld u. a. (Hrsg.): Einführung in den Konstruktivismus. München (Piper), S. 9–40.
Goodman, N. (1978): Ways of Worldmaking. Indianapolis (Hackett Publishing Company).
Goodman, N. (1989): "Just the Facts, Ma'am!" In: M. Krausz (ed.): Relativism, Interpretation, and Confrontation. Notre-Dame, IN (University of Notre Dame Press), S. 80–85.
Goodman, N. (1996): Comments. In: P. J. McCormick (ed.): Starmaking. Realism, Anti-Realism, and Irrealism. Cambridge, MA (The MIT Press), pp. 203–213.
Goodman, N. a. C. Elgin (1988): Reconceptions in Philosophy and Other Arts and Sciences. London (Routledge).
Herman, E. S. a. N. Chomsky (1988): Manufacturing Consent: The Political Economy of the Mass Media. New York (Pantheon).
Hug, T. (1998): Lesarten des „Instant Knowledge". In: T. Hug (Hrsg.): Technologiekritik und Medienpädagogik. Zur Theorie und Praxis kritisch-reflexiver Medienkommunikation. Baltmannsweiler (Schneider Hohengehren), S. 180–188.
Knorr-Cetina, K. (1981): The Manufacture of Knowledge. An Essay on the Constructivist and Contextual Nature of Science. Oxford (Pergamon Press).
Latour, B. a. S. Woolgar (1979): Laboratory Life. The Social Construction of Scientific Facts. Beverly Hills (Sage).
Longino, H. E. (1994): The Fate of Knowledge in Social Theories of Science. In: F. F. Schmitt (ed.): Socializing Epistemology. The Social Dimensions of Knowledge. Boston (Rowman & Littlefield).
Luhmann, N. (1988): Erkenntnis als Konstruktion. Bern (Benteli).
Michael, M. (1996): Constructing Identities. The Social, the Nonhuman, and Change. London (Sage).
Rorty, R. (1989): Contingency, Irony, and Solidarity. Cambridge (Cambridge University Press).
Schmidt, S. J. (1994): Kognitive Autonomie und soziale Orientierung. Konstruktivistische Bemerkungen zum Zusammenhang von Kognition, Kommunikation, Medien und Kultur. Frankfurt a. M. (Suhrkamp).
Schulze, G. (1995): Die Erlebnis-Gesellschaft. Kultursoziologie der Gegenwart. (5. Aufl.) Frankfurt a. M./New York (Campus).
Turner, S. (1998): The Limits of Social Constructionism. In: I. Velody a. R. Williams (eds.): The Politics of Constructionism. London (Sage), pp. 109–120.

Die Schematheorie als Schlüssel zum Paradoxon des Lernens
Ernst von Glasersfeld

Die Vorstellung eines Lernparadoxons in der aktuellen Literatur ist ein später und nicht immer als solcher gekennzeichneter Reflex der Platonischen Theorie angeborener ideeller Formen. Piaget wurde nicht müde, seine Ablehnung nicht nur dieser Theorie, sondern jeder Theorie der Präformation im Bereich der Kognition immer wieder zum Ausdruck zu bringen. Das Modell des Schemas enthielt für ihn die Quelle des sensomotorischen Wissens, aus dem die reflexive Abstraktion Schicht um Schicht „operativer" abstrakter Ideen ableiten konnte.

Bärbel Inhelder unterscheidet zwischen „einer allgemeinen Architektur des Wissens", die aus „den Strukturen des epistemischen Subjekts" besteht, und „dem weitgespannten Bereich der Verhaltensweisen, die auf einer Vielfalt kognitiver Schemas von eher heuristischer Art beruhen" (Inhelder u. de Caprona 1992, S. 20). Kurz darauf stellt sie die Frage: „Ist das Schema eine strukturelle oder eine funktionelle Einheit?" Das ist eine schwierige Frage, ihre Antwort darauf scheint mir aber völlig überzeugend zu sein:

„Strukturen sind die permanenten konnektiven Muster des kognitiven Systems. Sie erzeugen seine Möglichkeiten, d. h. seine Offenheit, und sie bestimmen das, was innerhalb des Systems notwendig ist, also seine Geschlossenheit ... Sie bedeuten für uns in erster Linie ein dynamisches Muster" (a. a. O., S. 29).

Ich hoffe, diese Definition wird auch für die Schematheorie Gültigkeit haben, mit der ich das Lernparadoxon lösen will – und diese Theorie möchte ich nun erklären.

Präformation – ein Kniff, um sich Forschung zu ersparen

Wer die Dialoge Platons gelesen hat, weiß, daß Sokrates in ihnen nicht immer nur als kluger Gesprächspartner erscheint, sondern daß er sich manchmal auch selbst widerspricht. Er sagt an einer Stelle: „Ich weiß, daß ich nichts weiß", an einer anderen aber beschreibt er sich als Hebamme, weil er einem jungen Mann hilft, eine wichtige Erkenntnis zutage zu fördern.

Natürlich löst der Kontext den Widerspruch. Als Sokrates sagte: „Ich weiß, daß ich nichts weiß", bezog er sich auf die Art von Wissen, die Philosophen bis heute erreichen wollten – objektives Wissen von der Welt, wie sie an sich, also unabhängig von unserer Erfahrung, ist. Sokrates formulierte damit auf seine Weise, was Xenophanes und Protagoras bereits vor ihm gesagt hatten. Er kann damit nicht gemeint haben, daß er nichts über Athen wußte. Auch nach vielen Meilen tagelangen peripatetischen Philosophierens fand er stets ohne Schwierigkeiten nach Hause. Sokrates wußte in vielen praktischen Dingen bestens Bescheid, nicht zuletzt auch, daß der Schierlingstrunk ihn töten würde.

Im Gegensatz dazu hatte das Wissen, zu dem er einem Knaben in Platons *Menon* verhilft, mit der Quadratwurzel aus 2 zu tun, war also nicht bloß praktischer Art. Es gehörte zu jenem Bereich, den die Schule Platons für den Bereich ewiger, absoluter Wahrheiten hielt, war eine jener Wahrheiten, die wir, wie Platon meinte, „in uns selbst finden", indem wir sie erinnern. Nach Platons Theorie war diese Art des Wissens angeboren, blieb uns aber so lange unzugänglich, bis wir sie aus dem verborgenen Schatzhaus unserer Seele hervorriefen. Ganz offensichtlich hatte Sokrates sie jedoch schon vor langer Zeit erinnert, beherrschte sie also, als er den Knaben Schritt für Schritt anleitete, sie wieder aufzufinden. Man könnte sagen, er sei nicht ganz ehrlich gewesen, als er sagte, er wisse nichts. Ich würde ihm das aber nicht zum Vorwurf machen. Sokrates liebte es, seine Zuhörer mit Hilfe von Schockerlebnissen zum Denken zu bringen, ganz so wie die Meister des Zen das praktizieren. Und wenn er behauptete, wir würden die „wahren" Ideen einfach erinnern, umging er das Problem, wie wir sie überhaupt erst einmal erkennen können.

Das "Paradoxon des Lernens" ist, grob gesagt, das Paradoxon, wie wir etwas lernen können, was wir noch nicht wissen. Solange die Wissenschaften sich noch nicht von der Metaphysik getrennt hatten, konnte Platons Theorie der Metempsychose eine zufriedenstellende Lösung darstellen. Die Vorstellung aber, daß die Götter den ersten Menschen alles Wissen der „realen" Welt eingeflößt hätten und daß es mit ihren Seelen von Generation zu Generation weitergegeben würde, erschien den meisten modernen Philosophen zu abenteuerlich. Und doch gelang es Chomsky, eine analoge Theorie zu lancieren, in der die Götter allerdings durch das Prinzip der genetischen Verankerung ersetzt werden. Gemäß dieser neuen Variante ist alles abstrakte Wissen in das menschliche Genom eingeschlossen und muß durch Stimuli der Erfahrung zum Leben erweckt werden. Wie dieses Wissen selbst entstanden ist und sich entwickelt hat, das bleibt ebenso mysteriös wie die göttliche Vorsehung. Die Frage, wie Individuen zu ihrem Wissen kommen, ist also für viele wieder zu einem brennenden Problem geworden.

Die Quelle des Paradoxons

Carl Bereiter veröffentlichte 1985 seinen Aufsatz mit dem Titel *Toward a solution of the learning paradox*. Der Aufsatz wurde berühmt, löste zahllose Diskussionen aus, führte aber nicht zu einer Lösung. Das lag aus meiner Sicht daran, daß Bereiter das Problem unhinterfragt so begriff, wie es zehn Jahre zuvor von Fodor in der unglücklichen Debatte zwischen Piaget und Chomsky in Royaumont 1975 formuliert worden war:

„... es ist niemals möglich, eine komplexere Logik auf der Basis einer einfacheren zu lernen, wenn man unter Lernen Hypothesenbildung und Hypothesenbestätigung versteht ... Es ist buchstäblich unvorstellbar, daß wir auf der Grundlage des Wissens, das wir haben, ein komplexeres Wissenssystem lernen könnten; wir haben schlicht keinen Begriff davon, wie es möglich sein könnte, durch irgendwelche Prozesse des Lernens von einem begrifflich beschränkten zu einem begrifflich reichhaltigeren System zu gelangen" (Fodor 1980, S. 148 f.).

Fodor behauptete – und Bereiter folgte ihm darin –, daß die Bildung von Hypothesen ein induktiver Prozeß sei. Das ist der Fachbegriff für die weitverbreitete Ansicht, daß Forscher, die neues Wissen schaffen, viel Zeit auf die Ansammlung von „Daten" verwenden und daß die Analyse dieser Daten dann die Hypothesen induziert, die sie formulieren. Diese Induktion, so Fodor, ist nur möglich, wenn die logische Struktur der Hypothese in irgendeiner Form bereits im Forscher vorhanden war.

Mit einer Reihe sorgfältiger Mikroanalysen von Prozessen, in denen Kinder neuartige begriffliche Strukturen im Bereich des Zählens und der elementaren Arithmetik aufbauen, hat Les Steffe höflich, aber überzeugend gegen diese Behauptung Stellung bezogen (Steffe 1991, S. 26–44).

Als radikaler Konstruktivist könnte ich einen viel gröberen und „radikaleren" Weg einschlagen und zunächst einmal festhalten, daß die sogenannten „Daten" keineswegs gegeben, sondern vielmehr ein Produkt der persönlichen Konstruktion des Beobachters sind. Aus dieser Sicht setzt das begriffliche Lernen mit dem Beginn der kognitiven Karriere jedes Kindes ein, spätestens bei der Geburt, wahrscheinlich schon im Mutterleib. Und anstatt angeborene „wahre" Ideen zu erinnern, besitzt ein Kind den angeborenen Drang, „Rhythmen, Regulierungen und Gruppierungen" zu suchen (Piaget 1947, Titel der Schlußfolgerungen) und seine Konstrukte in der praktischen Erfahrung auf ihre Viabilität hin zu überprüfen. Aber ich will diesen Gedankengang hier nicht weiter verfolgen.

Statt dessen werde ich zweierlei zu zeigen versuchen: erstens, daß die Bildung von Hypothesen kein induktiver Prozeß sein muß, und zweitens, daß jede Induktion (und jede Verallgemeinerung) einen begrifflichen Sprung erfordert, der nicht von den Daten vorgegeben wird, sondern einen kleinen, aber schöpferischen Akt des Beobachters darstellt.

Der Begriff der „Abduktion"

Die Logik kreativer Akte ist von Charles Peirce untersucht und geklärt worden. Peirce prägte den Begriff der „Abduktion" und fügte ihn als drittes Schlußverfahren den traditionellen logischen Mustern der Induktion und der Deduktion hinzu. In der Induktion bewegt sich das Denken von einer Vielzahl von Einzelfällen der Erfahrung zu einer Regel, in der Deduktion von einer Regel zu einem gegebenen Einzelfall. In der Abduktion wird von einem Einzelfall eine hypothetische Regel abgeleitet. Peirce beschrieb dieses neuartige Muster wie folgt (1931–1935; 5.189[1]):

- Die auffällige Tatsache C wird beobachtet.
- Wenn aber A wahr wäre, dann wäre C eine notwendige Folge.
- Es ist daher mit gutem Grund anzunehmen, daß A wahr ist.

In der Formulierung von Peirce steht „A" für eine der Eingebung des Augenblicks entsprungene hypothetische Regel. Diese Regel muß sodann durch weitere Erfahrungen geprüft werden – in einer Art umgekehrter Induktion –, um sowohl als Erklärung wie auch als Grundlage für Vorhersagen viabel zu werden. Erweist sie sich als falsch, müssen so lange andere Abduktionen gemacht werden, bis eine davon den Erfahrungstatsachen gerecht wird. Im Prinzip ähnelt dies der natürlichen Auslese in der Evolutionstheorie. Die große Frage ist nun aber: Wie werden solche hypothetischen Regeln erfunden?

Am Schluß seines ersten Vortrags in Royaumont bezog sich Chomsky auf „die noch unbekannten Prinzipien, die dem zugrunde liegen, was Peirce ‚Abduktion' nannte ... Ich habe keinen Grund, daran zu zweifeln, daß es sich auch hierbei um höchst spezifische angeborene Fähigkeiten handelt, die das Ausreifen kognitiver Strukturen bestimmen ..." (Chomsky 1980, S. 52). Wenn Chomsky sagt, er hätte keinen Grund, an solchen höchst spezifischen angeborenen Fähigkeiten zu zweifeln, dann heißt das doch wohl, er geht von ihrer Existenz aus. Hier trennen sich unsere Wege. Eine Fähigkeit als angeboren vorauszusetzen führt allzuschnell dazu, ihre weitere kritische Untersuchung zu unterbinden. Niemand bezweifelt, daß jede Kognitionstheorie irgendwelche angeborenen Fähigkeiten annehmen muß, doch je unspezifischer diese sind, desto erklärungsmächtiger ist die Theorie.

Die ersten Computer, die in der Lage waren, komplexe mathematische Operationen auszuführen, besaßen „angeborene", d. h. eingebaute Fähigkeiten. Es waren drei, und sie waren von höchst allgemeiner Art: Binärzahlen speichern, Binärzahlen lesen, Binärzahlen vergleichen. Ich beginne die Konstruktion einer Theorie lieber mit solchen einfachen Annahmen und ergänze sie erst dann durch spezifischere, wenn ich in unüberwindbare Schwierigkeiten geraten bin. Im Falle der Abduktion, wo es um die Erfindung hypothetischer Regeln geht, ist das Verfahren der Analogie als Möglichkeit erwogen worden. Mir scheint das ein vernünftiger Vorschlag zu sein. Sehen wir uns ein Beispiel an.

Wie sind Leute auf die Idee gekommen, daß die Sonne sich um die Erde dreht? Ich glaube nicht, daß dahinter ein großes Geheimnis steckt. Es geschah möglicherweise, als wir noch in Höhlen wohnten, sicherlich aber nach der Erfindung des Rades. Wenn ein Wagen über unebenes Land roll-

---

[1] Die erste Ziffer verweist auf den Band, die übrigen Ziffern beziehen sich auf den Absatz

te, kam es immer wieder vor, daß sich ein trockener Ast in den Speichen eines Rades verfing. Ein Fußgänger konnte nun leicht beobachten, wie der Ast auf der einen Seite des Rades aus dem hohen Gras auftauchte, sich in einem Halbkreis weiterbewegte und schließlich auf der anderen Seite wieder im Gras verschwand. Jeden Tag erscheint die Sonne im Osten, steigt in den Himmel, und verschwindet wieder im Westen, geht an einem Punkt unter, der dem Punkt ihres Aufgehens genau gegenüberliegt. Um diese Bewegung der Sonne als Kreisbahn wahrzunehmen, braucht es bloß eine naheliegende Analogie. Als angeboren muß man daher lediglich die Fähigkeit voraussetzen, eine Erfahrung zu erinnern, zu reflektieren und Vergleiche anzustellen.

Die verallgemeinernde Abduktion

Es mag andere Weisen geben, auf der Grundlage einer einzigen Beobachtung intuitiv eine Regel zu schaffen, aber mir scheint, die Fähigkeit, Analogien zu sehen, kann eine Menge solcher Intuitionen erklären (besonders im Spracherwerb). Welche Aspekte der jeweiligen Erfahrungen verglichen und als analog befunden werden sollen, das ist nicht vorgegeben – es ist ein begrifflicher Schritt der Verallgemeinerung.

Damit komme ich zu einem Punkt, wo ich vielleicht von Peirce abweiche. Er sagte nämlich, daß Abduktion und Induktion verschieden seien von der Deduktion, weil sie beide keine logische Gewißheit bieten könnten. Er hielt außerdem die Abduktion für „völlig verschieden" von der Induktion, denn die letztere hätte mit Wahrscheinlichkeit zu tun, die erstere nicht. Dennoch meinte er, eine Generalisierung könnte Ergebnis einer Abduktion sein, die dann induktiv überprüft wird (Fann 1970, S. 34). Ich möchte noch einen Schritt weitergehen und behaupten, daß jeder induktive Schluß eine implizite Abduktion enthält.

Betrachten wir nur einmal das berüchtigte Beispiel für eine induktive Verallgemeinerung: „Alle Schwäne sind weiß." Wie kommt es zustande? Die offensichtliche Antwort scheint zu sein, daß man eben eine gewisse Anzahl von Schwänen beobachtet, feststellt, daß sie alle weiß sind, und schließt, daß wahrscheinlich alle Schwäne, die man in Zukunft sehen wird, auch weiß sein werden. Warum aber ist es die weiße Farbe, die als generalisierbares, gemeinsames Merkmal ausgewählt wird? Man hätte viele andere Merkmale wählen können. Der erste Schwan, dem man begegnet, hat einen Kopf und zwei Beine, einen langen Hals, einen dunklen Schnabel, vielleicht eine geknickte Schwanzfeder und noch viele andere Merkmale, auf die man bei den folgenden Schwänen hätte achten können. Warum also die Wahl der Farbe als mögliches gemeinsames Merkmal? Diese Wahl, so meine ich, war eine Art von Abduktion, denn an einem bestimmten Punkt der Schwan-Erfahrungen muß die Entscheidung gefallen sein zu überprüfen, ob die Schwäne alle weiß seien.

Interpretationen der Schematheorie

Sie werden sich jetzt wahrscheinlich fragen, was das alles mit der Schematheorie zu tun hat. Ich fühlte mich ermutigt, die Verbindung herzustellen, weil Inhelder feststellte, daß Schemata prozedural sein können, „da sie Prozeduren der Erfindung und Entdeckung, also Heuristiken verwenden, die Innovation sichern" (Inhelder u. de Caprona 1992, S. 42).

Aus meiner Sicht besteht ein sensomotorisches Schema aus drei Elementen, aus einer Wahrnehmungssituation, aus einer damit verknüpften Aktivität und aus dem Resultat, das durch diese Aktivität erzielt werden soll. Piaget hat dieses Muster aus dem bekannten Begriff des Reflexes abgeleitet, der traditionsgemäß aus zwei Elementen besteht: einem Stimulus und einer festgelegten Reaktion. Mehrere Dinge waren ihm dabei aufgefallen. Erstens mußte man, um die phylogenetische Entwicklung von Reflexen zu erklären, die Ergebnisse der von ihnen ausgelösten Aktivitäten in Betracht ziehen. Diese Ergebnisse mußten Überleben oder Vermehrung begünstigen, um der Evolutionstheorie zu entsprechen. Er beobachtete zweitens, daß die Reflexe von Kleinstkindern bei weitem nicht so unbeeinflußbar waren, wie das immer behauptet wurde. Viele davon lassen sich im Zuge des Heranwachsens eines Kindes in gewissem Maße modifizieren. Er zog daraus den Schluß, daß das Dreischrittmuster des Reflexes auch generell für alles sensomotorische Verhalten gelten müßte. Hinzugefügt werden mußte nur das vom Akteur erwartete Ergebnis. Die Struktur des Schemas sieht daher für mich folgendermaßen aus:

         1   2   3
Wahrgenommene Situation ----- Aktivität ----- Erwartetes Ergebnis

Damit war es zu einem zielorientierten Phänomen geworden und bildete einen perfekten Rahmen für das Funktionieren von Assimilation und Akkomodation. Wie beim Reflex auch, verlangt jede Verwirklichung eines Handlungsschemas, daß das handelnde Subjekt eine auslösende Situation (wieder)erkennt. Ein solches (Wieder)Erkennen ist natürlich eine Assimilation, denn in der Erfahrung eines Subjekts sind keine zwei Situationen völlig gleich.

Auch im dritten Teil des Schemas spielt Assimilation eine Rolle. Wenn ein Schema als erfolgreich gelten soll, dann muß das faktische Ergebnis der Aktivität so aussehen, daß es dem erwarteten Ergebnis assimiliert werden kann. Ist das nicht der Fall, dann gibt es wahrscheinlich eine Perturbation, eine Enttäuschung etwa, oder aber eine angenehme Überraschung, sollte das Ergebnis sich als in irgendeiner Weise interessant darstellen. In beiden Fällen kann die Perturbation zur Konzentration der Aufmerksamkeit auf die Ausgangssituation führen. Wird dabei ein zuvor vernachlässigtes Merkmal der auslösenden Situation erfaßt, können die Bedingungen modifiziert werden, die das Auslösen des Schemas bestimmen, oder es wird ein neues Schema gebildet. In beiden Fällen handelt es sich um Akkomodation. Und würde diese Akkomodation bewußt durchgeführt, dann handelte es sich um eine Abduktion, denn in dem Moment, in dem die Veränderungen vorgenommen werden, sind sie ja noch hypothetisch in dem Sinne, daß ihre Brauchbarkeit noch nicht durch Erfahrung geprüft werden konnte.

Kinder akkomodieren ihre Handlungsschemata lange Zeit mit Hilfe zufälliger Entscheidungen, bevor sie darüber bewußt nachzudenken beginnen. Der erwachsene Beobachter jedoch, der die Entscheidungen der Kinder reflektieren kann und reflektiert, erkennt in ihnen das gleiche abduktive Muster wie in späteren Phasen der kognitiven Entwicklung. Steffe zitiert als Beispiel die Entwicklung nichteuklidischer Geometrien, und viele weitere Beispiele lassen sich sowohl in der historischen als auch in der individuellen Entwicklung des mathematischen Denkens finden. Ich würde daher meinen, daß jene, die behaupten, nichtinduktiv abgeleitete kognitive Strukturen müßten als angeboren gelten, eine Erklärung dafür zu liefern haben, warum es bei manchen mathematischen Strukturen so lange gedauert hat, bis sie zum Vorschein gekommen sind.

Piaget erörtert in seinem Aufsatz *L'Épistemologie des régulations* (1977) den Prozeß des Übergangs vom primitivsten regulären Verhaltensmuster biologischer Organismen zur „Selbstregelung und Selbstorganisation kognitiver Systeme, die in der Lage sind, ihre eigenen Programme zu erzeugen und neue zu schaffen" (S. III). Erst vom Ende dieser Entwicklung her läßt sich hier ein „Übergang" erkennen, denn erst dann können die Muster in der Reflexion „thematisiert" und unabhängig von ihrem je eigenen Inhalt als „Muster" oder „kognitive Strukturen" erfaßt werden.

Ich meine, daß das Muster der Abduktion als ein Mechanismus gelten muß (vielleicht als der fundamentalste Mechanismus), der die kognitive Entwicklung durchzieht und sie zu einem relativ homogenen Prozeß macht. Er tritt in der Akkomodation von Handlungsschemata auf der sensomotorischen Ebene ebenso auf wie in den Akkomodationen auf den darauffolgenden Ebenen der konkreten und formalen mentalen Operationen. Er ist in meiner Auffassung die Triebfeder der Kreativität.

Zusammenfassung

In dem hier interessierenden Zusammenhang möchte ich vor allem zeigen, daß es keinen Sinn hat, zu behaupten, wie Fodor, Bereiter und andere dies tun, es gäbe ein Lernparadoxon bezüglich all der begrifflichen Strukturen, die nicht direkt von Erfahrungsdaten abgeleitet werden können, weil die Bildung von Hypothesen ein induktiver Prozeß sei. Ich hoffe nachgewiesen zu haben, daß jeder induktive Schluß die spontane Schöpfung einer Idee umfaßt, die vielleicht zu den „Daten" paßt, in diesen jedoch nicht enthalten war. Das gleiche gilt für begriffliche Akkomodationen und sogar für viele elementare Akkomodationen auf der sensomotorischen Ebene. In beiden Fällen erfolgt ein begrifflicher Schritt, der dem Muster der Abduktion entspricht, ein Schritt, der immer dann neues Wissen erzeugt, wenn sich die Abduktion als viabel erweist.

Noch viel wichtiger als alles bisher Gesagte könnte eine erkenntnistheoretische Überlegung sein. Der wissenschaftliche Strukturalismus, d. h. der Versuch, Kognition, ihre Prozesse und Entwicklung, als mentale Strukturen zu verstehen und zu analysieren, ist weder eine Doktrin noch eine Philosophie, sondern, wie Piaget formulierte, „im wesentlichen ein methodischer Ansatz mit allen entsprechenden Implikationen, was fachgerechtes Vorgehen, Verpflichtungen, intellektuelle Redlichkeit und den Fortschritt sukzessiver Approximationen angeht" (Piaget 1968, S. 117 f.). Das Paradoxon des Lernens, so können wir festhalten, entspringt der doktrinären Annahme, daß die Bildung von Hypothesen ein induktiver Prozeß sei und daß Induktion nicht als Quelle neuartiger begrifflicher Strukturen dienen könne. Ich behaupte, daß diese Annahmen ungerechtfertigt und im Bereich wissenschaftlicher Erklärung ebenso unangemessen sind wie in den Bereichen der Philosophie oder der Kunst.

Ich möchte mit dem Ausdruck persönlichen Dankes an Bärbel Inhelder schließen. Ich hatte nicht das Glück, mit Piaget selbst sprechen zu können, fand aber in ihr eine unersetzliche Kritikerin meiner Ideen. Ihre Offenheit war überwältigend, und sie war stets bereit, die Auffassungen eines anderen zu diskutieren, auch wenn diese nicht immer mit ihren eigenen übereinstimmten. Wir sind alle Konstruktivisten, sagte sie einmal, und wir konstruieren unsere eigene Weltsicht. Wichtig ist jedoch, daß wir in unserem Denken konsistent und redlich bleiben. Die Schematheorie, meinte sie, kann auf mehr als eine Weise verstanden werden, und das hat mich doch sehr angespornt. Ich kann nur hoffen, daß sie das, was ich hier vorgetragen habe, als eine der brauchbaren Interpretationen angesehen hätte.

Literatur

Bereiter, C. (1985): Towards a solution of the learning paradox. *Review of Educational Research* 55: 201–226.
Chomsky, N. (1980) in M. Piatelli-Palmarini (ed.): Language and learning. Cambridge, MA (Harvard University Press), pp. 35–52.
Fann, K. T. (1970): Peirce's theory of abduction. The Hague: Martinus Nijhoff.
Fodor, J. (1980) in M. Piatelli-Palmarini (ed.): Language and learning. Cambridge, MA (Harvard University Press), pp. 143–149.
Inhelder, B. et D. de Caprona (1992): Vers le constructivisme psychologique: Structures? Procedures? Les deux indissociables. Dans B. Inhelder et G. Cellérier (eds.), Le cheminement des découvertes de l'enfant. Neuchâtel (Delachaux et Niestlé), pp. 19–50.
Peirce, C. S. (1931–1935): Collected papers, volumes 1–6, edited by C. Hartshorne and P. Weiss. Cambridge, MA (Harvard University Press), pp.
Piaget, J. (1947): La psychologie de l'intelligence. Paris (Armand Colin).
Piaget, J. (1968): Le structuralisme. Paris (Presses Universitaires de France).
Piaget, J. (1977): L'épistémologie des régulations. Dans: A. Lichnerovicz, F. Perroux et G. Gadoffre (eds.): L'idée de régulation dans les sciences (I–XIII). Paris (Maloine).

Piatelli-Palmarini, M. (1980): Language and learning – The debate between Jean Piaget and Noam Chomsky. Cambridge, MA (Harvard University Press).

Steffe, L. P. (1991): The learning paradox: A plausible counterexample. In: L. P. Steffe (ed.): Epistemological foundations of mathematical experience. New York (Springer).

Rationalität zwischen logischem und paralogischem Denken
Hans Rudi Fischer

Über das Unsichtbare wie über das Irdische haben Gewißheit die Götter, uns aber als Menschen ist nur das Erschließen gestattet.

Alkmaion von Kroton, Diels Kranz, Bd I, S. 214

Die menschliche Wahrheit ist niemals absolut, weil die Basis der Fakten in Hypothesen besteht.

Ch. S. Peirce (W I, S. 7)

Rationalität und logisches Schließen

Bei der traditionellen Bestimmung des Menschen als *animal rationale* spielt die Logik eine fundamentale Rolle. Sie liefert mit ihren institutionalisierten Verfahren (Schlußfolgerungsformen) die operationale Basis zur Herstellung von Erkenntnis bzw. Wahrheit. Mit den logischen „Gesetzen" begründet sie die Ordnung, in der Menschen denken, sprechen und zu Schlüssen kommen, die rational genannt werden. Dieses Verständnis von Rationalität orientiert sich dabei an der Logik und ihren „Denkgesetzen", sprich: den Schlußgesetzen der Logik und deren Kategorien wahr/falsch. In der Syllogistik versucht die Logik seit Aristoteles die gültigen von den ungültigen Schlußfolgerungsformen zu scheiden, um damit der Vernunft auf der Suche nach wahrer Erkenntnis den rationalen, den Königsweg zu weisen.

Wenn man sich mit psychischer Krankheit beschäftigt, dann sind die Leitdifferenzen interessant, die Einschluß bzw. Ausschlußmechanismen von Rationalität konstituieren und historisch zementieren. Im Falle der Unterscheidung psychisch krank versus psychisch gesund gilt ein Abweichen von den „Schlußgesetzen" der Logik seit alters her als Ausschlußkriterium aus dem rationalen Diskurs.

Hier gilt von Descartes über Locke bis Hegel (Fischer 1989a) der als wahnsinnig oder irre, der falsche Prämissen für wahr hält oder aufgrund wahrer Prämissen falsch schlußfolgert. Bei „psychisch gestörten" Menschen, beim Irren, scheint die logische Ordnung, die wir Rationalität nennen, absent zu sein: Hier scheint sich Irrationalität in Form einer in Unordnung geratenen Logik zu zeigen. Die psychiatrische Ordnung teilt die Auffassung der philosophischen Logik, daß es sich bei den „Denkgesetzen" um fundamentale Prinzipien der Rationalität handelt, und spricht hier demgemäß von „Denkstörungen", von paralogischem (andere Prädikate sind: prälogisches oder paläologisches) Denken. Die Unterscheidung logisches versus paralogisches Denken (*paralogismos*, griech: falscher, inkorrekter Schluß) fokussiert auf die *Verfahrensweise* des Verstandes, Schlüsse zu ziehen.

In dem von Alkmaion vorangestellten Motto wird die menschliche Erkenntnisfähigkeit als begrenzt angesehen, den Bereich menschlichen Wissens bestimmt Alkmaion als den des „Erschließens".[1] Damit wird Erkennen dort schon als inferentieller, aktiver Prozeß des Erkenntnissubjektes verstanden, es *macht* seine Erkenntnis, indem es folgert bzw. ableitet. Wenn Schließen als ein geregelter Übergang von *A* nach *B*, vom einen aufs andere, begriffen werden kann, dann sind bei all den Prozessen, die wir Erkennen nennen, regelgeleitete Schlüsse[2] am Werk. Solche Schlüsse bestehen aus Urteilen, die selbst auf Hypothesen (Vermutungen, Überzeugungen, Minitheorien) beruhen, die nicht von der Wirklichkeit determiniert sein können. Anders formuliert: Wenn ein Phänomen zu erkennen bedeutet, es erklären zu können, dann ist jede Erklärung „nur" erschlossen, ist Resultat eines inferentiellen Aktes, der auf hypothetischer Basis ruht, also keinen absoluten Halt haben kann.[3]

Mit der Fokussierung auf den operationalen Aspekt des Erkennens als Erschließen läßt sich der Hiatus zwischen Logik und Leben, zwischen Theorie und Praxis, zwischen Kognition und Welt (Wirklichkeit) – oder wie die Dualismen alle heißen – überwinden: Erkennen heißt erschließen, schließen bedeutet *regelgeleitet* interpretieren, Interpretieren ist ein konstruktiver, synthetischer Akt und eine Konstruktion, die sich in der „Wirklichkeit", im Leben, in der Praxis als viabel erweist, wäre das, was konstruktivistisches Denken als Erkennen bezeichnet.

Die Logik hat mit ihren „Denkgesetzen" und ihrer Formalisierung von Schlußfolgerungsprozeduren die Voraussetzung für eine rationale Rekonstruktion von Denkprozessen und damit die Grundlagen von „Denkmaschinen" geliefert. Die „Denkgesetze" der Logik sind in der modernen Denkmaschine, dem Computer implementiert. Als solche sind sie „Denkgesetze" von trivialen Maschinen – wie Heinz von Foerster sagen würde – und nicht „Denkgesetze" von nichttrivialen Maschinen (Menschen). Das große Defizit dieser Denkmaschinen ist, daß sie *nur* logisch denken können. Menschen können im Gegensatz dazu paralogisch denken, und in

---

1 Der zweite Teil dieses Fragmentes von Alkmaion lautet: „Der Mensch unterscheidet sich von den übrigen Geschöpfen dadurch, daß er allein begreift, während die übrigen zwar wahrnehmen, aber nicht begreifen" (a. a. O., S. 215). Es wird also schon hier der wichtige Unterschied zwischen Wahrnehmung und Erkennen (begreifen im Sinne von „unter Begriffe bringen") gemacht.
2 „Jede Verstandesoperation besteht ja in einem Schluß ..." (Peirce 1991a, S. 88, 91). Daß alle kognitiven Prozesse inferentiellen Charakter haben, war in der Psychologie der Jahrhundertwende Standard. So kritisiert William James in seinem Standardwerk *The Principles of Psychology* (1890 erstmals erschienen) die Vorstellung bei Schopenhauer, Wundt, Helmholtz u. a., daß selbst die Wahrnehmung ein unbewußtes Schlußfolgern sei (Bd. 2, S. 111 ff.).
3 Peirce bringt diese Einsicht des Pragmatismus auf den Punkt: "Every Judgment, therefore, being a reference of the experienced or known to the assumed or unknown, is an explanation of a phenomenon by a hypothesis, and is in fact an inference. Hence there is a major premiss behind every judgement ..." (Peirce, W I, S. 152).

I. Philosophische Probleme und Fragen des Konstruktivismus

dieser Fähigkeit liegt die einzige Chance, den Horizont des Gewußten zu überschreiten und so Neues von der Welt zu erkennen.

Ich gehe im Folgenden von der Prämisse aus, daß alle Formen des Erkennens, Denkens, Wahrnehmens zeichengebunden bzw. zeichenvermittelt sind (Peirce, Wittgenstein).[4] Die „rohen Tatsachen", das „Gegebene", die Realität oder wie auch immer das dem Erkenntnissubjekt dualisierend entgegengesetzte Andere genannt wird, sind daher kognitiv nicht zugänglich. Desweiteren sind solche Zeichenprozesse schlußfolgernd, das heißt, Denken, Kommunizieren, ja selbst die Wahrnehmung lassen sich als Interpretation, als inferentieller Prozeß verstehen, bei dem Zeichen kodiert und damit Bedeutungen zugeschrieben werden.

Ich möchte zeigen, daß sich menschliche Rationalität nicht nur *nicht* auf den Gebrauch logischer, apriorisch gültiger Syllogismen reduzieren läßt, sie ist meist auch nicht an diese Form „logischer Gesetze" gebunden.

Der über Jahrtausende kultivierte Irrationalitätsvorwurf gegenüber dem logisch Anderen könnte sich selbst als zutiefst irrational erweisen, weil er auf einem rational nicht zu rechtfertigenden Glauben an die Gültigkeit, Vollständigkeit und Reichweite der Logik basiert. Wenn gezeigt werden kann, daß wir alle genauso schließen wie „Verrückte", dann läßt sich „paralogisches" Schließen als rationales Kriterium für Irrationalität nicht halten.

Insofern möchte ich hier einen Beitrag zur Entzauberung des Mythos von der logosgeprägten Rationalität liefern und zeigen, daß unser tatsächliches Denken durchzogen ist von paralogischen, das heißt dem magischen bzw. mythologischen Denken zugeschriebenen Denkfiguren, wie sie als charakteristisch für das sogenannte schizophrene Denken aufgefaßt werden. Der amerikanische Philosoph und Logiker Charles Sanders Peirce (1839–1914), Begründer des Pragmatismus, hat fünf Jahrzehnte lang die logisch und wissenschaftstheoretisch etablierten Denkformen Deduktion und Induktion untersucht und durch eine Schlußweise erweitert, die er Abduktion nannte. Das abduktive Schließen ist auf der Basis logischer Rationalität paralogisch, irrational, und dennoch scheint es mir psychologisch die relevanteste Form des Denkens überhaupt. Ich werde paralogisches Denken im Horizont abduktiver Schlußweisen interpretieren, weil ich darin die Chance sehe, Rationalität im Irrationalen zu entdecken bzw. zu erfinden[5], also eine von der Logik abweichende Rationalität zu

---

4 Vgl. u. a. Peirce (CP 5.251): „Das einzige Denken, das also möglicherweise erkannt wird, ist Denken in Zeichen. Aber Denken, das nicht erkannt werden kann, existiert nicht. Alles Denken muß daher notwendigerweise in Zeichen sein." (zitiert nach Apel 1975, S. 88)

5 Um das Verb „erfinden" gibt es eine Reihe von Verwirrungen. Es ist von der Semantik des Entdeckens gar nicht so weit entfernt, wie es immer wieder in der Debatte benutzt wird. Die Etymologie von *er-finden* ist wie die von *konstruieren* die des Herausfindens von etwas, was bereits irgendwo existiert. Es geht also nicht um eine *creatio ex nihilo*, eine Erfindung aus dem Nichts. Eco spricht bei der Diskussion von Schlußfolgerungen, wie Conan Doyle sie seine Romanfigur Sherlock Holmes machen läßt, von „richtigen" Erfindungen. Es seien Erfindungen in dem Sinne, „den Michelangelo meinte, als er sagte, der Bildhauer entdeckte in dem

erkennen. Es geht mir um die Begründung einer hermeneutischen Logik, die „verrücktes Denken" und Handeln nicht als irrational ausschließt, sondern als andere Form von Diskursivität faßt, die prinzipiell verstehbar ist.

Gerade die abduktiven bzw. paralogischen Denkmuster sind es, die in Mythos und Poesie ebenso anzutreffen sind wie in Traum, Wissenschaft und der Wirklichkeit unseres alltäglichen Denkens. Solche Verstöße gegen logisch gültige Schlußfolgerungen sind nicht nur der Kern alles Kreativen, alles Neuen, sondern paradoxerweise auch Voraussetzung, das Leben mit der Logik zu versöhnen.

Exotisches Denken versus *logical correctness*

Foucault ließ sich zu seinem Buch *Les mots et le choses* von einer „Enzyklopädie" inspirieren, die die Ordnungen unseres vertrauten Denkens fundamental erschüttert und einen „exotischen Zauber" entfaltet, der uns die schiere Grenze des Undenkbaren vor Augen zu führen scheint.[6] Foucault zitiert eine wiederum von Jorge Luis Borges „zitierte" chinesische Enzyklopädie, wonach „die Tiere sich wie folgt gruppieren: a) Tiere, die dem Kaiser gehören, b) einbalsamierte Tiere, c) gezähmte, d) Milchschweine, e) Sirenen, f) Fabeltiere, g) herrenlose Hunde, h) in diese Gruppierung gehörige, i) die sich wie Tolle gebärden, k) die mit einem ganz feinen Pinsel aus Kamelhaar gezeichnet sind, l) und so weiter, m) die den Wasserkrug zerbrochen haben ..." (zit. nach Foucault 1974, S. 17). Wie wird hier das Gleiche und das Andere gehandhabt, daß es in der Lage ist, unser Denken so massiv zu irritieren, daß wir diese „Enzyklopädie" für undenkbar, für verrückt halten?

Stein die Statue, die das Material bereits umgebe und die von dem Übermaß (*soverchio*) des Steins verdeckt gewesen sei" (Eco 1985, S. 313). Hier scheint im Bild die Aristotelische *causa formalis* durch, die konstruktive „Kraft" des Geistes. Denken ist – das macht auch die semiotische Analyse von Peirce deutlich – ein Konstruieren mit Zeichen, die Konstruktionen sind Erkenntnisse, wenn sie etwas entdecken (im Sinne von Michelanchelos Aphorismus), das funktioniert, das in die diskursive oder nichtdiskursive Umwelt „paßt".
6 Mit dem Rückgriff auf fiktionale Literatur (Borges) bei der Archäologie des Wissens spielt Foucault auf die Fiktion als narrative Form des Wissens an, die sich im griechischen Mythos widerspiegelt (*mythéomai* oder *mythológeo* heißen soviel wie „ich spreche, ich erzähle oder erfinde eine Geschichte", das lat. *fictio* (fingo) heißt „erdichten, erfinden") und in der abendländischen Geistesgeschichte schon früh als „unwahre Geschichte" dem Logos als einzig rationaler Form gegenübergestellt wurde. Über die Abgrenzung des mythischen Denkens, des Mythos vom Logos wird das abendländische Verständnis von Rationalität konstruiert. Daß das Abgrenzen immer ein Ausgrenzen war, wird bereits in Platons *Staat* augenfällig, in dem die Dichter als Mythenerzähler vor die Tore der Stadt verbannt werden, weil das dichterische Sprechen ein Anderssagen ist, ein Sprechen in Metaphern (als der zentralen Trope), als das des rationalen Philosophen, der sich der Wahrheit verpflichtet weiß. Im Namen der Rationalität wird der Logos vom Mythos, von der Ambivalenz, dem Nichtidentischen, dem Schein etc. gereinigt. Geschah nicht beinahe zweitausend Jahre später realiter die gleiche Exkommunikation mit den „Verrückten", die als Delinquente des Logos die leerstehenden Leprosorien vor den Toren der Städte in Mitteleuropa beziehen?

I. Philosophische Probleme und Fragen des Konstruktivismus

René Magritte: *Die Erklärung* (1952) –
Magrittes paralogische Erklärung der Erklärung

Die von dem argentinischen Schriftsteller Borges fingierte Enzyklopädie macht die prinzipielle Willkürlichkeit aller Taxonomien deutlich, in der jedes Zeichen semantisch mit allen anderen des Zeichensystems vernetzt sein kann, weil das Kriterium des „Gleichen" mit dem „gemessen" wird, vom Beobachter vor der Beschreibung bzw. Beobachtung etabliert werden muß. Wir haben bei Borges ein fiktionales Beispiel eines Denkens vor uns, das nach den Ordnungsmaßstäben der Logiker „paralogisch" ist.

Foucault charakterisiert *Ähnlichkeit* als fundamentale Kategorie für die *episteme* bis zum ausgehenden 16. Jahrhundert. Denken in Ähnlichkeiten ist für ihn das Grundprinzip der Wissensorganisation bis ins klassische „Zeitalter der Repräsentation" (17. Jahrhundert, Descartes), wo dann sukzessiv das Denken in Identitäten und Unterschieden grundlegend wurde.

Was in unserem Jahrhundert als paralogisches oder paläologisches Denken bezeichnet wurde, war für das vorklassische Denken bis ins 17. Jahrhundert – akzeptiert man Foucaults Archäologie – die normale Wissensorganisation. Foucault nennt das Denken in Ähnlichkeiten, das für ihn heute nur in der Kunst lebendig gehalten wird, auch „Homosemantismus" (S. 82) und sieht die Verwandtschaft zwischen dem Irren und dem Dichter auf dem Tableau von Ähnlichkeiten an den entgegengesetzten Polen: Der Irre „sieht überall nur Ähnlichkeiten und Zeichen der Ähnlichkeit. Alle Zeichen ähneln sich für ihn, und alle Ähnlichkeiten haben den Wert von Zeichen. In dem anderen Extrem des kulturellen Raums ... ist der Dichter derjenige, der unterhalb der genannten und täglich vorhergesehenen Unterschiede die verborgenen Verwandtschaften der Dinge und ihre vertrauten Ähnlichkeiten wiederfindet" (S. 81).

Einen ganz anderen Zugang zum hier relevanten Problem als Foucault sucht Wittgenstein, der in seiner Philosophie der Logik immer wieder das Problem reflektiert, in welchem Sinne logische Gesetze als „Denkgesetze" ein konventioneller, kulturell geprägter Maßstab für „richtiges Denken" sind. Dabei diskutiert er auch Freges Psychologismus-Kritik und macht eine Bemerkung, die ich hier ganz zitieren möchte:

„In seinem Vorwort zu *Grundgesetze der Arithmetik* spricht Frege davon, daß die logischen Gesetze keine psychologischen Sätze sind. Das heißt, wir können die Wahrheit der logischen Sätze nicht durch eine psychologische Untersuchung herausfinden – sie hängen nicht von dem ab, was wir denken. Frege stellt dort die Frage, was wir denn sagen würden, wenn wir auf Menschen stießen, die im Gegensatz zu unseren logischen Sätzen urteilen. Was würden wir denn sagen, wenn wir auf Menschen stießen, die unsere logischen Gesetze nicht a priori anerkennen, sondern durch einen langwierigen Induktionsprozeß zu ihnen gelangen? Oder wenn wir gar Menschen fänden, die unsere logischen Gesetze überhaupt nicht anerkennen und logische Sätze aufstellen, die den unseren entgegengesetzt sind? Frege schreibt: ‚Ich würde sagen: »Hier haben wir eine neue Art von Verrücktheit«' – während der psychologische Logiker nur sagen könnte: »Dies ist eine neuartige Logik«.'" (Wittgenstein 1970, S. 243 f.).

Frege argumentiert hier ganz in der Tradition der abendländischen Identitätslogik mit ihren totalitären Ansprüchen und daraus folgenden Ausschlußmechanismen. Etwas, das nicht den Gesetzen der Logik gehorcht, ist „verrückt", ist defizitär, wird ins Pathologische verdrängt. Das sind die Prozesse, die Foucault in seiner Diskursanalyse zum Wahnsinn ans Licht gebracht hat. Die Logik wurde zur Onto-Logik, zur Seinsordnung schlechthin. Daß man anders Denken kann, gilt selbst als nicht denkbar. Das ist die Denkfigur, der ich mich nun zuwenden möchte und die sich schon früh in der Schizophrenieforschung durchgesetzt hat und dort ein Defizit im „logischen Denken", in der Kognitionsfähigkeit konstatiert.

Modus Barabara oder Modus Hirsch

Der niederländische Psychiater Eilhard von Domarus[7] hat in den vierziger Jahren (1944) das Denken von schizophren diagnostizierten Patienten untersucht und den Kern der schizophrenen „Denkstörung" in einer bestimmten Abweichung vom deduktiv-syllogistischen Schließen ausgemacht. Die Ergebnisse der Analyse von Domarus´ wurden in der psychiatrischen Forschung eine Zeitlang sehr intensiv rezipiert und beforscht, sie spielten heute jedoch nur noch eine untergeordnete Rolle. Obwohl ich zeigen möchte, daß ich das Von-Domarus-Prinzip aus logischen Gründen für falsch halte, steckt dennoch ein möglicher Schlüssel zum Verständnis „schziophrenen Denkens" in ihm.

Von Domarus beschreibt einen als schizophren diagnostizierten Patienten, der an eine Identität zwischen Jesus, einer Zigarrenschachtel und Sexualität glaubte. Ein Beispiel „exotischen" Denkens? Eine nähere Untersuchung des Falles ergab, daß das *missing link*, das diese drei Begriffe für den Patienten verband, die Eigenschaft des „Umgebenseins" *(encircled)* war. Der Kopf von Jesus war für ihn mit einem Heiligenschein umgeben, die Zigarrenschachtel mit einer Steuerbanderole, die Frau vom sexuellen Blick des Mannes (a. a. O., S. 108 f.). Die „Objekte" (Jesus, Zigarrenschachtel ..., S. 109), haben – im Gegensatz zu „normal" denkenden Personen – für den schizophrenen Patienten also etwas gemeinsam, das sie verbindet.[8]

Von Domarus unterstellt, daß sich die übliche Form unseres Denkens im *Modus Barbara* bewegt, der deduktiven Schlußform der ersten Figur[9], deren bekanntestes Beispiel das vom sterblichen Sokrates ist:

---

7 Eilhard von Domarus war in den dreißiger Jahren Kollege von Warren McCulloch, Neurologe und Psychiater, einer der führenden Mitglieder der Kybernetiker-Gruppe, die die von der Macy-Foundation geförderten Konferenzen von 1946 bis 1953 durchführte. Die fünfte Konferenz (1948) (vgl. Heims 1993, S. 79) befaßte sich schwerpunktmäßig mit Sprache, und hierzu wurde von Domarus von McCulloch eingeladen. Zu dieser Konferenz waren auch Roman Jakobson und Charles Morris eingeladen, der in seiner frühen Zeichentheorie eine Grundidee der Double-bind-Theorie geliefert hat (vgl. Fischer 1986). Bateson, der von Anfang an zu dieser interdisziplinären Gruppe um John von Neumann, Norbert Wiener, Heinz von Foerster u. a. gehört hat, wurde auf dieser Konferenz offenbar mit von Domarus und dessen Ideen vom paralogischen Denken schizophrener Patienten bekannt. Einen instruktiven und interessanten Überblick über die Entwicklung dieser für das kybernetische Denken in unserem Jahrhundert entscheidenen Wissenschaftlergruppe gibt Heims (1993).
8 Von Domarus macht hier auf einen wichtigen Punkt der kommunikativen Anschlußfähigkeit an die „schizophrene Logik" aufmerksam: Wäre keine Gemeinsamkeit (Ähnlichkeit) zwischen den verschiedenen Begriffen (oder Objekten, die unter die Begriffe fallen) denkbar, wäre ein verstehender Zugang zum schizophrenen Denken prinzipiell unmöglich. „Gemeinsamkeit" bzw. „Ähnlichkeit" zwischen Begriffen (bzw. Objekten) ist aber keine ontologische, sondern eine konzeptuelle, begriffslogische Frage, eine Frage danach, wie Beobachter oder Kommunikationsgemeinschaften Ähnlichkeit konstruieren. Die Prädikation von „Ähnlichkeit" oder „Unterschiedlichkeit" ist Resultat von kognitiven Operationen aufgrund vorab (apriori) festgelegter Kriterien von Unterschied oder Identität und nicht umgekehrt. Insofern sind Ähnlichkeiten zwischen Objekten in einem Begriffssystem soweit beliebig zu konstruieren, wie sie diskursiv verständlich zu machen bzw. kommunikativ anschlußfähig sind. Im Falle des „schizophrenen" Denkens ist aber die die Objekte verbindende Ähnlichkeit aus der Perspektive des „normalen Begriffssystems" nicht gegeben.
9 Die aristotelische Syllogistik kennt drei verschiedene Figuren, später wurde sie um eine

1. Prämisse (Regel/Major):	Alle Menschen sind sterblich.	(MaP)
2. Prämisse (Fall/Minor):	Sokrates ist ein Mensch.	(SaM)
Konklusion/Ergebnis:	Sokrates ist sterblich.	(SaP)

Der kategorische Syllogismus setzt *drei Begriffe* – S (Subjekt), (P) Prädikat und M (Mittelbegriff) –, in drei Aussagen (Major/Obersatz, Minor/Untersatz und Conclusio) in Beziehung, um deren Gültigkeit zu überprüfen. Hier habe ich den Aussagen die Bezeichnungen beigefügt, in Klammern stehen die Kürzel für die Ordnung der Begriffe wie sie für die erste Figur (MP, SM, SP) charakteristisch ist.

Die Argumentation von Domarus, die er mittels diagrammatischer Darstellung visualisiert, möchte ich wegen ihrer Relevanz für den Zugang zum „schizophrenen Denken" ausführlich zitieren:

> "In his most precise form our logical thinking follows the so-called Mode of Barbara. If, in the figure, area A designates 'All men are mortal' and area B 'Sokrates ist a man', then we conclude correctly that 'Socrates is mortal'.
>
> From the figure it follows at once that the last statement yields no new knowledge. To the concept 'man' belongs by implication also the man Socrates, and hence, simply by definition, as it were, Socrates ist mortal.
>
> Experience shows that the conclusion is justified only if the major premise implicitly contains the minor premise. If thinking does not take this into consideration, we arrive at what seems to be contrary to, or other than, normal thinking, or to be paralogical" (a. a. O., S. 109 f.).

In den Augen des antipsychologistischen Logikers wäre von Domarus' Erklärung "Experience shows that the conclusion is justified only …" ein psychologistisches Mißverständnis der Logik. Wie die Menschen tatsächlich denken, ist – worauf Freges Zitat oben dezent hinweist – nur für psychologische Logiker interessant. Die Logik – deren Vertreter den Psychologismus in der Logik bekämpfen – hat nichts mit Erfahrung zu tun, die Konklusion folgt beim gültigen Modus notwendig, sozusagen „mechanisch" aus den Prämissen und garantiert deren Wahrheit selbst dann, wenn

---

vierte erweitert. Sie unterscheiden sich danach, wo der Mittelbegriff (M) in den Prämissen steht. Der Mittelbegriff kann in den beiden Prämissen an Subjekt- oder Prädikatstelle stehen. So ergibt sich für die erste Figur folgende Form: MP, SM: SP. Sind Subjekt und Prädikat durch universelle bejahende Aussagen verknüpft, wird dies mit *a* (d. h. „Jeder ist" bzw. „Alle sind") gekennzeichnet: Der „Modus Barbara" ist als Eselsbrücke (mnemotechnisch) so benannt, weil Barbara drei a's enthält. Singuläre Sätze wie „Sokrates ist ein Mensch" wurden an das syllogistische Schema angepaßt, indem solche singulären Sätze als A-Sätze (universell affirmativ und eben nicht partikulär) behandelt wurden. Der Satz „Sokrates ist ein Mensch" (SM) ist dann so übersetzbar in das syllogistische Schema von SaM, daß S zu „Alle Dinge, die mit Sokrates identisch sind" wird.

I. Philosophische Probleme und Fragen des Konstruktivismus

kein Mensch je faktisch so dächte. Es wird also ein Maßstab festgelegt für das, was wir „Denken" (im Sinne von folgerichtig, rational etc.) nennen. Hier kommt die Erfahrung als Legitimation prinzipiell zu spät, weil apriori festgelegt ist, was wir als „Rechtfertigung" einer Konklusion zulassen würden und was nicht. Der an die Verabsolutierung gebundene klassische Logiker kann also abweichende Taxonomien, andere Ordnungen nur als „verrückt" klassifizieren, eine „neuartige Logik", die anderen Regeln folgt, vermag er nicht zu denken.

Aber kommen wir zunächst zur näheren Charaterisierung des Unterschieds zwischen dem Logiker und dem Paralogiker:

> "An arbitrarily selected illustration, with the aid of the following figure, will elucidate the nature of paralogical thinking.
>
> If A means 'Certain Indians are swift' and B means 'Stags are swift', the area of intersection of A and B symbolizes the common element of swiftness.
>
> It follows for the paralogical thinker that 'Certain Indians are stags', an he will act as his conclusions directs him to do. A glance at the figure reveals a further, most important point. Because everything which lies outside the common intersection of A and B, the law of contradiction is excluded from paralogical thinking and its paragrammatical language [....] The difference between logical and paralogical thinking may be stated: whereas the logician accepts only the Mode of Barbara, or one of its modifications, as basis for valid conclusions, the paralogician concludes identity from the similar nature of adjectives" (a. a. O., S. 110 f.).

Die formale Struktur dieses paralogisch genannten Denkens ging als Von-Domarus-Prinzip in die Geschichte der Erforschung schizophrenen Denkens ein und hat dessen Erforschung sehr angeregt und beeinflußt. Im Kern besagt das Von-Domarus-Prinzip, daß viele Schizophrene die Identität zweier Dinge (Subjekte) aus der Identität mindestens eines gemeinsamen Prädikates (Adjektivs) folgerten. Damit haben wir im „Modus Hirsch" eine logische Delinquenz vor uns, die gegen grundlegende „Denkgesetze" der Logik verstößt.

Übersetzen wir der Einfachheit halber von Domarus' Beispiel, das ja partikulär quantifizierte Aussagen enthält ("certain ...", übersetzt als „gewisse", logischer Quantor „einige"), in universelle Aussagen (Alle) – was an der „paralogischen" Struktur nichts ändert –, dann lautet das Beispiel so:

Modus Hirsch:

Hirsche sind schnell.	(MaP)
Indianer sind schnell.	(SaP)
Indianer sind Hirsche.	(SaM) Konklusio

Dieser Syllogismus fußt zwar auf Prämissen, die der Normaldiskurs als wahr akzeptieren kann, dennoch ist dieser Schluß – auch für den Nichtlogiker offensichtlich – ungültig, weil er zu einer falschen Konklusion führt: Indianer sind Hirsche. Die Logiker sprechen von einer „fallacia consequentis or non sequitur", einem Fehlschluß bezüglich der Folge. Das erkennbar falsche Ergebnis (Konklusion) ist hier Kriterium, daß an diesem Syllogismus etwas nicht stimmt.

Die Offensichtlichkeit des Fehlers und die Exotik dieses Schlusses gehen aber sofort verloren, wenn wir das bekannte Beispiel von Sokrates in den „Modus Hirsch" übersetzen:

Prämisse (Obersatz/Regel):	Alle Menschen sind sterblich.	(MaP)
Prämisse (Ergebnis):	Sokrates ist sterblich.	(SaP)
Konklusion/Fall:	Sokrates ist ein Mensch.	(SaM)

Hier scheint die Konklusion ebenso offensichtlich wahr zu sein wie die Prämissen.

Doch der Schein des inhaltlich orientierten Denkens trügt hier das Normalbewußtsein, das von der Semantik der Begriffe affiziert ist und vermeintlich weiß, daß Sokrates ein Mensch etc. ist. Warum dieser Schluß logisch ungültig und seine eventuelle „Wahrheit" daher zufällig ist, läßt sich in der Begriffslogik, die sich mit der Extension der Begriffe beschäftigt, gut beweisen (ich komme im nächsten Abschnitt dazu). Für uns Nichtlogiker wird die Ungültigkeit der Folgerung klarer, wenn wir die Begriffe durch Abkürzungen – wie sie hinter den Aussagen in Klammern stehen – ersetzen, um uns von der Semantik bzw. den Konnotationen der Wörter zu befreien und den *formalen* Blick des Logikers einzunehmen: Alle M sind P, S ist P, also: S ist M.[10] Die Gültigkeit des Modus Barbara „zeigt sich" auch an Abkürzungen: Alle M sind P, S ist M, also: S ist P. Freilich sind die Gültigkeit dieser Schlußfolgerung und die Wahrheit der Konklusion der Abstraktion von den Inhalten (diese Dimension wurde u. a. auch Sinn, Intension oder Konnotation genannt) und der Fokussierung auf die Form (auch Extension, Begriffsumfang oder Denotation genannt) geschuldet.

An dieser Stelle möchte ich nur die Trivialität hervorheben, daß eine diagnostizierte Abweichung immer von einem davon differenten, unab-

---

10 Inhaltlich ausgeführt könnte das ein Schluß sein, den jeder Logiker sofort als ungültig klassifizieren würde: Alle Logiker sind sterblich. Verrückte sind sterblich: Verrückte sind Logiker. Die Begriffe des Modus Hirsch im Modus Barbara formuliert, lauten folgendermaßen:
Alle Hirsche sind schnell.
Indianer sind Hirsche.
Indianer sind schnell.
Das wäre ein gültiger Schluß, dessen Konklusion notwendig wahr ist, sofern die Prämissen als wahr gelten. Insofern dürfte man hier die zweite Prämisse nicht akzeptieren, um den Schluß zu Fall zu bringen.

137

I. Philosophische Probleme und Fragen des Konstruktivismus

hängigen Ort aus vorgenommen werden muß. Das heißt, je nach logischem Maßstab der Bewertung verliert das Paralogische sein Paralogisches.

Gregory Bateson, der sich viele Jahre mit dem Denken Schizophrener beschäftigt hat, war Ende der vierziger Jahre[11] mit von Domarus' Ideen bekannt geworden und hat diese rezipiert. In der später berühmt gewordenen Double-bind-Theorie (Bateson et. al 1956) bezieht sich Bateson auf das Von-Domarus-Prinzip und deutet es als Hinweis, daß schizophrene Äußerungen reich an Metaphern seien, die der Schizophrene aber nicht „etikettiere", das heißt als Metaphern gebrauche. Bateson bringt ein Beispiel für einen solchen „verzerrten Syllogismus", den er in späteren Publikationen häufiger aufgreift und dann *Modus Gras* nennt.

Menschen sterben.
Gras stirbt.
_____
Menschen sind Gras.

(Bateson 1981, S. 275)

Die Konklusion „Menschen sind Gras" könnte nun ebenso als Metapher verstanden werden wie die „Indianer sind Hirsche".[12] Erinnert sei hier an die Namen von Indianerhäuptlingen wie „Großer Hirsch", wie sie uns aus der Literatur über den „Wilden Westen" bekannt sind. Bateson spricht in diesem Zusammenhang von einem „Syllogismus der Metaphorik". Er verwendet verschiedentlich den Peirceschen Begriff der Abduktion, insbesondere wenn es um die Klärung der pragmatischen (kommunikativen) Wirkung der Metapher geht, und deutet diese Schlußfolgerungsform als grundlegende Erkenntnisstrategie.[13] In einem Brief von 1980 bringt er das Peircesche Abduktionskonzept mit dem Syllogismus des „Modus Gras" in Verbindung.[14]

---

11 Auf der Kybernetik-Tagung von 1948, die sich schwerpunktmäßig mit Sprache beschäftigte (siehe Heims 1993, S. 79).
12 Vgl. Bateson 1991. Das posthum von Donaldson herausgegebenen Buch mit Arbeiten Batesons enthält einen Vortrag von 1980 mit dem Titel "Men are Grass: Metaphor and the World of mental Process". Bateson geht auch dort auf von Domarus und den „Modus Gras" ein (a. a. O., S. 235 ff.), ohne ihn mit abduktivem Schließen in Verbindung zu bringen. In einem Essay aus dem Jahre 1976 (im selben Buch) diskutiert er die Peircesche Abduktion (a. a. O., S. 186).
13 Catherine Bateson (Bateson/Bateson 1993) bringt den „Modus Gras" mit der Abduktion zusammen: „Das Thema der Metapher zieht sich durch Gregorys ganzes Werk. Ja, die Idee, die ihn in seinen letzten Wochen in Anspruch nahm, war die Idee von Metaphernsyllogismen (,Syllogismen im Modus Gras', siehe Kapitel II). Der Gebrauch von Metaphernsyllogismen, von ihm Abduktion genannt, war für ihn eine grundlegende intellektuelle Strategie, die Suche nach Erkenntnis durch Analogie ..." (Bateson/Bateson 1993, S. 272). Im von Catherine Bateson erstellten Glossar dieses Buches heißt es unter Abduktion: „Die Form des Schließens, bei der eine erkennbare Ähnlichkeit zwischen A und B die Möglichkeit weiterer Ähnlichkeiten nahelegt. Oft von GB (Gregory Bateson) zwei anderen, bekannteren Schlußarten gegenübergestellt, Deduktion und Induktion" (a. a. O., S. 292).
14 In seinem Buch *Geist und Natur. Eine notwendige Einheit* (1979, deutsch 1982) bezieht sich Bateson explizit auf Peirce: „Nun reichern wir unsere Erklärung durch den Prozeß an, den

Da das Von-Domarus-Prinzip die paralogische Struktur des schizophrenen Denkens am Syllogismus der Form des „Modus Gras" festmacht, möchte ich im Folgenden zeigen, daß solche Schlußweisen einer in der Logik über zweitausend Jahre vergessenen Schlußform entsprechen, die Charles Sanders Peirce Abduktion genannt hat und eine ganz alltägliche Form sind, das Denken zu organisieren. Es taugt daher nicht zum Kriterium für Irrationalität, im Gegenteil, es schließt eine Denkfigur aus, die eine andere Rationalität hat.

Abduktives Schließen

Mein teurer Freund, ich rat Euch drum/Zuerst Collegium Logicum. Da wird der Geist Euch wohl dressiert, In Spanische Stiefeln eingeschnürt,/Daß er bedächtiger so fortan Hinschleiche die Gedankenbahn.

(Mephisto in „Faust", Teil 1)

Die Logiker hatten so viele Schwierigkeiten mit dem richtigen Schließen, daher sind sie Logiker geworden ... die Logiker [sind] in den meisten Fällen die am häufigsten sich irrenden Denker ...

(Peirce SS 3, S. 367)

In Peirce semiotischer Theorie der Kognition spielt die Abduktion die entscheidende Rolle, weil nur sie in der Lage ist, unserem Wissen von der Welt etwas hinzuzufügen und damit unsere Erkenntnis zu erweitern.

Ich kann diese filigrane Theorie, an der Peirce über 30 Jahre arbeitete, hier nur soweit verkürzt entwickeln und darstellen, wie es für meine Zwecke nötig ist. Bevor ich das abduktive Schließen über Venn-Diagramme visualisiere, um sichtbar zu machen, worin das Paralogische und dessen erkenntniserweiternde Kraft liegt, möchte ich Peircens Logik der Abduktion klären.

---

der amerikanische Logiker C. S. Peirce Abduktion nannte, das heißt durch das Auffinden anderer relevanter Phänomene und die Argumentation, daß auch sie unter unsere Regel fallen" (a. a. O., S. 108). Ein Rezensent dieses Buches wirft ihm vor, daß seine Argumentation vom logischen Fehler des "affirming the consequent" befallen sei, was Bateson in seinem Brief bestätigt; er weist darauf hin, daß Peirce diese Schlußweise Abduktion nannte. Im folgenden verweist er auf Domarus und führt seinen „Modus Gras" als Beispiel solchen Denkens an (vgl. *The London Review of Books*, 2. Jg., Nr. 1, 24. Jan. 1980. S. 2). Den Hinweis auf diesen Brief verdanke ich dem Freiburger Bateson-Forscher Wolfram Lutterer. Seine groß angelegte Studie *Auf den Spuren ökologischen Bewußtseins. Eine Analyse von Batesons Gesamtwerk* erscheint 2000.

I. Philosophische Probleme und Fragen des Konstruktivismus

Er unterscheidet drei Arten des Schlußfolgerns: das deduktive, das induktive und das abduktive[15], das er anfangs hypothetisch, dann abduktiv, dann retroduktiv und erst später durchgängig abduktiv nennt. Deduktion und Induktion sind bereits in der Aristotelischen Logik berücksichtigt, die Abduktion wurde von ihm nicht differenziert analysiert und ist so bis zur „Wiederentdeckung" durch Peirce aus der Geschichte der Logik verschwunden gewesen.[16]

Peirce führt die neue Schlußart in Abgenzung gegenüber der Deduktion (apriori) als "reasoning a posteriori"[17] ein und ersetzt die klassischen drei Termini für Obersatz (Major), Untersatz (Minor) und Konklusion durch die Begriffe *rule* (Regel), *case* (Fall) und *result* (Ergebnis, Resultat). Das ermöglicht es, die Reihenfolge zu berücksichtigen, in der die Prämissen und Conclusiones bekannt sind (bzw. gewußt werden). So können alle drei Aussagen des klassischen Syllogismus prinzipiell an jeder Stelle stehen, unabhängig davon, ob Sie *rule/case* oder *result* sind. So kann beispielsweise auch der Untersatz (Minor, im klassischen Syllogismus die zweite Prämisse) zur erschlossenen Konklusion werden, wie es bei der Abduktion der Fall ist. Desweiteren läßt sich der „Obersatz" (Alle M sind p), der das Prädikat (p) enthält, auch konditional als Regel (oder Gesetz) formulieren: Wenn X M (ein Mensch) ist, dann ist er p (sterblich).

Für Peirce ist es das Ziel schlußfolgernden Denkens, durch die Betrachtung dessen, was wir bereits wissen, etwas anderes herauszufinden, was wir nicht wissen (Peirce 1991, S. 152) und so unser Wissen auszubauen. Vor diesem Hintergrund haben die hier darstellten Schlußprozeduren eine unterschiedliche Qualität bezüglich der Frage, wie sie unser Wissen erweitern.

Die drei Schlußweisen zeigt in Peircescher Bezeichnung die Abbildung auf der gegenüberliegende Seite.

---

15 Peirce klassisches Beispiel, das verstreut über das gesamte Werk immer wieder auftaucht, ist das der Bohnen, das in der ersten Prämisse allerdings drei Begriffe enthält:
    Alle Bohnen aus diesem Sack sind weiß.   (Regel)
    Diese Bohnen sind weiß.   (Ergebnis, Beobachtung)
    Diese Bohnen sind aus diesem Sack.   (Fall, Schlußfolgerung)
(CP 2.623, Peirce 1991, S. 223 oder W I, S 429 ff.)
Peirce spricht selbst von "total irrational" Schlußfolgerungen im Zusammenhang von "paralogisms" (W I, p. 437; Lowell Lecture V, 1866).

16 „Eine Apagoge (Umbiegung), [Abduktion] ist es, wenn es sicher ist, daß der erste (obere) Begriff dem mittleren zukommt, das aber, daß der mittlere dem letzten (unteren) zukommt, zwar unsicher, aber ebenso glaubwürdig oder glaubwürdiger ist als der Schlußsatz). Ferner, wenn der Zwischenglieder zwischen dem letzten und dem mittleren Begriff wenige sind. Denn auf alle Fälle kommen wir so dem Wissen näher" (Aristoteles, Erste Analytik, 2. Buch, 69a, S. 142, Bd. 1).

17 Vgl. Richter (1995, S. 15). Richter gibt in seinem Buch eine ausführliche und gut an den Primärtexten belegte Geschichte des Abduktionsbegriffs. Auch Peirce betont in traditioneller antipsychologistischer Manier immer wieder, daß die Logik als Untersuchung des Denkens nichts mit Psychologie zu tun habe, obwohl er gerade mit der Abduktion die Grenzen zwischen reiner Logik und Psychologie endgültig eingerissen hat.

Rationalität zwischen logischem und paralogischem Denken

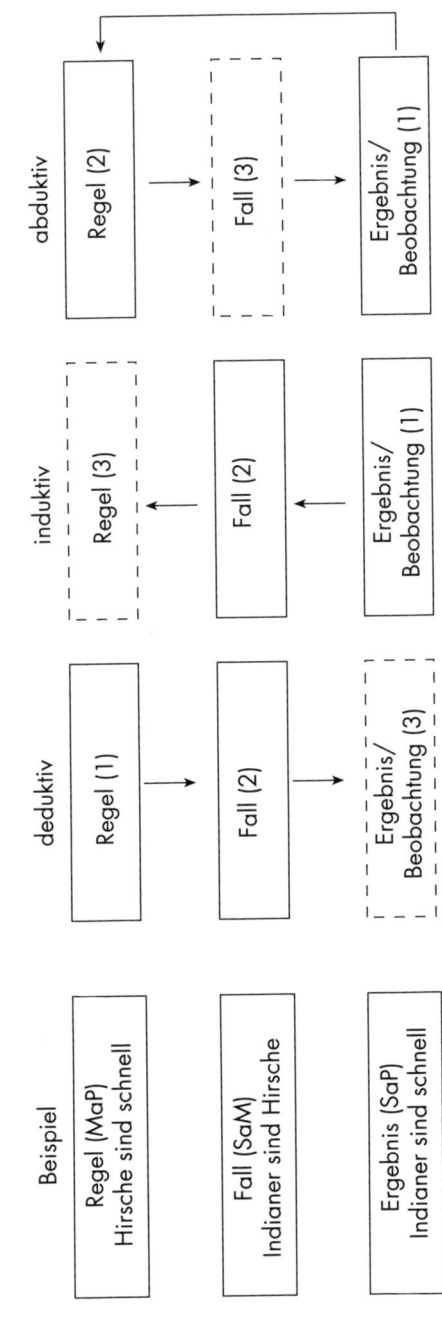

Eine gültige Deduktion gilt in Logik und Wissenschaftstheorie als wahrheitskonservierend, das heißt, sind die Prämissen wahr, so auch die Konklusion. Der Preis dieser notwendigen Wahrheit ist aber, daß der Informationsgehalt der Konklusion bereits implizit in den Prämissen enthalten ist. Die „Sterblichkeit des Sokrates", die uns die Konklusion im Modus Barbara liefert, ist nichts Neues, sie war schon vollständig in den Prämissen enthalten. Daher gilt die Deduktion nicht als synthetisch (gehaltserweiternd), sie führt nicht zu neuen Erkenntnissen, sie ist analytisch wahr und wurde daher in der jüngeren Tradition als bloßes „Erläuterungsurteil" aufgefaßt. Der Weg des deduktiven Denkens geht vom Allgemeinen (Regel) über die Subsumtion des Falles unter die Regel zum Besonderen (Ergebnis), was durch die Pfeile hier symbolisiert werden soll.

Peircens Induktionstheorie hat sich über mehrere Jahrzehnte entwickelt, so daß ich sie hier nur kurz auf den Punkt bringen kann.[18] Bei der Induktion sind die Prämissen (Ausgangsbasis) Beobachtungssätze und eine erschlossene Verallgemeinerung (etwa Regelhypothese: Alle M sind P) gilt als gehaltserweiternd, aber nicht wahrheitskonservierend, weil der Schluß nur eine Hypothese ist, die nicht letztgültig bewiesen werden kann.[19] Peirce zählte die Induktion lange Zeit zu den synthetischen Schlüssen, bis er schließlich erkennt, daß bei einer gültigen Induktion das zu erschließende Gesetz bzw. die allgemeine Regel (M ist P) bereits als Hypothese vorausgesetzt ist.[20] Der Weg der Induktion geht vom Besonderen – umgekehrt wie bei der Deduktion – zum Allgemeinen. Daher die Pfeilrichtung „von unten nach oben".

18 Hier ist auf die ausgezeichnete Arbeit von Ines Riemer (1988) zu verweisen, die die Entwicklung der Peirceschen Induktionstheorie als „Entdeckungstheorie" zu einer „Bestätigungstheorie" nachzeichnet und anhand dieser Entwicklung verständlich macht, wie Peirce sein späteres Verständnis der Abduktion gewinnt.
19 So ordnet Peirce die drei Hauptaufgaben der Wissenschaft den drei Schlußweisen zu: "1) in the discovery of laws, which is accomplished by induction; 2) the discovery of Causes which is accomplished by hypothetic inference, and 3) the prediction of Effects, which is accomplished by deduction" (CP 2.713, vgl. Riemer 1988, S. 23 f.)
20 Für Peirce müssen statistische Schlüsse, zu denen die induktiven gehören, zwei Bedingungen erfüllen, um gültig zu sein: Die Stichprobe muß zufällig aus der Gesamtheit gezogen werden, und außerdem muß das in der Stichprobe zu untersuchende Merkmal vor („Predesignation") der Entnahme der Probe festgelegt sein. Die zweite, von Peirce "predesignation" genannte Forderung bedeutet bezüglich der Definition des induktiven Schließens, daß „... das Prädikat P bereits vor dem Ziehen der Stichprobe (S´, S´´, S´´´) aus der Gesamtheit (M) bekannt sein muß ... Wenn die Festlegung des zu untersuchenden Merkmals vor der Stichprobenentnahme erfolgen soll, dann muß bereits *vor* dem induktiven Schluß eine Vermutung über das Vorhandensein des betreffenden Merkmals in der zugrundeliegenden Gesamtheit bestehen. Denn wie sollte sonst das Merkmal schon vor der Stichprobenentnahme bekannt sein? Eine gültige Induktion setzt damit die zu erschließende Konklusion bereits als Hypothese voraus. Genauer, der induktive Schluß basiert auf einer schon vorhandenen Hypothese (M ist P) und ermittelt in bezug auf diese Hypothese anhand von Stichproben (S´, S´´) die relative Häufigkeit (p) des Merkmals (P) in der Gesamtheit (M) ... Aus der Bedingung, die zu untersuchende Eigenschaft vor der Stichprobenentnahme festzulegen, folgert Peirce ausdrücklich, daß die Induktion *nicht* zu neuen Entdeckungen führen kann" (Riemer a. a. O., S. 25 f.).

Rationalität zwischen logischem und paralogischem Denken

Die abduktive Schlußweise besteht in zwei Schritten. Sie geht (erstens) von einem zu erklärenden bzw. zu verstehenden „Phänomen" aus (1), in Peirces Terminologie vom „Ergebnis", das in der klassischen Terminologie die erschlossene Konklusion darstellt, und greift auf eine vorhandene oder neu konstruierte Hypothese (Regel/Gesetz) zurück (2), mit deren Hilfe (zweitens) dann der Fall (3) abduziert wird.

Peirce hat das Zusammenwirken dieser drei Schlußarten ausführlich untersucht und dabei gezeigt, daß in unserem Denken alle drei Schlußarten (Abduktion, Deduktion, Induktion) auf unterschiedliche Weise zusammenwirken. Ich möchte mich aufgrund meines Fokus auf das paralogische Denken hier nur mit der Abduktion eingehender beschäftigen.

Was ist die Funktion des abduktiven Folgerns? Für Peirce besteht sie darin, „in das verworrene Durcheinander gegebener Tatsachen eine nicht gegebene Idee einzuführen, deren einzige Rechtfertigung darin besteht, dieses Durcheinander in Ordnung zu bringen" (Peirce 1991a, S. 333). Die Abduktion ist also als Prinzip verständlich, das es zu rekonstruieren erlaubt, *wie* konzeptuelle Ordnungen durch Einführung einer Hypothese (in Form einer Minitheorie bzw. einer Regel- bzw. Gesetzeshypothese) erzeugt werden.

Ich möchte die Vielfältigkeit dieses methodologischen Schemas hier nur kurz andeuten; es ermöglicht, die traditionelle methodologische Kluft zwischen Natur- und Geisteswissenschaften zu überwinden, weil es sich sowohl als Erklärungs- wie als Verstehensmodell benutzen läßt.

Als umgekehrter *Modus Ponens* dargestellt – wie Peirce das auch getan hat –, sieht das Abduktionsschema so aus:

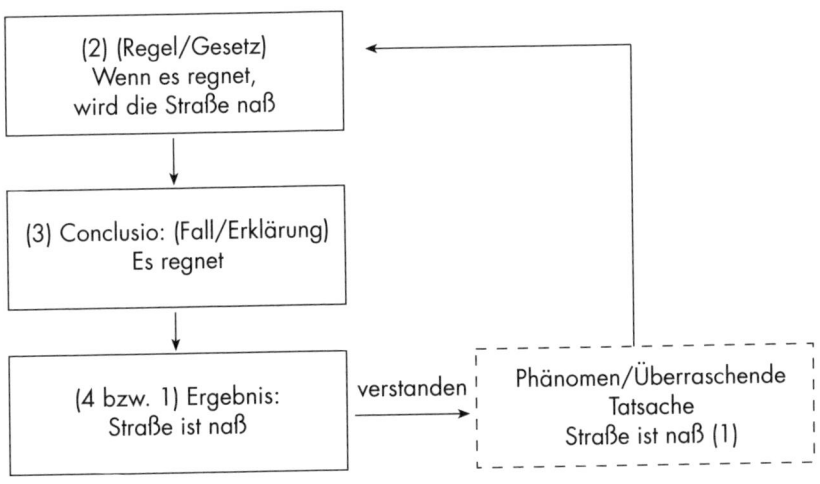

Abduktives Schließen als umgekehrter Modus Ponens

I. Philosophische Probleme und Fragen des Konstruktivismus

Zum Erklärungsprinzip wird dieses Schema, wenn man als erste Prämisse (Ergebnis) ein überraschendes Faktum (Wahrnehmung, Beobachtung) „einsetzt" – für Peirce der Anfang allen wissenschaftlichen Fragens –, das nicht erklärt ist und das dann als Wirkung einer Ursache kausal erklärt wird. Peirce spricht in diesem Zusammenhang auch von einem "reasoning backwards ... from consequent to antecdent" (CP 6.469, 1.74), von einem Schließen von Wirkungen auf Ursachen (d. i. eine *fallacia consequentis*).

In kausaler Beschreibung liest sich diese Erklärung des Phänomens, daß die Straße naß ist, so: Die Straße ist naß, *weil* es regnet. Der Regen wäre die aus der Wirkung (dem *consequens*) erschlossene Ursache.[21]

Als ein Schlußfolgern von Wirkungen auf Ursachen liegt in der Abduktion ein Erklärungsprinzip, das logisch zwar nicht gültig ist, dennoch aber induktiv bestätigt werden kann.[22] Setzt sich ein abduktiver Schluß als Paradigmenwechsel (als neue Erklärung eines Phänomens, wie beispielsweise Kepplers Hypothese von der elliptischen Bahn des Mars) in der *scientific community* durch, dann hat sich die Logik[23] des betreffenden Begriffssystems verändert.

Schlußfolgerungen – das gilt auch für die abduktive auf den Fall bzw. Untersatz – sind für Peirce „Konstruktionen" von Darstellungen der Realität und keine Abbilder,[24] so daß die Wahrheit der Folgerung sich nur pragmatisch, über weitere Folgerungen, beweisen läßt – wie Peirce sagen würde. Das ist die Art der Argumentation, die Ernst von Glasersfeld Viabilität genannt hat.

---

21 Peirce führt später den kategorischen Syllogismus in einen konditionalen über, vgl. beispielsweise: CP 5.189: "The surprising fact, C, is observed. But if A were true, C would be a matter of course. Hence, there is reason to suspect A is true ..."
22 Peirce schreibt: „Die abduktive Vermutung kommt uns wie ein Blitz. Sie ist ein Akt der *Einsicht, obwohl extrem fehlbarer Einsicht*. Zwar waren die verschiedenen Elemente der Hypothese schon vorher in unserem Verstande; aber erst die Idee, das zusammenzubringen, welches zusammenzubringen wir uns vorher nicht hätten träumen lassen, läßt die neu eingegebene Vermutung vor unserer Betrachtung aufblitzen" (Aus der Vorlesung *Pragmatismus und Abduktion*, Peirce 1991, S. 404 – CP 5.180).
23 In der Terminologie des späten Wittgenstein müßte man hier natürch sagen, die Grammatik, als Form der Darstellung bzw. Beschreibung von Wirklichkeit, hat sich verändert.
24 „Wenn wir schlußfolgern, gehen wir von einer angenommenen Darstellung eines Zustandes aus. Diesen bezeichnen wir als unsere Prämisse. Indem wir damit arbeiten, bringen wir eine andere Darstellung hervor, die vorgibt, sich auf denselben Zustand zu beziehen. Diese bezeichnen wir als unsere Konklusion ... So liegt der Nutzen des Wortes ‚Schlußfolgerung' darin, daß es uns hilft, zwischen selbstkritischen und unkritischen Konstruktionen von Darstellungen zu unterscheiden" (Peirce 1991a, S. 331 f.).

Sinnkonstruktion in einem Zeichensystem
Abduktives Schließen als Zeichdeutung bzw. intentionale Erklärung

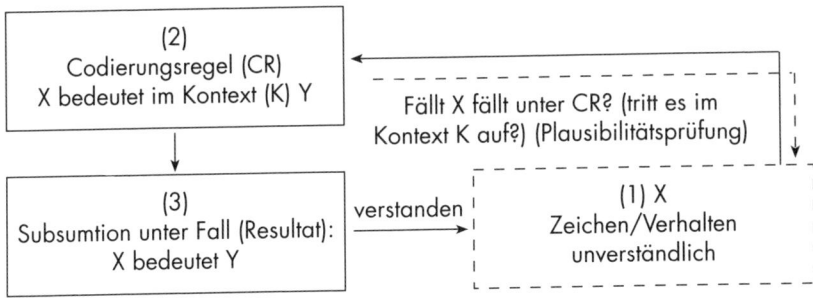

Setzen wir anstelle der überraschenden Tatsache ein unerklärliches Verhalten einer Person ein, dann läßt sich über einen abduktiven Schluß eine intentionale Erklärung durch Motive (Gründe) konstruieren, die das Verhalten verständlich macht. Alle intentionalen oder funktionalen Erklärungen in der Psychotherapie sind dann als Hypothesenbildungen verständlich, deren Modus operandi die Abduktion ist.

1) Beobachtung/Ergebnis: Person A zeigt Verhalten V im Kontext K, äußert x etc.
2) Regelhypothese: Ein Verhalten x hat im Kontext K die Bedeutung (Funktion) *(f)*.
3) Fall/Konklusion: A's Verhalten V hat die Bedeutung *(f)* (ist motiviert durch f).

Betrachten wir den Mechanismus auf zeichentheoretischer Ebene, dann wird ein Zeichen als unverstandenes Resultat eingesetzt, dem über die Konstruktion einer Kodierungsregel oder den Rückgriff auf eine bekannte Kodierungsregel Bedeutung zugeschrieben wird bzw. werden kann (hierbei sind auch Kontexte, Rahmen etc. von Bedeutung).[25]

---

25 Eco formuliert das, ohne das mit Zeichen operierende Subjekt zu erwähnen, so: „Die Abduktion ist daher das versuchsweise und risikoreiche Aufspüren eines Systems von Signifikationsregeln, die es dem Zeichen erlauben, seine Bedeutung zu erlangen" (Eco 1985, S. 68). Es lassen sich verschiedene Abduktionstypen unterscheiden, je nachdem ob und wie die hypothetische Regel, auf die vom Resultat geschlossen wird, bekannt ist oder nicht. Wichtig ist die kreative Abduktion, wo die erklärende Hypothese (Regel) erst erfunden werden muß, wie im Falle von Paradigmenwechseln, wie Peirce sie selbst beschreibt. Die „überkodierte Abduktion" ist die alltägliche Zeicheninterpretation, wo den Zeichenbenutzern die Interpretationsregel sozusagen „automatisch" aus dem Kontext heraus zur Verfügung steht, um den Zeichen Bedeutung zuzuschreiben. Vgl. dazu Eco (1985, S. 69 ff.), der sich auf Ansätze anderer Autoren bezieht.

Die Abduktion stellt als kognitive Operation den Bezugsrahmen her, der es erlaubt, Zeichen *eine* Bedeutung zuzuschreiben. Zeichendeutung – und das zeigt das Schema – ist immer abduktiv, anders formuliert: Im Prozess des Findens bzw. Erfindens einer Hypothese (Abduktion) besteht das konstruktive Grundprinzip aller Zeicheninterpretation, nämlich daß für einen Hörer der Akt des Zeichenverstehens nur darin bestehen kann, über (s)einen Bezugsrahmen (Kodierungsregel), den Zeichen Bedeutung zuzuweisen.[26] Abduktives Schließen erweist sich damit als Grundprinzip aller hermeneutischen Verfahren.

„Die einzige Rechtfertigung der Abduktion liegt darin, daß wir, wenn wir jemals überhaupt etwas verstehen wollen, es nur auf jene Weise können" (Peirce, zit. nach Sebeok 1982, S. 38).

Wie kommen wir vom Sehen zum Wissen, von der Affektion unserer Sinne zur Beschreibung unserer Wahrnehmung in Sprache? Auch hier sind abduktive Prozeduren am Werk: Sobald ich meine Wahrnehmung sprachlich beschreibe, interpretiere ich nonverbale Zeichen abduktiv und transformiere diese in Sprache, unter Rückgriff auf Regeln. Daß Wahrnehmungsurteile konstruktiv bzw. bereits Interpretationen sind, ist auf der Folie der Abduktionstheorie trivial. Wahrnehmen ist von daher prinzipiell bereits interpretativ.

Schließen heißt also nicht, immer bewußte Überlegungen anzustellen, bevor wir zu den Folgerungen kommen, denn häufig geschehen diese Schlußprozesse unbewußt, wie Peirce das verschiedentlich beschreibt und verteidigt.[27]

„Ich vollziehe eine Abduktion, sobald ich das von mir Gesehene in einem Satz auszudrücke. In Wahrheit stellt das gesamte Gefüge unseres Wissens nicht mehr als eine dichtverwobene Schicht von reinen Hypothesen dar, die mittels Induktion bestätigt und weiter entwickelt worden sind. Nicht den kleinsten Schritt können wir in unserer Wissenserweiterung über das Stadium des leeren Starrens hinaus tun, ohne dabei bei jedem Schritt eine Abduktion zu vollziehen" (zit. nach Sebeok 1985, S. 35).[28]

---

26 Rudi Keller stellt auf luzide Weise bei der Kommunikation dem Hörer die primär deduktiven Schlußfolgerungsprozesse des Senders (Sprechers) gegenüber. Vgl. Keller 1995.

27 In einer Rezension des Buches von William James Klassiker *The Principles of Psychology* (1890) schreibt Peirce zum Kapitel "Is perception Unconscious Inference": „A well-recognized kind of object, M, has for its ordinary predicates P1, P2, P3 etc, indistinctly recognized. The suggesting object, S, has these same predicates, P1, P2, P3 etc. Hence, S is of the kind M ... this is hypothetic inference in form. The first premise [d. i. M ist P, Regel] is not actually thought, though it is in the mind habitually. This, of itself, would not make the inference unconscious. But it is so because it is not recognized as an inference; the conclusion is accepted without our knowing how" (Peirce 1975, S. 107 f.). Hier nutzt Peirce noch den Terminus "hypothesis" für "abduction". Nach der späteren Differenzierung wäre das hier benutzte Beispiel eine „qualitative Induktion".

28 „... der abduktive Schluß allmählich ins Wahrnehmungsurteil übergeht, ohne daß es irgendeine scharfe Trennungslinie zwischen ihnen gäbe; oder mit anderen Worten, unsere ersten Prämissen, die Wahrnehmungsurteile, sind als extremer Fall von abduktiven Schlüssen zu betrachten ... Die abduktive Vermutung kommt uns wie ein Blitz. Sie ist ein Akt der Einsicht, obwohl extrem fehlbarer Einsicht ... (CP 5.185, Peirce 1991, S. 404). Ich würde Sie ermü-

Deduktive ("inference apriori") Schlüsse führen zu nichts Neuem, nur abduktive Schlüsse führen zu wirklich neuen Paradigmen und können damit als erkenntniserweiternd verstanden werden. [29]

Begreift man das Abduktionsmodell kognitionstheoretisch, dann ist dadurch verständlich, wie das Gehirn die von den Sinnesrezeptoren aufgenommenen Reize (Signale) über einen Rekurs auf kognitive Landkarten (Gedächtnis) neuronal kodiert (das wäre ein *in-formare* im wörtlichen Sinne) und dadurch Information erzeugt.

Abduktive Schlüsse haben den Charakter von Hypothesen, sie sind logisch nicht gültig und müssen daher deduktiv (innerhalb des Begriffssystems bzw. Theoriegebäudes) und induktiv (Erfahrung), d. i. pragmatisch überprüft werden.[30]

Vor dem Hintergrund dieser Ausführungen über die Logik der Abduktion möchte ich mich nun wieder dem paralogischen Denken zuwenden.

Paralogisches Denken als abduktives Schließen

Das Schloß ist im Wahnsinn nicht zerstört, nur verändert; der alte Schlüssel kann es nicht mehr aufsperren, aber ein anders gebildeter Schlüssel könnte es.

(L. Wittgenstein, 1977, S. 70)

Daran erkenn ich den gelehrten Herrn!/Was ihr nicht tastet, steht euch meilenfern, Was ihr nicht faßt, das fehlt euch ganz und gar,/ Was ihr nicht rechnet, glaubt ihr, sei nicht wahr,/Was ihr nicht wägt, hat für euch kein Gewicht,/Was ihr nicht münzt, das, meint ihr, gelte nicht.

(Mephisto in *Faust*, Teil 2)

Von Domarus war bei seiner Analyse des paralogischen Denkens davon ausgegangen, daß das Denken im Modus Barbara, also im deduktiven Syllogismus, das normale sei, wobei normal soviel wie rational und gesund heißt. Da synthetische Schlüsse nur dann gehaltserweiternd sind, wenn sie über die Information der Prämissen hinausgehen, indem in der

---

den, wenn ich länger bei etwas besonders jedem Psychologie Studierenden so Vertrautem verweilte wie dem Interpretationscharaker des Wahrnehmungsurteils. Es handelt sich wirklich um nichts anderes als den extremsten Fall abduktiver Urteile" (a. a. O., S. 406). Vgl. auch CP 5.184 (Peirce 1991, S. 405).
29 Peirce demonstriert dies an mehreren Beispielen, u. a. an Kepplers Versuch, die Umlaufbahn des Mars zu bestimmen (SS 1, S. 393 f.).
30 Ich werde hier nicht weiter diskutieren, daß Peirce mit seiner Abduktionstheorie nur die logische Form klären bzw. rekonstruieren kann, die ein synthetischer Schluß haben muß, um erkenntniserweiternd zu sein. Er kann aber nicht erklären, *wie und warum* solche Hypothesen in die Köpfe von Menschen kommen. Daher spricht er bei der Abduktion von einem Raten, einem seltsamen „Rate-Instinkt", den der Mensch habe und der seine Konstruktionen häufiger auf die Natur passen lasse als nicht. Peirce versucht die Frage, warum viele unserer Hypothesen (Abduktionen) häufiger als zufällig wahr sind, das heißt auf die Natur passen, durch

Konklusion etwas vom Subjekt prädiziert wird, was nicht in den Prämissen enthalten ist, darf und kann unser Denken nicht nur deduktiv sein, wenn wir unser Wissen jemals auch nur einen Jota erweitern wollen.

Wenn wir die Peircesche Theorie ernst nehmen, dann läßt sich der Hiatus zwischen Logik und Leben nur über abduktive Schlußweisen überbrücken, denn deduktive und induktive Denkprozeduren erweisen sich nicht als gehaltserweiternd und können insofern auch nicht zu neuen Erkenntnissen führen. Die zentrale Einsicht der Abduktionstheorie ist, daß es keine Induktion gibt, ohne eine vorausgehende abduktiv erschlossene bzw. konstruierte Hypothese.[31]

So gesehen kommen alle Denkänderungen, alles Neue, alle Erweiterungen unseres Wissens durch Verstöße gegen etablierte „Denkgesetze", Taxonomien oder Logiken zustande.

Das Von-Domarus-Prinzip behauptet, daß die Struktur des paralogischen Schließens darin bestünde, daß von ähnlichen bzw. gleiche Prädikaten (Adjektiven) auf gleiche bzw. identische Subjekte geschlossen wird.

Dieses paralogische Denken möchte ich nun als abduktives Schließen ausweisen, um auszuloten, welche Rationalität möglicherweise im Irrationalen steckt und welche Anschlußfähigkeiten (Verstehbarkeit) an das verrückte Denken es geben kann. Dabei möchte ich zeigen, wie über abduktive Folgerungen die extensionale und die intensionale Bedeutung der Begriffe verschoben wird und gerade darin der paralogische Schluß erkenntniserweiternd ist.

---

ein hoffnungsvolles, letztlich aber metaphysisches Postulat zu umgehen, indem er eine Affinität zwischen dem Verstand des Denkenden und der Natur behauptet. Vgl. CP 1.121, 5.173 (Peirce 1991, S. 402).
31 Peirce stellt die Form der dritten Schlußart, die er anfangs Hypothesis nannte und die aus der Abduktion hervorging, folgendermaßen dar:
"Any M is, for instance P´, P´´, P´´´, etc.
S is P´, P´´, P´´´, etc.
S´ is probably M." (CP 2.511) zit. nach Riemer, a. a. O., S. 32.
Peircens Konzeption der Hypothesis (aus der 3. Schlußart entwickelt: MP, SP, SM) läßt sich mit zwei Aspekten charakterisieren. Erstens besteht der gehaltserweiternde Charakter der Hypothesis darin, daß von vorgefundenen Eigenschaften eines Subjektes (P´, P´´ usw.) auf weitere Prädikate des Subjektes (S) geschlossen wird, die nicht in S implizit enthalten sind, um dann im Schluß dem Subjekt S das Prädikat M zuschreiben zu können. Der zweite Aspekt besteht darin, daß der erschlossene Satz (Untersatz im Syllogismus) „S ist M" als Ursache des Phänomens „S ist P" verstanden werden kann. Den ersten Aspekt der Hypothesis nennt Peirce später „qualitative Induktion" (Riemer a. a. O., vgl. S. 32–44) und grenzt ihn von der Abduktion ab. Ab ca. 1903 grenzt Peirce den Begriff der Abduktion dahingehend ein, daß das gehaltserweiternde Moment dieses Schlusses nicht mehr in einer "induction of characters" besteht, sondern darin, daß die erschlossene Ursache (S ist M) eine völlig neue Aussage darstelle. Entsprechend sieht er dann die Funktion der Abduktion in der Entdeckung (bzw. Erfindung) und Formulierung neuer Hypothesen (vgl. Riemer. a. a. O, S. 33). Zur Differenzierung zwischen qualitativer Induktion und Abduktion vgl. auch Karl-Otto Apels Anmerkung 3 in den von ihm herausgegebenen Peirceschen Schriften zum Pragmatismus und Pragmatizismus, Peirce 1991, S. 81.

Rationalität zwischen logischem und paralogischem Denken

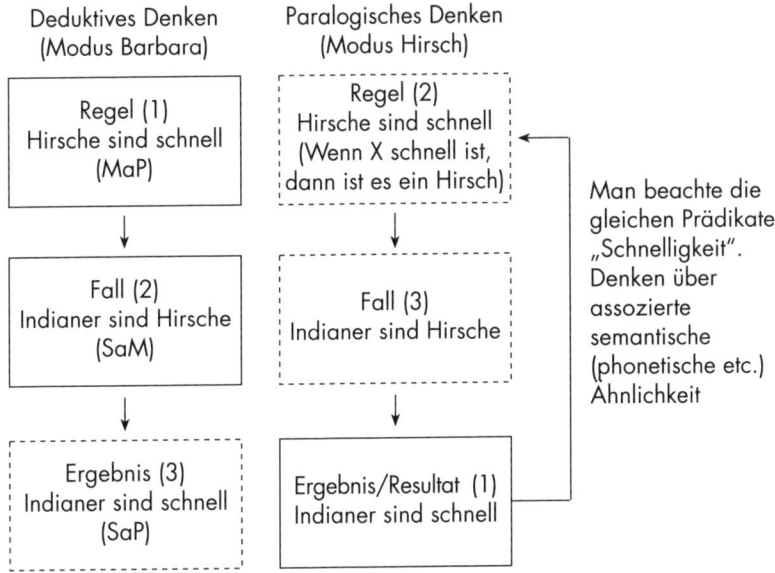

Der Modus Hirsch im Vergleich zum Modus Barbara zeigt sich hier als abduktiver Schluß.

Die abduktive Schlußform schließt über „Ähnlichkeit" der Prädikate synthetisch (das heißt gehaltserweiternd) auf die Identität der Subjekte.[32]

Ich möchte diese „Gehaltserweiterung" im folgenden genauer untersuchen, um zu zeigen, wie intensionale und extensionale Bedeutung der Begriffe sich verändern.

Doch zuvor möchte ich den diagnostischen Schluß der Psychiater, wie jeden diagnostischen Schluß, als abduktiv ausweisen:

---

32 Von Domarus spricht von der „Identität" der Subjekte, das ist logisch unscharf. Wenn wir den paralogischen Schluß abduktiv interpretieren, dann wird im Schluß auf den Fall („Indianer sind Hirsche") dem Subjekt des Untersatzes (Indianer) das Subjekt des Obersatzes (Hirsche) als Prädikat zugeschrieben. Nun ist unklar, ob dieser Schluß Identität der Subjekte meint, das wäre logisch nur dann richtig, wenn man die Konklusion bikonditional interpretierte: Wenn I, dann H = wenn H, dann I. Inhaltlich formuliert heißt das, daß aus der Hirschhaftigkeit der Indianer nicht zu folgern ist, daß diese mit der Indianerhaftigkeit der Hirsche identisch ist.

I. Philosophische Probleme und Fragen des Konstruktivismus

*Auch der diagnostische Schluß ist abduktiv:
Beispiel für die psychiatrische Diagnose*

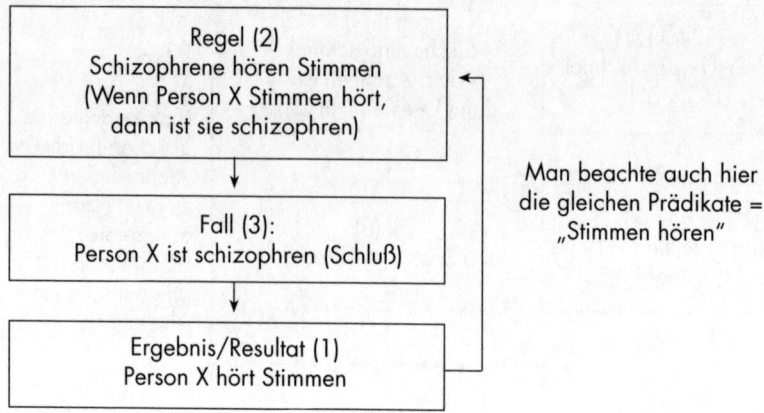

Natürlich wird jeder vernünftige Psychiater nicht nur aufgrund eines einzigen Kriteriums („Stimmen hören"), das logisch betrachtet eine Intension (Konnotation) des Begriffs „schizophren" ist, auf Schizophrenie schließen. Ich möchte mit diesem Beispiel nur exemplifizieren, wie durch bestimmte Aussagen, „Stimmen hören", ein psychiatrisch geschulter Interpret „eingeladen" wird, abduktiv eine Hypothese („Müller ist schizophren") zu bilden, unter der dann die Wahrnehmung so interpretiert wird, daß sie zur Vermutung paßt. So ist die Wahrscheinlichkeit groß, daß die Hypothese zur selbsterfüllenden Prophezeiung wird, weil nicht passende – das heißt induktiv die Hypothese nicht bestätigende – Wahrnehmungen nur schwerlichst wahrgenommen werden.[33]

Hier zeigt sich, wie Wirklichkeit über ein diagnostisches Begriffssystem konstruiert wird bzw. wie wir abduktiv die Welt, in der wir leben, erzeugen.

Oben war die Rede von metaphorischem Denken. Ohne auf die Theorie der Metapher näher einzusteigen (vgl. dazu Eco 1985) möchte hier noch kurz im Schema zeigen, daß sich die Funktion der Metapher ebenfalls als abduktiver Schluß rekonstruieren läßt. Man könnte diese abduktive Schlußprozedur nutzen, um Metaphern zu generieren. Ich glaube, das war es, was Bateson sich unter einem metaphorischen Syllogismus vorgestellt hat. Darin deutet sich schon die Pointe an, auf die ich im Kontext „verrückten" Denkens hinaus möchte, nämlich eine veränderte Semantik der Begriffe.

---

33 Peirce hat die Zirkularität, die hier am Werk ist, klar gesehen. So schreibt er bei der Begründung, daß wahrnehmen immer interpretieren ist, über eine „ganze Reihe hypnotischer Phänomene, von denen so viele in das Reich gewöhnlicher Erfahrung fallen ... schließt das Faktum ein, daß wir das wahrnehmen, auf dessen Interpretation wir eingestellt sind ...; während wir demgegenüber das, auf das unsere Einstellungen nicht passen, überhaupt nicht wahrnehmen" (Peirce 1991, S. 405, CP 5.184).

Metaphern als abduktives Schließen

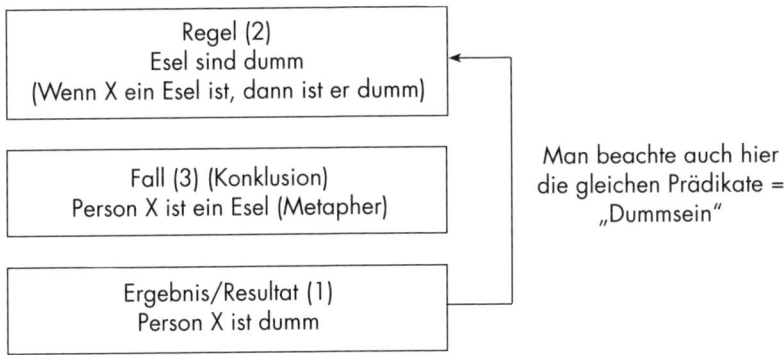

In abduktiven Schlüssen liegt der Kern aller Weisen der Welterzeugung. Zeichentheoretisch formuliert, fungiert eine Abduktion als Einordnung eines Zeichens in ein Kodiersystem (Minitheorien, Hypothesen), *dessen* Logik den Rahmen bildet, in dem die zu Zeichen gewordenen Phänomene sinnhaft werden.

Von hier aus führt die Idee der Abduktion zum primärprozeßhaften Denken bei Freud und der Psychoanalyse oder zur strukturalistischen Theorie des Unbewußten von Lacan. Es gibt also viele interessante Linien aus der Logik in die Psychologie und zurück, die ich in diesem Aufsatz nicht aufgreifen kann. Dazu gehört auch René Magrittes Begeisterung für Foucaults Analyse des vorklassischen Denkens in „Ähnlichkeiten", das Magritte in seiner Kunsttheorie wie in seinen Bildern reflektiert, was wiederum von Foucault aufgegriffen wurde und zu seinem Buch über das Bild „Dies ist keine Pfeife" geführt hat.

Nun möchte ich zeigen, warum ein abduktiver Schluß logisch nicht gültig ist, um sichtbar zu machen, daß paralogisches Denken in der Form der Abduktion in einer Veränderung der Begriffsbedeutungen und damit des ganzen Begriffssystems bestehen kann, sofern der Schluß diskursiv anschlußfähig ist und regelbildend wirkt.

Um die Argumentation für den logisch nicht vorbelasteten Leser anschaulich zu machen, möchte ich auf eine graphische Methode zurückgreifen, die eine lange Tradition hat.

Es ist ein von Venn erfundenes graphisches Verfahren, das viele Leser vielleicht in der Mengenlehre kennengelernt haben, das überschneidende Kreise nutzt, um die Begriffe des kategorischen Syllogismus darzustellen. Mit Hilfe eines Venn-Diagramms läßt sich die Gültigkeit der Syllogismen anschaulich überprüfen.

Die Ausdrücke des Syllogismus (S, P und M) lassen sich als Mengen (Kreise) darstellen, die den Begriffsumfang definieren. Das Diagramm sagt dann etwas über die Beziehung der Mengen (Begriffe), über Inklusion,

I. Philosophische Probleme und Fragen des Konstruktivismus

Exklusion und Überschneidung der Begriffsumfänge aus. Eine nichtleere Menge – das wäre eine, bei der es mindestens einen Gegenstand gibt, der unter den Begriff fällt – wird mit einem X gekennzeichnet.

Um darzustellen, daß eine Aussage keine Elemente besitzt (nichts fällt unter den Begriff), wird das Gebiet, das diese Menge (Begriff) repräsentiert, schraffiert.[34]

Die Prämissen des Syllogismus werden diagrammatisch dargestellt, und dann läßt sich prüfen, ob der Informationsgehalt der Konklusion in den Diagrammen zum Ausdruck gebracht wird. Wir überprüfen das Diagramm daraufhin, ob ihm etwas fehlt, um die Konklusion als wahr (d. i. eindeutig) auszuweisen. Müssen wir dem Diagramm nichts mehr hinzufügen, ist der Schluß gültig, und wir haben einen gültigen Syllogismus (Argumentation). Müßten wir beispielsweise einen Bereich schraffieren, damit der Schluß im Diagramm repräsentiert wird, wäre er nicht gültig.

Betrachten wir zunächst den bekannten Modus Barbara als der bekannteste deduktive Schluß:

1) Alle Hirsche sind schnell.	(MaP, Regel, Obersatz)
2) Indianer sind Hirsche.	(SaM, Fall, Untersatz)
3) Alle Indianer sind schnell.	(SaP, Ergebnis/Konklusion)

1. Prämisse: Schraffierung des Kreises „Hirsche", der sich *nicht* mit dem von „Schnelligkeit" deckt.

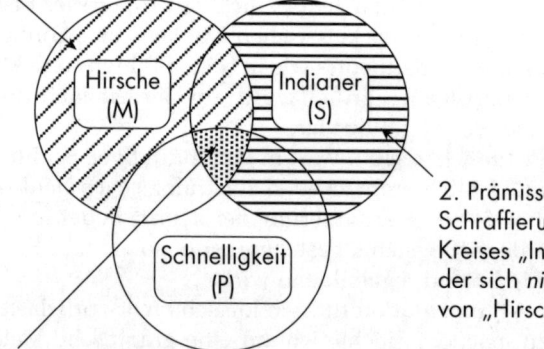

2. Prämisse: Schraffierung des Kreises „Indianer", der sich *nicht* mit dem von „Hirsche" deckt.

3. Die Konklusion behauptet: Alle Indianer sind schnell.
Das Diagramm bestätigt die Konklusion. Der punktierte Bereich belegt, wenn es Indianer gibt, müssen sie zur Menge der Schnelligkeit gehören. Man sieht im Grunde 3 unterschiedliche Flächen, wobei die kleinere jeweils Teil der größeren ist. Das läßt sich auch in ineinander enthaltenen Kreisen (Begriffsumfängen) symbolisieren (nächste Seite).

---

34 Es folgt nicht, daß nichtschraffierte Gebiete nichtleere Mengen darstellen! In dieser Hinsicht sagt das Diagramm nichts aus.

Die andere Darstellung des Modus Barbara macht die Verhältnisse von Inklusion noch deutlicher:

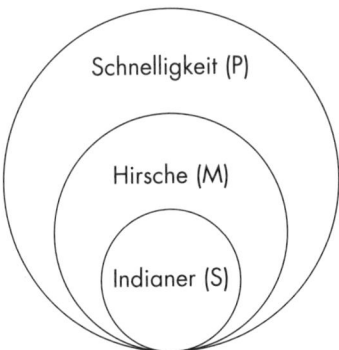

Der Modus Barbara ist der bekannteste Syllogismus der ersten Schlußfigur (die erste in der Aristotelischen Reihenfolge). Der *Mittelbegriff* ist der Begriff, der in beiden Prämissen zweimal auftaucht. Hier ist es das *Subjekt des Obersatzes* (Hirsche). Er *vermittelt* (daher *terminus medius*) Subjekt und Prädikat der Konklusion, indem er in den Prämissen jeweils mit Subjekt und mit Prädikat ins Verhältnis gesetzt wird. Schnelligkeit (Prädikat des Obersatzes) ist der Oberbegriff, Indianer (Subjekt des Untersatzes) der Unterbegriff. Der Oberbegriff, Schnelligkeit, umfaßt (beim Modus Barbara) – wie hier gezeigt – alle Elemente des Mittelbegriffs (Hirsch) und dieser alle Elemente des Unterbegriffs (Indianer). Die Menge der Indianer ist Teilmenge der Hirsche und als solche Teilmenge der Schnelligkeit. Genau das ist das Resultat des deduktiven Schlusses aus den Prämissen: Indianer sind schnell.

Kommen wir nun zum abduktiven Schluß, um anhand des Venn-Diagramms zu zeigen, warum dieser nicht gültig ist. Der Modus Hirsch ist als abduktiver Schluß so darzustellen:

Abduktion
1) Alle Hirsche sind schnell.   (MaP, Regel)
2) Indianer sind schnell.   (SaP, Ergebnis)
_____
3) Indianer sind Hirsche.   (SaM, Fall)

I. Philosophische Probleme und Fragen des Konstruktivismus

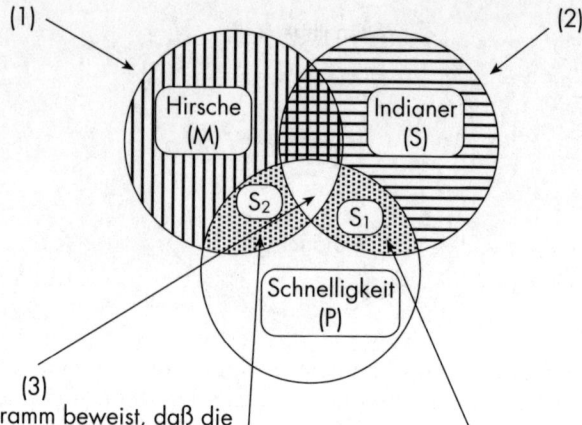

1. Prämisse, die Menge der Hirsche, die nicht den Bereich der Schnelligkeit überlappen, wird schraffiert. (1)

2. Prämisse, die Menge der Indianer, die nicht den Schnelligkeit überlappt, wird schraffiert. (2)

(3) Das Diagramm beweist, daß die Folgerung (3), alle Indianer sind Hirsche, nicht gilt, denn damit das Diagramm die Konklusion repräsentierte, müßten die Bereiche S_1 und S_2 zusätzlich schraffiert werden. Diese Operation ist aber durch die Prämissen nicht gegeben.

Es ist im Diagramm ein Bereich nicht schraffiert – Teilbereich der Menge der Indianer (punktiert) – der nicht im Bereich der Hirsche liegt (S_1). Es könnte also Indianer geben, die schnell sind, aber keine Hirsche, das widerspricht eindeutig der Konklusion.

Man könnte argumentieren, daß es noch einen zweiten Bereich gibt, der die Konklusion uneindeutig macht. Es ist der nicht schraffierte Bereich (S_2) (punktiert), der Hirsche, die schnell sind, aber keine Indianer, das widerspräche der Konklusion nicht.

Ich habe in der Grafik die Begriffsnamen (S, P und M) noch belassen, obwohl sich die Begriffe in ihrer Funktion verschoben haben, denn der Begriff ist Mittelbegriff, der *zweimal* in den Prämissen auftritt, hier ist das der Begriff „Schnelligkeit".

Rein logisch argumentiert, ist diese Abduktion als Schluß nicht gültig, weil sie gegen das Prinzip verstößt, daß der Mittelbegriff *(terminus medius)* mindestens in einer Prämisse im ganzen Umfang genommen wird (distribuiert sein muß)[35] bzw. daß die Aussage etwas über jedes einzelne Element

---

35 Ein Ausdruck (Begriff) ist dann distribuiert, wenn er in seinem ganzen Umfang aufgefaßt wird bzw. wenn die Aussage über jedes einzelne Element der Menge prädiziert, für die der Ausdruck steht. Hier wird in der ersten Prämisse etwas über alle Hirsche ausgesagt, nämlich daß diese schnell sind, diese Aussage sagt aber nichts über jedes (alle) Element des Begriffs

der Menge aussagt. Über den Begriff Schnelligkeit wird nichts ausgesagt, was für alle Elemente (Individuen), die unter den Begriff Schnelligkeit fallen, gilt. Daher ist der Mittelbegriff hier nicht distribuiert. Der Mittelbegriff soll im gültigen Syllogismus den Vergleich zweier Begriffe ermöglichen, die nicht direkt vergleichbar sind. Insofern hat er eine ähnliche Funktion wie das Festlegen eines Maßstabes für das Vergleichen zweier Größen. Über diesen Vergleich hat der Mittelbegriff die Funktion Obersatz und Untersatz und damit auch Subjekt und Prädikat der Konklusion zu vermitteln.

Da der Mittelbegriff hier nicht mindestens einmal distribuiert ist, ist es möglich, daß das Subjekt der Aussagen mit einem anderen Teil des Mittelbegriffs M (Schnelligkeit) in Verbindung steht als das Prädikat (P). Genau dieses läßt sich an dieser anderen diagrammatischen Darstellung des Modus Hirsch verdeutlichen.

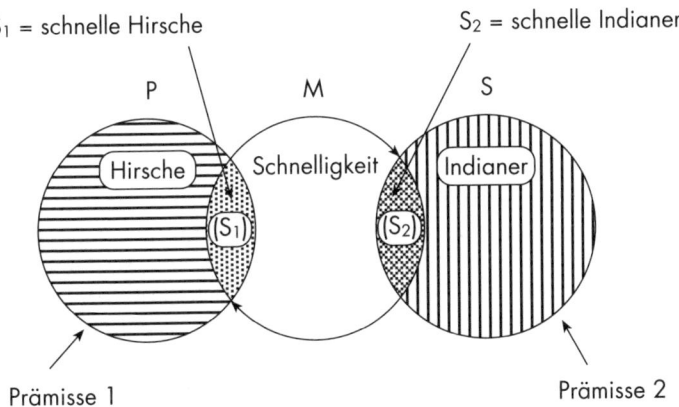

Die diagrammatische Darstellung der Abduktion zeigt, daß die Menge (Begriff) der Hirsche keinen gemeinsamen Bereich mit der Menge der Indianer (Begriff) hat, daher ist der Schluß nicht gültig.

In der Erforschung der kognitiven Störungen bei schizophrenen Patienten ist von "overinclusion" die Rede, die darin besteht, daß mehr „Dinge" unter einen Begriff subsumiert werden, als der etablierte Sprachgebrauch mit seinen Begriffsgrenzen zuläßt. Das Diagramm visualisiert den Aspekt der "overinclusion", der bei der Abduktion prinzipiell vorhanden ist: Die Menge der schnellen Hirsche wird auf die der schnellen Indianer überdehnt, ohne Vermittlung von M (Mittelbegriff: Schnelligkeit vermittelt nicht), anders gesagt: Die Schnelligkeit der Hirsche ist eine andere als die der Indianer.

Schnelligkeit aus. Daher gilt nur der erste Begriff in einer a-Aussage als distribuiert. Analoges gilt für die zweite Prämisse, hier wird nur etwas über alle Indianer prädiziert, so daß hier nur der Begriff Indianer distribuiert ist. „Schnelligkeit" ist in beiden Aussagen nicht distribuiert.

Wenn wir nun die traditionelle logische Unterscheidung von extensionaler und intensionaler Bedeutung der Begriffe einführen, läßt sich klar machen, daß "overinclusion" logisch in einer Bedeutungsverschiebung bzw. Bedeutungsveränderung liegt. Als extensionale Bedeutung (der Begriffsumfang, auch Denotation genannt) eines Begriffs gilt das Objekt bzw. die Klasse der Objekte, auf die der Begriff richtig angewandt wird. Die intensionale Bedeutung (Begriffsinhalt, auch Konnotation oder Sinn genannt) eines Terms sind die Eigenschaften, die einem Gegenstand zugeschrieben werden, damit er unter einen Begriff subsumiert werden kann. Anders gesagt: Die Intension eines Begriffs fungiert als Kriterium, um zu entscheiden, welches Objekt unter seine Extension (Begriffsumfang) fällt.

So ist die Extension des Wortes „Psychologe" die Menge der „Gegenstände", die unter ihn fallen, das heißt auf die das Wort richtig angewandt wird, also wäre die Extension die Menge der Psychologen: Lewin, Piaget, James etc.

Die Intension des Begriffs Psychologe wären Prädikate, die einen Psychologen charakterisieren, wie „Mensch sein", zu „psychologisieren" etc.

Das heißt, je unbestimmter ein Begriff (je weniger intensional sein Gehalt), um so mehr Gegenstände fallen in seine Extension, um so größer seine Extension (beispielsweise „Ding").

Bei der Klärung, wie sich bei abduktiven Schlüssen die Bedeutung und damit die Information verändert, die in der Schlußfolgerung liegt, möchte ich auf Peircens Analysen zurückgreifen. Er hat die Idee, daß bei Schlußfolgerungen, die unsere Erkenntnis erweitern, sich der Informationsgehalt der Begriffe verändern muß, in seinen informationstheoretischen Überlegungen zur Induktion und Hypothesis (Abduktion) reflektiert. Da eine ausführlichere Darstellung den Rahmen dieser Arbeit sprengen würde, möchte ich hier nur auf die Ergebnisse seiner Analysen zurückgreifen.[36]

Der Unterschied zwischen induktiven und hypothetischen (abduktiven) Schlüssen besteht unter informationstheoretischen Gesichtspunkten darin, daß bei induktiven Schlüssen der extensionale Bereich des Prädikates der Konklusion wächst, ohne daß die Intension geringer wird.[37] Bei der

---

36 Vgl. dazu Riemer a. a. O., S. 39 ff. Kant geht, so Riemer, davon aus, daß das Verhältnis von Extension und Intension umgekehrt proportional ist. Also je größer die Extension eines Begriffs, desto geringer seine Intension et vice versa. Peirce geht im Gegensatz zu Kant davon aus, daß eine Erweiterung der Extension möglich ist (wie bei der qualitativen Induktion), ohne daß die Intension geringer wird oder daß eine Erweiterung der Intension möglich ist, ohne daß die Extension des Begriffs geschmälert wird. "That every increase of information is accompanied by an increase in depth or breadth, independent of the other quantity ..." (CP 2.419, zit. nach Riemer a. a. O., S. 40). Peirce verwendet zu dieser Zeit (1867) für den Begriff Extension den Terminus "breadth", für die Intension "depth".
37 "When induction and hypothesis are looked upon in the proper point of view they are the very opposites of each other. Induction is an increase of the extension of a subject. Hypothesis is the increase of the comprehension of a predicate" (W I, S. 271). Hier gebraucht Peirce den Begriff "comprehension" für Intension. Riemer illustriert den Unterschied zwischen Induktion und Hypothesis an Peircens Beispiel: Rinder (Rotwild, Schafe u. a.) sind Paarhufer (SM), Rinder sind Pflanzenfresser (SP) und Alle Paarhufer sind Pflanzenfresser (MP). Vgl. Riemer a. a. O., S. 40 f.

mich hier interessierenden Abduktion bzw. Hypothesis[38] erhöht sich nach Peirce die Intension des Subjektbegriffs der Konklusion, *ohne daß die Extension, sein Begriffsumfang kleiner wird*.

Das widerspricht den logischen Prinzipien, die davon ausgehen, daß die Erhöhung der Intension eines Begriffs die Reduzierung seiner Extension impliziert et vice versa. Plausibel wird dies, wenn man sich vorstellt, daß die Menge der Gegenstände, die unter einen Begriff fallen, um so kleiner wird, je spezifischer dieser Begriff intensional bestimmt ist. Umgekehrt: Je unspezifischer ein Begriff definiert ist, um so größer ist sein Begriffsumfang (Extension). So ist der Begriff „Ding" intensional so dürftig zu definieren, daß zwangsläufig ganz viele „Gegenstände" unter diesen Begriff fallen, das heißt zu seiner Extension gehören.

Betrachten wir unter diesem Aspekt den abduktiven Schluß beim Modus Hirsch.

1) Alle Hirsche sind schnell.	(MaP, Regel)
2) Indianer sind schnell.	(SaP, Ergebnis)
3) Indianer sind Hirsche.	(SaM, Fall)

Das in beiden Prämissen identische Prädikat (P) wird in der Konklusion durch den Terminus M ersetzt, der zusätzlich zu P durch weitere Eigenschaften (Merkmale) charakterisiert ist. Das heißt, S ist nicht nur P, sondern zusätzlich dazu auch noch M. In unserem Schluß ist das Subjekt Indianer (S) sind nicht nur schnell (P) – wie in Subjektbegriff behauptet, sondern auch noch Hirsche (hirschhaft)(M). Dabei repräsentiert M („Hirsche") laut Prämissen extensional den gleichen Objektbereich wie P (Schnelligkeit). Da bei der Abduktion nun aber P die Funktion des Mittelbegriffs übernimmt – „Schnelligkeit" ist das Maß, mit dem verglichen wird – und der Begriff „Hirsche" (M im gültigen Syllogismus) in der Konklusion zum Prädikat wird, wird dem Subjekt die Hirschhaftigkeit als zusätzliches Prädikat zugeschrieben.

Wenn wir diesen Schluß abduktiv interpretieren, wird der Begriff „Indianer" in der Konklusion intensional angereichert, oder anders formuliert: Dadurch wird der Sinn des Terms Indianer (seine intensionale Bedeutung) verändert. Das Ganze im Rahmen der etablierten Logik zu verstehen, hieße, das paralogische Schließen als Denkfehler aufzufassen, als „verrückte Logik" wie die orthodoxe Psychiatrie mit Frege und den Logikern sagen würde.

---

[38] Ich vernachlässige den Unterschied zwischen dem, was Peirce „qualitative Induktion" (anfangs Hypothesis) nennt und später dann Abduktion, weil ich hier auf die Semantik schauen möchte und nicht so sehr darauf, daß die Abduktion des Falles eine Erklärung für ein bislang unverstandenes Phänomen sein kann bzw. soll.

I. Philosophische Probleme und Fragen des Konstruktivismus

Wie es zum Messen gehört, daß alle das gleich Maß haben[39], gehört es zu unserem Verständnis von Rationalität, daß alle auf die gleiche Weise folgern, das heißt daß alle den *gleichen Regeln* folgen.

Die Logik ist daher nicht in der Weise beliebig, daß sie nach meiner persönlichen Willkür zu verändern wäre. Gerade das zeigt ja das paralogische Denken eines Schizophrenen, er wird nicht mehr verstanden. Hier gibt es eine Härte des logischen bzw. grammatischen Muß. Sofern ich mich verständlich machen will, muß ich mich an die grammatischen bzw. logischen Regeln halten. Folge ich anderen grammatischen Regeln als den etablierten, so wird man das, was ich sage, nicht mehr verstehen, und die Frage entsteht, ob ich überhaupt Regeln folge: „Die Schritte, welche man nicht in Frage zieht, sind logische Schlüsse ... nicht weil sie wahr sind, sondern, dies ist es, was wir denken, schließen, nennen" (Wittgenstein, BGM S. 96).

Im Rekurs auf Wittgensteins späte Philosophie der Grammatik (Logik), die ich andernorts ausführlich entwickelt und diskutiert habe (Fischer 1987), möchte ich die Beziehung zwischen Rationalität und Regelfolgen wie folgt zusammenfassen:

Sprache ist nur dort, wo Regeln am Werke sind; Analoges gilt auch für das, was wir Denken nennen. Wittgensteins Analysen weisen lokale Regelsysteme wie Sprachspiele als Conditio sine qua non von Rationalität aus. Das, was als vernünftig bzw. rational beschrieben wird, erweist sich als eine Funktion von Regeln bzw. regelhaft organisierten Prozessen und *nicht* umgekehrt (Hayek 1980, Fischer 1999a, b). Regelfolgen ist eine Praxis, die sich nur vorwärts, in einem feedforward-loop, das heißt pragmatisch begründen läßt, rückwärts landet die Begründung im Zirkel. Rationalität ist also nicht das Fundament von Regelsystemen, wir folgen den Regeln blind – wie Wittgenstein sagt (PU § 219) –, wenn wir sprechen und denken gelernt haben. Rationalität wird erst auf dem Fundament von Regelfolgen denkbar. So wird es möglich, sich von einem dogmatisch an die Logik geketteten Rationalitätskonzept zu lösen und Rationalität im Irrationalen zu entdecken.

Folgert jemand auf eine von der Logik abweichende Weise, wie der abduktive Modus Gras, so begeht er aus dem Blickwinkel der Logik einen „Denkfehler". Wenn die Hypothese nun zutrifft, daß Regelfolgen die Grundlage aller Rationalität darstellt, dann stellt sich die Frage, ob derjenige, der paralogisch schließt, anderen Regeln als den etablierten folgt; falls ja, dann besteht prinzipiell die Möglichkeit, dieses Denken zu verstehen. Anders formuliert – und das ist der für mich hier entscheidende Punkt: Es gibt einen Übergang von einem *Denkfehler* zu einer *anderen Art des Denkens*. Gerade dieser Übergang kann *nicht* mit und in der etablierten Logik gedacht werden, weil er in einem prinzipiellen Verstoß gegen diese besteht

---

39 Wie das Wittgenstein in seiner Philosophie der Mathematik detailversessen zeigt. Vgl. BGM.

und solche Verstöße exkommuniziert, das heißt von der kulturell verankerten Denkordnung ins Irrationale ausgegrenzt werden. So gesehen verstößt der Modus Hirsch als Muster für „paralogisches Denken" zwar – wie alle abduktiven Schlußfolgerungen! – gegen logische Gesetze, aber er ließe sich als kreative Veränderung des semantischen Inhalts der Begriffe „Indianer" bzw. des Begriffssystems (Sprachspiels) interpretieren – wie es im übrigen bei allen „Paradigmenwechseln" der Fall ist –, so daß er aus dem Ghetto des prinzipiell Unverständlichen und Sinnlosen herausgeholt werden könnte.[40]

Da ein anderes Denken bzw. Sprechen notwendig mit anderem Verhalten, mit anderen Handlungen verknüpft ist, entscheidet sich die Rationalität eines Denkens nicht logikintern, sondern daran, wie es mit Handlungen verknüpft ist und ob es dem Individuum die Handlungsorientierung in einem Interaktionskontext ermöglicht oder nicht. Anders formuliert: Für die Rationalität eines Denkens und Handelns gibt es keinen absoluten Maßstab, sondern nur einen relationalen. Mit abduktiv erschlossenen Hypothesen werden neue, *andere Maßstäbe* konstruiert. Maßstäbe sind – wie die Gesetze der Logik – selbst nicht wahr oder falsch, sondern allenfalls mehr oder minder nützlich, um bestimmte Interessen oder Zwecke zu verwirklichen. Insofern entscheiden letztlich pragmatische – und keine rein logischen – Kriterien, ob paralogisches Denken viables Handeln ermöglicht, das sich induktiv bewähren kann. Das heißt, die reine Logik taugt nicht dazu, die Rationalität oder Irrationalität einer Handlung zu beurteilen, weil paralogische Schlüsse bzw. Hypothesen rational sein können. Allerdings ist dies eine andere Rationalität als die, die sie an die Aristotelische Logik kettet.

Peirce spricht denn auch der paralogischen Abduktion genau dann Rationalität zu, wenn sie zur Handlungssteuerung dient:

„Abduktion ist eine Methode, eine allgemeine Voraussage zu bilden, ohne irgendeine positive Sicherheit dafür, daß sie entweder in einem Spezialfall oder insgesamt erfolgreich sein wird; sie ist deshalb berechtigt, weil auf ihr die einzig mögliche Hoffnung beruht, unser zukünftiges Verhalten *rational* zu steuern, und weil die Induktion vergangener Erfahrungen unsere Hoffnung, daß Abduktion auch in Zukunft erfolgreich sein wird, deutlich zu stützen geeignet ist" -(CP 2.270, zit. nach Schönrich 1990, S. 397, Hervorhebung von mir).

---

40 Begreift man den abduktiven Schluß hier als Erklärung eines bisher unverstandenen Phänomens (warum sind Indianer schnell?), dann würde die Schnelligkeit der Indianer (S a P, Ergebnis) über ihre Hirschhaftigkeit erklärt: Sie sind schnell, *weil* sie Hirsche sind. Versteht man diese Aussage als Behauptung von Identität (weil sie Hirsche *sind*), dann ist das natürlich inkompatibel zur Alltagslogik. So beschrieben hätte man den Begriff Hirsch metaphorisch auf den Begriff der Indianer angewandt: Indianer sind Hirsche, allerdings ohne die Metaphorik als solche (wie im Satz: „Indianer sind *wie* Hirsche") kenntlich zu machen; genau das scheint paralogisches Denken zu charakterisieren.

I. Philosophische Probleme und Fragen des Konstruktivismus

Sofern solche abduktiven Schlüsse Neues erschließen und/oder die Semantik des Begriffsnetzwerkes verändern, erweisen sie sich als ein Erfinden, ein Konstruieren von Bezügen, von Übergängen, von Zusammenhängen, die vorher nicht bestanden haben (müssen) bzw. nicht gesehen wurden und werden konnten.

Bewähren sich diese abduktiv konstruierten Hypothesen induktiv, dann führt dies zu einer Veränderung bzw. Anpassung der erfahrungsvorgängigen Regeln (Logik) des Begriffssystems, wie es bei allen „wissenschaftlichen Revolutionen" war. Solche kreativen Abduktionen sind als Anpassung der Theorie, der Logik, der Denkmaßstäbe bzw. unseres gesamten Begriffssystems (Weltbildes) zu verstehen, sie verändern die *Landkarte unseres Denkens* mehr oder minder fundamental.

Bezüglich der Frage nach der Rationalität des Denkens von Individuen ist „paralogisches Denken" zwar von der üblichen Logik ver-rückt,[41] sofern es nicht chaotisch ist, sondern anderen Regeln folgt, kann es aber prinzipiell in den Rahmen des Verstehbaren zurückgeholt werden. Die verwendeten Begriffe sind dann *nicht* sinnlos, sondern sie werden von den Personen anders gebraucht und haben daher eine veränderte, neue Bedeutung. Hier besteht Anschlußfähigkeit für eine hermeneutisch ansetzende Psychotherapie (Fischer 1990a, 1999a).[42]

Die Rationalität solchen paralogischen Denkens kann sich darin zeigen, daß es einen Gebrauchswert, eine Funktion für das betreffende Individuum besitzt, indem es ihm Handlungsorientierung in seiner diskursiven und nichtdiskursiven Umwelt ermöglicht. Das ist im Grunde auch die Idee der Schizophrenietheorie Batesons und der Palo-Alto-Gruppe. Das verrückte Denken und Handeln ist demnach ein erlernter Problemlösungsversuch im Kontext gestörter familiärer Interaktion und insofern relativ zu diesem Kontext rational. Die Rationalität und Funktion eines solchen Denkens ist daher nicht an der einzelnen Person zu erkennen, sondern nur aus dem Interaktionskontext (im Normalfall die Familie) heraus, in dem es seine Funktion gewonnen hat.

---

41 In diesem Zusammenhang ist Kants Verständnis der „systematischen Verrücktheit" interessant, weil er darin die Idee formuliert, daß es ein „System" im Wahnsinn gibt. Ich möchte die entscheidende Passage aus Kants Anthropologie wegen ihrer klaren Formulierung und Relevanz ganz zitieren:
„Denn es ist in der letzteren Art der Gemütsstörung nicht bloß Unordnung und Abweichung von der Regel des Gebrauchs der Vernunft, sondern auch positive Unvernunft, d. i. eine ganz andere Regel, ein ganz verschiedener Standpunkt, worein sozusagen die Seele versetzt wird, und aus dem sie alle Gegenstände anders sieht, und aus dem sensorio communis ... sich in einen davon entfernten Platz versetzt findet (daher das Wort Verrückung). Wie eine bergichte Landschaft, aus der Vogelperspektive gezeichnet, ein ganz anderes Urteil über die Gegend veranlaßt, als wenn sie von der Ebene aus betrachtet wird. Zwar fühlt sich die Seele *nicht* an einem anderen Ort im Raume ... aber man erklärt sich dadurch, so gut wie man kann, die sogenannte Verrückung" (BA 147/148).
42 Ich übergehe hier das Problem von Regel und Regelfolgen sowie die Frage, wie deviante Regeln im Sozialisationsprozeß internalisiert werden. Ich habe dies ausführlich analysiert und diskutiert, so u. a. in Fischer 1987.

Somit kann sich in diesen Abweichungen von der logischen Norm des Denkens eine Anpassung an die diskursive und/oder nichtdiskursive Umwelt offenbaren und mithin eine paralogische Rationalität, die die Relativität der Logik bzw. deren Pluralität belegt.
Es erweist sich also bei näherem Hinsehen als zutiefst irrational, sich auf die Rationalität der Logik im Ganzen zu verlassen.

Literatur

Apel, K.-O. (1975): Der Denkweg von Charles Sanders Peirce. Eine Einführung in den amerikanischen Pragmatismus. Frankfurt/Main (Suhrkamp).
Arieti, S. (1955): Interpretation of Schizophrenia. London (Crosby, Lockwood, Staples).
Bateson, G. (1980): Syllogisms in grass. Letter. *The London Review of Books* 2 (1): 2
Bateson, G. (1981): Ökologie des Geistes. Frankfurt (Suhrkamp).
Bateson, G. (1982): Geist und Natur. Eine notwendige Einheit. Frankfurt/Main (Suhrkamp).
Bateson, G. (1991): A sacred unity. Further Steps to an Ecology of Mind. Ed. by Rodney E. Donaldson. New York (Harper Collins).
Bateson, G. u. M. C. Bateson (1993): Wo Engel zögern. Unterwegs zu einer Epistemologie des Heiligen. Frankfurt/Main (Suhrkamp).
Bateson, G., D. D. Jackson, J. Haley a. J. H. Weakland (1956): Toward a theory of schizophrenia. *Behavioral Science* 1: 251–264 [dt. in: G. Bateson (1981): Ökologie des Geistes. Frankfurt/Main (Suhrkamp), S. 270–301].
Bühler, K. E. u. H. R. Fischer (1984): Regelbegriff und Rationalität. In: R. Haller (Hrsg.): Ästhetik. Akten des Internationalen Wittgenstein-Symposiums, 15.–21. August 1983, Kirchberg am Wechsel. Wien (Hölder-Pichler-Tempsky), S. 246–249.
Domarus, E. v. (1964): The Specific Laws of Logic in Schizophrenia In: J. S. Kasanin (ed.): Language and Thought in Schizophrenia. New York (Norton), pp. 104–114.
Eco, U. (1985): Semiotik und Philosophie der Sprache. München (Fink).
Eco, U. und T. A. Sebeok (Hrsg.) (1985): Der Zirkel oder Im Zeichen der Drei. Dupin, Holmes, Peirce. München (Fink).
Fischer, H. R. (1987): Sprache und Lebensform. Wittgenstein über Freud und die Geisteskrankheit (Monographien zur philosophischen Forschung, Bd. 242). Frankfurt. Athenäum. 2., verb. Aufl. 1991, Heidelberg (Carl-Auer-Systeme).
Fischer, H. R. (1989a): Rezension zu Hans Radermacher, „Kant, Swedenborg, Borges". *Conceptus, Zeitschrift für Philosophie* 60: 111–113.
Fischer, H. R. (1989b): Wittgenstein und der Wahnsinn. Zu einer anderen Philosophie des Anderen der Vernunft. *SPUREN. Zeitschrift für Kunst und Gesellschaft* 29 (Aug.): 35–39.
Fischer, H. R. (1990a): Sprachspiele und Geschichten. Zur Rolle der Sprache in der Psychotherapie. *Familiendynamik* 3: 190–211.
Fischer, H. R. (1990b): Madness and Method. In: R. Haller (ed.): Ludwig Wittgenstein. A Reevaluation. Proceedings of the 14th International Wittgenstein-Symposium, Kirchberg am Wechsel 1989. Wien (Hölder-Pichler-Tempsky).
Fischer, H. R. (1994): Is there any logic in madness? Linguistic reflections on an interpersonal theory of mental illness. *Wittgenstein Studien* 1/94.
Fischer, H. R. (1998): Vom Sehen zum Erkennen. Erkennen als Konstruieren von Wirklichkeit. In: G. Condrau, G. Langer, W. J. Meinhold (Hrsg.): Bewußtsein, Wahrnehmung, Nervensystem. Zürich (Walter), S. 215–231.
Fischer, H. R. (1999a): Rationalität als offene Ordnung. Zur Logik und Evolution neuer Sprachspiele: In: H. J. Schneider u. M. Kroß (Hrsg.): Mit Sprache spielen. Die Ordnungen und das Offene nach Wittgenstein. Berlin (Akademie Verlag), S. 149–168.
Fischer, H. R. (1999b): Rationalität, Logik und Wirklichkeit. Zu einem konstruktivistischen Verständnis der Logik. In: G. Rusch (Hrsg.): Wissen und Wirklichkeit. Festschrift für Ernst von Glasersfeld. Heidelberg (Carl-Auer-Systeme).
Hayek, F. A. von (1980): Recht, Gesetzgebung und Freiheit. Bd. 1: Regeln und Ordnung: eine neueste Darstellung des liberalen Prinzipien der Gerechtigkeit und der politischen Ökonomie. München (Moderne Industrie) S. 35–53.

I. Philosophische Probleme und Fragen des Konstruktivismus

Heidegger, Martin (1972): Frühe Schriften. Frankfurt/Main (Klostermann).
Heims, S. J. (1993): Constructing a social science for postwar America: The Cybernetics Group 1946–1953. Cambridge, MA (MIT Press).
Kant, I. (1798): Anthropologie in pragmatischer Hinsicht. In: I. Kant: Werkausgabe, Bd. 1: XII. Schriften zur Anthropologie, Geschichtsphilosophie, Politik und Pädagogik. Frankfurt/Main (Suhrkamp), 1977.
Keller, R. (1995): Zeichentheorie: zu einer Theorie semiotischen Wissens. Tübingen/Basel (Francke).
Peirce, Ch. S. (1931–34/1958): Collected Papers of Charles Sanders Peirce. Vol. I–VI (1931–34) ed. by Ch. Hartshorne a. P. Weiss/Vol. VII-VIII (1958) ed. by A. W. Burks. Cambridge, MA/London. (Harvard Univ. Press).
Peirce, Ch. S. (1975): Charles Sanders Peirce: Contributions to The Nation. Part I: 1869–1893. Compiled and Annotated by K. L. Ketner a. J. E. Cook. Lubbock, TX (Texas Tech Press).
Peirce, Ch. S. (1982–93): Writings of Charles S. Peirce. A chronological Edition, Vol I–V. Ed. By M. H. Fisch et al. Bloomington, IN (University Press) [abgekürzt als W (plus Bandzahl)].
Peirce, Ch. S. (1983): Phänomen und Logik der Zeichen. Hrsg. und übersetzt von H. Pape., Frankfurt/Main (Suhrkamp).
Peirce, Ch. S., (1986–1993): Semiotische Schriften, Bd. 1–3. Hrsg. und übersetzt von Ch. Kloesel u. H. Pape. Frankfurt/Main (Suhrkamp) [zit. als SS (plus Bandzahl und Seitenzahl)].
Peirce, Ch. S. (1991a): Naturordnung und Zeichenprozeß. Schriften über Semiotik und Naturphilosophie. Hrsg. und eingeleitet von H. Pape. Frankfurt/Main (Suhrkamp).
Peirce, Ch. S. (1991b): Schriften zum Pragmatismus und Pragmatizismus. Hrsg. von K.-O. Apel. Frankfurt/Main (Suhrkamp).
Richter, A. (1995): Der Begriff der Abduktion bei Charles Sanders Peirce. Frankfurt a. M. et al. (Peter Lang).
Riemer, I. (1988): Konzeption und Begründung der Induktion. Eine Untersuchung zur Methodologie von Charles S. Peirce. Würzburg (Königshausen & Neumann).
Ruckstuhl, U. (1981): Schizophrenieforschung: Die theoretischen und empirischen Beiträge der Experimentellen Psychologie. Weinheim/Basel (Beltz).
Schönrich, G. (1990): Zeichenhandeln. Untersuchungen zum Begriff einer semiotischen Vernunft im Ausgang von Ch. S. Peirce. Frankfurt/Main (Suhrkamp).
Sebeok, T. A. und J. Umiker-Sebeok (1982): „Du kennst meine Methode". Charles S. Peirce und Sherlock Holmes. Frankfurt/Main (Suhrkamp).
Sebeok, T. A. und J. Umiker-Sebeok (1985): „Sie kennen ja meine Methode". Ein Vergleich von Charles S. Peirce und Sherlock Holmes. In: U. Eco u. T. A. Sebeok (Hrsg.): Der Zirkel oder Im Zeichen der Drei. Dupin, Holmes, Peirce. München (Fink), S. 28–87 [überarb. Version von Sebeok 1982].
Wittgenstein, L. (1969): Schriften 1. Tractatus logico-philosophicus, Tagebücher 1914–1916, Philosophische Untersuchungen. Frankfurt/Main (Suhrkamp).
Wittgenstein, L. (1970): Schriften 7. Vorlesungen über die Grundlagen der Mathematik. Frankfurt/Main (Suhrkamp). [zit. als VGM (plus Seite)].
Wittgenstein, L. (1977): Vermischte Bemerkungen, Frankfurt/Main (Suhrkamp).
Wittgenstein, L. (1980): Lectures, Cambridge 1932–35. Oxford (Basil Blackwell).
Wright, G. H. von (1984): Erklären und Verstehen. Königstein (Athenäum), 2. Aufl.

Konstruktivismus in der Hirnforschung

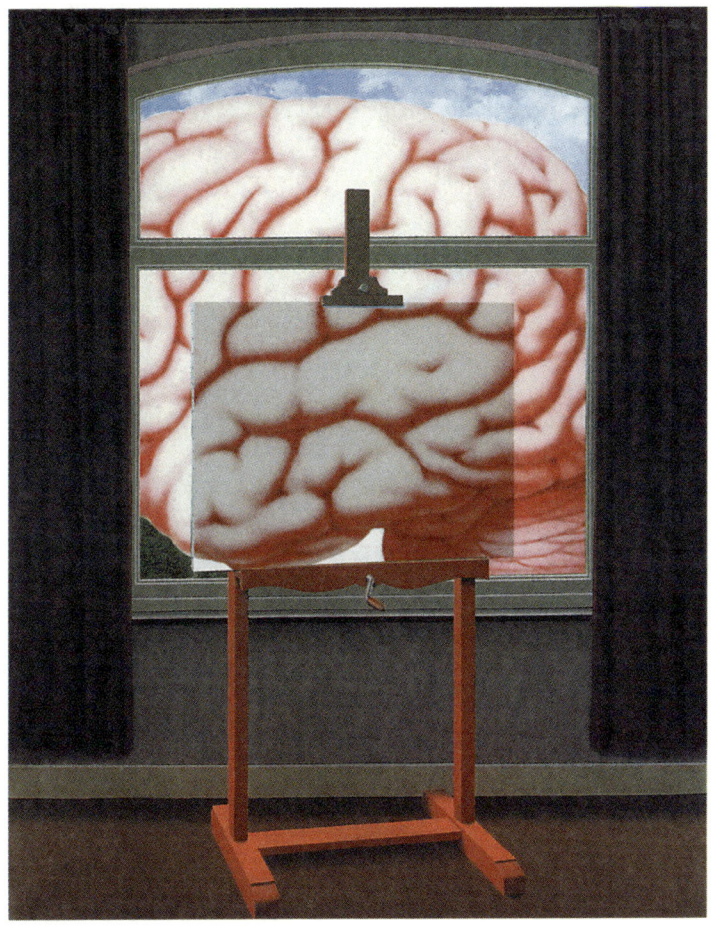

Fenster zum Gehirn. Collage von Hans Rudi Fischer (1998)

Das Gehirn und seine Welt
Gerhard Roth

Dem Konstruktivismus ist immer wieder vorgeworfen worden, keine konsistente Beschreibung oder gar plausible Erklärung des Verhältnisses von bewußtseinsunabhängiger Welt, *Realität*, und phänomenaler Welt, *Wirklichkeit*, vorgelegt zu haben. Wie mir scheint, ist dieser Vorwurf zumindest zum Teil berechtigt. In einem soeben erschienenen Aufsatz schreibt Ernst von Glasersfeld, Hauptvertreter des Radikalen Konstruktivismus, zusammenfassend: „Der [Radikale] Konstruktivismus leugnet keineswegs eine ontologische Realität, doch er behauptet, daß wir sie nicht rational erfassen können." Mit anderen Worten: Von der Realität nehmen wir als relativ sicher nur an, daß sie existiert, alles andere ist uns nicht zugänglich. Diese Aussage klingt in den Ohren eines Konstruktivisten plausibel, weil er ja bei allem Konstruktivismus kein Solipsist sein will. Bei längerem Nachdenken erscheint sie jedoch als merkwürdig. Was berechtigt uns – so müssen wir fragen – angesichts eines umfassenden erkenntnistheoretischen Skeptizismus, die *Existenz* der Realität für gesichert zu halten, alles andere an ihr aber nicht? Dies würde unterstellen, daß die bloße Existenz eine besondere Eigenschaft vor allen anderen Eigenschaften wäre. Wenn man nicht mittelalterlicher Metaphysik anhängt, so wird man zugeben, daß die Existenz eines Phänomens sich aus dem Vorhandensein mindestens einer Eigenschaft ergibt; eine Existenz ohne Eigenschaften gibt es nicht. Wir müssen uns also weiter fragen, welche Eigenschaften der Realität als zwingend anzusehen sind. Unter der Voraussetzung, daß die Wirklichkeit von der Realität hervorgebracht wird (und dies glauben sicher auch die Vertreter des Radikalen Konstruktivismus) und damit die Wirklichkeit ein Teil der Realität ist, ist zum Beispiel die Annahme zwingend, daß die Realität vielfältig ist, daß sie veränderlich ist, daß zumindest einige Teile davon gesetzmäßig ablaufen usw. Man kann sich die Mühe machen, die Liste solcher Argumente weiter zu verlängern, und damit zeigen, daß gerade das möglich und geboten ist, was in dem obigen Zitat bestritten wurde, nämlich die Realität *rational* zu erfassen zu suchen, d. h., vernünftige Überlegungen über ihre mögliche Beschaffenheit anzustellen. Was freilich nicht möglich ist, ist ein ontisches Erfassen, das Erfassen der Wesenheit der Realität. Es liegt im Zitat also eine Verwechslung des Begriffs „rational" mit dem Begriff „objektiv wahr" vor. Zweifellos ist unsere Ratio ein Produkt unserer biologischen und sozialen Geschichte, und ein rationales Herangehen ist ein besonderes, z. B. auf Logik und überindividueller Erfahrung aufbauendes Verfahren und nicht die Widerspiegelung einer göttlichen, allwissenden Vernunft. Dabei gilt selbstredend, daß wir bei Anwendung des besten rationalen Verfahrens niemals wissen werden, in welchem Maße wir dadurch die objektiven Gegebenheiten der Realität erfassen. Alles wissenschaftliche Reden über die bewußtseinsunabhängige Welt findet in den individuellen Wirklichkeiten der Wissenschaftler statt.

Auch der im Konstruktivismus häufig gebrauchte Begriff der „operationalen" oder „semantischen Abgeschlossenheit" hat zu vielen Mißverständnissen geführt. Es ist richtig, daß die Bedeutung eines Umweltereignisses, das Sinnesorgane und die mit ihnen verbundenen Gehirnregionen erregt, nicht durch das Umweltereignis selbst, sondern durch die Sinnesorgane und Gehirnzentren und durch die in den verschiedenen Gedächtnissen niedergelegte Erfahrung konstituiert wird. Je nach unterschiedlicher funktionaler Organisation der Sinnesorgane und der Gehirnzentren und je nach unterschiedlicher Vorerfahrung kann derselbe Umweltreiz eine ganz unterschiedliche Bedeutung haben, allerdings nur in gewissen Grenzen, die den interpretativen und konstruktiven Möglichkeiten der Gehirne durch deren phylogenetische und ontogenetische Bau- und Funktionsprinzipien gezogen werden. Keineswegs sind alle Sinnesorgane im selben Maße leistungsfähig und nicht alle Gehirne im selben Maße interpretativ und konstruktiv. Bei vielen Tieren gibt es eklatante spezifische Beschränkungen der Wahrnehmungsleistungen und der Lernfähigkeit, von Beschränkungen in den kognitiven Leistungen ganz zu schweigen (vgl. Pearce 1997). Die phylogenetisch und frühontogenetisch festgelegten Strukturen und Arbeitsweisen von Sinnesorganen und primären Sinneszentren legen fest, wie das bewußte Subjekt grundlegend die Welt sieht; sie geben sozusagen feste Konstruktions- und Interpretationsschemen vor, in die individuell hinein gelernt wird.

Damit dies geschieht, benötigt ein Gehirn die Interaktion seines Körpers mit der Umwelt. Der Konstruktivismus hat sich auch hier nicht genügend bemüht, diesen Punkt genau zu durchdringen. Zur Konstitution von verhaltensrelevanter Bedeutung ist die Interaktion mit der Umwelt nötig. Diese kann sehr detailliert sein oder sich auf das Erkennen weniger Eckdaten beschränken, aber sie ist in jedem Fall nötig, um die große interpretative Kraft des Gehirns auf brauchbare Wahrnehmungskonstrukte und Handlungskonzepte *einzuengen*. Nervensysteme interagieren nicht im Blindflug mit der Umwelt und gleichen nur ihre inneren Sensoren ab, wie die berühmte konstruktivistische Metapher Maturanas lautet (Maturana 1982); vielmehr senden sie über die von ihnen induzierten Handlungen in nahezu jeder Sekunde Testreize in die Umwelt, interpretieren deren Konsequenzen für die eigenen Sinnesorgane und veranlassen schließlich neue Handlungsweisen. Die Tatsache, daß hierbei dasjenige, das die Testreize aussendet, mit demjenigen identisch ist, welches beurteilt, ob die Testreize die Erwartungen erfüllt haben oder nicht, stellt die *fundamentale Selbstreferentialität* aller kognitiven Systeme dar (Roth 1987).

Realität und Wirklichkeit hängen zusammen. Genauer gesagt: Die Realität bringt die Wirklichkeit hervor, und damit ist die Wirklichkeit ein Teil der Realität, sie ist ihr nicht entgegengesetzt. Dieses *Entstehen von Wirklichkeit aus der Realität* vollzieht sich bei jeder Entwicklung des menschlichen

Gehirns von der ersten Ausdifferenzierung von Nervenzellen im frühesten Embryonalstadium bis zur Entwicklung eines selbstreflexiven Ich etwa ab dem sechsten Lebensjahr. Die Entwicklungsneurobiologie hat eindrucksvoll gezeigt, daß die Ontogenese der Hirnstrukturen und der neuronalen Verbindungen zumindest bei den Wirbeltieren kein starr genetisch bestimmter, sondern ein weitgehend selbstorganisierter oder „epigenetischer" Prozeß ist. Genauer gesagt: Entwicklungssteuernde Gene geben in den meisten der untersuchten Fälle nur grobe Regeln vor, wie sich die unterschiedlichen Teile des Gehirns ausdifferenzieren, z. B. in die fünf Hirnteile Endhirn, Zwischenhirn, Mittelhirn, Kleinhirn und verlängertes Mark und innerhalb dieser Hirnteile in die verschiedenen Subsysteme, z. B. innerhalb des Endhirns in kortikale und subkortikale Anteile und innerhalb der Hirnrinde, des Kortex, in die verschiedenen Rindentypen. Man kennt heute eine ganze Anzahl sogenannter Segmentierungsgene, die über chemische Substanzen anatomische Grenzen festlegen und Bahnen für einwachsende Faserverbindungen bestimmen, und diese Segmentierungsgene sind großenteils phylogenetisch sehr konservativ und werden verblüffenderweise z. T. nahezu identisch bei Wirbeltieren und Wirbellosen gefunden, die bekanntlich völlig andersartig aufgebaute Gehirne haben (Puelles a. Rubenstein 1993). Dies unterstreicht, daß es sich hierbei nicht um konkrete Bauvorschriften handelt, sondern um allgemeine Regeln oder Algorithmen der chemischen Interaktion von Nervengewebe. Diese Interaktionen sind sehr flexibel, und man kann die frühen Schritte der Gehirnontogenese zumindest bei den Wirbeltieren in bestimmten Grenzen stören, und trotzdem bildet sich ein mehr oder weniger normales Gehirn aus.

Eindrucksvoll ist dies bei der Zielfindung von sensorischen Nervenbahnen (vgl. Gilbert 1997). Man kann z. B. Fasern der Sehnerven bei ihrem Auswachsen vom Auge zum Mittelhirndach ablenken, und sie finden auf teilweise sehr verschlungenen Pfaden dennoch ihr Ziel. Obwohl die Frage, wie dies genau geschieht, immer noch nicht ganz geklärt ist, nimmt man an, daß die einwachsenden Fasern mehrere Mechanismen gleichzeitig oder nacheinander ausnutzen, indem sie zum einen entlang von Bahnen wachsen, die von sogenannten Gliazellen vorgegeben sind; zum anderen folgen sie chemischen Lockstoffen, orientieren sich an bestimmten Markermolekülen als „Wegweisern", oder sie gehen schlicht nach Versuch und Irrtum vor. Besonders eindrucksvoll ist die selbstorganisierende Ausbildung von sogenannten primären Karten, wie wir sie in den sensorischen Zentren finden, z. B. im Falle der retinotopen Karte im Mittelhirndach (Tectum opticum). Diese Karte stellt eine genaue Punkt-zu-Punkt-Abbildung der Verhältnisse auf der Netzhaut dar, die wiederum die räumlichen Verhältnisse im Gesichtsfeld widerspiegeln. Hier stellen zu Beginn der Entwicklung die einwachsenden Netzhautfasern wahllose Verknüpfungen mit den Tectumneuronen her und sortieren sich dann nach einem simplen Algorithmus aus, der etwa so lautet: Schließ dich den Fasern an, die im selben Augenblick in derselben Weise aktiv sind wie du, und meide diejenigen, die zu einer anderen Zeit bzw. in einer anderen Weise aktiv sind. In der Netzhaut sind nämlich nur diejenigen Punkte zur selben Zeit in derselben Weise aktiv, die unmittelbar benachbart sind, da sie vom selben visuellen Punktreiz erregt werden. Über eine solche *aktivitätsabhängige Synchronisation* prägt sich dann die Ordnung in der Netzhaut selbstorganisierend auf das Tectum opticum auf (Singer 1995). Diese Prozesse sind typisch für die frühe Gehirnontogenese. Sie sind *Konstrukte ohne Konstrukteur*; sie folgen – so nehmen wir zumindest an – Gesetzmäßigkeiten, die ihre Wurzeln tief in der unbelebten Natur haben. Durch sie prägt sich die Realität der Wirklichkeit auf. Zweifellos müssen diejenigen Strukturen, welche die primären sensorischen und motorischen Leistungen und die primären Bewertungsleistungen des limbischen Systems bestimmen, in diesem Sinne zur *Realität* gerechnet werden.

Allerdings setzt sich dieser Prozeß nahtlos in das fort, was nun im engeren Sinne die Konstruktion der Wirklichkeit darstellt. Der Entwicklungspsychologie und insbesondere der Säuglingsforschung der letzten Jahre ist es gelungen, die wesentlichen Etappen dieser Konstruktion der Wirklichkeit bis hin zum bewußten, selbstreflexiven Ich zu identifizieren (Köhler 1998). Diese Etappen lassen sich inzwischen zumindest zum Teil mit Stufen der Gehirnontogenese in Zusammenhang bringen.

Die erste Etappe – vielleicht die wichtigste – vollzieht sich im Mutterleib zumindest während der letzten Wochen vor der Geburt. Die Sinnesorgane und die primären Sinneszentren des Gehirns sind zu dieser Zeit bereits aufnahmefähig, ebenfalls hat das limbische System als zentrales Bewertungssystem des Gehirns seine Arbeit aufgenommen. Gleichzeitig stehen Körper und Gehirn des Fötus über den Blutkreislauf noch in engster Verbindung mit Körper und Gehirn der Mutter, und mütterliche neuronale Botenstoffe beeinflussen massiv das sich entwickelnde Gehirn, und hierüber gelangen auch alle Informationen über emotional-affektive Zustände der Mutter in das Gehirn des Fötus. Ob solche Informationen gerichtet oder ungerichtet auf das sich entwickelnde Gehirn einwirken, ist unklar, aber es kann keinen Zweifel daran geben, daß diese Einwirkungen nachhaltig sind. Bekannt ist auch, daß das ungeborene Kind bereits im Uterus die Stimme seiner Mutter lernt (beim Entenküken im Ei ist dies im übrigen genauso). Was alles sonst noch gelernt wird, ist unbekannt, aber es dürfte sehr wichtig sein.

Auch die Geschehnisse bei der Geburt, insbesondere hinsichtlich des damit verbundenen Stresses und der entsprechenden Hormonausschüttungen, können wir in ihrer Bedeutung für das Gehirn und seine Funktionen schwerlich überschätzen. Die Entwicklung des kognitiven und emotionalen Systems einschließlich der entsprechenden Gedächtnisfunktionen setzt unmittelbar nach der Geburt ein. Der Säugling erlebt eine regelmäßige Abfolge von Wachheits- und Bewußtseinszuständen (Tiefschlaf, Traumschlaf, Dösen, verschiedene Zustände der Aktivität). Es gilt als gesichert, daß Neugeborene bereits kreuzmodal wahrnehmen, d. h., Informationen aus unterschiedlichen Sinnessystemen werden miteinander verglichen und integriert, wenn auch nicht unbedingt kortikal (z. B. über den Colliculus superior des Mittelhirns).

Zwischen dem dritten und siebten Lebensmonat entstehen offenbar erste konzeptuelle Informationen, und es bilden sich erste Erwartungshaltungen aus, bei der visuellen Wahrnehmung etwa hinsichtlich der Beschaffenheit von teilweise verdeckten Objekten. Erlebnisse werden zu einer individuellen, persönlichen Einschätzung, wie sich etwas wahrscheinlich ereignen wird. Der Säugling zeigt jetzt die Fähigkeit, zielgerichtetes menschliches Verhalten auf intuitive Weise zu verstehen. Innerhalb der lautlichen Kommunikation entwickelt sich die Fähigkeit zum Erfassen der Prosodie, d. h. der lautlich-stimmlichen Art des Sprechens, etwa im Zusammenhang mit der affektiven Ammensprache, und diese Prosodie entwickelt sich deutlich vor der Semantik. Hier gibt es nach Auskunft der Fachleute einen klaren Zusammenhang mit dem Ausreifen der beiden Hirnhemisphären, indem vornehmlich rechtshemisphärisch die Prosodie, vornehmlich linkshemisphärisch die Semantik verarbeitet wird. Nach Ansicht einiger Autoren ist bis zum zweiten Lebensjahr die rechte Hirnhemisphäre weiter entwickelt als die linke.

Die Entwicklung zwischen dem neunten und 18. Monat ist charakterisiert durch den Beginn eines Konzepts von äußerem Verhalten und innerer Motivation oder Intention. Ein neun Monate altes Kind sieht beim Zeigen nicht mehr auf den Finger, sondern auf den durch den Finger gezeigten Gegenstand. Das Kind beginnt zu begreifen, daß hinter einem äußeren Verhalten eine innere Absicht besteht. Es entwickelt erste Vorstellungen vom „Inneren", die sich dann etwa zum vierten Lebensjahr hin zu einer *Theory of mind* entwickeln: d. h., bei einer Person nicht allein ihr Äußeres wahrzunehmen, sondern ihre inneren Absichten zu verstehen, Vorhersagen zu machen und das Verhalten zu erklären (Baron-Cohen, Leslie a. Frith 1985; Byrne 1995; Köhler 1998).

Die vergrößerte Gedächtnisleistung wird offenbar durch eine weitere Reifung des Stirnhirns im engeren Sinne, des präfrontalen Kortex, sowie des Hippocampus als des Organisators des deklarativen Gedächtnisses ermöglicht. Das deklarative Gedächtnis umfaßt alles, was uns bewußtseinsmäßig als Wissen zugänglich ist. Ebenso verstärkt sich die Integration limbischer Stukturen, zum Beispiel des Mandelkerns (Amygdala) mit der Großhirnrinde, wodurch emotionale Erlebnisse bewußt werden können. Insbesondere gibt es erste Anzeichen des sogenannten Arbeitsgedächtnisses, also der Fähigkeit, für eine Zeitspanne von Sekunden bis zu einer Minute Dinge gegenwärtig zu halten. Das Arbeitsgedächtnis siedelt man im dorsolateralen Teil des präfrontalen Kortex an.

Die Entwicklung vom 18. bis zum 36. Monat (also bis zum Ende des dritten Jahres) ist durch das Entstehung eines reflexionsfähigen Bewußtseins, durch Symbolbildung und Spracherwerb gekennzeichnet. In diesem Stadium erkennt sich das Kleinkind im Spiegel, packt sich bei rotem Tupfer an die eigene Nase, zeigt vor dem Spiegel Verlegenheit, Scheu, Selbstbewunderung und Scham. Es scheint sich dabei aber eher noch als dritte denn als erste Person zu erkennen; es liegt noch keine reflektierbare, subjektive Selbstrepräsentanz vor. Das sich entwickelnde Ich kann sich nicht vorstellen, daß das Innere der anderen anders ist als seines (sogenannte *Copy-theory of mind*). In diese Phase fällt auch der Beginn des Spracherwerbs. Es kommt in diesem Zeitraum vom 18. bis zum 36. Monat zur Ausbildung von Phantasiewelten durch Sprache und symbolische Verdichtungen. Allerdings wird noch nicht genau zwischen Bezeichnetem und Bezeichnendem unterschieden (das Wort „Nadel" wird als spitz angesehen). Wichtig für die kognitiv-sprachliche Kompetenz ist der Übergang von der *Aufzählung* zur *Erzählung* nach rund 24 Monaten: Das Berichtete erhält einen affektgeladenen, dramatischen Verlauf, ein auswertendes und emotionales Gerüst; d. h., Erlebnisse werden in Gestalt von Geschichten mitgeteilt. Diese Narrationen bilden einen wichtigen Übergang zum autobiographischen Gedächtnis.

Die Entwicklung vom vierten bis zum siebten Lebensjahr ist dadurch gekennzeichnet, daß die Genese der *Theory of mind* abgeschlossen wird. Damit ist die Kindheit im engeren Sinne abgeschlossen, es vollzieht sich der Übergang vom präoperationalen zum konkret-operationalen Denken nach Piaget. Es bildet sich ein autobiographisches Gedächtnis, ein „autonoetisches Bewußtsein" aus. Ab dem vierten Lebensjahr wird die Bedeutung von Ereignissen für das Selbst erfaßt, ein bedeutungsvolles Erlebnisganzes wird rekonstruiert, Vergangenheit wird mit der Gegenwart in Verbindung gebracht. Es treten Selbstreflexion, Bewertung von eigenen Aktionen und Emotionen, Selbstbeschreibung auf; Voraussetzung hierfür ist das Vermögen, die Perspektive eines anderen einnehmen zu können. Neurophysiologisch wird in diesem Zeitsprung ein Reifesprung des präfrontalen Kortex beobachtet. Mit acht Jahren ist die Myelinisierung der kortikothalamischen Bahnen abgeschlossen, welche die Grundlage dafür sind, daß Erregungen zwischen spezifischen Feldern der Großhirnrinde und spezifischen Kernen des dorsalen Thalamus auf- und abschwingen und eine wesentliche Grundlage des EEG bilden. Entsprechend beobachtet man eine Stabilisierung der Alphawellen im EEG (Creutzfeldt 1983). Die Ausreifung des präfrontalen Kortex wird als Grundlage der Ausbildung des reflexiven Denkens und höherer kognitiver Leistungen gesehen.

Eine wichtige Rolle im Prozeß der Entwicklung von Bewußtsein und Selbst spielt natürlich die Sprachentwicklung (Byrne 1995; Köhler 1998). Diese Entwicklung beginnt lange vor dem Beginn des Sprechens, nämlich dadurch, daß – wie erwähnt – die mütterliche Stimme bereits im Mutterleib erlernt wird. Drei Tage alte Neugeborene zeigen eine Präferenz für die mütterliche Stimme, und zwar für das Klangbild, das diese Stimme für den Fötus hat. In einem Alter von sechs Monaten zeigt der Säugling eine Bevorzugung vertrauter Sprachlaute gegenüber unvertrauten Sprachlauten. Erste Vokale werden im Alter zwischen vier und sechs Monaten produziert, wenn das Brabbeln beginnt, erste konsonantartige Laute mit neun bis zwölf Monaten. Die Lautproduktion ist für die Säuglinge offenbar sehr lustbetont. Die erste Nachahmung mütterlicher Intonationsweisen tritt im Alter von sechs Monaten auf, gelegentlich eher, erste Worte werden zwischen acht und 20 Monaten (im Durchschnitt mit zwölf Monaten) produziert. Zwischen dem 18. und 23. Monat beginnt das Kleinkind, Wörter zu kombinieren und Zwei-Wort-Sätze zu bilden. Dann fangen die Kinder ganz allmählich an, längere Sätze zu bilden, allerdings meist in einem Telegrammstil, wie er für Patienten mit einer Läsion im Broca-Areal typisch ist. Kinder formen Zwei- bis Drei-Wort-Sätze ohne Konjugation und Deklination, und sie sagen meist nur, was sie zuvor schon gehört haben. Im dritten Jahr beginnen sie, Singular und Plural zu gebrauchen, und stellen die berühmte Frage: „Was ist das?" Von da nimmt der syntaktische Charakter der Sprache schnell zu, und zwischen drei und vier Jahren ist die Syntax der Sprache bereits gut ausgebildet.

Wie ich bereits mehrfach betont habe, lassen sich diese Entwicklungsschritte gut mit der Ausreifung des menschlichen Gehirns in Verbindung bringen. Bei der Geburt ist die menschliche Großhirnrinde (Isokortex) hinsichtlich der Zellzahl zwar fertigentwickelt, ansonsten aber noch ziemlich unreif. Nur wenige Bahnen von subkortikalen Zentren zum Kortex bestehen, und sehr wenige intrakortikale Verbindungen sind zu finden, die später die Hauptmasse kortikaler Fasern ausmachen (Creutzfeldt 1983). Die Reifung des Gehirns unmittelbar nach der Geburt besteht in einer explosionsartigen Zunahme der Zahl der Synapsen überall im Gehirn und einer starken Volumenvergrößerung der kortikalen Pyramidenzellen. Interessanterweise ist der gröbere kortikale Reifungsprozeß bei kleinen Affen bereits mit drei Monaten abgeschlossen, beim Menschen mit zweieinhalb bis drei Jahren, wenn auch der feinere Ausreifungsprozeß sich bis zu einem Alter von 20 Jahren fortsetzt (Creutzfeldt 1983). Dies betrifft insbesondere den präfrontalen Kortex (Mrzljak et al. 1990). Es ist sicher kein Zufall, daß zu ebendieser Zeit, d. h. in einem Alter von zweieinhalb bis drei Jahren, diejenige Entwicklung einsetzt, in der das menschliche Kind deutlich seine nichtmenschlichen Primatengenossen hinter sich läßt. Alle Forscher, welche die Entwicklung von Schimpansen- und Gorillakindern auf der einen Seite und Menschenkindern auf der anderen unter denselben Bedingungen verglichen haben, berichten, daß im Alter von rund zweieinhalb Jahren die menschliche Entwicklung, die bis dahin etwa derjenigen der Großaffen entspricht, „davonläuft". Große Affen können nach Auskunft dieser Forscher auch nach jahrelanger intensivster Förderung durch Menschen nicht mehr erreichen als das, was ein Menschenkind mit zweieinhalb Jahren kann. Dies betrifft natürlich insbesondere das Sprachvermögen. Das Maximum dessen, was auch der intelligenteste und trainierteste Menschenaffe an Sprachkompetenz erreichen kann, sind Zwei- bis Drei-Wort-Sätze, die man – falls man Skeptiker ist – als völlig agrammatisch ansehen kann oder die – wenn man Optimist ist – erste Anzeichen von Grammatik zeigen. Dies entspricht dem Stand eines zweieinhalbjährigen Menschenkindes (Byrne 1995).

Ich habe versucht darzustellen, daß die Ausbildung der sinnlichen Welt, die Entstehung der Gefühle, der Kognition, des Bewußtseins und des Selbst ein sehr langsam sich vollziehender Prozeß ist, der – soweit wir feststellen können – sich an bestimmten Entwicklungsschritten des Gehirns festmachen läßt. Die ersten Schritte, nämlich die Ausdifferenzierung der gröberen und feineren Hirnregionen und -zentren, der primären und sekundären sensorischen und motorischen Areale erfolgt teils genetisch, teils epigenetisch in selbstorganisierender Weise. Erst später spielt individuelle Erfahrung die entscheidende Rolle, und auch hierbei handelt es sich weitgehend um un- bzw. vorbewußte Vorgänge. Die Ausbildung der verschiedenen Stufen von Bewußtsein ist generell ein später und die Ausbildung des reflexiven, autobiographischen Bewußtseins ein sehr später ontogenetischer Prozeß, der weit in das Jugendalter und sogar in das Erwachsenenalter hineinreicht.

Wir erkennen daran, daß sich in diesem Prozeß Realität und Wirklichkeit, Welt und Ich keineswegs isoliert gegenüberstehen, sondern daß bestimmte Prozesse der Realität sehr langsam die von uns schließlich subjektiv erlebte Wirklichkeit, d. h. uns selbst, hervorbringen. Das subjektive Ich ist nicht der Konstrukteur der Wirklichkeit, sondern ein spätes Konstrukt in der Wirklichkeit. Es ist mit der Realität verbunden, und zwar über genetisch-phylogenetische, ontogenetisch-epigenetische und erfahrungsbedingte Prozesse und Mechanismen und schließlich über bewußte Interaktion. Das Selbst ist zugleich über viele Zwischenstufen von der Realität getrennt, nämlich dadurch, daß es sowohl ontogenetisch als auch aktualgenetisch ganz am Ende der Entwicklung steht – ontogenetisch, weil es viele Jahre dauert, bis das Selbst eine stabile Form gefunden hat, aktualgenetisch, weil es bei jeder Wahrnehmung mindestens dreihundert Millisekunden bis zu einer Sekunde dauert, bis eine primäre Sinneserregung bewußt wird (Libet 1978). In dieser Zeit haben umfangreiche, das gesamte Gehirn durchziehende und grundsätzlich unbewußt arbeitende Netzwerke entschieden, ob etwas alt oder neu, wichtig oder unwichtig ist und ob sich die bewußtseinsfähige assoziative Hirnrinde überhaupt weiter damit beschäftigen soll. Erst dann tritt unser bewußtes Ich in Aktion. Dies bereits mag man aus traditionell philosophischer Sicht als Kränkung ansehen. Die größte Kränkung aber wird wohl die Erkenntnis sein, daß dieses Ich auch bei der Handlungsentscheidung „hintendran" kommt, um es salopp auszudrücken. Das Gefühl der Willensentscheidung tritt offenbar erst auf, nachdem das ganze Gehirn entschieden hat, was als nächstes in welcher Weise zu tun ist (Roth 1996). Nicht das Selbst ist der autonome Akteur, es ist das Gehirn zusammen mit seinem Organismus. Dadurch wird allerdings das Selbst nicht zu einem belanglosen Epiphänomen; vielmehr zeigt sich, daß für das verhaltenssteuernde Gehirn dieses Selbst notwendig ist für die Zuschreibung der veranlaßten Handlungen an sich selbst und die Einheit der Handlungsplanung. Ohne Selbst gibt es keine komplexen Handlungen, keine anschlußfähigen sozialen Interaktionen. Menschen, bei denen dieses Selbst gestört oder gar zerstört wurde, sind zu solchen Interaktionen nicht fähig.

Der Konstruktivismus muß diese Einsichten in die große Vermitteltheit von Selbst und Bewußtheit theoretisch aufnehmen und praktisch umsetzen. Selbst und Bewußtsein sind nicht Piloten, die während eines Blindfluges auf Bildschirme starren und interne Abgleiche vornehmen. Wenn man im gleichen metaphorischen Bereich bleibt, so muß man statt dessen sagen: Bewußtsein und Selbst sind Repräsentationen, deren sich die verhaltenssteuernden Systeme des Gehirns bedienen, um neue, komplexe Wahrnehmungen und kommunikative Akte zu meistern und entsprechende Handlungen zu planen. Ich denke, solche Einsichten könnten dazu beitragen, den Konstruktivismus erkenntnistheoretisch zu entkrampfen, ohne ihm die große Sprengkraft zu nehmen, die er nach wie vor für nahezu alle Wissenschaftsbereiche und für unser praktisches tägliches Leben besitzt.

Literatur

Baron-Cohen, S., A. M. Leslie a. U. Frith (1985): Does the autistic child have a "theory of mind"? *Cognition* 21: 37–46.
Byrne, R. (1995): The Thinking Ape. Evolutionary Origins of Intelligence. Oxford/New York/Tokyo (Oxford University Press).
Creutzfeldt, O. D.(1983): Cortex Cerebri. Leistung, strukturelle und funktionelle Organisation der Hirnrinde. Berlin/Heidelberg/New York (Springer).
Gilbert, S. F. (1997): Developmental Biology. Sunderland (Sinauer).
Köhler, L. (1998): Einführung in die Entstehung des Gedächtnisses. In: M. Koukkou, M. Leuzinger-Bohleber u. W. Mertens (Hrsg.): Erinnerung von Wirklichkeiten. Stuttgart (Internationale Psychoanalyse), Bd. 1, S. 131–222.
Libet, B. (1978): Neuronal vs. subjective timing for a conscious sensory experience. In: P. A. Buser a. A. Rougeul-Buser (eds.): Cerebral Correlates of Conscious Experience. Amsterdam u. a. (Elsevier/North-Holland), pp. 69–82
Maturana, H. R. (1982): Biologie der Kognition. In: H. R. Maturana: Erkennen: Die Organisation und Verkörperung von Wirklichkeit. Braunschweig/Wiesbaden (Vieweg), S. 32–80.
Mrzljak, L., H. B. M. Uylings, C. G. van Eden a. M. Judás (1990): Neuronal development of human prefrontal cortex in prenatal and postnatal stages. In: H. B. M. Uylings, C. G. van Eden, J. P. C. de Bruin, M. A. Corner a. M.G.P. Feenstra. (eds.): The Prefrontal Cortex. Its Structure, Function, and Pathology. Amsterdam/New York/Oxford (Elsevier), pp. 185–222.
Pearce, J. M. (1997): Animal Learning and Cognition. Exeter (Psychology Press).
Puelles, L. a. J. Rubenstein (1993): Expression patterns of homeobox and other putative regulatory genes in the embryonic mouse forebrain suggest a neuromeric orgnization. *Trends in Neuroscience* 16: 472–479.
Roth, G. (1987): Die Entwicklung kognitiver Selbstreferentialität im menschlichen Gehirn. In: D. Baecker et al. (Hrsg.): Theorie als Passion. Frankfurt a. M. (Suhrkamp), S. 394–422.
Roth, G. (1996): Das Gehirn und seine Wirklichkeit. Kognitive Neurobiologie und ihre philosophischen Konsequenzen. (6. Aufl.) Frankfurt a. M. (Suhrkamp).
Singer, W. (1995): Development and plasticity of cortical processing architecture. *Science* 270: 758–764.

Neurobiologische Anmerkungen zum Konstruktivismus-Diskurs
Wolf Singer

Es soll der Frage nachgegangen werden, wie Wissen über die Welt in das Gehirn gelangt, wie es dort verankert wird und wie es bei der Wahrnehmung der Welt genutzt wird, um diese zu ordnen. Behandelt werden müssen dabei kognitive Aspekte der Evolution und der Individualentwicklung. Vor allem aber bedarf es dabei der Auseinandersetzung mit den neurobiologischen Grundlagen der Wahrnehmung, mit der Frage nach der Repräsentation von Wahrnehmungsobjekten im Gehirn.

Vorab soll an einem alltäglichen Wahrnehmungsprozeß verdeutlicht werden, welche Leistungen unsere kognitiven Systeme erbringen müssen, wenn sie versuchen, Ordnung in die Welt zu bringen. Die erste Abbildung zeigt eine komplexe Szene, in der Figuren zu erkennen sind. Es dauert gemeinhin eine Weile, bis diese als Pferde identifiziert werden können, und je länger die Suche währt, um so mehr Pferde werden sichtbar. Um diese Figuren erkennen zu können, muß das visuelle System zunächst eine Segmentierungsleistung erbringen. Es muß die Figuren vom Grund trennen; die Mustermerkmale, die konstitutiv für individuelle Figuren sind, müssen als zusammengehörig erkannt werden. Ferner müssen die verschiedenen Figuren voneinander getrennt werden, um identifizierbar zu sein. Vermengung von Konturen der Pferde mit Konturen des Hintergrundes oder von Konturen unterschiedlicher Pferde würde das Erkennen individueller Gestalten unmöglich machen. Dieser Segmentierungsprozeß läuft meist automatisch ab, bleibt unbewußt und erfordert keine besondere Aufmerksamkeit. Da er der Objektidentifikation vorausgeht, muß er auf einer relativ niedrigen Ebene der visuellen Verarbeitungshierarchie erfolgen. Aus dem gleichen Grund muß er sich an Gruppierungsregeln orientieren, die für alle visuellen Objekte gleichermaßen gelten. Gruppierung muß möglich sein, bevor man weiß, welche Figuren eine Szene enthält. Ohne Vorwissen darüber, wie die Welt strukturiert ist, nach welchen Kriterien Szenen zweckmäßigerweise zu segmentieren sind, wäre es unmöglich, aus den zweidimensionalen Helligkeitsverteilungen, auf welche die Sehwelt in unseren Augen reduziert wird, irgendwelche Figuren zu extrahieren. Natürlich hilft es zu wissen, daß in dieser Szene Pferde grasen, aber dies weist nur zusätzlich darauf hin, daß sprachlich vermittelbares Wissen von den entsprechenden auditorischen Zentren im Gehirn auf periphere Ebenen des visuellen Systems zurückprojiziert werden kann, um dort Segmentierungsprozesse zu unterstützen. In diesem Fall erfolgt die Segmentierung dann aber unter der Kontrolle von Aufmerksamkeit und wird zur bewußten Suche.

Da Segmentierung aber möglich sein muß, ohne daß vorher gewußt wird, was zu sehen ist, muß sie allgemeinen, im System fest verankerten

Gesetzen gehorchen. Es muß angeborenes oder erworbenes Wissen darüber gespeichert sein, mit welcher Wahrscheinlichkeit bestimmte Konstellationen von Mustermerkmalen für visuelle Objekte kennzeichnend sind. Dieses Regelwissen ist in den dreißiger Jahren von den Gestaltpsychologen um Max Wertheimer gründlich erforscht worden. Als starkes Gruppierungskriterium gilt zum Beispiel die Kontinuität bzw. räumliche Kontiguität von Konturen. Das Sehsystem hat die Tendenz, Konturen, die zusammenhängen, als zu einer Figur gehörig zu gruppieren. Das gleiche gilt für Bildelemente, die nahe benachbart sind (Kriterium der Nähe) oder für Elemente, die in irgendeinem Merkmalsraum Ähnlichkeiten aufweisen, etwa die gleiche Farbe oder die gleiche Textur haben (Kriterium der Ähnlichkeit). Ein ganz besonders effizientes Gruppierungskriterium, das vermutlich angeboren ist und den meisten Spezies gemeinsam ist, wird als Kriterium des gemeinsamen Schicksals angesprochen. Wenn ein gut getarnter Käfer reglos im Laub sitzt, ist er in der Regel nicht segmentierbar und damit auch nicht erkennbar. Bewegt er sich aber, was zur Folge hat, daß sich die Konturen seines Tarnmusters alle mit der gleichen Geschwindigkeit in die gleiche Richtung bewegen, wird er sofort vom Hintergrund abgrenzbar, als Käfer identifizierbar und, wenn er Pech hat, gefressen.

Kognitive Systeme wenden also zunächst relativ elementare Kohärenzkriterien an, um Bildelemente zusammenzufassen, die mit einer gewissen Wahrscheinlichkeit konstitutiv für Wahrnehmungsobjekte sind. Hinzu treten eine Reihe komplexerer Kriterien wie die Geschlossenheit oder die gute Fortsetzung sich überschneidender Konturgrenzen. Wir gehen davon aus, daß sich Konturen harmonisch und kontinuierlich fortsetzen, auch wenn sie partiell verdeckt sind. Und schließlich bewerten wir sogar symmetrische Bezüge von Musterelementen als konstitutiv für Objekte. Es werden solche Konturgrenzen gruppiert, die, wenn zusammengefaßt, symmetrische Figuren ergeben. Es entspricht dies dem Faktum, daß die meisten Organismen entweder radial- oder axialsymmetrisch sind.

Evolution als kognitiver Prozeß

Wie nun gelangt das Wissen über diese in hohem Maße zweckmäßigen Kriterien ins Gehirn? Die hochspezifische Architektur der Gehirne verdankt sich evolutionären Selektions- und Anpassungsprozessen und ist bei Individuen der gleichen Art außerordentlich ähnlich. Die Information, die zur Ausbildung dieser Architekturen während der Individualentwicklung führt, ist in den Genen gespeichert und wird mit nur geringfügigen Variationen von Generation zu Generation weitergegeben. Nun ist, anders als in elektronischen Rechenmaschinen, bei natürlichen Nervensystemen kein Unterschied auszumachen zwischen Programm und Rechnerarchitektur, zwischen Soft- und Hardware. Die Architektur der Verschaltung von Nervenzellen *ist* das Programm, welches die Funktionen des Nervensystems festlegt. Folglich muß all das, was das Nervensystem über die Welt wissen kann, in der besonderen Art der Verschaltung seiner Nervenzellen niedergelegt sein. Die Verschaltungspläne von Gehirnen der gleichen Spezies weisen nur geringe interindividuelle Variabilität auf, weil die grundlegenden Organisationsprinzipien genetisch festgelegt sind. Hierin drückt sich das Wissen aus, das im Lauf der Evolution durch Versuch, Irrtum und Selektion des Bewährten über die Welt erworben und in den Genen gespeichert wurde. Über den embryonalen Entwicklungsprozeß wird dieses Regelwissen dann in Hirnstrukturen umgesetzt und steht hinfort dem Organismus zur Verfügung, um Signale aus der umgebenden Welt und aus dem Organismus selbst zu ordnen und zu interpretieren.

Eines der hervortretenden Strukturmerkmale des Säugergehirns ist zum Beispiel die Einteilung der Großhirnrinde in verschiedene Areale, die unterschiedlichen Funktionen gewidmet sind. Allen Säugern gemein ist die Gliederung in okzipitale, parietale, temporale und frontale Rindenbereiche, und auch die Funktionszuordnungen sind stereotyp. Areale, die sich mit der Vorverarbeitung visueller Information befassen, liegen im Okzipitallappen. Die Identifikation visueller Objekte obliegt Arealen im Temporallappen, die räumliche Lokalisation visueller Objekte dem Parietallappen, die Sprachrezeption und -produktion verteilt sich auf Areale des Temporal- und Frontallappens der linken Hemisphäre (beim Rechtshänder), und die Programmierung von Bewegungen wird im wesentlichen von frontalen Arealen bewerkstelligt. Schließlich sind da die phylogenetisch rezenten Areale im Präfrontallappen, die sich mit Funktionen befassen, die das Sein in der Zeit ermöglichen, sich beteiligen an Gedächtnisprozessen, am Entwurf von Handlungen und am Planen zukünftiger Vorhaben. Außerdem wirken diese Areale an der Steuerung sozial relevanter Verhaltensweisen mit. Diese Funktionszuordnungen finden sich stereotyp in allen Menschengehirnen wieder und können somit als Ausdruck des während der Evolution erworbenen Wissens über die Zweckmäßigkeit gewisser Verarbeitungsstrategien angesehen werden. Denn in der strukturellen Anordnung von Arealen drücken sich Verschaltungsprinzipien aus; Areale, die nah beieinanderliegen, sind auch eng miteinander verschaltet. Topologien definieren Verschaltungen, die ihrerseits die Rolle von Programmen haben; somit repräsentiert topologische Ordnung Wissen.

In dieser differenzierten Architektur liegen die Regeln, die angeben, nach welchen Kriterien bestimmte Aspekte der Sehwelt miteinander verbunden werden, denn welche Areale miteinander verbunden sind, legt letztlich fest, welche Merkmale miteinander assoziiert werden können. In jedem dieser verschiedenen Areale werden jeweils nur ganz bestimmte Aspekte der Sehwelt abgearbeitet, Textur, Farb- und Formmerkmale in den einen und Bewegungs- und Lageinformation in den anderen. Was womit wie assoziierbar ist, hängt also davon ab, ob und wie die verschiedenen Areale miteinander verbunden sind. Die Grenzen synästhetischer Erfahrung werden durch solche Verschaltungsprinzipien festgelegt. Areale, die nicht direkt miteinander verbunden sind, können ihre Analyseergebnisse auch nicht direkt austauschen. Die komplexe strukturelle Differenzierung hochentwickelter Gehirne entspricht somit gespeichertem Wissen über die Welt.

Individualentwicklung als kognitiver Prozeß

Eine zweite wichtige Informationsquelle für die Programmierung von Hirnfunktion ist die während der frühen Entwicklung bis hin zur Pubertät erworbene Erfahrung über die Welt. Menschliche Gehirne, und das gilt für Säugergehirne im allgemeinen, entwickeln sich nach dem Zeitpunkt der Geburt noch bis hin zur Pubertät strukturell weiter. Zum Zeitpunkt der Geburt verfügt das Gehirn zwar bereits über den vollen Satz von Nervenzellen, aber in zahlreichen Hirnstrukturen ist das Auswachsen von Nervenverbindungen noch in vollem Gange. Es bilden sich neue synaptische Kontakte aus, und dieser Entwicklungsprozeß setzt sich in bestimmten Hirnrindenarealen bis zur Geschlechtsreife fort. Besonders bemerkenswert ist dabei, daß diese späte Ausdifferenzierung der Verschaltung von neuronaler Aktivität und damit von Sinnessignalen beeinflußt wird. Zum Zeitpunkt der Geburt sind die meisten Sinnesorgane bereits voll funktionstüchtig, d. h., die Aktivität, die im Nervensystem erzeugt wird, unterliegt der Modulation durch die Sinnesorgane. Diese Aktivität wiederum wird genutzt, um die neu ausgewachsenen Nervenverbindungen funktionell zu validieren, um funktionell angepaßte Nervenfasern zu konsolidieren und nicht gebrauchte abzuschaffen. Bis zum Abschluß dieses postnatalen Entwicklungsprozesses, also bis zur vollständigen Auskristallisation der Verschaltung des Nervensystems, werden etwa 30 bis 40 % mehr Verbindungen angelegt, als letztlich im ausgereiften Gehirn übrigbleiben. Dieser erfahrungsabhängige Entwicklungsprozeß wird also durch einen extrem hohen Umsatz von neu gebildeten und wieder gelösten Verbindungen charakterisiert, wobei die auftretenden Aktivierungsmuster festlegen, welche Verbindungen erhalten bleiben. Das bedeutet auch, daß nicht nur selbstgemachte Erfahrung, sondern auch alle Interaktionen, die von Bezugspersonen initiiert werden, Eingriffe in die Verschaltungsarchitektur des werdenden Gehirns darstellen.

Wie zahlreiche neuroanatomische Untersuchungen belegen, kann Erfahrung tatsächlich zu strukturellen Veränderungen führen, die so massiv sind, daß man sie im Mikroskop sehen kann. Wie bedeutsam diese zweite, epigenetische Lernphase für den Rest des Lebens ist, geht daraus hervor, daß nach Ablauf dieser Entwicklungsphase die Architektur des Nervensystems auskristallisiert und starr wird. Es gibt dann kein neues Wachstum, aber auch keine Vernichtung von Verbindungen mehr, es sei denn, es liegen pathologische Prozesse vor. Jenseits dieser Entwicklungsphase gibt es somit keine Möglichkeit mehr, die Architektur und damit das Basisprogramm des Gehirns zu verändern. Dennoch bleiben wir lernfähig, und

II. Konstruktivismus in der Hirnforschung

darüber wird noch zu berichten sein. (Für weiterführende Literatur zu diesen Entwicklungsprozessen siehe Singer 1990, 1995.)

Zuvor aber ein Beispiel dafür, wie eingreifend frühe Erfahrung in die strukturelle Ausprägung von Verbindungen in der Großhirnrinde sein kann. Die Repräsentation verschiedener Mustermerkmale erfolgt in einem komplizierten zweidimensionalen „Patchwork" von gruppiert angeordneten, merkmalsspezifischen Nervenzellen. Nun müssen zwischen diesen Merkmalsrepräsentanten, die auf dieser peripheren Verarbeitungsstufe noch relativ einfache Merkmale repräsentieren, Verbindungen existieren, damit die jeweiligen Merkmale miteinander assoziiert werden können. Bei der Diskussion von Gestaltkriterien war deutlich geworden, daß unser Sehsystem die Tendenz hat, ähnliche Merkmale – also Konturen gleicher Orientierung oder Flächen gleicher Farbe oder gleichen Kontrastes – bevorzugt zu assoziieren und zu gruppieren. Folglich muß es spezifische Verbindungen zwischen diesen Merkmalsrepräsentanten geben. Und es gibt sie in der Tat. Wenn man in die Großhirnrinde ein Kristall eines fettlöslichen, fluoreszierenden Farbstoffes einbringt, dann wird dieser Farbstoff von den Nervenfasern, die in der Nähe des Kristalls enden, aufgenommen und rückwärts transportiert bis zum jeweiligen Nervenzellkörper. Wieder ist ein eigenartiges Patchworkmuster auszumachen, was darauf hinweist, daß die Verbindungen ein hohes Maß an Selektivität aufweisen. Nun erhebt sich die Frage, ob und wie dieses topologisch hochselektive Verbindungsmuster mit den Merkmalsdomänen, die ebenfalls zweidimensional in dieser Fläche repräsentiert sind, korreliert ist. Der Vergleich der beiden Karten zeigt, daß eine erstaunlich präzise Ordnung herrscht.

Nun läßt sich zeigen, daß diese Selektivität Folge von Erfahrung ist. Es wird zwar im genetischen Bauplan schon festgelegt, welche Zelltypen in welchen Rindenschichten miteinander kommunizieren sollen und über welche Entfernungen insgesamt kommuniziert werden darf. Die Gesamtausbreitung dieses Fasersystems ist also genetisch determiniert, und dies gilt auch für den mittleren Abstand zwischen einzelnen Merkmalsdomänen. Eine Reihe von Strukturmerkmalen ist somit genetisch festgelegt. Betrachtet man nun die Verbindungsstruktur von Tieren, deren visuelle Erfahrung beeinträchtigt wurde, so zeigt sich, daß hier auch Domänen mit unterschiedlicher Merkmalspräferenz stark verbunden sind. Die Spezifikation von Verbindungen beruht demnach auf einem aktivitätsabhängigen Selektionsprozeß. Aus solchen Experimenten lassen sich die Regeln dieser aktivitätsabhängigen Selektionsprozesse ableiten. Verbindungen werden konsolidiert, wenn sie Neurone miteinander verkoppeln, die häufig synchron erregt werden, und sie gehen verloren zwischen Neuronen, die häufig asynchron bzw. zeitlich unkorreliert aktiv sind. Die Selektionsregeln haben also eine assoziative Funktion, sie verkoppeln selektiv Neuronen, die häufig gemeinsam aktiv werden, und entkoppeln Neuronen, für die das nicht zutrifft. Werden die vorbereiteten Funktionen nicht abgerufen, so führt diese Selektion zur Zerstörung der Verbindungen, die für die Realisierung der entsprechenden Funktion notwendig gewesen wären.

All das gilt natürlich auch für den Menschen. Wenn es nicht möglich ist, während der ersten Lebensjahre den Gesichtssinn zu gebrauchen, können sich im Gehirn die entsprechenden Verschaltungsarchitekturen nicht optimieren. Selbst wenn dann später die optischen Medien der Augen durch chirurgische Eingriffe korrigiert werden und die Sehwelt wieder voll zur Verfügung steht, nützt das nichts, weil die Signale von den Augen nicht sinnvoll verarbeitet werden können. Die Menschen bleiben blind. Bei höheren Wirbeltieren und Säugetieren führt also frühe sensorische Deprivation zu bleibenden kognitiven Störungen, weil die genetisch vorgegebene Struktur in der Regel nicht ausreicht, um die volle Funktionsfähigkeit des Systems zu unterstützen.

Natürlich gibt es gute Gründe, warum das System sich darauf verläßt, nach der Geburt noch zusätzliche Informationen aufzunehmen, um Verschaltungen zu optimieren. Es können auf diese Weise Funktionen realisiert werden, die sich durch genetische Instruktionen alleine nicht hätten verwirklichen lassen. Der Preis für die Option, zusätzliche epigenetische Information zu nutzen, um das System zu strukturieren, ist aber hoch. Die Möglichkeit, Verschaltungen und damit Programme über das genetisch vorgegebene Grundmuster hinaus an die tatsächlichen Gegebenheiten anzupassen, wird mit erhöhter Vulnerabilität erkauft. Wenn in den frühen Phasen der Entwicklung die Interaktion mit der Umwelt gestört ist, können die entsprechenden Funktionen nicht ausgebildet werden. Dies gilt mit großer Wahrscheinlichkeit nicht nur für einfache sensorische Funktionen, sondern für eine Fülle weiterer Leistungen. Für den Spracherwerb ist die Erfahrungsabhängigkeit und die Existenz kritischer Phasen nachgewiesen. Vermutlich hängt aber auch die Einbindung in soziale Bezüge von derartigen Prägungsprozessen ab, von der erfahrungsabhängigen Strukturierung von Hirnarchitekturen, die bis zum Abschluß der Pubertät erfolgt sein muß und später nicht mehr nachholbar ist.

Da wir nun auch als Erwachsene noch lernfähig sind, stellt sich die Frage, wie die Aufnahme von Wissen in dieser Lebensphase erfolgt, zu einem Zeitpunkt also, zu dem Verschaltungen nicht mehr verändert werden können. Diese Lernvorgänge, die natürlich auch schon vor Erreichen der Pubertät parallel zu den Prägungsprozessen ablaufen, beruhen darauf, daß die Wirksamkeit der vorhandenen Verbindungen verändert wird. Diese können in ihrer Effektivität, in ihrer Koppelstärke, entweder erhöht oder abgeschwächt werden. Es gelingt seit einigen Jahren, dünne Scheiben der Großhirnrinde in geeigneter Nährlösung am Leben zu erhalten und dann unter Sichtkontrolle von Nervenzellen abzuleiten, die miteinander in Verbindung stehen. Erregt man eine von zwei Zellen, lassen sich synaptisch vermittelte Antworten in der jeweils anderen auslösen. Diese wiederum können dann in unterschiedlicher zeitlicher Abfolge mit der Aktivierung der jeweiligen Zielzelle kombiniert werden. Dabei zeigt sich, daß zeitlich korrelierte Aktivierung von zwei verbundenen Zellen die Effizienz der synaptischen Kopplung zwischen diesen beiden Zellen erhöht, während antikorrelierte Aktivierung zu einer Abschwächung der Kopplung führt. Die Lernregel ist also wieder eine Korrelationsregel, die Grundlage aller assoziativen Prozesse. In vivo würden solche Prozesse natürlich zusätzlichen Bewertungssystemen unterworfen werden, die die Relevanz der jeweiligen Aktivitäten bewerten und Veränderungen dann und nur dann zulassen, wenn das Gesamtgehirn befunden hat, daß die jeweils zur Verarbeitung gelangten Aktivitätsmuster bedeutsam sind. Diese Bewertung wird von Zentren im limbischen System vorgenommen. Das Bewertungsergebnis wird den verteilten Verarbeitungszentren über Nervenbahnen und spezielle chemische Überträgerstoffe, die sogenannten Neuromodulatoren, mitgeteilt. (Weiterführende Literatur zur synaptischen Plastizität findet sich in Singer 1995.)

So gibt es also drei Mechanismen, über welche Wissen in das Gehirn kommt: die Evolution, die Wissen über die Welt in den Genen speichert und dieses Wissen im Phänotyp des je neu ausgereiften Gehirns exprimiert, dann das während der frühen Ontogenese erworbene Erfahrungswissen, das sich ebenfalls in Strukturänderungen manifestiert – die übrigens kaum von den genetisch bedingten zu unterscheiden sind –, und schließlich das übliche, durch Lernen erworbene Wissen, das sich in funktionellen Änderungen der Effizienz bereits konsolidierter Verbindungen ausdrückt. Diese lernbedingten Veränderungen haben natürlich auch strukturelle und molekulare Substrate, die allerdings allenfalls noch mit dem Elektronenmikroskop identifiziert werden können. In ihrer Gesamtheit bestimmen diese drei Wissensquellen die funktionelle Architektur des jeweiligen Gehirns und damit das Programm, nach dem das betrachtete Gehirn arbeitet.

Zur Struktur von Repräsentationen

Wie nun kann dieses Wissen aktiviert werden, um Wahrnehmungsprozesse zu unterstützen und Ordnung in die Welt zu bringen? Diese Frage wiederum ist eng verbunden mit der Frage, wie sich die Repräsentation von Wahrnehmungsobjekten im Gehirn darstellt. Gegenwärtig werden vor allem zwei konkurrierende Hypothesen diskutiert und experimentell überprüft. Die eine, die klassische, orientiert sich vorwiegend an behavioristischen Positionen. Sie versteht den Prozeß von der Aufnahme von Information über die Sinnesorgane bis hin zur Entstehung der zentralnervösen Repräsentationen vornehmlich als ein Reiz-Reaktions-Geschehen. Sie weist damit dem Gehirn eine eher passive Rolle zu, die Rolle eines Filtersystems, das die Signale der Sinnesorgane in serieller Abfolge ordnet. Dem gegenüber steht eine alternative Konzeption, die das Gehirn als aktives, Hypothesen formulierendes und Lösungen suchendes System versteht. Im Kern geht diese Hypothese davon aus, daß der Akt der Wahrnehmung im wesentlichen auf der Bestätigung von Hypothesen beruht, die das Gehirn auf der Basis seines Vorwissens generiert und durch die einlaufenden Signale verifiziert. Vermutlich wird sich erweisen, daß auch in diesem Fall nie das eine nur gilt oder das andere, sondern daß zumindest in komplexeren Nervensystemen beide Verarbeitungsstrategien angewandt werden. Die erste Strategie, die im wesentlichen auf serieller Filterung beruht, ist unser Erbe aus früheren Zeiten. Mollusken und niedere Wirbeltiere, die noch nicht über Großhirnrinde verfügen, sind weitestgehend auf diese Strategie beschränkt. Höher entwickelte Gehirne, vor allem solche, die über Großhirnrinde verfügen, können komplementär dazu die zweite Strategie verfolgen, eine Strategie, die erheblich mehr Freiheitsgrade für die Repräsentation neuer Muster einräumt und vermutlich notwendige Voraussetzung für die kreative Verknüpfung von Inhalten darstellt.

Das klassische Konzept

Die klassische Hypothese entspricht durchaus unserer Intuition bezüglich dessen, wie unser Gehirn funktioniert, und orientiert sich entsprechend auch an geläufigen Denkfiguren. Descartes hat diese Sichtweise am explizitesten formuliert, indem er postulierte, daß es irgendwo im Gehirn ein Konvergenzzentrum geben müsse, in dem alle Informationen zusammenlaufen und einer einheitlichen Bewertung zugeführt werden. Dies ist intuitiv plausibel, denn anders ist schwer vorstellbar, wie die Wahrnehmung einer kohärenten Welt erfolgen, wie sich ein intentionales Ich konstituieren und wie ein Entschluß gefaßt werden kann. Irgendwo, so legt die Intuition nahe, muß da eine Zentrale sein, die interpretiert, entscheidet und Pläne entwirft. Naturgemäß hat sich auch die neurobiologische Vorgehensweise an dieser intuitiv so plausiblen Setzung orientiert und die Suche nach der Struktur von zentralen Repräsentationen mit der Suche nach dem postulierten Konvergenzzentrum verbunden. Von den Sinnesorganen ausgehend, drangen die Neurobiologen immer tiefer in das System ein, in der Annahme, einer hierarchischen Abfolge von Verarbeitungsschritten folgend, letztendlich an den Ort zu gelangen, an dem die Objektrepräsentationen vollkommen sind, also auf die Bühne des kartesischen Theaters. Die Hypothese, wie auf diese Weise Wahrnehmungsobjekte im Gehirn repräsentiert werden könnten, ist in Abbildung 2 skizziert. Die Annahme ist, daß in hierarchisch strukturierten pyramidalen Verarbeitungsstrukturen über Rekombination und wiederholte Konvergenz von Verbindungen schließlich Nervenzellen erzeugt werden, die hochspezifisch auf ganz bestimmte Konstellationen von Mustermerkmalen ansprechen, ebenjenen Mustermerkmalen, die konstitutiv für ein ganz bestimmtes Wahrnehmungsobjekt sind (Logothetis et al. 1995).

Im Fall des gewählten Bildbeispieles müßten also die Signale von Nervenzellen, die auf die Konturen des linken Gesichtes reagieren, selektiv auf eine gemeinsame Zielzelle verschaltet werden, und deren Erregungsschwelle müßte so eingestellt sein, daß die Zelle dann und nur dann reagiert, wenn das entsprechende Gesicht vorhanden ist, wenn die für dieses Neuron spezifische Konstellation von Merkmalen auf der Netzhaut zur Abbildung kommt. Entsprechend bräuchte man eine weitere Nervenzelle, die selektiv antwortet, wenn statt des Gesichtes die Vase gesehen wird. Diese Zelle muß zum Teil von den gleichen Neuronen erregt werden wie die „Gesichterzelle", weil beide Figuren durch dieselbe Konturlinie begrenzt werden. Sie muß aber, um die Vase repräsentieren zu können, auch die gegenüberliegende Konturgrenze mit einbinden, d. h., die „Vasenzelle" muß auch von Neuronen erregt werden, die auf die Konturen des zweiten Gesichts reagieren, und zusätzlich natürlich von Nervenzellen, die auf die weiße Fläche dazwischen reagieren. Bei dieser Kodierungsstrategie muß also für jedes unterscheidbare Wahrnehmungsobjekt mindestens eine Nervenzelle reserviert werden, die über konvergente Architekturen die verschiedenen Merkmale zusammenbindet, die für ein bestimmtes Wahrnehmungsobjekt charakteristisch sind. Doch damit nicht genug, man bräuchte für jedes Wahrnehmungsobjekt einen ganzen Satz solcher Zellen, denn Objekte lassen sich auch dann erkennen, wenn sie auf dem Kopf stehen oder schief liegen oder rotiert sind. In all diesen Fällen werden neue Konstellationen von Merkmalsdetektoren in der primären Sehrinde aktiviert. Man müßte also auch für die verschiedenen Erscheinungsformen, die das gleiche Objekt annehmen kann, wenn es im Raum gedreht wird, spezifische Repräsentanten haben. Natürlich gilt dies nicht für alle möglichen Erscheinungsformen, es wären dies unendlich viele. Aber es bedürfte zumindest einiger Stützpunkte, um auf dazwischen liegende Erscheinungsformen extrapolieren zu können (Logothetis et al. 1995). Gleichwie, man bräuchte eine nahezu unendliche Zahl von Nervenzellen, um auf diese Weise Objekte der Welt repräsentieren zu können. Ebenso bräuchte man eine riesige Zahl von nicht festgelegten Nervenzellen, um dem Umstand Rechnung zu tragen, daß neue Figuren entstehen können, noch nie Gesehenes repräsentiert werden muß. All diese Neurone müßten sich in einem riesigen Areal an der Spitze der Verarbeitungshierarchie befinden.

Und hier beginnen die Probleme. Das postulierte Areal ist nicht identifizierbar. Je weiter man in der Verarbeitungshierarchie nach oben kommt, desto kleiner werden die einzelnen Areale. Dennoch finden sich Hinweise für die beschriebene Kodierungsstrategie. Nervenzellen auf höheren Stufen der Verarbeitungshierarchie sprechen tatsächlich auf recht komplexe Konstellationen von Merkmalen an. Ein besonders überzeugendes Argument für die Gültigkeit dieser expliziten Repräsentationsstrategie leitet sich aus dem Befund ab, daß man im Primatengehirn sogar Nervenzellen findet, die selektiv auf Gesichter reagieren. Sie kodieren zwar keine individuellen Gesichter, aber sie unterscheiden durchaus zwischen verschiedenen Gesichtern und antworten differentiell, wenn sich die Orientierung der Gesichter im Raum ändert. Manche sprechen besser auf Profile an, manche mehr auf frontale Ansichten (Wallis a. Rolls 1997). Diese Befunde haben natürlich die Hoffnung geweckt, man würde auch für alle anderen Objekte dieser Wahrnehmungswelt spezialisierte Zellen finden. Die Suche wurde fortgesetzt, ungeachtet des logischen Problems, daß dies zu einer kombinatorischen Explosion von Bindungsneuronen führen müßte, die rein zahlenmäßig nicht zu bewältigen ist. Dennoch legen diese Befunde nahe, daß zumindest ein Teil der wahrnehmbaren Objekte auf diese Weise repräsentiert wird. Vermutlich handelt es sich dabei um besonders verhaltensrelevante Inhalte, wie z. B. Gesichter, die für die sozial aktiven Primaten von sehr großer Bedeutung sind. In dieses Bild paßt, daß die Gesichterzellen angeboren sind; auch junge Primaten, die noch keine visuelle Erfahrung mit anderen Primaten hatten, besitzen bereits gesichterspezifische Zellen in ihrer Hirnrinde. Hier muß die entsprechende Verschaltung also über genetische Instruktionen spezifiziert worden sein. Da es auch beim Menschen ein Hirnrindenareal gibt, das für das Erkennen von Gesichtern zuständig ist, dürften auch hier genetisch determinierte Antwortpräferenzen vorgegeben sein. Dennoch bleibt das Argument, daß mit dieser Repräsentationsstrategie wegen der inhärenten kombinatorischen Explosion repräsentationaler Elemente das Repräsentationsproblem nicht im allgemeinen zu lösen ist.

Auch mit der Identifikation hierarchischer Verarbeitungsarchitekturen und entsprechender Konvergenzzentren gibt es Probleme. Anstelle pyramidaler Verarbeitungsstrukturen imponieren parallel strukturierte hochvernetzte Architekturen (Maunsell 1995). Ein weiterer Grund also, nach alternativen Kodierungsstrategien zu suchen.

Die konkurrierende Hypothese

Die attraktivste Alternative geht auf einen Vorschlag des Psychologen Donald Hebb (Hebb 1949) zurück, den dieser in seinem Buch *The Organization of Behavior* formuliert hat. Der Vorschlag lautet, daß Inhalte nicht durch hochspezialisierte, einzelne Nervenzellen repräsentiert werden, sondern durch ein ganzes Ensemble von Nervenzellen, die in ihrer Gesamtheit die einfachste Beschreibung eines bestimmten Inhaltes darstellen. Ein bestimmtes Objekt würde also nicht durch eine objektspezifische Zelle repräsentiert, sondern durch eine Gruppe von Zellen, die möglicherweise auch noch über verschiedene Hirnrindenareale verteilt sind, wobei jede einzelne Zelle nur bestimmte Teilmerkmale des Objekts repräsentiert: gewisse Form- oder Texturmerkmale, Angaben über Ort, Lage und Größe und vielleicht auch bestimmte funktionelle Konnotationen; eine Matrix von Merkmalen also, die in ihrer Gesamtheit eine vollständige Beschreibung des Objektes ergibt. Diese Kodierungsstrategie hat den großen Vorteil, daß die gleichen Zellen benutzt werden können, um zu verschiedenen Zeitpunkten verschiedene Inhalte zu repräsentieren. Damit läßt sich das numerische Problem lösen. Denn genauso, wie ein bestimmtes Merkmal, etwa

Vertikalität oder schwarze Farbe, konstitutiv für all die verschiedenen Wahrnehmungsobjekte sein kann, die vertikale Konturen haben und schwarz sind, können Neurone, die für solche elementaren Merkmale kodieren, für die Repräsentation dieser verschiedenen Objekte verwendet werden, wenn sie in der geeigneten Konstellation zu Ensembles zusammengebunden werden.

Nun handelt man sich aber mit dieser Kodierungsstrategie ein weiteres ebenfalls nicht leicht zu lösendes Problem ein. Zwar wird das Problem der kombinatorischen Explosion überwunden, weil durch die Möglichkeit zur dynamischen Rekombination mit einer endlichen Zahl von Nervenzellen eine nahezu unendlich große Zahl von Wahrnehmungsobjekten repräsentiert werden kann, aber es tritt ein Bindungsproblem auf. Es muß den nachfolgenden Verarbeitungsschichten signalisiert werden, welche von den vielen gleichzeitig aktiven Nervenzellen – beim Betrachten einer Szene wie der in Abbildung 1 sind fast alle Nervenzellen in der primären Sehrinde gleichzeitig aktiv – sich an der Kodierung eines bestimmten Objektes beteiligen. Es muß geklärt werden, welche von den vielen Antworten zusammengebunden gehören, und das Ergebnis dieser Gruppierungsleistung muß höheren Arealen mitgeteilt werden.

Die Synchronisationshypothese

Das Nervensystem hat nur eine Option, um aus vielen gleichzeitigen Antworten einige wenige für die gemeinsame Weiterverarbeitung auszuwählen. Die ausgewählten Aktivitäten müssen für nachfolgende Strukturen auffällig gemacht werden. Um gemeinsam weiterverarbeitet zu werden, müssen die ausgewählten Antworten eine erhöhte Wirksamkeit hinsichtlich der Erregung nachgeschalteter Neuronen aufweisen. Im Prinzip gibt es zwei komplementäre Optionen, um die Wirksamkeit von neuronalen Antworten zu erhöhen. Nervenzellen können stärker aktiv werden, um in den je nachgeschalteten erfolgreicher zu sein. In diesem Fall summieren die synaptischen Potentiale – kleine depolarisierende Ereignisse von begrenzter Dauer – effektiver in den nachgeschalteten Zellen. Ensembles könnten also dadurch strukturiert werden, daß alle Zellen, die zu dem jeweiligen Ensemble gehören, aktiver werden. Probleme treten aber wieder auf, wenn zwei Objekte gleichzeitig am benachbarten Ort vorkommen und durch zwei Ensembles repräsentiert werden müssen. Würden die Zellen, die zu diesen zwei Ensembles gehören, lediglich dadurch ausgezeichnet, daß sie aktiver sind als die anderen, dann wäre es für die nachfolgenden Strukturen wieder unmöglich, herauszufinden, welche Zellen nun welches der beiden Objekte kodieren. Umgehen ließe sich dieses Superpositionsproblem nur dann, wenn für jedes Objekt ein eigenes Ensemble von Zellen reserviert würde, die Teilnahme der gleichen Zellen an verschiedenen Ensembles ausgeschlossen wäre. Dann aber stellte sich wieder das numerische Problem, man bräuchte zu viele Nervenzellen. Eine attraktive Alternative zur Auswahl durch Frequenzerhöhung ist die Auswahl durch Synchronisation der Entladungstätigkeit. Die Hypothese, deren experimentelle Prüfung wir derzeit anstreben, geht davon aus, daß die Signatur für das Verbundensein von Zellen in Ensembles in der Synchronizität der Aktivität der jeweils ausgewählten Nervenzellen liegt. Die Begründung ist, daß synchron eintreffende synaptische Ereignisse sehr effizient sind, weil sie optimal summieren. Gleichzeitig eintreffende synaptische Potentiale sind sehr viel wirksamer als die lineare Summe der Einzelereignisse. Durch Synchronisation als Auswahlmechanismus ließe sich das Superpositionsproblem elegant lösen, weil sich in ganz kurzen Zeitschritten, praktisch Entladung für Entladung, definieren läßt, welche Antwort mit welcher gruppiert worden ist. Verschiedene Ensembles ließen sich dann in rascher Folge und überlagerungsfrei definieren.

Wie nun soll man sich die Bildung solcher funktionell kohärenter Ensembles vorstellen? In Abbildung 3 ist ein randomisiertes Strichmuster gezeigt, in dem sich ein auf der Spitze stehendes Quadrat ausmachen läßt. Der Grund für die Erkennbarkeit des Quadrates ist, daß unser Sehsystem kolineare Konturen bevorzugt bindet und als der gleichen Figur zugehörig interpretiert. Dies rührt daher, daß in der Hirnrinde Verbindungen zwischen Orientierungsdetektoren, die kolineare Konturen kodieren, besonders stark ausgeprägt sind. Wie in Abbildung 3 angedeutet, lassen sich die neuronalen Verbindungen in der Hirnrinde in zwei komplementäre Klassen einteilen. Eine Gruppe von Verbindungen ist für die Herausbildung merkmalspezifischer Neurone zuständig. Diese Verbindungen vermitteln die Weiterleitung von Erregung von einer Verarbeitungsstufe zur nächsten und erzeugen über selektive Konvergenz und Rekombination von Eingangssignalen die zunehmend komplexere Merkmalselektivität von Neuronen in höheren Verarbeitungszentren. Es sind dies die Verbindungen, welche die eingangs erwähnte klassische Kodierungsstrategie unterstützen. Parallel dazu gibt es aber eine weitere Gruppe von Verbindungen, die wesentlich mächtiger ist und die im wesentlichen Neurone reziprok miteinander verkoppelt. Es sind dies die Verbindungen, die für die Assoziation merkmalspezifischer Neurone zu funktionell kohärenten Ensembles zuständig sind – eben die Verbindungen, deren erfahrungsabhängige Plastizität am Anfang des Beitrages besprochen wurde. Etwa 80 % der synaptischen Verbindungen von Nervenzellen der Großhirnrinde gehören zu dieser zweiten Klasse, und etwa 10 bis 20 % der Eingänge rekrutieren sich aus Verbindungen der ersten Gruppe. Die Sinnessysteme und damit die Signale aus der umgebenden Welt werden somit nur über eine sehr kleine Fraktion von Verbindungen in die Großhirnrinde eingekoppelt. Das System beschäftigt sich hauptsächlich mit sich selbst; 80 bis 90 % der Verbindungen sind dem inneren Monolog gewidmet.

Dies ist ein erster und starker Hinweis dafür, daß im Gehirn Prozesse ablaufen, die vorwiegend auf internen Wechselwirkungen beruhen und

II. Konstruktivismus in der Hirnforschung

nicht erst dann einsetzen, wenn von außen Reize einwirken. Das Reiz-Reaktions-Schema trifft nur bedingt zu, es dominieren nicht mehr die seriell weitergeschalteten reizinduzierten Antworten. Bedeutsamer wird mit zunehmender Entfernung von den Sinnesorganen selbstgenerierte Aktivität, welche von den Sinnessignalen lediglich moduliert wird.

Inzwischen gilt als gesichert, daß diese assoziativen Verbindungen eine synchronisierende Funktion haben; durchtrennt man sie, geht die Synchronisation von Antworten verloren (Engel et al. 1991). Die Hypothese ist also, daß diese sehr zahlreichen und in ihrer Ausprägung hochspezifischen Verbindungen der zweiten Klasse die merkmal- und kontextabhängige Gruppierung von räumlich verteilten Neuronen zu synchron aktiven Ensembles bewerkstelligen. Um diese Hypothese zu überprüfen und darüber hinaus zu zeigen, daß Synchronizität tatsächlich als Signatur für die Zusammengehörigkeit merkmalspezifischer Neurone genutzt wird, müssen testbare Voraussagen über Zusammenhänge zwischen Synchronisation und perzeptiven Leistungen formuliert und experimentell überprüft werden.

Die Basispostulate sind: Erstens, die Repräsentation von Wahrnehmungsobjekten erfolgt nicht nur explizit durch hochspezifische Neurone, sondern auch implizit über dynamisch assoziierte Ensembles von Zellen. Zweitens, diese dynamische Assoziation erfolgt über einen selbstorganisierenden Prozeß auf der Basis interner Wechselwirkungen, die durch Verbindungen der zweiten Klasse vermittelt werden. Drittens, die Regeln (die Gestaltregeln) für die bevorzugte Assoziation bestimmter Nervengruppen werden über die Architektur des Netzwerkes assoziierender Verbindungen festgelegt. Viertens, diese Architektur ist zum Teil genetisch festgelegt und zum Teil durch Erfahrung überformt. Fünftens, erfolgreiches Gruppieren von Zellen zu Ensembles drückt sich in der Synchronisation der Entladungstätigkeit der respektiven Neurone aus. Sechstens, aufgrund dieser spezifischen Synchronisationsmuster werden Ensembles abgrenzbar und als Einheiten identifizierbar.

Hier ist nicht der Platz, um auf die inzwischen große Zahl experimenteller Arbeiten einzugehen, die der Überprüfung dieser Postulate gewidmet sind. Diese Arbeiten wurden in mehreren kürzlich erschienenen Übersichten ausführlich besprochen (Singer a. Gray 1995; Singer et al. 1997). Hier soll der Hinweis genügen, daß die meisten der bisherigen experimentellen Ergebnisse mit der Hypothese kompatibel sind. Ferner gibt es einige sehr enge Korrelationen zwischen Wahrnehmungsphänomenen und Synchronisationsereignissen, die es erlauben, aufgrund von Synchronisationsmessungen Voraussagen über Wahrnehmungsleistungen zu machen. Noch aber steht der direkte Beweis für eine kausale Beziehung zwischen Synchronisation und Wahrnehmung aus.

Ein Experiment, das die Vorgehensweise bei der Überprüfung dieser Postulate verdeutlicht, sei hier exemplarisch vorgestellt (Abb. 4). Rhesusaffen wurde beigebracht, Bildelemente, die auf einem Monitor gezeigt werden, aufmerksam zu betrachten und kleine Veränderungen mit dem

Betätigen einer Taste zu beantworten. War die Antwort richtig, wurden die Tiere mit Saft belohnt. Während die Tiere dieser Aufgabe nachgingen, wurde über Mikroelektroden die Aktivität ausgewählter Nervenzellen abgeleitet. Wider weitverbreitete Ansicht ist dies für die Tiere keine Qual, da sie die Elektroden wegen der Schmerzunempfindlichkeit des Gehirns nicht spüren und das Videospiel nach eigenem Gutdünken abbrechen können, wenn sie keine Lust mehr haben.

In einem Versuch dieser Art sollte die Hypothese überprüft werden, ob Nervenzellen, wenn sie ein gemeinsames Objekt kodieren, ihre Aktivitäten synchronisieren und ob die Synchronisation aufgehoben wird, wenn sich die Reizbedingungen ändern und die gleichen Zellen nun verschiedene Objekte kodieren. Es wurden zwei verschiedene Zellen mit zwei Elektroden gleichzeitig abgeleitet und mit einer einzigen sich bewegenden Kontur erregt. Wie der ausgeprägte zentrale Gipfel im Kreuzkorrelogramm ausweist, trat in diesem Fall eine hohe Zahl von Aktionspotentialen mit einer Präzision im Bereich von wenigen Millisekunden synchronisiert auf. Wird jedoch das gleiche Zellpaar mit zwei verschiedenen Konturen aktiviert – einer, die sich von links oben nach rechts unten, und einer, die sich senkrecht von oben nach unten bewegt –, dann zeigen die Antworten keine Synchronisation, obgleich sie unverändert stark sind. Aus der Permutation der Reizbedingungen ergibt sich, daß die Zellen ihre Antworten immer dann synchronisieren, wenn sie von einer einzigen Kontur erregt werden, gleich wie diese orientiert ist und in welche Richtung sie sich bewegt, während die Antworten keine zeitliche Bindung aufweisen, wenn sie durch verschiedene Konturen induziert wurden. Dies legt nahe, daß sich in der Synchronisation die temporäre Zusammengehörigkeit der Nervenzellen ausdrückt, die immer dann der Fall ist, wenn die Antworten der Zellen das gleiche Objekt repräsentieren. Dieses Beispiel möge genügen, um nachvollziehbar zu machen, wie Voraussagen der Synchronisationshypothese experimentell überprüft werden können.

Wahrnehmen ist Überprüfung von Hypothesen

Abschließend soll der Frage nachgegangen werden, auf welche Weise das in den Verbindungsarchitekturen der Großhirnrinde schlummernde Wissen aktiviert werden kann, um Wahrnehmungsprozesse zu strukturieren. Das Gehirn ist nie ruhig, sondern generiert ständig hochkomplexe Erregungsmuster, auch wenn Außenreize fehlen. Gleich ob man mit EEG-Elektroden globale Hirnaktivität oder mit Mikroelektroden Einzelzellen ableitet, immer findet sich Aktivität, die distinkte zeitliche Strukturen aufweist. Die Erregungsfluktuationen größerer Zellpopulationen haben fast immer eine periodische, oszillatorische Struktur. In der Vergangenheit wurde diese Ruhe- bzw. Spontanaktivität gemeinhin als unsystematisches Rauschen betrachtet, als Instabilität, die die Untersuchungen erschwert, weil sie die Antworten variabel macht. Folglich wurde alles darangesetzt, dieses Rauschen über Mittelungsverfahren zu eliminieren – und vermutlich haben wir damit eine Informationsquelle eliminiert, die sich für die Analyse von Verarbeitungsprozessen im Gehirn als außerordentlich wichtig erweisen könnte.

Es gibt neuerdings Hinweise dafür, daß just diese Aktivität in hohem Maße strukturiert sein könnte. Domänen der Großhirnrinde, die gruppierbare Merkmale repräsentieren und deshalb eng miteinander verbunden sind, scheinen auch ohne Reizung zu kohärentem Schwingen fähig. Dies würde aber nichts anderes bedeuten, als daß sich das Wissen, das in der Architektur der Verschaltung zwischen den Neuronen verankert ist, im raum-zeitlichen Muster kohärent schwingender Neuronengruppen widerspiegelt. Die strukturierte Spontanaktivität wäre also nicht störendes Rauschen, sondern Ausdruck dynamisierten Wissens über zweckmäßige Gruppierungskriterien und andere für die Informationsverarbeitung wichtige Regeln. Es wären dies bestenfalls attraktive Vermutungen, gäbe es nicht Hinweise dafür, daß diese spontan generierten hochkomplexen raum-zeitlichen Kohärenzmuster wesentlich dazu beitragen, die von den Sinnesorganen einlaufenden Signale in sinnvoller Weise zu ordnen, und zwar durch rasche Synchronisation gruppierbarer Antworten. Über einen Mechanismus, der an Hirnschnitten in vitro entdeckt wurde (Volgushev et al. 1998) können Neuronen, die in oszillierende Zellgruppen eingebunden sind, eintreffende Erregung zeitlich so strukturieren, daß die entsprechenden Ausgangssignale für alle Zellen hochsynchron werden, die sich an einer kohärent schwingenden Gruppe beteiligen. Falls die spontan auftretenden Kohärenzmuster die Architektur assoziativer Verbindungen widerspiegeln – was noch zu beweisen ist –, würde dies bedeuten, daß die Spontanaktivität Ausdruck eines fortwährenden Generierens von Hypothesen, von Erwartungswerten ist, an denen einlaufende Signale gemessen und gegebenenfalls über Synchronisation miteinander verbunden werden.

Das für die Formulierung von Erwartungen erforderliche Vorwissen liegt bereits in der funktionellen Architektur der Großhirnrindenverbindungen dauerhaft verankert. Vermittels spontanen Austauschs von Aktivität zwischen den gekoppelten Neuronen könnte dieses Wissen dann in dynamische, raum-zeitlich hochkomplexe und vermutlich sehr spezifische Schwingungsmuster umgesetzt werden. Diese Muster hätten dann de facto die Funktion intern generierter Hypothesen und formten eintreffende Sinnessignale gemäß diesen Erwartungen so um, daß diese ihrerseits raum-zeitliche Muster aufgeprägt bekommen, in denen sich der Grad der Übereinstimmung zwischen Erwartung und tatsächlich Vorhandenem ausdrückt. Dieser Ordnungsprozeß ist selbstorganisierend und kann innerhalb sehr kurzer Zeiten konvergieren, weil durch die Vorformulierung der Erwartungswerte die Weichen für die Reizverarbeitung bereits richtig gestellt sind, vorausgesetzt, die Erwartung stimmt mit den Sinnessignalen in etwa überein.

Wie wichtig diese internen hypothesenbildenden Prozesse sind, läßt sich mit der funktionellen Kernspintomographie eindrucksvoll zeigen (Abb. 5). Die grünen Markierungen weisen Hirnrindenareale aus, die nur dann aktiv werden, wenn die hier untersuchte Probandin gebeten wird, sich ein bewegtes Muster vorzustellen, das ihr vorher gezeigt wurde. Rot markiert sind die Hirnrindenareale, die nur dann aktiv werden, wenn das sich bewegende Muster tatsächlich vorhanden ist, und mit Gelb sind all die Areale gekennzeichnet, die sowohl bei der realen Bewegung als auch bei der imaginierten Bewegung aktiviert werden. Dieser Versuch belegt eindrucksvoll, wie viele Hirnrindenareale allein bei der Vorstellung eines bewegten Reizes aktiviert werden und daß viele dieser Areale dieselben sind, die auch bei der Wahrnehmung realer Reize aktiv werden. Vor allem auf höheren Ebenen der Verarbeitungshierarchie finden sich Areale, die bei der Imagination von Bewegung stärker aktiviert werden als oder zumindest gleich stark wie bei real vorkommender Bewegung.

Diese am Menschen erhobenen Befunde erlauben wegen ihrer sehr begrenzten räumlichen und zeitlichen Auflösung kaum Rückschlüsse auf die zugrundeliegenden neuronalen Mechanismen. Sie unterstützen jedoch die in Tierversuchen gewonnenen Befunde, die uns zu einer wesentlich differenzierteren Interpretation von Hirnfunktionen zwingt als das klassische behavioristische Paradigma.

Wie versucht wurde zu zeigen, tun wir gut daran, uns das Gehirn als distributiv organisiertes, hochdynamisches System vorzustellen, das sich selbst organisiert, anstatt seine Funktionen einer zentralistischen Bewertungs- und Entscheidungsinstanz unterzuordnen, als System, das sich seine Kodierungsräume gleichermaßen in der Topologie seiner Verschaltung und in der zeitlichen Struktur seiner Aktivitätsmuster erschließt, das Relationen nicht nur über Konvergenz anatomischer Verbindungen, sondern auch durch zeitliche Koordination von Entladungsmustern auszudrücken weiß, das Inhalte nicht nur explizit in hochspezialisierten Neuronen, sondern auch implizit in dynamisch assoziierten Ensembles repräsentieren kann und das schließlich auf der Basis seines Vorwissens unentwegt Hypothesen über die es umgebende Welt formuliert, also die Initiative hat, anstatt lediglich auf Reize zu reagieren. Insoweit entspricht die neue Sicht, mit der unser Gehirn seinesgleichen beurteilt, durchaus einer konstruktivistischen Position.

Literatur

Engel, A. K., P. König, A. K. Kreiter a. W. Singer (1991): Interhemispheric synchronization of oscillatory neuronal responses in cat visual cortex. *Science* 252: 1177–1179.
Goebel, R., D. Khorram-Sefat, L. Muckli, H. Hacker a. W. Singer (1998): The constructive nature of vision: direct evidence from functional magnetic resonance imaging studies of apparent motion and motion imagery. *Eur. J. Neurosci.* 10: 1563–1573.
Hebb, D. O. (1949): The Organization of Behavior. New York (Wiley).

Logothetis, N. K., J. Pauls a. T. Poggio (1995): Shape representation in the inferior temporal cortex of monkeys. *Current Biology* 5: 552–563.

Maunsell, J. H. R. (1995): The brain's visual world: Representation of visual targets in cerebral cortex. *Science* 270: 764–769.

Schmidt, K. E., R. Goebel, S. Löwel a. W. Singer (1997): The perceptual grouping criterion of colinearity is reflected by anisotropies of connections in the primary visual cortex. *Eur. J. Neurosci.* 9: 1083–1089.

Singer, W. (1990): The formation of cooperative cell assemblies in the visual cortex. *J. Exp. Biol.* 155: 177–197.

Singer, W. (1995): Development and plasticity of cortical processing architectures. *Science* 270: 758–764.

Singer, W., A. K. Engel, A. K. Kreiter, M. H. J. Munk, S. Neuenschwander a. P. R. Roelfsema (1997): Neuronal assemblies: necessity, signature, and detectability. *Trends in Cog. Sci.* 1 (7): 252–261.

Singer, W., a. C. M. Gray (1995): Visual feature integration and the temporal correlation hypothesis. *Annu. Rev. Neurosci.* 18: 555–586.

Volgushev, M., M. Chistiakova a. W. Singer (1998): Modification of discharge patterns of neocortical neurons by induced oscillations of the membrane potential. *Neuroscience* 83 (1): 15–25.

Wallis, G. a. E. T. Rolls (1997): Invariant face and object recognition in the visual system. *Progr. Neurobiol.* 51: 167–194.

Neurobiologische Anmerkungen zum Konstruktivismus-Diskurs

Abb. 1: Die gescheckten Pferde auf dieser ausapernden Almwiese werden erst dann als solche identifizierbar, wenn es dem Sehsystem gelungen ist, Konturen, die zu bestimmten Pferden gehören, als zusammengehörig zu erkennen.

II. Konstruktivismus in der Hirnforschung

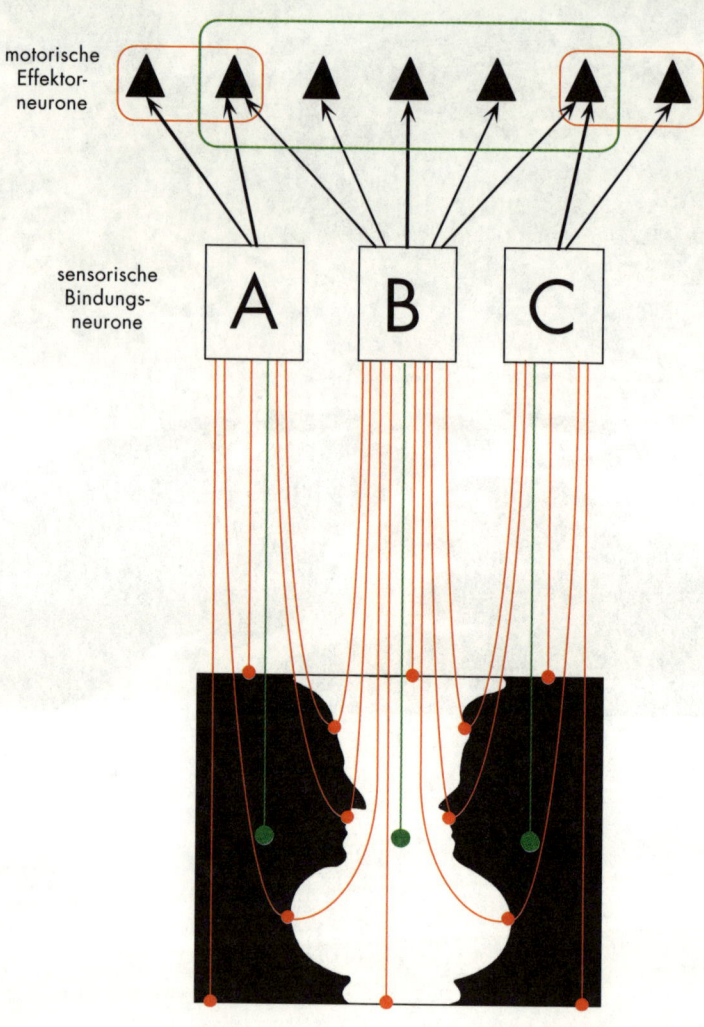

Abb. 2: Für die Segmentierung dieses Bildes der Rubinschen Vase gibt es zwei gleich wahrscheinliche Lösungen. Je nachdem, wie sich das Sehsystem entscheidet, sieht man entweder die Vase oder die beiden Gesichter. Das eingezeichnete Schaltdiagramm soll die klassische Lösung des Bindungsproblems verdeutlichen. Signale von Bildpunkten, die zur gleichen Figur gehören, werden durch Konvergenz auf einzelne Bindungsneurone miteinander verbunden. Die implizite Annahme ist dabei, daß die Bindungsneurone mit hoher Spezifität nur dann ansprechen, wenn die passende Konstellation von Eingangsneuronen aktiviert wird. Diese Strategie macht es erforderlich, für jedes unterscheidbare Objekt mindestens ein Bindungsneuron vorzusehen. Als zentralnervöse Repräsentation eines bestimmten Wahrnehmungsobjektes wäre dann die Erregung des entsprechenden Bindungsneurons anzusehen. Weitere Erläuterungen zu diesem unrealistischen Konzept finden sich im Text.

II. Konstruktivismus in der Hirnforschung

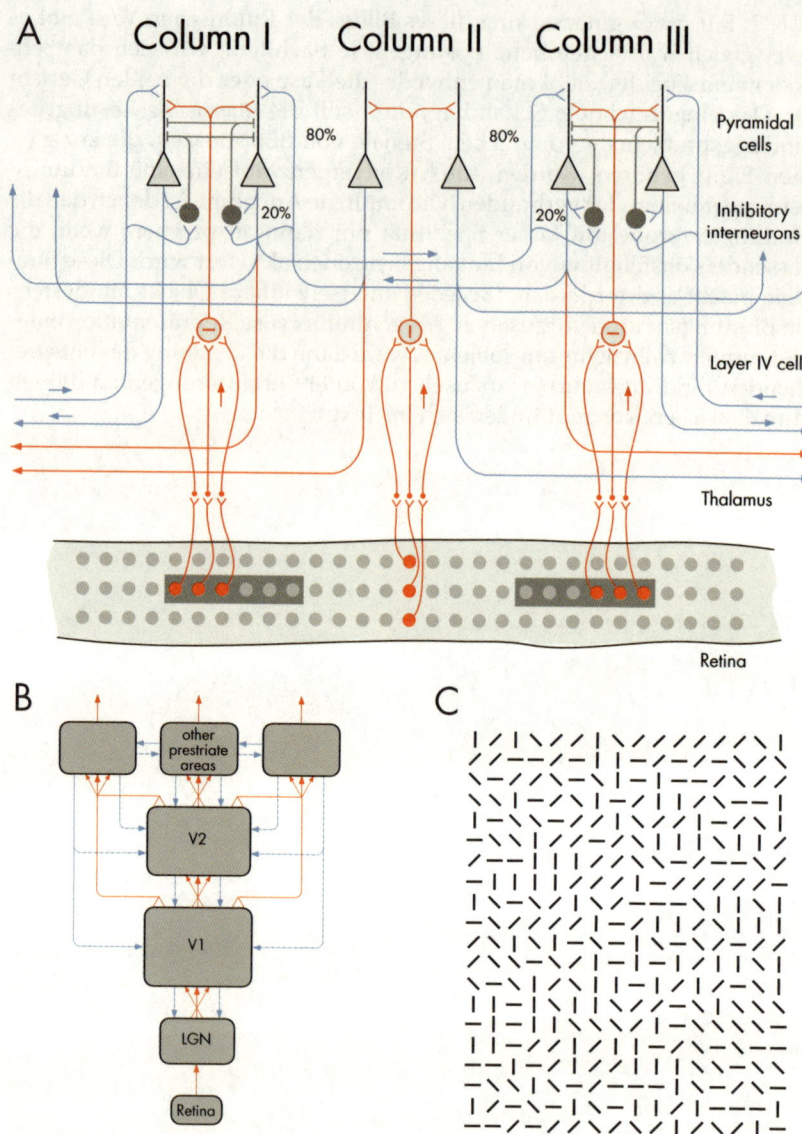

Abb. 3: Stark vereinfachte schematische Darstellung kortikaler Verbindungen innerhalb eines Hirnrindenareals (A) und zwischen verschiedenen Arealen (B). Es wurden zwei Klassen von Verbindungen hervorgehoben: erstens, aufsteigende erregende Verbindungen, die über selektive Konvergenz spezifische rezeptive Felder erzeugen (rot), und zweitens, reziproke erregende Verbindungen (blau) zwischen Verarbeitungskolumnen innerhalb der Sehrinde (A) und zwischen Sehrindenarealen (B), von denen angenommen wird, daß sie assoziierende, synchronisierende Funktion haben. In Übereinstimmung mit anatomischen und funktionellen Daten wird angenommen, daß diese synchronisierenden Verbindungen bevorzugt Zellen in Kolumnen verbinden, die verwandte, gruppierbare Merkmalspräferenzen aufweisen. In C ist dargestellt, wie durch Vermittlung dieser assoziierenden Verbindungen ähnliche Reizmerkmale zusammengebunden werden und wie diese merkmalsabhängige Bindung zur Wahrnehmung von Figuren führen kann. Konturelemente, die die gleiche Orientierung aufweisen und kolinear angeordnet sind, werden zu Liniensegmenten verbunden, die dann als die Seiten eines auf der Spitze stehenden Quadrates wahrgenommen werden. Diese Bindung beruht auf einer bevorzugten Koppelung von Neuronen in der Hirnrinde, die ähnliche Orientierungspräferenzen aufweisen und kolinear angeordnet sind (Schmidt et al. 1997). Eine ausführliche Besprechung der in dieser Abbildung skizzierten Verarbeitungsstrategien findet sich im Text und in Singer (1995).

II. Konstruktivismus in der Hirnforschung

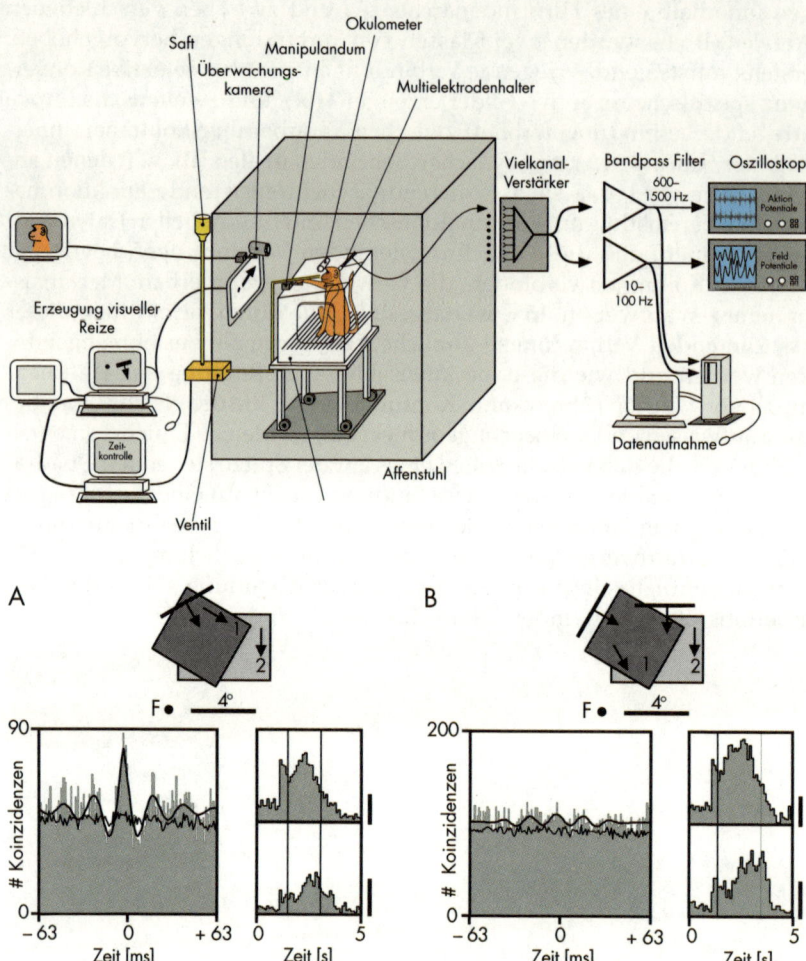

Abb. 4: Versuchsaufbau zur Ableitung neuronaler Aktivität von wachen verhaltenstrainierten Primaten. Das Tier hat gelernt, einen Videomonitor im Auge zu behalten und auf bestimmte Veränderungen der dort dargebotenen visuellen Reize mit einem Tastendruck zu antworten. Richtige bzw. falsche Antworten werden dem Tier durch unterschiedliche Töne oder durch Veränderung der Reize auf dem Bildschirm signalisiert. Bei richtigen Antworten erhält das Tier zudem eine Belohnung, in der Regel süßen Fruchtsaft. Während sich das Tier mit der Lösung der gestellten Aufgaben beschäftigt, wird die Aktivität einzelner Nervenzellen über Mikroelektroden abgeleitet, die entweder dauerhaft implantiert sind, ähnlich wie die Elektroden von Herzschrittmachern, oder aber über Mikromanipulatoren bewegt werden können. Das Tier wird dadurch in seinem Verhalten nicht beeinträchtigt, da das Gehirn schmerzunempfindlich ist und die Registrierung der Nerventätigkeit von ihm deshalb nicht bemerkt wird. Die Dauer der Ableitungen ist von der Kooperationsbereitschaft des Tieres abhängig, da die Affen die Messungen jederzeit dadurch abbrechen können, daß sie aufhören, die Lichtreize zu beantworten. In A und B ist das im Text erwähnte Versuchsergebnis zusammengefaßt. Die mit 1 und 2 bezeichneten Quadrate symbolisieren die rezeptiven Felder von zwei gleichzeitig abgeleiteten Neuronen, die Pfeile die bevorzugte Bewegungsrichtung der beiden Nervenzellen und die Balken die verwendeten Lichtreize. In A wurden beide Zellen mit nur einem Lichtreiz erregt, der sich von links oben nach rechts unten bewegt. Die Antworten der beiden Zellen sind in übereinander angeordneten Histogrammen dargestellt (rechts), die den Zeitverlauf der Frequenzzunahme der Entladungstätigkeit zeigen. Für die Antwortsegmente zwischen den beiden senkrechten Linien wurden Kreuzkorrelogramme berechnet (links). Der zentrale Gipfel im linken Korrelogramm weist darauf hin, daß die beiden Nervenzellen ihre Antworten synchronisieren, wenn sie von nur einem Reiz aktiviert werden. Die oszillatorische Modulation des Kreuzkorrelogramms in A deutet ferner an, daß diese Synchronisation auf der Basis oszillatorischer Aktivität erfolgte. Die für den Fall der Unabhängigkeit berechnete Korrelationsfunktion wird durch die verrauschte horizontale Kurve dargestellt. Abbildung B zeigt, daß die beiden Nervenzellen auch dann stark antworten, wenn sie auf zwei verschiedene sich gleichzeitig über die rezeptiven Felder bewegende Reize antworten (siehe die Histogramme rechts), daß in diesem Fall aber keine Synchronisation der Antworten mehr erfolgt (Kreuzkorrelogramm rechts).

II. Konstruktivismus in der Hirnforschung

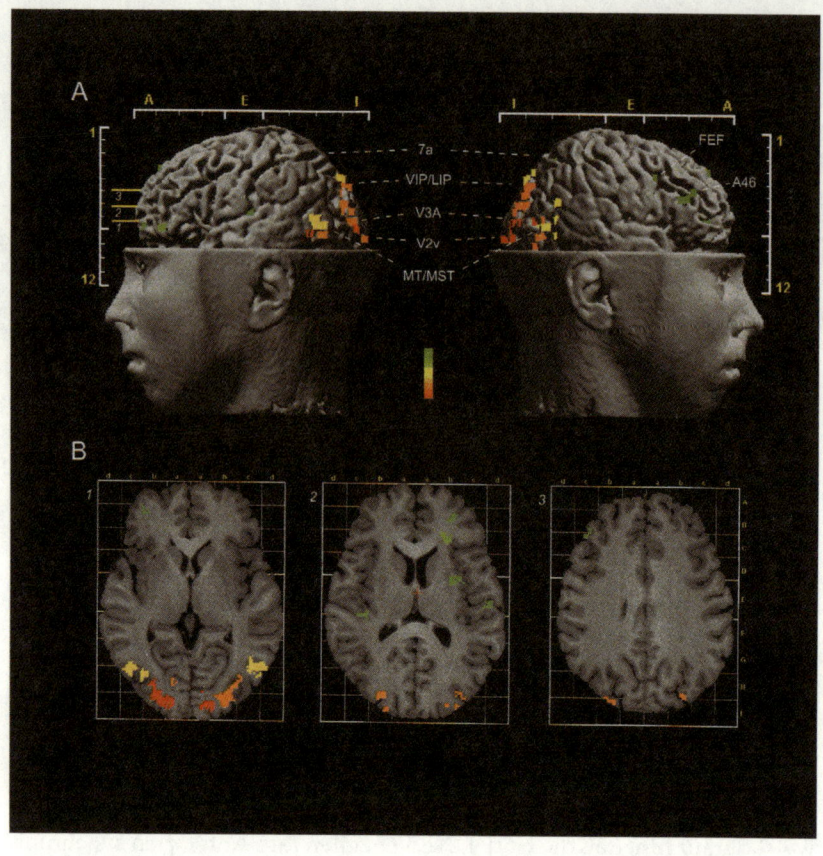

Abb. 5: Die Abbildung zeigt aktive Hirnareale eines Probanden bei einem Experiment zur mentalen Vorstellung von bewegten Reizen. (A) Areale sind farbig markiert, die während gesehener Bewegung oder während nur vorgestellter Bewegung besonders aktiv waren. Die linke Seite zeigt eine Seitenansicht der linken Hirnhemisphäre, die rechte Seite zeigt eine Ansicht der rechten Hemisphäre. Die Farben der Areale decken ein Kontinuum ab. Rote Färbung kennzeichnet Areale, die nur bei gesehener Bewegung reagieren, wohingegen grüne Färbung Areale kennzeichnet, die nur während der Vorstellungsphasen reagieren. Farben zwischen diesen Extremen (z. B. Gelb) kennzeichnen Areale, die bei beiden Bedingungen reagieren. Das Gehirn des Probanden wurde in den Talairach-Standardraum gedreht und skaliert, dessen Koordinaten durch weiße Linien mit Markierungen angedeutet sind. Die kurzen gelben Linien auf der linken Seite spezifizieren die Lage der in (B) gezeigten Hirnschnitte. IPL = aktive Region im unteren Parietallappen, SPL = aktive Region im oberen Parietallappen. (B) Aktivierungen in ausgewählten Hirnschnitten. Der Schnitt auf der linken Seite zeigt beidseitige Aktivierung der Areale MT/MST (gelb), V2 (rot) und V3/V3A (rot/orange). Der Schnitt in der Mitte zeigt Aktivierung in der Insel (grün), die nicht auf den Seitenansichten sichtbar ist. Der Schnitt auf der rechten Seite zeigt Brodman Areal BA 9/46 (grün) und V3A (orange). Modifiziert aus Goebel et al. (1998, Abb. 5).

Synästhesien als Konstruktion
Hinderk M. Emrich

1. Einleitung

Zu Beginn dieses Jahrhunderts hat der russische Regisseur und Theatertheoretiker Konstantin Stanislawski die sogenannte Psychotechnik des Schauspiels entwickelt, die er in seinem Text *Die Arbeit des Schauspielers an der Rolle* (1988) dargestellt hat. Bei dieser später von Straßberg in seinem New Yorker *Actor's Studio* übernommenen und weiterentwickelten Methode geht es um die „Wahrscheinlichkeit" und die „Wahrheit des Gefühls", die während des Spiels entstehen muß, um das Schauspiel überzeugend, wahrhaftig, gültig erscheinen zu lassen. Die Wahrheit des Gefühls hat nach von Glasersfeld mit der „Viabilität der subjekteigenen Konstruktionen" zu tun. Wie werden Konstrukte bei Stanislawski und Straßberg viabel? Dadurch, daß eine spezifische Art der Ankopplung heterogener mentaler Zustände aneinander erfolgt. Der eine Zustand ist der des „Hier und Jetzt" von Text und Subtext bei dem Vorgang des Spielens; der andere Zustand aber stammt aus der Erinnerung, aus der Lebensgeschichte des Schauspielers. Er ist quasi total subjekteigen, geheimnisvoll, unbezeichnet, trägt lediglich ein „Label", das auf eine spezifische Situation dieses Lebens verweist, eine heitere, eine traurige, eine schmerzvolle, eine leidenschaftliche etc. Diese im Grunde „fremde", aber aus der Biographie des Schauspielers stammende authentische Erlebnishaftigkeit wird – in Absprache mit dem Regisseur – assoziativ – „psychotechnisch" – an eine bestimmte Stelle des Textes gekoppelt und verleiht dann dem schauspielerischen Geschehen eine besondere Färbung, einen besonderen Reiz des Hintergründigen, der Tiefe der „Wahrheit und Wahrscheinlichkeit des Gefühls".

Die Tatsache, daß diese Technik sehr erfolgreich ist – fast alle Hollywood-Schauspielerinnen und -Schauspieler wurden in Straßberg-Studios ausgebildet –, ist ein Beleg für den Satz von G. Abel (cf. Diskussionsbemerkung Konstruktivismus-Kongreß, Heidelberg 1998): „Die stärkste Form der Wirklichkeit ist das, worauf wir uns im Handeln verlassen." Die Schauspieler, in der spezifischen Situation, im schauspielerischen Handeln, verlassen sich auf die psychotechnische mentale Kopplung und kommen so zu einer Art „Wahrheit des Gefühls".

Nun, was hat das mit Synästhesien zu tun? Mit Kersten Reich (cf. Diskussionsbemerkung Konstruktivismus-Kongreß, Heidelberg 1998) läßt sich sagen: „Wir sind nicht in der Lage, die Konstruktionen unseres Nachbarn so zu denken, wie er sie denkt." Es gibt so etwas wie tiefe Einsamkeit in der Selbstkonstituierung subjektiver Sphären, und diese läßt sich am Beispiel von Synästhetikerinnen und Synästhetikern gut demonstrieren. Man kann sich das so vorstellen, wie wenn es zu jeder Wahrnehmung, die je-

Synästhesien als Konstruktion

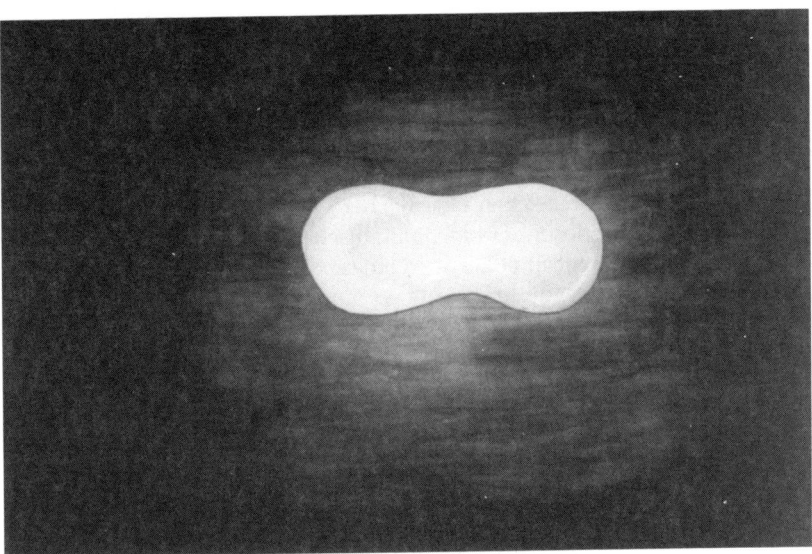

Abb. 1

mand macht, noch einen fest damit gekoppelten regelhaft assoziierten Traum gäbe; und zwar einen Traum, der mit dieser gemachten Wahrnehmung einen untrennbaren Zusammenhang bildete, wie wenn beide eine gestalthafte Einheit wären. Man kann sich das auch konzipieren als einen Prozeß der Selbstkonstituierung, als eine Autopoiesis, die in einer tiefen Privatheit über das hinausgeht, was quasi „für alle gilt". Die sich dabei abspielende Selbstkonditionierung besteht in einer Fixierung von Assoziationen, die das Leben einzelner Subjekte in spezifischer Weise gestalten.

Dabei kommt es zu einer besonderen Form innerer Kohärenz, eines *hyperbindings*, das im folgenden beschrieben werden soll. So steht z. B. das in Abbildung 1 dargestellte innere Objekt synästhetisch in Verbindung mit dem Erlebnis „süß", aber eben nur bei einem einzigen Menschen!

Synästhesie ist eine für alle Menschen, die erstmals damit konfrontiert werden, frappierende, ungewöhnliche und beeindruckende Erscheinung der Vermischung von Sinnesqualitäten; beeindruckend deshalb, weil – in ähnlicher Weise wie bei der Wahrnehmung von Illusionen – man sich hierbei des eigenweltlichen, subjektiven Charakters der Wahrnehmung, in gewissem Sinne sogar des hermetischen Charakters von subjektiver Wahrnehmung deutlich bewußt wird. Synästhesie wird auch als „Vermischung der Sinne" bezeichnet. Darunter versteht man, daß bei Stimulation einer Sinnesqualität – beispielsweise des Hörens oder des Riechens – es in einer anderen Sinnesqualität wie z. B. dem Sehen von Farben oder von geometrischen Figuren zu einer Sinneswahrnehmung kommt. Am häufigsten ist dabei das „farbige Hören" – auch als Farbenhören, als „audition coloreé", „coloured hearing" bezeichnet – wobei typischerweise Geräusche, Musik, Stimmen und ausgesprochene Buchstaben und Zahlen zur Wahrnehmung bewegter Farben und Formen führen, die in die Außenwelt bzw. auch in das Kopfinnere projiziert werden. Auf einem „inneren Monitor", der allerdings keine räumliche Begrenzung aufweist, erscheinen dann typischerweise vorbeilaufende farbige Strukturen, Kugeln bzw. langgestreckte, vorüberziehende dreidimensionale Gebilde mit charakteristischen Oberflächen, beispielsweise samtigen, glitzernden oder auch gläsernen bzw. metallischen Flächen, deren Charakter bei den „genuinen Synästhetikern" in einem direkten korrelativen Verhältnis zu den akustisch wahrgenommenen Sinneseindrücken steht. Berühmt geworden ist ein Proband des amerikanischen Neuropsychologen Cytowic, der bei einer Party dadurch auffiel, daß er einen geschmacklichen Sinneseindruck in geometrischen Strukturen beschrieb. Die Nachfrage des interessiert aufhorchenden Neuropsychologen ergab, daß dieser Proband eine sehr differenzierte geometrische Geschmacks-Geruchs-Synästhesie aufwies. Er konnte reproduzierbar sehr präzise geometrische Figuren beschreiben, die bestimmte Geschmacksstoffe wie Hähnchengeschmack und andere komplexe Geschmacks-Geruchs-Kombinationen darstellten. Besonders selten sind Probanden, bei denen Gerüche als Farben wahrgenommen werden oder Wörter zu Geschmacksempfindungen führen. Zweifellos am häufigsten ist die Ton-Farbe-Synästhesie, wobei aber auch ein gelesenes oder sogar ein nur gedachtes Wort bzw. ein Buchstabe oder eine Zahl das damit quasi fest verbundene synästhetische Farberlebnis bzw. das Erlebnis geformter Farbe auslöst. Charakteristisch hierbei ist in der Biographie der Synästhetiker ein frühes Erlebnis von so etwas wie „Einsamkeit", nämlich die Entdeckung, daß es eine private Wahrnehmungswelt gibt, die andere Menschen nicht haben, andere Menschen nicht kennen und über die man sich nicht verständigen kann, ja über die man am besten nicht spricht, sie geheimhält.

So erleben mit dem Phänomen der Synästhesie begabte Menschen beispielsweise: „Wenn ich Musik höre, dann nehme ich das farblich *und* räumlich wahr. Auch Zahlen nehme ich räumlich wahr, aber nicht in diesen Funktionen, die sie haben, als Dreierpack oder Viererpack, sondern das sind Treppen oder Fluchten, die sich entwickeln, Dimensionen, die sich entwickeln ... Dies war bei mir schon als Kind so, es ist eine Konstante meines Lebens und war also ganz bewußt – und überstark war es in der Pubertät." Ein anderes Beispiel ist eine Frau, die den Geschmack eines Weines mit Farben assoziiert: „Wenn ich ein Glas Wein trinke – ich verstehe nicht viel von Wein, ich mag ihn auch nicht, als Hamburgerin mag man keinen Wein –, trinke ich den und sage: ‚Also, wie kannst du mir den Wein geben, lieber Mann, der schmeckt ja völlig blau, den kann ich nicht vertragen, und du weißt das. Kann ich bitte schön grünen Wein haben?' Und dann kommt der an und sucht mir, wie heißt der, da gibt es eine neue Rebe, Scheurebe, die mag ich gern, die geht grün/orange, die hat schöne warme Töne, die kann ich vertragen, die blauen Weine kann ich nicht vertragen, die sind bitter auch, finde ich."

Wie kommt so etwas zustande, und welche Folgen hat es für die Selbstinterpretation menschlicher Subjektivität?

2. Zwei Formen von Synästhesie

Synästhesie hat offensichtlich einen konstitutionellen Hintergrund, denn einerseits ist das Geschlechterverhältnis etwa 7 : 1 zugunsten der Frauen, zum anderen gibt es familiäre Häufungen von bis zu drei Synästhesieprobanden in einer Familie über drei Generationen hinweg, weshalb vermutet wird, daß es sich um einen auf die X-Geschlechtschromosomen bezogenen Erbgang bei der Auslösung des Phänomens handeln könnte.

Bei der Untersuchung einer großen Anzahl von Synästhetikern – vorwiegend Synästhetikerinnen – die sich aufgrund von Presseberichten zu Untersuchungen gemeldet hatten, stellte unsere Arbeitsgruppe in Hannover nun fest, daß es offenbar eine Randgruppe von Probanden gibt, die nicht das charakteristische feste Verhältnis zwischen Farbwahrnehmungen bzw. geformten Farbwahrnehmungen und dem semantischen Gehalt des Gehörten bzw. auch Gelesenen aufwiesen, sondern bei denen vielmehr ein lockeres, eher assoziatives Verhältnis zwischen den inneren Bildern und musikalischen und anderen akustischen Erlebnissen vorhanden war. Während diese Probanden üblicherweise von der weiteren Untersuchung ausgeschlossen werden, wurden sie hier als eine Art zweite Kontrollgruppe bzw. Referenzgruppe mit untersucht. Dabei zeigte dann aber gerade die Gruppe der als Randgruppensynästhetiker bzw. auch als „metaphorische Synästhetiker" zu bezeichnenden Personen besonders interessante Eigenschaften, die zu der Hypothese Anlaß gaben, diese „Gefühlssynästhetiker" bildeten möglicherweise auf dem zweiten inneren Bildschirm nicht den semantischen Gehalt aus einem anderen Sinneskanal ab, sondern vielmehr die dabei mitlaufenden Gefühlszustände, deren Variabilität und mangelnde Reproduzierbarkeit aber die Untersuchung erheblich erschwert. Eine – zumindest partielle – Legitimation, die metaphorischen Synästhetiker nicht aus der Untersuchung völlig auszuschließen, ergab sich dann insbesondere dadurch, daß gefunden wurde, daß eine Subgruppe von Probanden existiert, die eindeutig beiden Kategorien zuzuordnen sind, die also sowohl genuin synästhetische Eigenschaften als auch gefühlssynästhetische Eigenschaften zeigten.

3. Weiterführende Überlegungen

Die Neurophysiologie der Synästhesie läßt sich mit modernen elektrophysiologischen und funktionellen bildgebenden Verfahren detailliert untersuchen. Die Herausforderung, die hierin liegt, besteht darin, daß gesunde Menschen, bei denen die subjektive Wirklichkeitskonstruktion in etwas anderer Weise erfolgt als bei anderen Subjekten, hinsichtlich der Genesis einer subjektiven Eigentümlichkeit untersucht werden können. Das grundsätzliche Problem, das hierbei im Hintergrund steht, ist die Frage nach den Prozessen des *binding*, d. h. den bei der „intermodalen Integration" sich abspielenden Prozesse, die dazu führen, daß im Bewußtseinsfeld nicht partikuläre unverbundene intentionale Gehalte auftreten, sondern vielmehr kontextuell bedeutungsvolle einheitliche „intentionale Gegenstände". Probanden mit Synästhesieeigenschaften sind zur Generierung dieser intermodalen Einheiten ebenso befähigt wie andere Subjekte; sie zeichnen sich aber durch eine Besonderheit aus, die darin liegt, daß sie an einer Stelle, die hierfür normalerweise nicht vorgesehen ist, ein zusätzliches *binding* generieren, das dazu führt, daß zu beispielsweise einem akustischen Signal eine visuelle Repräsentanz hinzutritt, und zwar dies in einer Weise, die vom Subjekt nicht als „additiv", sondern als „integrativ" erlebt wird. Wenn es gelänge, mit Hilfe elektrophysiologischer und funktioneller bildgebender Verfahren dieses zusätzliche *binding*, dieses, wenn man so will, *hyperbinding*, hinsichtlich seiner funktionellen Entstehungsmodalität aufzuklären, so könnte dies einen fundamentalen Beitrag zur Aufklärung des Grundprinzips der Entstehung von *binding* überhaupt leisten. Welche Ergebnisse wurden in dieser Hinsicht bisher erzielt?

Erste Untersuchungen, die unter Verwendung elektrophysiologischer Methoden mit dem Paradigma der ereigniskorrelierten Potentiale (EKP) durchgeführt wurden (Schiltz et al. 1998) haben ergeben, daß Probandinnen und Probanden mit Synästhesieeigenschaften im Frontalhirnbereich auffällige ereigniskorrelierte Potentiale im Zeitbereich von 400 ms aufweisen. Diese Befunde lassen sich dahin gehend interpretieren, daß am Synästhesiephänomen präfrontale Kopplungen beteiligt sind, die auf assoziative Leistungen zwischen kortikalen, präfrontalen und limbischen Strukturen bezogen sind. Die Ergebnisse einer englisch-italienischen Arbeitsgruppe (Paulescu et al. 1995) unter Verwendung von Positronen-Emissions-Tomographie zeigen in diesem Sinne bei der Untersuchung von sechs Synästhesieprobanden im Vergleich zu sechs Kontrollprobanden bei einem Mittelungsverfahren Aktivierungen in der linken posterioren inferioren Temporalregion sowie im Bereich des rechten präfrontalen Kortex, der Insula und des oberen Temporallappens. Eigene Untersuchungen, die in Zusammenarbeit mit der Arbeitsgruppe von Prof. Scheich in Magdeburg unter Verwendung funktioneller Kernspintomographie an Synästhesieprobanden durchgeführt wurden, zeigten in ersten Ergebnissen sehr subjektspezifische kortikale Erregungsmuster, die den jeweiligen Synästhesieerregungen von Einzelprobandinnen und -probanden zugeordnet werden konnten. Dies bedeutet, daß die Mittelung derartiger kortikaler Erregungen über eine Vielzahl von Probanden unter Verwendung der Positronen-Emissions-Tomographie-Technik dazu führt, daß die spezifischen kortikalen Erregungen nicht dargestellt werden können, weil sie sich quasi „wegmitteln". Aus diesen Befunden ergibt sich hypothetisch derzeit

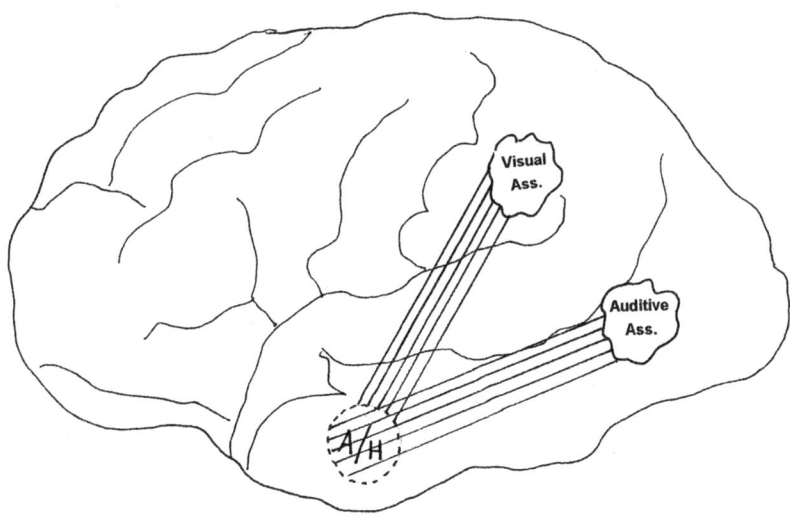

Abb. 2: Visual Ass. = kortikale Repräsentationen visueller Assoziationen
Auditive Ass. = kortikale Repräsentationen auditiver Assoziationen
A/H = limbische Repräsentationen im Amygdaloid-Hippocampus-System

ein Erklärungsmodell für die Synästhesie, wonach das synästhesiebedingte *hyperbinding* dadurch zustande kommt, daß jeweils zwischen zwei kortikalen Arealen, die „Repräsentanzen" für kognitive intentionale Gehalte darstellen, eine „Brücke" in einem limbischen Areal konstituiert wird, die gewissermaßen das „limbisch bewertende Zwischenglied" darstellt und das *binding* im eigentlichen Sinne konstituiert (Abb. 2).

Dies würde Anlaß geben zu dem Konzept, daß „kortikaler Konstruktivismus" nur dann zur „Einheit des Bewußtseins" führt, wenn jeweils zwei miteinander assoziativ zu verbindende kortikale Repräsentanzen über eine bewertende limbische „Brücke" miteinander verbunden werden, so daß sowohl die kognitive Einheit als auch die „bewertende Einheit" zusammengeführt werden und zu einem kohärenten Ganzen verschmolzen werden. Eine plausible Vermutung könnte darin liegen, daß diese „Brückenfunktion" über hippocampale Strukturen verläuft, da die intermodale Einheit ja auch jeweils auf Gedächtniskontexte bezogen werden muß, die mit der Vorgeschichte des Gesamtsystems jeweils abzugleichen ist. Weiterführende Untersuchungen müssen zeigen, inwieweit dies hier vorgeschlagene Konzept tragfähig und valide ist.

Literatur

Cytowic, R. E. (1995): Farben hören, Töne schmecken – Die bizarre Welt der Sinne. Berlin (Byblos).
Glasersfeld, E. von (1985): Konstruktion der Wirklichkeit. In: Carl-Friedrich-von-Siemens-Stiftung (Hrsg.): Einführung in den Konstruktivismus (Schriften der Carl-Friedrich-von-Siemens-Stiftung, Bd. 10). München/Wien (Oldenbourg).
Paulescu, E. et al. (1995): The physiology of coloured hearing – A PET activation study of coulor-word synaesthesia. *Brain* 118: 661–676.
Schiltz, K., K. Trocha, B. M. Wieringa, H. Emrich, S. Johannes u. T. Münte (1998): Elektrophysiologische Befunde bei der Synästhesie. *Klinische Neurophysiologie – Zeitschrift für Funktionsdiagnostik des Nervensystems* 29: 29–36.
Stanislawski, K. (1988): Die Arbeit des Schauspielers an der Rolle. In: K. Stanislawski: Ausgewählte Schriften 1 (1885 bis 1924). Hrsg. v. D. Hoffmeier. Berlin (Henschelverlag Kunst und Gesellschaft).

Affektgesteuerte Wirklichkeitskonstruktion in Alltag, Wissenschaft und Psychopathologie
Luc Ciompi

Eigentümlicherweise ist der Einfluß von Affekten auf die Wirklichkeitskonstruktion im „konstruktivistischen Diskurs" bisher kaum beachtet, geschweige denn vertieft reflektiert worden. Dies, obwohl wir einem solchen Einfluß nicht nur im Alltag, sondern auch in psychoanalytischen, emotionssoziologischen, evolutionären und neurobiologischen Beobachtungen auf Schritt und Tritt begegnen.

Im nachfolgenden Beitrag soll versucht werden, diese Lücke ein Stück weit zu schließen. Er bringt eine auf konstruktivistische und psychopathologische Aspekte fokussierte Auswahl von Befunden und Überlegungen, die unter Weiterentwicklung des Konzepts der Affektlogik (Ciompi 1982, 1986, 1993) im Buch *Die emotionalen Grundlagen des Denkens. Entwurf einer fraktalen Affektlogik* (Ciompi 1997a) ausführlich erörtert werden. Daß ich dabei eine Variante des Konstruktivismus, die ich „Relativen Konstruktivismus" nenne, dem „Radikalen Konstruktivismus" von-Glasersfeldscher oder von-Foersterscher Prägung vorziehe, kann hier nicht weiter begründet werden; der Hinweis muß genügen, daß ich den Menschen sowohl als Sensor wie auch als Teil der „Wirklichkeit" – dessen, was wirkt – betrachte, dessen Weltentwürfe damit Aspekte dieser Wirklichkeit obligat enthalten (Ciompi 1997a, Kap. 1). Als übergreifender theoretischer Rahmen dient die allgemeine Systemtheorie mit Einschluß von neueren chaostheoretischen Erkenntnissen zur nichtlinearen Dynamik komplexer Systeme. „Fraktal" oder „selbstähnlich" im Sinn dieser Theorien sind die darzustellenden affektiv-kognitiven Wechselwirkungen insofern, als sie auf beliebigen hierarchischen Ebenen beobachtbar sind (s. u.). Mehr als ein grober Überblick ist allerdings im hier gegebenen Rahmen nicht möglich; für Einzelheiten verweise ich auf das erwähnte Buch.

Grundbegriffe der Affektlogik, Definitionen

Grund- und Ausgangsthese der Affektlogik ist das Postulat, daß in sämtlichen psychischen Leistungen affektive und kognitive Komponenten untrennbar zusammenwirken. Diese – an sich keineswegs neue – Erkenntnis fußt nicht nur auf Alltagsbeobachtungen und psychoanalytischen Erkenntnissen, sondern wird im Prinzip auch von keiner empirischen Forschungsrichtung bestritten, die sich mit kognitiven Leistungen befaßt. Piaget insbesondere hat, obwohl hauptsächlich an der Genese kognitiver Strukturen im Lauf der Kindheit interessiert, immer wieder auf allgegenwärtige affektivkognitive Wechselwirkungen hingewiesen und diesem Thema einmal auch

II. Konstruktivismus in der Hirnforschung

eine eigene Vorlesung gewidmet (Piaget 1981). Allerdings beschränken sich für ihn die Affektwirkungen auf das Denken auf bloß mobilisierende und energetisierende Einflüsse. Neuere sowohl emotionspsychologische (Zajonc 1984; Izard 1992, 1993), ethologisch-evolutionäre (Wimmer 1995; Wimmer a. Ciompi 1996) wie insbesondere auch neurobiologische Befunde (Damasio 1994; Goleman 1995; LeDoux 1998) sprechen indessen für viel weiter gehende organisatorisch-integratorische Effekte (Näheres s. unter „Operatorwirkungen von Affekte auf das Denken").

Ein weiteres Grundpostulat der Affektlogik lautet dahin, daß kontextuell zusammengehörige affektive, kognitive und verhaltensmäßige Komponenten sich zu operational integrierten affektiv-kognitiven Bezugssystemen oder Fühl-Denk-Verhaltensprogrammen verbinden, deren zerebrales Substrat neuroplastisch entstandene neurophysiologische Bahnungen sind. Auch diese These stützt sich, außer auf zahlreiche lern- und verhaltenstheoretische Befunde, auf Piagets zentrale Erkenntnis, daß sämtliche kognitiven Begriffe aus sensomotorischen Abläufen hervorgehen, die in repetitiver Aktion zunehmend differenziert, automatisiert, „mentalisiert" und schließlich auch (namentlich sprachlich) symbolisiert werden (Piaget 1976). Jede Aktion geht indes mit Emotionen einher, und es ist lebenswichtig, daß diese – z. B. die Angst vor Gefahr, die Lust an gefundenen Nahrungsquellen, Sexualobjekten etc. – zusammen mit den entsprechenden Kognitionen und Verhaltensweisen systematisch gespeichert werden.

Der Terminus „Affekt" oder „affektive Befindlichkeit" dient in der Affektlogik als Oberbegriff für in der Literatur höchst uneinheitlich definierte Begriffe wie „Emotion", „Gefühl", „Stimmung" etc. im Sinn einer psychophysischen Gestimmtheit von unterschiedlicher Dauer, Qualität und Bewußtseinsnähe. Die gewählte Definition impliziert, daß man nie affektfrei sein kann, denn irgendwie gestimmt ist man schließlich immer: Auch Gleichgültigkeit oder „Neutralität" ist, so gesehen, eine affektive Befindlichkeit mit spezifischen Wirkungen auf Denken wie Verhalten. Die enorme Vielfalt von Affektnuancen läßt sich, wie die Forschung zeigt, auf wenige evolutionär tief verwurzelte Grundbefindlichkeiten wie Interesse, Angst, Wut, Freude, Trauer, eventuell auch Überraschung, Ekel u. a. m. zurückführen. Affekte in diesem Sinn sind eminent psychosomatisch, indem sie Psyche und Körper gleichermaßen „affizieren". Da sie zudem sozial hochgradig ansteckend sind, stellen sie ein Bindeglied ersten Ranges zwischen dem psychischen, sozialen und somatisch-neurobiologischen Phänomenbereich dar.

Das Phänomen der Kognition dagegen verstehe ich als das Wahrnehmen und weitere Verarbeiten von sensorischen Unterschieden. Auch hier handelt es sich um einen Oberbegriff mit tiefen evolutionären Wurzeln, der über den Begriff des „Bit" zugleich in engem Bezug zur Informationstheorie und Kybernetik steht. Zudem entspricht er genau den Konzepten von Spencer-Brown (1979), für welchen unsere gesamte Welterfassung auf einer Folge von Unterscheidungen beruht.

Auch den Begriff der Logik schließlich verwende ich nicht nur im engen Sinn der formalen aristotelischen Logik, sondern auch im erweiterten Sinn der Art und Weise, wie Kognitionen im Denken je nach Kontext miteinander verknüpft werden. So spricht man etwa von einer „Logik des Krieges", „des Friedens" usw. Bedeutsam ist an dieser Definition vor allem, daß es demnach nicht nur eine Art von Logik, sondern viele mögliche „Logiken" gibt. „Durch ein und dieselbe Wirklichkeit lassen sich unterschiedliche logische Raster legen", könnte man pointiert formulieren. Genau dies beobachten wir von einem Menschen, einer Gruppe oder Kultur und z. T. sogar von einem Geschlecht zum andern. Eine Multiziplität der Logik postulieren heute auch die Wissenschaftsphilosophen, die Mathematiker und nicht zuletzt die radikalen Konstruktivisten.

Organisatorisch-integratorische Operatorwirkungen von Affekten auf das Denken

Die Art und Weise, wie wir die Wirklichkeit erfahren, hängt entscheidend von den sog. Operatorwirkungen der Affekte auf das Denken ab. Ein Operator ist eine Kraft, die auf eine Variable einwirkt und sie verändert. In diesem Sinn lassen sich allgemeine von spezifischen Operatorwirkungen der Affekte auf das Denken unterscheiden. Zu ersteren gehören u. a. die folgenden Phänomene:

– Affekte aktivieren und energetisieren das Denken, d. h., sie sind die essentiellen „Motoren" (und zuweilen auch Bremser) der kognitiven Dynamik.
– Affekte fokussieren Aufmerksamkeit und Wahrnehmung auf bestimmte affektkonforme Kognitionen.
– Affekte erzeugen eine stimmungsspezifische kognitive Hierarchie.
– Affekte bewirken eine selektive Speicherung und Aktivierung von Kognitionen im Gedächtnis (zustandsabhängiges Lernen und Erinnern; *gating*).
– Affekte verbinden affektiv ähnlich konnotierte Kognitionen zu größeren operationalen Ganzen. Sie wirken somit auf das Denken wie ein „Leim" oder Bindegewebe, das eine affektspezifische Logik im definierten Sinn generiert.

Die wichtigsten affektspezifischen Operatorwirkungen auf das Denken sind:

– Interesse bewirkt eine allgemeine Aktivierung *(arousel)* und selektive Zuwendung zum kognitiven Feld.
– Angst bewirkt Distanzierung und eventuell Flucht weg von als „gefährlich" konnotierten kognitiven Entitäten (z. B. Personen, Tieren, Gegenständen, Orten).

- Aggressivität und Wut setzen in erster Linie klare Grenzen („Bis hierher und nicht weiter!") bzw. tendieren dazu, die eigenen Grenzen auszuweiten.
- Freudige, lust- und liebevolle Gefühle schaffen Bindungen zu bestimmten kognitiven Entitäten.
- Trauer löst solche dysfunktional gewordene Bindungen (Trauerarbeit).

Zusammengefaßt wirken die Affekte als all unser Denken und Verhalten tief beeinflussende Komplexitätsreduktoren im unendlichen kognitiven Feld. Erst sie selektionieren, strukturieren, kombinieren und organisieren dieses Feld kontextadäquat unter Verwendung der gesamten Erfahrung; erst die affektive Färbung von kognitiven Entitäten jeder Art, von einzelnen Gegenständen, Personen oder Ideen bis zu ganzen Theorien und Ideologien, verleiht unserem Denken Richtung und Bedeutung, schafft synchrone und diachrone Kohärenz, kurz: stiftet Wert und Sinn.

Varianten der Affektlogik, Alltagslogik, Wissenschaftslogik. Affektiv-kognitive „Schienen" und „Eigenwelten"

Aufgrund solcher Operatorwirkungen kommt es affektabhängig zu einer je unterschiedlichen Auswahl und Verknüpfung von Kognitionen – also zu einer anderen Logik im definierten Sinn: Je nach Stimmung entwickelt sich eine typische „Angstlogik", „Wutlogik", „Haßlogik", „Trauerlogik", „Freuden- oder Liebeslogik", auch „erotische Logik", „Suchtlogik" usw., die der formalen Logik keineswegs widersprechen müssen. Allerdings ist dies nur bei intensiven Affekten offensichtlich. In der gewöhnlichen „Alltagslogik" dagegen, die durch halbautomatische Denkabläufe mit geringen Affektausschlägen charakterisiert ist, wirken die ursprünglich heftigen Affekte nur noch versteckt weiter. Zum Alltag wird alles anfänglich Neue und Aufregende, das sich oft genug wiederholt; zum Alltagsdenken gehören somit insbesondere alle kultur- oder persönlichkeitsspezifischen sogenannten „Selbstverständlichkeiten", „Mentalitäten", Vorurteile und Denkmoden. Obwohl bewusste Affekte daraus weitgehend verschwunden sind, folgt unsere Alltagslogik doch weiterhin den durch die ursprünglichen Emotionen angelegten Schienen oder „Leitplanken". Über affektgefärbte und -bewertete solche „Schienen" entwickelt sich unser Denken auch fortwährend prozeßhaft weiter; das Resultat sind personen-, gruppen- und kulturspezifische affektiv-kognitive „Eigenwelten", deren Struktur nicht nur unser „Weltbild", sondern auch die Möglichkeiten und Grenzen der Kommunikation entscheidend beeinflussen.

Sozial und damit auch emotional mitbestimmt ist, wie man spätestens seit Fleck (1935) und Kuhn (1962) weiß, sogar noch alles wissenschaftliche Denken. Zudem sind stimmige Denkwege lustvoll, weil spannungsmindernd, ökonomisch; Widersprüche, Unstimmigkeiten, Konflikte dagegen sind leid- und spannungsvoll, „unlustig", und solche ursprünglich intensiven Affektqualitäten begleiten nicht nur, sondern sie selektionieren, organisieren und leiten unterschwellig ebenfalls „rationale" Problemlösungen aller Art. Daß versteckte Affekte auch im wissenschaftlichen Denken eine wichtige Rolle spielen, zeigt sich u. a. an den heftigen emotionalen Wellen, die noch jede grundlegende Verstörung eingeschliffener wissenschaftlicher Denkgewohnheiten, von Galilei und Darwin bis zu Freud und Einstein, geworfen hat.

Psychosoziobiologische strukturelle Koppelungen und Mediatoren

Die wesensverschiedenen Bereiche der psychisch-subjektiven, sozialen und biologischen Phänomene werden – in Anlehnung an Maturana, Varela (Maturana 1982) und Luhmann (1984, 1997) – auch im Rahmen der fraktalen Affektlogik als reziprok strukturell gekoppelte, operational geschlossene autopoietische Systeme aufgefaßt, die sich nicht einfach aufeinander reduzieren lassen (Ciompi 1986, 1993, 1997a). Sie können nichtlinearen Alles-oder-nichts-Gesetzen folgen, z. B. indem ein soziales Phänomen an einer kritischen Schwelle in ein biologisches umschlägt und umgekehrt. Auch die relevante affektiv-kognitive Dynamik mag bald mehr vom psychischen und bald mehr vom sozialen oder biologischen Geschehen ausgehen.

Die Koppelung zwischen diesen Ebenen wird durch bestimmte Mechanismen, die ich „psychosoziobiologische Mediatoren" (Ciompi 1989) nenne, vermittelt. Dazu gehört das schon genannte Phänomen der neuronalen Plastizität, d. h. der synaptischen Bahnung und sogenannten Langzeitpotenzierung als Basis aller Lernvorgänge, über welche Umwelterlebnisse – darunter soziale Erfahrungen – um so tiefer in die Feinstruktur der neuronalen Assoziationsnetze enkodiert werden, je häufiger und/oder emotional befrachteter sie sind. Auch die Streßlehre sowie die unter dem Begriff der Psychoimmunologie zusammengefaßten Veränderungen im Immunsystem sind wichtige psychosoziobiologische Mediatoren. Eminente Mediatoreigenschaften besitzen ferner generell die Affekte, da sie, wie schon angedeutet, simultan auf psychischer, biologischer und – über das bereits erwähnte Phänomen der emotionalen Ansteckung (Hatfield et al. 1994) – auch sozialer Ebene in Erscheinung treten.

Nichtlinearität, Fraktalität, affektive Attraktorwirkungen, energetische Aspekte

Psychosoziale Systeme sind hoch komplex; sie funktionieren infolge vielfältiger Rückkoppelungen wesentlich nichtlinear, was insbesondere bedeutet, daß kleine Ursachen große Wirkungen (sogenannte Schmetterlingseffekte) zeitigen können und umgekehrt. Globale affektiv-kognitive

Funktionssysteme sind typische Fließgleichgewichte, d. h. dynamische Energieverteilungsmuster oder dissipative Strukturen i. S. von Prigogine und Stengers (1983), in denen energetisch-organisatorische Affektwirkungen wiederum eine zentrale Rolle spielen (Ciompi 1996). Unter der Wirkung bestimmter Kontroll- und Ordnungsparameter (Haken 1982) kann es zu sprunghaften Übergängen (Bifurkationen) von einem globalen affektiv-kognitiven Funktionssystem zu einem andern kommen – z.B. von einer typischen Liebeslogik zu einer Haßlogik, von einer Angst- zu einer Wutlogik, von einer Alltagslogik zu einer psychotischen Logik. Als Kontrollparameter, der bei einem kritischen Schwellenwert solche Phasensprünge begünstigt, imponiert namentlich der emotionale Spannungspegel. Als „versklavende" Ordnungsparameter oder „Kristallisationskerne" dagegen, um die herum sich nach einer kritischen Labilitätsphase ein ganzes affektiv-kognitives Feld grundlegend neu ordnen kann, funktionieren u. a. zunächst bloß randständige, aber stark affektbefrachtete Kognitionen wie etwa ein aufwühlendes Fernsehbild, eine Verfolgungsidee.

Nach einem weiteren zentralen Begriff der Theorie der Dynamik nichtlinearer Systeme wirken Affekte zudem auf das Denken wie sogenannte deterministisch-chaotische Attraktoren, innerhalb deren Grenzen die möglichen Trajektorien (etwa von depressiven oder zwanghaften „Ruminationen") unvorhersehbar schwanken. Mit anderen Worten, spezifische Gestimmtheiten ziehen gewisse Denkweisen sozusagen magnetartig an. Damit hängt auch die vorerwähnte Fraktalität von affektiv-kognitiven Wechselwirkungen eng zusammen, d. h. die Tatsache, daß die beschriebenen Operatorwirkungen der Affekte auf die Kognition selbstähnlich auf beliebiger zeitlicher wie phänomenologischer Ebene – über Sekunden wie Jahre, in elementaren bedingten Reflexen wie in komplexen Übertragungsreaktionen, in einfachsten sozialen Mikro- wie verwickeltsten Makroprozessen – zu beobachten sind. Auch die Fraktalität erscheint damit als ein psychosoziobiologischer Mediator ersten Ranges.

Insgesamt wirken die Affekte auf das Denken somit als gerichtete Energievektoren, die über ihre Operatorwirkungen das kognitive Feld in affekttypischer Weise aktivieren, selektionieren und organisieren. Aufgrund der rasant voranschreitenden Kenntnisse über die zerebralen Grundlagen von Emotionen dürften die neurophysiologischen Energien, um die es hier geht, in absehbarer Zeit präziser lokalisier- und quantifizierbar werden. Eine konsequent (affekt)energetisch-chaostheoretische Betrachtungsweise entlang den aufgezeigen Linien könnte damit, ähnlich wie in vielen anderen nichtlinearen Systemen, grundlegend neue wissenschaftliche Zugänge auch zur heute noch sehr unscharf erfaßten Dynamik normaler wie pathologischer psychosozialer Prozesse eröffnen.

Psychopathologische und psychotherapeutische Konsequenzen

Gewisse solcher Zugänge lassen sich in der Psychopathologie, wie sich u. a. am Beispiel der Schizophrenie zeigen läßt, schon jetzt zumindest umrißhaft erkennen. Schizophren-psychotische Zustände können als affektenergetische Fließgleichgewichte eigener Art verstanden werden, bei denen über eine Neuverteilung aller affektiven Gewichte auf die kognitive Um- und Innenwelt „natürliche Selbstverständlichkeiten" aller Art verlorengehen (Blankenburg 1971). Für die Wirkung des Kontrollparameters „emotionaler Spannungspegel" beim Umschlag von der Alltagslogik zur psychotischen Logik sprechen nebst der klinischen Beobachtung insbesondere die Befunde aus der ganzen sogenannten Expressed-emotion-Forschung (Leff a. Vaugh 1985; Kavanagh 1992). Auch in jeder anderen Phase des dreiphasigen Schizophrenieverlaufsmodells, das ich aufgrund fremder wie eigener Langzeituntersuchungen seit langem vorschlage, spielen affektive Faktoren eine bedeutsame Rolle (Ciompi 1982). Aus dieser Erkenntnis resultiert, nebst einem vertieften Verständnis von wichtigen Einzelphänomenen wie der psychotischen Ambivalenz, der Zerfahrenheit oder der chronischen Affektverflachung, u. a. die – auch durch gewisse neurobiologische Befunde (Buchsbaum 1990; Bogerts 1995) gestützte – Vermutung, daß die immer noch unklare „schizophrenogene Vulnerabilität" auf einer (z. T. angeborenen, z. T. erworbenen) abnormen Labilität wichtiger affektiv-kognitiver Bindungen beruhen könnte. Auch die Schizophrenie erscheint damit als eine Art von affektiver Psychose, die sich indes von den klassischen Affektpsychosen Manie und Melancholie, bei denen die besagten Bindungen besonders rigide und einseitig sind, klar unterscheidet (Ciompi 1998).

Eine praktische Konsequenz solcher Vorstellungen stellt u. a. unser seit 15 Jahren laufendes Pilotprojekt „Soteria Bern" zur Behandlung akut Schizophrener dar (Ciompi et al. 1993), in welchem über eine entsprechende Gestaltung von Milieu und Umgang systematisch versucht wird, die Kontrollparameter Angst und Spannung gezielt zu beeinflussen. Dies erwies sich im Zweijahresvergleich als ebenso wirksam wie traditionelle Therapieformen mit drei- bis fünfmal höherem Gesamt-Neuroleptikaverbrauch. Ein solches Milieu wirkt somit gewißermassen neuroleptisch – freilich ohne die entsprechenden Nebenwirkungen. Affektlogisch orientierte Behandlungsmethoden bei anderen Diagnosen sind in Ciompi (1985) und Hoffmann, Heise und Aebi (1994) beschrieben.

Weitere praktische und theoretische Implikationen

Das hier aus Raumgründen hochgradig verkürzt dargestellte Konzept der fraktalen Affektlogik hat vielfältige zusätzliche Implikationen, die indessen ebenfalls nur noch ganz knapp angedeutet werden können. Zunächst begründen bzw. bestätigen sie einen (relativen) Konstruktivismus, in welchem affektive Faktoren statt ausgeklammert systematisch einbezogen sind. Jede Wirklichkeitskonstruktion bzw. -selektion erweist sich als affektiv mitbestimmt; über Lust- und Unlustgefühle determinieren Affekte namentlich auch, was im konstruktivistischen Sinn „viabel" ist und was nicht. Darüber hinaus führen sie zu einem neuen, viel stärker als bisher affektzentrierten Verständnis von Kommunikationsprozessen aller Art, von der Reklame- und Verkaufstechnik über die Politik und andere affektiv-kognitive Interaktionen auf kollektiver Ebene bis zum Alltagsgespräch und zum psychotherapeutischen Dialog (Ciompi 1997c). Weitere praktische sowie philosophisch-ethische Konsequenzen werden in Ciompi (1997a, Kap. 9 und 10) eingehend diskutiert.

Literatur

Blankenburg, W. (1971): Der Verlust der natürlichen Selbstverständlichkeit. Ein Beitrag zur Psychopathologie symptomarmer Schizophrenien. Stuttgart (Enke).
Bogerts, B. (1995): Hirnstrukturelle Untersuchungen an schizophrenen Patienten. In: K. Lieb, D. Riemann u. M. Berger (Hrsg.): Biologisch-psychiatrische Forschung. Stuttgart/Jena/New York (Fischer), S. 125–144.
Buchsbaum, M. S. (1990): Frontal lobes, basal ganglia, temporal lobes – Three sites for schizophrenia? *Schizophrenia Bulletin* 16: 377 f.
Ciompi, L. (1982): Affektlogik. Über die Struktur der Psyche und ihre Entwicklung. Ein Beitrag zur Schizophrenieforschung. Stuttgart (Klett-Cotta).
Ciompi, L. (1985) (Hrsg): Sozialpsychiatrische Lernfälle. Aus der Praxis – für die Praxis. Bonn (Psychiatrie-Verlag).
Ciompi, L. (1986): Zur Integration von Fühlen und Denken im Licht der „Affektlogik". Die Psyche als Teil eines autopoietischen Systems. In: H. W. Gruhle, R. Jung et al. (Hrsg.): Psychiatrie der Gegenwart. Bd. 1. Berlin/Heidelberg/New York/Tokyo (Springer), S. 373–410.
Ciompi, L. (1989): The dynamics of complex biological-psychosocial systems. Four fundamental psycho-biological mediators in the long-term evolution of schizophrenia. *Brit. J. Psychiatry* 155: 15–21.
Ciompi, L. (1993): Die Affekte als zentrale Organisatoren der Psyche. Zum psycho-sozio-biologischen Integrationsmodell der Affektlogik und seinen Konsequenzen. *System Familie* 6: 196–208.
Ciompi, L. (1996): Nicht-lineare Dynamik komplexer Systeme: Ein chaostheoretischer Zugang zur Schizophrenie.In: W. Böker u. H. D. Brenner (Hrsg.): Integrative Therapie der Schizophrenie. Bern (Huber), S. 33–47.
Ciompi, L. (1997a): Die emotionalen Grundlagen des Denkens. Entwurf einer fraktalen Affektlogik. Göttingen (Vandenhoeck &. Ruprecht).
Ciompi, L. (1997b): The concept of affect logic. An integrative psycho-socio-biological approach to understanding and treatment of schizophrenia. *Psychiatry* 60: 158–170.
Ciompi, L. (1997c): Zu den affektiven Grundlagen des Denkens. Fraktale Affektlogik und Kommunikation. *System Familie* 10: 128–134.
Ciompi, L. (1998): Is schizophrenia an affective disease? The hypothesis of affect-logic and its implications for psychopathology. In: W. F. Flack a. J. D. Laird (eds.): Emotions in psychopathology: theory and research. New York/Oxford (Oxford University Press), pp. 283–297.
Ciompi, L., Z. Kupper, E. Aebi, H. P. Dauwalder, T. Hubschmid, K. Trütsch, C. Rutishauser (1993): Das Pilot-Projekt „Soteria Bern" zur Behandlung akut Schizophrener. II. Ergebnisse einer vergleichenden prospektiven Verlaufsstudie über 2 Jahre. *Nervenarzt* 64: 440–450.
Damasio, A.(1994): Descartes' error. Emotion, reason, and the human brain. New York (Avon).

Fleck, L. (1935/1993): Entstehung und Entwicklung einer wissenschaftlichen Tatsache. Einführung in die Lehre vom Denkstil und Denkkollektiv. Hrsg. v. L. Schäfer u. T. Schnelle. Frankfurt a. M. (Suhrkamp).
Goleman, D. (1995): Emotional Intelligence. Why it can matter more than IQ. New York (Bantam).
Haken, H. (1982): Evolution of order and chaos. Berlin (Springer).
Hatfield, E., J. T. Cacioppo a. R. L. Rapson (1994): Emotional contagion. Paris (Cambridge University).
Hoffmann, H., H. Heise u. E. Aebi (Hrsg.) (1994): Sozialpsychiatrische Lernfälle. Aus der Praxis – für die Praxis. Bonn (Psychiatrie).
Izard, C. E. (1992): Basic emotions, relations among emotions, and emotion-cognition relations. *Psychol. Rev.* 99: 561–565.
Izard, C. E. (1993): Four systems for emotion activation: cognitive and non-cognitive processes. *Psychol. Rev.* 100: 68–90.
Kavanagh, D. J. (1992): Recent developments in expressed emotion and schizophrenia. *Brit. J. Psychiat.* 160: 601–620.
Kuhn, Th. S. (1962/1979): Die Struktur wissenschaftlicher Revolutionen. Frankfurt a. M. (Suhrkamp).
LeDoux, J. (1998): Das Netz der Gefühle. Wie Emotionen entstehen. München/Wien (Hanser).
Leff, J. a. C. Vaughn (1985): Expressed emotions in families. Its significance for mental illness. New York/London (Guilford).
Luhmann, N. (1984): Soziale Systeme. Grundriß einer allgemeinen Theorie. Frankfurt a. M. (Suhrkamp).
Luhmann, N. (1997): Die Gesellschaft der Gesellschaft. Frankfurt a. M. (Suhrkamp).
Maturana, H. (Hrsg.) (1982): Erkennen: Die Organisation und Verkörperung von Wirklichkeit. Wiesbaden (Vieweg).
Piaget, J. (1976): Die Äquilibration der kognitiven Strukturen. Stuttgart (Klett-Cotta).
Piaget, J. (1981): Intelligence and affectivity. Their relationship during child development. In: T. A. Brown a. C. E. Kaegi (eds.): Annual Review Monograph. Palo Alto (University of California).
Prigogine, I. a. I. Stengers (1983): Order out of chaos. Man's new dialogue with nature. London (Heinemann).
Spencer-Brown, G. (1979): Laws of form. New York (Durron).
Wimmer, M. (1995): Evolutionary roots of emotion. *Evolution and Cognition* 1: 38–50.
Wimmer, M. a. L. Ciompi (1996): Evolutionary aspects of affective-cognitive interactions in the light of Ciompi's concept of „affect-logic". *Evolution and Cognition* 2: 37–58.
Zajonc, R. B. (1984): On the primacy of affect. *Amer. Psychologist* 39: 117–124.

Chaos, Angst und Welterzeugung

Jürgen Kriz

Zur Problemstellung

Die ganz überwiegende Mehrheit der Wissenschaftler, die heutzutage über „Weisen der Welterzeugung" nachdenken und deren Arbeitsgebiete diesen Kontext berühren, fragt nicht mehr danach, *ob* wir unsere Realität[1] konstruieren. Trotz recht unterschiedlicher erkenntnistheoretischer Schattierungen – vom „Kritischen Realismus" der Gestaltpsychologie der Berliner Schule bis hin zum „Radikalen Konstruktivismus" – besteht grundsätzliche Einigkeit darin, daß hinter die phänomenale Welt nicht zurückgegangen werden kann, weil letztlich alle Erfahrung, ob alltäglicher Art mit Hilfe der natürlichen Sinnesorgane oder wissenschaftlicher Art mit Hilfe kompliziertester Technik, in diesen phänomenalen Raum transformiert werden muß. Das Interesse hat sich daher auf Forschungen bezüglich der Frage verschoben, *wie* diese Konstruktivität vor sich geht. Dabei ist, dem Zeitgeist entsprechend, ein starker Trend zum Reduktionismus zu erkennen: Hirnforschung und *cognitive science* mit mikroanalytischer Perspektive auf die biomateriellen und -logischen Grundlagen des Erkenntnisaktes erfreuen sich einer ungeheuren Attraktivität (auch auf seiten der Geldgeber). Auf etwas höherer Ebene, der Psychologie, habe ich selbst am vorangegangenen Heidelberger Konstruktivismus-Kongreß Überlegungen und Befunde zur selbstorganisierten Musterbildung personaler und interpersonaler Wirklichkeitskonstruktionen vorgestellt (Kriz 1995).

Im jetzigen Kontext möchte ich allerdings weit stärker auf die Hintergründe der Konstruktivität fokussieren. Wie mein Thema vermuten läßt, werde ich versuchen, die Zusammenhänge zwischen Art und Ausmaß unserer Welterzeugung und der Angst vor „Chaos" aufzuzeigen. Wobei diese psychologische Perspektive der menschlichen Angst erweitert werden muß um den gesellschaftlichen Umgang mit dieser Angst. Denn es ist interessant, wie einerseits Programme bereitgestellt werden, Angst zu bekämpfen – z. B. auf der eher objektiven Ebene durch Sicherungsmaßnahmen oder auf der eher subjektiven Ebene durch Psychotherapieprogramme –, andererseits aber auch Maßnahmen zur Förderung von Angst zu beobachten sind: Die überaus bescheidenen Lohnzuwächse bei rasanter Steigerung der Produktivität (und Belastung der einzelnen Menschen) und explodierenden Unternehmensgewinnen zeigen m. E., wie starke Kräfte der Unternehmer längst verstanden haben, daß sich mit der Zahl der Arbeitslosen

---

[1] Da unterschiedliche Denktraditionen das Begriffspaar „Realität – Wirklichkeit" entgegengesetzt verwenden, sei angemerkt, daß ich mit „Realität" die vom Menschen im sozial eingebundenen Erkenntnisakt konstituierte Welt der „Dinge" (*res* = Ding, Sache) bezeichne und die dahinter wirkende Welt mit „Wirklichkeit".

und der Angst vor dem Verlust des Arbeitsplatzes ausgezeichnet Politik zur Erhöhung der Profite machen läßt. Und schon lange diente die Angst vor dem scheinbar drohenden Chaos den Mächtigen, eine Ordnungsideologie zu etablieren und aufrechtzuerhalten, die vor allem auch der Erhaltung von Macht und Privilegien und Ungleichheit dient.

Es ist für das Verständnis der folgenden Ausführungen vielleicht hilfreich, kurz zu skizzieren, wie ich zu dem Thema der Chaosangst gekommen bin. Es ging dabei darum, den scheinbaren Widerspruch zu verstehen und aufzulösen, der sich gerade konstruktivistisch und systemisch denkenden Psychotherapeuten stellt: Einerseits betonen nämlich systemische und konstruktivistische Narrationen die Komplexität, Chaotizität und Flüssigkeit der Konstruktionen und betonen damit den Aspekt „Freiheit" in der Gestaltung unserer Lebenswelt. Auf der anderen Seite zeigen die psychotherapeutische Praxis und die darauf referierende Literatur – und auch hier ganz besonders im Bereich der systemischen Therapie, weil diese ein besonderes Augenmerk darauf legt –, daß die Beziehungen der Menschen untereinander und zu sich selbst überwiegend als rigid, zwanghaft und erstarrt beschrieben werden müssen.

Chaosangst und Ordnung

Berger (1970) formuliert in einer Schlüsselszene menschliches Ringen am Rande des Chaos: Ein Kind erwacht in der Nacht, die vertrauten Umrisse seiner Wirklichkeit sind im Dunkel verschwunden, und Berger beschreibt, wie sich das Kind dabei „namenloser Angst ausgeliefert" erlebt, mit den Worten: „Chaos will hereinbrechen!" In der Tat gibt es wohl kaum etwas, das für den Menschen bedrohlicher ist, als wenn die Strukturen seiner Lebenswelt sich auflösen – wenn jedwede Ordnung zusammenbricht und er sich dem Unvorherseh- und Unvorhersagbaren ausgeliefert erleben muß. Schon relativ geringe Anzeichen solcher Auflösungstendenzen erfüllen uns mit Schrecken. So kennzeichnet z. B. Längle (1996) in seiner „Existenzanalyse der Angst" die „Grundangst" als die Erfahrung des „Nichts ist sicher", bei der es um eine „Erschütterung des fest Gefügten" geht, und „Halt und Boden drohen verlorenzugehen".

Im Alltag wie in der klinischen Literatur wird ein solches Geschehen oft mit „Chaos" bezeichnet. Und es ist verständlich, wenn der Mensch gegebenenfalls noch seine letzten Kräfte mobilisiert, um sich drohender Strukturlosigkeit entgegenzustemmen – wie viele Fallgeschichten zeigen –, d. h., wenn er notfalls versucht, dem Chaos zumindest einen Rest von Ordnung abzuringen. So schreibt z. B. Rohde-Dachser – unter Verweis auch auf Kernberg sowie auf Ciompi – zur Kennzeichnung der Spaltung der Objektbeziehungen in „gut" und „böse" bei „Borderline"-Störungen: „Die Spaltung ist also – wenn man so will – der erste und urtümliche Versuch des Menschen, seine widersprüchlichen Erfahrungen innerlich abzubilden und gleichzeitig zu ordnen, dem Chaos eine Struktur zu geben" (Rohde-Dachser 1986, S. 136).

Ordnung muß somit dem Chaos erst mühsam abgerungen werden. Geht man der Frage nach, wie dies geschieht – und was gegebenenfalls der Preis für diese Ordnung ist –, so verweist ein erster Antwortschritt auf die Phylogenese: Das Programm des Lebens beinhaltet nämlich, der unendlichen Komplexität einer einmalig ablaufenden Weltevolution, dem Chaos, dadurch Ordnung abzuringen, daß Regelmäßigkeiten ge- und erfunden werden. Mit dieser gleich noch näher auszuführenden These befinde ich mich in guter Gesellschaft mit Forschern wie Friedrich Cramer, dem langjährigen Direktor am Göttinger Max-Planck-Institut für experimentelle Medizin. Er spricht bei Prozessen des Lebens, wie der Proteinbiosynthese bis hinauf zu komplexen biologischen Vorgängen, ja, sogar bis hin zu den kognitiven Schöpfungen wie Kunst und Ästhetik, von „Chaosvermeidungsstrategien", und er betont: „Ordnung, Formenbildung, Schöpferkraft sind das Resultat einer inhärenten Chaosvermeidung, im Kosmos wie auch im Leben des einzelnen" (Cramer 1988, S. 268).

Die (Er-)Findung von Regelmäßigkeit beruht im wesentlichen darauf, daß der eben angedeutete unendlich komplexe Prozeß extrem reduziert wird, indem nur wenige Variablen herausgefiltert werden. Wenn z. B. Leben „niederster" Form den Weltprozeß nur auf die Variable „Licht" reduziert, dann entstehen durch die Tatsache, daß „Licht" an- und nach einiger Zeit wieder ausgeht, so etwas wie die Kategorien „Morgen" und „Abend" und damit die Basis für eine Regelmäßigkeit. Genau betrachtet war kein „Morgen" in der Geschichte dieses Universums einem anderen völlig gleich, kein „Abend" war mit einem anderen wirklich identisch. Indem aber die Unvergleichbarkeit der Morgen auf „Wiedererscheinen von Licht" reduziert wird, sind hinsichtlich dieses Aspektes eben alle Morgen einander gleich (man spricht daher von phänomenologischen Äquivalenzklassen).

Diese Art der Welterkenntnis durch Reduktion ist offenbar so grundlegend und wichtig für Leben überhaupt, daß sie schon in einfachster Form nicht nur diese (fiktive und abstrahierte) Abfolge von Morgen und Abenden evolutionär konstituiert hat, sondern auch viele weitere Regelmäßigkeiten – z.B. Ebbe/Flut, Frühling/Sommer/Herbst/Winter usw. Der Vorteil, in einem einmaligen Prozeß die Abfolge von Kategorien und somit Regelhaftigkeit auszumachen, liegt darin, daß dabei zugleich Voraussagbarkeit und Planbarkeit ermöglicht und somit Unsicherheit im Umgang mit der Welt verringert wird.

Auch beim Menschen gibt es längst vor jeder Begrifflichkeit und Sprache evolutionäre Programme zur Chaosvermeidung durch Reduktion. So hat z. B. die Gestaltpsychologie herausgearbeitet, wie stark unsere Erfahrung der Welt bereits auf unterster Wahrnehmungsebene aktiv organisiert ist, indem Reize zu Gestalten strukturiert werden: Punkte auf dem Papier werden „automatisch" zu Mustern und Bildern geordnet, eine Abfolge von

Tönen wird, wenn irgend möglich, als eine „Melodie" wahrgenommen, und die Einzelteile (Punkte oder Töne) erhalten innerhalb dieser Ordnungen oft eine neue und spezifische Bedeutung – z. B. ergibt sich so das Phänomen „Leitton" einer Melodie. Auch zur Erfindung von komplexeren Ordnungsstrukturen gibt es Befunde in zahlreichen Varianten. So können z. B. bewegte geometrische Figuren unter bestimmten Bedingungen den zwingenden Eindruck von typischen „sozialen Beziehungen" bzw. „kausalen Verursachungen" hervorrufen.

Beim Menschen ist allerdings bedeutsam, daß er die evolutionär-biologisch erworbene Erkenntnis von Regeln individuell bzw. sozial überformen und zudem völlig neue Regelbereiche erfinden kann. Diese dienen besonders der individuellen Anpassung an die persönlichen Lebensverhältnisse im engeren Sinne.

Denken wir an die eingangs erwähnten klinischen Beschreibungen, so ist diese Etablierung von Ordnung offenbar not-wendig: Denn sie wendet die unfaßbare Not, der wir im Erlebenschaos ausgeliefert wären. Psychotische Einbrüche, Angstträume usw. lassen uns, als nur leichte Vorstufen, erahnen, wie eine Welt ohne jede kognitive Ordnung für uns wäre. Daher sollten wir die positive Seite der Ordnung durchaus würdigen: Die Reduktion eines komplexen, einmaligen Prozesses in regelhaft wiederkehrende Klassen von Phänomenen strukturiert das Chaos, ermöglicht Prognosen, reduziert damit die Unsicherheit und schafft so Verläßlichkeit. Und diese verläßliche Ordnung begleitet uns von den ersten Lebenstagen an.

Ein typisches Beispiel für diese kombinierte Vermittlung von Ordnung und Vertrauen sind die in aller Welt gesungenen Schlaflieder. Sie sind der Inbegriff von Regelmäßigkeit und weisen üblicherweise einfache, wiederkehrende Tonfolgen auf. Besungen werden der aufgehende Mond, die Sterne, das kommende Erscheinen der Sonne – also das offenbar Wiederkehrende und Prognostizierbare. Kinder hören beim Einschlafen zudem gern jene Lieder, die sie ohnehin schon oft gehört haben – und wehe, man bringt eine Veränderung hinein! Nicht das Neue ist zur Beruhigung gefragt, sondern das, was immer und immer wiederkehrt. Daß genaugenommen jeder Gesang eine Welturaufführung ist – einmalig, ganz genau so noch nie dagewesen und nie wiederkehrend wie jeder Abend und jeder Morgen und wie alles, was unser Leben angeht –, genau *dieser* Aspekt spielt keine Rolle. Sondern das Gemeinsame, das Gleiche, eben das Vertraute, wird abstrahiert. Alles ist dann so sicher, so vertraut, daß man schon gar nicht mehr so genau hinhören muß und wie das Kind sanft einschlummern kann.

Von der Ordnung zur Zwangsordnung

Doch diese Etablierung von Vertrautem und Gewohntem kann in anderen Situationen etwas höchst Gefährliches haben. Wenn man dort die gesprochenen Worte und die Situation nur nach dem längst Vertrauten und Bekannten absucht und innerlich oder äußerlich reagiert mit: „Ach – das kenne ich ja schon!", wenn man beim dritten Wort bereits abschaltet, den eigenen Gedanken nachhängt und gar nicht mehr auf das Neue hört, dann ist oft Ärger vorprogrammiert. Wer kennt nicht den vorwurfsvollen Ausruf „Mensch! Du hörst mir ja gar nicht zu!" oder „Du hörst mir gar nicht *richtig* zu!"? Und damit zeigt sich die andere Seite der Ordnungsmedaille: Die Reduktion zu allzu Vertrautem verschließt uns nämlich gleichzeitig den Blick auf die *Einmaligkeit* der Lebensprozesse. Und im Gegensatz zur Situation, in der im Schlaflied das Vertraute beschworen wird, legen unsere Partner und andere Menschen in vielen Situationen Wert darauf, daß ihre Worte den Charakter von „Welturaufführungen" haben. Wenn wir uns darauf nicht einlassen, dann findet statt einer Begegnung ein Austausch von Floskeln, ein Abspulen eingefrorener Rituale statt. Unser Gegenüber fühlt sich dann zu Recht nicht als es selbst wahrgenommen, sondern als geradezu beliebig austauschbares Objekt mißbraucht, das nur unsere eigenen Schemata in Gang setzt.

Daß aber wohl jeder solche Situationen kennt, zeigt, wie wirksam dieser Mechanismus ist, der uns die Erfahrungswelt vor allem nach Regelmäßigkeiten absuchen läßt. In der Tat ist derselbe Vorgang, der Ordnung und Sicherheit schafft – nämlich die Reduktion auf vertraute Kategorien –, gleichzeitig der Totengräber für Kreativität und Veränderung. Und hier kann nun auch die unnötige, die *Zwangs*ordnung, beginnen. Dies soll nochmals an der Kategorie „Morgen" verdeutlicht werden.

Wenn jemand sagt: „Ich bin diese Woche jeden Morgen um 7 Uhr aufgestanden, habe mit meiner Frau gefrühstückt" usw., hält er sich dabei nicht nur an die gesellschaftliche Zergliederung der Zeit in „Tage" und „Stunden" (mit einer abiologischen Genauigkeit bzw. „Pünktlichkeit"). Vielmehr vernachlässigt er die vielen sinnlichen Aspekte, die jeden Morgen in seiner Einmaligkeit erfahrbar machen – beispielsweise, daß die unvergleichbare Morgenröte in klarer, kalter Luft am letzten Dienstag „morgen" ganz anders war als das einmalige Schauspiel einer nebeldurchtränkten Morgensonne am Mittwoch – und daß dies wieder etwas anderes war als das Glitzern der Regentropfen am Donnerstag.

Natürlich benötigt man vor allem im Alltag sprachliche Reduktionen und Kategorien wie „Morgen", um sich schnell zu verständigen. Wesentlich ist aber die Frage, ob mehr als eben nur kategorielle „Morgen" *wahrgenommen* und *erlebt* werden. Oder ob zumindest – bei größerer Ruhe – mehr und anderes erlebt werden *kann*. Sofern aber die sinnliche Vielfalt und Komplexität auch erlebensmäßig auf Kategorien wie „jeden Morgen kurz nach 7 gefrühstückt" reduziert wird, sollte es uns nicht wundern, wenn die Welt sowohl sinnloser erscheint, als auch „jeden Abend" immer „derselbe Streit" um immer „dieselben Probleme" entsteht. Derselbe Reduktionsvorgang zu (zu) wenigen und zu (zu) starren Kategorien greift dabei dann auch bei der Strukturierung der sozialen Welt. „Immer dieselbe Leier" mit dem Partner, den Kindern etc. kann nun ablaufen – das tägliche Brot der Familientherapeuten.

Als Therapeuten finden wir diese Verarmung im Erleben bei nicht wenigen Menschen, die uns gegenübersitzen. Allerdings: Wer könnte schon von sich behaupten, ihm ginge dies nicht zumindest ansatzweise ähnlich?

Die Möglichkeiten, der „Welt" zu begegnen, lassen sich somit zwischen zwei Polen einordnen: Auf der einen Seite, im Extrem, finden wir das Chaotische, Unvorhersagbare, Hochkomplexe. Und je mehr wir uns auf die Einmaligkeit von Prozessen einlassen, desto weniger haben wir Kategorien zur Hand und können Prognosen aufgrund der „Regelmäßigkeiten" anstellen; und desto eher sind wir damit der Angst vor Unberechenbarkeit und Kontrollosigkeit ausgeliefert. Aber desto weniger reduziert ist auch unsere Erfahrung, die nun eher die Wahrnehmung von Neuem, Überraschendem und Kreativem zuläßt.

Auf der anderen Seite, im Extrem, finden wir die reduktionistische Ordnung. Und je mehr wir auf dieser anderen Seite kategorisieren und Regelmäßigkeiten (er)finden, desto planbarer, prognostizierbarer und damit sicherer wird unsere Welterfahrung; doch desto starrer, langweiliger, reduzierter und gleichförmiger erscheinen uns die so behandelten „Dinge".

Gesellschaftsideologie

Seinen jeweiligen Standort im Spannungsfeld zwischen diesen beiden Polen „Chaos" und „Ordnung" findet der Mensch nun natürlich nicht allein. Vielmehr wird der Mensch unserer Kultur immer schon in ein relativ stabiles Gefüge aus sozialen Interaktionen hineingeboren. Und bereits seine allerersten Schritte auf der Lebensbühne sind begleitet – um nicht zu sagen gesteuert – von Erwartungen, Delegationen, Handlungs- und Sinnanleitungen im Rahmen sozialer Rollen und institutioneller wie materieller Strukturen der Gesellschaft. Kurz: Er wird eingeführt in und angepaßt an „die gesellschaftliche Konstruktion der Wirklichkeit" – wie Berger und Luckmann (1970) es in einem berühmten Werk der 60er Jahre so treffend bezeichnet haben.

Im Vollzug dieser Sozialisationsprozesse wird auch massiv ordnend eingegriffen. Die hochkomplexen und oft verblüffenden, weil nicht vorhersagbaren Reaktionen des jungen Erdenbürgers werden nun – wie Heinz von Foerster es ausdrückt – „trivialisiert". Dies demonstriert von Foerster gern mit folgendem Beispiel: Der kleine Fritz kommt in die Schule und antwortet auf die Frage „Was ist 3 x 3?" vielleicht mit „Grün!". Doch diese hochkreative Antwort ist natürlich nicht zulässig – also wird ihm beigebracht, auf die Frage letztlich zuverlässig, prognostizierbar und reproduzierbar mit „9!" zu reagieren.

Natürlich – das sei nicht unterschlagen – werden z. B. im Rahmen der Schulausbildung oder, allgemeiner: der Sozialisation Wissen und Verhal-

II. Konstruktivismus in der Hirnforschung

ten auch differenziert. Aber auch solche Differenzierungen spielen sich grundsätzlich im engen Rahmen des zulässigen Regelwerks der Gesellschaft ab.

Die Kraftlinien des Spannungsfeldes zwischen den beiden Polen „Chaos und Ordnung" werden somit durch die Sinndeutungen und Interaktionsstrukturen der Gesellschaft wesentlich mitbestimmt. Und es ist bekannt, daß speziell der abendländischen Kultur eine besonders starke Tendenz zur Ordnung, zur Reduktion und zur Verdinglichung von Prozessen nachgesagt wird – „Verdinglichung" als jenem Mechanismus der Reduktion und Kategorisierung, bei dem wir Prozessen und Phänomenen, die durch Akte der Erkenntnis und Sprache von uns erst geschaffen wurden, dann faktisch wie „Dingen" gegenübertreten und sie als etwas an sich Seiendes behandeln. Unsere Patienten *haben* dann eine „Schizophrenie", und unsere Kinder *haben* „Verhaltensstörungen" – wie feststehende Eigenschaften. Damit haben wir dann, so dünkt es uns, auch viel weniger zu tun, als wenn z. B. die Formulierung „Unsere Kinder *verhalten* sich gestört" Fragen aufwirft wie „Wann und unter welchen Bedingungen?" und „Warum fällt *uns* aus dem Verhaltensspektrum gerade *dies und jenes* auf?"

Die modernen, naturwissenschaftlich fundierten Systemtheorien stellen das Prozeßhafte der Welt und eine natürliche Ordnung im Rahmen von Selbstorganisationstheorien der dinghaften Ordnung, die von jemandem ge-Macht und über Kontrolle aufrechterhalten wird, entgegen (Kriz 1998). Doch die Leit- (oder: Leid-)Bilder unserer Gesellschaft sind immer noch an den Narrationen der Naturwissenschaften des letzten Jahrhunderts orientiert. Obwohl die Mathematik der Selbstorganisation keineswegs schwieriger ist als die Mathematik der Thermodynamik, wurde bis vor wenigen Jahrzehnten ausgiebig der Zerfall von Ordnung in Unordnung thematisiert, über die selbstorganisierte Entstehung und weitere Entfaltung von Ordnung wußte man hingegen wissenschaftlich fast nichts zu sagen. Und obwohl die überwiegende Mehrheit der Menschen im Kontext von Landwirtschaft und Gärtnerei oder von Mutterschaft sehr wohl die Erfahrung hatte, daß die dort jeweils entstehende Ordnung nicht über „Machen" und „Kontrolle" erreicht, sondern nur durch ein Gewähren und Fördern günstiger *Bedingungen* unterstützt werden kann, wurde von den Mächtigen einseitig die Ideologie der Thermodynamik verbreitet: Wenn Ordnung nicht mit Macht geschaffen und ständig aufrechterhalten wird, droht das Chaos – eine Ideologie, die den Macht Habenden natürlich sehr als Rechtfertigung gelegen kam, an der Ordnung (und damit den Machtverhältnissen) nichts zu ändern und notfalls alle Machtmittel zum Erhalt einzusetzen.

Die Tendenz, das natürliche Sicherheitsbedürfnis des Menschen allein und einseitig über die Kontrolle von Ordnung zu befriedigen, zeigt sich vor allem in den menschlichen Beziehungen – im Umgang mit sich selbst, mit den Mitmenschen und mit der Welt insgesamt. An anderer Stelle (Kriz 1997) wurde ausgeführt, wie die moderne Wissenschaft als Ordnungsideologie aus der Perspektive der Angstabwehr rekonstruiert werden kann. Und es wurde dort die Frage aufgeworfen, ob „Psychotherapie, die auch die schöpferische Seite des Chaos nutzt, als Wegweiser für eine lebensgerechtere Wissenschaft" dienen könnte.

Die Weisen der Welterzeugung stehen somit einerseits im Zusammenhang mit dem menschlich-evolutionären Urbedürfnis, Sicherheit über Vertrautes, Komplexitätsreduziertes zu erlangen, andererseits aber auch mit dem gesellschaftlich-ideologischen Mißbrauch dieses Bedürfnisses und der mit Macht vertretenen Narration, das Chaos grundsätzlich zu verbannen, dessen schöpferische Kräfte zu denunzieren und statt dessen der Kontrollideologie zu huldigen. Rigide, zwanghafte und erstarrte menschliche Beziehungen sind die Folge dieser Ideologie. Es ist an der Zeit, den Menschen Mut zu machen, Teile der Kontrolle durch Vertrauen in Prozesse der Selbstorganisation zu ersetzen.

Literatur

Berger, P. L. (1970): Auf den Spuren der Engel. Die moderne Gesellschaft und die Wiederentdeckung der Transzendenz. Frankfurt a. M. (Fischer).
Berger, P. L. u. T. Luckmann (1970): Die gesellschaftliche Konstruktion von Wirklichkeit. Frankfurt a. M. (Fischer).
Cramer, F. (1988): Chaos und Ordnung. Die komplexe Struktur des Lebendigen. Stuttgart (DVA).
Kriz, J. (1982): Systemtheorie: Eine Einführung für Psychotherapeuten, Psychologen und Mediziner. Wien (WUV).
Kriz, J. (1992): Chaos und Struktur. Weinheim (Quintessenz).
Kriz, J. (1995): Muster personaler und interpersonaler Wirklichkeitskonstruktion. In: H. R. Fischer (Hrsg): Die Wirklichkeit des Konstruktivismus. Heidelberg (Carl-Auer-Systeme), S. 63–82.
Kriz, J. (1997): Chaos, Angst und Ordnung. Wie wir unsere Lebenswelt gestalten. Göttingen (Vandenhoeck & Ruprecht).
Kriz, Jürgen (1998): Systemtheorie. Eine Einführung für Psychotherapeuten, Psychologen und Mediziner (2. Aufl.). Wien (Facultas).
Längle, A. (1996): Der Mensch auf der Suche nach Halt. Existenzanalyse der Angst. *Bull. d. Ges. f. Logotherapie und Existenzanalyse* 13 (2): 4–12.
Rohde-Dachser, C. (1986): Das Borderline-Syndrom. Bern/Stuttgart (Huber).

Imaginäre Räume
Ansätze einer systemischen Psychopathologie
F. B. Simon

Vorbemerkung – Zielsetzung

Ziel dieses Aufsatzes ist es, ein Plädoyer für die Reanimation der Psychopathologie als Wissenschaft zu halten – oder, besser gesagt: für ihre Neuerfindung auf der Basis systemtheoretischer und konstruktivistischer Konzepte.

Lassen Sie uns zu diesem Zweck mit einigen historischen Überlegungen beginnen: Bis zur Erfindung der Psychopharmaka Anfang der 50er Jahre mußten Psychiater sich damit begnügen, die Phänomene, die sie beobachten konnten, sehr detailliert und sorgfältig zu beschreiben. Sie entwickelten so etwas wie ein botanisches System psychischer Auffälligkeiten und versuchten, all das zu klassifizieren, was ihrer Meinung nach außerhalb der Grenzen des Normalen lag. Sie suchten nach Regelmäßigkeiten in der Kombination von Symptomen und in ihrer zeitlichen Organisation. Schließlich gaben sie solchen Bündeln von Phänomenen Namen – Schizophrenie, Dementia praecox oder manisch-depressives Irresein zum Beispiel – und erklärten und bewerteten sie als Resultat von Krankheiten.

Dieses Verfahren ist – konstruktivistisch gesehen – nicht ohne Probleme. Bei der Schnürung und Benennung dieser Pakete werden nämlich die Beschreibung von Phänomenen, ihre Erklärung und ihre Bewertung miteinander vermischt.

Nehmen wir als Beispiel den Familienvater, der seiner Frau, den Nachbarn und schließlich auch einem Psychiater erklärt, der österreichische Geheimdienst sei hinter ihm her. Das Phänomen, auf dessen Beschreibung sich all diese Beobachter ohne größere Anstrengungen einigen können, ist der Sprechakt des Mannes, durch den er aussagt, der Geheimdienst sei hinter ihm her. Je nachdem, wie man als Beobachter das Phänomen erklärt, d. h., welchen generierenden Mechanismus man für es konstruiert, kommt man zu ganz unterschiedlichen Bewertungen dieses Phänomens und – in der Folge – zu ganz unterschiedlichen Behandlungsideen. Wer davon überzeugt ist, daß der Geheimdienst wirklich hinter dem Mann her ist, wird sich darüber freuen, daß er sich offenbart hat. Er wird dieses Verhalten eher positiv bewerten und ihn an den Verfassungsschutz verweisen. Der generierende Mechanismus wird in diesem Fall im Phänomenbereich des sozialen Systems „geortet" (d. h. konstruiert). Wer zu dem Schluß kommt, diese Äußerung habe eine wichtige intrapsychische Funktion – als Wiederholung eines frühkindlichen Musters, zum Beispiel –, ortet den generierenden Mechanismus im psychischen Bereich des Mannes. Er bewertet das Phänomen als Symptom und überweist den Patienten zu einem Psychotherapeuten. Der biologisch orientierte Psychiater schließlich versucht per Pillen oder elektrischem Strom in den Organismus zu intervenieren, da er den generierenden Mechanismus im Bereich biologischer Prozesse ortet.

Zwischen diesen drei Ebenen der Wirklichkeitskonstruktion des Beobachters bestehen enge Wechselbeziehungen. Jede ist in Lage, die anderen beiden zu beeinflussen. Die Erklärungen, die Beobachter für ein Phänomen konstruieren, verändern seine Bewertungen, die Bewertungen steuern die Auswahl der Phänomene, die beschrieben werden, und diese wiederum sorgen für die Art ihrer Erklärung. Es ist hier aber auch jede andere Reihenfolge möglich.

Entscheidend ist dabei, daß nur die jeweils beschriebenen Phänomene direkt beobachtbar sind. Erklärungen und Bewertungen sind Konstrukte der Beobachter. Sie sagen mehr über die Beobachter aus als über die beobachteten Phänomene. Nüchtern betrachtet ist es daher am ehesten möglich, so etwas wie einen interpersonellen Konsens zwischen unterschiedlichen Beobachtern über die beschreibbaren Phänomene zu erzielen. Hier findet sich der Zweig der psychopathologischen Tradition, der aus systemischer Sicht erhaltenswert und nützlich ist: die Methode der sorgfältigen phänomenologischen Beschreibung.

Zu einer systemischen Psychopathologie wird das Ganze, wenn die Erklärungsmodelle für die so beschriebenen oder beschreibbaren Phänomene aus der Systemtheorie abgeleitet werden.

Operationell geschlossene Systeme

Die große Chance der Systemtheorie für die Psychiatrie liegt darin, daß sie sich mit der Logik von Organisationsprozessen beschäftigt – unabhängig davon, ob es sich dabei um biologische, psychische oder soziale Prozesse handelt. Damit gibt es zum erstenmal in der Geschichte der Psychiatrie ein einheitliches, übergeordnetes Theoriegerüst, das der Tatsache, daß unser Verhalten als menschliche Individuen durch die Organisation biologischer, psychischer und sozialer Prozesse gelenkt wird, gerecht werden kann.

Aus Sicht der neueren Systemtheorie läßt sich das Problem der biopsychosozialen Bedingtheit des Menschseins nicht durch die Addition dreier unterschiedlicher Modelle beantworten, sondern durch die Konstruktion eines gemeinsamen, für alle drei Phänomenbereiche einheitlich gültigen abstrakten Modells. Organismus, Psyche und soziales System werden dabei als gegeneinander abgegrenzte, selbstorganisierte Systeme gesehen. Jedes dieser Systeme wird als autonom, operationell geschlossen und strukturdeterminiert betrachtet. Mit diesen Begriffen soll gesagt sein, daß die interne Dynamik eines jeden dieser Systeme immer von seinen eigenen aktuellen internen Strukturen bestimmt wird.

Im einzelnen heißt das: Der Ablauf biologischer Prozesse wird immer nur durch biologische Strukturen bestimmt, die Dynamik psychischer Prozesse ist nur durch die Struktur der Psyche determiniert, und die Kommunikationsmuster sozialer Systeme – seien es nun Familien, Organisationen oder Institutionen – werden immer nur von ihren eigenen, historisch gewachsenen Strukturen bestimmt.

Dieser Versuch, der Ganzheit des Menschseins gerecht zu werden, scheint auf den ersten Blick natürlich paradox. Das Leben des einzelnen Menschen wird nicht nur – der alteuropäischen Tradition entsprechend – in Geist und Körper aufgeteilt, sondern drei Systemen unterschiedlicher materieller Beschaffenheit zugeordnet: dem Organismus, der Psyche und dem sozialen System. Was dieses Modell von der alten Geist-Körper-Trennung unterscheidet – das sei ausdrücklich betont –, ist, daß alle drei Systeme der gleichen Prozeßlogik folgen: der Logik autopoietischer, d. h. sich selbst erschaffender und erhaltender Systeme.

In diesem abstrakten Rahmen liegt die Möglichkeit zur Konstruktion eines integrativen, die Ganzheit des Menschen umfassenden Modells.

In den Anfangszeiten der Systemtheorie wurde diese Integration der alltäglichen Anschauung entsprechend folgendermaßen versucht: Die Psyche wurde irgendwo im Inneren des Organismus lokalisiert, irgendwo im Kopf, im Zwerchfell oder im Herzen. Sie war damit gewissermaßen ein Teil des Körpers. Der einzelne Mensch wurde dann, derselben Teil-Ganzes-Logik folgend, als Element des sozialen Systems, z. B. der Familie, gesehen. Man hatte es also mit einer Hierarchie immer umfassenderer Systeme zu tun.

Dieses Modell erscheint intuitiv zunächst nützlich, um die Beziehung der unterschiedlichen Systemtypen zu beschreiben. Es führt aber in der Praxis nicht viel weiter, da aus ihm für den therapeutischen Alltag keine brauchbaren Handlungsanweisungen abgeleitet werden können. Nehmen wir als Beispiel die Familie als soziales System. Ihre Komplexität wird zwangsläufig potenziert, wenn man die unterschiedlichen psychischen Systeme oder Körper ihrer Mitglieder, die ja selbst auch jeweils hochkomplexe Systeme sind, als Elemente der Familie betrachtet.

An dieser Stelle setzt die Modellbildung der neueren Systemtheorie an (vgl. Luhmann 1984; Simon 1990, 1993, 1995). Sie folgt nicht der Teil-Ganzes-Unterscheidung, sondern der System-Umwelt-Unterscheidung. Der Körper als biologisches System wird als eine Umwelt sozialer wie auch psychischer Systeme betrachtet. Analoges gilt für die Beziehung aller drei Systeme zueinander: Sie werden nicht als Teil und übergeordnetes Ganzes betrachtet, sondern jeweils als Umwelten füreinander.

Solch eine Sichtweise löst im allgemeinen erst einmal Unverständnis aus, da sie liebgewonnene Denkgewohnheiten ignoriert. So mag sich kaum einer damit anfreunden, daß seine Psyche nicht Teil seiner Familie sein soll, sondern Teil ihrer Umwelt. Etwas plausibler wird das erst, wenn man soziale Systeme mit Sets von Spielregeln vergleicht, mit einer Menge von Verhaltens- und Kommunikationsregeln. Die Analogie zu Gesellschaftsspielen wie „Mensch ärgere Dich nicht" oder Doppelkopf mag deutlich machen, warum es nützlich ist, die Psyche der Spieler als Umwelten und nicht als Teile des Systems zu betrachten. Schließlich ist die Psyche eines „Mensch-ärgere-Dich-nicht"-Spielers ja auch nicht Teil des Spiels. Das Spiel ist durch seine Regeln definiert, die erlaubten, vorgeschriebenen und verbotenen Spielzüge. Wer sie kennt, kann mitspielen oder auch versuchen, sie zu ändern. Die Spieler selbst aber sind nicht Element des Spiels. Elemente des Spiels sind die einzelnen Spielzüge, die Kommunikationen.

Wenn nun zwei Menschen miteinander „Mensch ärgere Dich nicht" spielen, dann sind ihre psychischen Systeme und ihre Körper sowie deren Funktionieren notwendige Umweltvoraussetzungen für die Realisierung des Spiels: Ohne Spieler kein Spiel. Die Psyche und der Körper jedes einzelnen Teilnehmers an dieser Form der Interaktion und Kommunikation bestimmen aber nicht die Regeln des Spiels. Schließlich können Psyche und Organismus des durchschnittlichen Mitteleuropäers im Prinzip auch als Umwelt für Rommé, Canasta, Bridge, Schafskopf, Tic-tac-toe oder Sackhüpfen dienen. Zwischen dem, was in der Umwelt geschieht, und den Regeln des Spiels besteht in keinem dieser Fälle eine geradlinige Ursache-Wirkungs-Beziehung. Die Umwelt bestimmt lediglich den Spielraum, innerhalb dessen die Spielregeln des jeweiligen autonomen Systems sich entwickeln können. Sie *limitiert* Möglichkeiten, determiniert aber nicht, was *tatsächlich* geschieht.

Wendet man diese Sicht der System-Umwelt-Beziehung auf die Frage nach der Beziehung biologischer, psychischer und sozialer Prozesse an, heißt das schlicht und einfach, daß biologische Phänomene *immer* nur durch biologische Prozesse erklärt werden können, psychische Phänomene *immer* nur durch psychische Mechanismen und soziale Geschehnisse *immer* nur durch Kommunikationsprozesse.

Um es klar und möglichst unmißverständlich zu formulieren:

Die Kommunikationsmuster einer Familie oder eines anderen sozialen Systems können – systemtheoretisch gesehen – niemals die Entstehung psychischer Symptome erklären, genausowenig wie psychische Prozesse die Entstehung körperlicher Symptome erklären können. Und, das sei den Biologen ins Stammbuch geschrieben: Auch biologische Prozesse können nicht die Entstehung psychischer oder sozialer Prozesse erklären.

Muster der System-Umwelt-Interaktion

Aber es läßt sich natürlich nicht leugnen, daß es Zusammenhänge gibt, zwischen dem, was in der Familie eines Menschen geschieht, und seinem psychischen Befinden, ebenso wie es Zusammenhänge zwischen psychischen Abläufen und körperlichen Prozessen gibt. Sie sind nur eben nicht deterministisch in einem geradlinig-kausalen Sinne. Wir können keine *positiven* Verknüpfungen vornehmen und sagen, daß ein *bestimmtes* familiäres oder psychisches Organisations- oder Prozeßmuster zwangsläufig mit einer *bestimmten* Symptomatik verknüpft ist. Was wir sagen können, ist lediglich, daß soziale Bedingungen die Operationsmöglichkeiten für den Organismus und die Psyche einschränken oder erweitern können. Dasselbe können wir umgekehrt auch für die Beziehung zwischen organischen Bedingungen und psychischen oder sozialen Prozessen sagen.

Diese Art der Erklärungslogik mag durch folgendes banales Beispiel illustriert werden: Das Straßennetz eines Landes als Umwelt des Autofahrers bestimmt immer nur seine Möglichkeiten, d. h., wohin er fahren *kann* und wohin er *nicht* fahren kann. Es bestimmt aber niemals, wohin er tatsächlich fährt.

Wir haben es bei der Beziehung von Organismus, Psyche und sozialen Systemen mit einer Situation zu tun, in welcher der scheinbar unüberbrückbare Gegensatz zwischen der Autonomie der jeweiligen Systeme und ihrer gegenseitigen Abhängigkeit aufgehoben ist. Körperliche oder soziale Prozesse können die Psyche verstören und sie aus dem Gleichgewicht bringen. Hier zeigen sich der Einfluß dieser Umwelten und die Abhängigkeit von ihnen. Wie aber auf solche Störungen reagiert wird, wie sie kompensiert werden, mit welcher Dynamik reagiert wird und welche Strukturveränderungen dies alles zur Folge hat, wird von den aktuellen internen Strukturen der Psyche selbst bestimmt. Hier manifestiert sich ihre Autonomie.

Systemische Psychopathologie

Was bedeutet solch eine systemtheoretische Konzeptualisierung nun für den Bereich der Psychopathologie und Psychodynamik?

Zum ersten heißt es auf einer abstrakten, organisatorischen Ebene, daß das, was für alle autopoietischen Systeme gilt, auch für psychische Systeme gilt. Es läßt sich thesenartig folgendermaßen zusammenfassen:

(1) Die Stabilität und Struktur der Psyche sind das Ergebnis einer spezifischen selbstbezüglichen Dynamik. Psychische Prozesse sind zirkulär organisiert, d. h., ihre Struktur hat eine Dynamik zur Folge, die zur Folge hat, daß diese Struktur erhalten bleibt.
(2) Psychische Veränderungen können durch Veränderungen in einer ihrer Umwelten – d. h. dem Organismus oder dem sozialen System – ausgelöst werden, sie sind in ihrer konkreten Ausformung aber immer durch interne Strukturen definiert. Mit anderen Worten: Psychische Operationen schließen sich immer nur an psychische Operationen an und müssen sich – auch wenn sie sich verändern – in deren innere Logik einordnen.
(3) Die konkrete Entwicklung psychischer Strukturen, seien sie nun als „pathologisch" oder „gesund" bewertet, läßt sich als Folge der Geschichte bewältigter Störungen (sog. Perturbationen) durch die Umwelten erklären. Solche Perturbationen können zum Beispiel körperli-

che Veränderungen in der Pubertät oder im Alter darstellen, es können aber auch familiäre oder gesellschaftliche Ereignisse oder Veränderungen sein. Entscheidend ist hier, daß sich psychische Krankheit und Gesundheit immer durch die im Prinzip selben generierenden Mechanismen erklären lassen müssen.

Wenn wir versuchen, diesen abstrakten Rahmen zu konkretisieren, ergibt sich die Frage, welche Art von Operationen es sind, welche die Psyche als System von ihren Umwelten unterscheiden. Die Antwort auf diese Frage muß die Grundlagen für eine systemische Psychopathologie liefern. Denn schließlich müssen – systemisch gesehen – psychische Strukturen und Prozesse sich stets durch psychische Prozesse erklären lassen. Auch die generierenden Mechanismen, die zu sozial als pathologisch bewerteten psychischen Prozessen führen, müssen daher der Logik psychischen Operierens folgen.

Nichtverstehbarkeit – Exkommunikation

Will man es auf eine allgemeine Formel bringen, kann man feststellen, daß die basalen Elemente psychischer Prozesse *Beobachtungen* sind. Sie bestehen aus einer doppelten Operation: dem Unterscheiden und dem Bezeichnen. Jeder Beobachter strukturiert sein Weltbild, indem er Phänomene gegeneinander abgrenzt. Er zieht eine Grenze, durch die ein Zustand, Raum oder Inhalt auf der Innenseite der Grenze von einem Raum, Zustand oder Inhalt auf der Außenseite der Grenze unterschieden wird. Der einen Seite solch einer Unterscheidung werden ein oder mehrere Merkmale zugeordnet, der anderen nicht. Mit dieser Grenzziehung verknüpft ist eine zweite Unterscheidung: Der einen Seite der ersten Unterscheidung wird ein Zeichen, z. B. ein Name, zugeschrieben, der anderen Seite wird ein anderes oder auch gar kein Zeichen zugeschrieben. Bei jeder Beobachtung werden also immer Einheiten mit bestimmten Merkmalen gegeneinander abgegrenzt und bezeichnet.

George Spencer-Brown hat in seinen *Laws of Form* (1969) gezeigt, daß sich so alle logischen oder unlogischen Strukturen als zusammengesetzte Einheiten konstruieren lassen. Mit diesen Mechanismen lassen sich meines Erachtens auch alle psychischen Phänomene erklären. Ihre Pathologie läßt sich dementsprechend als Ausdruck charakteristischer Unterscheidungs- und Bezeichnungsprozesse interpretieren.

Das Spezifikum psychotischer Symptome scheint dabei zu sein, daß der Patient Unterscheidungen vollzieht, die von den Unterscheidungsschemata abweichen, die altersentsprechend von Erwachsenen innerhalb des umgebenden Sozialsystems erwartet werden. Seine Äußerungen und sein Verhalten sind daher für die Menschen in seiner Umgebung unverstehbar. Er ist de facto ex-kommuniziert.

II. Konstruktivismus in der Hirnforschung

Denn es ist die Grundlage jeder zwischenmenschlichen Kommunikation, daß es Isomorphien zwischen den Unterscheidungen und Bezeichnungen unterschiedlicher Beobachter gibt. Nur wenn den gebrauchten Worten von den potentiellen Kommunikationspartnern eine ähnliche Bedeutung, ein ähnlicher Sinn zugeschrieben wird, können sie sich gegenseitig etwas mitteilen, was sie auch gegenseitig verstehen.

Wer glaubt, daß seine Gedanken sich ausbreiten oder daß sie von außen gemacht würden, vollzieht eine von den üblichen Erwartungen abweichende Grenzziehung. Die Innen-außen-Unterscheidung zwischen ihm selbst als handelnder Einheit und der Umwelt entspricht nicht dem, was man sonst über die Grenzen der Gedanken und ihrer Beeinflußbarkeit weiß oder zu wissen meint. Wenn er äußert, er höre Stimmen, die niemand außer ihm hört, und sie als von außen kommend zuordnet, weicht er ebenfalls von den üblichen, kommunikativ validierten interindividuellen Grenzziehungen ab. Seine Worte werden im günstigsten Fall als Unsinn, im ungünstigeren als Wahnsinn interpretiert. Ähnliches gilt für paranoide Systeme, in denen generierende Mechanismen konstruiert werden, die nicht den tradierten Grenzen handelnder Einheiten und ihres Einflusses entsprechen.

Schlüssel für alle psychotischen – zur Exkommunikation führenden – Symptombildungen scheint das Problem der zweiwertigen Logik zu sein. Wo innerhalb eines sozialen Systems implizit oder explizit das Ideal einer kontext- und zeitunabhängigen persönlichen Identität als verbindlich gehandhabt wird, kann für jeden Selbstbeobachter ein Problem entstehen (Simon 1993).

Da kein Mensch – aus der Perspektive des außenstehenden Super- oder Metabeobachters gesehen – in seinem Erleben und in seinen Eigenarten auf Dauer mit sich identisch bleiben kann, kann er in seiner Selbstbeobachtung mit konflikthaften, sich logisch ausschließenden Merkmalen konfrontiert werden. Er kann sich zum Beispiel in einer emotional wichtigen Beziehung zu einem anderen Menschen als liebend und hassend zugleich erleben. Er kann Wünsche nach Nähe und Abhängigkeit spüren, er kann sich nach Abhängigkeit und Bindung und zugleich – und logisch unvereinbar damit – nach Unabhängigkeit und Freiheit sehnen usw. Oder er kann sich – wie in der Double-bind-Theorie dargelegt – Handlungsaufforderungen ausgesetzt sehen, die sich gegenseitig ausschließen.

In all solchen Fällen gerät er als Selbstbeobachter in die Klemme: Er muß sich Eigenschaften und Merkmale der Unterscheidung zugleich zuschreiben und abschreiben. Wenn er sich an die Regeln der zweiwertigen Logik – den Satz vom ausgeschlossenen Widerspruch – hält, nach dem einem Gegenstand eine Eigenschaft entweder zukommt oder nicht zukommt, so verstrickt er sich in Paradoxien. Wenn er mit sich selbst identisch ist und sich die ihn und seine Identität charakterisierenden Eigenschaften zuschreibt, so verliert er seine Identität, weil er sich auch die

Eigenschaften und Merkmale zuschreiben muß, die das Gegenbild zu seiner Identität ausmachen. Die Grenze zwischen der Innen- und Außenseite der Selbst-Nichtselbst-Unterscheidung ist aufgehoben.

Die Auflösung solcher Paradoxien und der damit verbundenen Konflikte, denen wohl kein Mensch entgeht, kann auf unterschiedliche Weise geschehen. Manche Methoden führen zu dem, was man gemeinhin „Normalität" nennt, andere zu dem, was man als „Psychose" bezeichnet. Sie alle weisen eine Gemeinsamkeit auf: Sie bestehen in der Konstruktion eines *imaginären* Raums, Zustands oder Inhalts, der die zugrundeliegende Unterscheidung auflöst (Simon 1990, 1995).

Die in unserem westlichen Kulturkreis akzeptierte und als normal definierte Methode zur Aufhebung der genannten logischen Widersprüche besteht in der Erfindung der Zeit. Wenn wir Zukunft und Vergangenheit als Teil der Realität konstruieren, so können beide Seiten der Unterscheidung wahr sein. Wir können heute lieben und morgen hassen, gestern Nähewünsche gehabt haben und heute Distanzwünsche haben. Aber, das sollten wir nicht vergessen: Zukunft und Vergangenheit sind imaginäre Räume. Was sie von anderen halluzinierten Räumen unterscheidet, ist, daß wir diese Art der Imagination mit den Menschen um uns herum teilen. Sie bietet in unserer Kultur eine als „gesund" bewertete Möglichkeit der Paradoxieauflösung. Die Zeit ist eine Erfindung. Der Unterschied zu anderen Erfindungen besteht darin, daß wir uns mit unseren Mitmenschen darüber einigen, sie sei eine Realität.

Da, wo die Zeit nicht zur Paradoxie- und Konfliktauflösung genutzt wird, bieten die bereits genannten Veränderungen von Grenzziehungen eine Möglichkeit der Beseitigung logischer Widersprüche. Wer z. B. auf ein Zeichensystem zurückgreift, in dem noch nicht zwischen ihm selbst als handelnder Einheit und seiner Familie oder gar Österreich als handelnder Einheit unterschieden ist, der kann die intern erlebte Selbstverfolgung als Verfolgung durch Familienangehörige oder den Geheimdienst konstruieren.

Wahn und Halluzination sind imaginäre Räume, die – wie die Zeit – zur Paradoxie- und Konfliktauflösung dienen können. Nur sind sie in unserer Kultur nicht gleichermaßen akzeptiert wie die Zeit als eine von der Mehrheit geteilte Imagination.

Therapeutische Konsequenzen

Zu guter Letzt einige therapeutische Überlegungen. Psychische und soziale Systeme sind in ihrer Entwicklung eng miteinander verknüpft, da sie beide auf der Operation des Beobachtens beruhen. In der Kommunikation des Patienten mit sich selbst und mit seinem Therapeuten werden dieselben Kommunikationsmedien verwendet. Sprache und andere Zeichensysteme dienen zur Bezeichnung von Unterschieden. Hier eröffnet sich dem Therapeuten die Möglichkeit, neue Unterscheidungen in die Kommunikation einzuführen oder alte in Frage zu stellen. Meines Erachtens ist es für die Behandlung von Psychotikern dabei von zentraler Bedeutung, ihre Exkommunikation aufzuheben, indem ihrem als sinnlos oder wahnsinnig bewerteten Symptomverhalten wieder ein kommunikativer Sinn zugeschrieben wird.

Die Wirkung solch eines Verhaltens ist im allgemeinen, daß interpersonelle Konflikte aufgelöst werden. Sie werden nicht entschieden, sondern sie verschwinden einfach. Wo den Äußerungen eines Menschen von seinen Interaktionspartnern keine eindeutige Bedeutung zugeschrieben werden kann, bleibt es unklar, was er will oder nicht will. Und wo das unklar ist, kann es auch keine klaren Konflikte geben. Dem entspricht – zumindest ist das die hier von mir vertretene These – die intrapsychische Funktion der Symptombildung: Wo sich in der Selbstbeobachtung die Grenzen zwischen den beiden Seiten eines Konfliktes auflösen, löst sich auch der Konflikt auf. Wird diese konflikt- und paradoxievermeidende Wirkung dem Symptomverhalten als Sinn, als legitime Intention, zugeschrieben, wird die Exkommunikation aufgehoben. Aus dem unverstehbaren Symptom einer Krankheit wird so die Handlung eines Subjekts, mit dem wieder Kommunikation und Auseinandersetzung – auch und gerade über die konflikthaften Themen – möglich wird (vgl. Simon 1998; Retzer u. Simon 1998, 1999).

Literatur

Luhmann, N. (1984): Soziale Systeme. Frankfurt a. M. (Suhrkamp).
Retzer, A. u. F. B. Simon (1998): Therapeutische Schnittmuster-Schizophrenie-Therapie I. *Familiendynamik* 23: 303–315.
Retzer, A. u. F. B. Simon (1999): Therapeutische Schnittmuster-Schizophrenie-Therapie II. *Familiendynamik* 24: 100–114.
Simon, F. B. (1990): Meine Psychose, mein Fahrrad und ich. Zur Selbstorganisation der Verrücktheit. Heidelberg (Carl-Auer-Systeme).
Simon, F. B. (1993): Unterschiede, die Unterschiede machen. Klinische Epistemologie: Grundlage einer systemischen Psychiatrie und Psychosomatik. Frankfurt a. M. (Suhrkamp).
Simon, F. B. (1995): Die andere Seite der Gesundheit. Ansätze einer systemischen Krankheits- und Therapietheorie. Heidelberg (Carl-Auer-Systeme).
Simon, F. B. (1998): Beyond Bipolar Thinking: Patterns of Conflict as a Focus for Diagnosis and Intervention. *Family Process* 37: 215–232.
Spencer-Brown, G. (1969): Laws of Form. London (Allen & Unwin).

Sprache, Gespräch und Kommunikation

René Magritte: *Der Schlüssel der Träume*

Der Quellpunkt der Semantik: das eine durch das andere
Achim Eschbach

> *Zwar ist das Individuum stets einzig und unvertauschbar. Aber gerade solche Unvertauschbarkeit sichert dem Begriff der Verständigung Sinn und Gehalt; mit diesem aber auch und durch ihn den Begriff der Gemeinschaft. Denn Gemeinschaft und Verständigung bedeuten nicht Aufhebung, sondern Bejahung jener Einzigartigkeit der „Iche".*
>
> M. Bandmann (1924)

Sie werden sicherlich bemerkt haben, daß ich den Titel meines Beitrages aus Karl Bühlers inzwischen über siebzig Jahre alten *Krise der Psychologie* (1927) entlehnt habe, was bei einem Kongreß über „Weisen der Welterzeugung: Die Wirklichkeit des Konstruktivismus" vielleicht ein wenig befremden mag. Ich halte mich jedoch an einen Rat Gerold Ungeheuers, der es für dringend erforderlich hielt, vor der Neuerfindung längst bekannter, nur leider wieder in Vergessenheit geratener Tatsachen erst einmal bei Bühler nachzulesen. Genau dies möchte ich in dem ersten Teil meines Beitrags tun, wobei es mir weniger um den Nachweis geht, daß Bühler schon vor einem dreiviertel Jahrhundert die Rahmenbedingungen der menschlichen Kommunikation präzise bestimmte, sondern vielmehr um die Rekonstruktion der Bedingungen, die Bühler für die Konstitution von Kommunikation für unverzichtbar hielt.

Bühler hat in seiner blumigen Sprache bereits im ersten Satz seiner *Sprachtheorie* von 1934 allen Pointillisten und Elementenjägern ins Stammbuch geschrieben: „Die Menschheit denkt, seit Menschliches sie im Denken beschäftigt, über das Wesen der Sprache nach" (Bühler 1934, S. 1), was ich so deute, daß „Menschsein" und „Sprachbesitz" oder, um genauer zu sein: „Zeichenbesitz" die beiden Seiten einer Medaille sind. Diese Feststellung mag dem einen als banal oder trivial erscheinen, und der andere – wenn er denn z. B. auf den Namen Noam Chomsky oder Steven Pinker hört – könnte diese Gleichsetzung als Bestätigung der eingeborenen Sprachideen, des Sprachinstinktes oder des Vorhandenseins eines Sprachgens betrachten, was in letzter Zeit (vgl. z. B. Goldin-Meadow a. Mylander 1998) immer lautstärker propagiert wird. Bühler hätte den Banalitätsvorwurf ebenso vehement zurückgewiesen wie die These von der Existenz eines Sprachinstinktes oder Sprachgens, weil er sich völlig darüber im klaren war, daß eine Monade, ein Diogenes im Faß gar nicht in die Lage geraten könnte, die Notdurft der Kommunikation zu befriedigen. Wahrscheinlich würden die Sprachinstinktverfechter Bühler entgegenhalten, daß er nur deshalb wahrhaft neuartige, biologisch-genetische Konzepte nicht berücksichtigen könne, weil sein geisteswissenschaftlicher Ansatz den genetischen Bedingungen gegenüber blind sei. Sicherlich gibt es genug Geisteswissenschaftler, denen dieser Vorwurf mit einigem Recht gemacht werden dürfte. Bühler gegenüber ist dieser Vorwurf jedoch alles andere als berechtigt, weil dabei völlig außer acht gelassen wird, daß Bühler, dessen wissenschaftliche Herkunft aus Biologie und Medizin nicht vergessen werden sollte und der sich bereits im Ersten Weltkrieg um die Rehabilitation hirnverletzter Soldaten bemüht hatte, wie wenig andere die Fallstricke des psychophysischen Parallelismus kritisiert hat, weil er die Gefahren von Stoffentgleisungen erkannt hatte, und was anderes als eine eklatante Stoffentgleisung ist die Gleichsetzung eines materiellen Sprachorgans oder Sprachinstinkts mit der immateriellen Sprache?

Es ist für Bühler weder sinnvoll noch möglich, von dem Menschen in semiotisch-kommunikationswissenschaftlicher Sicht im Singular zu sprechen, um dann nach dem Vorbild der Informationstheorie aus der Verkettung zweier Robinsone zur Sprache zu gelangen; dies mündet in unlösbare Aporien, weil dann unterstellt werden müßte, daß jeder für sich und aus sich heraus zur „Erfindung" von Sprache fähig wäre. Sowenig jemals ein einzelner Mensch dazu in der Lage war, für sich und aus sich heraus eine Sprache zu erfinden, so widersinnig wäre die Annahme, daß ein einzelner Mensch die Sprache erfände, weil ein in einem kommunikationsfreien Raum existierendes Wesen gar keine Veranlassung verspüren könnte, ein überflüssiges Werkzeug zu schaffen. Genau in diesem Sinne scheint mir auch die gewissermaßen zweckfreie Entwicklung eines Sprachorgans eine nutzlose Glasperlenspielerei zu sein, die nicht dazu geeignet ist, die Bedingungen der menschlichen Kommunikation zu beschreiben.

Nun trifft es zwar tatsächlich zu, daß ein jeder Mensch in einer gewissermaßen natürlichen Isolation lebt, insofern ihm nur seine eigenen Empfindungen und Erfahrungen offenstehen, nicht aber die Empfindungen und Erfahrungen anderer Menschen. Diese natürliche Isolation inmitten zahlloser anderer Individuen ist es jedoch gerade, die den ausschlaggebenden Antrieb abgab, ein Werkzeug zu schaffen, das zur Überbrückung dieser prinzipiellen Kluft geeignet ist. Robin Dunbar hat in seinem jüngst in deutscher Übersetzung erschienenen Buch *Klatsch und Tratsch* (1998) argumentiert, daß Affen ebenso wie Menschen einige Gewohnheiten pflegen, die über einen offensichtlich praktischen Zweck hinaus die sehr viel wichtigere Funktion erfüllen, soziale Beziehungen zu etablieren und aufrechtzuerhalten. Was bei den Affen die gegenseitige Fellpflege ist, die zur Errichtung und Stabilisierung von Hierarchien und Allianzen oder, kurz gesagt, zur Sicherung eines sozialen Beziehungsgeflechtes dient, wäre beim Menschen das schier nicht enden wollende Geschwätz über sattsam bekannte Alltäglichkeiten, bei dem es nicht darum geht, jemandem etwas tatsächlich Neues über sich und die Welt mitzuteilen, sondern bei dem das Geschwätz um des Geschwätzes willen geführt wird, um ein soziales Gefüge zu errichten und zu bewahren.

Es kann kein Zweifel daran bestehen, daß Affen die gegenseitige Fellpflege tatsächlich praktizieren, wie gleichfalls unbestritten ist, daß Menschen Klatsch und Tratsch mit großer Inbrunst und Ausdauer zelebrieren. Lediglich die Perspektivierung scheint mir nicht ganz stimmig zu sein: Es wäre einigermaßen überraschend, wenn sich die Menschen im Zuge der Evolution ein energiehungriges Gehirn zugelegt hätten, um sprachfähig zu werden, damit auf dem Wege von Klatsch und Tratsch soziale Beziehungen errichtet und unterhalten werden können. Die menschliche Sozialität stellte sich bei dieser Betrachtungsweise erst am Ende eines recht langwierigen Prozesses ein, an dessen Anfang das beträchtliche Größenwachstum eines komplizierten Organs steht, dessen aufwendiger Unterhalt zumindest auf längere Sicht keinen angebbaren Vorteil erbracht hätte. Wenn man unterstellen würde, daß die Menschen in einem frühen Stadium dieses Prozesses noch nicht über Sprache verfügten, geriete eine Kausalbetrachtung in arge Bedrängnis, die die Entwicklung des Gehirns an die sprachlich vermittelte Sozialität binden wollte, weil dies implizierte, daß es zu einem früheren Zeitpunkt Lebewesen mit großen Gehirnen gab, die sich noch nicht in sprachlich vermittelter Sozialität organisiert hatten. Auch ein Blick auf das Pflegeverhalten der Affen bietet keinen Ausweg, weil wohl niemand ernsthaft behaupten möchte, frühe Menschen hätten in einer affenartigen und sprachlosen Sozialität zusammengelebt, woraus sich dann später eine menschliche, sprachvermittelte Sozialität entfaltet hätte. Dieses vermeintlich evolutionäre Fortschrittsmodell führt insofern zu systematischen Täuschungen, als kein Weg von den materiellen Substraten der Kommunikation zur symbolischen Interaktion führt, wenn man keine Zuflucht im psychophysischen Parallelismus suchen will.

Wir können das bisher Gesagte zusammenfassend festhalten, daß es zur Erklärung der spezifisch menschlichen Sozialität mehr bedarf als einer Anzahl von Lebewesen, die in wundersamer Weise miteinander verkehren: Schöpfungsmythen sind in einem wissenschaftlichen Diskurs fehl am Platze! Wir haben weiterhin gehört, daß die Unterstellung eines Sprachinstinktes an den realen Evolutionsbedingungen des Menschen vorbeigeht, insofern die menschliche Sprachfähigkeit schwerlich vor der Entfaltung der menschlichen Sozialität entstanden sein kann und auch nicht losgelöst von der Entwicklung anderer menschlicher Vermögen wie etwa desjenigen des aufrechten Ganges, der präzisen und differenzierten Artikulation und – last, but not least – der Geräteherstellung mit der von der Fortbewegung freigesetzten Werkzeughand (vgl. z. B. Leroi-Gourhan 1980) diskutiert werden darf. Im umgekehrten Sinne wäre es geradezu mysteriös, von einer menschlichen Sozialität zu sprechen, wenn die menschlichen Gemeinschaftsmitglieder nicht dazu in der Lage wären, ihre Interaktionen durch geeignete Steuerungsmittel aufeinander zu beziehen. In einer menschlichen Gemeinschaft leben und über menschliche Steuerungsmittel verfügen müssen folglich als zwei Hinsichten auf ein und denselben Sachverhalt betrachtet werden. Zusammengenommen verlangen die eher negativen Befunde des ersten Teils meines Beitrags einen kompletten Perspektivenwechsel, den ich im folgenden Teil versuchen möchte.

Begeben wir uns dazu in die elementare Situation, in der ein Wesen ein anderes auf einen bestimmten Sachverhalt aufmerksam machen möchte, der sich in der gemeinsamen Wahrnehmungssituation befindet. Bereits an dieser elementaren Ausgangslage können wir wenigstens zweierlei ablesen: Der eine wirkt erstens auf den anderen mit *Steuerungsabsichten* ein, die er zweitens nur unter Verwendung geeigneter *Mittel* – in diesem Fall Zeigzeichen – realisieren kann. Eine derartige Signaltätigkeit ist überall im Zeichenverhalten höherer Lebewesen zu beobachten. Wird jedoch der gemeinsame Wahrnehmungsraum überschritten und will der eine dem anderen etwas mitteilen, was sich der gemeinsamen Wahrnehmung aktuell entzieht oder prinzipiell unanschaulich ist, sind qualitativ andere Mittel erforderlich, um situationsentbunden die erforderliche Vermittlung bewerkstelligen zu können. Als Konstruktivist würde ich mich jetzt wahrscheinlich darum bemühen, mich gewissermaßen in einer Art von Selbstemanation zu erfinden – ein Vermögen, dem der Baron von Münchhausen zu literarischem Ansehen verholfen hat –, um mich selbst über die kommunikative Hürde zu werfen. Da ich aber kein Konstruktivist, sondern ein Semiotiker bin, frage ich nicht nach parthenogenetischer Selbsterzeugung im luftleeren Raum, sondern nach den realen Bedingungen, die eine derartige Vermittlung ermöglichen. Bei der Beantwortung dieser Frage brauche ich mich nicht wieder auf Bühler zu berufen – obwohl ich es durchaus könnte –, sondern es steht mir fast die gesamte abendländische Semiotiktradition zur Verfügung, die unmißverständlich klargemacht hat, daß es eine kommunikative Vermittlung ohne Zeichen nicht geben kann. Wenn in unserer speziellen Lage ein echtes Gemeinschaftsleben mit einer gegenseitigen Steuerung des sinnvollen Benehmens der Gemeinschaftsmitglieder besteht, spricht Bühler von dem „Quellpunkt der Semantik". Würde man diesen Ausdruck nach der heute gebräuchlichen Terminologie wörtlich nehmen, so wäre er wegen seines viel zu engen Geltungsbereiches sicherlich kritikbedürftig. Aus dem Kontext des Bühlerschen Werkes ließe sich jedoch ohne größeren Aufwand der Nachweis führen, daß sein „Semantik"-Begriff in ganz andere Dimensionen zielte, als die heutige Begriffsverwendung vermuten läßt. Wenn Bühler von dem „Quellpunkt der Semantik" sprach, dachte er an eine wesentlich elementarere Situation, als man heute meinen könnte. Er dachte nämlich in erster Linie an die Gemeinschaft mehrerer Menschen, die darauf abzielen, ihr sinnvolles Benehmen wechselseitig zu steuern, indem einer dem anderen mit Hilfe von Zeichen etwas mitteilen möchte über die in Frage stehenden Gegenstände oder Sachverhalte. Diese Mitteilungs- oder Darstellungsabsicht, zu deren Realisierung Bühler andere als nur hinweisende Zeichen benötigt, vereinigt seinen sematologischen Ansatz mit einer realistischen Ontologie im Sinne von Charles Sanders Peirce, der in seiner triadischen Semiotik darauf insistierte, daß ein jedes Zeichen ebenso ein Fundament in der bezeichneten Sache (Erstheit) aufweist, wie es gewissen regulativen Prinzipien (Drittheit) der Interpretationsgemeinschaft unterworfen ist. Dasjenige, was Bühler unter dem

Steuerungsaspekt zu erfassen versucht, findet in der pragmatischen Semiotik von Peirce seinen Niederschlag in der Interaktion der Zeichenbenutzer (Zweitheit). Ohne an dieser Stelle in eine technische Diskussion der triadischen Semiotik einzutreten, dürfen wir aus diesem Ansatz einige für den vorliegenden Zusammenhang fruchtbare Konsequenzen ableiten:

1. Das semiotische Modell vermeidet sowohl subjektivistische als auch objektivistische Verkürzungen, insofern das Zeichen nicht als präfabrizierte Größe bestimmt, sondern allererst durch den Wechselbezug der drei Relationsfundamente konstituiert wird.
2. Der spezifische Charakter der Zeichenkonstitution erhellt aus der Analyse des Wahrnehmungsprozesses, den Bühler und Peirce übereinstimmend als Ausbildung eines Wahrnehmungsurteils analysieren (vgl. Eschbach 1981). Die Wahrnehmungsurteile sind einerseits als hypothetische Erweiterungsurteile an den Gegenstand der Wahrnehmung gebunden, der in diesem Prozeß seine Objektmächtigkeit zur Geltung bringt, und andererseits an die Interpretationsgewohnheiten der Zeichenbenutzer, die in diesem Interpretationsprozeß über die Klärung der Gedanken eine Zunahme an konkreter Vernünftigkeit erhoffen dürfen.

Zuvor hatten wir die Auslösungs- und Steuerungsfunktion von Sinneseindrücken betont, die eine Zwecktätigkeit bewirken. Mit dieser Feststellung ist jedoch nur eine Seite des Prozesses erfaßt, die um die zweite, „komplementäre und unentbehrliche Betrachtung" ergänzt werden muß, nämlich „die Blickrichtung auf das *intentionale Moment*, welche uns lehrt, daß die Sinnesdaten noch eine andere semantische Funktion erfüllen. Sie sind Zeichen, stehen für etwas anderes als was sie selbst sind, und vertreten das Bezeichnete" (Bühler 1927, S. 78). Zur weiteren Aufklärung dieses zweiten, von Bühler als wesentlich bezeichneten Aspektes ist die spezifische Zeichenfunktion der Sinnesdaten in der Wahrnehmung gesondert ins Auge zu fassen. Diese spezifische Zeichenfunktion der Sinnesdaten bestimmt Bühler als Anzeichenfunktion, „weil der Gehalt des Wahrnehmungsurteils, weil der *Sachverhalt*, den wir in der Wahrnehmung zu erfassen vermeinen, den Bereich der Empfindungsdaten stets überschreitet" (ebd.).

Mit der letztgenannten Kennzeichnung des Wahrnehmungsprozesses als Bildung eines Wahrnehmungsurteils, das – gestützt auf besondere Zeichenarten – den Bereich der Empfindungsdaten überschreitet, sind zwar die zentralen Merkmale der Bühlerschen Wahrnehmungstheorie bereits benannt, verlangen jedoch in zumindest drei Hinsichten weiterführende Erläuterungen:

- Welche kennzeichnenden Merkmale weisen Anzeichen im Unterschied zu anderen Zeichenarten auf;
- wie ist die Bildung von Wahrnehmungsurteilen zu beschreiben;

– inwiefern überschreitet das Wahrnehmungsurteil den Bereich der Empfindungsdaten?

Zur Beantwortung der ersten Frage sind einige vorbereitende Überlegungen erforderlich, weshalb diese Frage erst später wieder aufgegriffen wird. Die zweite Frage, die Frage nach der Bildung von Wahrnehmungsurteilen, weist auf einen Zusammenhang, den Bühler unter Hinweis auf die seit jeher bekannte Lehre von der Apperzeption anhand der Frage-Antwort-Relation erläutert, um hervorzuheben, daß jeder Wahrnehmungsprozeß zwei Momente umschließt. Den Ausgangspunkt bildet demnach eine Frage an die Dinge, die nicht explizit formuliert sein muß, was für den Fall der forschenden Grundhaltung des Wissenschaftlers zuträfe, sondern ebenso können die Eindrücke ungesucht und überraschend auf uns einströmen, wie es in der alltäglichen Situation die Regel ist. Nun kann auf dieser Stufe der Frage von Wahrnehmung noch nicht die Rede sein, sondern erst dann, wenn diese Eindrücke zu Antworten, zu Beobachtungen, d. h. zu Wahrnehmungsurteilen geordnet werden oder, mit anderen Worten, wenn die Eindrücke in einem *so ist es*, einem Urteil, das sich auf die Sinnesdaten stützt und miterstreckt, ihren Abschluß finden" (Bühler 1927, S. 77). Da Bühler jedoch nicht dazu bereit ist, diesen Prozeß der Bildung von Wahrnehmungsurteilen im Sinne Herbarts der Leistung des Gedächtnisses zu überantworten, das die neuen Sinnesdaten in den Verband der alten, schon gefestigten und geordneten Erkenntnisse aufnimmt, und ebenfalls nicht mit Kant und Schopenhauer sagen will, daß der Verstand es ist, der das Chaos der Sinnesdaten allererst ordnet (vgl. a. a. O., S. 77), müssen wir die Dynamik dieses Prozesses anderweitig zu klären versuchen. Ein klärender Hinweis findet sich in der *Axiomatik der Sprachwissenschaften*, wo Bühler schreibt:

„Die Daten der ‚reinen Erfahrung' hat keines Menschen Auge je geliefert, auch kein Ohr. Was man da und dort das unmittelbar Gegebene, d. h. das, was als Tatsache unmittelbar einleuchtet ... und vom empirischen Forscher eben hingenommen wird, genannt hat, schließt Relationen nicht aus, sondern ein" (Bühler 1976, S. 45).

Es wäre nach Bühler demnach eine falsch gestellte Frage, nach der letzten erkenntnistheoretischen Würdigung des „unmittelbar Gegebenen" zu streben oder aufzurechnen, wieviel im Prozeß der Wahrnehmung den Sinnen und wieviel dem Verstand zuzuweisen wäre; wesentlich ist vielmehr, daß die Data bereits *in einem Relationsverband erfaßt und gedeutet sind* (vgl. Bühler 1976, S. 45). Diese wichtige Überlegung soll anhand eines Beispiels erläutert werden, das Bühler in seinem Aufsatz *Phonetik und Phonologie* anführt und ihn zur Formulierung des Prinzips der abstraktiven Relevanz oder, wie wir sagen, der diakritischen Zeichenbestimmung veranlaßt.

In dem besagten Aufsatz bemüht sich Bühler im Anschluß an Nikolaus Trubetzkoy um die wissenschaftliche Etablierung der Phonologie in

Abhebung von der Phonetik. Den Ausgangspunkt dieses Unternehmens bildet die Klärung der möglichen Grundeigenschaften allen phonetischen Materials; als unentbehrliche Bestimmungsmomente jedes konkreten Vokalklanges führt Bühler an: Helligkeit, Sättigung, Dauer, Intensität und Melodieverlauf und kommentiert:

> „Jeder konkrete Vokallaut hat alle fünf Grundeigenschaften, die wir aufgezählt haben; es ist gar nicht denkbar, daß ihm eine von ihnen schlechthin abginge ... Jedoch es gilt der Satz (und er enthält die Wendung von der Phonetik zur *Phonologie*), daß nicht alle diese Eigenschaften in allen Sprachen gleich *relevant* sind" (Bühler 1931, S. 26).

Stellt die Untersuchung der genannten fünf Eigenschaften den genuinen Forschungsbereich der Phonetik dar und ist gleichzeitig zu vermerken, daß jeder Vokallaut notwendig sämtliche dieser Eigenschaften aufweisen muß, in einigen Sprachen jedoch Abweichungen von dieser Regel zu konstatieren sind, dann ist auch klar, daß das Relevanzprinzip „einer reinen Materialbetrachtung" des Lautbestandes der menschlichen Sprache prinzipiell entzogen und unzugänglich ist. Hieraus folgt, daß sich phonetisch gesehen Gleiches in phonologischer Sicht als unterschiedlich herausstellen kann. Dieser scheinbare Widerspruch löst sich dann auf, wenn der gesamte Problembereich nicht – wie traditionell praktiziert – ausschließlich im Hinblick auf die jeweiligen Materialeigenschaften betrachtet wird, sondern man in einer zweiten, komplementären und notwendigen Hinsicht nach der Zeichenfunktion der Laute fragt. Verzichtete die traditionelle Phonetik nach eigenem Dafürhalten auf den gesamten Bereich der „Bedeutungen", so wäre abgehoben davon der Gegenstand der Phonologie als die Frage nach der sinnvollen Zeichenfunktion im kommunikativen Kontext, als die Frage nach dem funktionell Relevanten zu bestimmen. Hierzu sagt Bühler:

> „Mit den Zeichen, die eine Bedeutung tragen, ist es also so bestellt, daß das Sinnending, dies wahrnehmbare Etwas hic et nunc nicht mit der ganzen Fülle seiner konkreten Eigenschaften in die semantische Funktion eingehen muß. Vielmehr kann es sein, daß nur dies oder jenes abstrakte Moment für seinen Beruf, als Zeichen zu fungieren, *relevant* wird. Das ist in einfache Worte gefaßt das Prinzip der abstraktiven Relevanz" (Bühler 1931, S. 38).

Kehrt man aufgrund dieser Einsicht die Ausgangsfrage um und fragt danach, wie denn die Phonetik überhaupt zu einer Abgrenzung ihres Untersuchungsgebietes gelangen kann, so stellt sich die postulierte Bedeutungsabstinenz als Selbsttäuschung heraus, denn die Phonetik muß ebenfalls im Hinblick auf etwas, auf Wörter und Sätze nämlich, ihre Aussagen treffen, d. h., die Unterscheidungsgrundlage oder Diakrise zweier sprachlicher Zeichen ist in aller Regel die ganze *Lautgestalt* der Wörter:

> „Die Funktion aller Einzellaute, die in dem Worte vorkommen, erschöpft sich darin, daß jeder von ihnen zum Gesamtgepräge des Lautzeichens das Seine beiträgt; für sich betrachtet ist keiner von ihnen etwas anderes als ein bedeutungsfreier *Materialbestandteil* des Lautganzen" (Bühler 1931, S. 42).

Ist also gefordert, klassifizierend und typisierend das lautliche Material einer Sprache zu ordnen, so sind die dazu erforderlichen Gliederungsgesichtspunkte die diakritischen Zeichen der Sprache, die Phoneme, die sich ihrerseits auf der Basis der materialen Zeichenträger als die sprachlichen Zeichen par excellence erweisen (Bühler 1931, S. 40).

Nun steht im vorliegenden Diskussionszusammenhang nicht die sprachliche Diakrise im Zentrum des Interesses, sondern gefragt ist allgemeiner nach den Abstraktions- und Spezifikationsleistungen im Wahrnehmungsprozeß allgemein. In der *Sprachtheorie* stellt Bühler lapidar fest: „Das Phänomen der Abstraktion bedeutet eine Schlüsselposition in der Sematologie" (Bühler 1934, S. 45), und die im Laufe seiner Werke zur Erläuterung dieser These herangezogenen Beispiele betreffen oftmals, wenn nicht sogar in überwiegendem Maße, nichtsprachliche Sachverhalte oder, um es deutlicher zu formulieren: Bühler ist der festen Überzeugung, daß sich in der gleichen Weise, wie er es anhand sprachlichen Materials demonstrierte, jedweder Zeichenkonstitutionsprozeß darstellt. Um dieser Behauptung auf den Grund zu gehen, ist es erforderlich, an den Ausgangspunkt der Überlegungen zurückzukehren.

Den biologischen Ursprung der Zeichenproduktion nimmt Bühler dort und nur dort im höheren Gemeinschaftsleben von Lebewesen an (vgl. Bühler 1927, S. 211),

> „wo eine situationsgerechte Kooperation von Individuen die *Erweiterung des Horizonts* der gemeinsamen Wahrnehmung verlangt. Was *eines* der an der Kooperation beteiligten Individuen mehr hat an situationswichtigen Wahrnehmungs- oder Erinnerungsdaten, aus diesem Fonds wird die Mitteilung bestritten" (Bühler 1976, S. 26).

Nun ist es einleuchtend, daß nicht Wahrnehmungsdaten es sind, die mitgeteilt werden, sondern daß Zeichen als mediale Glieder an die Stelle dieser Data treten müssen. In der gemeinsamen Wahrnehmungssituation reicht „das Vor- und Aufzeigen der Dinge oder Hinweisen auf die Dinge" (Bühler 1976, S. 25), um die Aufmerksamkeit anderer zu erregen; schwieriger gestaltet sich der Sachverhalt erst dann, wenn der Hinweis auf etwas Zukünftiges, nicht anschaulich Vorhandenes erfolgen soll. Nun ist es gerade Bühlers großes Verdienst, den lückenlosen Nachweis geführt zu haben, daß *kein qualitativer Sprung* zwischen der gemeinsamen Wahrnehmungssituation und dem unanschaulichen Zeigen auftritt, sondern vielmehr eine einheitliche sematologische Begründung für jedweden Zeichenprozeß anzuführen ist. Die Weisen der Welterzeugung sind folglich als Prozesse der Zeichenkonstitution zu beschreiben.

Literatur

Bandmann, M. (1924): Rückblick auf Hohenberg. *Blau-Weiß-Blätter* (Neue Folge) 1: 12–14.
Bühler, K. (1927): Die Krise der Psychologie. Jena (Fischer).
Bühler, K. (1931): Phonetik und Phonologie. *Travaux du cercle linguistique de Prague* 4: 22–53.
Bühler, K. (1934): Sprachtheorie. Die Darstellungsfunktion der Sprache. Jena (Fischer).
Bühler, K. (1976): Die Axiomatik der Sprachwissenschaften (2., durchges. Aufl.). Frankfurt a. M. (Klostermann).
Dunbar, R. (1998): Klatsch und Tratsch. Wie der Mensch zur Sprache fand. München (Bertelsmann).
Eschbach, A. (1981): Wahrnehmung und Zeichen. Die sematologischen Grundlagen der Wahrnehmungstheorie Karl Bühlers. *Ars Semeiotica* 4 (3): 219–235.
Goldin-Meadow, S. a. C. Mylander (1998): Spontaneous sign systems created by deaf children in two cultures. *Nature* 15 (1): 279–281.
Leroi-Gourhan, A. (1980): Hand und Wort. Die Evolution von Technik, Sprache und Kunst. Frankfurt a. M. (Suhrkamp).

Lob der Oberfläche
Die Psyche nach dem Unbewußten
Martin Kurthen

1. Hintergedankentheorien

Für Jean Baudrillard (1985, S. 177) verkörpert die Psychoanalyse „die Allmacht des Hintergedankens", indem sie das bewußte Verhalten nicht als für sich stehend, sondern auf eine verborgene Signifikation des Unbewußten zurückgehend auffaßt. Letztlich lebt aber alle Theorie vom Hintergedanken, vom Hinterfragen des Erscheinenden, von der vermuteten Tiefe unter der Oberfläche. Eine Theorie, die nur eine Oberfläche gelten läßt, ist selbst der Hintergedanke dieser Oberfläche. Wenn eine Theorie aber in besonderer Weise dem Hintergedanken verpflichtet ist, dann bringt sie diesen in das ontologische Mobiliar der Welt ein: Sie setzt eine Ebene unter (oder eine Klasse von Entitäten jenseits) der erscheinenden Oberfläche an, die die Erklärung dieser Phänomene erst ermöglichen soll. In diesem allgemeinen Sinn ist der Hintergedanke einfach ein Charakteristikum der Wissenschaft und Philosophie. Ob er dort am richtigen Platz ist, kann nur mit großem theoretischem Aufwand untersucht werden: Eine Kritik der Wissenschaft und Philosophie „überhaupt" wäre gefragt. Für den Augenblick mag es genügen, daß die Verpflichtung zum Hintergedanken die Wissenschaft jedenfalls erfolgreich gemacht hat im Sinne einer Vergrößerung unserer Macht über die Welt. Und in der Philosophie wird nur zur Geltung kommen, wer dem Hintergedanken frönt. Aber eine Psychologie, die den Menschen auch als soziales und geschichtliches Wesen begreift, hat ein sehr veränderliches Objekt. Für die Physik z. B. mag es ein für allemal korrekt sein, unter der erscheinenden Ebene der Festkörper die Hintergedanken der Kristalle, Moleküle, Atome etc. zu etablieren. In der Psychologie des zunehmend kulturell und sozial veränderlichen Menschen kann aber die für die Situation der Wende zum 20. Jahrhundert nachvollziehbare Applikation des Hintergedankens heute plötzlich deplaziert erscheinen. So geschehen mit der Psychoanalyse, meint Baudrillard. Im folgenden wird etwas näher nachgesehen, worin die Verpflichtung zum Hintergedanken für die Psychoanalyse besteht und in welchem Sinne sie inadäquat geworden ist. Vor dem Hintergrund dieser Analyse kann nach Belieben auch für andere zeitgenössische Theoreme, etwa den Konstruktivismus oder die Kognitionswissenschaft, nach der Erscheinungsweise des jeweiligen Hintergedankens und seiner Berechtigung gefragt werden.

2. Beim Zeichen fängt es an: die Untiefen der Bedeutung

Im Zeichenkonzept scheint der Hintergedanke schon „eingebaut" zu sein: Zeichen „stehen für" ein anderes, aber für was? Das müssen wir herausfinden (hinterdenken), es ist die Bedeutung oder der Sinn, der auch, wenn er ausnahmsweise nichtrepräsentational gedacht ist, noch einen Hintergedanken erfordert (s. u.). Die Beziehung zwischen dem manifesten und dem latenten Diskurs in der Psychoanalyse erinnert ein wenig an das Zeichen-Bedeutung-Konstrukt, obwohl sie damit natürlich nicht zur Deckung zu bringen ist. Aber ein Blick auf einige Zeichenkonzepte wird helfen, den Hintergedanken der Psychoanalyse, der natürlich inhaltlich gefärbt ist als das Aufspüren eines irgendwie *zensierten* psychischen Inhalts, besser zu verstehen. Im wesentlichen hat das Konzept der konventionalen (paradigmatisch: sprachlichen) Zeichen fünf Ebenen, die des Materials, des Begriffs, der Welt oder Wirklichkeit und – wenn es auch um zeichenfähige kognitive Wesen geht – die des Geistes und des Verhaltens. Die Beziehung zwischen bestimmten *materialen* Zeichenvorkommnissen (gedruckten Buchstaben, Lautäußerungen, Straßenschildern) oder auch *mentalen* zeichenartigen Episoden wie Meinungen und Wahrnehmungen einerseits und Vorkommnissen oder Sachverhalten in der *Welt* andererseits ist die der Referenz, während die Beziehung zum *Begriff*lichen (also zu einem bestimmten Inhalt) als Bedeutung (für Zeichenmaterial) oder Intentionalität (für mentale Episoden) gefaßt werden kann. Oft wird aber auch die Referenz als Komponente der Bedeutung angesehen, der Bedeutungsbegriff also weiter gefaßt. Der begriffliche, nichtreferentielle Inhalt eines Zeichens oder eines intentionalen Zustands (im Unterschied zur *Beziehung* zu diesem Inhalt) ist die Intension. Der damit verwandte Ausdruck „Sinn" wird weiter unten abweichend vom üblichen sprachphilosophischen Gebrauch als Bedeutung im Sinne von Relevanz von etwas (z. B. Zeichenelementen) für etwas (z. B. einen individuellen psychischen „Haushalt") aufgefaßt. Manifest wird Zeichenmaterial üblicherweise mittels eines bestimmten *Verhaltens* zeichenfähiger Wesen (Sprechen, Schreiben, Aufstellen von Straßenschildern). Wenn man sich dumm stellt, kann man zugestehen, daß es offenbar Zeichenverhalten und Zeichenmaterial gibt und daß beides bestimmten Regeln zu folgen scheint, aber zugleich den Kopf schütteln über Geist, Begriff, Wirklichkeit und damit auch über Intentionalität, Intension, Bedeutung und Referenz. Damit landet man letztlich bei einem Zeichenbehaviorismus, denn das Zeichenmaterial ist gemeinhin auch nur Produkt des Zeichenverhaltens (s. Sellars 1980 als philosophisch aufgerüstete und mentalistisch aufgeklärte Variante eines solchen Behaviorismus). Die geheime Weisheit dieser Position besteht darin, daß sie es erlaubt, dem Aspekt des Hintergedankens zumindest in Hinblick auf die Repräsentationalität (also das Stehen-für der Zeichen) zu entkommen (s. u.). Denn es ist zwar naheliegend (oder eben durch die Allmacht des Hintergedankens nahegelegt), aber keineswegs selbstverständlich oder gar notwendig, die Beziehung zwischen Zeichenmaterial oder mentalen Episoden und einem begrifflichen Inhalt oder einer Entität „in der Welt" als eine repräsentationale Beziehung zu denken. Zeichen können einfach Dinge sein, die eine bestimmte Rolle im Verhalten spielen. Sie werden auch nicht aus dem Geist oder Gehirn verbannt, wenn zum Verhalten auch der interne Verhaltens*entwurf* gehört. Die Rolle darf dabei ruhig eine Als-ob-Repräsentationalität haben („Die Zeichendinge werden eingesetzt, als ob sie für etwas stünden" o. ä., s. auch Kurthen 1996).

Die Repräsentationalität ist gewissermaßen die gängigste Weise der Manifestation des Hintergedankens im Zeichenkonzept. Die für das psychoanalytische Zeichenkonzept maßgebenden Theoretiker – also Freud, Lacan und mittelbar de Saussure – sind in unterschiedlichem Maße anfällig für diesen Hintergedanken, fügen sich aber nicht brav in das oben skizzierte allgemeine Zeichenschema. Baudrillard schließlich versucht, das Zeichen – das heutige Zeichen, muß man allerdings sagen – als vom Hintergedanken überhaupt entkoppelt auszuweisen.

In Freuds früher Aphasieschrift (1891, S. 117–122) war Bedeutung intrapsychisch als Verknüpfung von Wort- und Sachvorstellung verstanden worden. Später, als die sprachliche Bedeutung nicht mehr zum wesentlichen Problembestand der Psychoanalyse gehörte, ordnete Freud die Sachvorstellung dem Unbewußten, die Wortvorstellung aber dem Vorbewußten zu (Freud 1915a, S. 300 f.). Die Vorstellung repräsentiert (im Sinne von stellt dar) den Trieb, der wiederum als psychischer Repräsentant (im Sinne von „Vertreter") eines somatischen Reizes aufgefaßt wird (Freud 1915b, S. 214). Einer vom Trieb her libidinös besetzten Vorstellung kann dann die Übernahme ins Bewußtsein verweigert werden; dies wäre die „Urverdrängung", die dann die weitere Verdrängung nach sich zieht, nämlich den Ausschluß von Vorstellungen aus dem Bewußtsein, die mit der urverdrängten Vorstellungsrepräsentanz assoziativ verknüpft (worden) sind (Freud 1915c). Dabei können, so Freud, der Vorstellungsanteil und der „Affektbetrag" einer Triebrepräsentanz innerpsychisch getrennte Wege gehen und unterschiedliche Verarbeitungen erfahren.

Wenn man noch zusätzlich bedenkt, daß all diese Prozesse von der spezifischen „Grammatik des Unbewußten" beherrscht werden, wird der außergewöhnliche Charakter dieses psychologischen, also die Ebenen des Begriffs und der Welt ignorierenden Bedeutungsmodells deutlich. In Freuds Ansatz wird das Kognitive in revolutionärer Weise vom Konativen eingeholt; dadurch gewann die Psychoanalyse einen Theorievorsprung, den sie erst jetzt gegenüber der Kognitionswissenschaft wieder einbüßt (Kurthen 1998a). Allerdings ist der Hintergedanke tatsächlich fast allmächtig, nämlich doppelt abgesichert in der Repräsentationsbeziehung zwischen Vorstellung und Trieb und der Beziehung der Repräsentanz zwischen Trieb und somatischem Reiz. Das Bewußtsein ist sich selbst in keiner Weise transparent; wir müssen erst mühsam auf der Couch herausfinden, was die Vorstellungen als seine Zeichen „wirklich" bedeuten.

Die zeichentheoretisch radikalisierte Psychoanalyse eines Jacques Lacan nimmt Bezug auf die berühmten Mitschriften der Vorlesungen de Saussures. Dieser mehr oder weniger authentische de Saussure (1967) versuchte eine intrapsychisch verstandene Zeichensynthesis für die Linguistik fruchtbar zu machen; Zeichenverhalten und Weltbezug blieben sekundär. De Saussure dachte das Zeichen als punktuelle Synthesis (Artikulation) der ansonsten amorphen Massen der Lautbilder (Signifikanten) und Vorstellungen (Signifikate). Signifikant und Signifikat sind einerseits in dieser „Paarbildung" zugeordnet, andererseits differentiell bestimmt als unterschieden von den anderen Signifikanten und Signifikaten. Die „vertikale" Vereinigung von Signifikant und Signifikat kann als Bedeutung gekennzeichnet werden, während die „horizontalen" Beziehungen zwischen den Zeichen durch den Begriff des Werts abgedeckt werden (de Saussure 1967, S. 137 f.; allerdings ist die Bestimmung des Werts als rein „horizontal" nicht ganz eindeutig, s. de Saussure 1967, S. 137, und Kurthen 1998b). – Bei de Saussure etabliert der Hintergedanke somit das Signifikat, während die Signifikanten im weiteren Sinne das Zeichenmaterial bilden, das „für sich genommen" eben noch nichts zu bedeuten scheint.

Lacan führt dagegen eine Sprachebene des „autonomen Signifikanten" ein, der des Signifikats nicht bedarf (Lacan 1997, S. 234). Die Verkettungen dieser Signifikanten bilden die Ebene des Unbewußten. Signifikate werden aus der Signifikantenkette dadurch generiert, daß das „Gleiten" der Signifikanten (gewissermaßen der Freudsche Primärvorgang) retrograd für eine bestimmte Handhabung arretiert wird (Lacan 1986a, S. 180); dies ist zugleich der Punkt der „Subjektivierung der Signifikantenkette" (Zizek 1992, S. 216). Denn das Ich bedarf zu seiner Konstituierung der Fixierung von Signifikat-Signifikant-Konstellationen. Lacan vermeidet nun aber mit einem eleganten Zug den repräsentationalistischen Hintergedanken vieler psychologischer Theorien, indem er nämlich das Subjekt in einer Repräsentationsbeziehung situiert, die zwischen den Signifikanten selbst besteht: der Signifikant repräsentiert das Subjekt für einen anderen Signifikanten (Lacan 1986a, S. 213). Das Subjekt „reduziert sich" auf diesen zweiten Signifikanten, für den es repräsentiert wird und unter dem es verschwindet (ebd., S. 214). In diesem Sinne ist das Subjekt des Unbewußten – im Gegensatz zum trügerischen, sich repräsentationistisch mißverstehenden Subjekt des Signifikats – „das, was gleitet in einer Signifikantenkette" (Lacan 1986b, S. 54 f.). Damit ist die „Allmacht des Hintergedankens" aber nicht suspendiert – es eröffnen sich sogar noch neue Verbergungen. Denn das Subjekt ist niemals ganz bei sich, es ist vielmehr situiert am Ort des „Anderen" (Lacan 1987, S. 213 ff.), und zwar sowohl im Unbewußten als Freuds „anderem Schauplatz" als auch beim sozial anderen, dem Intersubjektiven der Kommunikation, das ebenfalls über die signifikante Ordnung zugänglich wird (Zizek 1996, S. 183). Der Hintergedanke ist hier auch nicht dadurch auszuheben, daß das Subjekt selbst suspendiert wird, so daß nur noch die Oberfläche der gleitenden Signifikantenkette verbleibt.

III. Sprache, Gespräch und Kommunikation

Diese Oberfläche als den einzigen Bestand zu setzen bleibt Baudrillard vorbehalten. Lacan und auch Freud sehen in der Psyche eine weitere Komponente, die die Signifikantenbewegung respektive das Unbewußte in sehr bestimmter Weise in der Spur und in Bewegung hält: den Wunsch bzw. das diesem Freudschen Konstrukt grob entsprechende lacansche „Begehren" (Lacan 1986c, S. 210; von Bormann 1994; Weber 1990, S. 144). Der Freudsche „Wunsch" ist eine auf die Wiederherstellung eines Befriedigungserlebnisses – und somit auf Lust – zielende „Strömung" (Freud 1900/ 1961, S. 486) im psychischen Apparat. Das „Begehren" stellt – grob gesagt – die zeichentheoretische Weiterentwicklung dieses Konzepts dar, es ist das, was von einem Signifikanten zum anderen überzugehen heißt (Lacan 1996, S. 350; Juranville 1990, S. 107). Die körperliche – nicht einfach physische, sondern leibliche – Grundlage dieser psychischen bzw. signifikanten Vektoren liegt wiederum bei Freud im Bedürfnis bzw. Trieb als dem aus dem Innern des Organismus stammenden, nach Befriedigung verlangenden „Reiz für das Psychische" (Freud 1915c), bei Lacan entsprechend im „Realen", dem „Geheimnis des sprechenden Körpers" (Lacan 1986b, S. 141), das einer Symbolisierung durch die signifikante Ordnung eben nicht zugänglich ist (Lacan 1978, S. 89; Zizek 1996, S. 127).

Wunsch und Trieb, Begehren und Reales bewahren dem Hintergedanken Platz: Mit ihnen halten wir als wollende oder „strebende" Wesen unsere Signifikantenketten in Gang, mit ihnen stellen wir uns zugleich als inkarnierte Wesen in den Kugelhagel der Signifikanten, der uns perforiert, aber nicht vernichtet. Beides, die Bewegung der Signifikanten und die Perforation des Körpers, brauchen wir, um uns auf einer dann als Oberfläche imponierenden Ebene allererst zu subjektivieren. Von dort aus bedarf es eines massiven Hinterdenkens auf Lacans Couch, um zu der eigentlichen Dynamik von Symbolischem und Realem und zum Subjekt des Unbewußten – also zum Sinn als der Einbettung des so verstandenen Psychischen in eine individuelle Lebensgeschichte – vorzudringen. Die Verstrickungen des Hintergedankens werden unübertrefflich illustriert in der Entwicklung des Lacanschen Graphen (Lacan 1986a, S. 179–193), der mit dem von links nach rechts verlaufenden einfachen Pfeil der Signifikantenkette anhebt und bei einem komplizierten dreistufigen Schema des Imaginären, Symbolischen und Realen endet.

Lacans Zeichenkonzept betrifft also die intrapsychische und intersubjektive Zeichenbildung mit einem Primat des Zeichenmaterials (des Signifikanten), als dessen bloßer Effekt das Signifikat erscheint. Obwohl Lacan auf ein repräsentationales „Stehen-für" völlig verzichtet (seine verstreuten Bemerkungen zu Referenz und Bedeutung sind so marginal wie heterogen), läßt er den Gestus des Hintergedankens nicht fahren, sondern etabliert ihn vielmehr neu im Begehren und im Realen. Die Signifikanten *bedeuten* zunächst nichts (Lacan 1997, S. 220), aber ihr gemeinsames *Signifikat* ist das Begehren. In der Lacanschen Psychoanalyse waltet der Hintergedanke nicht als Repräsentation, sondern als Sinn, als die Aufklärung der individuellen, primär undurchsichtigen Dynamik des Signifikanten (bei Freud waren noch die Hintergedanken von Repräsentation *und* Sinn präsent). Es ist gewissermaßen der Hintergedanke des forschenden und heilenden Psychiatersubjekts, der aus der Psychoanalyse nicht zu eliminieren ist. In Anlehnung an Lyotard (1986) kann man sagen, daß in der Psychoanalyse die moderne Metaerzählung der Vernunft des forschenden Subjekts, das den Geheimnissen der Welt – auch wenn sie Teil der eigenen Psyche ist – nach und nach auf die Spur kommt, hoch wirksam bleibt und dieser Theorie somit die Hintergedankenstruktur unentgehbar auferlegt. So arbeitet die Psychoanalyse mit an einer Technifizierung des Sinns, an seiner Aneignung für ein Machen, dessen „Erfolg" – und sei es in der Therapie – den Hintergedanken des Sinns nachträglich legitimiert.

3. Zurück zur Oberfläche

Wenn heute ein Philosoph, der – wie üblich ohne entsprechendes eigenes Bekenntnis – der „Postmoderne" zugerechnet wird, das „Ende der Psychoanalyse" (Baudrillard 1985, S. 39) diagnostiziert: Ist das nicht einfach ein Zugeständnis an den Zeitgeist, dem die Vorstellung einer Psychotherapie des paternalistisch entborgenen Sinns zuwiderläuft? Dann wäre es schlicht ein Faktum unserer „postmodernen" Zeit, daß mit der Metaerzählung des (entdeckenden, forschenden) Subjekts auch die Metaerzählung des psychologischen Hintergedankens verabschiedet wurde. – Ein solcher Gedanke kann nicht ganz falsch sein, wenn man sieht, wie sehr Baudrillard selbst bemüht ist, die Rolle des Forschersubjekts zu unterminieren, indem er den heutigen Menschen nur *beschreibt* und diese Beschreibung nicht in Handlungsempfehlungen, sondern in Rechtfertigungen für Handlungsentsagung ummünzt. Wenn man zugleich sieht, wie sehr er in diesem Bemühen scheitert (wer wirklich cool ist, schreibt keine Bücher!), kann der Gedanke aber ebensowenig ganz richtig sein. Aber wenn sich auch die kulturphilosophische Theoriebildung so modern und wissen wollend präsentiert wie eh und je, ist doch der umstrittene Übergang von der Moderne zur Postmoderne Teil der Veränderung, die auch Baudrillards „Sterben" der Psychoanalyse (Baudrillard 1982, S. 346) verschuldet hat. Der Schlüssel zu dieser Veränderung liegt wieder in den „Zeichen" (was bei Baudrillard oft heißt: den Signifikanten). Baudrillard sieht aufgrund von offenbar unsystematischen Alltagsbeobachtungen, die aber durch kultursoziologischen Scharfblick pointiert sind, die Zeichen in eine zunehmende „Coolness" übergehen (Baudrillard 1982, S. 42). In gut strukturalistischer Tradition löst er dabei die Signifikant-Signifikat-Dyas aus der Enge des Sprachlichen und Innerpsychischen heraus: Signifikant wird alles, was signifiziert – und daß *alles* Signifikant wird, gehört zur Signatur unseres Zeitalters. Ein Zeichen ist um so cooler, je weniger Referenz und Affektbesetzung es hat und je leichter es austauschbar ist. Mit „Referenz" ist nicht der Weltbezug eines Signifikant-Signifikat-Paars gemeint, sondern bei sprachlichen Zeichen das konkrete Signifikat eines Signifikanten, bei nichtsprachlichen Zeichen aber wahrscheinlich eine andere be-deutete Entität – etwa allgemein das „Referential" als ein epochenspezifisches, angestrebtes Bezugsganzes, das alle Zeichen einer Zeit in bestimmter Weise „einfärbt" und ausrichtet (Kurthen 1998b, S. 461 ff.). Ein Signifikant wird um so leichter austauschbar, je weniger er sich innerhalb der signifikanten Struktur von den übrigen Signifikanten unterscheidet. Und individuelle und soziale Affektbesetzung dürfte sich gleichsinnig mit Referenz und Austauschbarkeit verändern, denn letztlich ist der Affekt auch Teil eines Referentials (so ist „Freiheit" ein heißes Zeichen, weil es allen sozialen Affekt des Referentials der aufklärerischen Vernunft abbekommt, nicht so sehr, weil es signifiziert). Der wesentliche Aspekt der Coolness der Zeichen besteht nun für Baudrillard (1982, S. 17) darin, daß die Signifikanten in die „Simulation" übergehen, d. h. von den Signifikaten ganz entkoppelt werden: Als coole Zeichen sind sie affekt- und referenzlos beliebig austauschbar, sie „flottieren". Bei einem völligen Verlust ihrer „Hitze" würden die Zeichen allerdings ununterscheidbar werden und in einem informationslosen weißen Rauschen untergehen. Dies geschieht nicht, denn die beliebig besetzbaren bzw. lokal und funktional erwärmbaren (Kurthen 1998b) Zeichen lassen sich, so Baudrillard (1982, S. 23), nun als perfekte soziale Herrschaftsinstrumente einsetzen. In späteren Schriften (z. B. Baudrillard 1987, S. 63) verliert sich aber dieses nostalgische sozialkritische Element, und die Bewegung der Zeichen wird der „Verführung" überantwortet und damit völlig vom Sinn abgelöst: „Verführung ist, was dem Diskurs seinen Sinn raubt und ihn von seiner Wahrheit ablenkt ... In der Verführung ist es gewissermaßen das Manifeste, der Diskurs in seiner höchsten ‚Oberflächlichkeit', was sich gegen die ... tiefe Bestimmung wendet, um sie zunichte zu machen ..." (Baudrillard 1992, S. 77). Wenn die Verführung, verstanden als „Transfiguration der Dinge zum reinen Schein" (ebd., S. 162), auch das Schicksal der Zeichen selbst ist, dann sind sie nicht strukturalistisch „nach ihrem Kontrast und ihrer Opposition", erst recht nicht – wie im obigen Zeichenmodell – repräsentationistisch nach ihrem Darstellungsvermögen, sondern nach ihrer „verführerischen Anziehungskraft" (ebd., S. 144) zu beurteilen: Zeichen haben keinen Sinn, bedeuten, bezeichnen oder repräsentieren nichts, sondern: Sie verführen einander. Allerdings ist im Zeitalter der Simulation auch die Verführung „kalt" (ebd., S. 226 f.) geworden: Von der rituellen, existentiellen, duellhaften Verführung, die Baudrillard bis zum 18. Jahrhundert wirken sieht, ist nur noch eine sozial gereinigte, „kraftlose" und „psychologisierte" (ebd., S. 243) Verführung übriggeblieben, ein Spiel ohne Spieleinsätze (ebd., S. 245), das nur noch *funktioniert* wie die lokal erwärmten Zeichen. Die Verführung ist selbst zum Simulationsmodell geworden. – Aus diesem Scheitern erhebt sich konsequenterweise kein Subjekt mehr („Subjekt" ist selbst zu einem flottierenden Signifikanten geworden, und das Subjekt verflüchtigt sich in dem Maße, in dem sein liebstes Kind, der Sinn, verschwindet), sondern nur noch das *Objekt*, das nun vermittels seiner „Indifferenz" darangeht, uns zu verführen und in seine „fatalen Strategien" zu verwickeln (Baudrillard 1985, S. 141; Baudrillard 1987, S. 63, 69, 73). Denn „das Objekt ist niemals unschuldig ..." (Baudrillard 1985, S. 112). Indem der Nebel des Subjekt-iven sich lichtet, wird gleichsam das Eigenleben des Objekt-iven erkennbar, und Baudrillard (ebd., S. 232) sieht für die Menschen, die wahrlich „alles hinter sich" haben, nur noch den Weg, sich dem Rätsel, der Fatalität des Objekts zu überantworten.

Ganz so müde und resignativ, wie es hier scheint, ist der postmoderne Philosoph aber noch nicht. Die Kraft reicht noch, um der Psychoanalyse kräftig eins auszuwischen dafür, daß sie das „Leichentuch des verborgenen Sinns" (Baudrillard 1992, S. 82) über die Verführung gelegt hat, „zum Schaden der Oberflächenabgründe des Scheins" (ebd.). Ganz abgesehen davon, daß das Unbewußte *heute* durch die Simulation ausgehebelt wird, empfindet Baudrillard (1985, S. 125, 171) schon die *Entstehung* der psychologischen „Konstellation des Wunsches" und des Begehrens als des „energetische[n] und ökonomische[n] Imaginäre[n] des 19. Jahrhunderts" als Fehlentwicklung. Wir haben, um den Wunsch und den Affekt unterzubringen, das Unbewußte und die Verdrängung künstlich installiert als „negatives Phantasma einer rationalen Ordnung" (Baudrillard 1982, S. 216); wir haben aus den mächtigen Zeichen der Verführung die heißen, sinn- und affektbeladenen Zeichen der Psyche gemacht. In der psychoanalytischen Erkenntnis vollzieht sich nicht ein *Hinzugewinnen* der Ebene des Unbewußten, vielmehr ist die psychologische Konstruktion einer Ebene des Unbewußten selbst das Ergebnis eines *Verlusts* des Symbolischen (oder eines darauf gerichteten *Zerstörungsvorganges;* ebd., S. 360) als eines fraglosen Austausches, der keiner verborgenen Signifikation bedarf, wie Baudrillard (ebd., S. 211–226) an einer Analyse „primitiver" Gesellschaften aufzeigt.

Das heutige „Ende der Psychoanalyse" resultiert aber aus der Abkühlung der Zeichen, mit deren Verlust an Referenz nicht nur die Möglichkeit einer verborgenen Signifikation verschwindet, sondern auch der Affekt, der die Einführung der „Hinterwelt" des Unbewußten überhaupt erst erforderlich machte. Es gibt kein Unbewußtes mehr, alles ist wieder an die Oberfläche geraten, aber nicht zurück in den Stand der „guten" – ritualisierten, duellhaften – Verführung, sondern vorwärts zur kalten Verführung, die selbst nur noch ein Simulationsmodell ist. In der Verkennung dieser Simulation, nicht in der Verdrängung von Affekten liegt heute „unser wirkliches Unbewußtes" (Baudrillard 1992, S. 212). – Nun könnte man einwenden, dort, wo noch ein (Rest-)Funktionieren der Zeichen das weiße Rauschen verhindere, bliebe auch noch Zeichenwärme und somit ein wenn auch reduzierter Raum für verborgene Signifikation und Interpretation. Aber die Art und Weise, in der die Zeichen jetzt funktionieren, vereitelt auch dies und trägt sogar endgültig zur Elimination des Unbewußten bei.

Denn das Verschwinden des Sinns (Baudrillard 1985, S. 29) führt gerade nicht zu dessen völliger Abwesenheit, sondern zu seiner wuchernden Potenzierung: Alles wird zum Zeichen, und jedes Zeichen kann alles bedeuten, es wird benutzt, interpretiert, erforscht, umgewidmet ... Dem Sinn steht nicht mehr dialektisch der Nichtsinn gegenüber, sondern Sinn und Nichtsinn verschwinden gemeinsam „ekstatisch" im Übersinn der Hypersignifikation (ebd., S. 13). Dies ist für Baudrillard nur ein Beispiel für die allgemeine Figur der „Ekstase", die sämtliche Lebensbereiche erfaßt hat, nämlich des Verlusts des Gegenteils von allem zugunsten einer Steigerung und Potenzierung zur reinen und leeren Form (ebd., S. 9 f.). Die Mode ist die Ekstase der Schönheit, nicht mehr schön versus häßlich, sondern schöner als das Schöne: Das ist die Mode. Das Obszöne ist die Ekstase der Szene, nicht mehr sichtbar (und insofern „repräsentiert") versus verborgen, sondern sichtbarer als das Sichtbare: Das ist das Obszöne und damit der Verlust jeglicher Szene. Die Simulation ist die Ekstase des Wahren (ebd., S. 12): nicht mehr wahr versus falsch, sondern wahrer als das Wahre: Das ist die Simulation, die reine Signifikantenform der referenzlosen Zeichen. Und so weiter, die Beschleunigung als Ekstase der Bewegung, die Masse als Ekstase des Sozialen, die Hyperdetermination als Ekstase der Determination, der Terror als Ekstase der Gewalt und – das „Dicke" als Ekstase des Körpers. Dieses Beispiel weckt insofern psychoanalytisches Interesse, als aus dem Körperlichen doch gerade der Motor des psychoanalytischen Projekts, nämlich der Trieb oder Wunsch bzw. das Reale, betrieben werden sollte. Der Körper ist nicht mehr die Metapher, als die sich die symbolische Ordnung niederschlägt (Baudrillard 1987, S. 38 f.), er steht nicht mehr dem Nichtkörperlichen (dem Geist, dem Symbol, der Psyche gegenüber), das sich ihm „einschreibt" – der Körper verschwindet in seiner Potenzierung, im *Mehr-als*-Körper, im Fett. Er ist in keinem „Spiegelstadium" mehr repräsentierbar, denn er verschwindet in der amorphen, grenzlosen Überpräsentation: nicht mehr Metapher wie in der Psychoanalyse, sondern Metastase.

„Diese Dicken sind deswegen faszinierend, weil sie die Verführung voll und ganz vergessen haben. Sie kümmern sich um nichts mehr, leben ohne Komplexe und in völliger Ungezwungenheit ... Sie sind nicht lächerlich, und sie wissen das. Sie streben nach einer Art von Wahrheit, und in der Tat stellen sie etwas vom System, von seiner leeren Inflation zur Schau. Sie sind ein nihilistischer Ausdruck des Systems, ein Ausdruck der allgemeinen Inkohärenz der Zeichen ..." (Baudrillard 1985, S. 32).

Das Dicke als Ekstase des Körpers ist obszön: nicht mehr auf ein Unsichtbares, einen Sinn verweisend, sondern in seiner Wucherung und Formlosigkeit mehr als sichtbar, eine reine Oberfläche. Dieses Dicke hat die Szene verloren und damit das Phantasma. In ihm stellt sich nichts mehr dar, kein Begehren, kein Sinn, kein Unbewußtes (ebd., S. 39). Denn der ekstatische Körper gehört nicht mehr der symbolischen Ordnung an, er ist nicht Metapher, sondern Metastase, kein Zeichen, sondern reiner Körpersignifikant. (Interessanterweise erinnert gerade diese amorphe Körperlichkeit an das Lacansche „Reale": Ist das Dicke der Körper als Reales nicht mehr *vor*, sondern *nach* dem Durchgang durch das Zeitalter des Hintergedankens? Zizek (1991, S. 104), weist darauf hin, daß das Lacansche „Reale" durchaus an die Oberfläche zu liegen kommt, allerdings an die Oberfläche der Realität, die allenfalls als „Grimasse des Realen" erscheint. Zizek verweist auf diese Phrase bei Lacan (1988, S. 68), merkwürdigerweise mit dem umgekehrten Hinweis, das Reale sei die Grimasse der Realität. Vielleicht hat das psychoanalytische „Reale" mit dem postmodernen „Objekt" mehr zu tun, als Lacan und Baudrillard lieb sein kann.) Statt Verdrängung, Kontrast, Dialektik findet man nur noch sich potenzierende Oberflächen: Der Teich des Unbewußten ist einfach ausgetrocknet. Dennoch ist das Begehren, so Baudrillard (1992, S. 242 ff.) nicht verschwunden, sondern als „theoretisches Trugbild" in die „einsatzlose" kalte Verführung eingegangen. Das Begehren ist die ubiquitäre, fade, ölige Libido, mit der die kalte Verführung alles Soziale „einfettet" und in schwächelnde, psychologisierende Beziehungsdiskurse überführt. Die Mechanismen des Unbewußten sind an die Oberfläche getreten, aber dort verfallen sie den Strategien der Simulation und dienen nur noch dazu, die Signifikanten zu schmieren.

4. Das Unbewußte im Licht

Nicht mehr die Helligkeit des Bewußtseins versus das Dunkel des Unbewußten, sondern, heller als das Helle, das ist das Blitzlicht oder das Stroboskop, unter dem sich Bewußtes und Unbewußtes jetzt übersichtbar, aber tranceartig, wie fremdgesteuert bewegen. Freud und Lacan haben das allgemeine kognitivistische Zeichenmodell (s. Abschnitt 2) aufgebrochen, indem sie die innerpsychische Dynamik von Signifikant und Signifikat in einem konativen Kontext einführten. Aber das psychoanalytische Modell kann nur für heiße Zeichen gelten. Man mag Baudrillards Diagnose der faktischen Coolness der Zeichen akzeptieren oder nicht (ich denke, aktuell koexistieren Territorien warmer und kalter Zeichen), es lohnt sich in jedem Fall, die Bedingungen von Kälte und Ekstase durchzuspielen, um den Geltungskontext des psychoanalytischen Zeichens abzustecken. Mit dem Übergang in die Simulation, dem Verlust des „Referenzwerts", muß der Hintergedanke aus der Modellbildung der Psyche verschwinden, alle Signifikation wird offen und funktional. Das Unbewußte – oder, vorsichtiger, das, was wir als Psychoanalytiker ins Unbewußte verfrachtet hatten – ist aber nicht verschwunden, wie vor allem das Problem des weißen Rauschens illustriert. Die Zeichen, also die Signifikanten, sind nicht völlig ins Flottieren geraten: Wären sie bis zum absoluten Nullpunkt heruntergekühlt, würde das informationale (und psychische und soziale) weiße Rauschen resultieren. Es bleiben also Kräfte oder besser „Funktionen" (s. Kurthen 1998b) wirksam, die dem Spiel der Signifikanten noch Richtung und Struktur geben, und sei es nur kurzzeitig und lokal. Baudrillards Versuche, diese Funktionalität als Rest von kapitalistischem Herrschaftsbegehren oder später als Strategie des Objekts zu erklären, sind nicht erklärungsmächtig genug für die Komplexität des faktischen Geschehens. Aber was waren die Inhalte und Mechanismen des Unbewußten anderes als solche richtunggebenden Funktionen? Vielleicht müssen wir diese Funktionalität nur aus der überkommenen Dichotomie des Bewußten versus Unbewußten lösen. Vielleicht ist die Psyche mit ihrem Wechselspiel von bewußt/unbewußt einfach nicht mehr der Schauplatz, auf dem die Funktionalität verständlich wird: Mit dem Unbewußten hat zugleich auch das Bewußtsein abgedankt. Die „Extermination" des Unbewußten hat somit den Vorteil, daß wir uns wieder an das Offensichtliche halten können, das heißt an das Zeichenverhalten im doppelten Sinne, das „Verhalten" der Zeichen selbst und das zeichenhafte Verhalten der Wesen, die nicht mehr vom Unbewußten, sondern von den kalten, verführerischen Zeichen terrorisiert werden (damit schütteln wir wieder weise den Kopf über Geist, Begriff, Wirklichkeit etc., s. o.). Der Hintergedanke irrt nicht mehr durch den Keller des Unbewußten, das ist ein Fortschritt. Aber er sucht jetzt an der Oberfläche weiter, geblendet durch das überhelle Licht der Simulation: Nicht umsonst gehört heute die *Sonnenbrille* zu den Insignien des Coolen, intellektuell Überlegenen. Und warum soll sich nicht das Begehren, wenn man es aus der Wunschideologie und dem psychoanalytischen Unbewußten befreit, in die Anziehungskraft überführen lassen, die im Modus der Verführung den Signifikanten eignet? Denn wenn die repräsentationale und überhaupt signifikative Funktion aus dem Zeichenmodell verschwindet, greift die alternative Funktionsbestimmung der Zeichen, die des gegenseitigen Verführens, das wie ein stark abgekühltes Begehren erscheint – siehe Juranvilles (1990) Hinweise darauf, daß das Begehren *zwischen* den Signifikanten anzusiedeln ist.

Das, was „das Unbewußte" war, ist so stark abgekühlt, daß es keinen Grund mehr gibt, es „verdrängt" im Keller zu halten. Das, was das Bewußtsein war, gehört jetzt mit zu einer simulativen Oberfläche, auf der ein Spiel gespielt wird, das in seinen Mechanismen ohnehin stark an Freuds (1915a, S. 285 f.) „besondere Eigenschaften" des Unbewußten wie die Beweglichkeit der Besetzungen, die Widerspruchslosigkeit etc. erinnert. Wenn die Psychoanalyse der Versuch des Bewußtseins war, das Unbewußte zu beherrschen, dann sehen wir jetzt das, was das Unbewußte war, nach seinem Sieg über das Bewußtsein – nur ohne Wunsch, was nicht verwundert, wenn der ein vom heißen Subjekt erzeugter, ins Unbewußte plazierter Mythos war. Nicht das Unbewußte ist verschwunden, sondern der Hintergedanke, der uns ein heißes Unbewußtes hat konstruieren lassen. Baudrillards eigener Hintergedanke hat vorläufig seinen Frieden mit dem Objekt gemacht, das „nicht antwortet" (Baudrillard 1985, S. 232). Damit ergeht an alle unverbesserlich Hinterdenkenden die Aufgabe, dieses Objekt neu zu denken.

Literatur

Baudrillard, J. (1982): Der symbolische Tausch und der Tod. München (Matthes & Seitz).
Baudrillard, J. (1985): Die fatalen Strategien. München (Matthes & Seitz).
Baudrillard, J. (1987): Das Andere selbst. Wien (Passagen).
Baudrillard, J. (1992): Von der Verführung. München (Matthes & Seitz).
Bormann, C. von (1994): Begriffsschicksal „Wunsch-Begehren". In: J. Prasse u. C.-D. Rath (Hrsg.): Lacan und das Deutsche. Freiburg i. Br. (Kore), S. 67–77.
Freud, S. (1891): Zur Auffassung der Aphasien. Leipzig. Wien (Deuticke).
Freud, S. (1900): Die Traumdeutung. Ausgabe Frankfurt a. M. (1961) (Fischer).
Freud, S. (1915a): Das Unbewußte. In: S. Freud: Gesammelte Werke X (1946). Frankfurt a. M. (Fischer), S. 264–303.
Freud, S. (1915b): Triebe und Triebschicksale. In: S. Freud: Gesammelte Werke X (1946). Frankfurt a. M. (Fischer), S. 210–232.
Freud, S. (1915c): Die Verdrängung. In: S. Freud: Gesammelte Werke X (1946). Frankfurt a. M. (Fischer), S. 248–261.
Juranville, A. (1990): Lacan und die Philosophie. München (Boer).
Kurthen, M. (1996): Hinter den Spiegeln des Repräsentationismus. In: A. Ziemke u. O. Breidbach (Hrsg.): Repräsentationismus – was sonst? Braunschweig (Vieweg), S. 197–210.
Kurthen, M. (1998a): Intentionalität und Sprachlichkeit in Psychoanalyse und Kognitionswissenschaft. *Psyche* 52: 850–883.
Kurthen, M. (1998b): Nach der Signifikantenmaschine. Kognitionswissenschaft in der Postmoderne. In: P. Gold u. A. K. Engel (Hrsg.): Der Mensch in der Perspektive der Kognitionswissenschaften. Frankfurt a. M. (Suhrkamp), S. 444–481.
Lacan, J. (1978): Freuds technische Schriften. Das Seminar, Buch I (1953/54). Olten/Freiburg i. Br. (Walter).
Lacan, J. (1986a): Schriften II. Weinheim (Quadriga).
Lacan, J. (1986b): Encore. Das Seminar, Buch XX (1972/73). Weinheim (Quadriga).
Lacan, J. (1986c): Schriften I. Weinheim (Quadriga).
Lacan, J. (1987): Die vier Grundbegriffe der Psychoanalyse. Das Seminar, Buch XI (1964). Weinheim (Quadriga).
Lacan, J. (1988): Radiophonie. Television. Weinheim (Quadriga).
Lacan, J. (1996): Die Ethik der Psychoanalyse. Das Seminar, Buch VII (1959/60). Weinheim (Quadriga).
Lacan, J. (1997): Die Psychosen. Das Seminar, Buch III (1955/56). Weinheim (Quadriga).
Lyotard, J.-F. (1986): Das postmoderne Wissen. Wien (Passagen).
Saussure, F. (1967): Grundfragen der allgemeinen Sprachwissenschaft. Hrsg. v. Ch. Bally. (2. Aufl.) Berlin (de Gruyter).
Sellars, W. (1980): Behaviorism, language, and meaning. *Pacific Philosophical Quarterly* 61: 3–25.
Weber, S. (1990): Rückkehr zu Freud. Jacques Lacans Ent-Stellung der Psychoanalyse. Wien (Passagen).
Zizek, S. (1991): Liebe dein Symptom wie dich selbst! Jacques Lacans Psychoanalyse und die Medien. Berlin (Merve).
Zizek, S. (1992): Der erhabenste aller Hysteriker. Psychoanalyse und die Philosophie des deutschen Idealismus. Wien/Berlin (Turia & Kant).
Zizek, S. (1996): Der nie aufgehende Rest. Ein Versuch über Schelling und die damit zusammenhängenden Gegenstände. Wien (Passagen).

Menschliche Kommunikation: „konstruktivistische" Aspekte
Wolfram Karl Köck

Was uns zerspaltet, ist die Wirklichkeit;
Doch was uns einigt, das sind Worte.

J. W. von Goethe

1.

Mit dem Schlagwort „Konstruktivismus" werden seit einiger Zeit plakativ philosophische, aber auch einzelwissenschaftliche Theoreme zusammengefaßt, die mit der Gewinnung und Geltung dessen zu tun haben, was nicht minder plakativ als „Wirklichkeit", „Erkenntnis", „Wissen", „Lernen", „Sinn" oder „Bedeutung" bezeichnet wird. Da ist Ernst von Glasersfelds „Radikaler Konstruktivismus" (1996), der den in die Antike zurückreichenden Skeptizismus der philosophischen Tradition aufnimmt, aber auch Jean Piagets biologisch motivierten kognitiven Konstruktivismus praktisch umzusetzen sucht (etwa in der Didaktik der Mathematik), da ist zum anderen die konstruktivistisch orientierte Neurobiologie etwa Gerhard Roths (1994), die an die „Kybernetik der Kybernetik" Heinz von Foersters (1993) und Humberto Maturanas (1985, 1998) anschließt und eine empirisch-experimentelle Erkenntnistheorie zu verwirklichen sucht. Für Theorie und Empirie der menschlichen Kommunikationsphänomene, also verbale wie nichtverbale semiotische Systeme und Prozesse, sind die dabei diskutierten Probleme von herausragendem Interesse, denn sie betreffen nicht nur die Analyse und Erklärung dieses komplexen und komplizierten Gegenstandbereichs, sondern vor allem auch die dabei geforderte bzw. erzielbare „Wissenschaftlichkeit". Anders gesagt: Semiose und Kommunikation gehören unzweifelhaft zu den sogenannten höheren Erkenntnisleistungen des Menschen und sind nicht von allen anderen Kognitionsphänomenen zu trennen. Gleichzeitig sind sie selbstverständlich die Basis aller als „wissenschaftlich" klassifizierten Erkenntnisbemühungen. Im folgenden soll also zumindest skizzenhaft ausgeführt werden, was konstruktivistische Überlegungen zu Theorie und Empirie menschlicher Semiose und Kommunikation beitragen können.

2.

„Kommunikation" und „Information" sind inzwischen Allerweltsschlagworte geworden. Eine überbordende sogenannte Informations- und Kommunikationstechnik, die genauer Daten- oder Signal(system)technik heißen sollte, hat die einstige Magie dieser wissenschaftlich durchaus ehrenwerten Begriffe ebenso aufgelöst wie viele daraus (seit Marshall McLuhan von zahlreichen Medienkulturphilosophen) gesponnene Mythologien totaler und perfekter globaler Information und Kommunikation. Angesichts der unendlichen Datenschwemme, der zahllosen Kanäle, Systeme und selbsternannten (Meta-Meta-...)Kommunikatoren könnte man sich wieder einmal mit Karl Kraus wünschen: „Es genügt nicht, keine Gedanken zu haben, man muß auch unfähig sein, sie auszudrücken."

Trotz der Segnungen der audiovisuellen Telematik, die ja gerade die durch Sprachen und Schriften zerspaltene Menschheit einigen sollte, und trotz jahrzehntelanger Forschung und medienpädagogischem Engagement scheinen die Probleme der Verständigung und des Verstehens nicht beseitigt, ja nach wie vor ungelöst zu sein, durch viele „wissenschaftliche" Lösungsangebote und entsprechende therapeutische Technologien nur noch vergrößert und sogar verschärft worden zu sein. Medienmodalität und -quantität reichen also augenscheinlich nicht aus, um Verständigung zu sichern, wie sollte dann auch deren Industrialisierung anderes erreichen als die Probleme menschlicher Kommunikation nur zu reproduzieren und zu multiplizieren?

Woher kommen die Schwierigkeiten mit Kommunikation? Und wo ist die Lösung des Problems menschlicher Verständigung zu suchen? Doch sicher nicht im Kommunikationsverzicht für ein per definitionem soziales Wesen, das eo ipso von Kommunikation abhängig ist!

3.

Eine Lösung wird natürlich von der Wissenschaft erwartet, von einer adäquaten Theorie des Phänomens „menschliche Kommunikation" gemäß „wissenschaftlichen" Qualitätskriterien. Warum gibt es sie noch nicht in der erforderlichen Qualität? Weil sie prinzipiell unmöglich ist, wie das Postulat der „absurden" Kunst oder (scheinbar) Wittgensteins Tractatus-Diktum nahelegen?

Nach modernem Naturwissenschaftsverständnis hat die Erklärung eines Phänomens ein „generatives System" darzustellen, welches das zu erklärende Phänomen erzeugt und so durchschaubar, beherrschbar und manipulierbar macht. Die Chemie etwa zeigt dies sehr klar: Ihre Theorie erlaubt die kontrollierbare Erzeugung und Manipulation von Materie und Energie, ja sogar die Herstellung völlig neuartiger, in unserer Natur nicht vorkommender Substanzen (Kunst-Stoffe) mit vorher festgelegten Eigenschaften. Eben dieses müßte auch eine wissenschaftlich adäquate Kommunikationstheorie leisten. Aber nicht alchimistisch! Wie Heinz von Foerster schön klargemacht hat, muß eine Kommunikationstheorie kommunikations„frei" sein, sonst wäre sie eine bloße Kommunikationstechnologie, die auf einer meist stillschweigend vorausgesetzten (z. B. Common-sense-)Theorie beruht, z. B. auf dem gängigen binären denotativen Alltagsmodell, nach dem Zeichen und Äußerungen sich eben auf eine für alle selbstverständliche „Wirklichkeit" als den Ort ihrer „Bedeutungen" beziehen. Das Spiegelkabinett der Semiose, vor allem der Sprache, in dem sich die traditionelle Hermeneutik oder die analytische Sprachphilosophie eingeschlossen hat, ist hier selbst erst einmal nachvollziehbar und kontrollierbar zu bauen!

4.

Zunächst ist jedoch knapp zu kennzeichnen, was aus der Sicht der empirischen Semiotik und Kommunikationswissenschaft unter Semiose bzw. Kommunikation verstanden werden soll.

4.1
Auf die jedermann bekannte Vielfalt unserer alltäglichen körperlichen und technischen Kommunikationsmittel (Zeichensysteme und -prozesse), wie sie auf der ganzen Welt unterschiedlich ausgebildet und in Gebrauch sind, braucht sicherlich nur summarisch hingewiesen zu werden: Da sind Tausende von gesprochenen und geschriebenen Sprachen, und da sind die „Zeichen" unseres Körpers (Mimik, Gestik, Körperhaltung und -bewegung usw.) sowie die zahllosen medialen Systeme der verschiedenen Wissenschaften, Berufe, Sportarten, Hobbys, der Technik, der Religionen, Geheimbünde usw. (Nöth 1985 ist ein informatives Handbuch, Argyle 1988 ein verständlicher Forschungsüberblick.)

4.2
Das Phänomen „Kommunikation" soll nicht auf alles als irgendwie „bedeutsam" interpretierbare Interaktionsverhalten bezogen werden, sondern sinnvollerweise auf die Klasse der semiotischen Interaktionen eingeschränkt werden, also auf zwischenmenschliche Interaktionen mit Hilfe von Zeichen. Entscheidend ist, daß Menschen absichtsvoll („intentional"), also nicht unbewußt oder zufallsbedingt, mit Hilfe von Zeichen aufeinander „einwirken". „Zeichen" sind beliebige, über sich hinaus auf „Bedeutungen" verweisende Entitäten, die also nicht für sich alleine, sondern für „etwas" anderes eintreten (es anzeigen, darauf hinweisen, es vertreten usw.), die also „interpretiert", „entschlüsselt" werden müssen. „Rauch" etwa wird zum Zeichen, wenn er als „Anzeichen" für ein verborgenes Feuer „verstanden" wird, aber auch, wenn er durch seine Farbe etwa bei einer Papstwahl konventionsgemäß eine von zwei „Bedeutungen" kodiert: gelungene oder mißglückte Wahl. Zeichen lassen sich verschiedentlich klassifizieren: etwa als „ikonisch" (auch als „analog"), wenn der Zeichenkörper (d. h. die wahrnehmbare Entität) dem dadurch „Bedeuteten" „ähnlich" ist (z. B. Piktogramme, lautmalerische Wörter, Umrißgesten); oder als „symbolisch", wenn sie völlig willkürlich gewählt sind (Sprachzeichen gelten

in der Linguistik exemplarisch als „arbiträr"); und schließlich etwa als „indexikalisch", d. h. als „Anzeichen" für etwas, mit dem sie kausal verbunden sind (wie z. B. der erwähnte Rauch oder die vom Arzt interpretierten „Symptome"). Die Argumente für die gegebene präzise Eingrenzung der Phänomene menschlicher Kommunikation auf semiotische Interaktion sind seit langem bekannt und begründet worden (etwa von D. M. MacKay 1972 oder G. Ungeheuer 1987–1990), sie sollen hier nicht im einzelnen wiederholt werden (vgl. für Details Köck 1978, 1984).

4.3
Zu erinnern ist weiterhin an die elementare Struktur des für alle Kommunikation konstitutiven Signalvermittlungssystems, wie sie prägnant im vielzitierten "schematic diagram of a general communication system"der klassischen Arbeit *The mathematical theory of communication* von Claude E. Shannon vom Jahre 1949 vorgestellt wurde. Es zeigt die Vermittlung eines Signals – ob einfach, ob komplex – von einem Ort zu einem anderen. Es zeigt, daß dafür die Umwandlung und Rückwandlung des Signals notwendig sein kann, daß Störeinflüsse unvermeidbar sind und kompensiert werden müssen. Es zeigt, daß diese Signalvermittlung auch technisch keine „Übertragung" eines unveränderlichen Objekts im postalischen Sinne ist, und es zeigt klar das Problem des Technikers: diese Signalvermittlung sowohl zu sichern als auch zu optimieren. Hierfür hat Shannon ein Maß des Signalaufwands entwickelt sowie eine Theorie der optimalen Kodierung. Shannons mathematische Kommunikationstheorie, die gemäß der englischen Wortbedeutung von „communication" ganz zu Recht so heißt, ist eine Signalvermittlungstheorie, sie hat weder mit Bedeutung noch mit Verstehen zu tun. „Information" heißt hier Signal- oder Datenmaterialität, entsprechend sind „Informationsbetrag" oder „Informationstheorie" oder auch „Kommunikation" zu verstehen! Shannons Theorie setzt im übrigen voraus, was für nichttriviale menschliche Kommunikation absurd wäre, daß die Menge der möglichen „Botschaften" (= Signalkomplexe) und ihre Auftretenswahrscheinlichkeiten exakt festgelegt sind: Die Menge möglicher Nachrichten muß geschlossen sein. Was für alles menschliche Verstehen gilt, gilt daher auch schon für den „Informationsbetrag" einer Nachricht (d. h. grob gesagt, für ihre Vorhersagbarkeit im Gegensatz zu ihrer Unwahrscheinlichkeit) im rein technischen Sinne. Der Kybernetiker Ross Ashby (1956, S. 124) formuliert dies ganz klar: "Communication ... necessarily demands a set of messages ... the information carried by a particular message depends on the set it comes from. The information conveyed is not an intrinsic property of the individual message."
Ein „Kode" formuliert die Zuordnungsregeln für Signale und Bedeutungen. Dadurch werden materielle Entitäten zu Daten und Bedeutungsträgern. Auch hier ist „Bedeutung" ganz elementar zu verstehen. In einem technischen System etwa können elektrische Signalstrukturen für Schälle, Sprachlaute, Schriftzeichen und andere Bilder stehen, in einem lebenden

System lassen sich Gene Proteinen und indirekt organischen Strukturen und Prozessen zuordnen. Die einfachste Art der Kodierung ist die 1 : 1-Zuordnung zweier Mengen von Elementen. Die einfachste Referenzsemantik bestünde also in der Angabe der Zeichen- und Bedeutungsrepertoires und der geltenden Zuordnungsregeln. Jeder Mensch weiß, daß „Verstehen" nicht einmal in alltäglichen Situationen so einfach ablaufen kann.

5.

Der „Radikale Konstruktivismus" Ernst von Glasersfelds in der Tradition des Skeptizismus bzw. Piagets konstruktivistischer Kognitionslehre ist für Theorie und Empirie der Kommunikation primär von metatheoretischer Relevanz. Er eliminiert die alte Denkfigur der dichotomen Trennung von Subjekt und Objekt als empirisch-rational unsinnig. Die Realität „an sich", wie sie unabhängig von uns existieren soll, bleibt uns unerfaßbar, solange wir sie nur über unsere Erfahrung kennenlernen können, denn wir haben nur diese Erfahrungen, die wir nicht mit der Realität „an sich" vergleichen können. Die radikale konstruktivistische Erkenntnisauffassung leugnet nicht die Existenz einer uns enthaltenden Realität, wohl aber deren objektive und absolute Erkennbarkeit bzw. die Begründbarkeit jedes Anspruchs auf objektive oder absolute Wahrheit im Sinne von Realitätskorrespondenz unabhängig von menschlichen Erfahrungssubjekten. Was wir an Erkenntnis und Wissen erzeugen, schaffen wir in der Auseinandersetzung mit der Realität immer selbst und immer wieder anders, deren Zwecke, Ziele und Nutzungen eingeschlossen.

Für das Kommunikationsproblem folgt daraus zunächst nur, daß auch Semiose und Kommunikation von uns geschaffene Erfahrungswirklichkeiten sind, nicht Gottesgeschenke oder Abbilder einer objektiven und absoluten Realität, nicht naturgesetzliche (etwa artspezifische, instinkthafte) Kausalprodukte, deren „Wesen" irgendeinmal endgültig entdeckt werden könnte. Zum anderen ist auch eine Kommunikationstheorie (wie jede andere Theorie auch) unser eigenes Konstrukt, das nur (größere oder geringere) „Viabilität" auf Zeit beanspruchen kann, keine absolute oder objektive Gültigkeit.

6.

Die naturwissenschaftliche Kognitionsforschung, die sowohl das philosophische Problem der Erkenntnistheorie als auch das empirische Problem aller Kognition zu lösen beansprucht, ist von direkter Bedeutung für Theorie und Empirie menschlicher Semiose und Kommunikation. Der Ausweg aus dem Spiegelkabinett der Sprache bzw. Semiose wird spätestens seit dem 19. Jahrhundert in der Ermittlung der Naturgesetze menschlicher

Kognition und Semiose, der Basisbedingungen aller Kommunikation, gesucht. Die naturwissenschaftliche Erklärung dessen etwa, was „Wissen", „Bedeutung" etc. im operativen Sinne des oben skizzierten generativen Mechanismus sein soll, also welches „natürliche", nichtsemiotische, System durch welche Operation(sweis)en „Bedeutung" in all ihrer Mannigfaltigkeit erzeugen und damit exakt kontrollierbar und manipulierbar machen würde, ist heute zentraler Forschungsgegenstand der interdisziplinären Kognitionsforschung. Eine der wichtigsten Disziplinen ist die Neurobiologie, und diese versteht sich nach Gerhard Roth dezidiert als Kognitionsbiologie, als „Biologie der Bedeutung". Und sie möchte in der Tat eine Technologie der Semiose und Kommunikation liefern, die wie die Medizin semantische Therapie, Desinfektion und Hygiene zu leisten imstande wäre (wie das im 20. Jahrhundert etwa schon Ogden u. Richards 1923 oder Korzybski 1933 projektiert hatten).

7.

Vor über 60 Jahren gewann das Programm der Kybernetik, einer Einheits-Naturwissenschaft der Kognition und Kommunikation, erste Gestalt: die Naturalisierung und Szientifikation des Geistes und der Geisteswissenschaften, also all dessen, was die sogenannten höheren Erkenntnisleistungen des Menschen umfaßt, Wahrnehmung, Denken, Lernen, Semiose (Zeichengebrauch). In diesem Programm, vor allem in den technologischen Ausprägungen der „Kybernetik erster Ordnung", exemplarisch verwirklicht in Datenverarbeitungssystemen (im übrigen keinesfalls nur „rechnenden"), sind Vorstellungen von Information und Kommunikation entwickelt und verbreitet worden, die zu folgenreichen Mißverständnissen und Problemen der menschlichen Informations- und Kommunikationspraxis geführt haben. Dagegen sind die Ideen der „Kybernetik zweiter Ordnung" (oder: Kybernetik der Kybernetik), die sich mit lebenden Systemen als kognitiven Systemen befassen, erst später bekannt geworden: die Theorien teleologischer und kreiskausaler, sich selbst organisierender und autopoietischer Systeme und vor allem die dazugehörenden radikalen Konzeptionen von Kognition und Kommunikation.

8.

Norbert Wiener, einer der genialen Väter der Kybernetik, war es, der mit seiner Ontologisierung der Kategorien „Information" und „Kommunikation" zum entscheidenden Mißverständnis des Begriffs der Information als der naturwissenschaftlichen Fassung des Bedeutungsbegriffs beigetragen hat:

"Information is information, not matter or energy" schrieb er, und "communication" war "in the animal and the machine" das System des

Transports dieser Information überall dorthin, wo sie ihre Wirkung entfalten sollte – als Hormon wie als Licht- oder Tonsignal, als Pille wie als Stromimpuls oder eben als Sprach- oder Bildzeichen. Information wurde zu einer dritten Grundgröße des Kosmos zusammen mit Materie und Energie, Kommunikation zu einem Organisationsprinzip der Natur, jede Kausalwirkung war Kommunikation.

Und mit einem Schlag war das Problem der Kognition radikal neu, nämlich als naturwissenschaftliches konzipiert: Kognition bestand schlicht in den informationellen Prozessen eines (lebenden oder technischen) Systems, also in Aufnahme, Verarbeitung, Speicherung und Abgabe von Informationen. Lebewesen verfügten über die richtige Information einmal aufgrund ihrer Evolution – Tiere hatten ihre Instinkte, Menschen gewisse Anlagen – oder mußten sie erwerben. Die Kategorie der Information eröffnete die Möglichkeit, mit der Physik gleichsam in das Reich des Geistes vorzustoßen. Das Programm wurde euphorisch aufgenommen, nicht nur von Naturwissenschaftlern und Technikern, sondern auch von einer Fülle anderer Wissenschaften bis hin zur Theologie. Ein verdienstvoller deutscher Pionier der Kybernetik, der Nachrichtentechniker Karl Steinbuch, schrieb noch 1962: „Was wir an geistigen Funktionen beobachten, ist Aufnahme, Verarbeitung, Speicherung und Abgabe von Informationen. Auf keinen Fall scheint es erwiesen oder auch nur wahrscheinlich zu sein, daß zur Erklärung geistiger Funktionen irgendwelche Voraussetzungen gemacht werden müssen, welche über die Physik hinausgehen." Demnach war das kognitive System ein offenes System, das die von der Außenwelt eingeholten Daten zu komplexen internen Abbildungen (= Repräsentationen) verarbeitete und anhand dieser internen Modelle der Außenwelt seine Anpassung an diese optimieren und sein Überleben sichern konnte. Und der Computer, das Elektronengehirn, demonstrierte mit überwältigender Eindeutigkeit, daß die neue Modellbildung praktisch nutzbar war. Gegenüber den Maschinen wie den Tieren, deren anscheinend genetisch vererbte instinktive Fähigkeiten des richtigen, d. h. artgerecht optimalen Verhaltens festgelegt waren, deren kognitives Potential also ererbt war, mußte der Mensch sich dieses durch lebenslange mühselige Lernprozesse selbst aufbauen und erhalten. (Die Geschichte des Instinktbegriffs zeigt im übrigen sehr schön die Entwicklung der Naturalisierung des Problems der Kognition und der Kommunikation: die Suche nach der organismischen Verkörperung der evolutionär gewonnenen Information im Sinne richtigen Wissens und Verhaltens. Vgl. Köck 1993.)

Dieser objektivistische Wienersche Ansatz der Informationsverarbeitung trat zusammen mit dem Computer einen unvergleichlichen Siegeszug an. Als dezidiert objektivistische Kybernetik, treffend auch als Kybernetik beobachteter Systeme bezeichnet, sollte sie zunächst militärtechnische Probleme lösen, d. h. Abwehrwaffen gegen sich bewegende Ziele entwickeln. So kam es zur exakten Theorie teleologischer, kreiskausal organisierter Systeme: Lenkwaffen müssen sich dem Verhalten ihrer Ziele anpassen, also die relevante „Information" erfassen, verarbeiten und daraus das richtige zielführende Verhalten errechnen und ausführen. Der Informationszyklus System–Außenwelt war also kreiskausal organisiert, die Rückmeldungen der Außenwelt bestätigten entweder das Verhalten oder zwangen zu einer Änderung so lange, bis der Zielzustand erreicht war.

Und genau die gleichen Aufgaben stellten sich nun der Biologie: Wie gewinnt ein Organismus das richtige Wissen, also die richtige Information über die Außenwelt, wie paßt er sich an sie an, wie erzeugt er das richtige, also überlebensdienliche Verhalten, wie sehen die kognitiven Mechanismen aus bei Tier und Mensch, Wahrnehmung, Lernen (Selbstveränderung), Gedächtnis (Merken und Erinnern), Denken, Kommunikation? Gehirn und Nervensystem waren hierfür von entscheidender Bedeutung, das wußte man seit der Antike, aber erst die Vorstöße der Neurobiologie in diesem Jahrhundert haben tiefere Einblicke in die Anatomie und Physiologie verschiedener sensomotorischer und Hirnmechanismen ermöglicht. Pawlows Reflexphysiologie diente noch bis in die dreißiger Jahre des 20. Jahrhunderts als fast universales biologisches Instinkt- und Kognitionsparadigma, verdrängte die mentalistische Psychologie Wilhelm Wundts und wurde zur naturwissenschaftlichen Basis des Behaviorismus und dessen extrem milieuorientierter Lerntheorie.

9.

Es gab jedoch zur gleichen Zeit schon einen genialen Biologen, Jakob von Uexküll, der zentrale Ideen der selbstreferentiellen Kybernetik, der Kybernetik beobachtender Systeme, vorweggenommen hat und als ein Wegbereiter der heutigen Kognitionswissenschaft gelten muß, vor allem auch einer wohlbegründeten Biologie der Bedeutung. Von Uexküll war strenger Naturwissenschaftler, methodisch exakt experimentierender Physiologe, lehnte aber jede Reduktion der Biologie auf Physik oder Chemie als den Lebensphänomenen unangemessen ab. (Seine klassischen Arbeiten sind immer noch lesenswert, vgl. etwa 1928, 1934, 1940). Er trennte erkenntnistheoretisch scharf zwischen dem Biologen als „externem Beobachter" und dem „Subjekt" Lebewesen, welches in seiner ihm gemäßen Umwelt lebt und sein nur ihm eigenes Innenleben besitzt, das dem Beobachter prinzipiell unzugänglich bleibt. Von Uexkülls präkybernetische Idee des kreiskausal geschlossenen „Funktionskreises", innerhalb dessen der Überlebensprozeß jedes (kleinsten und größten) Lebewesens abläuft, nimmt das Kognitionsparadigma der „Kybernetik der Kybernetik" vorweg und veranschaulicht dieses exemplarisch an vielen Beispielen. Die genetisch bedingte organische Ausstattung des Lebewesens schneidet gleichsam aus der Außenwelt – im Sinne des Beobachters – die adäquate artgemäße Umwelt heraus, alles andere bleibt ihm notwendig unzugänglich. Die wechselseitige Abgestimmtheit von Organismus und

Umwelt ist bei von Uexküll wie bei allen Evolutionisten begründet in der Planmäßigkeit der Natur, und die Erforschung und Darstellung dieser Planmäßigkeit allein ist Aufgabe der Biologie. Die Verhaltensforscher haben Instinkte etwa als phylogenetische und gelerntes Verhalten als ontogenetische Information verstanden und kybernetisch in Regelkreismodellen abzubilden versucht. Die hierbei bis heute vorherrschenden zur Außenwelt hin offenen Modelle der Kognition wurden dabei schon in den dreißiger Jahren durch die Experimente eines weiteren genialen Physiologen modifiziert. Erich von Holst konnte zeigen, daß die damals von Konrad Lorenz vertretene Kettenreflextheorie des Verhaltens unbrauchbar war. Tiere konnten auch ohne Stimulierung, also ohne Information von außen, geordnete und zielführende Verhaltensweisen erzeugen, also sich selbst steuern, sie waren autonom!

Von Uexkülls Funktionskreis Lebewesen–Außenwelt zeigt nun nicht nur das kreiskausal geschlossene System Lebewesen–Umwelt der späteren Kybernetik, es macht auch bereits die radikale erkenntnistheoretische Konsequenz anschaulich: Was außerhalb des Funktionskreises eines Lebewesens liegt, was also transzendent ist, ist für das Lebewesen schlicht nicht existent und bleibt diesem daher prinzipiell unzugänglich. Von Uexkülls detaillierte Schilderungen der Funktionskreise verschiedener Tiere belegen dies anschaulich: Seine Darstellung des Lebenszyklus der Zecke ist längst zum Standardbeispiel geworden.

10.

Der erste Entwurf der Theorie eines lebenden Systems als eines kognitiven Systems in der Tradition der Kybernetik stammt von dem chilenischen Neurobiologen Humberto Maturana. Seine Theorie des autopoietischen Systems und seine Biologie der Kognition, die gleichzeitig eine biologische Erkenntnistheorie, eine Bioepistemologie ist, sind das Ergebnis seiner eigenen experimentellen Arbeiten sowie seiner langjährigen Zusammenarbeit mit Heinz von Foerster (*Biological Computer Laboratory* – BCL –, University of Illinois in Urbana). Heinz von Foerster, Magier und Physiker, war einer der Pioniere der Theorie selbstorganisierender Systeme und suchte in seinem BCL die der besonderen kreiskausalen Funktionsstruktur lebender Systeme angemessene Technik der Bionik zu entwickeln.

Maturanas wichtige Arbeiten sind inzwischen auch in deutscher Sprache leicht zugänglich (vgl. 1985, 1998), seine Theorie der Autopoiese sowie der Biologie der Kognition sind oft und intensiv diskutiert worden. Seine Arbeiten zeigten schon früh, daß die Konzeption des Lebewesens als offenes Input-Output-System, also als System der außendeterminierten „Informationsverarbeitung", durch den Versuch ihrer konsequenten Anwendung in der neurophysiologischen Analyse widerlegt und damit als unbrauchbar disqualifiziert wurde: Die naive Vorstellung des Auges als

Kamera und des Gehirns als Computer sowie der linearen Kausalbeziehung zwischen den Außenweltmerkmalen, also den optischen Parametern der Umwelt – wie sie der Beobachter definiert! – und den internen Verarbeitungsresultaten etwa in Form von realitätsadäquaten Abbildern oder Repräsentationen, erwiesen sich als unhaltbar. Es gibt keine simple und vielleicht verschiedentlich – wie in einer Kamera je nach Linse, Film oder Belichtung – modifizierte Abbildung oder Aufzeichnung der Außenwelt, nicht einmal in der Netzhaut des Auges und schon gar nicht im Gehirn. Die fünf verschiedenen Arten von Ganglienzellen der Retina des Frosches Rana pipiens führen vielmehr jeweils spezielle analytische Operationen aus, die vor allem bedeutsame visuelle Relationen konstant halten, wenn sich die Lichtverhältnisse und die Zusammensetzung der Umwelt ändern, und die entsprechend differenzierte Nachrichten an das Gehirn weitergeben. Diese Analysen erzwangen die Erkenntnis, daß Wahrnehmung ein systemspezifischer, d. h. von der Struktur und Operationsweise, genauer: vom jeweiligen Strukturzustand determinierter und kein stimulus- oder umweltabhängiger, kein linear-kausal von außen bestimmter Prozeß ist. Das Chaos von unendlich vielen Lichtpunkten in der Außenwelt, das der Beobachter des Frosches wahrnimmt und physikalisch exakt beschreiben kann, wird von der Retina und dem Gehirn des Frosches nur auf ganz bestimmte relationale Gebilde hin analysiert und ansonsten vernachlässigt. Die Physiologie – so das Fazit Maturanas – mußte diese Strukturen und Operationen eines anatomischen Systems ermitteln.

In weiteren neurophysiologischen Experimenten, vor allem zur Farbwahrnehmung bei Vögeln und Primaten, wurde überzeugend klargestellt, daß der Wahrnehmungsprozeß als komplexes Wechselspiel zwischen den physikalischen Parametern der Außenwelt und der anatomischen und physiologischen Struktur der Retina verstanden werden muß. Die psychophysischen Experimente des 1991 verstorbenen Polaroiderfinders und Forscher-Unternehmers Edwin Land haben diese Analysen eindrucksvoll bestätigt. Land zeigte mit seiner „Retinextheorie" der Farbwahrnehmung ganz exakt, daß Farbwahrnehmung weder eine Außenweltabbildung noch auch eine außendeterminierte kognitive Aktivität ist. „Farbe" existiert in der Außenwelt nicht als feste Eigenschaft von Objekten, wie Newton meinte, ebensowenig wie Musik oder Geruch oder Schmerz – oder irgendwelche semantischen Merkmale unserer Begriffe, wie es die materialistische Widerspiegelungslehre oder ähnliche realistische Erkenntnistheorien behaupten! Das Problem der Farbkonstanz oder der Größenkonstanz und entsprechender Illusionen ist kein Problem der falschen oder richtigen Außenweltrepräsentation. Weder nämlich gibt es in der Außenwelt Farben, Entfernungen, Größe usw. unabhängig von unseren Erfahrungen, noch kann unser Hirn entscheiden, was Illusion und was Wirklichkeit ist: Neuronal „sehen" beide bekanntlich „gleich aus", und erst im Bezug auf andere Erfahrungen ist eine Illusion als Abweichung klassifizierbar. Kurzum: Was wir qua Neurophysiologie als Wahrnehmung bzw. als bedeutsame Unterscheidung oder Beziehung bestimmen (= konstruieren), das ist subjektabhängig und nicht von „Außenweltinformation" determiniert.

Diese Subjektabhängigkeit ist durch viele bekannte Tatsachen anschaulich demonstrierbar und auch oft genug demonstriert worden. Man denke nur an mehrdeutige Bilder, an Umspringfiguren, an diverse Illusionen, Farbtäuschungen, optische Effekte usw., die uns etwas sehen lassen, was objektiv nicht sichtbar ist und umgekehrt, oder die uns etwas einmal so und dann wieder anders sehen lassen, obwohl die „physikalische Information" identisch bleibt (Simulakrum der Postmoderne: der Necker-Würfel!). Dramatische Beispiele sind die Experimente mit Umkehrbrillen, die das Bild der Welt zunächst auf den Kopf stellen. Nach kurzer Zeit konstruiert unser Retinexsystem aber wieder so, wie wir es gewohnt sind, und auch dann wieder, wenn die Brillen entfernt werden.

Fazit: Solche Experimente bekräftigten zunächst einmal die seit Jahrtausenden von den Skeptikern gegen die Metaphysiker vorgebrachten Argumente, daß eine vom Beobachter unabhängig gedachte objektive Realität nicht erkennbar ist, wenn der Beobachter nur seine Wahrnehmungen dieser Realität als Beweise zuläßt. Ihre Übereinstimmung mit der objektiven Realität ist nie überprüfbar, denn dafür müßte diese Realität schon bekannt sein. Alle Erkenntnis, alles Wissen, alles Meinen und Verstehen, jede Bedeutung ist subjektabhängig und nur dem Individuum alleine verfügbar, auch wenn sie aufgrund der notwendig kulturellen Entwicklung jedes Menschen kulturell selektiert und präformiert und mit anderen Menschen konsensualisiert ist.

11.

Die naturwissenschaftliche Analyse des beobachtenden Systems führt also die überkommene erkenntnistheoretische Fragestellung der Philosophie ad absurdum und bestätigt gleichzeitig die seit Einstein und Heisenberg kanonisierte Relativität aller Erkenntnis: Es gibt kein absolutes Bezugssystem. Das gibt es also auch nicht für irgendeine Semantik, also für irgendein Bedeutungs- oder Wissenssystem.

Über die Eliminierung der traditionellen erkenntnistheoretischen Problemstellung hinaus wurde das Programm der Kognitionsbiologie durch Maturanas Modellbildungen und Experimente sowohl modifiziert als auch zugespitzt. Maturana stellte in Experimenten zur Farbwahrnehmung von Tauben fest, daß es zwar unmöglich war, wie schon beim Frosch, physikalisch definierte Außenreize mit neuronalen Zuständen stabil zu korrelieren, daß es aber möglich war, stabile Korrelationen zwischen den Aktivitätsbereichen retinaler Ganglienzellen und Farbbezeichnungen, also zwischen systeminternen Zuständen, herzustellen! Das aber bedeutete, daß das Nervensystem operational geschlossen war, nicht wie ein Computer materielle und strukturelle „Information" von außen empfangen und nach außen abgeben kann, sondern nur seine interne Dynamik von Zuständen (einer bekanntlich uniformen Modalität) kennt. Das Nervensystem wird durch Außenwelteinwirkungen nicht kausal gesteuert, sondern durch deren Störeinwirkungen, die vom Organismus in den Rezeptorsystemen und den nachgeschalteten neuronalen Mechanismen verarbeitet werden, nur variabel „perturbiert", ändert sein Verhalten aber ausschließlich gemäß den Gesetzen seiner aktuellen Struktur. Es ist ein selbstreferentielles System.

Das bedeutet, daß wir unser Kognitionsproblem radikal anders verstehen und modellieren müssen: nicht mehr als Entdeckung und isomorphe Abbildung einer vorgegebenen Realität, sondern als Problem der Erzeugung von Bedeutungen durch ein operational geschlossenes, kognitiv autonomes System, das diese seine kognitive „Wirklichkeit", sein kognitives Universum, zu der auch der semiotische „Raum" gehört, als Instrument der Selbstorganisation und Selbststeuerung aufbaut und ständig modifiziert, um sein Überleben und die Qualität seines Lebens nach eigenen Normen und Wünschen zu organisieren. Jedes Lebewesen ist ein *self-monitoring system*, dessen Außenwelt zwar materiell-energetisch lebensnotwendig ist, kognitiv aber nur als Turbulenz wirksam wird, die der Organismus nach eigenen Gesetzen kompensiert (oder nicht überlebt).

Nur drei Hinweise auf einschlägige Beobachtungen der Neurobiologie. Der Bremer Neurobiologe und Philosoph Gerhard Roth, der die Maturanaschen Konzeptionen in eigenen theoretischen und experimentellen Arbeiten differenziert und weiterentwickelt hat, betont immer wieder, daß nur ein Bruchteil der objektiv meßbaren Außenweltsignale, die auf die Augen treffen, überhaupt die entscheidenden höheren und höchsten Gehirnzentren erreicht. Er spricht von etwa 0,001 % der Signalmenge, die im Großhirn noch nachweisbar ist. Francisco Varela, ein Schüler Maturanas, hat immer wieder gezeigt, daß das Nervensystem selbst *(top down)* wesentlich mehr an strukturierender und modifizierender Information erzeugt, als von außen wirksam wird. Und der Frankfurter Neurophysiologe Wolf Singer hat seit Jahren im Detail aufgewiesen, wie ein lebendes System, im besonderen die Komplexität der Vernetzung seines Nervensystems im Zusammenhang mit seiner Sensomotorik, sich durch die Interaktion mit seiner Umwelt selbst organisieren bzw. kognitiv strukturieren muß, weil es genetisch völlig unterdeterminiert ist.

12.

Kurzum, das Gehirn erzeugt seine eigenen Bedeutungen, die Außenwelt ist nicht das, was sie im alten Realitätsmodell sein sollte: der Ort der objektiven Bedeutung, des objektiven Wissens. Woher aber kommen diese Bedeutungen, kommt unser Wissen? Und wo ist es zu suchen, nachzuprüfen, zu verändern? Maturana hat hierzu einige klare Abgrenzungen getroffen, die von fundamentaler Bedeutung für jede Biosemiotik bzw. Biosemantik sind.

Aufgabe der Biologie ist es, diejenigen invarianten Bestandteile und Operationsklassen eines Systems anzugeben, die dieses zu einem lebenden System machen, weil es die gesamte phänomenale (= Verhaltens-)Vielfalt des Lebens, also alle Lebenserscheinungen, erzeugen kann. Hier ist der ganz entscheidende Unterschied zwischen dem generativen System und seinen Produkten herauszustellen: Die Phänomenbereiche der Biologie und der Erscheinungswelt des Lebendigen aufgrund seines Operierens und Interagierens überschneiden einander nicht, ebensowenig wie die physikalische Akustik und die unendlich mannigfaltigen Arten der Musik, ebensowenig wie die Erzeugung von Zeichen mit Hilfe unseres Hirns – wie immer das dort auch ablaufen mag – und die unendlich vielen möglichen Zeichensysteme und ebensowenig wie die Mechanismen der Bedeutungserzeugung und die konkreten („historisch-kulturellen") Bedeutungssysteme der Menschen und Tiere zusammen mit den entsprechenden Signalisierungsinstrumentarien. Kurzum: Unser Organismus, besonders sein Hirn, ist wie ein Musikinstrument oder ein Rechner – alleine gibt er keinerlei „Bedeutung" bzw. „Musik" oder Rechenergebnisse von sich, er muß eben „gespielt" werden ... Valentino Braitenberg hat diese für jede naturwissenschaftliche Theorienbildung grundlegende mechanistische Konzeption und die darauf beruhende Trennung irreduzibler Phänomenbereiche – die philosophisch natürlich ein alter Hut ist – in seinem amüsanten Buch *Vehicles. Experiments in Synthetic Psychology* (1984) sehr schön verdeutlicht. Er betont, daß viele scheinbar komplexe und komplizierte Phänomene mit analytischen Methoden oft nur schwer zu entschlüsseln sind, daß daher ein kreativ-konstruktives Vorgehen leichter zum Erfolg führen könne: Er plädiert dafür, nicht *uphill analysis*, sondern *downhill invention* zu praktizieren. Einfachste „Vehikel" mit ein wenig Energie und primitiven Sensoren zeigen schon bei geringfügigen Veränderungen ihrer Struktur und ihrer Umwelten unglaublich variables und unvorhersagbares Verhalten, das mit zunehmender Komplexität rasch menschlichen Verhaltensweisen zu ähneln beginnt. Weitere anschauliche Demonstrationen dieser elementaren Trennung von generativem System und erzeugter Phänomenvielfalt finden sich in den Arbeiten Heinz von Foersters (1993), etwa zur Mechanik des Gedächtnisses, dessen Leistungen mit Speichermodellen schlicht nicht erklärt werden können. Sein Fazit: Das kognitive System muß ein mit ständig selbsterzeugten und immer wieder neu angepaßten Algorithmen, also „rekursiv" arbeitendes System sein, allerdings ein nichttriviales System mit beträchtlichen Freiheitsgraden, da es adaptiv bleiben muß. Als kognitionstheoretisches und semantisches Grundschema der Erzeugung von Bedeutung zeichnet von Foerster den kreiskausal geschlossenen Prozeß der (über die individuelle Lebensspanne) unendlich rekursiven Er-Rechnung von Bedeutungen („Gegenständen", „Beziehungen", „Eigenschaften" usw.), den von Foerster nicht als Teufelskreis, als Circulus vitiosus, sondern als Schöpfungskreis, als Circulus creativus auffaßt: „Die Prozesse, durch die Wissen erworben wird, d. h. die kognitiven Prozesse, werden als algorithmische Rechenprozesse aufgefaßt, die ihrerseits errechnet werden. Dies erfordert die Erörterung von Rechenprozessen, die Rechenprozesse errechnen usw., d. h. die Erörterung von rekursiven Rechenprozessen mit einer Regression von beliebiger Größenordnung" (1993, S. 50).

Alle unsere kognitiven Konstrukte entstehen innerhalb dieses geschlossenen Kausalkreises als immerfort rekursiv unterschiedene bzw. konstituierte „Eigenwerte" (= Eigenverhalten, Eigenfunktionen usw.), deren fortlaufende rekursive Koordination das kognitive Universum, die strukturierte „Wirklichkeit" des Systems ergibt. In diesen kognitiven Raum eingeschlossen ist – ganz grob angedeutet – auch der semiotische Raum: das plastische Netzwerk von Zeichensystemen, mit dem sowohl eine überaus leistungsfähige Ökonomisierung und Stabilisierung geordneten „Denkens" im umfassendsten Sinne als auch „Kommunikation" betrieben werden kann, wenn kognitive und semiotische Räume interaktiv verkoppelt und hinreichend konsensualisiert sind.

13.

Dies findet sich analog wieder in Maturanas Theorie der Autopoiese, die gleichzeitig eine Biologie der Kognition und der Semiose (der „Sprache" in einem sehr abstrakten Sinn) ist. Diese Theorie ist (auch terminologisch) zu kompliziert, um sie hier im Detail auszubreiten, vor allem, was Maturanas biologische Erklärung kognitiver und semiotischer Konstruktionen angeht. Die zentralen Gedanken dürften aber zumindest in Umrissen bekannt sein (auch wenn sie immer wieder erstaunlich mißverstanden werden).

Festgehalten sei nur: Lebendig sind jene Systeme, die die autopoietische Organisation aufweisen. Das bedeutet, daß Bestandteile so miteinander verkoppelt sind, daß sie ein Netzwerk von Produktionsprozessen als abgrenzbare Einheit bilden, so daß diese Einheit, der Organismus, selbst wieder die Erzeugung der Bestandteile sichert. Lebewesen verwirklichen diese Organisation im Bereich der Natur, im sogenannten physikalischen Raum. Sie können dies allerdings in unzähligen verschiedenen Strukturen tun: als Pilz, Pantoffeltierchen, Wurm, Käfer, Fliege, Fisch, Vogel, Elefant, Gorilla, Mensch. Alle Lebewesen haben die gleiche autopoietische Organisation, aber ihre eigene Struktur. Sie sind, wie gezeigt, materiell-energetisch offen, kognitiv aber geschlossen. Sie sind daher selbstreferentielle Systeme, denn ihr Operieren dient nur dem einen und einzigen Zweck, sich selbst zu erzeugen bzw. zu erhalten. Demgegenüber sind allopoietische Systeme, also alle Maschinen, fremdreferentiell, denn sie erzeugen sich nicht selbst, und ihr Operieren dient nicht der eigenen Herstellung, es dient vielmehr der Produktion irgendeines von ihnen völlig verschiedenen Objekts: Eine Mühle erzeugt Mehl, eine Presse Saft oder Abfall oder Bilder

III. Sprache, Gespräch und Kommunikation

oder Bücher, eine Waffe Chaos ... Ein autopoietisches System ist daher plastisch und anpassungsfähig und in Grenzen frei, ein allopoietisches determiniert und starr. Das eine kann mit Heinz von Foerster „nichttrivial", das andere „trivial" genannt werden. Das autopoietische System ist in dem präzisen (abstrakten) Sinn ein „kognitives" System, daß es sich selbst durch seine inneren und äußeren Interaktionen ständig verändern muß, und zwar nach selbstgesetzten Kriterien, also in Abhängigkeit von den eigenen Zuständen. „Kognition" bedeutet daher für die Biologie Maturanas nicht mehr und nicht weniger als alles erfolgreiche, d. h. das Überleben sichernde Handeln. Dieses kann also keine Art von Substanz oder fester Eigenschaft des Systems sein, sondern nur eine Funktion seiner Struktur, der konkret vorhandenen Organe und deren Operationsbedingungen. Und die konkreten Ausprägungen dieses Operierens der Systeme in ihren (natürlichen, soziokulturellen, technischen usw.) Umwelten, aus denen alle die vielfältigen Wirklichkeiten entstehen, in denen Menschen leben, alle Kulturen, sozialen Gebilde, Sprachen, Literaturen und Kommunikationsweisen, Wissenschaft, Technik und Kunst – all das wird durch die Autopoiese ermöglicht, aber nicht in seiner analytisch-relationalen Spezifität festgelegt. Alle unsere Erfahrungswirklichkeiten sind daher *historische* Phänomene, die unsere Biologie notwendig benötigen, die aber nicht in der Biologie alleine zu finden sind. Kurz und prägnant mit Gerhard Roth: Das Gehirn erzeugt eine Bedeutungswelt, der es selber in seiner dafür notwendigen operationalen Struktur nicht angehört. Die Biologie kann daher zwar die organischen Bedingungen der Möglichkeit aller nur denkbaren Bedeutungen angeben, aber keine einzige Bedeutung selbst festlegen. Bedeutungen sind daher nicht im lebenden System zu finden, sie sind freie Schöpfungen des interagierenden Lebewesens, sie gehören zum historischen Interaktionsbereich koontogenetisch existierender („driftender") Pflanzen, Tiere und Menschen.

Festgehalten sei noch, daß ein Nervensystem nicht Voraussetzung für Kognition ist: Gemäß der biologischen Definition der Kognition als erfolgreiches Operieren, also Verhalten, das nicht zum Tode führt, ist das eine triviale Konsequenz. Ein Nervensystem erweitert allerdings den Spielraum kognitiver Operationen, denn es ermöglicht die rekursive Interaktion mit reinen Relationen, d. h. mit Beziehungen oder Verhältnissen nichtphysikalischer Art, wozu bei uns Menschen die semiotischen Systeme gehören, deren kognitive Leistung gar nicht überschätzt werden kann! In einfachen Organismen etwa kann die Absorption eines Moleküls oder eines Photons zu einer direkten Reaktion führen, in Organismen mit einem Nervensystem sind die physikalischen, d. h. die materiell-energetischen Interaktionen als solche nicht bedeutsam, sondern nur ihre relationale Struktur, wie an der Analyse der Wahrnehmung von Tieren und an jedem unserer „Zeichen" unmittelbar evident wird. Gerade die sogenannten optischen oder auditorischen Illusionen belegen dies eindrucksvoll, nicht minder aber die vielen Konflikte im Alltag bezüglich dessen, was „wirklich" sein soll, was als „Beweis" für „Wirklichkeit" gelten soll usw. Semiose und Kommunikation können nur deshalb funktionieren, weil wir nicht auf die physikalischen Charakteristika von Nachrichten, nicht rein energetisch reagieren, sondern stets interpretieren: so wie ein Frosch dem stärksten Wind standhalten und sich nicht bewegen mag, auf die Nichtenergie eines Schattens hin aber einen gewaltigen Satz macht. Das war ein beliebtes Argument von Jakob von Uexküll gegen die Reflexologen und Behavioristen: Warum wirkt Nichtenergie? Warum wirkt eine physikalisch nicht existente Größe wie eine „Beziehung", ein „Verhältnis" oder ein „Unterschied"? Oder auch ein artifizielles „Zeichen", das ja ein mehrgliedriges Beziehungsgefüge ist?

14.

Die kognitive Geschlossenheit jedes Lebewesens schließt aus, daß es irgendeinen Zugang hätte zu einer von ihm unabhängigen Realität, daher bleibt auch der kognitive Bereich eines anderen Lebewesens unzugänglich. Es kann daher keine objektive Erkenntnis, keine absolute Bezugsrealität geben. Alle Bedeutung wird interaktiv konstituiert, sie ist verankert im semantischen Raum bzw. dem gesamten kognitiven Interaktionsbereich eines Individuums, der durch „strukturelle Koppelung" mit anderen Individuen auch teilweise konsensualisiert sein kann, also mit anderen gemeinsame Verhaltensweisen und Orientierungen umfaßt. Bei uns Menschen, die auf soziale Ontogenese und Kooperation angewiesen sind, ist der konsensuelle Bereich sicherlich sehr umfangreich. Er bleibt aber notwendig plastisch und individuell.

Maturanas Biosystemtheorie, seine Theorie der Autopoiese, macht ganz eindeutig klar, daß das, was wir unter Bedeutung verstehen, biologisch zwar notwendig ein Produkt unserer Organismen ist, aber kein Phänomen der Biologie. Das heißt, wir können die von uns historisch konstituierten Bedeutungen nicht im Gehirn finden, obwohl das Gehirn für ihre Erzeugung notwendig ist. Alle im Alltagssinne verstandenen semantischen Lokalisationslehren sind daher höchst problematisch (und nach Maturana kognitionsbiologisch völlig irrelevant). Neueste Forschungsergebnisse scheinen zu bestätigen, daß auch einfache Wahrnehmungsvorgänge, deren Bahnen bekannt sind, fast immer einen Großteil des Hirns aktivieren. Maturana versteht sich daher auch nicht als Konstruktivisten, weil die Konstitution unserer Bedeutungsontologien, d. h. unserer „Wirklichkeiten" – durch die rekursive Koordination von Koordinationen von Koordinationen usw. – , zum größten Teil unbewußt in interaktiven Prozessen abläuft, so wie ein Weg entsteht, der als Abkürzung über eine Wiese auf einmal Konturen gewinnt, so wie Gewohnheiten wie von selbst entstehen. Auch Piaget hat dies wohl so ähnlich gesehen, auch wenn seine Termini Assimilation und Akkomodation noch recht realistisch klingen und er eine Art rationaler Hierarchie der Intelligenzleistungen vor Augen hatte.

15.

Ich fasse kurz zusammen:

(a) Die Bemühungen um eine Naturalisierung der Bedeutung und eine naturwissenschaftliche Semiotik und Kommunikationstheorie haben das traditionelle realistische Erkenntnismodell mit seinen Dichotomien Subjekt–Objekt und Geist–Natur als empirisch undurchführbar erwiesen, ad absurdum geführt. „Natur" erweist sich ebenso als soziokognitives Konstrukt wie „Geist", „Seele" oder eben „Bedeutung", „Erkenntnis" und „Wissen", also als ein durch spezifische Operationen kognitiver Systeme konstituierter Phänomenbereich, der nicht unabhängig von diesen Systemen und ihren notwendig interaktiven Operationen existieren kann. Die Konstitution jeder partiellen „Ontologie" – und für empirisch-rationale Beobachter gibt es nur „partielle" Ontologien, nicht eine „objektive", „absolute", „ontische" Realität „an sich" –, auch der biologischen, physikalischen oder politisch-wirtschaftlichen Ontologie, ist das Produkt interagierender Menschen in historischen Umständen, um ihr (Zusammen-Über-)Leben gemäß ihren selbstkonstituierten Zielen zu verwirklichen. Und das gilt auch für jede „wissenschaftlich" konstituierte Ontologie. Unser Welt- und Naturbild enthält notwendig immer uns selbst als seine spontanen und reflektiert-intentionalen Erzeuger.

Die Erfahrungen der Kognitionsbiologie bestätigen also die Erkenntniskritik des Skeptizismus seit der Antike, die Vicos, Kants oder Piagets: *Verum est factum.* Das empirische Forschungsprogramm der Kognitionswissenschaften verfährt entsprechend. Absolutheitsansprüche sind in den Naturwissenschaften (und im übrigen auch in der Mathematik) ohnehin seit langem irrelevant geworden, die Validierungskriterien der gewonnenen Erkenntnisse sind seit langem (wie in der Juristerei) prozedurale und funktionale. Daher kann sich zwischen wissenschaftlich „viablen" und lebenspraktisch „viablen" Problemlösungen eine unüberbrückbare Kluft auftun. (Die aktuellen Kontroversen etwa um Genetik und Gentechnik erinnern fatal an die seit den Tagen des Wiener Kreises debattierten Konfundierungen von „Erleben und Erkennen" und „wissenschaftlichen Problemen" und „Lebensproblemen".) Ein rein erkenntnistheoretisch oder evolutionstheoretisch begründetes Geltungskriterium „Viabilität" (Ernst von Glasersfeld) muß nach den Erfahrungen der Geschichte zwangsläufig zu vulgärdarwinistischen Fehlorientierungen (ver)führen: Es bedarf dringend der ethischen und moralischen Verankerung und Differenzierung, sonst bleibt auch die von konstruktivistischen Philosophen immer wieder beschworene „Verantwortung" jedes einzelnen für seine „(Über-)Lebenskonstruktion" nicht mehr als eine beliebig funktionalisierbare Leerformel.

(b) Die konstruktivistische Sicht auf unsere Erkenntnisprozesse schließt jede realistische Kognitionsbiologie aus. Wenn ein Lebewesen als autopoietisches System Teil eines kreiskausal geschlossenen, dynamischen Systems Lebewesen–Umwelt ist, dann ist die Entstehung von Wissen, Sinn oder Bedeutung nicht mehr durch realistische Input-Output-Systeme modellierbar, dann ist es nicht mehr zulässig, von realer, objektiver Information zu reden, die linear-kausal auf uns einwirkt, die wir „richtig" aufnehmen, verarbeiten und speichern müssen, dann gibt es auch keine realistische evolutionäre Teleologie, keinen Informationserwerb als optimierende Anpassung an „die Realität an sich". Die Kognitionsbiologie hat somit als den Ort der Bedeutungserzeugung den geschlossenen kreiskausalen Interaktionszyklus Lebewesen–Umwelt bestimmt und diesen gleichzeitig historisiert. Bedeutungen und Bedeutungssysteme sind daher notwendig selbstreferentiell, also auf das Operieren konkreter Lebewesen in konkreten Umwelten bezogen. Das gilt eben auch für wissenschaftlich konstituierte Bedeutungen. So ist die Äußerung Maturanas zu verstehen, daß "the spirit is the creation of the matter it creates", oder die Äußerung Detlef Linkes, daß der Leib ein Teil der Seele ist, oder die des Genetikers Steve Jones: "Minds produce genes" – alle gegen Searles "Brains make minds".

Nach Maturanas und Roths Neurobiologie ist die biologische Ontologie (wenn man will: die Semantik des Biologen) streng disjunkt von der Semantik des sozial handelnden Lebewesens, wie sie sich in den sprachlichen und nichtsprachlichen Bedeutungsräumen verwirklicht, in denen diese sich bewegen. Die zahllosen Bedeutungen, die wir mit unseren semiotischen Konstrukten verbinden, also mit unseren Sprachen und Bildern, mit unseren körperlichen und technischen Zeichenprozessen, haben keine eigene spezifisch biologische Realität, sind also nicht unter bestimmten Adressen an bestimmten Orten im Gehirn abgelegt, dort abrufbar, in irgendeinem Prozessor bearbeitbar usw., sie sind daher auch für die biologische Forschung nur mit größter Vorsicht als hypothetische Orientierungen einzusetzen. Genau gegen solche vorschnellen Semantisierungen bzw. neurophysiologischen Hypostasierungen hatte sich ja Maturana von Anfang an zu Recht gewandt.

Die Neurobiologie hat die Mechanismen der Erzeugung (die systemischen Bedingungen der Möglichkeit) all unseres Wissens bzw. aller von uns differenzierten Bedeutungen schlechthin anzugeben. Diese Bedeutungen sind demnach im Gehirn weder materiell vorgegeben – bekanntlich wäre unser Genom durch diese Speicheraufgabe weit überfordert –, noch werden sie dort auf die simple Weise eines technischen Speichermediums „stationär" abgelegt – dadurch wäre unser Gehirn weit überfordert. Die Neurobiologie verhält sich zu ihren kognitiven Produkten wie die Chemie zu einem Gemälde oder einem belichteten Film oder zu kulinarischen Genüssen, deren Bedingungen der Möglichkeit sie exakt angeben, deren Spezifität jedoch auf Selektionsprozesse interagierender Individuen beruht, obwohl sie im einzelnen vollkommen naturgesetzlich determiniert (wenngleich vielleicht noch nicht im einzelnen „objektivierbar") ist. Es wäre auch absurd, die Physik für die Spezifität akustischer Bedeutungsgebilde – ob Symphonien, ob Jazz, ob Pop – und die Neurophysiologie für deren „bedeutungsvolle" Rezeption und Verarbeitung verantwortlich zu machen. Im Fernseher oder im Radio sind schließlich keine Filme bzw. Musik „zu finden", auch wenn alle nur denkbaren Filme und Musiken von Apparaten dieser Art erzeugt werden können.

Alle Bedeutungen und alles Verstehen bestehen in subjektabhängigen kognitiven Strukturen und Prozessen der Interaktion mit unseren natürlichen, sozialen, kulturellen oder technischen Umwelten. Sie stabilisieren sich temporär in spezifischen Netzwerken operationaler Kohärenzen, in emotiven oder affektiven Gewichtungen und Präferenzen, in sensomotorischen Differenzierungen und Fertigkeiten, in verschiedensten persönlichen und konsensuellen Semantiken, die über die diversen semiotischen Systeme kommunikativ gehandhabt werden können: in „trivialer" Kommunikation bei großer Homomorphie der Partner, in „nichttrivialer", kreativer „Kon-Versation" bei geringer Partnerhomomorphie oder bei gemeinsamem Problemlösen, also bei der Konstruktion konsensueller oder dissensueller Wirklichkeiten.

Es ist klar, daß semiotische Interaktion nach diesem Entwurf keine simple Bedeutungsübertragung sein kann, daß ihr Gelingen oder ihr Erfolg auch nicht einfach durch Bedeutungs- und Verstehensidentität bestimmt werden kann – nicht nur, weil dies alles nicht überprüfbar ist, sondern auch, weil dies der uninteressanteste Fall wäre. Bei (wie immer validiertem) „totalem" Konsens bedarf es nämlich praktisch keiner Kommunikation mehr: Kommunikation ist dann optimal, wenn sie überflüssig ist – „You know what I mean!" Und gerade dies wird durch das unausweichliche Scheitern von Kommunikation mit utopischem Identitätsanspruch immer wieder bekräftigt: „Was uns zerspaltet, ist die Wirklichkeit; Doch was uns einigt, das sind Worte" (Goethe).

Das technomorphe Alltagsmodell des trivialen Verstehens per Korrespondenz oder gar Identität von „Bedeutung", das nur die hochgradig automatisierten semiotischen Interaktionen umfaßt, sollte als camoufliertes technokratisches Primitivmodell aus allen Lehrbüchern und Kursen verbannt werden! Der (über)lebenswichtige Normalfall ist die kreative Kon-Versation, d. h. die wechselseitige Aktivierung, Orientierung und Transformation mit Hilfe semiotischer Instrumente zum Aufbau neuen Kon- und Dis-Senses und neuer operationaler Kohärenzen, zur gemeinsamen Lösung und Entdeckung oder Vermeidung von Problemen. Dabei ist die Rolle des sogenannten bewußten rationalen Wissens, also der im Ingenieurssinne konstruktiven Planung, sicherlich nicht so bedeutsam, wie oft angenommen. Adolf Portmann hat es so gesagt: Wir sind in jedem Augenblick mehr, als wir von uns wissen.

(c) Die allgemeinste formale Struktur der Semiose, S, also der Schaffung bzw. Struktur eines „Zeichens", ist daher nach Ch. S. Peirce, in einer Formalisierung von Frieder Nake, als dreigliedrige Beziehung zwischen einem Individuum, i, einer Entität, e, und einem Repräsentaamen, r, anzusetzen:

$$S = (r, e, i) \in R \times E \times I.$$

Peirce erweitert damit die traditionelle zweigliedrige Zeichenstruktur um das Element des Individuums. Gleichzeitig wird durch den zweiten Teil der Formel die systemische Verankerung jeder Zeichenbildung und das gemeinsame Bezugssystem von Zeichen und Bedeutungen für Kommunikanten angedeutet: Individuen sind immer Teil einer Menge von Individuen, I; Entitäten irgendwelcher Art (innere, äußere usw.) sind Elemente eines strukturierten Universums von Entitäten, E, und Repräsentamina irgendwelcher Art (ikonische, symbolische etc.) sind Elemente von Systemen von Repräsentamina, R. (Eingehende Information und Diskussion der klassischen und aktuellen Zeichentheorien bzw. der aktuellen semiotischen Forschung bietet die seit 1979 erscheinende *Zeitschrift für Semiotik*.)

S ist plastisch, indeterminiert und historisch variabel. Formalisierung und Automatisierung, kurz Trivialisierung, muß alle drei Glieder, r, i und e, umfassen, sie ist gemäß der biologischen Dynamik nur temporär und nur mit hohem Aufwand erreichbar. Die Schrift (und entsprechend auch andere technische Speichermedien) schaffen und nähren die Illusion, es gäbe stabile Bedeutungen, und unser Gedächtnis würde solche „speichern". S-Isomorphie oder S-Homomorphie ist wohl nur von Maschinen zu verwirklichen und keinesfalls der Normalfall von Kommunikation. Schon gar nicht ist er anzustreben, er wäre lebensfeindlich und somit gefährlich. Kommunikation funktioniert daher weder deterministisch noch linear-kausal, ihre „Wirkung" ist daher auch nicht exakt vorhersagbar, weil sie selbstorganisiert ist. Jede Äußerung ist wie ein Scheck durch das gewünschte Handeln gedeckt oder nicht. Erst unser Handeln bestätigt und validiert semiotisch projizierte Bedeutungen und Geltungen, macht sie sinnvoll und produktiv.

Autopoiese und subjektabhängige Kognition sowie kognitive Autonomie bedeuten zwar den Abschied von der Hoffnung auf die Erringung absoluter Gewißheit und endgültiger Problemlösungen durch empirisch-rationale Wissenschaft. (Ideologische Gewißheit wird ganz anders gestiftet, gepflegt und ausgebeutet!) Man kann das pessimistisch sehen – so wie Kleist die Kantsche Philosophie –, ebenso aber ins Optimistische wenden: Wenn wir diese Lektion der Neurobiologie akzeptieren, müssen wir nicht in Beliebigkeit, Haltlosigkeit oder depressive Resignation versinken. Im Gegenteil, wir müssen einerseits stolz sein auf unsere positiven geschichtlichen Leistungen als Spezies Mensch, andererseits aber alles tun, um nichts davon zu verspielen und alles noch besser zu machen. Vielleicht ist dabei gerade der Abschied vom bequemen binären Denken, vom unkreativen, monolithischen Universalismus und von der Gier auf ökonomisch optimale „Endlösungen" (in der Tat!) durch Technologien der Kognition die viel hilfreichere Orientierung als das trivialisierende Prometheus-Syndrom. Voraussetzung dafür ist die sich aus der kognitiven Autonomie des Menschen ergebende Ethik der Verantwortung für die eigenen Bedeutungs- und Wirklichkeitskonstruktionen oder, noch allgemeiner, die Erkenntnis, daß kein Mensch unbeteiligt ist an irgend etwas auf dieser Welt. Dazu kommt die Respektierung des Bedeutungs- und Wirklichkeitsbereichs anderer Menschen, die nicht mehr „objektivistisch" verurteilt werden können. Der Verzicht auf absolutistische Bedeutungs- oder Wissensansprüche und die Kultivierung „multiversaler" Weltanschauungen und Handlungsnormen, wie Maturana formuliert hat, wäre ein erster Schritt dahin. Er kann befreiend wirken.

Die zugehörige *Kunst* der Kommunikation ist weit entfernt von einer trivialen Kommunikationstechnologie, wie sie heute weithin offiziell gelehrt wird. Da nach den umrissenen „konstruktivistischen" Vorstellungen alle Bedeutung außerhalb des materiellen Kommunikationsprozesses, nämlich in den Individuen bzw. ihren kognitiven Universen erzeugt wird und „existiert", kann und darf „Verständigung" nicht länger technomorph und technokratisch verstanden werden. Das Zusammen-(Über-)Leben aller Lebewesen erfordert gerade nicht die lebensfeindliche Gleichheit durch Trivialisierung, sondern die produktive Koordinierung differenzierter Problemlösekreativität, nicht zuletzt auch durch die kreative Verwendung semiotischer Mittel. Deren im Sinne der Beteiligten „optimale" Verwendung lernt man aber nicht durch das Memorieren von Regeln und Kodes, sondern – wie Elias Canetti einmal gesagt hat – durch das Lernen von Menschen

Literatur

Argyle, M. (1988): Bodily Communication. (2. Aufl.) London (Methnen).
Ashby, W. R. (1956): An Introduction to Cybernetics. London (Chapman & Hall).
Braitenberg, V. (1984): Vehicles. Experiments in Synthetic Psychology. Cambridge, MA (MIT Press).
Foerster, H. von (1993): Wissen und Gewissen. Versuch einer Brücke. Frankfurt a. M. (Suhrkamp).
Glasersfeld, E. von (1996): Radikaler Konstruktivismus. Ideen, Ergebnisse, Probleme. Frankfurt a. M. (Suhrkamp).
Köck, W. K. (1978): Kognition – Semantik – Kommunikation. In: P. M. Hejl, W. K. Köck u. G. Roth (Hrsg.): Wahrnehmung und Kommunikation. Frankfurt a. M. (Lang), S. 187–213. [Nachdruck in: S. J. Schmidt (Hrsg.) (1987): Der Diskurs des Radikalen Konstruktivismus. Frankfurt a. M. (Suhrkamp), S. 340–373.]
Köck, W. K. (1984): Menschliche Kommunikation. Theorie und Empirie. In: H. Schauer u. M. J. Tauber (Hrsg.): Psychologie der Computerbenutzung. Wien et al. (Oldenbourg), S. 20–54.
Köck, W. K. (1993): Zur Geschichte des Instinktbegriffs. In: E. Florey u. O. Breidbach (Hrsg.): Das Gehirn – Organ der Seele? Berlin (Akademie-Verlag), S. 217–257.
Korzybski, A. (1933): Science and Sanity. An Introduction to Non-Aristotelian Systems and General Semantics. Lakeville, CT (Intern. Non-Aristotelian Library).
MacKay, D. M. (1972): Formal analysis of communicative processes. In: R. Hinde (ed.): Nonverbal communication. London (Cambridge Univ. Press), S. 3–25.

Maturana, H. R. (1985): Erkennen. Die Organisation und Verkörperung von Wirklichkeit. Ausgewählte Arbeiten zur biologischen Epistemologie. (2. Aufl.) Braunschweig/Wiesbaden (Vieweg).
Maturana, H. R. (1998): Biologie der Realität. Frankfurt a. M. (Suhrkamp).
Nöth, W. (1985): Handbuch der Semiotik. Stuttgart (Metzler).
Ogden, C. K. a. I. A. Richards (1923): The Meaning of Meaning. A Study of the Influence of Language upon Thought and of the Science of Symbolism. London (K. Paul, Trench, Trubner).
Roth, G. (1994): Das Gehirn und seine Wirklichkeit. Kognitive Neurobiologie und ihre philosophischen Konsequenzen. Frankfurt a. M. (Suhrkamp).
Shannon, C. E. a. W. Weaver (1948, repr. 1962): The Mathematical Theory of Communication. Urbana, IL (Univ. of Illinois Press).
Steinbuch, K. (1962): Bewußtsein und Kybernetik. *Grundlagenstudien aus Kybernetik und Geisteswissenschaft* 3: 1–12.
Uexküll, J. von (1928): Theoretische Biologie. (2. Aufl.) Berlin (Springer) [Nachdruck 1973: Frankfurt a. M. (Suhrkamp)].
Uexküll, J. von u. G. Kriszat (1934): Streifzüge durch die Umwelten von Tieren und Menschen. Ein Bilderbuch unsichtbarer Welten. Berlin (Springer) [Neuaufl. 1983: Frankfurt (Fischer Taschenbuch)].
Uexküll, J. von (1940): Bedeutungslehre. Leipzig (Barth) [Neuaufl. 1983: Frankfurt (Fischer Taschenbuch)].
Ungeheuer, G. (1987–1990): Kommunikationstheoretische Schriften. 2 Bde. Aachen (Rader).

„Innen" und „Außen" – Eine problematische Leitdifferenz in Kommunikationstheorien 1. und 2. Grades
Jens Loenhoff

1. Vorbemerkung

In Philosophie und Wissenschaft ebenso wie in alltäglichem Diskurs sind „Innen" und „Außen" geläufige Zuschreibungsadressen. Man bezieht sich mit ihnen allerdings auf Ereignisse sehr unterschiedlicher Art und tut dies in ebenso unterschiedlicher Funktion. Das Spektrum der Innen-Außen-Semantik reicht von vager Metaphorik bis zu Begriffskonstruktionen mit kategorialem Anspruch. Als Korrelate dieser Spannweite sind uns das Verhältnis von Körper und Bewußtsein, von Eigenem und Fremdem, von Zugänglichkeit und Unzugänglichkeit geläufig. Selbst die Binnendifferenzierung der Innensphäre in ein Innen und Außen ist uns kulturell vertraut. Denn selbst außerhalb des Bewußtseins und doch noch innerhalb des Nichtkörperlichen gibt es noch als Beobachterkategorie das Unbewußte. Das weite Feld der Innen- und Außendiskurse auszuloten ist hier jedoch nicht beabsichtigt. Vielmehr geht es darum, die Kommunikationstheorie für die situativ bedingte Konstitution der Innen-Außen-Differenz und für die differentiellen Möglichkeiten, diese im Kommunikationsprozeß zu erfahren, zu sensibilisieren. Nach einigen problemgeschichtlichen Verweisen auf Hintergründe und Traditionen im Innen-Außen-Diskurs und der Rekonstruktion einiger Argumente für die Betrachtung der Innen-Außen-Differenz als ereignishaftes Konstrukt soll an deren Fundierung in der Körpererfahrung erinnert werden. An einigen Beispielen hoffe ich dann zeigen zu können, welche Funktionen die Innen-Außen-Differenz innerhalb des Kommunikationsprozesses erfüllt. Abschließend möchte ich den Versuch unternehmen, einige eher systematisch motivierte Überlegungen zur Theoriediskussion beizutragen, die sich aus den erörterten Befunden ergeben.

2. Zur Historizität der Innensphäre und der Kontingenz der Innen-Außen-Differenz

Bewußtsein und Intentionalität sind in letzter Zeit zunehmend Gegenstand historischer und kulturvergleichender Studien geworden. Der Hinweis auf die Historizität des Bewußtseins und die Kontingenz der Unterscheidungen, mit denen das Bewußtsein sich selbst beobachtet, ist nicht nur für vorreflexive Erfahrungstheorien kontraintuitiv. Gleichermaßen sind die von Bewußtseins-, Handlungs- und Kommunikationstheorien zugrunde gelegte Universalität der Innen-Außen-Differenz und die damit verbundenen epistemologischen Konsequenzen tangiert. Verschiedene Studien haben indessen zu plausibilisieren versucht, daß eine klare Unterscheidung zwischen innerer und äußerer Welt und das damit verbundene Beschreibungsschema sich erst im Zuge der sozialen Evolution hat entwickeln können bzw. müssen. Mit der Genese der Handhabung der Innen-Außen-Unterscheidung wird die Kontinuität mit der externen Umgebung gebrochen. Dies hat gattungsgeschichtliche wie ontogenetisch erworbene Konsequenzen für mögliche Formen der Dezentrierung. Vor allem zivilisationstheoretische und mentalitätshistorische Forschungen sind der Frage nachgegangen, wann und in welchen Formen sich Bewußtsein zu reflexivem Bewußtsein entwickelt hat; zu einem Bewußtsein also, das auf sich selbst durch Unterscheidung von etwas anderem Bezug zu nehmen in der Lage ist (Berman 1990). Mittlerweile kann auch als ethnographisch gesicherter Befund gelten, daß zeitgenössische Gesellschaften in sehr unterschiedlichem Maße über eine Semantik des Inneren verfügen, mit der Intentionalität zugeschrieben und die wechselseitig supponierte Innensphäre kommunikativ gehandhabt wird (Paul 1995). In modernen Gesellschaften bedarf es einer komplexen Semantik des Inneren, um zwischen unvorhersagbarer Wahl und sozial erwartbarer Motivlage zu vermitteln. Auch differenzierte Sozialsysteme kennen die Stabilität von Verhaltenserwartungen, ohne dabei über Bewußtseinszustände zu spekulieren. Dennoch herrscht in interaktiven und persönlichen Beziehungen der Generalverdacht, jedem als Handeln erkennbaren Verhalten korrespondiere eine Intention. Bismarck etwa soll auf die Nachricht vom plötzlichen Ableben des russischen Zaren gefragt haben, was dieser damit wohl beabsichtigt habe. Der Blick über kulturelle Grenzen hinweg zeigt hingegen einen Umgang mit Bewußtseinsleistungen, die anderen als den uns geläufigen Zuschreibungsmustern folgt (Geertz 1973, 1977; Rosen 1995). Mentale Ereignisse werden je nach Kultur mal eigenen Körperorganen, mal dem Kollektiv, mal Geistern der Verstorbenen oder, wie im Animismus, Tieren und Pflanzen zugerechnet.[1]

Auch im reflexiv-methodischen Denken mußte sich die Idee eines immateriellen Gegenstandes der Erkenntnis erst langsam herausbilden (van Peursen 1966, S. 87 ff.). Im Begriffssystem der Aristotelischen Metaphysik gab es bekanntlich noch kein Leib-Seele-Problem. Erst bei Augustinus wird, wie einige Autoren vermuten (z. B. Matson 1966; Matthews 1977; Rorty 1987), die Selbstgewißheit des Bewußtseins thematisch und zum Motor der Herausbildung eines vorkartesianischen, noch vagen Common-sense-Dualismus. Spätestens die Neuzeit orientiert sich dann an einer „Behältertheorie" der Erkenntnis.[2] Die Erfindung der Camera obscura und die Ent-

---

[1] Inwiefern ein kulturell verankerter Lebenswelt-Behaviorismus als naive Innen-Außen-Theorie auftritt, um dann beide Dimensionen als unabhängig voneinander bestehende Daseinsbereiche zu behandeln, die auch nach je eigenen Regeln und Maximen in die richtige Ordnung gebracht werden müssen, ist zahlreichen ethnographischen Studien zu entnehmen. Siehe stellvertretend Geertz (1973, 1977).
[2] Vor allem Elias (1978, S. XLVII ff.) hat im Kontext seiner Zivilisationstheorie die von ihm als „Homo clausus" bezifferte Beschreibung des Menschen als „Selbst im Gehäuse", als Produkt forcierter Selbst- und Affektkontrollen identifiziert und die Genese einer disparaten Innen-

III. Sprache, Gespräch und Kommunikation

deckung des Netzhautbildes machen die Akzeptanz von Innen und Außen als Fundamentalkategorien der Beschreibung von Erfahrung und Erkenntnis einerseits besonders sinnfällig, andererseits dramatisieren sie anhand dieser Unterscheidung zugleich die Frage nach dem Verhältnis des Innenbereichs subjektiven Erlebens zum Außenbereich intersubjektiv wahrnehmbaren, schließlich methodisch kontrollierbaren Verhaltens. Bis in dieses Jahrhundert spitzt sich die völlige Disparität zwischen reiner Phänomenologie und materialistischen oder behavioristischen Reduktionismen zu, die ja beide als Kritik der Bewußtseinsphilosophie auftreten. Annähernd vierhundert Jahre Behältertheorie der Erkenntnis hinterlassen darüber hinaus das methodologische Problem, die Reflexion von Erkennen und Erkanntem in die Entscheidung zwischen Intentionalität und Kausalität zu zwingen. Zugegebenermaßen hat es neben den Verabsolutierungen des Äußeren und jenen des Inneren Vermittlungsversuche gegeben – etwa in Form des psychophysischen Parallelismus –, die man allerdings guten Gewissens als gescheitert bezeichnen kann. Die Erschütterung des Bewußtseinsbegriffs und der damit verbunden geglaubten transzendentalen Innerlichkeit geht aber nicht nur auf das Konto eines neurophysiologischen Materialismus, dem sich sozialwissenschaftliche Theorien nur unter Preisgabe ihres Gegenstandes anschließen können. Sprachkritik, Pragmatismus, philosophische Anthropologie oder Neostrukturalismus haben das Ihre dazu beigetragen, Bewußtseinsleistungen nicht nur als Bedingung, sondern auch als Ergebnis interaktiver, semiotischer und sensomotorischer Prozesse zu begreifen.

3. Antikartesianische Reaktionen

Inniges Bei-sich-Sein und voraussetzungslose Selbstgewißheit werden also spätestens dann problematisch, wenn man konzediert, daß die Formen des Bewußtseins selbst Resultat mundaner Sozialität und körperlich-leiblicher Kooperations- und Aneignungsprozesse sind.[3] Im Durchgang durch die antikartesianische und antiidealistische Tradition finden sich zahlreiche Vermutungen, daß die Möglichkeit, sich anhand von Deutungsschemata eine Innen-Außen-Vorstellung vom eigenen wie vom fremden Bewußtsein machen zu können, Ergebnis sensomotorischer, kooperativer und kommunikativer Umgangsprozesse ist. Phänomenales Erleben ist zunächst neutral gegenüber der Dualität von physischer Außenerfahrung und psychischer Innenerfahrung (Waldenfels 1980, S. 63). Im Vollzug von Handlungs- und Wahrnehmungsakten haben wir kein Bewußtsein von einem Innen

---

und Außenwelt auf die „Verdinglichung der individuellen Selbstkontrollapparaturen" (ebd., S. LXV) zurückgeführt. Deren Rückbindung wiederum an die Erfahrung erfolgreicher Steuerung der Motorik verweist einmal mehr auf die Körperfundierung der Innen-Außen-Differenz.
3 Zur diesbezüglichen Funktion des Körpers siehe Loenhoff (1997, 1998).

„Innen" und „Außen"

und einem Außen. Vermutlich durch Wundt inspiriert, hatte Dewey bereits Ende des 19. Jahrhunderts daraus handlungstheoretische Konsequenzen gezogen und die Insuffizienz der Idee des Reflexbogens nachgewiesen, die der Physiologie des ersten Jahrhundertdrittels entstammt. Er zeigt, daß die an diesem Modell vorgenommene Deskription von Wahrnehmungs- und Handlungsprozessen Reiz und Reaktion in externer Beobachtung isoliert, um sie dann als unabhängige Größen zu behandeln. Die von Dewey (1896) artikulierte Kritik und Erweiterung des Reflexbogenmodells zu einem solchen der Rekursion ermöglicht indessen, Innen und Außen als situationsspezifische Konstrukte mit funktionalem Bezug zur Aktivität der Beteiligten zu begreifen. Oder, um sein antiontologisches und antiobjektivistisches Argument auf eine kurze Formel zu bringen: Was Innen und was Außen ist, hängt davon ab, was wir tun. Die Einheit der Handlung zerfällt in Innen- und Außenwelt erst durch ein der Verwirklichung der Handlung entgegenstehendes Problem und die damit verbundenen Widerstände. Insofern ist die Innen-Außen-Differenz störungsinduziert. Innen und Außen sind Reflexionsprodukte bereits auf der operativen Verhaltensebene. Erst wenn es Problemdruck, Widerstand und Scheitern gibt, scheiden sich Innen und Außen im Erleben, und erst jetzt hat die Aufmerksamkeit Anlaß, zwischen Innen und Außen zu oszillieren, zwischen Wahrnehmung und Vorstellung, zwischen Planung und Ausführung. Indikatoren dieses Befundes finden sich auch auf der sprachlich-semantischen Ebene. In Abwesenheit von Defekten werden Beschreibungen kürzer, bei Defekten entwickeln wir eine differenzierte Semantik, die der Problembearbeitung angemessen ist.

Etwa zeitgleich mit Dewey kommt der heute weitgehend vergessene ungarische Philosoph Melior Palágyi zu ähnlichen Erkenntnissen. Palágyi will die seit den Eleaten und Platon verbreitete Behältertheorie ebensowenig einleuchten wie zuvor Dewey und setzt demgegenüber auf eine ereignistheoretische Bestimmung des Bewußtseins:

> „Wer von Vorgängen, Prozessen, Erscheinungen spricht, die ‚innerhalb des Bewußtseins' verlaufen, verfließen oder spuken, der wird niemals zu einer vernünftigen Auffassung des Bewußtseins gelangen können. Es gibt nämlich keine Vorgänge, Prozesse, keine Erscheinungen innerhalb des Bewußtseins, weil das Bewußtsein kein Käfig, kein Zwinger, kein Kerker, kein Behälter, kein Hohlraum und überhaupt keine Stätte ist, in bezug auf welche es ein Außerhalb und ein Innerhalb geben könnte ... Man halte zunächst daran fest, daß unser Bewußtsein nur insofern besteht, als es *tätig* ist, und daß demzufolge nicht von Bewußtseinsvorgängen, sondern von Bewußtseinsakten ... gesprochen werden muß. Gewöhnt man sich, wenn von Bewußtsein die Rede ist, nicht an ein Wolkenkuckucksheim, sondern zunächst *an nichts weiter* als an seine eigenen geistigen Handlungen zu denken, so wird es sich von selbst verstehen, daß diese geistigen Handlungen keine Hohlräume sind" (Palágyi 1924, S. 74).

Analysiert man zudem die Zeitstrukturen des Handelns, kommt man zu ähnlichen Ergebnissen. So unterscheidet Schütz in einer seiner diesbezüglichen Untersuchungen zwei Perspektiven auf den Handlungsprozeß, die durch zwei Klassen von Akten konstituiert werden. Solchen, die in den Bereich der inneren Zeit gehören und die er als „Leistung" bezeichnet, z. B. Schlußfolgern, antizipatorische oder retentionale Akte, und diejenigen Akte, die er als „Wirkung" auszeichnet und die sich auf die Dimension der äußeren Zeit beziehen, z. B. Sprechen, Gestikulieren oder andere sensomotorische Akte etc. Gleichzeitigkeit als gemeinsame Gegenwart wird dabei nur durch Wirkungen, nicht durch Leistungen konstituiert. Als eine fundamentale Bedingung für Interaktion dauert Gleichzeitigkeit also nur an, solange die Aufmerksamkeit der Beteiligten primär auf Ereignisse der Außenwelt gerichtet ist. Wird z. B. die Wahrnehmung durch die eigene Motorik oder eigene Bewußtseinsereignisse zu sehr in Anspruch genommen, muß der Synchronisationsprozeß zerfallen und erst erneut hergestellt werden. En passant sei bemerkt, daß dies auch ein Grund für die Prävalenz der exterozeptiven Wahrnehmung in der Beschreibung der Sinnesleistungen ist. Im Wirken erfährt sich das Selbst hinsichtlich der Differenz von innerer und äußerer Zeit als ungeteilt und sein Handeln *modo praesenti* als Einheit, die erst im reflektierenden Rückblick zerfällt (Schütz 1971, S. 245 ff.). In retentionalen Akten ist das Selbst im übrigen immer das wirkende, also das motorisch in die Außenwelt eingreifende Selbst. In eigenen Erinnerungen ist man Handelnder, nicht Denkender, was einmal mehr den Effekt des sensomotorischen Vollzuges einschließlich seiner *generierenden* und seiner *repräsentierenden* Dominanz über Vorstellungen rezeptiver Innerlichkeit betont.

Folgende für kommunikationswissenschaftliche Forschung besonders instruktive Thesen wären bis hierher festzuhalten (die in a) und b) genannten Aussagen beziehen sich auf die Perspektive der Beteiligten, jene in c) und d) beziehen sich auf wissenschaftliche Betrachtungs- und Erklärungsweisen sowie ihre Reichweiten):

a) Die Differenz von Innen und Außen ist im aktuellen Handlungsvollzug aufgehoben. Dem Begriff der Handlung und dem der Kommunikation ist diese Differenz deshalb nur unter bestimmten Konditionen angemessen.
b) Ein Bewußtsein von Innen und Außen sowie die entsprechende Zuordnung von Ereignissen zu diesen Adressen konstituiert sich erst in der Problemsituation.
c) Die aller Handlung und Kommunikation zugrundeliegenden sensomotorischen Kreisprozesse lassen eine Trennung von Innen und Außen im aktuellen Vollzug ebensowenig zu wie jene von Ursache und Wirkung. Das Phänomen aktiver oder kommunikativer Problemlösung kann nur nach der Figur der Rekursion vollständig beschrieben werden.

d) Die mit dieser Beschreibung fokussierte prozessuale Betrachtungsweise schärft den Blick auf die damit verbundenen komplexen Zeitperspektiven und temporalen Strukturen.

Nach dieser zugegeben stark verkürzten Analyse der Konstitution der Innen-Außen-Differenz soll diese im folgenden durch einen kurzen Exkurs zur Funktion des Körpers als Generator einer solchen Unterscheidung ergänzt werden.

4. Der Körper als Fundament und Generator der Innen-Außen-Differenz

Innen und Außen sind in handlungs- und bewußtseinstheoretischen Kontexten metaphorische Ausdrücke. Aber Metaphern sind nicht nur „Leitfossilien einer archaischen Schicht des Prozesses der theoretischen Neugierde", sondern auch eine eigene „authentische Leistungsart der Erfassung von Zusammenhängen" (Blumenberg 1997, S. 87). Die Frage nach der Genese der Innen-Außen-Vorstellung führt, wie übrigens bei vielen anderern Metaphern auch, zurück zum Körper und seinen sensomotorischem Vermögen. Unschwer nämlich läßt sich der eigene Körper als dreidimensionales Behältnis wahrnehmen, in das bestimmte Stoffe eingefüllt und aus dem andererseits Stoffe austreten können (Atemluft, Nahrung, Ausscheidungen). Ebenso werden bestimmte Eigenschaften der Umwelt als Behältnisse wahrgenommen, innerhalb deren sich wiederum unser Körper befindet (Räume, Kleidung). Darüber hinaus manipulieren und nutzen wir kleinere und größere Behältnisse zur praktischen Problembewältigung. Dies alles gehört im Kontext humaner Gattungsgeschichte zur vorreflexiven Alltagserfahrung: Behältnisse, die Gegenstände oder Gegenständliches aufnehmen und denen man Gegenständliches entnehmen kann. Das grundlegendste aller Gefäße ist in diesem Sinne der eigene Körper. Wenn man also der Frage nach der Fundierung des Innen-Außen-Schemas nachgehen will, ist man auf diese Erfahrungsbasis, die vor allem in der Räumlichkeit, Begrenztheit und Raumgebundenheit des Körpers liegt, verwiesen.

Mark Johnson hat in seiner Untersuchung *The Body in Mind* einige Konsequenzen dieser vorbegrifflichen Struktur des Innen-Außen-Schemas benannt. Dies wären (1987, S. 22):

a) Schutz vor Kräften von außen;
b) Beschränkung von Möglichkeiten dessen, was innen ist;
c) Möglichkeit der Lokalisierung: Wenn sich Personen oder Objekte „in" etwas befinden, weiß man stets, wo sie zu finden sind.
d) Beurteilung von Zugänglichkeit oder Unzugänglichkeit, Beobachtbarkeit oder Unbeobachtbarkeit.

Die schließlich mit diesem vorbegrifflichen „Container"-Schema ermöglichte Anschauung einer vom Körper räumlich umschlossenen und verhüllten kognitiven Innenwelt (Grathoff 1995, S. 70) wird in zwei Fällen besonders sinnfällig, nämlich bei der Beschreibung von Affektzuständen und der Reflexion auf kommunikative Erfahrung. Man „steht unter Druck", „explodiert", weil man Emotionen nicht mehr „unterdrücken" kann oder will, „läßt Dampf ab", wenn das „Faß übergelaufen ist", oder „hält einen Deckel" auf bestimmten Emotionen. Die im Hinblick auf die Verarbeitung kommunikativen Handelns und Erlebens hervorzuhebenden Leistungen des Behälterschemas kommen beispielsweise in folgenden alltagssprachlichen Formulierungen zum Ausdruck: „Ich habe gerade den Kopf voll mit etwas anderem"; „Warum geht das nicht in deinen Kopf?"; „Du hast doch gesehen, was in ihm vorging!"; „Ich kann schließlich nicht in dich hineinsehen" etc. Auf einige Formen der kommunikativen Inanspruchnahme der Innen-Außen-Differenz und die damit verbundenen funktionalen Bezüge möchte ich noch etwas näher eingehen.

5. Funktionale Bezüge der Innen-Außen-Differenz im Kommunikationsprozeß

In lebensweltlicher Orientierung sind „Innen" und „Außen" als Reflexionsprodukte ontisch gegeben. Die Innen-Außen-Theorie des naiven Beobachters ist deshalb eine Innen-Außen-Ontologie. Erst der Beobachter zweiter Ordnung sieht die Zuschreibung von Ereignissen zu etwas, das als Innen und als Außen behandelt wird, und er sieht u. U., daß auch anders hätte beobachtet bzw. zugeschrieben werden können. Innen und Außen werden im Kommunikationsprozeß als selbstverständliche Differenz und nicht als kontingente Bedingungen von Beobachtungen und Bezeichnungen begriffen. Diese Differenz kann allerdings erst in retentionalen und evaluativen Akten als wirklich erfahren werden, und dies scheint bei Problemen der Vermittlung von Wissen, dem Verweis auf die Exklusivität von Erfahrung und Emotionen oder bei kommunikativen Problemen der Geheimhaltung, der Lüge, der Täuschung oder der Unaufrichtigkeit der Fall zu sein. Der Thematisierung der Innen-Außen-Differenz in metakommunikativen Gesprächsepisoden kommt denn auch eine Funktion im Zusammenhang mit Verständigungskontrollen, der Bearbeitung von Kommunikationskonflikten oder im Kontext von Simulation, Dissimulation, Ausdruckskontrolle zu, so daß man im Prinzip von einer wesentlichen Funktion für das gesamte Interaktionsmanagement sprechen kann. Fünf Funktionen und einige Beispiele sprachlicher Äußerungen sollen – zugegeben noch provisorisch – genannt werden:

Von einer *konstitutiven* Funktion kann gesprochen werden, da Kommunikationspartner sich wechselseitig innere Aktivität (Wahrnehmen, Denken, Vorstellen und Erinnern und Wissen) unterstellen müssen, um sich überhaupt als beteiligt (wenn auch nur als potentiell beteiligt) behandeln zu können. Das Ausmaß der dazu erforderlichen Unterstellungen von Mentalem – ich erinnere hier an die anfänglichen Ausführungen über die Differenz von Handlung und Motiv – wäre unter Verweis auf handlungsleitende Wissenssysteme anderer Sprach- und Kulturgemeinschaften näher zu bestimmen. Deren Struktur mag Aufschluß darüber geben, inwiefern in ihnen Elemente enthalten sind, die dem uns vertrauten Innen-Außen-Schema entsprechen. Alltagspraktische Mutmaßungen über die Erfolglosigkeit von Verständigungsversuchen oder über die Gründe ihrer Effektivität könnten in der Tat ganz anders ausfallen und Effekte der Kommunikation nach anderen Attributionsmustern zugeschrieben werden: nicht dem brillanten Gedankengang, der Einsichtsfähigkeit oder der inneren Verweigerung, wie dies hierzulande gilt, sondern vielleicht überhaupt keinen Bewußtseinsereignissen oder Inhalten subjektiver Erfahrung.

Eine *explikative* Funktion kommt vor allem in Formen und Strategien der Erreichung von Kommunikationszielen und -zwecken, deren Überprüfung und in Problemen der Zugänglichkeit zum Ausdruck („So wie ich es ihm erklärt habe, *muß* er es verstanden haben", „Ich glaube, er hat etwas anderes gemeint", „Wenn du es so erklärst, wird er einen falschen Eindruck gewinnen", „Er verschweigt uns etwas").

Eine *differenzierende* Funktion scheint die Innen-Außen-Differenz im Zusammenhang mit erforderlichen Präzisierungen oder Korrekturen zu erfüllen, etwa wenn auf die Differenz von Handlung und Motiv abgehoben wird („Das habe ich nicht gemeint", „Meine Bemerkung hat sich vielleicht so angehört", „Ich wollte auf etwas anderes hinaus", „Das ist eine Unterstellung" etc.).

Eine *legitimierende* und damit zugleich *entlastende* Funktion ist erkennbar, wenn unter Verweis auf eine Innen-Außen-Grenze kommunikative Schwierigkeiten gerechtfertigt werden („Wie soll ich wissen, ob er davon überzeugt ist, ich kann doch nicht in ihn hineinschauen", „Ich kann dir einfach nicht beschreiben, was ich in diesem Moment gefühlt habe").

Von einer *regulativen* Funktion kann gesprochen werden, sofern das in allen Interaktionen wechselseitig beanspruchte „soziale Recht auf Eindringen in den Anderen" (Simmel 1992, S. 698) thematisch wird, wie Simmel dies in seinem Exkurs über die soziale Begrenzung genannt hat, etwa mit variierenden Graden der Intimität und der Anonymität. Was man in Anwesenheit welcher Personen fragen, beobachten, erschließen darf, ist Status- und Aushandlungssache („Ich muß Ihnen doch über meine Absichten keine Rechenschaft abgeben", „Du kannst mich alles fragen").

Ich möchte zum Abschluß noch einige Konsequenzen aus dem bisher Entwickelten für die begriffliche Diskussion andeuten.

6. Konsequenzen für die Kommunikationstheorie

Kommunikationstheorien, die gegenüber Alltagskonstruktionen einen wissenschaftlichen Anspruch geltend machen können, scheinen hinsichtlich der Innen-Außen-Differenz – oder, wenn man es in einer anderen Theoriesprache ausdrücken will, hinsichtlich der Differenz zwischen psychischem und sozialem System – mit diesen lediglich die *konstitutive* und die *explikutive* Funktion zu teilen. Entgegen dem verbreiteten Glauben, man könne sicheres Wissen über Intentionen anderer haben, besteht die wissenschaftliche Reflexion des Kommunikationsprozesses mindestens seit der Sokratischen Mäeutik auf der Intransparenz fremden Bewußtseins, deren Unterstellung diejenigen Leistungen erst bestimmen läßt, die zur Verständigung von den Beteiligten erbracht werden müssen. Weil Bewußtseinssysteme intransparent sind, können Probleme der Handlungskoordination nur auf kommunikativem Wege gelöst werden. Also müssen alle Phänomene der Kommunikation als Antwort auf diese Differenz explizierbar sein.

Die Innen-Außen-Differenz ist, wie bereits exponiert, nicht erst in wissenschaftlichen Kommunikationstheorien Grundlage der Erfahrungsverarbeitung, sondern bereits eine Leitunterscheidung bei der Beobachtung von Kommunikation in vorbegrifflicher Einstellung. Analysiert man darüber hinaus deren Funktion vor dem Hintergrund der von Ungeheuer (1972) eingeführten Unterscheidung zwischen kommunikativem und extrakommunikativem Umgang mit Sprache und Kommunikation, wird deutlich, daß in dem Maße, in dem kommunizierende Individuen einen extrakommunikativen Umgang mit Sprache und Kommunikation pflegen, sie sich auch an einem Innen-Außen-Schema orientieren, welches umgekehrt im kommunikativen Vollzug eigener Akte ebensowenig erfahren werden kann wie die nur extrakommunikativ zu ermittelnden Merkmale von Sprache und Kommunikation. Bildet man diesen Befund gewissermaßen auf der Zeitachse des kommunikativen Prozeßgeschehens ab, ergibt sich eine Sequenz wechselnder oder, besser noch: oszillierender Perspektiven der Beteiligten auf den Verständigungsprozeß. Die antizipatorischen Akte müssen um der Handlungsplanung willen sich an der Innen-Außen-Differenz orientieren, während im Vollzug kommunikativer Akte, nämlich im kommunikativen Umgang mit semantischen Mitteln, diese Differenz nicht erfahren werden kann. In anschließenden retentionalen Akten, in denen Erfolg und Effektivität der Kommunikation durch die Beteiligten geprüft und analysiert wird, geschieht dies erneut anhand der Innen-Außen-Differenz und in extrakommunikativem Umgang mit Sprache und Kommunikation. Planende Vorwegnahme von Zielen und prüfende Reflexion von Geschehenem gehören zwar in den interaktiven Gesamtzusammenhang, sind aber selbst keine kommunikativen, sondern prä- und postkommunikative Ereignisse, da sie keine Akte des Wirkens sind. Die folgende Grafik versucht diesen Zusammenhang und seine temporale Struktur zu verdeutlichen:

„Innen" und „Außen"

Beobachtung 2. Ordnung

KOMMUNIKATIONSTHEORIE

— [Innen-Außen-Differenz-Schema] —

antizipatorische Akte ↑	kommunikative Akte ↑	retentionale Akte ↑	antizipatorische Akte
(Handlungsplanung)	(Vollzug)	(Evaluation)	(Handlungsplanung)
innen/außen		innen/außen	innen/außen
[extrakommunikativer Umgang]	[kommunikativer Umgang]	[extrakommunikativer Umgang]	[extrakommunikativer Umgang]

KOMMUNIKATIONSPROZESS

Beobachtung 1. Ordnung

287

Der im fortlaufenden Kommunikationsprozeß abwechselnden Aufmerksamkeit zwischen Innen- und Außenzentrierung ebenso wie derjenigen zwischen kommunikativem und extrakommunikativem Umgang mit Sprache und Kommunikation entsprechen dann Formen der An- oder Abwesenheit des Körpers. Ereignisse, die im eigenen Erleben nicht mit Intentionalität in Verbindung gebracht werden können, etwa Mißgeschikke, Artikulationsschwierigkeiten, Erschrecken, Müdigkeit etc., lassen den Körper dann ins Bewußtsein treten. Der Körper neigt zur Abwesenheit, solange er situationsadäquat funktioniert (Leder 1990). Wenn man sich aus dem Fenster lehnt, fragt man sich nicht, ob man drinnen oder draußen ist. Erst wenn die Balance verlorengeht und die Handlungspläne durchkreuzt werden, bedarf es einer Antwort.

In aller Metaphorik steckt bekanntlich etwas Suggestives.[4] Auch die am Leitfaden der Innen-Außen-Differenz entwickelten Kommunikationstheorien müssen sich also hüten, Probleme der Beteiligten objektivistisch mißzuverstehen, wenn sie den Ereignischarakter und die Oszillation zwischen verschiedenen Erfahrungsebenen zu einer permanent bestehenden Innen- und einer Außenwelt reifizieren.

Literatur

Berman, M. (1990): Coming to our Senses. Body and Spirit in the Hidden History of the West. London (Allan and Unwin).
Blumenberg, H. (1997): Schiffbruch mit Zuschauer. Paradigma einer Daseinsmetapher. Frankfurt a. M. (Suhrkamp), S. 87–106.
Dewey, J. (1896): The Reflex Arc Concept in Psychology. *Psychological Review* 3: 357–370.
Elias, N. (1978): Über den Prozeß der Zivilisation. Soziogenetische und psychogenetische Untersuchungen. Bd. 1. Wandlungen des Verhaltens in den weltlichen Oberschichten (5. Aufl.). Frankfurt a. M. (Suhrkamp).
Geertz, C. (1973): Person, Time, and Conduct in Bali. In: C. Geertz: The Interpretation of Cultures. Selected Essays. New York (Columbia University Press), pp. 360–411.
Geertz, C. (1977): On the Nature of Anthropological Understanding. In: J. L. Dolgin et al. (eds.): Symbolic Anthropology. A Reader in the Study of Symbols and Meanings. New York (Columbia University Press),p. 480–492.
Grathoff, R. (1995): Milieu und Lebenswelt. Einführung in die phänomenologische Soziologie und die sozialphänomenologische Forschung. Frankfurt a. M. (Suhrkamp).
Johnson, M. (1987): The Body in Mind. The Bodily Basis of Meaning, Imagination, and Reason. Chicago (University of Chicago Press).
Leder, D. (1990): The Absent Body. Chicago (Chicago University Press).
Loenhoff, J. (1997): The Negation of the Body – a Problem of Communication Theory. *Body and Society* 3: 67–82.
Loenhoff, J. (1998): Zur kommunikativen Relevanz von Wahrnehmungen. In: D. Krallmann u. H. W. Schmitz (Hrsg.): Perspektiven einer Kommunikationswissenschaft. Internationales Gerold-Ungeheuer-Symposium. Essen, 6.–8.7.1995. Bd. 1. Münster (Nodus), S. 231–242.

---

4 Daß dieser Versuchung auch Teile der Semiotik erliegen, mag man daran erkennen, daß die begriffliche Konstruktion dessen, was Zeichen heißen soll, nicht selten auf eine Innen-Außen-Differenz in Form dichotomer Paare (Zeichenbedeutung, -inhalt etc. vs. Zeichenträger, -körper, Wortbild etc.) zurückgeht.

Matson, W. (1966): Why Is'nt the Mind-Body-Problem Ancient? In: P. Feyerabend a. G. Maxwell (eds.): Mind, Matter, and Method: Essays in Philosophy of Science in Honor of Herbert Feigl. Minneapolis (University of Minnesota Press), pp. 92–102.
Matthews, G. (1977): Consciousness and Life. *Philosophy* 52: 13–26.
Peursen, C. A. van (1966): Body, soul, spirit: a survey of the body-mind problem. (Engl. ed. transl. from the Dutch by Hubert H. Hoskins). London (Oxford Univ. Press).
Palágyi, M. (1924): Naturphilosophische Vorlesungen über die Grundprobleme des Bewußtseins und des Lebens. (2., wenig veränderte Aufl.) Leipzig (Barth).
Paul, R. A. (1995): Act and Intention in Sherpa Culture and Society. In: L. Rosen (ed.): Other Intentions. Cultural Contexts and the Attribution of Inner States. Santa Fe (School of American Research Press), pp. 12–45.
Rorty, R. (1987): Der Spiegel der Natur. Eine Kritik der Philosophie. Frankfurt (Suhrkamp).
Rosen, L. (ed.) (1995): Other Intentions. Cultural Contexts and the Attribution of Inner States. Santa Fe (School of American Research Press).
Schmitz, H. (1998): Über kommunikative und extrakommunikative Betrachtungsweisen. In: D. Krallmann u. H. W. Schmitz (Hrsg.): Perspektiven einer Kommunikationswissenschaft. Internationales Gerold-Ungeheuer-Symposium. Essen, 6.–8.7.1995. Bd. 1. Münster (Nodus), S. 315–326.
Schütz, A. (1971): Gesammelte Aufsätze. Bd. 1. Den Haag (Nijhoff).
Simmel, G. (1992): Soziologie. Untersuchungen über die Formen der Vergesellschaftung. Frankfurt a. M. (Suhrkamp).
Ungeheuer, G. (1972): Sprache und Kommunikation (2., erw. Aufl.). Hamburg (Buske).
Waldenfels, B. (1980): Der Spielraum des Verhaltens. Frankfurt a. M. (Suhrkamp).

Konstruktivistischer Pluralismus als wissenschaftliche Grundlage der linguistischen Typologie
Jürgen Broschart

Variatio delectat.

1. Einleitung

Dieser Artikel steht unter dem Motto *variatio delectat*, und *variatio delectat* könnte man auch als Motto der linguistischen Typologie bezeichnen. Wenn wir nämlich, wie allgemein üblich, die Typologie im Zusammenhang mit der linguistischen Universalienforschung betrachten, richtet sich der Blick des Universalienforschers von der Vielfalt des Sprachlichen zur Einheit der Sprache und der des Typologen von der Einheit auf die Vielfalt (vgl. Seiler 1993, S. 180 f.).

Bei dieser Konzeption gibt es jedoch aus wissenschaftstheoretischer Sicht ein Problem. Das Motto *variatio delectat* gilt nämlich in der gängigen, universalistisch ausgerichteten Wissenschaft eher als verpönt. Die Wissenschaft hat nicht Freude an der Variation, sondern Arbeit damit. Sie unternimmt jeden erdenklichen Versuch, Variation und individuelle Abweichung zumindest auf theoretischer Ebene zu tilgen und die vielfältigen Erscheinungen der Natur in einem einheitlichen Weltbild zu vereinigen. Horkheimer und Adorno (1971, S. 10) nennen dies den „Totalitarismus" der Wissenschaft aufklärerischer Prägung:

> „Aufklärung ist totalitär ... Als Sein und Geschehen wird von der Aufklärung vorweg nur anerkannt, was durch Einheit sich erfassen läßt; ihr Ideal ist das System, aus dem alles und jedes folgt."

Ziel der Wissenschaft ist es somit nicht, mit Variation und Widersprüchen zu leben, sondern diese Widersprüche auf höherer Ebene zu überwinden, im Sinne einer Hegelschen Synthese. Die Widersprüche von „These" und „Antithese" sind hier ein rein praktisches Problem, während die „Synthese" allein theoretischen Status besitzt. Das Problem ist, daß es unter diesem Gesichtspunkt letztlich weder eine linguistische Typologie noch eine theoretische Linguistik geben dürfte. Natürlich leugnet niemand, daß die Linguistik einen eigenen Untersuchungsgegenstand besitzt, und niemand bestreitet, daß es verschiedene Sprachformen gibt. Nichtsdestoweniger gibt es in der klassischen Wissenschaftstheorie keinen prinzipiellen Grund, warum die Linguistik eine eigene Theorie verfolgen sollte. So könnte man erwähnen, daß sich die Mathematik als „Wissenschaft der Relationen" versteht und insofern natürlich auch sprachliche Relationen subsumieren könnte. Entsprechend postuliert auch Sampson (1980, S. 241):

"The true general theory of language is that there is no general theory of language; the only features common to all human languages are predictable consequences of principles belonging to other, established disciplines, so that there is no room in the intellectual arena for any independent theoretical subject called 'general linguistics'."

Ähnliches gilt für die linguistische Typologie. In den „echten" Wissenschaften gibt es nichts, was wir in einem theoretisch relevanten Sinne als Typologie bezeichnen, und dies aus gutem Grunde. Natürlich gibt es die Notwendigkeit, verschiedene Subsysteme zu untersuchen (etwa Säugetiere und Weichtiere oder Gase und Festkörper), aber über alldem steht der Anspruch der Universalität einheitlicher und ausnahmsloser Naturgesetze. Nur auf praktischer Ebene finden sich Aktivitäten der Sichtung der Variation und der Klassifikation der Daten. Entsprechend werden auch die einzelnen Disziplinen der Wissenschaft in der Regel nur als vorübergehende praktische Unterscheidungen angesehen, die letztlich in einer allgemeinen „Universalwissenschaft" subsumiert werden können, während es in den einzelnen Wissenschaften wiederum „Unterbereiche" gibt, die in irgendeiner Weise klassifiziert werden müssen, um letztlich über alle Varianten eine einheitliche Theorie erstellen zu können.

Aus dieser Sicht hätte die Typologie also entweder eine rein praktische Aufgabe, indem sie eine Sichtung und Klassifikation der Varianten vornimmt (vgl. hierzu Mallinson a. Blake 1981, S. 3), oder letztlich dieselbe theoretische Aufgabe wie die Universalienforschung, indem sie die Möglichkeit schafft, die Varianten miteinander zu verbinden. Wozu also dann ein eigenes theoretisches Fundament für die Typologie?

Vergessen wir an dieser Stelle einmal, daß dasselbe Argument letztlich auch dafür verwendet werden kann, die gesamte theoretische Linguistik zu beseitigen, so stellen wir tatsächlich fest, daß es innerhalb der Linguistik universalistische Strömungen gibt, die jede individuelle Abweichung und Verschiedenheit zumindest auf theoretischer Ebene ignorieren. Im Rahmen der sogenannten Universalgrammatik Noam Chomskys sind der eigentliche Gegenstand der Linguistik die Sprachuniversalien. Die Einzelsprachen lassen sich dann durch Parametrisierung der universalen Prinzipien vollständig beschreiben (vgl. Chomsky 1981).

Ein ähnlicher Ausschluß der individuellen Abweichung von einer generellen Regel liegt vor in der bekannten Unterscheidung zwischen *competence* und *performance* (Chomsky 1965). Natürlich bestreitet niemand, daß es „Performanzfehler" gibt, aber sie sind theoretisch nicht interessant, weil uns nur das universale Sprachsystem zu interessieren hat. Letztlich verteidigt Chomsky seine „idealisierte" Position auch damit, daß er sagt, daß die Annahme einer homogenen Sprachgemeinschaft nur dann nicht akzeptabel sei, wenn ein Spracherwerb in einer homogenen Sprachgemeinschaft nicht möglich sei, und das sei ja absurd (letztlich werden wir jedoch sehen, daß das überhaupt nicht absurd ist):

"The legitimacy of these idealizations has sometimes been questioned, but on dubious grounds. Indeed, they are indispensable. Surely, there is some property of mind P that would enable a person to acquire a language under conditions of pure and uniform experience, and surely P (characterized by UG) is put to use under the real conditions of language acquisition. *To deny these assumptions would be bizarre indeed: It would be to claim either that language can be learned only under conditions of diversity and conflicting evidence, which is absurd* [Hervorh.: J. B.], or that the property P exists ... but the actual learning of language does not involve this capacity" (Chomsky 1986, S. 17).

Zumindest wirft dies schon einmal die Frage auf, wieso es überhaupt zu Fehlern kommt. Welche Regel zwingt uns, von Regeln abzuweichen? Wieso gibt es überhaupt Variation und individuelle Abweichung von einer generellen Regel?

Hier finden sich verschiedene Ansätze, das Problem zu reduzieren; völlig überzeugend sind solche Ansätze ohne weiteres allerdings nicht. Der eine Ansatz besteht darin, daß es in der sogenannten *optimality theory* (Prince a. Smolensky 1993; Archangeli a. Langendoen 1997) möglich ist, einzelne „Fehler" zuzulassen, sofern dadurch das Regelsystem insgesamt einfacher zu handhaben ist (und damit gleichzeitig das Primat der Regeln gesichert ist). Hierin klingt bereits ein weiteres Verfahren an, das darin besteht, Abweichungen durch unterschiedliche Motivationen zu erklären. Letzteres gilt vor allem für die sogenannten *competing motivations* in der Sprachtypologie (vgl. Kirby 1997). Z. B. gibt es nach Du Bois (1985) bestimmte Gründe zur Motivierung eines Ergativsystems, obwohl die meisten Sprachen ein Nominativsystem bevorzugen. Andererseits macht es skeptisch, wenn man sieht, daß solche *competing motivations* in anderen Disziplinen strikt abgelehnt werden. Durch *competing motivations* oder *constraint interaction* wird nämlich zumindest versteckt die einheitliche Weltsicht aufgegeben. Und wenn es mehr als eine Motivation oder Regel gibt, dann kann es ja auch beliebig viele geben. Entsprechend war der sogenannte „Welle-Teilchen-Dualismus" in der Physik keineswegs positiv besetzt, und man hat längst eine übergreifende, einheitliche Lösung gefunden.

Was wären aber die Alternativen? Meine Antwort (im Sinne eines linguistischen Konstruktivismus) lautet, „eine pluralistische Weltsicht" mit einer grundsätzlichen Koexistenz von individuellem, idiosynkratischem Verhalten und allgemeingültigen Regeln. In diesem Rahmen sind generelle Regel und individuelle Ausnahme gleichermaßen theoretisch relevant, insofern sich individuelles Verhalten niemals vollständig von einer allgemeinen Regel ableiten läßt (*individuum est ineffabile*). Damit kommt es der linguistischen Typologie zu, die theoretische Rolle der individuellen Abweichung und des Besonderen zu untersuchen, während die Universalienforschung die theoretische Rolle der generalisierbaren Regel auslotet. Wie oben bereits angedeutet, lenkt der Typologe seinen Blick auf das Besondere, während der Universalienforscher seinen Blick auf das Allgemeine lenkt, aber das eine ist nicht auf das andere reduzierbar (oder nur die Negation des anderen), sondern steht systematisch im Widerspruch mit seinem Gegenteil. Insofern soll auch angenommen werden, daß es in der Tat nie eine Regel ohne Ausnahme gibt, und beide Aspekte sind von systematischem Interesse für Grundfragen jeglicher wissenschaftlichen Disziplin.

Dies soll nun im einzelnen erläutert werden, und zwar in drei Schritten. Zunächst wenden wir uns einer Neubewertung der Gedanken Ferdinand de Saussures zu, was uns zu einem besseren Verständnis der Koexistenz von Regel und Ausnahme führt. Im Anschluß daran werden wir den engeren Bereich der Linguistik verlassen, mathematische Modelle zur Emergenz von Regelhaftigkeit behandeln und die theoretische Bedeutung „regellosen" Verhaltens für evolutive Systeme aller Art untersuchen. Zum Abschluß werden wir das Gesagte auf ein konkretes Beispiel aus der Wortstellungstypologie beziehen, was uns eine gute Vorstellung von einem pluralistischen Weltbild verschafft.

2. Kollektive Regelmäßigkeit und individuelle Ausnahme: Ein generelles Modell

Oberflächlich gesehen erinnert natürlich die de-Saussuresche Unterscheidung zwischen *langue* und *parole* (de Saussure 1916) an die Chomskysche Unterscheidung zwischen *competence* und *performance*, und es gibt viele Zitate, mit denen sich dies belegen ließe. Anders als Chomsky betont de Saussure nur die Rolle von Sprache als sozialem Phänomen (was allerdings in der Regel als unwesentlich abgetan wird):

> "Language is not complete in any speaker; it exists perfectly only within a collectivity" (de Saussure, nach Sampson 1980, S. 46).

Dies ist jedoch keineswegs unwesentlich. Saussure sagt nämlich, daß der Sprache selbst keine Regelmäßigkeit inhäriert, und daß es ohne den sozialen Zustand keine Regel gäbe:

> „[K]eine Macht, die in der Sprache selbst liegt, [gewährleistet] die Regelmäßigkeit" (de Saussure 1967, S. 110). „Der Umstand, daß die Sprache eine Erbschaft ist, erklärt aber für sich allein noch nichts ... Kann man nicht von einem Augenblick zum andern Veränderungen vornehmen an den Gesetzen, die ererbt und zur Zeit in Geltung sind?" (ebd., S. 84.)

> „Die Beliebigkeit des Zeichens läßt uns auch besser verstehen, warum nur der soziale Zustand ein sprachliches System zu schaffen vermag" (ebd., S. 135). „Das Beharrungsstreben der Menge von Sprachgenossen steht sprachlichen Neuerungen im Wege" (ebd., S. 86).

III. Sprache, Gespräch und Kommunikation

Insofern ist eine *langue* als sprachliches Regelsystem eine Kreation der Gesellschaft und keineswegs ein Algorithmus, von dem sich die *parole* ableiten ließe. Ferner sind nach de Saussure sowohl die *langue* als auch die *parole* konkrete Realitäten, wobei sogar historisch die *parole* der *langue* vorausgeht. (Dagegen kann es wohl kaum eine Performanz ohne Kompetenz geben!)

> „Die Sprache *(langue)* ist nicht weniger als das Sprechen *(parole)* ein Gegenstand konkreter Art, und das ist günstig für die wissenschaftliche Betrachtung" (ebd., S. 18). „Die Sprache ist erforderlich, damit das Sprechen verständlich sei und seinen Zweck erfülle. Das Sprechen aber ist erforderlich, damit die Sprache sich bilde; historisch betrachtet, ist das Sprechen das zuerst gegebene Faktum" (ebd., S. 22).

Regelmäßigkeit gibt es also nur im Kollektiv, und sie gilt weder für Sprache an sich noch für ein einzelnes Individuum. Dagegen ist das Individuum nötig als Anstoß zur Bildung des Systems. Für diese Behauptung gibt es im übrigen Beweise, und wir brauchen hierfür keine spezifisch linguistische Erklärung. Zum einen stellt Braitenberg (1993, S. 167) fest, daß jede Verbindung in einem System die Freiheitsgrade um 0,415 bit reduziert, unabhängig von der Größe oder Art des Systems. Das würde z. B. bedeuten, daß in einem neuronalen Netz, in dem eine Aktivität von A auf B übergeht, nicht mehr der Fall auftreten könnte, daß A aktiv ist und B nicht. Damit wären von vier theoretischen Möglichkeiten ohne Verbindung (A aktiv und B nicht, B aktiv und A nicht, A und B aktiv und weder A noch B aktiv) nur noch drei übrig. Hieraus ergibt sich letztlich der genannte bit-Wert für die Freiheitsreduktion. Das heißt, Interaktion erhöht die Regelmäßigkeit und senkt die Arbitrarität. Zum anderen zeigt ein simples Würfelbeispiel, daß sich bei mehreren Würfeln Mehrheitsoptionen bilden, die bei einem einzelnen Würfel nicht auftreten. So ist bei einem einzelnen Würfel die Wahrscheinlichkeit für die Zahlen 1, 2, 3, 4, 5, 6 jeweils gleich groß ($p = 1/6$). Aber bei zwei Würfeln ist die Summe 2 (aus 1 + 1) wesentlich seltener als die Summe 7 (aus 1 + 6, 6 + 1, 2 + 5, 5 + 2, 3 + 4, 4 + 3).

Auch das Ergebnis 6 wäre nun bei zwei Würfeln auf fünf verschiedene Weisen möglich, während bei nur einem Würfel nur eine Möglichkeit dafür bestünde. Nimmt man nun immer mehr Würfel und erhöht auch die Anzahl der „Seiten" oder „Verhaltensmöglichkeiten" der „Würfel", bildet sich ein System wie in Abbildung 1, wo man auf den Diagonalen ablesen kann, wie viele Möglichkeiten es für eine bestimmte Anzahl von Würfeln gibt, ein Ergebnis zu erzielen. Z. B. ist das Ergebnis 6 einmal möglich für einen Würfel, fünfmal für zwei, zehnmal für drei Würfel usw. Die Zahlen auf den Diagonalen entsprechen dabei einer Normalverteilung. Das heißt in unserem Beispiel schlichtweg, daß es sehr selten ist, daß ein Ergebnis dadurch erklärt werden könnte, daß alle Individuen dasselbe Verhalten aufweisen (z. B. daß alle Würfel eine 1 werfen) oder umgekehrt ein Individuum ein extrem komplexes Verhalten nötig hat, um zu einem Ergebnis zu kommen (das Ergebnis 7 läßt sich leicht durch zwei, aber nicht durch einen regulären Würfel erreichen, man bräuchte hierzu einen Würfel mit sieben Seiten). Meist sind die Ergebnisse Kompromißlösungen, aber Extreme sind nicht ausgeschlossen.

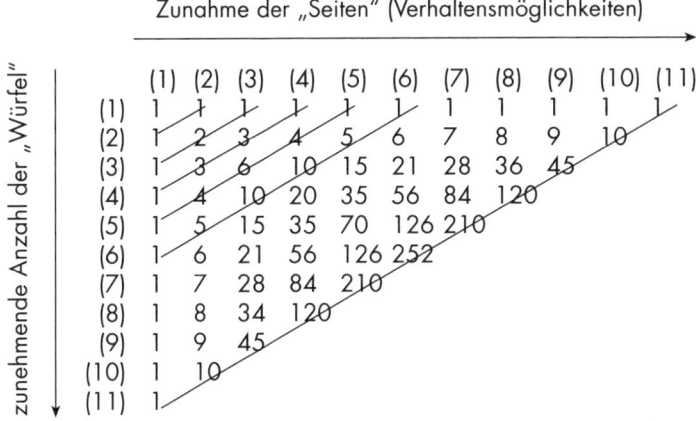

Abb. 1: Die Bildung von Mehrheitsentscheidungen im Kollektiv

Die erwähnte Normalverteilung erinnert nun nicht zufälligerweise an ein Wahlergebnis. Es mag ja sein, daß allen Wählern gemein ist, daß sie die beste aller möglichen Wahlen treffen wollen, aber es bestehen offenbar erhebliche Unterschiede, wie sie das zu erreichen gedenken. Dabei gibt es offenbar eine gewisse „naheliegende" Mehrheitsmeinung oder „Norm", die durch nicht allzu extremes Verhalten entsteht. Ähnliche Verteilungen werden wir später auch bei der Wortstellungstypologie kennenlernen. Auch dort gibt es eine „unmarkierte" Mehrheitsmeinung, aber auch drastische Abweichungen vom Erwarteten.

Bei de Saussure ist allerdings immer noch das Sprachsystem, also die kollektive Norm, die einzige relevante theoretische Ebene der Linguistik, bzw. die individuelle Abweichung hat keine systematische Funktion. Anders ist dies jedoch im Rahmen jüngster wissenschaftlicher Theorien hinsichtlich der Frage, wie Neues entsteht (Eisenhardt et al. 1995). Keine evolutionäre Entwicklung ist jemals möglich ohne einen „Regelbruch" und ohne eine idiosynkratische Erscheinung. In der Biologie bedarf es sogenannter Mutationen und nichtrepräsentativer Selektionen oder *bottlenecks*, um neue Spezies hervorzubringen (vgl. Campbell 1997). Die Vielfalt der Welt wäre nicht denkbar, wenn immer nur die Regel bestätigt würde. Ansonsten sind auch die obenerwähnten Normalverteilungen Ausdruck der

III. Sprache, Gespräch und Kommunikation

Interaktion sogenannter Elementarfehler, also unmotivierter Abweichungen von einem absoluten Standard.

Die Relevanz des Regelbruchs in evolutionären Systemen läßt sich im übrigen auf sehr allgemeine Weise demonstrieren. Evolution besitzt im wesentlichen dieselbe Struktur wie Baumwachstum, und Baumwachstum kann durch sehr einfache mathematische Formeln repräsentiert werden (vgl. Enzensberger 1997, S. 122, 195 ff.; s. hierzu Abb. 2). Interessanterweise nähert sich das Verhältnis zwischen einer Zahl der Verzweigungen zur Zahl der vorangegangenen Verzweigungen letztlich immer genauer der sogenannten goldenen Zahl 1,618..., das heißt, neue Unterscheidungen werden mit der Zeit immer prädiktabler (soweit das System nicht gestört wird). Zu Beginn des Systems sind die Verhältnisse dagegen sehr idiosynkratisch und teilweise völlig undefiniert. Letzteres gilt vor allem für das Verhältnis 1 : 0, was mathematisch völlig „verboten" ist. Das heißt, hier finden wir einen mathematischen Beweis dafür, daß die Kreation von Neuem notwendigerweise einen Regelbruch (oder eine systemexterne Begründung) beinhaltet.

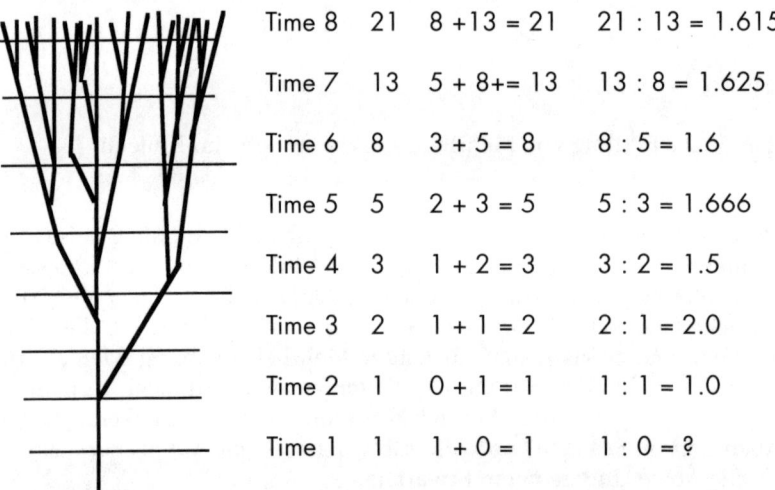

Abb. 2: Regel und Regelbruch in evolutiven Systemen

Beispiele für die Relevanz des Regelbruchs finden sich auch in der Sprache. Sprache ist natürlich selbst ein evolutionäres System, und als solches muß sie die Möglichkeit der individuellen Abweichung von der Regel bereits in sich selbst tragen. Lassen wir einmal beiseite, daß es schon in der Antike den unlösbaren Streit gab, ob denn Sprache regelgerichtet oder durch Ausnahmen gekennzeichnet sei, und daß es offenbar keine natürliche Sprache mit einer völlig regelmäßigen Grammatik gibt. Kommen wir vielmehr auf Fragen der Typologie und der Sprachtheorie zurück.

Da z. B. der „Keim" der Abweichung von vornherein in der Sprache drinnensteckt, wird es wieder und wieder den Fall geben, daß Menschen nicht die Sprachstrukturen wählen, die man üblicherweise erwartet. So bekommen wir Ergativsysteme, wo es doch viel „normaler" wäre, Nominativsysteme zu bekommen, aber wenn wir Ergativsysteme haben, erschließen sich natürlich auch Möglichkeiten, die wir im Default-Fall nicht haben.

Zudem bringt auch der Spracherwerb schon eine gewisse Turbulenz ins Sprachgeschehen. Kein Anfänger wird von vornherein eine „optimale" Wahl treffen. Erst mit der Zeit erkennen Kinder z. B., daß /p/ und /a/ „gute" Oppositionen bilden im Sinne von Jakobson (1962), aber dann sind ja ihre „Fehler" mit „nichtoptimalen" Lauten schon im System drin, und letztlich werden manche versucht sein, auch die „merkwürdigsten" Laute kontrolliert zu integrieren. Für die Wichtigkeit des regellosen Anfängertums spricht auch die Erkenntnis, daß nur „nichtoptimale" Verschaltungen in neuronalen Netzen in der Lage sind, komplexe Strukturen zu begreifen. Ein „gutes" Vorwissen würde zu sogenannten *Potholes* der Kategorisierung führen, wodurch Kinder niemals komplexe Sätze lernen könnten (Deacon 1997, S. 133). Dies ist ein wesentlicher Grund zur Ablehnung eines Chomskyschen Apriori-Sprachwissens, und das Beispiel zeigt auch, daß Spracherwerb als evolutionäres Phänomen selbstverständlich niemals möglich wäre in einer homogenen Sprechergemeinschaft.

3. Regel und Ausnahme in der Wortstellungstypologie

Versuchen wir das Gesagte nun umzusetzen auf konkrete Beispiele. Nehmen wir dazu ein Beispiel aus der Wortstellungstypologie, bezogen auf Abbildung 3. Gegeben seien (abgesehen von diversen Definitionsproblemen) die Begriffe S (für Subjekt oder Agensausdruck), O (für Objekt oder Patiensausdruck) und V (für Verb, Prädikat oder Handlungsausdruck). Rein rechnerisch gibt es sechs Möglichkeiten, von denen jedoch SOV und SVO die häufigsten und OVS und OSV die seltensten sind. Das Häufigste ist durchaus motiviert nach Tomlin (1986; *agent first*, *topic first*, *object bonding*), Probleme gibt es jedoch bei den seltenen Reihenfolgen, die dann nur negativ definiert sind. Allerdings entspricht die Häufigkeitsverteilung relativ gut einer Normalverteilung (vgl. die eine dünne Kurve mit der dicken Linie für sechs Kategorien im zweiten Teil von Abb. 3). Auffällig ist hier höchstens die relative Seltenheit von VOS hinsichtlich des Erwartungswerts. Das läßt sich jedoch leicht erklären, wenn man erkennt, daß gerade VOS und die allerseltenste *basic word order* OSV am meisten von der Wortreihenfolge abweichen, die wahrscheinlich Muster der Übersetzung war, nämlich die englische SVO-Reihenfolge. In VOS und OSV ist S nicht initial, V nicht medial und O nicht terminal wie im englischen Modell. Alle anderen Reihenfolgen weichen nur in zwei Punkten ab.

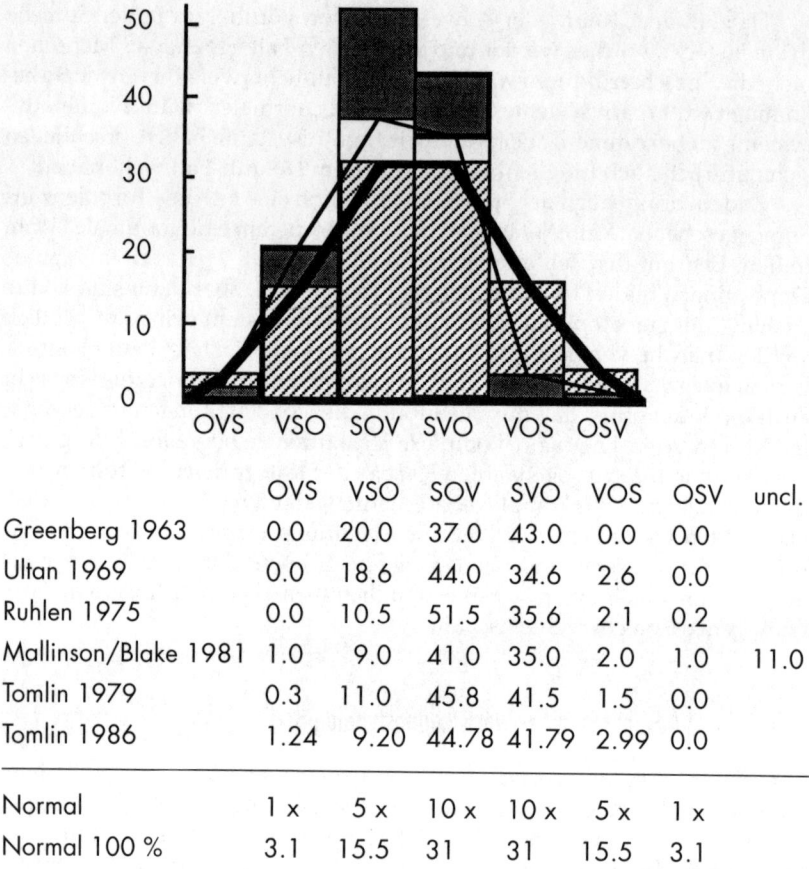

	OVS	VSO	SOV	SVO	VOS	OSV	uncl.
Greenberg 1963	0.0	20.0	37.0	43.0	0.0	0.0	
Ultan 1969	0.0	18.6	44.0	34.6	2.6	0.0	
Ruhlen 1975	0.0	10.5	51.5	35.6	2.1	0.2	
Mallinson/Blake 1981	1.0	9.0	41.0	35.0	2.0	1.0	11.0
Tomlin 1979	0.3	11.0	45.8	41.5	1.5	0.0	
Tomlin 1986	1.24	9.20	44.78	41.79	2.99	0.0	
Normal	1 x	5 x	10 x	10 x	5 x	1 x	
Normal 100 %	3.1	15.5	31	31	15.5	3.1	

Abb. 3: Häufigkeitsverteilungen in der Wortstellungstypologie

Was können wir hieraus folgern? Erstens, die Normalverteilung weist auf ein Zusammenspiel mehrerer Faktoren hin, zweitens gibt es eine mehrheitlich motivierte Option oder „Norm" (S-initial), drittens gibt es individuelle Ausnahmen von der Norm, viertens gibt es Einflüsse zwischen Referenzsprache und Übersetzungsmedium, und zuletzt ist „Subjekt" nicht völlig unabhängig von der Wortreihenfolge zu definieren (selbst der Begriff „Agens" oder „externes Argument" korreliert letztlich *per default* mit Referentialität, und Referentialität korreliert dann wieder mit Voranstellung).

Es soll hier gar nicht erst auf die vielfältigen wissenschaftstheoretischen Probleme eingegangen werden, die sich aus der Tatsache ergeben, daß „S" in einem relevanten Sinne nicht absolut definierbar ist oder daß gute Grün-

Konstruktivistischer Pluralismus als wissenschaftliche Grundlage

de für die einen nicht von allen akzeptiert werden müssen. Entscheidend ist, daß sich die Phänomene trotz allem in eine eindeutige Ordnung bringen lassen. Vergleichen wir einmal die SV-Sprache Englisch mit der VS-Sprache Tonganisch wie in Abbildung 4. Das Tonganische ist vom Sprachtyp her eine sogenannte thetische Sprachform (Sasse 1987), d. h., sie bevorzugt eine Sprachstruktur, die nicht in erster Linie Aussagen über kanonische Subjekte oder Redegegenstände macht, sondern ganze Ereignisse mit Mitspielern „präsentiert". Wollte man dies im Englischen imitieren, erhielte man „markierte" Konstruktionen der Art „There goes the bus", die interessanterweise auch eher prädikatsinitial sind. Umgekehrt gibt es auch im Tonganischen „markierte" Strukturen zur Imitation des Englischen, nämlich markierte Topic-Konstruktionen, wo ein Topic dem Prädikat vorangestellt wird. Besonders häufig sind solche Konstruktionen bei Übersetzungen für Definitionssätze wie "Isaac Newton was a scientist":

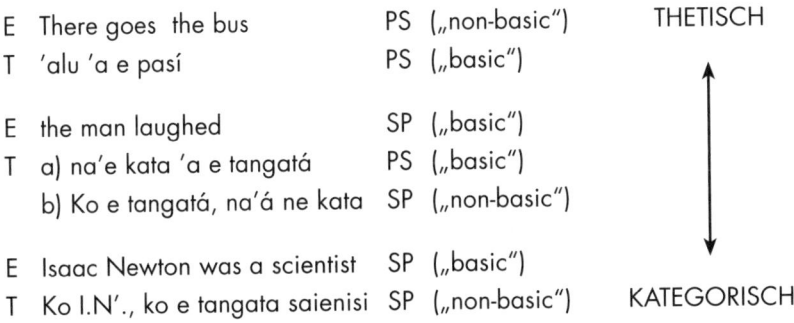

Abb. 4: Verschiedener Ausgangspunkt und gleiche Ordnung

Damit nimmt offenbar in allen Sprachen die Bereitschaft für prädikatsinitiale Strukturen zu, wenn es sinngemäß um präsentative Aussagen geht, dagegen ist S-Initialität besonders gefragt bei Definitionen. Dies gilt offenbar für alle Sprachen gleichermaßen; gleichzeitig sind die Sprachen aber absolut verschieden, was die Auswahl ihrer jeweiligen „unmarkierten" Grundstruktur angeht. Die englische „Norm" ist der Definitionssatz oder die kategorische Aussage, die tonganische „Norm" dagegen der präsentative Satz oder die thetische Aussage. Da es aber selbstverständlich auch jeweils Fälle gibt, wo sich die „Norm" nicht mehr ohne weiteres anbietet, gibt es jeweils markierte Konstruktionen, die der „Gegennorm" ähnlich werden. Damit könnten wir Tonganisch und Englisch wie in Abbildung 5 als verschiedene „Unterscheidungsräume" auffassen, die verschiedene Ausgangspunkte besitzen, so daß eine bestimmte Wahl „zentral" sein kann, die für einen anderen „markiert" oder „peripher" ist, und umgekehrt:

III. Sprache, Gespräch und Kommunikation

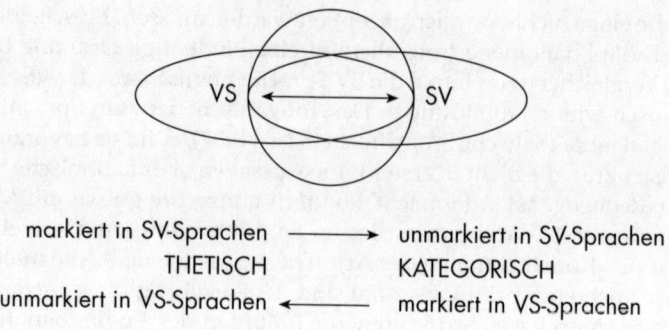

Abb. 5: „Dimensionen" der Unterscheidung

Dabei gibt es zwangsläufig eine gewisse Überlappung der Räume, die niemals Null werden kann, da jede Sprache zumindest im markierten, peripheren Bereich ähnliche Strukturen besitzt wie die jeweils andere Sprache. Trotzdem gibt es auch absolute Unterschiede.

Aus Sicht des Universalienforschers mag man nun fragen, ob dann nicht zumindest die „Dimensionen" der Unterscheidungen universal sind. Kann man z. B. nicht sagen, daß es in jeder Sprache irgendwo die Unterscheidung zwischen thetischen und kategorischen Aussagen geben wird und daß dies eine echte Sprachuniversalie ist? Vielleicht ist das so, aber das Entscheidende ist, daß es nichts gibt, das letztlich mit Sicherheit vorhersagen läßt, welche Unterscheidungen Sprachen treffen werden. Gibt es irgendeinen prinzipiellen Grund, warum es z. B. Wortstellungsunterschiede geben muß? Oder warum gibt es sowohl Laut- als auch Gebärdensprachen? Ja, letztlich gibt es auch keinen absoluten Grund, warum es notwendigerweise zu Sprache und damit zu einem Unterschied zwischen symbolischem und nichtsymbolischem Verhalten kommen muß. Das ganze Tierreich kommt sehr gut ohne eigentlich symbolische Systeme aus, und das ließe sich auch begründen (vgl. Broschart 1998). In jedem Falle ist die menschliche Sprache die absolute Ausnahme. Sinnvoll und funktional erscheinen diese Entwicklungen erst im nachhinein, wenn die Unterscheidungen tatsächlich gemacht werden. Auch hier haben wir es mit einem evolutiven System zu tun, in dem sich immer mehr Unterschiede entfalten (s. Abb. 6).

Es soll an dieser Stelle nur kurz erwähnt werden, daß der Chomskysche Versuch, ein Regelsystem zu entwerfen, das alle jemals denkbaren „grammatischen" Sätze bzw. sprachlichen Unterscheidungen erfaßt (Chomsky 1957, S. 2), das genaue Abbild von David Hilberts „genetischem Programm" in der Mathematik darstellt (s. Penrose 1989, S. 193 f.; Hofstadter 1985). Hilbert wollte einen „Entscheidungsalgorithmus" finden, der ein für allemal entscheiden kann, ob ein mathematischer Satz korrekt ist oder

Konstruktivistischer Pluralismus als wissenschaftliche Grundlage

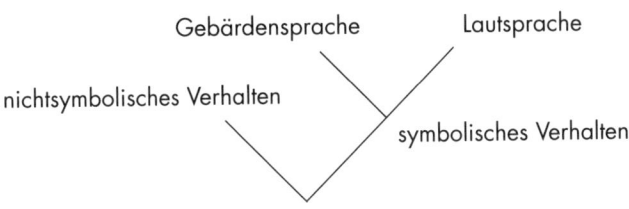

Abb. 6: Die Evolution von Unterschieden

nicht. Kurt Gödel hat bereits 1931 einen Beweis geliefert, daß es in solchen Systemen niemals möglich sein wird, mit absoluter Sicherheit zu entscheiden, ob eine Aussage „zulässig" ist oder nicht. Wir müssen einfach warten, was passiert. Bestenfalls gibt es implikative Beziehungen zwischen den Phänomenen (es kann eben keinen Unterschied zwischen Gebärdensprache und Lautsprache geben, bevor es nicht einen Unterschied zwischen symbolischem und nichtsymbolischem Verhalten gibt). Außerdem wird, wie unser Evolutionsbaum zeigt, auch die Variation irgendwann immer prädiktabler.

Kommen wir aber noch einmal auf unser Wortstellungsbeispiel zurück. Es ist klar, daß VS- und SV-Strukturen nicht ganz gleichwertig sind, insofern SV einfach häufiger ist. Aber das heißt eben nicht, daß wir VS „ableiten" könnten von einer absoluten „SV-Tiefenstruktur" für alle Sprachen. Meines Erachtens ist eine pluralistische Lösung vorzuziehen. Das läßt sich im übrigen sehr schön illustrieren an der Ordnung über die Wortstellungsphänomene hinweg (vgl. Abbildung 7).

Reiht man die Wortstellungen aneinander gemäß ihrer relativen Häufigkeit, erhält man eine bruchlose dreidimensionale Struktur, die wie eine Skulptur von mehreren Blickpunkten aus betrachtet werden kann. Es ist möglich, daß Betrachter lieber das „Gesicht" dieser Skulptur betrachten als den „Hinterkopf", aber die Skulptur ist nicht auf eine Betrachtungsweise reduzierbar, und es läßt sich kein absoluter Anfang ausmachen, von dem andere Aspekte ableitbar wären. Was wir dann als „gemeinsame Realität" erachten, ergibt sich also aus der Summe verschiedener Aspekte. Versuchten wir, alle Aspekte gleichzeitig wahrzunehmen, erhielten wir ein Bild, das an die kubistische Malerei von Picasso erinnert. Dort werden ja auch Gesicht und Hinterkopf gleichzeitig dargestellt, aber daraus ergibt sich kein „realistischeres" Bild.

Trotzdem wird der „Kubismus" heute gerade dort als Realität verkauft, wo man ihn am wenigsten vermutet, nämlich in so angesehenen Wissenschaften wie der Physik, aber letztlich auch in der linguistischen Universalienforschung. Um z. B. ein einheitliches Weltbild der Physik aufrechtzuerhalten, müssen wir „Räume krümmen", und nichteuklidische Systeme mit euklidischen Systemen über die projektive Geometrie vereinen und so

III. Sprache, Gespräch und Kommunikation

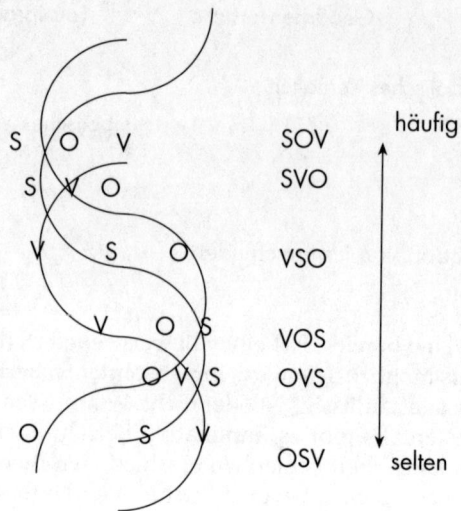

Abb. 7: Wortstellungsvariationen als multidimensionale Realität

weiter. Wir müssen jedoch nicht Atomphysik betreiben, um diesem Problem auf den Grund zu gehen – nur sieht das in der Linguistik wesentlich unspektakulärer aus, und ein Beispiel im Rahmen der Linguistik wäre kaum nobelpreisverdächtig. Z. B. könnte man behaupten, daß auf zwei Blättern mit den Schriftzügen SOV und VOS genau dasselbe steht, obwohl doch leicht erkennbar ist, daß die Schriftzüge SOV und VOS zwei völlig verschiedene Dinge sind. Aber wenn ich jetzt die Blätter zu einem Zylinder forme und eine Lampe durch den Zylinder projizieren lasse, würde ich auf einem dahinter stehenden Schirm eine identische Projektion erhalten (s. Abb. 8).

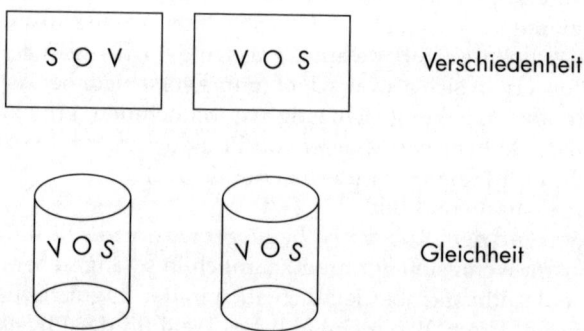

Abb. 8: „Parallelwelten" der Verschiedenheit und der Gleichheit

Hier habe ich tatsächlich als Sprachwissenschaftler zu demselben Kunstgriff gegriffen, den auch die moderne Physik ergreifen mußte, um die atomare Physik mit der regulären Physik zu vereinen. Auch dort braucht man eine nichteuklidische Raumlösung, und man braucht die projektive Geometrie, um den regulären euklidischen Raum mit dem nichteuklidischen zu versöhnen. Dabei ist das nichteuklidische Modell oder die projektive Geometrie keineswegs in der Lage, die reguläre euklidische Raumvorstellung zu ersetzen. Wir können ja auch nicht sagen, daß nur die Projektion unserer Schriftzüge „real" sei und die tatsächlichen Unterschiede nicht existieren. So schreibt auch Nagel (1961, S. 276):

> "Whenever the equations are applied to a concrete physical system, their invariant formalism must be supplemented with statements of detail that are not invariant. Accordingly, why should a special instance of the equations be counted as less 'real' than the invariant structure embodied in that instance? ... [I]t would be preposterous to claim that the equation represents a 'general conic' which is neither an ellipse nor a circle nor a hyperbola, and which alone is 'objectively real' while its specializations are not."

Mit anderen Worten, ob wir die individuellen Unterschiede vergessen wollen oder auf ihnen bestehen wollen, hängt letztlich von der Perspektive ab. Zur „Realität" gehören stets sowohl das Allgemeine als auch das Besondere. Es gibt zwar grundsätzlich immer eine Möglichkeit, verschiedene Phänomene miteinander zu vergleichen. Aber wir können dadurch, daß wir eine Möglichkeit des Vergleichs finden, niemals die Ebene der Unterschiede vergessen. Und je größer die Unterschiede sind, die wir miteinander versöhnen wollen, desto komplexer müssen die Modelle sein. An ein wirkliches Ende kommen wir nach Popper (1963) wahrscheinlich nie, weil es immer wieder neue Ausnahmen gibt.

Fassen wir zusammen: Sprachwisseschaft als auch die Wissenschaft allgemein stößt auf einen stetigen, systematischen Widerspruch zwischen dem Allgemeinen und dem Besonderen, der letztlich theoretisch nicht auflösbar ist zugunsten einer Universalwissenschaft. Die einzige Regel, die anscheinend ohne Ausnahme gilt, ist daher bestenfalls die Regel, daß es keine Regel ohne Ausnahme gibt, und dieser Satz ist hinreichend paradox, daß wir wohl für immer mit Widersprüchen leben müssen:

> „Widersprüchlichkeiten hat es schon immer gegeben – man hat sie entweder ignoriert, oder man hat versucht, sie in irgendeiner Form zu lösen ...Das Bestehenlassen ...ist das eigentlich Neue" (Stegu 1997, S. 18).

Aber warum eigentlich nicht? Wie gesagt, das Motto dieses Artikels heißt *variatio delectat*. Ähnlich schreibt Feyerabend (1989, S. 160):

> „Die Entwicklung auf ein umfassendes Allgemeines hin hat zu einer Verarmung des individuellen Lebens und zu einer Entpersönlichung der Erkenntnis geführt; der ökonomische und kulturelle Vandalismus unserer Zeit ist eng mit ihr verbunden ... Aber ein fruchtbares Zusammenleben braucht keinen solchen Tyrannen. Nötig ist nur, daß die Teilnehmer dort, wo es darauf ankommt, ähnliche Wege gehen. Der Grund kann sein eine gemeinsame Überzeugung, Geldgier, Langeweile oder reiner Opportunismus. Universell gültiger Ideen bedarf es nicht."

Damit kommen wir zu einer allgemeinen Schlußfolgerung.

4. Schlußfolgerung

Indem es mehrere Individuen gibt, wird es auch verschiedene Arten der Weltsicht geben, und eine generelle Realität ist die Summe aller Blickpunkte, die kein einzelner jemals alle im Blick hat (s. Abb. 9).

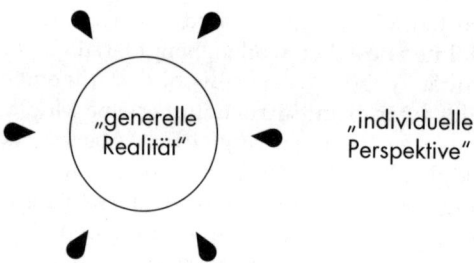

Abb. 9: Verschiedene Perspektiven schaffen eine mehr-dimensionale Realität

Aus dem Verlangen des Individuums, sich von einer allgemeinen Regel abzusetzen, entstehen die verschiedenen Parameter typologischer Variation, und aus diesen Unterschieden konstituiert sich letztlich das „System der Sprache". Auch die unterschiedlichen wissenschaftlichen Disziplinen sind Konsequenz der Tatsache, daß es letztlich keine einheitliche Herangehensweise bezüglich der Vielfalt der Erscheinungen geben kann, und unser Wissen ergibt sich nur aus der Summe unterschiedlicher Aspekte. Umgekehrt existiert auch immer die Möglichkeit des Vergleichs und der Ordnung der Phänomene, wodurch sich eine völlige Verschiedenheit ausschließen läßt. Der Blick auf das Besondere ist dabei der Blick des Typologen, und der Blick des Universalisten ist der Blick auf das Allgemeine. Da beides zusammengehört, ist die klassische Konzentration der Linguistik auf „universale Regeln" letztlich unbefriedigend. Universalienforschung ohne Typologie oder Typologie als reiner Erfüllungsgehilfe bei der Suche nach universalen Regeln ist nicht sinnvoll. Sowohl für die Sprache als evolutionärem System als auch für die Linguistik gilt:

Variatio necesse est.

Literatur

Archangeli, D. a. T. Langendoen (1997): Optimality theory. Oxford (Blackwell).
Braitenberg, V. (1993): Wie kommen Ideen ins Gehirn? In: V. Braitenberg u. I. Hosp (Hrsg.): Evolution. Entwicklung und Organisation in der Natur. Reinbeck (Rowohlt).
Broschart, J. (1998): Constructivism and linguistics. Implications for a theory of language and grammar. Vortragsmanuskript zum Workshop "Universals and Constraints in Language Construction" der Konferenz „Weisen der Welterzeugung. Die Realität des Konstruktivismus II". Heidelberg, 30.4–3.5.1998.
Broschart, J. (1999): Beyond linguistics. Language and cognition from an interdisciplinary perspective. MS. Universität zu Köln
Campbell, N. (1997): Biologie. Heidelberg (Spektrum).
Chomsky, N. (1957): Syntactic structures. 's-Gravenhage (Mouton).
Chomsky, N. (1965): Aspects of the theory of syntax. Cambridge, MA (MIT Press).
Chomsky, N. (1981): Lectures on government and binding. Dordrecht (Foris).
Chomsky, N. (1986): Knowledge of language. Its nature, origin, and use. New York (Praeger).
Deacon, T. (1997): The symbolic species. London (Allen Lane).
Du Bois, J. W. (1985): Competing motivations. In: J. Haiman (ed.): Iconicity in Syntax. Amsterdam (Benjamins).
Eisenhardt, P., D. Kurth u. H. Stiehl (1995): Wie Neues entsteht. Die Wissenschaft des Komplexen und Fraktalen. Reinbeck (Rowohlt).
Enzensberger, H. M. (1997): Der Zahlenteufel. Ein Kopfkissenbuch für alle, die Angst vor der Mathematik haben. München (Hanser).
Feyerabend, P. (1989): Irrwege der Vernunft. Frankfurt a. M. (Suhrkamp).
Greenberg, J. (1966): Some universals of grammar with particular reference to the order of meaningful elements. In: J. Greenberg (ed.): Universals of language. Cambridge, MA (MIT Press).
Gödel, Kurt (1931): Über formal unentscheidbare Sätze der Principia Mathematica und verwandte Systeme. *Monatsheft für Mathematik und Physik* 18: 173–178
Hofstadter, D. (1985): Gödel, Escher, Bach – ein Endloses Geflochtenes Band. Stuttgart (Klett-Cotta).
Horkheimer, M. u. Th. W. Adorno (1971): Dialektik der Aufklärung. Frankfurt a. M. (Fischer).
Jakobson, R. (1962): Kindersprache, Aphasie und allgemeine Lautgesetze. In: S. Rudy (ed.): Roman Jakobson. Selected writings. Vol. 1. ‚s-Gravenhage (Mouton), S. 328–401.
Kirby, S. (1997): Competing motivations and emergence: Explaining implicational hierarchies. *Linguistic Typology* 1 (1): 5–32.
Mallinson, G. u. B. Blake (1981): Language typology. Amsterdam (North Holland).
Nagel, E. (1961): The structure of science. New York (Harcourt, Brace, and World).
Penrose, R. (1989): The emperor's new mind. Oxford (Oxford University Press).
Popper, K. (1963): Conjectures and refutations. The growth of scientific knowledge. London (Routledge & Kegan Paul).
Prince, A. a. P. Smolensky (1993): Optimality theory. Constraint interaction in generative grammar (Technical Report 2). Camden, NJ (Rutgers University Press).
Ruhlen, M. (1975): A guide to the languages of the world. Stanford (Stanford University Press).
Sampson, G. (1980): Schools of linguistics. Competition and evolution. London (Hutchinson).
Sasse, H.-J. (1987): The thetic-categorical distinction revisited. *Linguistics* 25: 511–580.
Saussure, F. de (1967): Grundfragen der Allgemeinen Sprachwissenschaft. Berlin (de Gruyter).

Seiler, H. (1993): Der UNITYP-Ansatz zur Universalienforschung und Typologie. *Sprachtypologie und Universalienforschung* 46 (3): 163–186.
Stegu, M. (1997): Postmoderne Semiotik und Linguistik: Möglichkeiten pluralkonstruktivistischer Wissenschaft. Institut für Angewandte Sprachwissenschaft, Chemnitz (unveröffentl. Manuskript).
Tomlin, R. (1979): An explanation of the distribution of basic constituent orders. Department of Linguistics, University of Michigan (unveröffentl. Dissertation).
Tomlin, R. (1986): Basic word order. Functional principles. London (Croom Helm).
Ultan, R. (1969): Some general characteristics of interrogative systems. Working papers on language universals. Stanford (Stanford University Press).

Das Gespräch: eine koordinierte Störung?
Johann G. Juchem

> *Den Pseudo-Ereignissen um uns passen wir uns an im falschen Bewußtsein, sie seien wahr, real und sogar schön. In der menschlichen Gesellschaft liegt Wahrheit jetzt weniger in dem, was die Dinge sind, als in dem, was sie nicht sind. Im Lichte der verbannten Wahrheit sehen unsere sozialen Realitäten häßlich aus; Schönheit ist kaum noch möglich, falls sie nicht Lüge ist.*
>
> Ronald D. Laing

Ich setze als evident voraus: Lebende Systeme sind autopoietische, sich selbst produzierende Systeme, d. h., sie produzieren – natürlich mit Hilfe von Energie aus der Umwelt – diejenigen Elemente, die das System erhalten, um diese Elemente zu produzieren. Systemprozesse unterliegen daher dem Stabilitätsprinzip der Rekursivität. Evidentes wird je nach pragmatischer Relevanz „wahrgenommen" oder nicht. Die Sinne zur „Wahrnehmung" *dieser besonderen* Evidenz haben uns H. Maturana und F. Varela, H. von Foerster und E. von Glasersfeld „geschärft". Autopoietische Systeme sind geschlossene Systeme. Sie haben notwendig eine Grenze zur Umwelt, einen „Rand". Dieser „Rand" ist aber nicht lediglich eine statische Abgrenzung, sondern ein organischer Prozeß, der zum System gehört und nicht zur Umwelt. Wäre das System nicht durch diesen organischen „Rand" von der Umwelt abgeschlossen, so würde es mit ihr „verschmelzen". Der organische „Rand" (der es abschließt) gewährt dem System also seine Identität. Systeme ohne organischen „Rand" sind (ganz gleich, was Luhmann sagt), keine autopoietischen Systeme, wie z. B. gesellschaftliche Systeme. Der Versuch, gesellschaftliche Systeme wie autopoietische Systeme zu behandeln, führt genauso in die Irre wie der (gescheiterte) Vergleich mit einem Organismus.

Wenn aber Identität nur durch einen *Prozeß* bewahrt werden kann, dann bedeutet das Erhaltung *und Veränderung* im Gleichen oder, mit Leibniz zu sprechen, prozeßgelenkte „Vielheit in der Einheit". Maturana faßt das Phänomen unter der Korrelation von „Organisation" und „Struktur". Nur durch eine plastische Struktur kann ein System seine Organisation als Systemprinzip erhalten. Die Probleme, die sich daraus für die Systemidentität ergeben, seien hier „beiseite gestellt". Plastisch muß die Struktur deswegen sein, weil auch die Umwelt, wie jedes lebende System erfahren muß, aus wie auch immer gearteten *Prozessen* besteht, die auf das System störend einwirken.

Diesen Perturbationen begegnet das System mit seinen Strukturbedingungen nach dem Organisationsprinzip seiner Identität, die von der Umwelt zwar beeinflußbar, aber nicht bestimmbar sind. Die dadurch bedingte „strukturelle Kopplung" (Maturana), der die „Viabilität" (von

III. Sprache, Gespräch und Kommunikation

Glasersfeld) oder Anpassung entspricht, d. h. *irgendein* „Weg", der die Identitätsbewahrung gestattet, ist letztlich nur möglich auf der Grundlage eines „kognitiven Systems", das aus dem organischen emergiert – in seiner einfachsten Form die Möglichkeit der Organisationserhaltung in einer „störenden Umwelt" überhaupt. Auch hier erweist sich das Phänomen der Systemgeschlossenheit als das entscheidende. Maturana kommt in seinen biologischen Untersuchungen und Experimenten zu einem notwendigen Ergebnis:

> „Meine Untersuchungen zur Farbwahrnehmung führten zu einer für mich außergewöhnlichen Entdeckung: Das Nervensystem operiert als ein geschlossenes Netzwerk von Interaktionen, in dem jede Veränderung der interaktiven Relationen zwischen bestimmten seiner Bestandteile stets zu einer Änderung der interaktiven Relationen zwischen denselben oder anderen Bestandteilen führt. Dies folgte aus der Entdeckung, daß ich durch die Korrelierung von Relationen zwischen Aktivitäten von Ganglienzellen und Farbbezeichnungen das Nervensystem in der Tat als geschlossenes Netzwerk behandelte, das ausschließlich über Relationen operierte, die von seiner Struktur festgelegt waren" (Maturana 1982, S. 18 f.).

Das Nervensystem als Teil des organischen Systems ist aber „Träger" des höherentwickelten kognitiven Systems. Die Geschlossenheit des Nervensystems erweist sich als funktionale Geschlossenheit. F. Varela drückt es so aus:

> „Das Gehirn ist ... ein höchst kooperatives System: Die sehr dichten Verknüpfungen zwischen seinen Bestandteilen bedingen, daß letztlich alles, was geschieht, eine Funktion dessen ist, was alle Bestandteile machen" (Varela 1990, S. 72).

Anders gesagt: Das aus der neuronalen Vernetzung emergierende kognitive System ist strikt selbstreferentiell. Die selbstreferentielle Geschlossenheit gewährt daher dem kognitiven System nur die Erfassung *seiner* kognitiven Inhalte. Diese allerdings projiziert es als „Beobachter" seiner selbst zu einem erheblichen Teil als „unabhängige Objekte" in die „Außenwelt". Die „Wirklichkeit" ist also eine Beobachterkategorie. Sie ist als konkret erfaßbar ein Resultat des kognitiven Vermögens, das Intellekt oder Verstand genannt werden kann. Das Prinzip des Verstandes ist es, zu einer *Wirkung* eine Ursache zu konstruieren, die den Ordnungsbedingungen des Verstandes entspricht. *Wirklichkeit* ist keine bestehende objektive Realität, sondern ein ständiges Resultat, und zwar ein Resultat kognitiver Prozesse.

Wenn der Solipsismus nicht den kognitiven Bereich eines autopoietischen Systems „besetzt" hält, dann muß es davon ausgehen, daß die Umwelt u. a. aus anderen autopoietischen Systemen besteht, die störend aufeinander einwirken. Diese Perturbationen kann ein System durch eine „konsensuelle Kopplung" (Maturana) auffangen, d. h., die gegenseitigen Störungen werden koordiniert. Dies ist die Korrelation, aus der sich Kommunikation entwickelt.

Unter theoretischen Aspekten ist das leicht dahingesagt. Was aber bedeutet die Geschlossenheit des lebenden Systems Mensch für den Sinn der Kommunikation, der in „Verstehen" und „Verständigung" mit anderen autopoietischen Systemen besteht? Und was bedeutet sie für die Konstruktion semantischer Phänomene, die das Verstehen befördern sollen? Wie können kognitive, selbstreferentielle Systeme, die gegenüber ihrer Umwelt geschlossen sind, miteinander kommunizieren und im semantischen Bereich einen Konsens erlangen, wenn, strenggenommen, die einzige Möglichkeit ihrer gegenseitigen Beeinflussung in einer Störung (Perturbation) von außen besteht, die weitere „Verarbeitung" dieser Störung aber ausschließlich den Systembedingungen unterliegt, die in ihrem bedeutungskonstruierenden Wirken nach „außen" völlig abgeschlossen sind? Um es kommunikations- und handlungstheoretisch auszudrücken: Wie ist die „Innen-außen-Dichotomie menschlichen Handelns", deren Problematik darin liegt, daß das innere Handeln anderer grundsätzlich nicht unmittelbar erfaßbar ist, zu umgehen, und ist sie überhaupt zu umgehen?

„Verstehen" und „Verständigung" auf der Basis kommunikativer Prozesse haben nur unter der Komplementärvoraussetzung einen Sinn, daß sie sich über semantischen Phänomenen vollziehen. „Bedeutungen" aber sind nicht an sich gegeben wie die Materie (obwohl auch diese in der Art ihrer Gegebenheit fraglich ist), sondern sie werden, wie E. Husserl und A. Schütz eindeutig aufgezeigt haben, reflexiv konstruiert. Bedeutung kann aber nur dort entstehen, wo etwas gedeutet werden kann, und das ist ausschließlich im Bewußtsein lebender Systeme der Fall. Träger des Bewußtseins ist jedoch das Gehirn. Wie vollziehen sich Bewußtseinsprozesse im Gehirn? Dies kann uns in eingängiger Klarheit G. Roth sagen:

> „Bewußtsein ... ist der Zustand, in dem das Gehirn im Kontext neuer und wichtiger Wahrnehmungsinhalte und Verhaltensaufgaben neue Nervennetze anlegt. Sobald sich Nervennetze verfestigen und die Bewältigung der ‚Probleme' routinemäßig wird, schleicht sich das Bewußtsein als notwendige Bedingung heraus. Dies ist unabhängig von der Komplexität der Wahrnehmung oder der motorischen Aktion. Meist gilt gerade das Umgekehrte: Je komplexer eine Wahrnehmungsleistung oder motorische Handlung, desto besser geht sie unbewußt vonstatten. Bewußtsein als *notwendige* Begleiterscheinung betrifft immer nur die mühsame Trainingsphase" (Roth 1994, S. 230 f.).

Bewußtsein ist immer problematisches Bewußtsein. Es ist eine Begleiterscheinung des Anlegens notwendiger neuer neuronaler Verknüpfungen in problematischen Situationen. Das Fundament unserer Wirklichkeit ist daher nicht das Bewußtsein, sondern das Gedächtnis, durch dessen Kontrolle alle Erfahrung läuft.

Bewußtsein ist immer Bewußtsein von „etwas". Die Basis dieses „Etwas" ist das Erleben. Bewußt aber wird etwas nur, wenn darauf reflektiert wird. Das Erleben selber ist vorbewußt. Es wird erst als schon Erlebtes bewußt erfaßt. Bewußtes Leben ist also von daher ein Leben in der Vergangenheit. Aber auch das erfaßte „Etwas" ist nicht statisch gegeben, denn der Akt der Erfassung ist wiederum eingebunden in den Prozeß des Erlebens von Retentionen und Protentionen, der von Moment zu Moment den Akt der Reflexion erneuert.

Auch die Reflexion muß als Bewußtseinsmoment reflektiert werden. Anscheinend „statische" Bewußtseinsmomente (Objekte) sind daher Abstraktionen, deren Festlegung letztlich rein quantitativ in ihrer Benennung aufgeht. Der Reflexionsinhalt, durch den Objekte konstruiert werden, existiert nur im Moment des Prozeßabbruchs, der alsbald in einen anderen Bewußtseinsprozeß übergeht. Objekte sind daher Bewußtseinsphänomene aufgrund von Abstraktionen, d. h. wiederholter Reflexion unter *ähnlichen* (aber nicht identischen) quantitativ bestimmten Bedingungen. Anders ausgedrückt: Objekte sind rekursiv stabilisierte Bewußtseinsinhalte, deren Stabilität daraus resultiert, daß jedes Resultat eines Prozesses wieder als Element in denselben Prozeß eingeht. Dadurch aber stabilisieren sich Prozeß und Element gegenseitig.

Was heißt das für die Konstruktion von Bedeutung? Wenn Bewußtseinsinhalte auf Prozessen beruhen, die aufgrund problematischer Situationen neue oder andere neuronale Verknüpfungen verlangen und bewirken, dann sind Bedeutungen als Bewußtseinsphänomene qualitative Durchgangsmomente eines Prozesses, der sich nicht wiederholt. Das Konstruktionsprinzip des Bewußtseins verbietet semantische Wiederholungen, da nur Situationen neuer neuronaler Verknüpfungen bewußt werden und nur bewußte Momente Bedeutung haben können. Bedeutung ist daher notwendig subjektiv, situativ und einmalig.

Zeichen, die kommunikativ relevant werden, sind unter diesen Voraussetzungen rekursiv stabilisierte Verhaltensgewohnheiten. Sie sind daher notwendig nur dann existent, wenn sie prozessiert werden. Es muß mindestens ein Bewußtsein geben, das auf der Basis von Verhaltensgewohnheiten konkrete Situationen konstruiert, die als Prozeß in unterschiedlicher Weise akzentuiert und interpretiert werden, die Verhaltensgewohnheiten im Prozeß als Zeichen, der Prozeß insgesamt als Situation und der jeweilige Abbruch in der Reflexion als Objekt. Daraus folgt mit Sicherheit: Es gibt keine kontextfreien Zeichen. Um es mit J. Simon auszudrücken:

> „Es gibt keinen Vorrat von Zeichen zu beliebiger Verwendung. Erst die jedesmalige Verwendung schafft das Zeichen.
> Alles, was wir verstehen, ist Zeichen, weil wir von ‚etwas' (Seiendem) nur insofern *reden* oder uns nur insofern überhaupt auf ‚etwas' *beziehen* können, als wir verstehen ..." (Simon 1989, S. 61).

Ein autopoietisches System befindet sich also nicht in Situationen, indem es „hineingerät", sondern indem es sie *konstruiert*. „Bewußtsein" und „Situation" sind Synonyme. Jedes Bewußtsein konstruiert seine Situationen und *nur* seine Situationen. Wenn aber Bedeutungen qualitative Durchgangsmomente von Bewußtseinsprozessen sind, dann gibt es ausschließlich bedeutungsvolle Situationen. Situationen werden nicht geteilt. Sie sind keine Phänomene einer wie auch immer gearteten Gemeinsamkeit, sondern jeweils subjektiv konstruiert. „Gemeinsame Situationen" sind Abstraktionen aufgrund lebensnotwendiger struktureller und konsensueller Kopplung in einem bestimmten Perturbationsbereich. Sie sind kognitive Konstruktionen eines Systems.

Schon G. H. Mead hat den Mechanismus dieser Kopplung aufgezeigt. Er geht davon aus, daß Gesten (Reize), die von einem Organismus in einer Interaktion „gesetzt" werden, durch die Reaktionsgesten der an der Interaktion Beteiligten ihre Bedeutung erhalten, und zwar Bedeutung in Richtung auf die „Resultante" des Prozesses, der durch die Initialgeste eingeleitet wurde. Dies aber ist möglich, weil der „Bedeutungsmechanismus" im Prozeß vorgegeben ist:

> „Bewußtsein ist nicht unbedingt für die Präsenz des Sinnes (in der Bedeutung: Mechanismus des Sinnes; J. G. J.) im gesellschaftlichen Erfahrungsprozeß notwendig. Die Geste eines Organismus ruft in jeder gesellschaftlichen Handlung eine Reaktion eines anderen Organismus hervor, die zur Handlung des ersten Organismus und ihrem Ergebnis in direkter Beziehung steht; und sie ist ein Symbol für das Ergebnis der jeweiligen gesellschaftlichen Handlung eines Organismus (des Organismus, der sie setzt), insoweit ein anderer Organismus (der dadurch auch in diese Handlung hineingezogen wird) darauf reagiert und somit auf das Ergebnis hinweist. Der Mechanismus des Sinnes ist also in der gesellschaftlichen Handlung vor dem Auftreten des Bewußtseins des Sinnes gegeben. Die Handlung oder anpassende Reaktion des zweiten Organismus gibt der Geste des ersten Organismus ihren jeweiligen Sinn" (Mead 1973, S. 117).

Zeichen sind nichts anderes als auf dem Mechanismus gegenseitiger Perturbationen rekursiv stabilisierte Verhaltensgewohnheiten. Was sie im konkreten Fall bedeuten, kann nur im jeweiligen Bewußtsein entschieden werden. Da aber das kognitive System selbstreferentiell und geschlossen ist, so sind semantische Phänomene prinzipiell „Elemente der Geschlossen-

III. Sprache, Gespräch und Kommunikation

heit". Sie sind weder nach „außen" mitteilbar noch von „außen" nach „innen" übertragbar. Semantische Phänomene gründen im Erleben, und das heißt letztlich: als qualitative Prozeßmomente im Gefühlsstrom.

Ein Zeichen ist eine Verhaltensgewohnheit, die, bewirkt durch konkrete kognitive Momente, als Bewußtseinsprozeß, der eo ipso problematisch ist, dadurch zur Lösung des Problems führt, daß dieser Prozeß zu einem positiv bewerteten Abbruch gebracht wird. Jeder Abbruch aber „mündet" unmittelbar in die Sphäre des Erlebens, in der weder Zeichen noch Objekte existieren. Gewöhnlich aber wird diese Sphäre durch einen erneut einsetzenden „problematischen Prozeß verdrängt". Etwas unmittelbar *erfassen* heißt es erleben. Dann aber ist es nicht bewußt, denn das Erleben ist präphänomenal. Erst wenn das „Erfaßte" problematisch wird, tritt Reflexion ein. Das, was gewöhnlich als *unmittelbares Verstehen* der Wirklichkeit angesehen wird, ist nicht „unmittelbar", sondern *gewohnheitsbestimmt*. Das problematische Bewußtseinsmoment wird in diesem Fall sofort, d. h. dann, wenn es problematisch wird, größtenteils von einer Gewohnheit aufgefangen.

Wie also können sich kommunikative Prozesse vollziehen, und was bewirken sie? Eines zeichnet sich, akzeptiert man die erörterten Voraussetzungen, schon ab: „Verstehen" ist unter autopoietischen Systemen auf der Ebene der Zeichenprozesse ausgeschlossen. Die tautologische „Zeichenebene" kommunikativer Prozesse, auf der Verhaltensgewohnheiten immer nur Verhaltensgewohnheiten auslösen, schließt gegenseitiges Verstehen prinzipiell aus. Kommunikationstheoretisch ausgedrückt: Ein autopoietisches System kann nicht unmittelbar die inneren Erfahrungen und Handlungen eines anderen haben, d. h., es kann sie überhaupt nicht haben, auch nicht mittelbar. Mit G. Ungeheuer zu sprechen: Man kann nicht wissen, was der andere meint, wenn er etwas sagt, man kann es nur zu wissen glauben! Verstehen ereignet sich (wenn überhaupt) grundsätzlich nicht im Bereich tautologischer Zeichenprozesse, die sich im Normalfall als „Hin- und-Herschieben" von Floskeln erweisen (G. Ungeheuer 1987b, S. 338: „denkfreies Sprechen").

Der „Sinnmechanismus" der Interaktion, den Mead charakterisiert hat, zeigt jedoch an, was kommunikative Prozesse bewirken können. Sie bewirken, wenn sie erfolgreich verlaufen, *Verständigung*. Wie aber wird dieser Mechanismus konkretisiert? G. Rusch gibt darauf eine einleuchtende Antwort:

> „Jedes der interagierenden kognitiven Systeme A und B organisiert sein Verhalten und Handeln im Hinblick auf dasjenige Objekt, das es innerhalb seines jeweils eigenen Kognitionsbereiches als seinen InteraktionsPARTNER spezifiziert. A interagiert also ... nicht mit SELBST (B), lies ‚SELBST (B)' als ‚Selbstkonzept von B', sondern mit PARTNER (A); B organisiert sein Verhalten gegenüber A dementsprechend nicht abhängig von SELBST (A), sondern abhängig von dem, was B im Verlaufe

seiner Interaktion mit A als PARTNER (B) erlebt bzw. kognitiv konstruiert. Dabei gehören die SELBST-Konzepte, SELBST-Bilder, Gedanken und Körperlichkeit der interagierenden kognitiven Systeme natürlich nicht zu den Kognitionsbereichen der jeweiligen Interaktionspartner" (Rusch 1992, S. 219).

Verständigung ist ein pragmatisches Ergebnis. Es ereignet sich im Abbruch. Der Alltagskompromiß ist das Paradigma. Ein kommunikativer Prozeß wird dann abgebrochen, wenn der Prozeßzustand den Situationsanforderungen genügt. Kommunikationsprozesse sind daher Prozesse situativer Koordinierung. Sprachlichkeit bildet ihr Fundament. Nach Maturana

> „... trägt *Sprachlichkeit* den Strom des Zusammenlebens in koordinierten Verhaltenskoordinationen, aus denen sich in immer neuen Windungen eine eigene Lebensweise entwickelte – die ich als ‚konsensuelle Verhaltenskoordination' bezeichne" (Maturana 1994, S. 118).

Die Charakterisierung des Kommunikationsprozesses als „konsensuelle oder koordinierte Verhaltenskoordination" „verschleiert" jedoch das Moment der *Störung*. Sie verschleiert *das, was* koordiniert werden soll. Kommunikation ist ein „Störungsphänomen", denn kommunikative Prozesse entstehen (in der Regel) dadurch, daß autopoietische Systeme sich gegenseitig stören. Nicht beliebige Störungen führen zu kommunikativen Prozessen, sondern nur solche, die koordiniert werden. Wie aber kann bei selbstreferentieller Geschlossenheit der kognitiven Systeme Kommunikation sich vollziehen, und was kann sie bewirken?

Kommunikationsprozesse vollziehen sich in der Weise, wie Mead und Rusch es beschrieben haben. Sie bewirken Verhaltenskoordinationen. Die gegenseitige Perturbation geschlossener Systeme schließt „Verstehen" aus. Sie verweist damit die „Übertragungsmetapher" in den Bereich der Märchen, sie weist „Information" und „Repräsentation" innerhalb der kommunikativen Sphäre als *unsinnige* Ausdrücke aus.

Prinzipiell wahrnehmbare Kommunikationsprozesse sind immer nur *Verständigungs-*, d. h. Koordinationsprozesse von der Art, daß besondere Weisen reziproker Perturbationen solche reziproken Konstruktionen hervorrufen, die eine spezifische Möglichkeit des Prozeßabbruchs herbeiführen. „Orientierungserwartungen", die durch einen Beobachter konstruiert werden, erreichen also dann ihre „Erfüllung", wenn dieser Beobachter *seinen* Systemzustand als durch besondere Perturbationen hervorgerufene Anpassung im Sinne einer „positiven Bewertung" konstruiert, die den Abbruch ermöglicht.

Als Fazit ergibt sich: Wenn man sich verständigen will, kann man sich nicht verstehen, denn Verständigung verlangt den Abbruch des Prozesses in einer bestimmten Situation. Wenn man sich verstehen will, kann man sich aus dem gleichen Grunde nicht verständigen, denn Verstehen verlangt

III. Sprache, Gespräch und Kommunikation

die Fortsetzung des Prozesses bis zur Übereinstimmung innerer Handlungen, die nicht erreichbar ist.

Kommunikative Prozesse vollziehen sich überwiegend als Gespräche in der Alltagswirklichkeit. *Die Alltagswirklichkeit ist das Bewußtsein, das wir auch anderen unterstellen.* Von G. Ungeheuer wird das Gespräch als „Matrix" des kommunikativen Prozesses bezeichnet (Ungeheuer 1987a, S. 73). Nicht die „Sprache" als Abstraktionsprodukt ist seine Basis, sondern das *Sprechen*. Im Sprechen werden Verhaltenskoordinationen rekursiv konstruiert. Sie werden auf diese Weise zu Verhaltensgewohnheiten, die die konkreten Koordinationen tragen.

Sprechen heißt, Situationen in der Weise zu konstruieren, daß sie durch Handeln spezifiziert werden. „Spezifizieren" meint die *bewußte* Modifikation der Konstruktionsprozesse derart, daß diese als Perturbationen auf andere Systeme in relativ bestimmter Weise wirken können. Das Phänomen des „Bewußten" kann dabei zur *Restsubstanz* schrumpfen. In einer Vielzahl von Fällen (in den meisten Alltagsgesprächen) finden die Verhaltensgewohnheiten (Zeichen) lediglich als Mittel zur Aufrechterhaltung des Prozesses Verwendung. Sie tragen als Floskeln keine konkrete Bedeutung außer der der Prozeßerhaltung.

Gespräche sind Situationen des Sprechens. Leibniz schreibt u. a. in der „Monadologie" (§ 28), daß sich die Menschen zu drei Vierteln wie die Tiere verhalten. Dies tritt besonders im Gespräch zutage. Gespräche sind zum größten Teil „blind" *(caeca)* im Sinne der *Cognitio symbolica*. Sie fließen „denkfrei" als Floskelaustausch dahin. Reflexionen erschweren diesen Fluß. Reflexionen auf der Basis des Gedächtnisses setzen ein, wenn aus Beobachtersicht ein antizipiertes Ziel oder Zwischenziel nicht erreicht wird, d. h., wenn ein pragmatisch bedingter *positiver* Abbruch des Prozesses nicht möglich wird, wobei ein Abbruch auch dann vorliegt, wenn ein neues Thema initiiert wird. Gesteigerte Reflexion verlangt gesteigerte Verarbeitung der Perturbationen, sowohl im Sinne der Störungen, die andere Systeme zu koordinierten Störungen veranlassen sollen, als auch der subjektiv erfahrenen Störungen. Reflexion erschwert einen Alltagskompromiß prinzipiell.

Kommunikationsprozesse sind Prozesse des Handelns. Sie sind (in welcher Weise auch immer) auf ein Ziel gerichtet. Was ist das Ziel des Gesprächs als Paradigma kommunikativer Sozialhandlungen? Im Idealfall sollte im Sinne der Zielerreichung Gemeinsamkeit der Endzustand sein. Der Abbruch sollte zu allseitiger Zufriedenheit erfolgen. Für die an der Interaktion Beteiligten sollte das erreichte Ziel das gleiche sein. Gesprächssituationen aber sind subjektiv konstruierte Situationen, konstruiert durch ein kognitives System, das prinzipiell selbstreferentiell geschlossen ist. Jedes Ziel ist also konstruiertes Element des jeweiligen Systems. Auch die Koordination der Perturbationen ist als Bewußtseinsinhalt ausschließlich Element des jeweiligen kognitiven Systems.

Jeder „Gesprächspartner" konstruiert daher *sein* Ziel, das er quasi „tastend", durch und an „Störungen überprüfend", konjektural „anvisiert", um schließlich einen durch eine bestimmte Art und Weise der Störung durch den „Gesprächspartner" im Anpassungsprozeß hervorgerufenen Systemzustand (bei positiver Bewertung) als „Übereinstimmung" zu konstruieren, die sich im Abbruch zeigt. Was aber heißt dies für die Koordination des Gesprächs?

Wenn jeder an dieser Interaktion Beteiligte notwendig *sein* Ziel als innere Handlung konzipiert, die als solche abgeschlossen und direkt grundsätzlich nicht überprüfbar ist, dann besteht ein Gespräch aus so vielen „Reden" mit je besonderer Antizipation des Zieles, wie es Beteiligte gibt. Das *gemeinsame Gespräch* ist also nichts anderes als eine Abstraktion. Gegeben sind indessen unterschiedliche „Reden" mit je besonderer Antizipation des Zieles, die in reziproker Weise gestört werden. Diese Störung aber wird als „Koordination" lediglich interpretiert, d. h., sie wird im jeweiligen kognitiven System als solche konstruiert.

Wenn „Verstehen" aufgrund menschlicher Konstitutions- und Kommunikationsbedingungen ausgeschlossen ist, dann bleibt „Verständigung" das Postulat kommunikativer Prozesse. Verständigung ist aber nichts anderes als die besondere Konstruktion eines anderen autopoietischen Systems in einer Situation koordinierter Störungen. Verständigung wird dann erreicht, wenn die Möglichkeit besteht, den anderen unter den Situationsbedingungen so zu konstruieren, daß die Störungen im Zuge der Viabilität auf ein Minimum reduziert werden und ein Abbruch des Prozesses erfolgen kann.

Zuweilen versuchen Beobachter der Alltagswirklichkeit und der Wissenschaft die Möglichkeit des *Verstehens* dadurch zu retten, daß sie Theorien des „Sichhineinversetzens in den anderen" entwerfen. Ein „Sich-hineinversetzen" ist aber bei geschlossenen Systemen ebensowenig durchführbar wie die „Übertragung". Um die Geschlossenheit des kognitiven Systems trivial auszudrücken: Wenn *prinzipiell* nichts „hinaus" kann, dann kann auch *prinzipiell* nichts „hinein". „Hineinversetzen„ kann sich ein Beobachter nur in das System, das er selber bildet.

G. Ungeheuer schreibt in seiner letzten Abhandlung, *Sprechen, Mitteilen, Verstehen*:

„Beim Menschen scheint alles darauf hinauszulaufen, daß dasjenige, was ihm begegnet, er sich vertraut machen möchte. Fremdes, Unbekanntes, einfach anderes trifft ihn als ungut; es erzeugt ihm die gegensätzlichsten Gefühle der Unheimlichkeit: Haß und Bewunderung, Wut und Ohnmacht. Er macht sich das Fremde vertraut, indem er es zu seinem Eigentum oder mindestens sich selbst gleichmacht, oder er verwirft, zerstört es, erklärt es als nicht existierend, oder er betet es an. Hier liegen die Zentren der individuellen Welttheorien" (Ungeheuer 1987b, S. 336 f.).

Man konstruiert den anderen im Prozeß der Verständigung nicht durch „Sichhineinversetzen", sondern durch das „Aneignen". Man formt den anderen nach „seinem Bilde". Das konstruktionsfördernde Prinzip ist das *metaphorische Prinzip* (Juchem 1989, S. 62 f.), das analogische Erfassen, die Konstruktion des Neuen oder anderen auf der Grundlage des „Bestehenden". Die Störung durch den anderen wird nur „erfaßt", wenn man sie und ihn nach „seinem eigenen Bilde" formt. Nicht von ungefähr weist schon die Schöpfungsgeschichte dieses Prinzip als dasjenige aus, dem der Mensch selber seine Existenz verdanken soll.

Literatur

Juchem, J. G. (1989): Konstruktion und Unterstellung. Ein kommunikationstheoretischer Versuch. Münster (Nodus).
Leibniz; G. W. (1965): Die Prinzipien der Philosophie oder die Monadologie. In: H. H. Holz (Hrsg.): G. W. Leibniz: Kleine Schriften. Frankfurt a. M. (Insel), S. 438–483.
Maturana, H. R. (1982): Erkennen: Die Organisation und Verkörperung von Wirklichkeit. Ausgewählte Arbeiten zur biologischen Epistemologie. Autorisierte deutsche Fassung von Wolfram K. Köck. Braunschweig/Wiesbaden (Vieweg).
Maturana, H. R. (1994): Was ist Erkennen? München/Zürich (Piper).
Mead, G. H. (1973): Geist, Identität und Gesellschaft. Aus der Sicht des Sozialbehaviorismus. Mit einer Einleitung hrsg. von Charles W. Morris. Frankfurt a. M. (Suhrkamp).
Roth, G. (1994): Das Gehirn und seine Wirklichkeit. Kognitive Neurobiologie und ihre philosophischen Konsequenzen. Frankfurt a. M. (Suhrkamp).
Rusch, G. (1992): Auffassen, Begreifen und Verstehen. Neue Überlegungen zu einer konstruktivistischen Theorie des Verstehens. In: S. J. Schmidt (Hrsg.): Kognition und Gesellschaft. Der Diskurs des Radikalen Konstruktivismus 2. Frankfurt a. M. (Suhrkamp), S. 214–256.
Simon, J. (1989): Philosophie des Zeichens. Berlin/New York (De Gruyter).
Ungeheuer, G. (1987a): Kommunikationssemantik: Skizze eines Problemfeldes. In: Gerold Ungeheuer: Kommunikationstheoretische Schriften I: Sprechen, Mitteilen, Verstehen. Hrsg. von J. G. Juchem. Aachen (Rader), S. 70–100.
Ungeheuer, G. (1987b): Sprechen, Mitteilen, Verstehen. In: Gerold Ungeheuer: Kommunikationstheoretische Schriften I: Sprechen, Mitteilen, Verstehen. Hrsg. von J. G. Juchem. Aachen (Rader), S. 290–338.
Varela, F. J. (1990): Kognitionswissenschaft – Kognitionstechnik. Eine Skizze aktueller Perspektiven. Frankfurt a. M. (Suhrkamp).

„Hören Sie?" – Der Hörer als Gesprächskonstrukteur

H. Walter Schmitz

Am Gespräch imponiert und interessiert in erster Linie das Sprechen. Das ist ablesbar an den in unserer Gesellschaft vorherrschenden Gesprächskonzepten, zu deren gemeinsamem Kernbestand das Miteinander-Sprechen gehört. Aber es gilt dies auch für die jeweiligen konkreten Gesprächsteilnehmer, ihre Orientierungen und ihr Bestreben. Vollkommen vereinbar mit den alltäglich-vorwissenschaftlichen Vorstellungen vom Gespräch sind in diesem Punkte allerdings auch die allermeisten wissenschaftlichen Gesprächsbegriffe. Zu Recht stellt Ehlich (1993, S. 222) daher fest, der Ausdruck „Gespräch" werde bei „Texten der deutschsprachigen Ling. unter Rückgriff auf die Alltagsspr. und lit. Gesprächskonzeptionen ... für Formen gesprochener Sprache, als Äquivalent zu Konversation, Diskurs, Dialog", verwendet.

In der Tat definieren zum Beispiel Henne und Rehbock (1979, S. 12): „Das Gespräch ist eine Grundeinheit menschlicher Rede."

Und Brinker und Sager (1989, S. 11) bieten explizit als „Definition„ an: „‚Gespräch' ist eine begrenzte Folge von sprachlichen Äußerungen, die dialogisch ausgerichtet ist und eine thematische Orientierung aufweist."

Weithin sprecher- und äußerungsfixiert bleiben selbst jene Autoren, die in der Erläuterung ihres Gesprächsbegriffs neben Sprecher und Sprecherrolle auch den Hörer oder die Hörerrolle erwähnen und im Gespräch zunächst und vor allem einen Fall „sprachlicher Interaktion"[1] sehen. Denn letztlich neigt auch hier die komplexe Interaktionsprozeßbetrachtung dazu, sich auf Betrachtung einer Folge von Redebeiträgen unterschiedlicher Sprecher in Anwesenheit wenigstens eines Hörers zu reduzieren und dabei eine innere Geordnetheit der Äußerungssequenzen – zumindest nach Eröffnung, Mittelteil und Beendigung – zu unterstellen.

Das Gespräch, ja selbst die Gesprächskonstitution vornehmlich vom Sprecher und vom Sprechen her sehen und verstehen zu wollen ist Ausfluß eines vorwissenschaftlichen Vorurteils, das Wissenschaftler und Gesprächsexperten aus alltagsweltlichen Gesprächskonzepten und -analysen unkontrolliert übernommen haben: Sprechen und Sich-Ausdrücken als intentionale Handlungen haben ihre selbstverständlichen und im wesentlichen unproblematischen, passiv unselbständigen Komplemente in Hören und Verstehen. In alltäglicher zwischenmenschlicher Kommunikation entlarvt sich diese Annahme gelegentlich als Vorurteil – wenn auch immer nur für kurze Zeit und mit schnell vorübergehender Wirkung –, sobald die unterstellte Selbstverständlichkeit des Gehörtwerdens brüchig wird. So etwa, wenn wie-

---

1 Vgl. etwa Ungeheuer (1987, S. 70–100); für die ethnomethodologische Konversationsanalyse vgl. etwa Mehan a. Wood (1975, S. 118), Bergmann (1988, II, S. 3 f.).

derholt auf Fragen nicht geantwortet oder an den dafür vorgesehenen Stellen keine Rückmeldung („Hm", „Ja" etc.) geäußert wird, wenn also der bisherige Hörer nicht an allgemein erwartbaren Stellen oder nicht in inhaltlich generell erwartbarer Weise zum Sprecher wird. Und wenn in einem Mehrpersonengespräch einer der bisherigen Hörer durch veränderte Körperhaltung und Körperorientierung sowie durch Anblicken eines Sprechers einer benachbarten Gesprächsrunde zu erkennen gibt, daß er nun nicht mehr als Zuhörer des ersten Sprechers zur Verfügung steht, dann werden auch Passivität und Unselbständigkeit des Hörens schmerzlich als lediglich vermeintlich erfahren.

Lösen wir uns also von dem überkommenen Vorurteil und suchen wir den Beitrag zu bestimmen, den der Hörer als Hörer und nicht erst als nächster Sprecher zur Herstellung eines mit anderen gemeinsamen Gesprächs leistet, so lassen sich aus den folgenden beiden Beispielen nützliche Hinweise gewinnen:

a) Wenn sich in Italien der Angerufene am Telefon mit „Pronto" meldet, sei es neutral, bestimmt auffordernd oder fragend intoniert, so antwortet er nicht nur einfach auf die Aufforderung durch das Telefonklingeln, sondern er erklärt sich damit ausdrücklich als zuhörbereit. Denn das Adjektiv *pronto* heißt soviel wie „bereit" *(disposto)*, „fertig" *(compiuto)*, „wach", „munter" *(sveglio)* und besagt damit mehr und anderes als „Hallo", womit es meist in seiner Verwendung am Telefon übersetzt wird. Hinsichtlich Bedeutung und Funktion in dieser Situation wäre „Pronto" am ehesten vergleichbar dem deutschen „Ich höre".

b) Werden erfahrene oder geschulte Telefonbenutzer gezwungen, ein Telefongespräch zu unterbrechen, um eine Auskunft einzuholen, fehlende Gesprächsunterlagen zu suchen oder anderes zu tun, so melden sie sich anschließend bei ihrem Gesprächspartner am Telefon zurück mit der Frage „Hören Sie?",[2] worauf meist mit „Ja" oder „Ja, ich höre" geantwortet wird, ehe der erste Sprecher über das Ergebnis seiner in der Unterbrechung durchgeführten Tätigkeit zu berichten beginnt.

Genaugenommen fragt der Sprecher mit „Hören Sie?" danach, ob die Aufmerksamkeit des Gesprächspartners noch ungeteilt auf ihn, den fragenden Sprecher, gerichtet ist, ob er immer noch der vom anderen ausgewählte, präferierte Sprecher ist, von dem der andere etwas hören will. Und für den Fall, daß dem nicht so sein sollte, will der Sprecher mit der Frage dazu auffordern, ihm erneut die ganze Aufmerksamkeit zu schenken, sich wieder für ihn als Sprecher, dem man zuhören will, zu entscheiden.

Das Unpassende und Störende an der Frage „Hören Sie?", das vielleicht auch die weniger professionellen Telefonierer intuitiv davor zurück-

---

[2] Als weniger professionell scheinen die Alternativen „Sind Sie noch da/dran?" oder „Hallo?" zu gelten.

scheuen läßt, diese Frage zu verwenden, liegt darin, daß nur der auf „Hören Sie?" antworten kann, der schon längst hört und die Frage sowohl akustisch als auch inhaltlich versteht. Es kann daher darauf entweder eine positive Antwort oder das Ausbleiben einer Antwort folgen, nicht aber eine negative Antwort: „Nein, ich höre nicht."

In Entsprechung hierzu setzt auch das deutsche „Ich höre" ebenso wie das italienische „Pronto" voraus, daß man zuvor schon gehört und verstanden hat, nun aber erklären möchte, für das Kommende als Hörer zur Verfügung zu stehen und für das Gespräch (weiterhin) bereit zu sein.

Aus diesen Überlegungen ergibt sich, daß die Spreacheraktivität, die nach gängiger Vorstellung das für die Gesprächseröffnung Entscheidende darstellt, ihrerseits schon die Aktivität wenigstens eines Hörers voraussetzt.

Denn in der Einheit der Sozialhandlung Kommunikation sind die kommunikativen Rollen „Sprecher" und „Hörer" derart aufeinander bezogen, daß immer dann, wenn *A* zu *B* spricht, *A* antizipiert, daß *B* ihn verstehen wird, und dies impliziert, daß *B* imstande ist und willens, (zu)hörend und interpretierend die einzelnen Schritte nachzuvollziehen, in denen *A* ihn sprechend anleitet. Von daher macht es auch wenig Sinn, an der gängigen, undurchdachten Auffassung festzuhalten, wir sprächen, *um* gehört zu werden. Wir sprechen vielmehr – und das gilt phylogenetisch, ontogenetisch und in verallgemeinertem Sinne für jegliche Art verbaler und nonverbaler Kommunikation –, *weil* wir gehört werden (vgl. Schmitz 1998, S. 60 ff.). Und dies heißt folgerichtig, wie Reiner Unglaub in anderem Zusammenhang festgestellt hat, für die Frage nach den Konstitutionsbedingungen des Gesprächs: „Der Zuhörer eröffnet das Gespräch" (Unglaub 1996, S. 112).

Daß es der Hörer bzw. der Zuhörer ist, der das Gespräch eröffnet, brauchen wir nun keineswegs so zu verstehen, als bliebe der Hörer passiv und absichtslos, aufmerksam auf den Sprecher gerichtet und bereit, sich von diesem beeindrucken zu lassen. Wie Sprecher ihre Mitteilungsabsichten verfolgen, Ziele in Hörern oder darüber hinausreichende Zwecke zu erreichen trachten, so haben auch Hörer Informations- und Wissensbedürfnisse, sie erstreben oder vermeiden Mitteilungen anderer und sind in ihrem Zuhören, Hinhören, Lauschen oder Weghören und Überhören ebenso von Intentionen geleitet. Daher hat auch die Common-sense-Annahme und -Grundlage des sprecherorientierten Zugangs zu Kommunikationsprozessen, daß Sprecher sich ihre Hörer auswählten, ihre notwendige und weiter tragende Entsprechung in der Feststellung, daß sich Hörer ihre Sprecher wählen. Das leuchtet nicht nur auf Anhieb ein bezüglich Kommunikationsprozessen wie solchen zwischen Vortragendem und Kongreßpublikum oder hinsichtlich aller massenkommunikativer Prozesse. Wir lernen vielmehr auch, gesprächsförmige Kommunikation besser zu verstehen, wenn wir die Wahl des Sprechers durch den Hörer in Rechnung stellen und beachten.

III. Sprache, Gespräch und Kommunikation

Stellen Sie sich z. B. eine Party in einem großen Raum vor. Verteilt über den gesamten Raum stehen kleine Gruppen von Gästen, jede durch ein andauerndes Gespräch zusammengehalten und von den anderen getrennt. Da kommt jemand *(J)* vom Buffet, sieht in die Runde und entdeckt in einer der Gruppen eine einflußreiche Person *(E)*, an deren Insiderkenntnissen er interessiert ist. *J* gesellt sich aufmerksam hinhörend zu der Gruppe, in der *E* das große Wort führt. Dadurch ändert sich die Zusammensetzung der Gesprächsgruppe, mit kommunikativen wie sozialen Folgen. *E* ändert möglicherweise das Thema, und da nun vier statt vorher drei Personen beisammenstehen, zerfällt vielleicht das Vierpersonengespräch in zwei Zweiergespräche. Da *J* aber weiter *E* zuhören möchte, entzieht er sich durch immer häufigeres Wegblicken von *L*, der ihm mit seinen Ehegeschichten lästig fällt, seinem gegenwärtigen Gesprächspartner und wendet sich allmählich *E* vollständig zu. Als *L* auch keinen anderen Hörer für sich gewinnen kann, verebbt sein Redeschwall; *L* gibt auf und verläßt die Gruppe, um sich neue Opfer zu suchen.

Was läßt sich hieraus ableiten und zusammentragen hinsichtlich der Leistungen und Beiträge, die Individuen in der kommunikativen Rolle des Hörers bei der gemeinsamen Konstruktion des Gesprächs erbringen? Wie *J* offenbar schon von weitem eine Person als Sprecher mit für ihn eventuell interessanten oder relevanten Kenntnissen identifizieren kann, so gehört zur Rolle des Hörers allgemein selbstverständlich die Nutzung aller Sinne, über die er in Abhängigkeit von Kultur und Situation verfügen kann, um zum Erscheinungsbild, zum Ausdrucksverhalten und zu den multimodalen Mitteilungsformen des Sprechers Zugang zu erhalten und zu einer Einschätzung des Sprechers und der gesamten Situation zu gelangen. Im Streben nach Informationen, Wissen, Erkenntnissen, die er benötigt oder zumindest als wertvoll oder relevant erachtet, schafft er die räumlichen, technischen und sozialen Voraussetzungen für Kommunikation (*J* nähert sich der Gruppe, gesellt sich zu ihr). Und jetzt sieht und hört er den Sprecher, und er sieht die übrigen Zuhörer, und er sieht, daß er von allen gesehen wird. Indem er nun unterstellt, gemeinsam mit den anderen (und zur gleichen Zeit) in einer solchen Interaktionssituation zu sein, in der jedes als Mitteilen identifizierbare Tun oder Unterlassen als Beitrag zum gemeinsamen Kommunikationsprozeß gewertet wird, und indem er sich selbst als Hörer entsprechend wahrnehmend, deutend und zuschreibend verhält, konstruiert und konstituiert er das Gespräch mit. Dabei bestimmt er den gegenwärtigen Sprecher gemäß seiner inhaltlich oder sozial begründeten Wahl durch die vorwiegende Zuteilung seiner Aufmerksamkeit. Divergieren bei vier oder mehr Gesprächsteilnehmern die von Hörern getroffenen Wahlen gegenwärtiger Sprecher systematisch, so fragmentiert das Gespräch in zwei oder mehr Gespräche und Gesprächsgruppen.

Da vor allem in der Vis-à-vis-Kommunikation vorübergehend oder dauerhaft jeder Hörer zugleich Sprecher und jeder Sprecher zugleich Hörer ist, vermag der Hörer dem gegenwärtigen Sprecher seine Wahl und seine Aufmerksamkeit anzuzeigen und dessen Mitteilungen noch während ihrer Produktion durch Stellungnahmen und Reaktionen zu beeinflussen. Auf diese Weise ist der Hörer auch an der Konstruktion der Gesprächsbeiträge mitbeteiligt und für ihre letztendliche Gestalt mitverantwortlich. Möglich ist dies selbstverständlich nur, weil der Sprecher einer Äußerung zugleich als Hörer beeindruckt werden kann, während er seinerseits sein Gegenüber mit seiner Äußerung zu steuern bemüht ist.

Bedenkt man nun, was bisher über den Hörer und seine Leistungen vorgetragen wurde, und nimmt man hinzu, daß der Sprecher immer auch Hörer sein kann bzw. als im Vordergrund stehende kommunikative Rolle gegen die des Hörers eingetauscht wird, dann ist es – nicht nur zu heuristischen Zwecken – sinnvoll und konsequent, dem sprecherzentrierten kommunikationstheoretischen Ansatz mit Thayer einen hörerzentrierten gegenüberzustellen:

"Communication systems ... are defined by the data acquisition-consumption practices (rational or not) of the consumers of the output of that system whether by intention or by accident. Thus, in communication systems the source(s) of the data transported is a function of the actual communicative behavior of the person who is the focus of consumption.

Communication systems are, in other words, natural or emergent systems. They emerge, are utilized, atrophy, etc., as a function of the information acquisition-consumption patterns and practices of a given individual at a given point in time" (Thayer 1968, S. 116 f.).

Hieraus ergeben sich einige Folgen für die Präzisierung meines Kommunikationsbegriffs, dem ich dann mühelos das subsumieren können sollte, was ich bisher über gesprächsförmige Kommunikation gesagt habe:[3]

Mein Ausgangspunkt sei weiterhin: Kommunikation sei unverkürzt die der Verständigung dienende Einheit aus inneren und äußeren Handlungen von Sprecher und Hörer sowie den an und zwischen ihnen stattfindenden Ereignissen.

Das Ziel jeder Kommunikation liegt im Hörer, und zwar in seinem Vollzug der inneren Handlungen, die die Erfahrung des Verstehens konstituieren.

Dies vorausgesetzt, können wir *nicht* von Kommunikation sprechen, wenn ein Sprecher in Mitteilungsabsicht spricht und sich so an und auf einen Adressaten richtet, in diesem aber aus akustischen Gründen, dessen mangelnder Aufmerksamkeit oder fehlender Bereitschaft oder Willigkeit

---

[3] Thayers Kommunikationsbegriff kann trotz der Bedeutsamkeit seines Ansatzes für meine Überlegungen nicht übernommen werden, und seine terminologische Festlegung läuft dem sonstigen Gebrauch von „Kommunikation" so zuwider, daß sie zu Mißverständnissen führen muß: "But communication always occurs *in* the receiver." Und: "Communication occurs *in* the participants, not *between* them" (Thayer 1968, S. 113).

keinen Zuhörer findet, der ihn zum Sprecher wählt, dessen Intention sich auf ihn und das Verstehen seiner Mitteilung richtet. Wir könnten hier allenfalls von einem gescheiterten Kommunikationsversuch sprechen, was wiederum nicht dasselbe ist wie Kommunikation, die ihr Ziel nicht erreicht, sondern z. B. zu einem Mißverständnis führt.

Dagegen wäre von Kommunikation zu sprechen, wenn der Sprecher im skizzierten Fall im von ihm gemeinten Adressaten einen mehr oder weniger bereitwilligen Hörer findet.

Darüber hinaus liegt aufgrund der gemachten Voraussetzungen aber auch dann Kommunikation vor, wenn ein Hörer jemanden zum Sprecher wählt und dessen tatsächlich oder nur vermeintlich in Mitteilungsabsicht präsentiertes Verhalten (oder dessen Ergebnisse) zu deuten und als solches zu verstehen sucht; und zwar unabhängig davon, ob der Hörer sich zu Recht oder zu Unrecht für einen vom Sprecher gewählten Hörer (Adressaten) hält oder ob er gar annimmt oder weiß, daß der Sprecher nicht ihn zum Kommunikationspartner ausgewählt hat.[4]

Das wiederum heißt unter anderem auch: Was (innerhalb oder außerhalb einer Vis-à-vis-Situation) als Mitteilung gilt und was diese bedeutet oder besagt, das entscheidet zunächst[5] – allerdings mit Folgen für den weiteren Verlauf des Kommunikationsprozesses – der Hörer.

Daher ist es auch vor allem vom Hörer und seinen Aktivitäten abhängig, ob es in einer Situation gegenseitiger Wahrnehmung – ihrerseits ja schon eine an der Hörerrolle hängende Leistung – zu Kommunikation und damit möglicherweise zur Konstitution eines Gesprächs kommt. Denn sobald es einem Anwesenden gelingt, am anderen ein Verhalten zu entdecken, das er als Mitteilung zu identifizieren und zu behandeln vermag und das ihm die Rechtfertigung liefert, dem anderen eine fundamentale Kommunikationsintention zu unterstellen, ist Kommunikation zustande gekommen, eventuell auch ohne eine entsprechende Absicht des hier zum Sprecher gewählten Anwesenden. Schließt der Hörer nun in der Rolle des Sprechers mit einer eigenen Mitteilung an sein Verständnis des anderen an, so kann jetzt auch dem anderen als neuem Hörer (eventuell neben weiteren Hörern) offenbar werden, daß ein Kommunikationsprozeß zwischen ihnen in Gang gekommen ist. Genau mit dieser Herstellung der Gemeinsamkeit des Wissens um diese neue Art der Interaktionssituation entsteht auch das Gespräch, wie ich es zuvor zu bestimmen versucht habe.

---

4 Die Notwendigkeit des Einbezugs von Verhaltensergebnissen eines Sprechers (z. B. Schrift, Kunstwerke etc.) und der Möglichkeit, daß der Hörer weiß, daß das von ihm Gedeutete ursprünglich nicht für ihn bestimmt war, ergibt sich aus der konsequenten Anwendung der oben im zweiten Satz formulierten Voraussetzung (Kommunikationsziel). Daraus folgt dann auch die Möglichkeit eines Kommunikationsfalles, in dem es keinen Sprecher gibt bzw. in dem der Sprecher unbekannt ist (vgl. dazu auch Thayer 1968, S. 122, Anm. 13).

5 Es muß hier natürlich „zunächst" und nicht „allein" heißen, weil der Sprecher anschließend immer noch darauf bestehen kann, etwas nicht als Mitteilung intendiert, nicht so, sondern anders gemeint zu haben.

Auf diese Weise kann zwar ein Gespräch entstehen, obwohl der zum Sprecher gewählte Anwesende tatsächlich gar nichts hat mitteilen wollen. Aber es ist demgegenüber nicht möglich, daß ein Gespräch zustande kommt, obwohl der vom Sprecher gewählte Hörer nicht zuhört. Relativ unwahrscheinlich schließlich ist das Entstehen von Gesprächen aus gleichzeitiger und gegenseitiger Wahl von Sprecher und Hörer, zumindest außerhalb weitgehend vorarrangierter Handlungs- und Lebenszusammenhänge; anderenfalls wäre der erhebliche gesellschaftliche Regelungsaufwand nicht erklärbar, der auf Förderung und Erzwingung von Gelingen und Erhaltung der Gegenseitigkeit von Wahlen gerichtet ist (vgl. dazu Schmitz 1998, S. 65).

Rückblickend läßt sich nun auch deutlicher erkennen, wodurch sich meine Betrachtung einiger Probleme der Gesprächskonstitution und andauernden Gesprächskonstruktion aus der Perspektive der kommunikativen Rolle des Hörers von der ansonsten üblichen aus der Perspektive des Sprechers unterscheidet: An der Hörerrolle hängen die Wahrnehmungs- und Deutungsaktivitäten (nach Thayer die Datenakquisitions- und -konsumtionsprozesse) und damit die Vorgänge, die für die Konstitution einfacher Sozialsysteme fundamental sind.[6] Zugleich, so habe ich zu zeigen versucht, sind dies die Aktivitäten und Voraussetzungen, die für die Entstehung des Gesprächs als thematisch strukturiertem einfachem Kommunikationsgeschehen eines einfachen Sozialsystems (mit seiner Labilität, seiner Abhängigkeit von direkter gegenseitiger Wahrnehmung etc.) unumgänglich sind.

Aus der Sprecherperspektive rückt demgegenüber das Handeln, und zwar das äußere Handeln, in den Vordergrund, das Individuen neben eigenem Erleben beisteuern müssen, um als anwesende Interaktions*beteiligte* gelten zu können (vgl. Luhmann 1976, S. 5). Das Resultat dieses Blicks ist, wie sich allerorten nachlesen läßt, das Konstatieren einer Abfolge von (auch für den Beobachter) offensichtlichen, also leicht erkennbaren Handlungen, nämlich sprachlichen Äußerungen bzw. Redebeiträgen. Und am Ende steht dann das Bild vom Gespräch als Text, in dem nur noch Textproduzenten, also Sprecher vorkommen, so daß auch das Problem der Gesprächskonstitution nun zu einem Problem für Sprecher geworden ist. Denen aber, so scheint mir, ist es unlösbar, es sei denn, wir begreifen sie endlich zugleich als Hörer.

Literatur

Bergmann, J. R. (1988): Ethnomethodologie und Konversationsanalyse. Kurseinheit 1–3. Hagen (Fernuniversität – Gesamthochschule – in Hagen).
Brinker, K. u. S. F. Sager (1989): Linguistische Gesprächsanalyse. Eine Einführung. Berlin (Erich Schmidt).

---

[6] Dies verbindet neben anderem meine Untersuchungen zum Hörer in Kommunikationsprozessen mit den von J. Loenhoff unternommenen Grundlagenstudien zur „unhintergehbare(n) Einheit von Kommunikation, Körperlichkeit und Sinneswahrnehmung", „um die körperliche Infrastruktur von Mitteilungsprozessen freizulegen" (Loenhoff 1997, S. 275 f.).

III. Sprache, Gespräch und Kommunikation

Ehlich, K. (1993): Gespräch. In: H. Glück (Hrsg.): Metzler-Lexikon Sprache. Stuttgart/Weimar (Metzler), S. 222.
Henne, H. u. H. Rehbock (1979): Einführung in die Gesprächsanalyse. Berlin/New York (de Gruyter).
Loenhoff, J. (1997): Körper, Sinne und Text. Kommunikationstheoretische Anmerkungen zum Verhältnis von Körper und Schrift. In: G. Krause (Hrsg.): Literalität und Körperlichkeit. Litteralité et Corporalité. Tübingen (Stauffenburg), S. 275–288.
Luhmann, N. (1976): Einfache Sozialsysteme. In: M. Auwärter, E. Kirsch u. M. Schröter (Hrsg.): Seminar: Kommunikation, Interaktion, Identität. Frankfurt a. M. (Suhrkamp), S. 3–34.
Mehan, H. a. H. Wood (1975): The Reality of Ethnomethodology. New York et al. (Wiley).
Schmitz, H. W. (1998): Über Hörer, Hören und Sich-sagen-Hören. Anmerkungen zur vernachlässigten anderen Seite des Kommunikationsprozesses. In: H. W. Schmitz (Hrsg.): Vom Sprecher zum Hörer. Kommunikationswissenschaftliche Beiträge zur Gesprächsanalyse. Münster (Nodus), S. 55–84.
Thayer, L. (1968): Communication and communication systems in organization, management and interpersonal relations. Homewood, IL (Irwin).
Ungeheuer, G. (1987): Kommunikationstheoretische Schriften I: Sprechen, Mitteilen, Verstehen. Hrsg u. eingel. v. J. G. Juchem. Mit einem Nachwort v. H.-G. Soeffner u. Th. Luckmann. Aachen (Rader).
Unglaub, R. (1996): „Sprich, damit ich dich seh." Wahrnehmung ist Unterwegssein, ist Gespräch. In: Th. Vogel (Hrsg.): Über das Hören. Einem Phänomen auf der Spur. Tübingen (Attempto), S. 91–112.

Geschichte(n), Interpretation und Hermeneutik

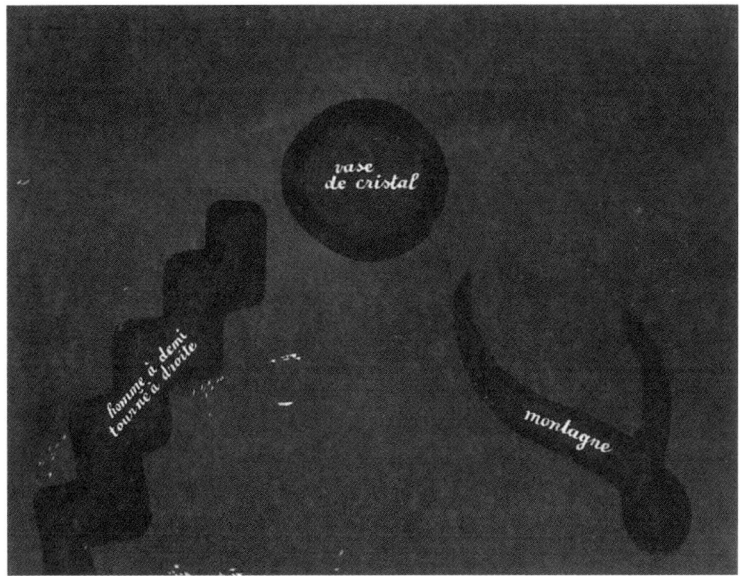

René Magritte: *Der geheimnisvolle Beweis*

Vergangenheiten konstruieren
Hayden White

Wie werden historische Vergangenheiten konstruiert? Daß historische Vergangenheiten konstruiert werden müssen, scheint unmittelbar einleuchtend. Natürlich bezeichnen Historiker ihre Arbeit eher als *Re*konstruktion, nicht als Konstruktion. Die Vergangenheit existiert für Historiker *vor* jeder ihrer möglichen Darstellungen, auch wenn eben diese Vergangenheit nur über ihre zersplitterten und bruchstückhaften Überbleibsel zugänglich ist. Historiker verstehen ihre Arbeit als *Re*konstruktion, um ihren Forschungsgegenstand von den Konstruktionen von Fabulierern, Romanschreibern und Dichtern zu unterscheiden, die zwar die historische Vergangenheit beschwören, sich auf sie beziehen und darüber reden mögen, die aber die Freiheit haben, das verfügbare Faktenmaterial über die wirkliche Vergangenheit zu vernachlässigen und daraus zu machen, was ihre Phantasie und ihre poetische Schöpferkraft für wünschenswert erachten.

Historiker arbeiten mit den Überbleibseln (Ruinen und Überresten) vergangener Lebensformen, um die ursprünglichen Lebensformen, deren Anzeichen und greifbare Verwirklichung die vorhandenen Überbleibsel in all ihrer Verfallenheit sind, so exakt wie möglich wiederherzustellen und zu präsentieren. Wie nun aber jeder weiß, der sich eingehender mit der Restauration künstlerischer, architektonischer oder archäologischer Artefakte befaßt hat, verlangt jede *Re*konstruktion – eines Gemäldes, eines Gebäudes, einer Mauer, eines Dokuments, eines Werkzeugs oder einer Waffe – nicht nur ein gut Teil eigenständiger Konstruktion, sondern ebenso ein beträchtliches Ausmaß an *De*struktion des Originals. Wieder zusammenzusetzen, was Gott, Zeit, Mensch oder Natur beschädigt haben, ist nicht nur eine heikle technische Aufgabe, sondern auch eine Sache der persönlichen Ethik, die nicht von der schwierigen Frage zu trennen ist, worin die Verantwortung der Lebenden gegenüber ihren Vorfahren besteht. Aus diesem Grunde glaubten die Griechen und Römer der Antike, daß jeder Brückenbau, ja in der Tat alles Bauen eine geheiligte Tätigkeit sei, die von Opfern und Riten zur Versöhnung der Götter begleitet werden müsse, weil der Mensch sich anmaße, etwas zu verbinden, was das Schicksal und die Götter getrennt haben.

Wenn das Ziel der historischen Forschung darin besteht, die Vergangenheit so zu rekonstruieren, wie sie wirklich war oder gewesen war, dann muß eine Brücke gebaut werden, die die Kluft zwischen irgendeiner Vergangenheit und derjenigen Gegenwart überspannt, von der aus die historische Untersuchung unternommen werden soll. Diese Brückenbautätigkeit setzt den (ontologischen) Begriff einer Gegenwart voraus, die mit der Vergangenheit nahtlos verbunden, gleichzeitig aber von dem Teil der Vergangenheit abgetrennt ist, der das Zielobjekt des historischen

IV. Geschichte(n), Interpretation und Hermeneutik

Interesses darstellt. Daß dieses Zielobjekt einmal existierte, wird durch das Vorhandensein jener Artefakte in der Gegenwart bezeugt, Dokumente, Monumente, Geräte, Institutionen, Praktiken, Gebräuche usw., die sowohl den Charakter des „Alten" (des Einmal-Jung-Gewesenen) und des Toten (des Einmal-Lebendig-Gewesenen) tragen. So ist also ein Ziel historischer Forschung (für welche anderen Ziele sie auch sonst noch benutzt werden mag) sicherlich *Re*konstruktion (für welche anderen Ziele ihre Rekonstruktionen auch sonst noch benutzt werden mögen), ihre Rekonstruktionen können aber nur auf der Grundlage von Konstruktionen geleistet werden, die ebensosehr der schöpferischen Phantasie und der Dichtung bedürfen wie des rationalen Denkens und der Wissenschaft. Zu diesen Konstruktionen gehört der feste Boden jener „Gegenwart", von dem aus eine Brücke in eine Vergangenheit gebaut werden kann, die nur teilweise kartiert ist, von Geistern bewohnt und von Gräbern markiert wird.[1] Die historische Forschung benötigt daher eine zweifache Konstruktion: die einer Gegenwart, von der eine Untersuchung ausgehen, und die einer Vergangenheit, die als mögliches Untersuchungsobjekt dienen soll.

*

Die Geschichte oder, besser, die historische Forschung, bleibt die am wenigsten (natur)wissenschaftliche Disziplin der Human- und Sozialwissenschaften – sowohl in ihren Leistungen als auch in ihren Bestrebungen.[2] Immer wieder ist der Versuch unternommen worden, die historische Forschung (natur)wissenschaftlicher zu machen, sei es durch das Einziehen eines theoretischen Fundaments, z. B. des Positivismus oder des dialektischen Materialismus, sei es durch den Import einer Methodologie aus der einen oder anderen Disziplin der „Sozialwissenschaften". Diese Bemühungen hatten aber selten Erfolg, vor allem wegen der problematischen Definitionen des zentralen Objekts historischer Forschung: des Ereignisses.

Historische Ereignisse gelten als zeit- und raumspezifisch, einzigartig und unwiederholbar, als unter Laborbedingungen nicht replizierbar und nur in geringem Maße beschreibbar durch Algorithmen und statistische Reihen. Aus diesem Grund gehen die Bemühungen, die Geschichte zu einer (Natur-)Wissenschaft zu machen, in ganz typischer Weise dahin, das Ereignis entweder neu zu definieren oder es als Gegenstand wissenschaftlicher Forschung zu eliminieren. Nichtsdestoweniger (oder vielleicht gerade deshalb) gilt die Geschichtswissenschaft nach wie vor als das Fundament aller anderen Human- und Sozialwissenschaften. Wie Foucault (1967) in *Les mots et les choses* gezeigt hat, steht die Geschichte seit der Mitte des 19. Jahrhunderts zwar in enger Beziehung zu den an-

---

[1] Vgl. Kosellecks Ausführungen zu „Erfahrungsraum" und „Erwartungshorizont".
[2] Die Anthropologie möglicherweise ausgenommen, obwohl sogar diese Disziplin noch immer die Qualität einer „Ethnologie" anstrebt oder einmal anstrebte. Die historische Forschung kennt keinen äquivalenten Begriff: „Historiologie"?

deren Humanwissenschaften, ist diesen aber bis heute lediglich benachbart geblieben (und nicht in sie integriert worden). Die Geschichte ist für die anderen Humanwissenschaften sowohl Basis als auch Antityp: Sie ist nach wie vor der idiographischen (analogischen) Methode der Beschreibung singulärer Ereignisse verpflichtet ebenso wie der Überzeugung, daß die Herstellung einer zeitlichen Aufeinanderfolge von Ereignissen diese erklärt.[3] Diese Weise der Konstruktion von Ereignissen durch ihre *Beschreibung* oder eine andere Form der *Darstellung* (z. B. eine mimetische) ist grundlegend für jede Human- oder Sozialwissenschaft, die sich für den Empirismus als Mittel der Konstitution von Ereignissen als möglichen Objekten wissenschaftlicher Untersuchung entschieden hat. Nun hat Lévi-Strauss immer wieder gerne unterstrichen, daß ein empirisches Verfahren, das die Herstellung einer Beziehung der Sukzessivität bezweckt (oder der Konsekution, wie Edward Said sagt), keine Methode ist, und schon gar keine Theorie. Es ist lediglich ein erster Schritt der Datenaufbereitung für die eigentliche wissenschaftliche Analyse: die Anordnung von Ereignissen in chronologischer Abfolge. Eine solche Anordnung ergibt nur eine primitive Taxonomie der so geordneten Ereignisse (die eines Kalenders), aber keinerlei wissenschaftliche Erklärung, warum sie sich so und nicht anders zugetragen haben (abgesehen von dem alltagslogischen Prinzip *post hoc ergo propter hoc*). Lévi-Strauss zieht daher den Schluß, daß eine bloß historische Darstellung sozialer oder menschlicher Phänomene im besten Fall mehr oder minder nützliche *Information* für bestimmte Wissenschaftsdisziplinen liefern könne, daß sie aber überhaupt kein *Verstehen* dieser Phänomene leisten kann (es sei denn ein ganz alltägliches).[4]

Diese Kritik der Wissenschaftlichkeit historischer Untersuchungen ging aus von der traditionellen Überzeugung der Historiker, daß die Geschichte Ereignisse dadurch erklärt, daß sie sie in Erzählungen umwandelt, also narrativiert. Die strukturalistische Revolution der Geschichtswissenschaft (50er bis 70er Jahre) wollte anstelle von Ereignissen Strukturen zu den zentralen Objekten der Forschung machen und denunzierte im besonderen die narrative Darstellung historischer Phänomene als ein Indiz für den vorwissenschaftlichen Stand der historischen Forschung. Roland Barthes, Wortführer der strukturalistischen Schule der historischen Analyse, behauptete, man könne allein an der narrativen Form und ohne Berücksichtigung des Inhalts erkennen, daß die traditionelle Historiographie immer noch einem „mythischen" Verstehen anhinge. Und Fernand Braudel meinte in seiner berühmten Umkehrung des einstmals kanonischen Diktums von Croce zur Beziehung zwischen Ge-

---

3 Foucault, M. (1967): Les mots et les choses: Une archéologie des sciences humaines. Paris (Gallimard) [dt. (1993): Die Ordnung der Dinge. Eine Archäologie der Humanwissenschaften (12. Aufl.). Aus dem Franz. von U. Köppen. Frankfurt a. M. (Suhrkamp).]
4 Daher die Forderung von Strukturanalysen neben bloß historischen Beschreibungen gesellschaftlicher Phänomene.

schichte und Erzählen, daß es keine Geschichte geben könne, wo es Erzählen gibt, zumindest keine Geschichtswissenschaft.[5] Im Rahmen dieser Tagung scheint es mir wichtig zu betonen, daß diese Debatte zwischen Strukturalisten und Narrativisten nicht mit dem Problem zu tun hatte, ob „die Vergangenheit" das richtige Objekt wissenschaftlicher Untersuchung sein solle, sondern vielmehr damit, wie die Daten (die Aufzeichnungen und Spuren, d. h. Dokumente, Denkmäler, Bodenfunde) zu konstruieren waren, als singuläre Ereignisse oder als Klassen von Ereignissen, und wie sie in einem Diskurs dargestellt werden sollten, als Geschichten (*grands* oder *petits recits*) oder als Strukturen. Noch auch ging es um „Konstruktivismus". Für die Strukturalisten war die Vergangenheit ein Gemenge von *wirklichen* Prozessen, die wahrheitsgetreu in Form statistischer Korrelationen dargestellt werden konnten, und für die Narrativisten war sie ein Gemenge *wirklicher* Handlungen von Individuen und Gruppen, die in Kämpfe und Konflikte verwickelt waren, die wahrheitsgetreu in Geschichten der Art dargestellt werden konnten, wie man sie in Mythen, in Romanen und im Drama antraf. Die Aufgabe des Historikers war es, diese Strukturen und Geschichten in den Daten – den Dokumenten, Denkmälern und archäologischen Funden – zu *entdecken* und diejenigen Beschreibungsverfahren (nicht zu konstruieren, sondern) auszuwählen und einzusetzen, die für ihre wahrheitsgetreue (oder verständliche) Darstellung im geschriebenen Diskurs am besten geeignet waren. Sicherlich glaubten manche Strukturalisten, daß die Narrativisten ihre Geschichten frei erfinden und sie den Daten überstülpen würden, und umgekehrt glaubten die meisten Narrativisten, daß die Strukturalisten die Daten in begriffliche Schemata oder Modelle zwängten, die die Ereignisse ihrer Konkretheit beraubten („Konkretheit" definiert als die Untrennbarkeit von Form und Substanz). Man meinte allerdings, diese Differenzen durch analytische Verfahren überwinden zu können, mit deren Hilfe *Ebenen* der historischen Integration unterschieden werden konnten (natürliche, soziale, politische), auf denen jeweils unterschiedliche zeitliche Dauern (lange, mittlere und kurze) und Auftretensintensitäten (kalte, lauwarme und heiße) auszumachen waren.

All das geschah aber, bevor die „sprachanalytische" oder, genauer, die „diskursive" Wende die Humanwissenschaften traf und sich die analytische Aufmerksamkeit vom *Objekt* (den Referenten) der historiologischen Forschung auf deren *Produkte* verlagerte, auf die geschriebenen Texte, in denen Historiker ihre Ergebnisse präsentierten. Hier konzentrierte sich die Diskussion bald auf das, was György Lukács „Kompositionsphilosophie" nannte. Nach konventioneller Auffassung konnte die Forschungsphase einer historischen Untersuchung ziemlich klar von der Phase der Textkomposition getrennt gehalten werden. Man glaubte in der Tat, daß die

---

5 Vgl. Barthes, *Le discours de l'histoire*, und Braudel, *L'histoire aujourd'hui*. Außerdem Croce über Erzählen und Geschichte und Momigliano über Rhetorik und Geschichte.

Vergangenheiten konstruieren

Ermittlung der Fakten von der Analyse ihrer Beweiskraft in einer bestimmten Causa oder von der Interpretation ihrer Funktion im Rahmen eines Systems von Bedeutungen geschieden werden könne. So betonte etwa der große (kürzlich verstorbene) Historiker des italienischen Faschismus, Renzo de Felice, immer wieder: „Erst die Tatsachen, dann die Interpretation."

Die kanonische Auffassung besagte, daß der sachkundige Historiker immer zuerst die Fakten ermitteln und sich dazu seine Gedanken machen würde, und daß er erst dann am Schreibtisch einen Text verfassen würde, in dem er sowohl die Fakten als auch seine Gedanken auf „literarische" oder „wissenschaftliche" Weise darlegte. Diese Auffassung der Beziehung zwischen Forschung und Textkomposition entsprach in vieler Hinsicht der Beziehung, wie sie die Historiker zwischen Vergangenheit und Gegenwart annahmen: Die Forschungsphase in der Arbeit des Historikers war von der Kompositionsphase abgetrennt und doch gleichzeitig nahtlos mit ihr verbunden. Die historische Darstellung war ein *Bericht* über die Ereignisse, die in der Forschungsphase als Tatsachen ermittelt worden waren, *zusammen* mit den diesbezüglichen Gedanken (Erklärungen und Interpretationen) des Historikers, *hinterher* verfaßt und präsentiert in der Form einer niedergeschriebenen Erzählung in Prosa. Nach dieser Auffassung war die Form des historischen Diskurses (seine Form als Geschichte) kontingent und konnte von seinem Inhalt (Information und Argumentation) ohne besonderen Begriffs- und Informationsverlust getrennt werden. Und das aus zwei möglichen Gründen: Entweder war die im Text erzählte Geschichte das mimetische Bild einer Verkettung von Ereignissen, die als nachgewiesene Tatsachen genau in der von der Geschichte erzählten Verkettung eingetreten waren, oder die Geschichte über die Ereignisse war lediglich ein Hilfsmittel oder Medium der Kommunikation, das der Historiker benutzte, um einem Laienpublikum Information über ein mysteriöses Gebiet zu vermitteln, weil er diesem Publikum das Verständnis der kompletten historiologischen Version nicht zutraute.

Diese Auffassung der Beziehung zwischen dem *Inhalt* der vom Historiker seinem (realen oder potentiellen oder eingebildeten) Publikum (seinen Adressaten) angebotenen Botschaften und den *Formen*, in denen diese Botschaften angeboten (übertragen) werden konnten, wurde durch Entwicklungen der 80er Jahre untergraben, Entwicklungen, die sowohl die Theorie der Geschichtswissenschaft als auch die Diskurstheorie betrafen. Der Niedergang der strukturalistischen Revolution unter Führung von Braudel und der *Annales*-Gruppe sowie die Renaissance der narrativen Historiographie erzwangen eine Neubeurteilung des ontologischen Status der narrativen Form. War die „Geschichte" selbst die Form einer spezifischen historischen Art menschlicher Existenz? Gab es Geschichten nicht nur im Diskurs, sondern auch in der extradiskursiven Wirklichkeit? Wäre dies nämlich der Fall, so müßte das Ziel der historischen Forschung darin bestehen, die von menschlichen Akteuren und Agenturen in der Vergangenheit tatsächlich gelebten Geschichten zu ermitteln. Und das spezifisch

331

IV. Geschichte(n), Interpretation und Hermeneutik

historische Ereignis müßte, wie der Philosoph Louis O. Mink meinte, zu jenen Ereignisarten gehören, die nachweislich Elemente von Geschichten sind. Geschichten erklären die Ereignisse, auf die sie sich beziehen, dadurch, daß sie zeigen, wie diese Ereignisse als Geschichten „konfiguriert" werden können. Mengen von Ereignissen können kognitiv mit anderen Verstehensverfahren „erfaßt" werden, etwa mit algorithmischen, taxonomischen, strukturellen, statistischen usw. *Historisch* aber können sie angemessen nur verstanden werden, wenn sie die Attribute von Elementen von Geschichten aufweisen.

Diese Entwicklung führte zu einer komplexen und eingehenden Überprüfung der Beziehungen zwischen narrativen und anderen Weisen der Konstruktion von Wirklichkeiten, ob vergangener oder gegenwärtiger, ob aufgefaßt als in Entwicklung begriffen oder als stationär, ob in ihrer Substanz als narrativ oder algorithmisch betrachtet, wofür exemplarisch die Arbeiten von Paul Ricœur stehen können (aber auch die von Arthur Danto, Krystof Pomian, Foucault, Barthes, Gadamer, Habermas und vielen anderen). Das bedeutsame Ergebnis dieser Untersuchungen lag darin, das Denken über Prozesse wieder auf die *Weisen* ihrer Artikulation in der Zeit zu lenken, auf ein Interesse an einer Philosophie der Modalisierungen, wie es sich an der weitverbreiteten Auseinandersetzung mit Spinoza ablesen ließ.

Für die Historiker aber – zumindest für diejenigen, die sich überhaupt für solche theoretischen Probleme interessierten – beschwor die Beseitigung der Unterscheidung zwischen der Form und dem Inhalt ihrer Geschichtsdarstellungen die Gefahr des Formalismus herauf, Anathema gleichermaßen für die Linke und die Rechte des ideologischen Spektrums. Wenn ein historischer Prozeß durch seine Form bestimmbar war und wenn diese Form die der Erzählung war, wie konnte man dann zwischen historischen und fiktionalen oder gar „mythischen" Erzählungen unterscheiden? Die Antwort der führenden professionellen Historiker bestand darin, diese Frage zur Debatte freizugeben und an die Verbindlichkeit der Regeln und Verfahren zu appellieren, die von „der Gemeinschaft der professionellen Historiker" als spezifisch historiologische anerkannt würden. Der Relativismus, der mit dieser Ermächtigung „der" Gemeinschaft der professionellen Historiker eingeführt wurde, zu entscheiden, was eine angemessene historische Methode oder Darstellungsweise war und was nicht, sollte durch die Ausbildung einer „kritischen" Historiographie blockiert werden, durch die Öffnung gegenüber allen Theorien der Geschichtswissenschaft, die sich von den leichtfertigen und nihilistischen Ansätzen fernhielten, wie sie angeblich aufgrund der „sprachanalytischen Wende" die Humanwissenschaften beherrschten.

Dieser Ausdruck, „die sprachanalytische Wende", bezeichnet eine Konzeption der Geschichtswissenschaft als ein konstruktivistisches Unternehmen auf der Basis eines textualistischen Verständnisses der Beziehung zwischen Sprache und Wirklichkeit. Der Textualismus nimmt an, daß jede Wirklichkeit durch ihre Darstellung konstituiert wird, also nicht schon vor all den Bemühungen existiert, die sie durch Denken, durch Phantasie oder Aufschreiben zu erfassen suchen. Nun schafft die Darstellung irgendeines beliebigen Gegenstands – in visuellen, auditorischen, haptischen oder verbalen Bildern – einen Ort, wo die Differenz zwischen einer Wirklichkeit und ihren Erscheinungsformen erkannt werden kann. Gleichzeitig aber lenkt die Abbildung eines Sachverhalts (wie eines historischen Ereignisses) in einem bestimmten Medium (wie einer historiographischen Erzählung) die Aufmerksamkeit auf die Differenz zwischen dem abgebildeten Gegenstand und seiner Abbildung. Und es ist diese Differenz, die den kritischen Vergleich zwischen einer Abbildung „der Vergangenheit" oder eines Aspekts dieser Vergangenheit und einer anderen Vergangenheit ermöglicht. Der Glaube an die Vereinbarkeit verschiedener Darstellungen irgendeines Aspekts der Vergangenheit setzt die Überzeugung voraus, daß es eine einzige Vergangenheit gibt, auf die alle ihre Abbildungen bezogen werden und nach ihrer Gültigkeit und Qualität als Beiträge zu unserem Wissen über diese Vergangenheit beurteilt werden können. Aber die reale Vergangenheit ist augenscheinlich nur über ihre Abbildungen zugänglich, indexikalische, ikonische, symbolische, je nachdem.

Es ist natürlich ein Gemeinplatz traditioneller historischer Forschung, daß die Vergangenheit sich in ihren Überbleibseln darstellt – in Dokumenten, Denkmälern, archäologischen Funden. Aus dieser Perspektive ist die Arbeit des Historikers gleich der eines Archäologen: Er muß eine im Schutt verborgene *Vergangenheit* finden und dafür den angesammelten Abfall beiseite schaffen, so daß *sie sich präsentieren* kann, wie sie in ihrem mehr oder minder ursprünglichen Zustand war. Nach dieser Vorstellung ist die Kompositionsaufgabe des Historikers die eines Umschreibers, nicht die eines Übersetzers zwischen Vergangenheit und Gegenwart. Die in den Ruinen der Vergangenheit schlummernden Botschaften brauchen nicht rekonstruiert zu werden, sie müssen lediglich für die Rezipienten der Gegenwart und der Zukunft dekodiert werden. Die Historiker sind die passiven Rezipienten dieser Botschaften, nicht ihre Verfasser. Die Gültigkeit ihrer Übertragungen kann beurteilt werden auf der Basis dessen, was die „Gemeinschaft der professionellen Historiker" als die angemessenen Regeln und Verfahren für die Handhabung des jeweiligen historischen Beweismaterials ansieht. Die Darstellung der Vergangenheit, ihrer Elemente und deren Beziehungen untereinander ist kein Problem, da die Objekte von historischem Interesse sich durch die Handlungen der Akteure und Agenturen der Vergangenheit selbst konstituiert haben. Es ist alles eine Sache nicht einmal der Interpretation oder Erklärung, sondern der Beschreibung und der Einschreibung der Beschreibung in einen geschriebenen Diskurs, der die Historizität der beschriebenen Objekte ausdrückt.

Aus der Perspektive einer textualistischen Auffassung der Abbildung ist eine Beschreibung ein Mittel, Sachverhalte als mögliche Objekte historischen Interesses und als Kandidaten für die Aufnahme in die Klasse der Objekte zu konstituieren, die es wert sind, in den historischen Diskurs eingeschrieben zu werden. Wenn der in Frage stehende Diskurs im narrativen Modus gestaltet werden soll, dann müssen die darzustellenden Objekte so beschrieben werden, daß sie gleichzeitig die Attribute der Historizität und der Narratibilität besitzen. Die Historizität (historische Substanz) eines Gegenstands wird dadurch festgestellt, daß ein Objekt gemäß den Erklärungs- und Beweisregeln beschrieben wird, wie sie für eine zeitlich und räumlich definierte „Gemeinschaft der Historiker" gültig sind. Seine Erzählbarkeit (Narratibilität) ist aber eine ganz andere Sache. Es gibt keine den historischen Beweisregeln äquivalenten Regeln des Erzählens (es sei denn, man behauptet, wie ich das tue, daß die Regeln der Präparierung historischen Materials zum Zwecke der Konstituierung von Daten mit Bezug auf eine gegebene Causa ebenso konventionell und ebenso gesellschaftsspezifisch sind wie die Regeln des Erzählens). Das Erzählen verlangt nämlich, daß historische Akteure, Ereignisse, Institutionen und Prozesse (nicht in erster Linie begrifflich gefaßt, sondern) auf zweifache Weise *figuriert (mise en figure)* werden. Als erstes müssen sie nach der Art der Personen, Ereignisse, Schauplätze und Prozesse *verbildlicht* werden, wie sie sich in *Geschichten* finden, also in Fabeln, Mythen, Ritualen, Epen, Ritterromanzen, Romanen und Theaterstücken. Als zweites müssen sie als in Beziehungen verstrickte Figuren gestaltet werden, wie wir sie aus den Handlungsstrukturen gängiger Erzählgattungen kennen, z. B. aus Epen, Ritterromanzen, Tragödien, Komödien und Farcen. Die Beschreibung historischer Gestalten als Figuren in Geschichten, die zu bestimmten Zeiten an bestimmten Orten spielen, ergibt den Darstellungstyp der Chronik. Die Beschreibung dieser Figuren mit Bezug auf ihre Funktionen in Handlungszusammenhängen verleiht dem Verlauf ihres Lebens handlungsrelevanten Sinn. Auf diese Weise können historische Prozesse als die *Erfüllung* eines Schicksals oder einer Bestimmung konstruiert werden, so daß sie nicht als Fälle mechanischer oder teleologischer Kausalität, sondern als kontingente Ergebnisse des Wechselspiels von freien Willensentscheidungen (Wahlen, Motiven, Intentionen) und deren historisch spezifischen Einschränkungen verstanden werden können. Erfüllung bedeutet die Entfaltung aller der in der „Situation" (dem als Schauplatz möglicher Handlungen gefaßten Kontext) enthaltenen Handlungsmöglichkeiten. Die Figurierung von Akteuren, Agenturen, Handlungen, Ereignissen und Schauplätzen als Elemente dramatischer Konflikte und ihrer Lösungen (als Siege oder Niederlagen) ist das Instrument der Konstruktion narrativer Interpretationen historischer Prozesse. Die Dramatisierung *(mise en intrigue)* ist das Instrument, um eine spezifische Menge von zunächst sequentiell beschriebenen Ereignissen zu desequentialisieren und als eine Struktur von Äquivalenzen darzustellen, so daß frühere Ereignisse der Kette als Vorwegnahmen, Vorläufer oder Prototypen ihrer späteren, vollkommeneren „Verwirklichungen" aufgewiesen werden. (Tacitus zeigt die Ereignisse des *quinquennium*, der ersten fünf Jahre der Regierungszeit Neros, als er noch ein „guter" Kaiser zu sein schien, als – unvollständige, partielle oder verhüllt antizipierende –

„Präfigurierungen" des „schlechten" Kaisers, als der sich Nero schließlich erwies.) Die erfüllte Figur wirft ihr Licht zurück – retrospektiv, in narrativer Darstellung retroaktiv – auf die früheren Figurierungen der beschriebenen Personen oder Prozesse. Dieses narrative Figur-Erfüllungs-Modell macht den Gemeinplatz so einleuchtend, daß der Historiker ein Prophet sei, allerdings ein solcher, der „rückwärts" prophezeie. Es rechtfertigt die Auffassung, daß der Historiker gegenüber den historischen Figuren, die er untersucht, deshalb eine privilegierte Position einnimmt, weil er erst nach dem Ablauf einer bestimmten Menge von Ereignissen auftritt und daher „weiß, wie alles wirklich ausgegangen ist". Aber was kann „wirklich ausgegangen" hier bedeuten? Es kann nur bedeuten, daß der Historiker seine Figurierung einer gegebenen Ereignismenge mit Bezug auf ein „Ende als Erfüllung" vorgenommen hat und daher in der Lage war, in früheren Ereignissen der Ereignisfolge verschwommene und unvollkommene Vorwegnahmen dessen zu erkennen, was später „tatsächlich der Fall sein sollte". Die sinnstiftende Wirkung der narrativen Darstellung der Ereignisfolge ergibt sich aus der Methode, Ereignisse zwar in der Reihenfolge ihres Auftretens darzustellen, sie jedoch als „Indizien" für eine Handlungsstruktur zu konstruieren, die erst am Schluß der Erzählung in der Figurierung der Ereignisse als „Erfüllung" erkennbar werden wird.

Noch viel mehr ist über dieses Figur-Erfüllungs-Modell und seine verschiedenen Ausprägungen in der antiken, christlichen und neuzeitlichen Historiographie zu sagen. Es ist besonders darauf hinzuweisen, daß dieses Modell die historischen Darstellungen im Lobpreisungs- oder Erlösungsmodus bestimmt. Die von Hillgruber und Nolte so genannten „Freuden des Erzählens" sollten helfen, einen „Teil" der deutschen Vergangenheit zu retten, einen Teil, der des Erzählens würdig schien, und zwar als Drama der Erfüllung, nicht des Abstiegs und der Degeneration. Das Drama der Erlösung als Beziehung zwischen Verheißung und Erfüllung ist bereits in den Worten Jesu am Vorabend seines Einzugs in Jerusalem enthalten (wir könnten sagen „erfüllt"), wo der Bund zwischen Gott und den Juden in seiner Passion „erfüllt" werden sollte: „Die Zeit *(kairos)* ist erfüllt *(peplerotai)*" (Mk. 1, 15).

Diese Überlegungen müssen aber eingehender abgehandelt werden, als das hier möglich ist. Der entscheidende Aspekt ist der konstruktive (oder, präziser: konstruktivistische) Charakter des Erzählens sowie aller jener Techniken der Figurierung, ohne die historische Ereignisse nicht mit narrativer Bedeutung ausgestattet werden können.

Die Historiographie, die Anthropologie und die Psychoanalyse sind meines Wissens die einzigen Disziplinen der Humanwissenschaften, die die Narrativierung nach wie vor als ein legitimes Erklärungsverfahren ansehen, nicht bloß als eine Methode der Vulgarisierung, mit deren Hilfe Forschungsergebnisse einem Laienpublikum verständlich gemacht werden sollen. Es liegt auf der Hand, daß Erzählungen komponiert (oder: konstruiert) werden müssen, auch dann, wenn ihre Konstruktion als *Kopieren* der Realität angesehen wird, auf die sie sich beziehen soll, und nicht als Realisierung eines vorgefertigten Sequenzmodells für einen Teil der Welt, den dieses abzubilden beansprucht. Beide dieser Auffassungen narrativer Wahrheit ignorieren oder verdrängen jedoch die Tatsache, daß der Teil der Welt, der als Erzählung oder als Teil einer solchen abgebildet werden soll, selbst konstruiert werden muß, mit Hilfe von Beschreibungstechniken nämlich, die Fakten (Kontexte, Personen, Ereignisse, Institutionen und Prozesse) in *Figuren* verwandeln. Die historische Persönlichkeit Napoleon III. muß „figuriert" werden, entweder als Held oder als Scharlatan, wenn er als glaubhafte Person Gestalt gewinnen und in den „Dramen", die Marx und Proudhon über ihn verfaßt haben, überzeugend auftreten können soll.

Natürlich gibt es einen Unterschied zwischen der Figurierung und der begrifflichen Fassung historischer Ereignisse und Prozesse. Betrachtet man sie aber als Operationen, um entweder eine narrative Darstellung oder eine Erklärung in Form einer Demonstration herzustellen, dann ist die begriffliche Fassung immer eine Abstraktion von einer Figur. In der Konstruktion historischer Vergangenheiten geht immer die Figur dem Begriff voraus, nicht umgekehrt. Das ist der Unterschied zwischen der Geschichtsschreibung à la Ranke und der Geschichtsphilosophie à la Hegel.

Lassen Sie mich ein Beispiel bringen. (Mir ist klar, daß ich damit Gefahr laufe, meine Argumentation zu beeinträchtigen; ein „Beispiel" ist ja, wie wir alle wissen, eine rhetorische Figur, die der „Konkretisierung" dienen soll, allerdings um den Preis der Verminderung der Aufmerksamkeit für einen Schwachpunkt des begrifflichen Argumentationsganges, den sie verdeckt.)

Im letzten Historikerstreit in Deutschland drehte sich die Debatte nicht nur um die „Einzigartigkeit" oder „Vergleichbarkeit" des Dritten Reiches mit Bezug auf andere mehr oder minder genozidale Regime der Geschichte, sondern auch um die möglicherweise kosmetischen Wirkungen des „Erzählens" der Handlungen irgendeiner auf welche Weise auch immer mit der „Endlösung" verbundenen Gruppe.[6] Meine hier anwesenden Zuhörer werden sich besser als die meisten anderen daran erinnern können, wie Andreas Hillgruber als Lamm oder Ziege auf dem Altar der Wissenschaften und der Gerechtigkeit geopfert werden sollte, als er beliebte, die Ereignisse der letzten zwei Jahre des Zweiten Weltkrieges in Deutschland die „Zerschlagung des Deutschen Reiches" und das, was mit den Juden

---

6 Ich sollte natürlich den Ausdruck „Endlösung" in Anführungszeichen setzen, nicht nur um anzuzeigen, daß es sich um die „Zitierung" eines Ereignisses handelt, sondern auch, daß der Ausdruck ursprünglich ein Euphemismus war, also eine Figur, die für ein sehr reales Programm stand, das eigentlich korrekt ganz anders benannt werden muß – wie? Holocaust? Shoah? Vernichtung? Oder einfach Genozid? Das Problem der Benennung dieses Ereignisses – begründet durch die Tatsache, daß ein Ding im historischen Diskurs letztendlich „das" ist, was „die Gemeinschaft der professionellen Historiker" es zu nennen entscheidet – ist im Laufe der letzten dreißig Jahre bei vielen Veranstaltungen diskutiert worden. Vgl. S. Friedländer (ed.) (1993): Probing the limits of representation: Nazism and the „final solution". Cambridge, MA (Harvard University Press).

geschah, als „das Ende des europäischen Judentums" zu bezeichnen.[7] Sie werden sich daran erinnern, daß Hillgruber an den Pranger gestellt wurde, weil er es wagte zu behaupten, eine bestimmte Gruppe historischer Akteure – nämlich Einheiten der Wehrmacht, die im letzten Kriegsjahr an der Ostfront kämpften – könnte durchaus überzeugend in einer Erzählung dargestellt werden, die ihr einen gewissen Heldenstatus gibt und der deutschen Nation nach der totalen Schande ein gewisses Maß an Ehre retten würde. Mit anderen Worten, Hillgruber hätte damals aus der Profession entfernt werden sollen, weil er getan hatte, was Historiker immer getan haben: Er hatte versucht, die Vergangenheit der Nation zu rechtfertigen und darüber Geschichten zu erzählen – oder eher, *indem* er darüber Geschichten erzählte.

In dieser Debatte wurde stillschweigend vorausgesetzt, daß jeder wußte, was mit Deutschland, Sowjetunion, Gulag, Zweitem Weltkrieg, Holocaust, Endlösung, Ostfront *gemeint* war, von den Türken, den Armeniern, Pol Pot, Himmler usw. gar nicht zu reden – und so war es auch. Es ging dabei um *wirkliche* Dinge, Ereignisse, Personen, Programme, Orte, Völker – was Sie wollen. Es war ausgeschlossen, ihre einstige und gegenwärtige Wirklichkeit zu leugnen. Nur verschwommen erkannt oder, wenn erkannt, nicht besonders betont wurde, daß das, was verglichen wurde oder als „unvergleichbar", „einzigartig" oder „inkommensurabel" galt, in den unterschiedlichen *Beschreibungen* dieser Dinge bestand, die als *mögliche* Gegenstände des Vergleichs, der Erklärung oder moralischen Beurteilung „festgelegt" (gesetzt) und figuriert worden waren, bevor darauf die spezifischen Methodologien, begrifflichen Werkzeuge und Fachterminologien angewandt wurden, um sie als „Fakten" in einer spezifischen Zone „der Vergangenheit" zu fixieren (in diesem Fall der „jüngeren" Vergangenheit, selbst weniger ein Begriff als eine seltsam mehrdeutige „Figur" der Zeitlichkeit). Die Debatte drehte sich um Fragen der Beweise und die Einschätzung der Überbleibsel der Vergangenheit, wie sie in den dokumentarischen Aufzeichnungen vorlagen, und operierte auf beiden Seiten unvermeidlich mit Anklagen des Mißtrauens, der Parteilichkeit oder des politischen Vorurteils. Und dies, obwohl professionelle Historiker den Streit austrugen, deren fachliche Leistungen, wie jedermann bekräftigte oder zu glauben vorgab, über jeden Zweifel erhaben waren. Die Ursache dieser paradoxen Situation war in meiner Sicht die Fetischisierung der Buchstäblichkeit, die die Geschichtswissenschaft belastet, seitdem sie sich von ihrer traditionellen literarischen und diskursiven Praxis abgekoppelt hat und eine „Naturwissenschaft" des „Konkreten" sein will. Ich möchte jetzt nicht weiter auf diese Geschichte eingehen und nur festhalten, daß die historische Forschung durch diese Entscheidung mit systematischer Blindheit geschlagen ist gegenüber dem Faktum ihrer *diskursiven* Natur, ihrem Status als

---

7 A. Hillgruber (1986): Zweierlei Untergang: die Zerschlagung des Deutschen Reiches und das Ende des europäischen Judentums. Berlin (Siedler).

einer Praxis der „Komposition" und ihren unentrinnbar tropologischen Methoden der Konstitution ihrer Forschungsobjekte. Damit meine ich, daß die Eigenart des Forschungsobjekts der Geschichtswissenschaft – es ist in „der Vergangenheit" lokalisiert, per definitionem ein Objekt, das *nicht mehr* ostensiv definiert werden kann, d. h. ein Objekt, das *nur mit Hilfe* seiner Überbleibsel erschlossen oder besprochen werden kann – den Historiker zwingt, dieses Objekt als eine Figur zu zeigen, als ein sprachliches Bild, ein Simulakrum eines Dings, das angeschaut werden könnte, eines virtuellen Objekts also, das folglich unterschiedliche Auffassungen zuläßt, was es gewesen sein oder woraus es in seinem früheren Zustand bestanden haben könnte. Dies aber schränkt nicht nur die Möglichkeiten ein, konkurrierende Interpretationen des Objekts auf die eine beste und plausibelste Interpretation zu reduzieren, sondern auch die Möglichkeiten, konkurrierende Auffassungen dessen, „was die Tatsachen sind", auf die eine beste und exakteste Darstellung der Tatsachen zu reduzieren. Denn die Tatsachen sind Figurationen, die als Prädikationen posieren, Bilder, die als Manifestationen begrifflicher Aussageninhalte posieren oder präsentiert werden und den logischen Gesetzen der Identität und Widerspruchsfreiheit gehorchen. Die Logik der narrativen Darstellung der Welt – ob ihrer Vergangenheit, ihrer Gegenwart oder der Beziehungen zwischen diesen – ist eine Logik der Figuren und Tropen, also eigentlich überhaupt keine Logik, wenn man nicht der Auffassung ist, eine Ansammlung von Bildern sei eine Bedeutungsstruktur logischer Art.

Ich glaube, daß Walter Benjamin das gesehen hat, als er Adornos kritische Charakterisierung seiner Arbeit als eine Melange aus „Positivismus und Mystizismus" ohne „Theorie" mit der Feststellung beantwortete: „Die Geschichte zerfällt nicht in Geschichten, sie zerfällt in Bilder." Wie Sie wissen, versuchte Benjamin theoretisch zu fassen, was er das „dialektische Bild" nannte, womit die widersprüchliche Natur jedes historisch bedeutsamen Ereignisses der Vergangenheit eingefangen werden sollte. Für ihn sind die Bilder, die wir in den Dokumenten „eingeschlossen" finden wie eine Fliege im Bernstein, nicht diejenigen, die eine eindeutige und in sich konsistente gesellschaftliche Wirklichkeit verkörpern, sondern jene, die wie Standfotografien einen Augenblick der Spannung und des Wandels, eine Unterbrechung zwischen zwei Momenten angenommener Gegenwart festhalten. Ich bin mir da nicht so ganz sicher, aber mir scheint, daß Benjamin in seinen Versuchen, das „dialektische Bild" theoretisch zu fassen, eine Einsicht verrät, die in der bereits zitierten Feststellung formuliert wird, „daß die Geschichte nicht in Geschichten zerfällt, sondern in Bilder". Die Wahrheit ist – und ich meine das bloß bildlich, nicht wörtlich – , daß alle Bilder der Vergangenheit „dialektisch" sind, voll der Aporien und Paradoxien jeder Abbildung. Und daß sie nur durch Narrativierung „erfüllt" werden können: als Geschichten.

Deutsche Fassung: Wolfram K. Köck

Narrativität und Objektivität in der Geschichtswissenschaft
Jörn Rüsen

„Narrativität" und „Objektivität" sind Eigenschaften des historischen Denkens, die sich gegenseitig auszuschließen scheinen. Die Kategorie der Narrativität rückt das historische Denken und mit ihm die Geschichtswissenschaft nahe an die Literatur. Sie erschließt den literarischen Charakter der Historiographie und die sprachlichen Vorgänge und Prinzipien, die „Geschichte" als eine sinn- und bedeutungsvolle Repräsentation der Vergangenheit in den kulturellen Praktiken der historischen Erinnerung konstituieren. Die Kategorie der Objektivität erschließt demgegenüber eine bestimmte Art des historischen Wissens, die durch die methodisch geregelten Prozeduren der Forschung gewonnen wird, es mit einem hohen Anspruch auf Geltung ausstattet und über den Bereich willkürlicher Meinung erhebt.

Die gegenwärtige Situation der Geschichtswissenschaft ist durch ein gestörtes Verhältnis charakterisiert, das zwischen den fachlichen Standards der historischen Erkenntnis im Selbstverständnis der professionellen Historikerinnen und Historiker und der geschichtstheoretischen Explikation der Prinzipien dieser Erkenntnis besteht. Auf der einen Seite steht die geschichtstheoretische Klarheit und Eindeutigkeit der Narrativität als Prinzip des historischen Denkens, das jeder wissenschaftlichen Objektivität in der Repräsentation der Vergangenheit als Geschichte vorausgeht und zugrunde liegt und die mit dem Objektivitätsprinzip verbundenen Geltungsansprüche problematisch erscheinen läßt; auf der anderen Seite ist die Praxis der akademischen Historie durch wissenschaftsspezifische Einstellungen und Erkenntnisverfahren bestimmt, die die professionellen Historikerinnen und Historiker dazu veranlassen, ihre Forschungsarbeit und ihre Geschichtsschreibung mit einer strengen Verpflichtung auf methodische Rationalität zu vollziehen. Es ist diese Rationalität der Methode, die das historische Wissen, das durch Forschung gewonnen und in Historiographie präsentiert wird, mit den besonderen Geltungsansprüchen der Objektivität ausstattet.

Die folgenden Überlegungen sollen diese zwei Einstellungen und Perspektiven des historischen Denkens miteinander vermitteln.

Das historische Wissen, das durch die kognitive Prozedur der methodisch geregelten Forschung errungen wird, verdankt der Narrativität Qualifikationen, die gemeinhin als strikte Negation von Objektivität verstanden werden: nämlich Retrospektivität, Perspektivität, Selektivität und Partikularität[1].

Retrospektivität heißt, daß der Zugang zur Erfahrung der Vergangenheit durch Zukunftsprojektionen bestimmt ist, die dazu tendieren, den

---
1 Vgl. Füßmann (1994), S. 27–44, bes. S. 32–35.

IV. Geschichte(n), Interpretation und Hermeneutik

Horizont der Erfahrung der Vergangenheit zu überschreiten. Die Retrospektivität des historischen Denkens ist gleichsam die offene Tür, durch die nichtempirische Elemente, subjektive Interessen, Normen und Werte, Hoffnungen und Ängste das historische Verhältnis zwischen Vergangenheit und Gegenwart betreten und dabei Einfluß auf die kognitive Struktur des historischen Denkens haben, die durch methodische Rationalität bestimmt ist.

Perspektivität bringt das konstitutive Verhältnis zwischen Vergangenheit und Gegenwart, das Geschichte ausmacht, zur Geltung; es verankert die historische Perspektive in den praktischen Orientierungsproblemen, die der Historiker mit seiner Zeit teilt. Sie realisiert die Abhängigkeit des historischen Sinns und der historischen Bedeutung der Vergangenheit vom Standpunkt der Historiker im sozialen Leben ihrer Zeit.

Selektivität bezeichnet die Konsequenzen der Retrospektivität und Perspektivität hinsichtlich des Erfahrungsinhaltes des historischen Wissens. Nur eine bestimmte Art und ein bestimmtes Ausmaß an Informationen aus dem Quellenmaterial ist relevant für die Forschung, nämlich nur das, was den subjektiven Vorgaben von Sinn und Bedeutung der Vergangenheit für die Orientierungsprobleme der Gegenwart entspricht. Die selegierenden Kriterien sind Normen und Werte, die die Vergangenheit mit Sinn und Bedeutung ausstatten und dadurch allererst zur Geschichte machen. Nur im Rahmen solcher Sinnbestimmungen und Bedeutungsqualifikationen kann die Vergangenheit als Geschichte erkannt werden.

Partikularität reflektiert die Grenzen des Zugangs der historischen Interpretation zur Erfahrung der Vergangenheit. Sie bezieht auf grundsätzliche Weise das historische Wissen auf die Zwecke der Identitätsbildung durch historische Erinnerung. Da Identität grundsätzlich partikular ist – sie stellt immer einen Unterschied zu anderen dar –, ist auch das historische Wissen als schöpferischer Spiegel der Identitätsbildung stets partikular und verlangt daher auch eine Pluralität von Zugängen zur Vergangenheit. Damit entspricht es der Pluralität von Identitäten und Dimensionen von Identität und den ihnen zugeordneten Interessen und Unterscheidungen des praktischen Lebens.

Mit seiner Retrospektivität, Perspektivität, Selektivität und Partikularität nimmt das historische Wissen am kulturellen Diskurs teil, durch den Gemeinsamkeit und Unterscheidung als wesentliche Resultate kulturellen Orientierens in der menschlichen Welt erzielt werden. Das gilt insbesondere für soziale Beziehungen und für politische Herrschaft. Man kann deshalb von einem Prinzip der *Kommunikativität* sprechen, das das historische Wissen als Element dieses kulturellen Diskurses konstituiert. Es organisiert den akademischen Diskurs im politischen Zusammenhang der Öffentlichkeit als einen Teil des kulturellen Machtkampfes. In seiner kommunikativen Erstreckung ist das historische Denken bestimmt durch Macht und Herrschaft; es spiegelt sie in der Art und Weise, wie die geschichtliche Erinnerung die menschliche Welt wahrnimmt und interpretiert. Erst im

Kontext dieser Kommunikation gewinnt Geschichte als vergegenwärtigte Vergangenheit Lebendigkeit und Macht als Teil des gegenwärtigen Lebens. Konfrontiert man die historische Objektivität mit dieser unvermeidlichen Integration der Geschichte in die menschliche Lebenspraxis, dann verkehrt sie sich geradezu in ihr Gegenteil und erscheint als ein kulturelles Mittel im politischen Machtkampf mit der symbolisierenden Kraft der Kultur. Jede Geschichte der Geschichtsschreibung ist ein empirischer Beleg für diese Rolle der Geschichtswissenschaft.[2]

Es gibt einen Schlüsselbegriff in der jüngeren Diskussion der Historik, der diesen Rückzug der Objektivität aus dem Feld der Geschichtswissenschaft (zumindest in der Perspektive der metahistorischen Reflexion auf die konstitutiven Prinzipien der historischen Erkenntnis) anzeigt: *Fiktionalität*. Fiktionalität ist der Gegenbegriff zur Objektivität im semantischen Kontext einer positivistischen Erkenntnistheorie. Objektivität steht erkenntnistheoretisch für die empirische Sicherheit der Informationen, die durch die Forschungsoperation der Quellenkritik aus dem Quellenmaterial gewonnen werden. Diese Informationen bestehen aus den sogenannten „Fakten": Sie besagen, daß zu einer bestimmten Zeit an einem bestimmten Ort etwas in einer bestimmten Weise aus bestimmten Gründen geschehen ist. Eine „Tatsache" ist eine Antwort auf die „Wann-wo-was-wie-warum-Frage". Eine solche Tatsache hat keinen spezifisch historischen Sinn in sich selbst, sondern gewinnt ihn nur in einer zeitlichen und zugleich semantischen Beziehung zu einer anderen Tatsache. Dieses Verhältnis wird durch die historische Interpretation realisiert. Um diese „Historisierung" der Fakten zu leisten, verwendet die historische Interpretation Prinzipien von Sinn und Bedeutung, die einen ganz anderen ontologischen Status haben als die Tatsachen selber. Verglichen mit der puren Faktizität des Informationsgehalts der Quellen, sind sie mehr und anderes als bloß Faktisches im narrativen zeitlichen Zusammenhang, der den Tatsachen die spezifisch „historische" Qualität erst gibt. Um diesen Unterschied, dieses andere und dieses Mehr zu bezeichnen, wird der Terminus „Fiktionalität" verwendet. Da die Interpretation die spezifisch historische Beziehung zwischen den Tatsachen in eine narrative Form bringt, ist sie als Erkenntnisvorgang nah verwandt mit dem Vorgang des Erzählens einer Geschichte. Auch das wird durch den Terminus „Fiktionalität" zum Ausdruck gebracht. Der sinngenerierende Prozeß der historischen Interpretation erscheint unter der Herrschaft dieser Kategorie als „ein wesentlich poetischer Akt" (White 1973, S. X) und als wesensähnlich derselben mit Literatur und bildender Kunst.[3]

---

[2] Dies zeigt deutlich (mit dezidiert antiobjektivistischer Tendenz) Novick (1988). Vgl. dazu Waechter (1993).
[3] P. Burke (1994) hat sich dieser Fragestellung in historischer Perspektive zugewandt: Geschichtsfakten und Geschichtsfiktionen. *Freibeuter* 62: 47–68.

IV. Geschichte(n), Interpretation und Hermeneutik

Diese Poetisierung der historischen Erkenntnis hängt eng mit einem Mangel an einer Methodologie der historischen Interpretation zusammen.[4] Die Historik übersieht, daß die Geschichtswissenschaft nach wie vor mehr oder weniger theoretisch explizierte Interpretationsrahmen verwendet, wenn sie die aus den Quellen erhobenen Tatsachen in einen sinnvollen historischen Zusammenhang bringt.[5] Zumindest schließt der poetische Vorgang narrativer Sinnbildung kognitive Prozeduren ein, die den methodischen Regeln der historischen Forschung verpflichtet sind. Die Geschichtsschreibung als ein Vorgang des historischen Denkens, der sich von demjenigen der Forschung unterscheiden läßt (obwohl beide natürlich untrennbar miteinander zusammenhängen), ist auch in der geschichtstheoretischen Reflexion der Geschichtswissenschaft niemals vollständig vernachlässigt worden, als deren Objektivitätsansprüche, ihr Selbstverständnis und ihr Prestige sie als Wissenschaft legitimiert hatte.[6] Sie wurde aber zumeist nur im Zusammenhang mit, ja als abhängig von der methodischen Rationalität der historischen Forschung gesehen, und ihre konstitutive Rolle im sinnbildenden Umgang mit der Erfahrung der Vergangenheit, die im Vordergrund der Reflexion auf Geschichtsschreibung in der Rhetorik stand, geriet aus dem Blick. Jetzt ist es genau umgekehrt: Die rationalen Mittel der Forschung, wenn sie denn überhaupt noch thematisiert werden, erscheinen als abhängig von fundamentalen linguistischen Prozeduren der Sinnbildung, wenn die Quelleninformationen zu einer sinnvollen Geschichte geformt werden. Wie kann man die Ambivalenz dieser wechselseitigen Verblendung von Rationalität und Ästhetik vermeiden?

Um die mit dem Objektivitätskonzept verbundenen Wahrheitsansprüche in das historische Denken zurückkehren zu lassen, ist zunächst einmal die Bedeutung des Terminus „Objektivität" zu klären. Man kann unter Objektivität zweierlei verstehen. Zunächst einmal handelt es sich um ein konstitutives Verhältnis des historischen Denkens zur Erfahrung. Das in der narrativ konstruierten Geschichte über die Vergangenheit Mitgeteilte, ihr Sachgehalt also, kann nicht einfach erfunden werden, sondern ist vorgegeben und hat in diesem „objektiven" Vorgegebensein durch die Historiker berücksichtigt zu werden. Die rationalen Operationen der historischen Forschung beruhen auf dieser Beziehung zwischen dem historischen Denken und der objektähnlichen Vorgabe der Erfahrung für die historischen Interpretation. *Erfahrung* ist eine definitive Grenze der Interpretation: Die historische Interpretation kann die Grenze der Erfahrung nicht überschreiten, wenn sie Behauptungen darüber aufstellt, was in der Ver-

---

4 Dieser Mangel wird schon in der Hoch-Zeit des wissenschaftlichen Selbstverständnisses der Historie deutlich, wenn man die einschlägigen Passagen von Bernheims Lehrbuch (1889/1908) mit Droysens Historik (1977) vergleicht.
5 Vgl. Rüsen (1986).
6 Vgl. Rüsen (1990, S. 135). Zur konstitutiven Rolle der Literatur und Ästhetik für den Entstehungsprozeß sich als Wissenschaft verstehender Historie vgl. Fulda (1996).

gangenheit geschehen ist, wann, wo, wie und warum etwas der Fall war oder nicht. Dieses Verhältnis zur Erfahrung schließt konstitutive subjektive Impulse überhaupt nicht aus, die die Historiker in ihren empirischen Umgang mit der Vergangenheit einbringen.

In einer zweiten Bedeutung deckt „Objektivität" sogar diese „subjektive" Seite der historischen Interpretation ab. Dann meint Objektivität einen Modus dieser Subjektivität selber, nämlich die intersubjektive Geltung der historischen Interpretation. Zunächst einmal bedeutet diese Objektivität, als Intersubjektivität verstanden, daß die historische Interpretation nicht willkürlich und beliebig subjektive Elemente des historischen Sinns im Prozeß der Interpretation verwenden kann, wenn die Quelleninformationen in den sinn- und bedeutungsvollen Zusammenhang einer historischen Erzählung gebracht und „Geschichte" als ein sinnvolles Verhältnis zwischen Vergangenheit und Gegenwart konstituiert wird, das tendenziell auf Zukunft ausgerichtet ist. Diese Bedeutung von „Objektivität" betrifft das Verhältnis der historischen Interpretation zum kulturellen Diskurs des jeweils gegenwärtigen sozialen Lebens, innerhalb dessen die historische Erzählung initiiert und konstituiert wird, auf den sie ausgerichtet ist und innerhalb dessen sie ihre Rolle als Orientierung des praktischen Lebens spielt.[7] „Objektivität" heißt, daß die historische Erfahrung im Hinblick auf diese drei Hinsichten (Konstitution, Adressierung und praktische Funktion) so interpretiert werden kann, daß es gute Gründe dafür gibt, eine historische Erzählung zu akzeptieren und eine andere zurückzuweisen. Hier läßt sich mit guten Gründen von „Vernunft" sprechen: Es gibt Prinzipien der Interpretation, auf die jeder Historiker und jede Historikerin verpflichtet ist, solange er oder sie eine historische Erzählung gestalten will, deren Geltung jenseits bloßer subjektiver Beliebigkeit oder Willkür liegt.[8]

Der Objektivitätsanspruch, der das konstitutive Verhältnis des historischen Denkens zur Erfahrung betrifft, kann leicht dadurch begründet werden, daß man auf die fachlich etablierten Strategien der historischen Forschung verweist. Unbestreitbar ist aber die historische Methode zugleich beeinflußt, ja abhängig von heuristischen Zugängen zur historischen Erfahrung, die konstitutive Elemente von Subjektivität einschließen. Dabei handelt es sich vor allem um Gesichtspunkte von Sinn und Bedeutung im spezifisch historischen Verhältnis von Vergangenheit und Gegenwart. Nichtsdestoweniger aber kann man mit der methodischen Rationalität der Forschung Geltungsansprüche erheben, die keinen Zweifel daran lassen, daß der Informationsgehalt der Quellen eine wesentliche Rolle als Grenze des subjektiven Spielraums der historischen Interpretation spielt.[9]

---

7 Vgl. hierzu die nicht auf Geschichtswissenschaft, sondern auf die Kulturwissenschaften im allgemeinen bezogenen Ausführungen in Apel u. Kettner (1994).
8 Zum Konzept von Vernunft vgl. die grundsätzlichen Überlegungen von Welsch (1996).
9 Appleby a. Jacob (1994); Bevir (1994); Gossman (1990); Kocka (1986), S. 40–47: Objektivitätskriterien in der Geschichtswissenschaft; Koselleck, Mommsen u. Rüsen (1977); Rüsen (1975).

IV. Geschichte(n), Interpretation und Hermeneutik

Hinsichtlich der Bedeutung von Objektivität als Intersubjektivität liegen die Dinge anders. Es ist eine offene und heftig umstrittene Frage, ob es eine vergleichsweise strikte methodische Rationalität in den Vorgängen gibt, durch die die Informationen des Quellenmaterials in den sinn- und bedeutungsvollen narrativen Zusammenhang einer Geschichte gebracht werden. Man sollte aber nicht übersehen, daß es zumindest unbestreitbare *rationale Kriterien der Intersubjektivität gibt, die für die Konsistenz und Kohärenz einer historischen Erzählung stehen.* Diese Konsistenz sollte daraufhin betrachtet werden, welche Prinzipien von Intersubjektivität als notwendige Bedingung für die Plausibilität oder die „Wahrheit" einer historischen Erzählung gelten.

Um dieser Wahrheit näher zu kommen, ist es nützlich, zwei Dimensionen der Konsistenz einer historischen Erzählung zu unterscheiden, eine theoretische und eine praktische.

Theoretische Kohärenz ist eine Angelegenheit des Deutungsmusters der historische Interpretation und seines Verhältnisses zum Informationsgehalt des Quellenmaterials. Die postmoderne Geschichtstheorie hat sich hauptsächlich darauf konzentriert, Metaphern als wesentliche Elemente der historischen Sinnbildung zu beschreiben. Mit ihnen wird die Erfahrung der Vergangenheit in eine sinnvolle Geschichte der Gegenwart transformiert.[10] Die methodische Rationalität der Geschichtswissenschaft hat jedoch bereits eine Transformation, ja eine *Überschreitung von Metaphern zu Begriffen und Theorien* erbracht.[11] Mit einer solchen Konzeptualisierung gewinnt die historische Interpretation eine bestimmte Qualität, die ihre intersubjektive Geltung auszeichnet. Ich möchte sie ihre *Rekonstruiertheit* nennen. Damit meine ich, daß die historische Interpretation durch ihre Begrifflichkeit eine Durchsichtigkeit und Klarheit gewinnt, die es jederzeit möglich macht, die Argumentation, die zu ihr hinführt, auf ihre Stimmigkeit hin zu überprüfen und sie zu bestätigen, zurückzuweisen oder mit einer weiterführenden Argumentation zu verändern. Diese Transparenz kann in eine methodische Regel der historischen Forschung übersetzt werden: Die Interpretation sollte in einem expliziten begrifflichen Rahmen erfolgen. Durch explizite begriffliche Mittel in einer mehr oder weniger theoretischen Form wächst der historischen Interpretation ein bestimmtes Ausmaß an Reflektiertheit zu, die die Elemente *explanatorischer Rationalität* im Erzählen einer Geschichte über die Vergangenheit verstärkt und damit dem Sinn dieser Geschichte eine argumentative Form gibt, in der sie an die rationale Kompetenz derjenigen adressiert wird, denen sie erzählt wird. Die kreativen mentalen Prozesse der historischen Narrativität gewinnen die Qualität einer argumentativen Struktur und bereichern das mentale Spiel der historischen Sinnbildung mit den rationalen Kräften der Überprüfbarkeit durch Erfahrung, logische Kohärenz und Erklärungskraft.

10 Vgl. Ankersmit (1994).
11 Leider ist die einschlägige Debatte auf der Ebene der Historik eingeschlafen. Vgl. Kocka u. Nipperdey (1979); Kocka (1977); Meran (1985).

Praktische Kohärenz ist eine Qualität der historischen Erzählung, durch die sie hinsichtlich ihrer praktischen Funktion, die sie in der kulturellen Orientierung des menschlichen Lebens erfüllt, plausibel wird.[12] Ist es möglich, *Kohärenz* und *Intersubjektivität* – also: Anzeichen von *Vernunft* – auch in den Abgründen des menschlichen Lebens zu finden, wo Interessen, Konflikte, Machtstreben und die überwältigende Kraft des Drangs nach Selbstachtung und sozialer Anerkennung eine entscheidende Rolle in den Vorgängen spielen, in denen die Bilder der Vergangenheit für die Zwecke der Gegenwart und deren Zukunftsperspektiven geformt werden? Die Antwort ist einfach und klar: Ohne diskursive Elemente von Intersubjektivität wäre praktisches menschliches Leben unmöglich. Ich denke an die kulturellen Faktoren, die menschliche Lebewesen dazu befähigen, ihre Konflikte friedlich zu lösen: sich mit Erfahrung abzufinden, sich mit Argumenten und nicht mit Gewalt zu überzeugen, Gründe zu entwickeln und zu akzeptieren, die man präsentieren muß, wenn man Orientierungsansprüche im kulturellen Handlungsrahmen des praktischen Lebens erhebt.

Diese Elemente können im Hinblick auf die sensibelste praktische Funktion des historischen Denkens spezifiziert werden: seine Rolle im Prozeß der Bildung persönlicher und sozialer Identität. Analog zur methodischen Rationalität, die die theoretische Kohärenz einer historischen Erzählung hervorbringt, gibt es auch eine *praktische Vernunft* und Rationalität in der Regulierung von Differenzen und Spannungen im Prozeß der Identitätsbildung. Diese Vernunft ist im politischen Machtkampf und in der konfliktreichen Strategie aufweisbar als Bestreben, eine lebbare Balance von Selbstwert und sozialer Anerkennung im Konzept der historischen Identität zu gewinnen. Es gibt ein wirkungsvolles kulturelles Mittel für Individuen und Gruppen, um ihren sozialen Platz im Verhältnis zueinander zu finden: Ich denke (in modernen Gesellschaften) an *die Kategorie der Gleichheit und an ihr verwandte Konzepte der Menschheit,* die als Regeln fungieren, mit Differenzen kulturell umzugehen.

Diese Kategorie ist ein praktisches Gegenstück zu den theoretischen Kräften der Sinnbildung, die historische Erzählungen mit der schon erwähnten argumentativen Transparenz ausstatten. Mit der Kategorie der Gleichheit kann eine solche Transparenz im praktischen Feld der Identitätsbildung ebenfalls erzeugt werden. Das ganze moderne System von Recht und Gesetz beruht darauf. Das klingt sehr theoretisch hinsichtlich der praktischen Probleme, um die es geht, aber man kann leicht darlegen, wie relevant diese abstrakte Argumentation für das praktische Leben ist. Denn was ist ein Mangel an Intersubjektivität in den Bildungsprozessen der historischen Identität? Es ist ein Mangel an Anerkennung, eine Marginalisierung, ein asymmetrisches Verhältnis zwischen Gemeinsamkeit und Anderssein.

---

12 Chris Lorenz (1994a) vollzieht diesen Schritt von theoretischer zu praktischer Intersubjektivität in einer erkenntnistheoretischen Argumentation zugunsten eines „inneren Realismus" der historischen Erkenntnis, der die Wertdimension historischer Bedeutung einschließt. Vgl. auch Lorenz (1994b).

Gleichheit als regulative Idee überwindet diesen Mangel an Intersubjektivität.

Aber für die Zwecke der Identitätsbildung durch historische Erinnerung ist Gleichheit als Kategorie der Intersubjektivität grundsätzlich ungenügend. Sie setzt eine abstrakte Universalität als Prinzip historischer Sinnbildung in Kraft, die jenseits der Vielfalt von Unterschieden liegt, innerhalb deren Kultur menschliche Identität verwirklicht. Insofern ist ein weiterentwickeltes Prinzip nötig, das diese Vielfalt betrifft, ohne von ihr zu abstrahieren, das also die Herausforderungen der Unterscheidung als notwendiges kulturelles Verfahren in der Identitätsbildung aufnimmt. Da jede Identität partikular ist, ist Intersubjektivität im Hinblick auf die Differenz von Partikularitäten eine Angelegenheit des Verfahrens, wie diese Partikularitäten zueinander ins Verhältnis gesetzt werden können und sollen. Eine Antwort darauf wäre eine methodische Regel, die die Differenz zwischen partikularen Identitäten nach dem Prinzip regelt, daß diejenigen, um die es geht, ihren Unterschied von den anderen und ihren Unterschied vom anderen in sich selbst *anerkennen* sollen und daß diese Anerkennung *gegenseitig* sein muß. Die regulative Idee von Intersubjektivität als methodisches Prinzip praktischer Kohärenz historischer Interpretation ist diejenige der wechselseitigen Anerkennung.[13]

Diese regulative Idee kann auf die Erkenntnisoperation der historischen Interpretation angewendet werden: Dann geht es um den perspektivischen Charakter jeder historischen Erzählung. Historische Interpretation wird dann auf eine Perspektive verpflichtet, die entweder den Unterschied von Standpunkten einschließt, in denen sich unterschiedliche Identitäten manifestieren, oder die andere Perspektiven als komplementär zu sich selbst in Kraft setzt, die auf andere Standpunkte bezogen werden. Die Vielfalt von Standpunkten und Perspektiven ist dann kein Einwand mehr gegen Objektivität, sondern im Gegenteil deren Verwirklichung hinsichtlich der Notwendigkeiten praktischer Kohärenz. Diese These ist umstritten. Man kann die Pluralität von Perspektiven nämlich auch als strikte Negation von Objektivität verstehen, indem diese als *noble dream* diskreditiert wird; dann gibt es kein regulierendes Prinzip hinsichtlich der Konflikte und Zwänge zwischen verschiedenen Perspektiven, sondern nur ein *bellum omnium contra omnes* oder einen *clash of civilizations* (Huntington 1996), der mit den Waffen der historischen Narrativität ausgefochten wird. Es ist allerdings auch ein anderes Konzept von Pluralismus möglich, das von der übergreifenden Regel der Komplementarität bestimmt ist, von wechselseitiger Kritik in der Form einer transparenten Argumentation mit Gründen und mit der Absicht auf gegenseitige Anerkennung. Es dürfte kein Zweifel darin bestehen, daß nur die letztere Konzeption von Pluralität als vernünftig und als „Objektivität" im Sinne der praktischen Kohärenz der historischen Interpretation zu gelten hat.

13 Vgl. Taylor (1993); Rüsen (1993a); Rüsen (1993b).

Diese regulative Idee der praktischen Kohärenz hat Konsequenzen für den heuristischen Zugang zur historischen Erfahrung. Dieser Zugang wird immer durch willentliche Normen und Werte gebahnt, die historischen Sinn konstituieren. *Praktische Intersubjektivität* ist ein solcher Wert, und sie hat ihr Echo, ihre Antwort in der Erfahrung der Vergangenheit selber, da Geschichte als ein Prozeß konzeptualisiert werden kann, in dem dieses Prinzip in den menschlichen Lebensformen, in Verfassungen, in Rechtssystemen und im sozialen Verhalten angestrebt wird.

Das Echo der historischen Erfahrung stattet Intersubjektivität als theoretische und praktische Kohärenz historischer Erzählungen mit der zusätzlichen Qualität von Objektivität im Sinne eines wahrheitsträchtigen Verhältnisses zur Erfahrung aus. Geschichte als Erfahrung liegt nicht außerhalb der Subjekte, die sie sich erzählen. Die historische Erfahrung ist nicht einfach nur in den Relikten der Vergangenheit „objektiv" da, mit denen die Historiker forschend als Quellen umgehen. Geschichte ist in der Subjektivität des Geschichtsbewußtseins selber schon vorgegeben,[14] und das sogar noch viel mehr als in den bloßen Relikten, denn die Subjekte selbst, ihre reale Lebensform, sind ja nichts anderes als das Ergebnis einer lang andauernden zeitlichen Entwicklung. Bevor man über Geschichte zu denken beginnt und bevor sie erinnert wird, ist sie schon da – in den Subjekten des historischen Denkens und der Erinnerung selber und in ihrer Lebenswelt. Bevor die Vergangenheit als Vergangenheit auch nur gedacht wird – und das ist eine notwendige Bedingung für die kulturelle Konstruktion von „Geschichte" als eines Elementes der kulturellen Orientierung –, ist die Vergangenheit schon immer Gegenwart. In dieser Gegenwart der Vergangenheit sind Intersubjektivität als praktische Kohärenz und Objektivität im Sinne des Erfahrungsbezuges gleichbedeutend. In dieser Vorgegebenheit ist die Vergangenheit noch nicht Geschichte geworden; sie ist noch nicht Vergangenheit; als Geschichte und Vergangenheit – so kann man sagen – ist sie unsichtbar. Um sie sichtbar zu machen, ist zwischen den drei Zeitdimensionen zu unterscheiden, und die mentalen Operationen des Geschichtsbewußtseins müssen in Kraft gesetzt werden. Das Ergebnis seiner Arbeit ist dann die historische Repräsentation der Vergangenheit. Diese kann ihre Orientierungsfunktion aber nur dann erfüllen, wenn sie die unsichtbare Geschichte nicht verloren hat, die wir selber sind. Nur eine historische Repräsentation der Vergangenheit, die diese unsichtbare Geschichte mental in Kraft hält, hat die Qualität der Objektivität, in der der Aspekt der Erfahrung und der Aspekt der Intersubjektivität synthetisiert sind und damit zugleich auch die theoretische und die praktische Dimension der historischen Sinnbildung im Verhältnis zwischen Vergangenheit und Gegenwart.

---

14 Vgl. dazu vor allem Carr (1986); Carr (1997).

IV. Geschichte(n), Interpretation und Hermeneutik

Literatur

Ankersmit, F. R. (1994): History and Tropology. The Rise and Fall of Metaphor. Berkeley (Univ. of California Press).
Apel, K.-O. u. M. Kettner (Hrsg.) (1994): Mythos Wertfreiheit? Neue Beiträge zur Objektivität in den Human- und Kulturwissenschaften. Frankfurt a. M. (Campus).
Appleby, J., L. Hunt a. M. Jacob (1994): Telling the Truth about History. New York (Norton);
Bernheim, E. (1889/1908): Lehrbuch der historischen Methode. (5. Aufl. u. 6. Aufl.: Lehrbuch der historischen Methode und der Geschichtsphilosophie.) Leipzig (Duncker & Humblot) [Reprint 1960, New York (Franklin)];
Bevir, M. (1994): Objectivity in History. *History and Theory* 33: 328–344;
Burke, P. (1994): Geschichtsfakten und Geschichtsfiktionen. *Freibeuter* 62: 47–68.
Carr, D. (1986): Narrative and the Real World: an Argument for Continuity. *History and Theory* 25: 117–131.
Carr, D. (1997): Die Realität der Geschichte. In: K. E. Müller u. J. Rüsen (Hrsg.): Historische Sinnbildung – Problemstellungen, Zeitkonzepte, Wahrnehmungshorizonte, Darstellungsstrategien. Reinbek (Rowohlt).
Droysen, J. G. (1977): Historik. Historisch-kritische Ausgabe. Hrsg. v. P. Leyh. Bd.1. Stuttgart-Bad Cannstatt (Frommann-Holzboog).
Fulda, D. (1996): Wissenschaft aus Kunst. Die Entstehung der modernen deutschen Geschichtsschreibung 1760–1860. Berlin (de Gruyter).
Füßmann, K. (1994): Historische Formungen. Dimensionen der Geschichtsdarstellung. In: K. Füßmann, H. Th. Grütter u. J. Rüsen (Hrsg.): Historische Faszination. Geschichtskultur heute. Köln (Böhlau).
Gossman, L. (1990): Between History and Literature. Cambridge, MA (Harvard Univ. Press);
Humboldt, W. von (1960): Über die Aufgabe des Geschichtschreibers. In: W. von Humboldt: Werke. Gesammelte Schriften (Akademie-Ausgabe). Bd. IV. Hrsg. v. A. Flitner u. K. Giel. Bd. 1: Schriften zur Anthropologie und Geschichte. Darmstadt (Wiss. Buchgesellschaft).
Huntington, S. (1996): Der Kampf der Kulturen. Die Neugestaltung der Weltpolitik im 21. Jahrhundert. München et al (Europaverlag).
Kocka, J. u. Th. Nipperdey (Hrsg.) (1979): Theorie und Erzählung in der Geschichte. (Theorie der Geschichte. Beiträge zur Historik. Bd. 3.) München (dtv).
Kocka, J. (Hrsg.) (1977): Theorien in der Praxis des Historikers. Forschungsbeispiele und ihre Diskussionen. Göttingen (Vandenhoeck & Ruprecht)
Kocka, J. (1986): Sozialgeschichte. Begriff – Entwicklung – Probleme. (2. Aufl.) Göttingen (Vandenhoeck & Ruprecht).
Koselleck, R. , W. J. Mommsen u. J. Rüsen (Hrsg.) (1977): Objektivität und Parteilichkeit. (Beiträge zur Historik. Bd. 1.) München (dtv).
Lorenz, Ch. (1994a): Historical Knowledge and Historical Reality: A Plea für "Internal Realism". *History and Theory* 33: 297–327.
Lorenz, Ch. (1994b): De constructie van het verleden. Een inleiding in de theorie van de geschiedenis. (4. Aufl.). Amsterdam [dt. (1997): Konstruktion der Vergangenheit. Eine Einführung in die Geschichtstheorie. Köln (Böhlau)].
Lukian (1965): Wie man Geschichte schreiben soll. Hrsg. u. übers. v. H. Homeyer. München (Fink).
Meran, J. (1985): Theorien in der Geschichtswissenschaft. Die Diskussion über die Wissenschaftlichkeit der Geschichte. Göttingen (Vandenhoeck & Ruprecht).
Novick, P. (1988): That Noble Dream. The "Objectivity-Question" and the American Historical Profession. New York/Cambridge (Cambridge Univ. Press).
Ranke, L. von (1885): Geschichten der romanischen und germanischen Völker von 1494 bis 1514. (Sämtliche Werke. Bd. 33). Leipzig (Duncker & Humblot).
Rüsen, J. (Hrsg.) (1975): Historische Objektivität. Aufsätze zur Geschichtstheorie. Göttingen (Vandenhoeck & Ruprecht).
Rüsen, J. (1986): Rekonstruktion der Vergangenheit. Grundzüge einer Historik II: Die Prinzipien der historischen Forschung. Göttingen (Vandenhoeck & Ruprecht).
Rüsen, J. (1990): Zeit und Sinn. Strategien historischen Denkens. Frankfurt a. M. (Fischer).
Rüsen, J. (1993a): Vom Umgang mit den Anderen – Zum Stand der Menschenrechte heute. *Internationale Schulbuchforschung* 15: 167–178.

Rüsen, J. (1993b): Human Rights from the Perspective of a Universal History. In: W. Schmale (ed.): Human Rights and Cultural Diversity. Europe – Arabic-Islamic World – Africa – China. Goldbach (Keip), S. 28–46.

Taylor, Ch. (1993): Multikulturalismus und die Politik der Anerkennung. Frankfurt a. M. (S. Fischer);

Waechter, M. (1993): Die Objektivitätsfrage und die amerikanische Geschichtswissenschaft. Zur Debatte um Peter Novicks Buch. *GWU* 44: 181–188.

Weber, M. (1968): Die „Objektivität" sozialwissenschaftlicher und sozialpolitischer Erkenntnis (1904). In: Max Weber: Gesammelte Aufsätze zur Wissenschaftslehre. Hrsg. v. J. Winckelmann. (3. Aufl.) Tübingen (Mohr).

Weber, W. (1987): Priester der Clio. Historisch-sozialwissenschaftliche Studien zur Herkunft und Karriere deutscher Historiker 1800–1970. (2. Aufl.) Frankfurt a. M. (Lang).

Welsch, W. (1996): Vernunft. Die zeitgenössische Vernunftkritik und das Konzept der transversalen Vernunft. Frankfurt a. M. (Suhrkamp).

White, H. (1973): Metahistory. The Historical Imagination in Nineteenth Century Europe. Baltimore (Johns Hopkins Univ. Press).

Verstehen
Zum Verhältnis von Konstruktivismus und Hermeneutik
Gebhard Rusch

Jede Hermeneutik stellt als Theorie und Lehre des (Text-)Verstehens eine konstruktive Strategie dar, mit Problemen semantischer Unter- bzw. Unbestimmtheit oder semantischer Offenheit umzugehen. In diesem Sinne ist nicht nur *Interpretation*, sondern jede Bedeutungszuschreibung eine aktive *Konstruktion*, gleichgültig ob sie sich als RE-Konstruktion (bzw. Re-Präsentation), als DE-Konstruktion oder schlicht als Erzeugung (kognitiv und sozial verträglicher) viabler Lesarten präsentiert, als – wie ich vorschlagen möchte – PRO-Konstruktion, als eine Konstruktion, die im Hinblick auf jeweilige Verwendungszusammenhänge und Zwecke erfolgt. Welche Ziele solchen Konstruktionsbemühungen im Rahmen unterschiedlicher Hermeneutiken gesetzt und welche Wege (Methoden) zur Erreichung dieser Ziele jeweils vorgeschlagen wurden bzw. werden, hängt dann von den Plausibilitätsbedingungen ab, die jeweiliges Weltwissen, Sprachwissen (im engeren Sinne: Semantik), soziales Wissen und Vermögen bestimmen.

So ließe sich die Geschichte des Umgangs mit dem Problem semantischer Offenheit, Un- oder Unterbestimmtheit von Texten mit Bezug auf die drei Parameter Text- bzw. Kommunikationstyp, Semantiktyp sowie Art der Rechtsstellung von Sprecher/Autor und Hörer/Leser/Interpret darstellen als eine Geschichte der Popularisierung von Literalität (allgemein: Medienkompetenz) mit einer fortschreitenden Ausdifferenzierung von Text-, Kommunikationstypen bzw. Genres (in Wechselwirkung mit der funktionalen Ausdifferenzierung von Gesellschaften), einer entsprechenden funktionalen Spezialisierung von Semantiken und einer zunehmenden Stärkung der Persönlichkeits- bzw. Individualrechte (der Menschen- und Bügerrechte) der Kommunikatoren und Rezipienten.

Entsprechend haben wir es mit historisch und systematisch ausdifferenzierten Semantiken und Hermeneutiken zu tun, z. B. mit Ästhetiken und Poetiken im Blick auf Kunst und Literatur, mit einer Kommentierungs- und Präzedenzhermeneutik in der Jurisprudenz, mit einer Formal- und Fachsprachenhermeneutik in den Wissenschaften, mit einer Billigkeits- oder Glaubwürdigkeitshermeneutik im Journalismus, mit einer Affekthermeneutik des Mood-Managements bei den Unterhaltungsangeboten der Massenmedien. Quer durch diese Kommunikationsbereiche verläuft dabei die Demarkationslinie von Fakt und Fiktion, wie sie durch Operationen der Faktualisierung und Fiktionalisierung in den Rezeptionsprozessen der einzelnen Mediennutzer markiert wird.

Die Verstehenslehren haben seit der Antike (Ars interpretandi; besonders in der Schule von Pergamon: allegorische Interpretation) über das Mittelalter (Lehren vom mehrfachen Schriftsinn; Origines, Augustinus), die Aufklärungshermeneutik (hier insbesondere F. Schleiermachers Universalisierung des Mißverstehens) und bis in unsere Tage Verstehensmöglichkeiten immer deutlicher relativiert bzw. schließlich sogar negiert. Hier sind besonders H. G. Gadamers historische Relativierung von Meinen und Verstehen und poststrukturalistische Konzeptionen wie z. B. die J. Derridas zu nennen.

Parallel ist in den Sprachwissenschaften ein Begriff von Verstehen als kognitiver Verarbeitung (Prozessierung) linguistischer Informationen entwickelt worden, der ebenfalls auf eine Relativierung des Verstehens auf individuelle kognitive Voraussetzungen, Wissensbasen, Erfahrungen, Fähigkeiten und Fertigkeiten der Informationsverarbeiter sowie auf Kommunikationskontexte, auf Konventionalität von Kommunikationsmitteln abstellt. Nach der Einsteinschen physikalischen und der Whorfschen linguistischen haben wir es seit dem *cognitive turn* der Psychologie und dem Generativismus der Linguistik auch noch mit einer Art kognitivistischer Relativitätstheorie zu tun.

1.

Im konstruktivistischen Diskurs sind bisher im wesentlichen Varianten dreier unterschiedlicher Verstehenskonzepte vertreten worden, die sich plakativ kennzeichnen lassen als *Eigenwerttheorien* (H. von Foerster; E. von Glasersfeld, K. Krippendorff, S. J. Schmidt; siehe Abschnitt 1.1), *Reflexionstheorien* (N. Luhmann; 1.2) und *Attributionstheorien* (G. Rusch; S. J. Schmidt; 1.3). Die Eigenwerttheorien des Verstehens sind im wesentlichen kybernetisch-psychologische Ansätze, die Verstehen als kognitiven/psychischen Prozeß unter Bedingungen kognitiver Autonomie modellieren. Die Reflexionstheorie des Verstehens bei Luhmann ist eigentlich ein Stück Bühlersche Sprachtheorie und Symbolischer Interaktionismus in systemtheoretischer Terminologie und Umgebung. Die Attributionstheorie des Verstehens geht von den unhintergehbaren Bedingungen kognitiver Autonomie aus, um Interaktion/Kommunikation aus der Doppelperspektive von Kommunikator und Rezipient zu beobachten. Dies markiert auch den wesentlichen Unterschied zu den beiden anderen Ansätzen, die sich gemeinsam auch als Rezeptionstheorien des Verstehens fassen lassen – und darin der hermeneutischen Tradition näher stehen, während die Attributionstheorie durch eine Integration der Operationsweisen von Kommunikator und Rezipient eine Erweiterung z. B. um produktionstheoretische Aspekte darstellt.

Im folgenden möchte ich diese Ansätze mit Verweis auf Heinz von Foerster und Ernst von Glasersfeld, Niklas Luhmann und meine eigenen Versuche kurz vorstellen.

1.1 Heinz von Foerster: Verstehen als Errechnen von Eigenwerten

Explizite Ausführungen von Foersters zum Verstehen, etwa in seinen Aufsätzen *Epistemologie der Kommunikation*, *Verstehen verstehen* und *Über das Konstruieren von Wirklichkeiten* (cf. von Foerster 1985, 1993) sind eher als Randbemerkungen einzustufen. Dennoch lassen sich – mit Rückgriff auf die von-Foersterschen Begriffe des „Konstruierens", des „Gegenstandes", der „Kommunikation" und der „Trivialisierung" – einige Grundüberlegungen entfalten.

1.1.1 Konstruieren

Eines der zentralen Anliegen von Foersters ist die Plausibilisierung des Gedankens, daß Wirklichkeit ein Resultat von Errechnungsoperationen eines neuronalen, selbstreferentiellen, operational geschlossenen Systems ist. Kognitives „Konstruieren" bedeutet also „neuronales Errechnen". Der selbstreferentielle Operationsmodus des neuronalen Systems legt die Errechnungsoperationen auf den Typ rekursiver Funktionen fest, für die gilt, daß sie nach endlich vielen Durchläufen einen stabilen Wert, einen Eigenwert, annehmen.

1.1.2 Gegenstände

Der geniale Gedanke von Foersters ist nun, die stabilisierten Verhaltensweisen eines Organismus, die Eigenwerte kognitiven Operierens, als Objekte oder Gegenstände aufzufassen.

> „Ein Beobachter, der diesen gesamten Prozeß betrachtet und der keinen Zugang zu den Sinnesempfindungen des Organismus mit Bezug auf die Einschränkungen seiner Bewegungen hat, stellt fest, daß der Organismus gelernt hat, einen bestimmten ‚Widerstand', ein bestimmtes *Objekt* erfolgreich zu handhaben. Der Organismus selbst mag glauben, daß er nun dieses Objekt *versteht* (oder dessen Handhabung gelernt hat). Da jedoch der Organismus aufgrund der Nerventätigkeit nur Wissen von seinem eigenen Verhalten haben kann, sind diese ‚Objekte' strenggenommen Zeichen für die verschiedenen ‚Eigenverhaltensweisen' des Organismus" (Hervorh. i. Orig.; v. Foerster 1993, S. 279).

Damit haben wir eine erste Explikation von *Verstehen* als *Konstruktion von Eigenwerten* oder Eigenverhalten gewonnen, einen Begriff, der insbesondere der kognitiven Autonomie des Organismus Rechnung trägt. Im Eigenwertmodell kann Verstehen nur als systeminterner Prozeß oder als Zustand in einem neuronalen Prozeßnetzwerk modelliert werden, der einschränkenden Bedingungen bzw. modulierenden Einflüssen nur durch die strukturelle Kopplung dieses Prozeßnetzwerkes an seine Umgebungen (z. B. physiologische und chemophysikalische Umgebungen) unterliegt. Als Verstehensprozesse können im Eigenwertmodell aber nur jene Errechnungen gelten, die in stabile Werte/Zustände münden. Damit ist zugleich ein *internales Kriterium für Verstehen* impliziert, nämlich: dynamische *Stabilität*, *Fließgleichgewicht*, *Invarianz* von Eigenwerten.

Dieses Kriterium ist nicht nur intuitiv in hohem Maße plausibel, sondern läßt sich auch mit zahlreichen anderen psychologischen und kognitionstheoretischen Gleichgewichts- und Stabilitätskonzepten in Verbindung bringen, z. B. mit J. Piagets *Äquilibration*smodell kognitiver Strukturen und dem Begriff der *Objektkonstanz* (cf. Piaget 1975), mit F. Heiders kognitivem *Balance*modell (cf. Heider 1946, 1958), mit Modellen kognitiver *Konsonanz* bzw. Dissonanz (cf. Festinger 1957), mit H. Hörmanns Begriff der *Sinnkonstanz* (Hörmann 1978) oder mit den verschiedenen kognitionswissenschaftlichen Begriffen von *Kohärenz*.

Das Kriterium für Verstehen ist hier nicht Übereinstimmung (Symmetrie) unter Interaktions- oder Kommunikationspartnern, sondern allein die Güte des Erlebens und die Sicherheit im Handeln (cf. Rusch 1987, S. 121).

1.1.3 Trivialisierung

Insofern der Gedanke, die Dynamik von Eigenverhalten als Verstehensprozeß zu konzeptualisieren, auf dem Modell kognitiver Selbstreferenz und operationaler Geschlossenheit aufbaut, setzt er ein Modell an, das kognitive Systeme auch als *nichttriviale Maschinen* (von Foerster 1993, S. 356 ff.) vorstellt. Im Gegensatz zu trivialen Maschinen sind nichttriviale Maschinen geschichtsabhängig, analytisch indeterminierbar und unvorhersagbar (cf. ebd., S. 359). Die spezifische Rationalität der Operationsweise kognitiver Systeme in einer kontingenten, komplexen, nichttrivialen Umwelt besteht nun darin, daß die Bildung von Schemata, Begriffen und mentalen Modellen Kontingenz und Komplexität durch Trivialisierung handhabbar macht, d. h. durch die Erfindung solcher Idealisierungen und Abstraktionen, die Verhalten unter prinzipiell unkalkulierbaren Bedingungen überhaupt möglich und auf der Basis der jeweils subjektspezifischen Systemrationalität planbar machen. Verstehen als Eigenverhalten bedeutet dann immer auch systemrationale Trivialisierung.

1.2 Ernst von Glasersfeld: Verstehen als Konstruktion viabler Kognitionen
1.2.1 Verstehen

„Verstehen, was jemand gesagt oder geschrieben hat, bedeutet nicht mehr, aber auch nicht weniger, als daß man auf Grund eines sprachlichen Austausches eine begriffliche Struktur aufgebaut hat, die in dem gegebenen Zusammenhang als kompatibel mit dem betrachtet wird, was der Sprecher offenbar gemeint hat" (von Glasersfeld 1996, S. 32 f.).

Hier wird Verstehen – wie bereits bei H. von Foerster – zunächst einmal als kognitive Konstruktion bzw. Operation aufgefaßt, die der Verstehende aufgrund seiner kognitiven Autonomie ausschließlich vermittels seiner „eigenen, subjektiven Begriffsbildungen und Re-Präsentationen" (ebd.,

S. 230) vorzunehmen hat. Weil es also „keine direkte Übertragung der Bedeutung, die der Sprecher oder Schreiber selbst im Kopf hatte" (ebd.) gibt, kann es nur darum gehen, eine begriffliche Struktur aufzubauen, die als »Bedeutung« der Nachricht im situativen, diskursiven und operationalen Kontext der Kommunikation „überlebt". Und sie „überlebt" nur, wenn sie in der „begrifflichen Umwelt ... Sinn ergibt, die der Interpret aus den gegebenen Wörtern und ihrem ... Kontext ableitet" (ebd., S. 232). Einschränkende Bedingungen eliminieren nur – wie es ganz allgemein für jede Kognition gilt –, was nicht in die vorhandenen begrifflichen Strukturen respektive in die wahrgenommenen Kontexte *paßt*.

Unter diesen Voraussetzungen hat *passe* nichts mit Übereinstimmung oder Ähnlichkeit von Gemeintem und Verstandenem zu tun, sondern besagt lediglich, daß eine unter den gegenwärtigen Bedingungen kompatible begriffliche Struktur erzeugt wird unabhängig von der Frage, wie viele passende Strukturen noch möglich gewesen wären und ob eine andere, besser passende hätte gefunden werden können. Passen meint immer kontingente Lösungen. Das hat Konsequenzen für die Kommunikation.

1.2.2 Kommunikation

„Kompatibilität (von Gemeintem und Verstandenem; G. R.) kann jedoch nie durch einen direkten Vergleich überprüft werden. Sie zeigt sich ausschließlich darin, daß der Sprecher in der Folge nichts sagt oder tut, was den Erwartungen widerspricht, die der Zuhörer von seinen Interpretationen abgeleitet hat. Aus dieser Sicht liegt eine unvermeidliche intrinsische Unbestimmtheit in aller sprachlichen Kommunikation" (von Glasersfeld 1996, S. 233).

Kommunikation ist also kein Mittel, um die kognitive Autonomie des Organismus zu transzendieren; kein Mittel, fremdes Verhalten determinativ zu instruieren. Für E. von Glasersfeld führt Kommunikation keine neuen Operationsprinzipien auf der Ebene der Interaktion in das Geschehen ein, sondern bleibt auf das Zusammenspiel des Eigenwertverhaltens der beteiligten Organismen beschränkt.

Die „intrinsische Unbestimmtheit aller Kommunikation" impliziert aber weder die Unwahrscheinlichkeit von Kommunikation, noch auch das Mißverstehen als kommunikativen Normalfall. Verstehen ist möglich, gerade weil so etwas wie Übereinstimmung, Gleichheit oder sogar Identität von Gemeintem und Verstandenem auf einer Basis gleichen Wissens, Wollens und Wertens gar nicht nötig ist. Das Kriterium für Verstehen ist hier ein funktionales, nämlich: operative Passung oder, vielleicht besser operative Validität, Bewährung im Handeln bzw. Kommunizieren.

1.3 Niklas Luhmann: Verstehen als Beobachtung der Handhabung von Selbstreferenz

Der Ansatz N. Luhmanns weist den Eigenwerttheorien gegenüber eine Reihe von Besonderheiten auf, die sich der speziellen Auffassung von Systemen und Systemtheorie verdanken, die Luhmann ins Spiel gebracht hat. Die Adaptation der Theorie autopoietischer Systeme (cf. z. B. Maturana 1977, 1982) für eine Theorie sozialer Systeme (cf. Luhmann 1987) und die Übernahme der Spencer-Brownschen Differenzlogik (cf. Spencer-Brown 1972) als systemisches Operationsprinzip haben eine sehr abstrakte Variante von Konstruktivismus, System- und Sozialtheorie entstehen lassen. Der Schlüsselgedanke dieses Ansatzes ist die *Generalisierung* der Theorie autopoietischer Systeme über ihre originäre biologische Anwendung auf Organismen als lebende Systeme hinaus.

1.3.1 Kommunikation

„Begreift man Kommunikation als Synthese dreier Selektionen, als Einheit aus Information, Mitteilung und Verstehen, so ist die Kommunikation realisiert, wenn und soweit das Verstehen zustande kommt" (Luhmann 1987, S. 203).

Das „Letztelement" sozialer Systeme, Kommunikation, wird also an das Zustandekommen von Verstehen gebunden; ohne Verstehen keine Kommunikation, ohne Kommunikation keine sozialen Systeme. Die Dekomposition des Kommunikationsbegriffs in Information, Mitteilung und Verstehen relativiert natürlich die Basalität von Kommunikation. Offenkundig ist nach den Ausführungen Luhmanns die Selektion des Verstehens (i. e. Beobachtung im Hinblick auf eine mitgeteilte Information) fundamentaler als Kommunikation, die sich immer erst vom Verstehen aus organisiert (cf. Luhmann 1986, S. 95).

Luhmann schließt explizit an K. Bühlers Organonmodell von 1934 an (cf. Bühler 1965), indem er *Information* als Darstellungsfunktion, *Mitteilung* als Ausdrucksfunktion und die Erfolgserwartung bzw. *Annahmeselektion* als Appellfunktion im Bühlerschen Modell repräsentiert. Die Zusammenfassung dieser drei Selektionen parallelisiert er auch mit der Unterscheidung von lokutionären, illokutionären und perlokutionären Akten in der Sprechakttheorie J. Austins (cf. Austin 1972). Auch wenn dies – vor allem mit Blick auf die Annahmeselektion, die eine Selektion auf der Hörerseite betrifft – nur mit Mühe nachzuvollziehen ist, es geht Luhmann darum, die Unverzichtbarkeit einer weiteren Selektion, nämlich des Verstehens, zu zeigen. Anschließen kann Kommunikation an Kommunikation erst auf der Basis von Verstehen. Information muß erst unter Mitteilungsaspekten verstanden worden sein, bevor – sinnvolle – Anschlußselektionen möglich sind. Dies dürfte deutlicher werden, wenn man auf die von Luhmann nicht thematisierte Nähe zum zweiten kommunikativen Axiom P. Watzlawicks u. a. aufmerksam macht, das den entscheidenden Beitrag metakommunikativer Funktionen in der Kommunikation betont: „Jede Kommunikation hat einen Inhalts- und einen Beziehungsaspekt derart, daß letzterer den ersten bestimmt und daher eine Metakommunikation ist" (Watzlawick et al. 1969, S. 56). „Der Inhaltsaspekt vermittelt die ‚Daten', der Beziehungsaspekt weist an, wie die Daten aufzufassen sind" (ebd., S. 55). Dies bezeichnet nun exakt den Grund, warum Luhmann auch die Differenzierung von Information und Mitteilung in der Kommunikation für konstitutiv hält (cf. Luhmann 1987, S. 196). Erst die Realisierung des Beziehungsaspektes erschließt Information als Mitteilung, wodurch erst Anschlußselektionen wie Annahme/Ablehnung möglich werden. Deshalb gehören solche Anschlußselektionen für Luhmann nicht (mehr) zur Kommunikation, weil sie Verstehen – und mithin erfolgreiche Kommunikation – bereits voraussetzen.

1.3.2 Verstehen

In der Konsequenz der bisherigen Ausführungen ist der Begriff des Verstehens bei Luhmann als Realisierung von Inhalten unter Beziehungsaspekten aufzufassen. In Luhmanns Worten (Luhmann 1986, S. 79; Hervorh.: G. R.): *"Verstehen ist Beobachtung im Hinblick auf die Handhabung von Selbstreferenz"*, d. h.: „ein anderes System aus dessen Umweltbezügen heraus" und „sich selbst als Moment in der Umwelt des verstandenen Systems" zu erfahren (cf. ebd., S. 80 f.).

Hier zeigt sich, daß Luhmanns Verstehensbegriff von durchaus konservativer Natur, d. h. ein hermeneutisch-interaktionistischer Import in seine Systemtheorie, originär aber gar nicht wesentlich systemtheoretisch ist. Denn Verstehen bedeutet auch hier Perspektivenübernahme, Sichhineinversetzen in den anderen, Erschließen fremden Sinns, ja sogar *„Zugang zu dem, was sich im Innern selbstreferentieller Systeme als Handhabung eigener Selbstreferenz abspielt"* (ebd., S. 96; Hervorh.: G. R.), also innere Übereinstimmung, Gleichsinnigkeit (cf. Luhmann 1987, S. 197) im Hinblick auf Gemeintes, auf Bedürfnisse, Motivationen und Intentionen. Mit der Feststellung schließlich, Verstehen sei eine „eigenständige Operation des Verstehenden" (Luhmann 1986, S. 88), die nur eine einzige Bedingung zu erfüllen hat, nämlich sich auf die Selbstreferenz des beobachteten Systems zu beziehen, wird klar, daß dieser Verstehensbegriff auch die letzten noch fehlenden Merkmale hermeneutischer Verstehenskonzepte aufweist: Verstehen wird als Rezeptionsprozeß und als psychischer Vorgang begriffen. Daran ändert auch der Umstand nichts, daß Luhmann – der Logik seiner Systemtheorie folgend – Verstehen (wie Beobachten, Wahrnehmen etc.) als kognitive Leistung auch für soziale Systeme in Anspruch nimmt (cf. ebd., S. 92).[1]

Verstehen bedeutet auch bei Luhmann eine spezifische Art des Auffassens oder Begreifens, nämlich das Begreifen fremder Selbstreferenz, das

---

[1] Die systemfunktionale Parallelisierung von Bewußtsein (für psychische) und Kommunikation (für soziale) Systeme verliert allerdings sehr rasch an Plausibilität, wenn man ein Beispiel Luhmanns für das „Bewußtsein" sozialer Systeme betrachtet: „Das Leitungsgremium einer Gewerkschaft kann über die Frage beraten, ob die öffentliche Meinung, die Regierung, der normale Bürger es verstehen würden, wenn man sich für einen Streik entscheidet ... Es wäre höchst gekünstelt, diese Operation ... auf Bewußtseinsprozesse der Beteiligten zurückzuführen" (Luhmann 1986, S. 92). Aus der Sicht eines kognitiv-sozialen Konstruktivismus macht das Beispiel – ganz gegen Luhmanns Absicht – sehr deutlich, wie gekünstelt der Versuch ist, sozialen Systemen kognitive Leistungen zuzuschreiben.

sich dann im Verlauf der Kommunikation als richtig oder falsch erweisen kann, in jedem Fall aber ein Begreifen bleibt; auch Mißverstehen ist Verstehen (ebd., S. 86).

Die in der Kommunikation immer „mitlaufende" Selektion unter Beziehungsaspekten läßt Luhmanns Verstehenskonzept als reflexiv kennzeichnen, ein Merkmal übrigens, das Luhmann selbst hervorhebt (cf. Luhmann 1987, S. 210). Er geht insofern über das ebenfalls rezeptionsorientierte und psychophysiologische Eigenwertmodell bei von Foerster und von Glasersfeld hinaus, als er wesentlich stärkere Annahmen über die Operation des Verstehens macht, Annahmen, die aus Sicht eines kognitiven Konstruktivismus so nicht zu rechtfertigen sind – und auch für die Erklärung von Kommunikation und Verstehen gar nicht nötig sind.

In jüngeren Arbeiten haben Georg Kneer (1997) und Arnim Nassehi (1997) zwei Verstehensbegriffe bei Luhmann unterschieden: systemisches und kommunikatives bzw. beobachtendes und operatives Verstehen. Für das kommunikative Verstehen wird dabei nur die Beobachtung unter dem Aspekt der Mitteilung einer Information in Anspruch genommen, für das systemische Verstehen Beobachtung im Hinblick auf die Handhabung fremder Selbstreferenz. Damit entstehen zwei weitere Probleme: (1) wird der Verstehensbegriff mehrdeutig und dadurch (2) der Kommunikationsbegriff unscharf. Diese Unschärfe hat nun ihrerseits die Konsequenz, daß die von Luhmann diagnostizierte Unwahrscheinlichkeit von Kommunikation und Verstehen nicht länger mit den bisher vorgebrachten Gründen behauptet werden kann.

1.4 Gebhard Rusch: Verstehen als Fremd- und Selbstattribution

Der zentrale Ausgangspunkt dieses Ansatzes ist die Frage, wie Kommunikation, gegenseitige Orientierung und gegenseitiges Verstehen unter Bedingungen kognitiver Autonomie möglich sind. Dabei setzt die Attributionstheorie *eigenwertige autonome Kognition* der beteiligten Interaktions- bzw. Kommunikationspartner voraus.

1.4.1 Interaktion

In der sozialen Interaktion geht es so gut wie immer um gegenseitige *Orientierung*, um das Erheischen von Aufmerksamkeit, um die Herstellung von (z. B. körperlicher) Nähe, um die Demonstration von Macht, die Anzeige von Zugehörigkeit zu sozialen Gruppen, die Koordination von Handlungen, die Bezugnahme auf und Repräsentation von räumlich, zeitlich oder fiktiv distanten, wirklichen oder vorgestellten Objekten oder Sachverhalten.

Ob ein Interaktionspartner sein Orientierungsziel im Umgang mit einem anderen Subjekt erreicht, kann nur dieser selbst feststellen, d. h. aufgrund seiner Beobachtungen der Effekte seines Handeln entscheiden. Nur das eigene Verhalten, nichts sonst ist unmittelbar kognitiv kontrollierbar und kalkulierbar, d. h. der Kontrolle durch Beobachtung zugänglich. Dieser schlichte Sachverhalt ist von grundlegender Bedeutung. Er macht klar, daß über die Kriterien für den Erfolg von Orientierungsinteraktionen, für die Angemessenheit oder Richtigkeit des am Interaktionspartner beobachteten Verhaltens nur der Orientierende selbst verfügt, und zwar in Gestalt seiner Orientierungsziele bzw. in Gestalt der Erwartungen, die er an sein Orientierungsverhalten geknüpft hat, nämlich das Eintreten bestimmter Effekte.

1.4.2 Verstehen

Wenden wir die Begrifflichkeit des Verstehens auf diese Verhältnisse an, so hat das Verstehen gar nichts Geheimnisvolles mehr an sich: *Verstehen* bedeutet dann *einer Orientierungserwartung entsprechen*. Der Orientierende attribuiert Verstehen genau dann, wenn er seine Orientierungsziele erreicht.

Die Attributionstheorie des Verstehens knüpft an Überlegungen Wittgensteins an („Denk doch einmal gar nicht an das Verstehen als ,seelischen Vorgang'! – Denn das ist die Redeweise, die Dich verwirrt ..." (Wittgenstein 1977, § 154). Und: „Wir versuchen nun, den seelischen Vorgang des Verstehens, der sich, scheint es, hinter jenen gröbern und uns daher in die Augen fallenden Begleiterscheinungen versteckt, zu erfassen. Aber das gelingt nicht" (ebd., § 153). „... das aber, was ihn für uns berechtigt, in so einem Fall zu sagen, er verstehe, er wisse weiter, sind die Umstände, unter denen er ein solches Erlebnis hatte" (ebd., § 155). Und schließlich: „Die Kriterien, die wir für ,Passen', ,Können', ,Verstehen' gelten lassen, sind viel kompliziertere, als es auf den ersten Blick scheinen möchte. D. h., das Spiel mit diesen Worten, ihre Verwendung im sprachlichen Verkehr, dessen Mittel sie sind, ist verwickelter – die Rolle dieser Wörter in unsrer Sprache eine andere, als wir versucht sind zu glauben" (ebd., § 182).

Indem die Attributionstheorie Auffassen und Begreifen (engl. *comprehension*) als autonome, eigenwertige kognitive Leistungen einerseits und Verstehen als attribuierte Eigenschaft (engl. *understanding*) andererseits unterscheidet, wird der „Mechanismus des Verstehens", werden die Kriterien für den Gebrauch des Prädikats „Verstehen" erkennbar: Die Zuschreibung von Verstehen abhängig vom Orientierungserfolg hat für die Bewertung der kognitiven Leistungen auf seiten des Orientierten eine wichtige Konsequenz: Nicht die Kognitionen des Orientierten, die eine Verstehensattribution nach sich ziehen, zeichnen sich – *ante attributionem* – bereits durch eine besondere zusätzliche Qualität oder Güte aus, sondern sie werden umgekehrt erst durch die Attribution von Verstehen – und die damit einhergehenden Gratifikationen (z. B. Zuwendung, Lob, Bestätigung, Belohnung) – in besonderer Weise ausgezeichnet, hervorgehoben, akzentuiert und verstärkt. Die Attribution von Verstehen erweist sich als ein sozialer „Mechanismus" zur Selektion, Kanalisierung und Kontrolle von Kognitionen. *Verstehensattributionen selektieren sozial und kulturell kom-*

patibles Eigenwertverhalten kognitiver Systeme. Inkompatibles Eigenverhalten wird durch negative Sanktionen inhibiert. Wir haben es beim Verstehen also mit einem elementaren Mechanismus soziokultureller Reproduktion zu tun.

Unter diesen Umständen kann man Verstehen zunächst nicht als eine aktive Operation des Orientierten auffassen. Wird Verstehen attribuiert, fällt es dem Verstehenden zu, es kann ihn sogar überraschen. Er hat es (zunächst) nicht selbst in der Hand, ob sein Auffassen, sein Begreifen, seine Verarbeitung der beobachteten Orientierungsaktionen Verstehen zur Folge haben. Beides hat Widerfahrnis[2]-Charakter, das Begreifen und die Attribution von Verstehen. Für den Orientierten ist die Zuschreibung von Verstehen (und die damit verbundene positive Erfahrung) ein Anreiz, unter vergleichbaren Bedingungen das einmal erfolgreiche Verhalten zu reproduzieren. Und in dem Sinne, daß solche Verhaltensreproduktionen angestrebt werden, kann von einem Bemühen, aktiv zu verstehen, die Rede sein. Genauer heißt „aktiv verstehen" dann, „Verhalten generieren, das Verstehenszuschreibungen nach sich zieht".

Im Sinne dieses Kriteriums scheint sich nun solches Verhalten zu bewähren, das infolge von Reflexionen auf die Handlungsbedingungen des Kommunikators generiert wird, also auf einer Reflexion der „Handhabung fremder Selbstreferenz" bzw. auf einem simulierenden Sichhineinversetzen in die Lage des anderen beruht. Wir haben es hier offenkundig mit einer bewährten Verstehenstechnik, einer viablen Strategie zu tun; dennoch verbürgt ihre Anwendung nicht notwendig den Erfolg, und noch weniger ist ihr Vollzug mit dem Verstehen identisch.

1.4.3 Fremd- und Selbstzuschreibung von Verstehen
Mit der Attributionstheorie des Verstehens werden zunächst auch die „Verantwortlichkeiten" für das Gelingen von Interaktion und Kommunikation neu verteilt. Der Orientierende ist für sein Handeln verantwortlich; scheitert er, muß er die Verantwortung dafür zunächst bei sich selber suchen. Verfolgt er eine Orientierungsabsicht, so hat er sich in geeigneter Weise verständlich zu machen. Bevor er mangelndes Verständnis beim Orientierten unterstellt, muß er mangelnde Verständlichkeit seines Verhaltens ausschließen können.

Das Verstehen ist in der sozialen Interaktion gerade dadurch besonders hervorgehoben, daß beide Partner beim Verstehen zugleich erfolgreich sind: der eine mit seiner Orientierungsabsicht, der andere mit seinem orientierten Verhalten.

Kognitive Systeme höherer Komplexität bleiben beim Verstehen aber nicht allein auf die Zuschreibung durch Interaktionspartner angewiesen, sie können nicht nur anderen Verstehen zuschreiben, sondern auch sich selbst. Die Selbstattribution von Verstehen ist gewissermaßen als *Simulati-*

---

2 Zum Begriff cf. Janich (1992).

on einer Fremdattribution aufzufassen. Sie eröffnet mit dem Verstehenshandeln, also einer Art mentaler Simulation dyadischer Verhältnisse und dort einschlägiger Verstehenskontrollen, die Möglichkeit, Verstehen als kognitive Operation intentional auszuführen.

Fremd- und Selbstattribution von Verstehen können sich gegenseitig verstärken oder auch behindern. So kann die Selbstzuschreibung von Verstehen z. B. zur Immunisierung gegen Verstehensanforderungen führen und dadurch Interaktion und Kommunikation enorm erschweren. Dadurch werden nicht nur Lernmöglichkeiten blockiert, sondern es werden auch die Chancen zur Erzeugung sozialer Nähe vermindert. Kognition und Kommunikation werden auf diese Weise durch ihre eigenen Folgeerscheinungen und Formen ihrer reflexiven Weiterentwicklung gestört, und zwar in einem Maße, das den Abbruch von bzw. den Rückzug aus Kommunikation bedeuten kann. Offenbar kennt also auch die kommunikative Ökologie so etwas wie Grenzen des Wachstums, der Komplexität bzw. des Raffinements. Kommunikation kann an den eigenen kognitiven Folgen zerbrechen (Babyloneffekt).

2.

Die eingangs angesprochenen hermeneutischen Positionen präsentieren sich als unterschiedliche und z. T. konträre Auffassungen des (im wesentlichen mit der Schrift entstandenen bzw. virulent gewordenen) Problems der semantischen Offenheit oder Unterbestimmtheit und der Wege zur „Lösung" dieses Problems. Im Überblick entsteht der Eindruck, daß sich die Hermeneutik als Philosophie immer weiter von einer Lösung des Basisproblems (i. e. Verstehen fremder Rede und Schriftverstehen) entfernt hat. Während die mittelalterliche Hermeneutik das Problem wenngleich nicht gelöst, so doch phil*ologisch* handhabbar gemacht hatte, markierten die Billigkeitsprinzipien der Aufklärungshermeneutik bereits eine nachhaltige Verunsicherung. Die Hermeneutik Schleiermachers brachte diese Unsicherheit mit der Universalisierung des Mißverstehens auf den Punkt. Seitdem ist die Hermeneutik als Methodenlehre des Verstehens diskreditiert. Daran konnten auch alle Versuche, das Basisproblem durch eine hermeneutische Philosophie (Dilthey, Heidegger, Gadamer) zu neutralisieren, nichts ändern. Schleiermacher hatte diesen Versuchen selbst noch die Richtung gewiesen, keiner nach ihm war so originell. Nach Ansicht von Hans Albert erlebten diese Versuche mit Gadamers Universalisierung der Hermeneutik ihren imposanten Höhepunkt und Zusammenbruch (cf. Albert 1994).

Auch eine konstruktivistische Verstehens- und Kommunikationstheorie muß sich dem hermeneutischen Basisproblem stellen. Sie tut dies in zweifacher Weise: (1) Sie bietet eine *Erklärung für Kommunikation und Verstehen* unter Bedingungen kognitiver Autonomie an. Und sie plädiert

Verstehen

(2) für eine *Technologie des Verstehens* als Methodisierung und Entwicklung von Verstehensoperationalisierungen.³

Entscheidend dafür ist die Anerkennung und Fruchtbarmachung der Tatsache, daß Verstehensfragen Viabilitätsfragen sind, die – wie aus der Attributionstheorie erhellt – keine finalen Lösungen kennen. Es gehört also zur Klärung der Operationalisierungen des Verstehens auch die Klärung jeweiliger Viabilitätsbedingungen. All dies ist nur möglich, wenn man auf einen emphatischen Verstehensbegriff konsequent verzichtet.

Wenn eine konstruktivistische Kommunikations- und Verstehenstheorie ein hermeneutisches Kredo in Gestalt einer Empfehlung formulieren soll, dann kann dies nur lauten: *Konstruiere viable Kommunikate!*

Eine konstruktivistische Hermeneutik würde damit das Ziel aufgeben, die (in welchem Sinne immer) als existent, definit und unitär gesetzte, unterstellte Bedeutung, den wahren, tatsächlichen oder wirklichen Sinn semiotischer Objekte (Kommunikatbasen) explizieren zu wollen. Keines dieser Objekte hat an sich Bedeutung oder Sinn. Den erzeugen erst kognitive Systeme im Umgang mit ihnen.

Eine konstruktivistische Hermeneutik würde die Kommunikatbildung und die Herstellung von Kommunikatbasen als Operationen bzw. als Produkte betrachten, deren Viabilität sich in der weiteren Kognition und Kommunikation erst zu erweisen hätte. Gütekriterium wäre also die Bewährung der Konstruktion in konkreten Interaktions- und Kommunikationszusammenhängen. Nicht so etwas wie die RE-Konstruktion, das Nachempfinden (Herder, Dilthey) oder Erraten (Schleiermacher) des Gemeinten wäre ein konstruktivistisch plausibilierbares Ziel, sondern die PRO-Konstruktion von Bedeutungen im Hinblick auf angebbare und operationalisierbare kommunikative Anforderungen oder Zwecke. Darin steht dieser Ansatz in einer gewissen Nähe zur Hermeneutik Schlegels. Diese konkreten, als kognitions-, handlungs-, kommunikations- und mediensystemische Bedingungen explizierbaren Anforderungen regulieren, beschränken und kontrollieren zugleich die Bandbreite prokonstruktiver Möglichkeiten, z. B. die Wahl von Faktualisierungsstrategien in der Rezeption von Nachrichtensendungen oder die Anwendung von Fiktionalisierungsstrategien in der Rezeption von Romanen oder Spielfilmen oder die Generierung von Hypothesen über Sprecher- bzw. Autorintentionen.

Für die Face-to-face-Kommunikation (und unmittelbar verwandte Formen) wäre also so etwas wie die (auch wechselseitige) Erfüllung von Orientierungserwartungen eine Bestätigung oder Bewährung der Orientierungstätigkeit, die als Übereinstimmung, Einverständnis oder Konsens begrifflich gefaßt werden mag.

Für alle anderen Fälle der Be- und Verarbeitung von Kommunikatbasen gelten andere Bedingungen, z. B. überall dort, wo die Produktion von Kommunikatbasen keine Orientierungsziele verfolgt, wie etwa in der

---

3 Hier kann die Didaktik, nicht nur die Mediendidaktik, beispielgebend sein.

Unterhaltungsindustrie, wo wir es nicht mehr mit Kommunikationsmedien, sondern mit reinen Rezeptionsmedien (Belletristik, Spielfilm, Game-Show etc.) zu tun haben. Dort jedoch, wo der Urheber einer Kommunikatbasis, für die Orientierungsintentionen behauptet oder unterstellt werden, nicht in Anspruch genommen werden kann, bleibt letztlich ebenfalls nur die Kommunikation mit anderen, also am Ende immer wieder die Face-to-face-Kommunikation, der Dialog, die Diskussion als Bewährungsinstanz.

Literatur

Albert, H. (1994): Zur Kritik der reinen Hermeneutik. Tübingen (Mohr).
Austin, J. (1972): Zur Theorie der Sprechakte. Stuttgart (Reclam).
Bühler, K. (1965): Sprachtheorie. Die Darstellungsfunktion der Sprache. Stuttgart (Fischer).
Festinger, L. (1957): A Theory of Cognitive Dissonance. Stanford, CA.
Foerster, H. von (1985): Sicht und Einsicht. Versuche zu einer operativen Erkenntnistheorie. Braunschweig/Wiesbaden (Viehweg) [Neuaufl. (1999): Heidelberg (Carl-Auer-Systeme)].
Foerster, H. von (1993): Wissen und Gewissen. Versuch einer Brücke. Frankfurt a. M. (Suhrkamp).
Forgas, J. P. (1979): Social Episodes. The Study of Interaction Routines. London et al. (Academie Press).
Gadamer, H.-G. (1986): Wahrheit und Methode. Grundzüge einer philosophischen Hermeneutik. Tübingen (Mohr).
Glasersfeld, E. von (1987): Wissen, Sprache, Wirklichkeit. Braunschweig/Wiesbaden (Vieweg).
Glasersfeld, E. von (1996): Radikaler Konstruktivismus. Ideen, Ergebnisse, Probleme. Frankfurt a. M. (Suhrkamp).
Glasersfeld, E. von u. J. Richards (1984): Die Kontrolle von Wahrnehmung und die Konstruktion von Realität. *Delfin* III 2 (1): 4–25.
Heider, F. (1946): Attitudes and Cognitive Organisation. *Journal of Psychology* 21: 107–112.
Heider, F. (1958): The Psychology of Interpersonal Relations. New York (Wiley).
Hörmann, H. (1978): Meinen und Verstehen. Grundzüge einer psychologischen Semantik. Frankfurt a. M. (Suhrkamp).
Hörmann, H. (1979): Der Vorgang des Verstehens. In: W. Kühlwein u. A. Raasch (Hrsg.): Sprache und Verstehen. Tübingen (Narr), S. 17–29.
Hörmann, H. (1983): Über einige Aspekte des Begriffs „Verstehen". In: L. Montada, K. Reusser u. G. Steiner (Hrsg.): Kognition und Handeln. Stuttgart (Klett-Cotta), S. 13–22.
Janich, P. (1992): Die methodische Ordnung von Konstruktionen. Der Radikale Konstruktivismus aus Sicht des Erlanger Konstruktivismus. In: S. J. Schmidt (Hrsg.): Kognition und Gesellschaft. Frankfurt a. M. (Suhrkamp), S. 24–41.
Kneer, G. (1997): Beobachten, Verstehen und Verständigung. Zur Reformulierung hermeneutischer Grundkonzepte in der Diskursanalyse und der Systemtheorie. In: T. Sutter (Hrsg.): Beobachtung verstehen, Verstehen beobachten. Perspektiven einer konstruktivistischen Hermeneutik. Opladen (Westdeutscher Verlag), S. 50–69.
Kneer, G. u. A. Nassehi (1991): Verstehen des Verstehens. Eine systemtheoretische Revision der Hermeneutik. *Zeitschrift für Soziologie* 20 (5): 341–356.
Luhmann, N. (1986): Systeme verstehen Systeme. In: N. Luhmann u. K. E. Schorr (Hrsg.): Zwischen Intransparenz und Verstehen. Fragen an die Pädagogik. Frankfurt a. M. (Suhrkamp), S. 72–117.
Luhmann, N. (1987): Soziale Systeme. Grundriß einer allgemeinen Theorie. Frankfurt a. M. (Suhrkamp).
Luhmann, N. u. K. E. Schorr (Hrsg.) (1986): Zwischen Intransparenz und Verstehen. Fragen an die Pädagogik. Frankfurt a. M. (Suhrkamp).
Maturana, H. R. (1977): Biologie der Kognition. Paderborn (Forschungs- und Entwicklungszentrum für objektivierte Lehr- und Lernverfahren).

Maturana, H. R. (1982): Erkennen: Die Organisation und Verkörperung von Wirklichkeit. Braunschweig/Wiesbaden (Vieweg).
Nassehi, A. (1997): Kommunikation verstehen. Einige Überlegungen zur empirischen Anwendbarkeit einer systemtheoretisch informierten Hermeneutik. In: T. Sutter (Hrsg.): Beobachtung verstehen, Verstehen beobachten. Perspektiven einer konstruktivistischen Hermeneutik. Opladen (Westdeutscher Verlag), S. 134–163.
Piaget, J. (1975): Der Aufbau der Wirklichkeit beim Kinde. Gesammelte Werke Bd. 2. Studienausgabe. Stuttgart (Klett).
Piaget, J. (1976): Die Äquilibration der kognitiven Strukturen. Stuttgart (Klett).
Rusch, G. (1986): Verstehen verstehen. In: N. Luhmann u. K. E. Schorr (Hrsg.): Zwischen Intransparenz und Verstehen. Fragen an die Pädagogik. Frankfurt a. M. (Suhrkamp), S. 40–71.
Rusch, G. (1987): Erkenntnis, Wissenschaft, Geschichte. Von einem konstruktivistischen Standpunkt. Frankfurt a. M. (Suhrkamp).
Rusch, G. (1990): Verstehen verstehen. Kognitive Autonomie und soziale Regulation. In: Deutsches Institut für Fernstudien, Univ. Tübingen (Hrsg.): Funkkolleg Medien und Kommunikation. Studienbrief 4, Studieneinheit 8. Weinheim (Beltz), S. 11–44.
Rusch, G. (1992): Auffassen, Begreifen und Verstehen. Neue Überlegungen zu einer konstruktivistischen Theorie des Verstehens. In: S. J. Schmidt (Hrsg.): Kognition und Gesellschaft. Der Diskurs des Radikalen Konstruktivismus 2. Frankfurt a. M. (Suhrkamp), S. 214–256.
Rusch, G. (1997): Fiktionalisierung als Element von Medienhandlungsstrategien. In: Ch. Oberwagner u. C. Scholz (Hrsg.): Literaturwissenschaft als Wissenschaft über Fiktionalität. Szeged (Jate), S. 123–138.
Schmidt, S. J. (1980): Grundriß der Empirischen Literaturwissenschaft. Bd. 1: Der gesellschaftliche Handlungsbereich Literatur. Braunschweig/Wiesbaden (Vieweg).
Schmidt, S. J. (1982) Grundriß der Empirischen Literaturwissenschaft. Bd. 2: Zur Rekonstruktion literaturwissenschaftlicher Fragestellungen in einer Empirischen Theorie der Literatur. Braunschweig/Wiesbaden (Vieweg).
Schmidt, S. J. (1994): Kognitive Autonomie und soziale Orientierung. Frankfurt a. M. (Suhrkamp).
Spencer-Brown, G. (1972): Laws of Form. New York (Julian).
Watzlawick, P., J. H. Beavin u. D. D. Jackson (1969): Menschliche Kommunikation. Formen, Störungen, Paradoxien. Bern/Stuttgart/Wien (Huber).
Wittgenstein, L. (1977): Philosophische Untersuchungen. Frankfurt a. M. (Suhrkamp).

Interpretation und Verstehen
Catherine Z. Elgin

Nach einer bekannten und nicht unattraktiven Sprachtheorie besteht das Verstehen eines Wortes darin, es richtig zu interpretieren, und die richtige Interpretation ist diejenige, die das Wort mit dem richtigen Referenten korreliert. Die korrekte Interpretation von „Elefant" ordnet das Wort den Elementen der Klasse der Elefanten zu, nicht jenen der Klasse der Hummeln, die korrekte Interpretation des Namens „Julius Cäsar" verbindet den Namen mit dem Kaiser, nicht mit seinem Hund. Ein denotatives Symbol verstehen heißt wissen, worauf es sich in der Welt bezieht, einen Satz verstehen heißt wissen, was der Fall sein muß, damit er wahr ist. So ist der Satz „Cäsar ist ein Elefant" nur dann wahr, wenn die von dem Ausdruck „Cäsar" denotierte Entität zur Extension des Prädikats „Elefant" gehört. Man kann einen Satz natürlich verstehen, ohne zu wissen, ob er wahr ist. Wir müssen nur wissen, was es braucht, damit der Satz wahr ist. Alles übrige ist eine Sache der empirischen Untersuchung. Das Verstehen aber, das aus einer korrekten Interpretation folgt, legt ganz genau fest, was untersucht werden muß. Es bestimmt exakt, was wir über die Welt wissen wollen.

Diese Art der Erklärung (gegebenenfalls erweitert für komplexere Aussagen) mag für einen Satz wie „Cäsar ist ein Elefant" plausibel erscheinen. Wir glauben zu wissen, wen der Name „Cäsar" denotiert und welche Extension das Prädikat „Elefant" bestimmt. Und so glauben wir zu wissen, unter welchen Bedingungen der Satz „Cäsar ist ein Elefant" wahr ist.

Die Frage stellt sich nun, ob diese Art von Wissen paradigmatisch ist für unsere Sprachfähigkeit im allgemeinen. Ich meine nicht. Ich möchte zeigen, daß es für das Verstehen eines Wortes, eines Satzes oder irgendeines anderen Symbols weder notwendig noch hinreichend ist, diesem jeweils einen eindeutigen Referenten zuweisen zu können. Unsere semantische Kompetenz besteht darin, sowohl mehr als auch weniger zu wissen, als die vertraute Erklärung behauptet. Die Fixierung der Referenz ist oft partiell und oft auch eher das Ergebnis empirischer Untersuchung als deren Voraussetzung. Es zeigt sich also, daß der Prozeß der Festlegung einer Interpretation und das Erreichen des Verstehens der damit gemeinten Fakten ein konstruktives Wechselspiel voller Kontingenzen darstellt. Unabhängig von einer Untersuchung und vor einer solchen ist häufig nicht zu entscheiden, ob ein Satz wahr ist, aber ebensowenig, was es braucht, damit er wahr wird.

Um dies einzusehen, können wir zunächst bei unserem Beispiel bleiben: „Cäsar ist ein Elefant." Ziemlich unproblematisch, so scheint es, denn wir halten uns für durchaus fähig zu entscheiden, was zur Extension von „Elefant" gehört und was nicht. Nehmen wir aber den Satz: „Cäsar war ein Tyrann." Wahr oder falsch? Nun, so würden wir sagen, das hängt davon ab, was Sie mit „Tyrann" meinen. Mit einigen vernünftigen Interpretationen ist der Satz wahr, mit einigen anderen ist er falsch, mit wieder anderen kann er völlig unentscheidbar sein. Genau das aber scheint uns richtig zu sein. Es bedeutet aber, daß wir das Wort „Tyrann" jahrelang ohne eine fixierte Interpretation benutzt haben.

Wir könnten uns aus dieser Verlegenheit in Idiolekte retten. Vielleicht weist ja jeder Sprecher dem Ausdruck eine exakte Interpretation zu, nur nicht notwendig dieselbe. Die festgestellte Unbestimmtheit ergibt sich damit aus der Tatsache, daß wir dem Wort „Tyrann" einmal die eine und dann wieder eine andere Interpretation zuweisen. Das ist nicht plausibel. Wer seine eigenen sprachlichen Intuitionen überprüft, wird auf genau die gleiche Unbestimmtheit stoßen. Ob mein Satz wahr ist, hängt von dem ab, was ich mit „Tyrann" meine, und meine Intuitionen bestätigen, daß ich mehrere verschiedene Dinge damit meinen kann.

Außerdem entspricht der Vorschlag nicht unserer Art des Spracherwerbs. Wir lernen unsere Muttersprache, während wir in einer Gemeinschaft aufwachsen, in der sie benutzt wird. In der Auseinandersetzung mit der Sprache lernen wir sowohl Ausdrücke als auch Anwendungsbedingungen. Wir entwickeln ein Gefühl dafür, wann Mitglieder der Gemeinschaft die Anwendung eines Ausdrucks klar für richtig, klar für nicht richtig oder klar für weder richtig noch falsch halten. Das kann eine sehr subtil differenzierte, kontextuelle Sache sein. Ein Kind lernt ziemlich früh, daß das Wort „groß" relativ ist. Ob es auf ein Objekt einer bestimmten Höhe angewendet werden kann, hängt davon ab, um was für eine Art von Objekt es sich handelt. Groß für ein Haus ist nicht groß für einen Berg, und groß für einen Menschen ist nicht groß für einen Baum. Das Kind muß vielleicht ein ganzes Theoriegebäude lernen, um „Molekül" oder „Tyrann" ganz klar zu beherrschen. Es muß lernen, daß verschiedene Teilpopulationen die Ausdrücke in verschiedenen Situationen verwenden. Da aber das Erlernen einer Sprache darin besteht, sein verbales Verhalten den Gebräuchen der eigenen Sprachgemeinschaft anzupassen, kann ein Sprecher auf diese Weise nur lernen, wie der Wortschatz in dieser Gemeinschaft benutzt wird. Gebraucht das Kind den Ausdruck „Tyrann" so wie alle anderen Mitglieder der Gemeinschaft, dann hat es ihn gelernt. Will es noch mehr über Tyrannen erfahren, muß es Politik studieren, nicht die Sprache. Was immer unbestimmt ist am verbalen Verhalten der Sprachgemeinschaft, kann ein Kind nicht dadurch lernen, daß es sein Verhalten am Verhalten der Mitglieder dieser Gemeinschaft ausrichtet. Wenn Interpretationsunterschiede sich nicht im Sprachgebrauch abbilden, bleiben sie für den Sprachlerner unzugänglich, tun sie es aber, wird dem Lernenden dadurch klar, daß Ausdrücke vage, mehrdeutig und kontextabhängig sein können. In solchen Fällen kann keine eindeutige Interpretation zugewiesen werden, und die Interpretationen der Gesprächspartner können differieren.

Das Erlernen einer Sprache umfaßt weit mehr als die korrekte Anwendung ihrer Ausdrücke. Wir lernen ebenso die Anwendungskriterien der

Gemeinschaft, d. h., wir lernen, wie unsere Mitmenschen entscheiden, ob ein bestimmter Ausdruck anwendbar ist. Wenn etwas einem klaren Anwendungsfall eines Ausdrucks hinreichend gleicht, so fällt es auch darunter. Es stellt sich natürlich die Frage, was dieses hinreichende Gleichen ausmacht. Dieses zu lernen verlangt ein Verständnis dafür, mit welcher Art von Ausdruck wir es zu tun haben und welche Rolle dieser in der Sprache spielt. Ist das Wort „Tiger" eine Artbezeichnung, dann sind alle Dinge, die einem Tiger hinreichend gleichen, Mitglieder derselben Art. Die Entscheidung darüber, welche Art von Begriff es ist, heißt festzulegen, wie über die klaren Fälle hinausgegangen werden kann. Wir gewinnen diese Information auch dadurch, daß wir Mitglieder der Gemeinschaft werden, die die entsprechende Terminologie benutzt. Diese Gemeinschaft muß aber nicht mit nur einer Stimme sprechen. Hilary Putnam und Tyler Burge haben sehr überzeugend dargelegt, daß es eine sprachliche Arbeitsteilung gibt.[1] Meine Beherrschung der Begriffe „Arthritis" und „Ulme" ergibt sich aus der Tatsache, daß ich zu einer Sprachgemeinschaft gehöre, in der einige Mitglieder wissen, wovon sie reden. Alle anderen verlassen sich auf die Experten, ja unterwerfen sich ihnen. Das gleiche gilt offensichtlich für „Tyrann".

Worin besteht Expertenwissen? Ein medizinischer Experte für Arthritis weiß eine Menge über diese Krankheit: ihre Ursachen, Symptome, begünstigenden Voraussetzungen, Behandlungen, Komplikationen u. a. m. Er weiß auch eine Menge über die Untersuchung der Krankheit. Das gleiche gilt für Experten für Ulmen und Tyrannen. Es kommt nicht auf die Details an. Entscheidend ist, daß Experten ein relativ breites und tiefes Verständnis ihrer Fachgebiete und deren Forschungsmethoden haben. Dieses Verständnis setzt nicht voraus, noch beschränkt es sich darauf, daß sie die Extension des Begriffs kennen, in dem ihr Expertenwissen wurzelt. So wissen etwa Experten für Arthritis, obwohl sie weitaus mehr wissen als Laien, nicht exakt, was Arthritis ist, noch beanspruchen sie dies zu wissen, sie wissen auch nicht und beanspruchen auch nicht zu wissen, wie viele Menschen der Population an der Krankheit leiden. Experten für Tyrannen wissen nicht und beanspruchen nicht zu wissen, was genau einen Tyrannen ausmacht, sie wissen folglich nicht und beanspruchen auch nicht zu wissen, wer unter die Extension des Ausdrucks fällt.

Außerdem sind sich die Experten nicht immer einig. Vielleicht sind die Mediziner geteilter Meinung, ob Arthritis ein Syndrom oder eine Krankheit ist. In diesem Fall gehen die Meinungen auseinander über die Basis, auf der von klaren Fällen aus über unklare entschieden werden kann. Auch unter jenen, die Arthritis für ein Syndrom halten, gibt es Meinungsverschiedenheiten darüber, welche Symptome zum Syndrom gehören.

---

1 Putnam, H. (1975): The Meaning of "Meaning". Mind, Language, and Reality. Cambridge (Cambridge University Press), pp. 227–229; Burge, T. (1979): Individualism and the Mental. *Midwest Studies in Philosophy* 4.

Wiederum ist die Auffassung geteilt, wie von klaren Fällen aus über unklare entschieden werden soll, welche der strittigen Fälle also tatsächlich Fälle von Arthritis sind.

Nun könnte man aber immer noch behaupten, daß aus alledem nicht folgt, daß jeder der fraglichen Begriffe keine eindeutig bestimmte Extension hat. Die Meinungen gehen heute auseinander darüber, was ein Fall von Arthritis ist und was nicht oder wer ein Tyrann ist und wer nicht. Am Ende der Analyse aber, so möchte man erwarten, wird die Frage beantwortet sein. Um anzunehmen, daß die Interpretationen unserer gängigen Begriffe jetzt fixiert sind, brauchen wir nur zu erkennen, daß die erforderliche Sprachgemeinschaft über die Zeit ausgedehnt ist. So spielen die Entdeckungen unserer Nachkommen bei der Bestimmung dessen mit, worüber wir jetzt reden. Die Experten, denen wir uns unterwerfen, sind in der Tat die Erben der gegenwärtigen Experten.

Wir sollten jedoch nicht annehmen, daß der künftige Gang der Untersuchung irgendwie vorgegeben ist. Es gibt erfahrungsgemäß nicht nur einen einzigen Weg, der von unserem heutigen Wissen über ein Gebiet zu dem am Ende der Untersuchung erreichten Urteil führen würde. Was die Erben unseres Wissens an Schlüssen ziehen werden, ist abhängig von den Entscheidungen, die wir treffen. Es ist nicht so, daß eine vorweg fixierte Extension bestimmt, was die aktuelle Forschung sucht, sondern das, was die aktuelle Forschung sucht und findet, beeinflußt die weitere Spezifizierung der Extension unserer Begriffe. Wo die Untersuchung aufhört, das hängt von den Entscheidungen ab, die die Forscher treffen. Und es mag eine ganze Reihe von Entscheidungen geben, die gleichermaßen vernünftig sind.

Vielleicht sind die Meinungen gegenwärtig geteilt, ob die Arthritis ein Syndrom oder eine Krankheit ist. Aber die Wissenschaftler arbeiten daran und werden irgendwann die Antwort finden. Was werden sie finden? Eine Möglichkeit ist die folgende: Sie werden feststellen, daß viele der Fälle, die wir jetzt als klare Fälle von Arthritis betrachten, die gleiche Ursache haben. Diese Entdeckung mag dazu anspornen, das Krankheitsmodell zu wählen und zu sagen, daß nur die auf diese Weise verursachten Zustände echte Fälle von Arthritis sind. So dürfen nun einige der zuvor als klar angesehenen Erkrankungen nicht mehr als Fälle von Arthritis bestimmt werden. Auch wenn sie die gleichen Symptome aufweisen und auf die gleiche Behandlung ansprechen, müssen sie ausgeschlossen werden, sobald wir das Krankheitsmodell gewählt haben. Gleichermaßen muß festgestellt werden, daß jeder Zustand mit der gleichen Kausalstruktur, ob er nun die gleichen (oder überhaupt irgendwelche) Symptome zeigt, einen Fall von Arthritis darstellt. Wenn wir eine kausale Geschichte wollen, dann lohnt es sich, diesen Preis zu zahlen. Achten Sie aber auf den Konditionalsatz. Was die Entscheidung rechtfertigt, einige Zustände aus der Extension des Begriffs „Arthritis" aus- und andere einzuschließen, das ist der Wunsch, daß der Begriff eine ganz bestimmte theoretische Rolle spielen soll. Das ist vollkommen vernünftig. Es ist aber nicht notwendig. Auch wenn viele der Fälle, die wir heute als eindeutige Fälle von Arthritis bestimmen, die gleiche Ursache haben, könnte es doch einen Grund geben, eine Bestimmung vorzuziehen, die Arthritis als ein Syndrom behandelt, also als eine Konstellation von Symptomen. Wenn unser Interesse etwa ergonomischer Art wäre, dann wäre es relativ unerheblich, warum Menschen diese Symptome aufweisen. Die entscheidende Tatsache ist, daß dies der Fall ist. Wir wollen die Klasse der Menschen eingrenzen, die eine bestimmte Menge von Symptomen aufweisen, damit wir Dinge bauen und Techniken entwickeln können, um ihr Leiden und ihre Behinderung zu minimieren. Wenn wir und unsere Nachfahren uns also entscheiden, „Arthritis" als einen Symptombegriff zu behandeln, dann fallen nur diejenigen Zustände unter seine Extension, die dieselben Symptome umfassen. Wiederum können einige gegenwärtig noch akzeptierte Fälle ausgeschlossen und umstrittene oder bisher ausgeschlossene Fälle in die Extension des Begriffs einbezogen werden. Es wird sich aber nicht um die gleichen Fälle handeln wie beim kausalen Modell.

Die Frage, wie wir den gegenwärtigen Begriffsgebrauch revidieren und verfeinern sollen, hängt von dem ab, was wir mit unseren Begriffen machen wollen. Der aktuell gängige Gebrauch schränkt die Antwort auf diese Frage wohl ein, legt sie aber nicht fest. Die Entscheidungen, die wir darüber treffen, wie wir revidieren und verfeinern und wie wir zwischen vernünftigen Zielen wählen sollen, beeinflussen die Konstitution der Individuen und Arten, die unsere Nachkommen wahrnehmen werden. Die Forschung marschiert nicht auf einem schnurgeraden und engen Weg zur letztgültigen Wahrheit. Vielmehr bestimmen die Entscheidungen, die wir treffen, und die Möglichkeiten, die wir ergreifen, die künftige Richtung der Forschung. Und es gibt einige Punkte, wo eine Anzahl verschiedener Optionen, die in unterschiedliche Richtungen weisen, im Schnitt gleichwertig sind. Welche Wahrheiten wir finden werden, das hängt von der Richtung ab, in die wir gehen.

Alle bisher berücksichtigten Einschränkungen waren tatsachenbezogen. Sie ergeben sich aus den Gebrauchsweisen von Begriffen in Tatsachenbehauptungen und aus den Kriterien der Beurteilung ihrer Richtigkeit ebenso wie aus den Interessen, denen jene Tatsachenbehauptungen dienen sollen. Wir tun aber auch noch andere Dinge mit unserem Wortschatz, als damit festzustellen, was wir als Tatsachen ansehen. Wir stellen damit auch Fiktionen her. Und die Art, in der wir unsere Sprache in Fiktionen verwenden, wirkt wiederum auf das, was wir über Sachverhalte zu sagen bereit sind.

Nach Nelson Goodman ist die Bedeutung eines Begriffs eine Funktion seiner primären und sekundären Extensionen, also der Dinge, die der Ausdruck denotiert, sowie der Dinge, die Zusammensetzungen denotieren, die den Ausdruck enthalten. Die Anwendungen des Ausdrucks auf Sachverhalte umfassen seine primäre Extension, sein Auftreten in Fiktionen steuert die sekundäre Extension bei.[2] Nehmen wir das Wort „Hund". Seine primäre Extension umfaßt alle Hunde. Seine sekundäre Extension enthält Hundegeschichten, Hundebilder u. ä. Manche Hunde entsprechen keiner Hundebeschreibung, manche Hundebeschreibungen treffen auf keinen Hund zu. Aber sogar fiktive Hundebeschreibungen und Hundebilder gehören zur sekundären Extension des Wortes „Hund" und sind daher Teil seiner Bedeutung. Wenn Goodman recht hat, dann beeinflussen die Geschichten, die wir erzählen, und die Bilder, die wir malen, die Bedeutungen der Wörter, die wir gebrauchen. Wenn ich recht habe, beeinflussen sie die Extensionen, die wir letztendlich unseren Ausdrücken zuweisen.

Wir haben gesehen, daß das Lernen einer Sprache auch einschließt, daß wir lernen, von klaren Fällen auf unklare Fälle zu extrapolieren. Zwecke und Kontexte beeinflussen unsere Extrapolationen, aber sie reichen kaum je aus zu bestimmen, welche Grenzen wir ziehen und wo wir sie präzise ziehen sollen. Wir wissen, daß Pudel und Spaniels und ähnliche Hunderassen unter das Prädikat „Hund" fallen. Präzedenzfälle gestatten uns ohne Schwierigkeiten die Extrapolation auf Setter und Dalmatiner. Aber sie sagen uns nicht, ob etwa auch Kojoten in die Extension von „Hund" einbezogen werden sollen. Kojoten sind in mancher Weise den Tieren sowohl ähnlich als auch unähnlich, die wir ohne Bedenken als Hunde ansehen. Die Frage ist, ob die Ähnlichkeiten oder die Unterschiede stärker ins Auge fallen. Die Untersuchung der klaren Fälle eines Prädikats und der klaren Gegenbeispiele zeigt uns nicht, wo wir die Grenze ziehen müssen.

Primäre und sekundäre Anwendungen eröffnen Extrapolationsmöglichkeiten. Wir extrapolieren von akzeptierten Anwendungen auf weitere Fälle und verstärken dadurch die primäre Extension. Haben wir einmal die Extrapolation akzeptiert, dann verfügen wir über eine neue Klasse von Präzedenzfällen, die Pudel, Spaniels, Setter und Dalmatiner einschließt. Sie alle zählen von nun an als klare Fälle. Weitere Kandidaten für eine Aufnahme sollten den Mitgliedern der erweiterten Klasse gleichen. Darüber hinaus extrapolieren wir auch von akzeptierten Abbildern – Beschreibungen, Fotografien usw. –, um die sekundäre Extension anzureichern. Auf der Basis der Bilder und Beschreibungen, die wir bereits als Hundeabbildungen klassifiziert haben, generalisieren wir dann über weitere Bilder und Beschreibungen, die wir gleichermaßen einordnen wollen. In beiden Fällen ändert jede neue Anwendung die Klasse der Präzedenzfälle, gemäß welcher neue Kandidaten beurteilt werden. Auch wenn unser ursprüngliches Paradigma wenig Veranlassung geboten haben mag, auch Neufundländer als Hunde zu klassifizieren, wäre es doch recht willkürlich, sie auszuschließen, nachdem wir Bernhardiner einbezogen haben. Und auch wenn unsere paradigmatischen Kennzeichnungen kaum Anlaß

---

2 Goodman, N. (1972): On Likeness of Meaning/On Some Differences About Meaning. Problems and Projects. Indianapolis (Hackett), pp. 221–238.

IV. Geschichte(n), Interpretation und Hermeneutik

geben, die Trickfilmfigur Snoopy als Hundebild zu klassifizieren, können wir sie nicht mehr ausschließen, wenn wir einmal Goofy berücksichtigt haben. Dinge, die uns am Anfang gleichgültig waren, können daher ganz natürlich einbezogen oder ausgeschlossen werden, je nachdem, wie der Präzedenzfall sich entwickelt.

Goodman betont die logische Unabhängigkeit primärer und sekundärer Extensionen. Ich glaube jedoch, daß sich ein gut Teil ihrer kognitiven Bedeutung von ihrer wechselseitigen Animierung herleitet.[3] Neue tatsachenbezogene Anwendungen liefern Stoff für Fiktionen, und neue fiktionale Anwendungen beeinflussen die weitere Tatsachengewinnung. Es kann kaum überraschen, daß das, was wir als Hund betrachten, das beeinflußt, was wir für eine Hundebeschreibung halten. Das Umgekehrte kann aber unerwartet kommen. Was wir als Hundebeschreibungen und Hundebilder anbieten und annehmen, beeinflußt, was wir als Hund klassifizieren.

Die primäre Extension des Wortes „Hund" bietet uns kein logisches Verfahren, die Grenzen so zu ziehen, wie wir dies tun. Kojoten etwa unterscheiden sich kaum von einigen Hundeartigen, die wir im Haus halten. Aber fiktionale Hundegeschichten zeichnen ihre Figuren als vollkommen domestiziert – als loyale, liebevolle Partner und/oder ergebene Diener. Auch bösartige Hunde werden in den Geschichten als Ausnahmen von der Regel konstruiert. Solch vertraute Fiktionen halten uns daher davon ab, den Begriff „Hund" auf Kojoten, Schakale und andere bekanntermaßen häßliche Mitglieder der Familie der Hundeartigen auszudehnen. Kein Mensch, der mit Geschichten über „Lassie" oder „Rin Tin Tin" aufgewachsen ist, würde solche Tiere ohne Unbehagen Hunde nennen. Tiere, die sich also nur geringfügig von Hunden unterscheiden, werden aus der Extension des Begriffs ausgeschlossen, weil sie nicht den von unseren Fiktionen bevorzugten Hundebeschreibungen entsprechen. Auf diese Weise gehen also fiktionale Residuen in unsere Tatsachenkonstruktionen ein. Denn die buchstäblichen Extrapolationen von den Fällen, die wir als klar ansehen, werden von den sekundären Extensionen beeinflußt. Bedeutung ist keine feste Eigenschaft unserer Ausdrücke, die ein für allemal mit ihrer Beherrschung gegeben ist. Sie besteht in einem dynamischen Wechselspiel, das sich über die Zeit entwickelt, und zwar in Abhängigkeit von den Fakten, die wir entdecken, ebenso wie von den Fiktionen, die wir herstellen. Es sind nicht nur fiktionale sekundäre Extensionen, die diese Wirkung per Rückkopplung ausüben, sondern auch faktenbezogene. Zu den sekundären Extensionen von „Arthritis" gehören Arthritisbeschreibungen in medizinischen Zeitschriften, Krankengeschichten, Patientenbeschwerden usw. Es handelt sich hier um Tatsachenfeststellungen, die von der Medizinergemeinschaft ernst genommen werden und ernst genommen werden sollten. Die meisten davon sind wahrscheinlich wahr. Aber nicht alle Fakten

---

3 Vgl. Elgin, C. Z. (1977): Considered Judgment. Princeton (Princeton University Press), pp. 178–195.

werden festgestellt. Es gibt wahrscheinlich sogenannte sprachlose Fälle der Erkrankung, Fälle, die nie als „Arthritis" benannt werden. Und es gibt Aspekte der medizinischen Zustände von Patienten, die als arthritisch diagnostiziert, aber keiner Erwähnung für würdig befunden werden. Das ist nicht überraschend. Jede Beschreibung ist selektiv. Entscheidend ist, daß die Selektion Konsequenzen hat für die künftige Tatsachengewinnung. Die Merkmale, die in den von der Medizinergemeinschaft angefertigten und akzeptierten Arthritisbeschreibungen auftreten, werden zu auszeichnenden Merkmalen und sind daher geeignet, zu distinktiven Symptomen des Zustandes zu avancieren. Von da an werden Grenzfälle entschieden, je nachdem, ob sie die Merkmale besitzen oder nicht, die die akzeptierten Beschreibungen herausgestellt haben. Die kritische Frage ist daher nicht, wie die Welt *simpliciter* aussieht, sondern, wie Goodman feststellt, auf welche Weise die Welt in Worten beschrieben und antizipiert worden ist.[4] Ich habe vorhin gesagt, daß die korrekte Antwort auf die Frage „War Cäsar ein Tyrann?" lautet: „Es hängt davon ab." Es scheint nun, daß die korrekte Antwort auf die Frage „Litt Cäsar an Arthritis?" auch lauten könnte: „Es hängt davon ab." In beiden Fällen hängt die Antwort nicht nur von historischen Fakten ab, die uns nicht zugänglich sind, sondern vom Verlauf der künftigen Forschung, die ihrerseits von den Entscheidungen bedingt ist, die wir und unsere Nachkommen treffen. Dies riecht nach der unangenehmen Behauptung, daß die Zukunft die Vergangenheit ändern kann.

Cäsar ist tot. Sein politisches Handeln und seine physische Konstitution waren so, wie sie eben waren, würden wir sagen. Sie könnten während seines Lebens von den Handlungen und Entscheidungen (und vielleicht sogar den Beschreibungen) anderer beeinflußt worden sein. Aber nach so langer Zeit ist daran nichts mehr zu ändern. Irgend etwas anderes zu behaupten wäre verrückt.

Nun, ja und nein. Die Behauptung, daß die Extensionen der Begriffe „Arthritis" und „Tyrann" unbestimmt sind, ist die Behauptung, daß die Festlegungen, die wir zur Bestimmung ihrer Fälle treffen, nicht ausreichen, um für jeden der Begriffe eine eindeutige Extension zu bestimmen. Jede einzelne aus einer ganzen Reihe von Überschneidungsextensionen erfüllt alle Bedingungen, von denen wir guten Gewissens die Anwendung der Begriffe abhängig machen. Für jede einzelne der in Frage kommenden Extensionen ist entschieden, ob Cäsar dazugehört. Da aber unbestimmt ist, welche in Frage kommende Extension diejenige des Wortes „Tyrann" ist, wenn Cäsar sich unter den strittigen Fällen findet, bleibt unbestimmt, ob er ein Tyrann war. Und da wir mit dem Fortgang der Forschung und mit der Anfertigung und Billigung neuer Beschreibungen unsere Kategorien verfeinern und den Bereich strittiger Fälle einengen, sollte es nicht überraschen, wenn unsere Nachkommen eines Tages in einer besseren Position

---

4 Goodman, N. (1972): The Way the World Is. Problems and Projects. Indianapolis (Hackett), pp. 24–33.

wären, ein endgültiges Urteil zu fällen. Sie müßten dafür nicht unbedingt eine eindeutige Extension für den Begriff bestimmen, sondern nur den Bereich der Optionen so weit einengen, daß Cäsar ganz klar entweder dazugehört oder nicht. Die künftige Differenzierung von Kategorien beeinflußt nicht selten unsere Möglichkeiten, wahre Aussagen über die Vergangenheit zu machen.

Wenn ich recht habe, dann besteht eine Interpretation nicht darin, den eindeutig korrekten Referenten eines Symbols zu bestimmen. Sie ist vielmehr holistisch, abhängig von der Funktion des Symbols in einem Kontext, von den Präsuppositionen bezüglich seiner primären und sekundären Extensionen, von seinem sprachlichen und außersprachlichen Milieu. Quine hat lange Zeit geleugnet, es gäbe einen klaren Unterschied zwischen Sprachverhalten und Sachverhalten. Es gibt auch, wie wir gesehen haben, keinen klaren Unterschied zwischen der Interpretation von Sprache und dem Verstehen von Tatsachen.[5] Interpretation und Verstehen sind unauflöslich verknüpft. Und die Ergebnisse ihrer Durchführung bleiben gewöhnlich offen. Der einmal akzeptierte Gebrauch liefert Präzedenzfälle. Verfügbare Präzedenzfälle legen jedoch nicht immer fest, wie es weitergehen soll. Ist dies der Fall, stehen wir vor einer Entscheidung. Obwohl jede Entscheidung von Interessen und Zielen beeinflußt wird, reichen diese nicht immer aus, um die Angelegenheit zu erledigen. Dann ist die Auswahl frei. Aber frei oder nicht, die Wahl, die wir treffen, beeinflußt die Klasse der Präzedenzfälle, mit der künftige Fälle geprüft werden. Sie beeinflussen, was von da an als Tyrann, als Arthritis, als Hund gelten soll. Mit unseren dann getroffenen Entscheidungen konstruieren wir die Kategorien, welche die Tatsache festlegen, daß Cäsar ein Tyrann war oder nicht, die Tatsache, daß Arthritis eine Krankheit ist oder nicht, die Tatsache, daß ein Kojote ein Hund ist oder nicht. Damit wirken wir mit an der Konstruktion der Welt, die wir und unsere Nachkommen bewohnen.

Deutsche Fassung: Wolfram Karl Köck

---

5 Quine, W. V. (1961): Two Dogmas of Empiricism In: From a Logical Point of View. New York (Harper Torchbooks), pp. 20–47.

Erzählend konstruieren
Michael Hanke

All our knowledge of the world, in common-sense as well as in scientific thinking, involves constructs, i. e., a set of abstractions, generalizations, formalizations, idealizations specific to the respective level of thought organization. Strictly speaking, there are no such things as facts, pure and simple. All facts are from the outset facts selected from a universal context by the activities of our mind. They are, therefore, always interpreted facts ...

Alfred Schutz (1967, S. 5)

1. Einleitung

In seinem Buch *Weisen der Welterzeugung* zeichnet Nelson Goodman (1990) die moderne Philosophie dadurch aus, sich von der Vorstellung einer einzigen Wahrheit verabschiedet zu haben und anstatt einer fertig vorgefundenen Welt den Erzeugungsprozeß einer Vielfalt von richtigen oder gar konfligierenden Versionen oder Welten hervorzuheben (was Goodman als Radikalen Relativismus, nicht Radikalen Konstruktivismus kategorisiert). Dazu dienen verschiedene Symbolsysteme, wozu Goodman neben anderen das der alltäglichen Rede zählt (1990, S. 10), womit er den von seinem Leitdenker Cassirer unterschätzten Stellenwert der Alltagssprache korrigiert, eine Einsicht, die nicht neueren Datums ist (vgl. Ammann 1925, 1928). Und wenn wir uns unser alltägliches Kommunikationsverhalten vor Augen führen, so werden wir feststellen, daß wir einen großen Teil unseres kommunikativen Handelns auf das *Erzählen von Geschichten innerhalb von Unterhaltungen* (Sacks 1971) verwenden; und dies gilt als eine eigene sprachliche Form alltäglicher Rede (Ungeheuer 1972, S. 203; Ammann 1928). Einer Kommunikationswissenschaft, die sich dem zwischenmenschlichen Kommunikationsprozeß und der Grundmatrix des Gesprächs als wissenschaftlichem Gegenstand verschreibt, ist das konstruktivistische Verständnis von Wirklichkeit, diese „nicht als ready made" vorauszusetzen, sondern danach zu fragen, wie sie zustande kommt, sozusagen als Basistheorem eingeschrieben. Dies gilt auch im besonderen für die Narrationsforschung, die sich aus der Pragmalinguistik, Gesprächs- und Konversationsanalyse herausgebildet hat, denn mit der Hinwendung zu diesem Konstruktionsverfahren erster Ordnung erschließt sich Erzählen als eine Weise der Welterzeugung.

Als „Welt", die durch das Symbolsystem alltäglicher Rede erschlossen wird, gilt mir der Erfahrungsbereich des Träumens sowie eine Reihe von Untersuchungen hierzu. Phantasieerlebnisse (wie Träume) bauen den Erfahrungszusammenhang des Ich im Jetzt, Hier, So ebenso mit auf wie

Erfahrungen von realen Gegenständen der Außenwelt (Schütz 1974, S. 135)[1], so daß es sich hierbei um Bewußtseinstatsachen (Külpe 1912, S. 13) einer Erfahrungswirklichkeit handelt – als „objektive Realität des ‚Subjektiven'" (Soeffner u. Luckmann 1987, S. 342). Die Welt des Träumens gilt als eigenständige, geschlossene Sinnprovinz (Schütz) oder Subuniversum (W. James) mit einem spezifischen kognitiven Erfahrungsstil, und das Erzählen bildet einen privilegierten Zugang zu diesem spezifischen Ausschnitt aus der subjektiven Lebenswelt des Sprechers.

2. Erzählen: Funktionen der Form

Die Form des Erzählens dient der Erfüllung unterschiedlichster Funktionen (nach Ammann 1928). Sie ist ein bedeutsames Mittel der (Re-)Konstruktion sozialer Wirklichkeit (Bruner 1991), indem Ereignisse und Vorkommnisse narrativ strukturiert, geordnet und zum Bestandteil unseres Wissensvorrats werden – ein sinnbildendes Erzeugen einer Ordnung von Ereignissen, wirklicher wie imaginärer. Als Instrumente intersubjektiver Wissensdarstellung und -vermittlung dienen Erzählungen auch als Mittel der Wahrnehmung und der Strukturierung von Erfahrung und Erinnerung an Ereignisse (Bruner 1991, S. 4, 21). Aus der sozialkonstruktivischen Perspektive stellen Erzählungen nicht vorgängig entdeckte Fakten, „Gegenstände und Sachverhalte" dar, sondern konstruieren zugleich das Dargestellte selbst, und zwar sinnbildend. Schon das lateinische *constructio*, „Zusammenfügung", „Verbindung", „Bau", fordert, daß die Teile zueinanderpassen müssen; und daß die Konstruktion nach dem Sinn, *kata synesin*, und nicht nach den Regeln der Grammatik erfolgen soll, enthält also eine inhaltliche und auf Erkenntnis bezogene Komponente. Da solche „mündliche Versionen persönlicher Erfahrungen" (Labov u. Waletzky 1973) aus der Perspektive eines Individuums erfolgen, tritt eine theoriebildende Funktion (Ochs et al. 1992) hinzu, da die von Erzählungen ableitbaren Erklärungen die Basis für Theorien bilden.

Über die Typisierung mittels sprachlicher Verweisungskategorien für Objekte und Ereignisse hinaus bringt Erzählen ordnungschaffende Beschreibungen der strukturierten Tätigkeiten hervor; es ist daher kein passiver Kodierungsprozeß, sondern eine aktive, konstruktive Leistung. Diese logisierende Funktion des Erzählens kommt in der Formulierung zum Ausdruck, daß in unseren Erzählungen von der Welt mehr Ordnung besteht als in der Welt selbst: "There is more order in our accounts of the world than in the world itself" (Eduard Bruner, zit. nach Taylor 1995, S. 311).

---

[1] Alfred Schutz und Alfred Schütz sind als Person identisch; der Name wird im angelsächsischen bzw. im deutschen Raum unterschiedlich geschrieben.

3. Konstruktionen erster Stufe in der Sozialwelt

Ein konstruktivistisches Paradigma wird bereits um die Jahrhundertwende eingeleitet (von Glasersfeld 1996 setzt dies neuerdings bei den Vorsokratikern und den Skeptikern an); als Gemeinsamkeit von Whitehead, W. James, Dewey, Bergson, Husserl und anderen bezeichnet Alfred Schütz die Grundeinstellung, wonach die sogenannten Tatsachen der alltäglichen Wahrnehmung nicht so konkret sind, wie es scheint, sondern diese bereits Abstraktionen höchst komplizierter Natur umfassen. Unser Wissen von der Welt sowohl in alltäglichem wie wissenschaftlichem Denken beinhaltet demnach Konstruktionen, d. h. eine Reihe von Abstraktionen, Generalisierungen, Formalisierungen und Idealisierungen, die spezifisch auf die jeweiligen Stufen der Wissensorganisation abgestimmt sind. "Strictly speaking, there are no such things as facts, pure and simple. All facts are from the outset facts selected from a universal context by the activities of our mind. They are, therefore, always interpreted facts ..." (Schutz 1967, S. 5). „In verschiedenen Konstruktionen der alltäglichen Wirklichkeit" haben die in der Sozialwelt lebenden, denkenden und handelnden Menschen „diese Welt im voraus bereits gegliedert und interpretiert ... Die gedanklichen Gegenstände, die von der Sozialwissenschaft gebildet werden, beziehen und gründen sich auf gedankliche Gegenstände, die im Verständnis des im Alltag unter seinen Mitmenschen lebenden Menschen gebildet werden" (Schütz 1971, S. 6 f.). Die Sozialwelt ist eine Realität, deren Struktur "originates in subjective common-sense constructs and typifications" (Schutz 1964, S. 21), die vorwissenschaftlich, aber nicht „natürlich", sondern gesellschaftlich vorkonstruiert sind (Luckmann 1986, S. 195). Wenn solche primären Konstruktionsleistungen menschlicher Rede zum Gegenstand von Theoriebildung werden, folgt dies einem Wissenschaftsmodell, das *bottom-up* von der Lebenswelt ausgeht (Jacoby a. Ochs 1995, S. 181). Sowohl alltagsweltliches wie wissenschaftliches Handeln werden somit subjektiv sinnhaft handelnden und konstruierenden Subjekten zugeschrieben, und eine solche Konstruktionsweise ist auch das Erzählen.

4. Konstruktion und Erzählen

In einer Erzählung werden Gegenstände und Sachverhalte dargestellt, die auch zugleich von der Erzählung hervorgebracht werden. Zur Vermeidung eines Henne-Ei-Problems möchte ich folgende dreifache Differenzierung des Zusammenhangs von Narration und Konstruktion vorschlagen:

- die *Konstruktion* des erzählten Ereignisses in einem Akt erkennender Bezugnahme (Kognition),
- die *Rekonstruktion* des Erzählens als schrittweiser Vollzug (Rede),

– die *Kokonstruktion* durch die an der Kommunikationssituation beteiligten Adressaten des Erzählens (Kommunikation).

4.1 Konstruktion

Erzählen erfordert eine Weise der Zuwendung zu einer jeweiligen Umwelt („attentionale Modifikation") und eine daran angeschlossene Operation zweistufiger Objektivierung, mit der „subjektives Wissen in Zeichen ‚übersetzt' wird" (Schütz u. Luckmann 1979, S. 332): erstens die Konstruktion eines Objektes und zweitens seine Beschreibung (mit Külpe 1912, S. 21). Die Erzeugung eines Objektes ist eine kognitive Leistung des Erzählers; dessen Gedächtnis ist nicht selektiv, sondern selektiv zugänglich, mittels der Interpretation einer vergangenen Erfahrung von einem Jetzt aus in einer reflektiven und bedeutungserzeugenden Zuwendung im Sinne von Schütz. Der Sinn einer Erfahrung ist demnach keine Eigenschaft, die Erfahrungen des Bewußtseins innewohnt ("ready made"), sondern Folge einer Deutung der vergangenen Erfahrung, die vom gegenwärtigen Jetzt in reflektiver Einstellung betrachtet wird (Schütz 1971, S. 241). ("Meaning [dt.: Sinn einer Erfahrung] ... is not a quality inherent in certain experiences emerging within our stream of consciousness but the result of an interpretation of a past experience looked at from the present Now within a reflective attitude" (Schutz 1967, S. 210).)

Da auch das wortlose (Nach-)Denken nicht sprachfrei ist, sind hier bereits Typisierungen und Kategorisierungen, wie sie durch vorgängige Erfahrungen und Sprachgebrauch entstanden und in der Sprache abgelegt sind, zugrunde gelegt. „Weisen der Welterzeugung" kann auch übersetzt werden mit Weisen der Einordnung unter diese Schemata der Erfahrung durch synthetische Rekognition als Deutung eines Erlebnisses (Schütz 1974, S. 112).

Mit der reflektiven Zuwendung zu einem Erlebnis und seiner Konstituierung (ebd., S. 95) ist dieses jedoch noch nicht „in der Welt".

4.2 Rekonstruktion: *Erzählen* und *Erzählung*

Die Rekonstruktion (die sich auch als Versuch hypothetischer Annäherung beschreiben läßt) erfolgt durch Applikation des grundsätzlich iterierbaren (hierzu Schütz 1974, S. 333) Erzählschemas. Das allmähliche Verfertigen der Geschichte beim Erzählen ist ein Prozeß, der schrittweise und kommunikativ erfolgt. Analog der Unterscheidung zwischen Handeln als Vollzug und der Handlung als vollendetem Produkt läßt sich daher zwischen Erzählen als Handeln und der Erzählung als abgeschlossener Handlung differenzieren. Dies legt den dynamischen Charakter dieses sprachlichen Handelns und seinen Step-by-step-Charakter als Lösungsvollzug bezüglich eines spezifischen Kommunikationsproblems durch kommunikativ eingesetzte Mittel frei. Das Erzählen orientiert sich an einem Entwurf, der – qua Handeln – als antizipiertes Ziel die Schließung der begonnenen Gestalt oder „Gesamtvorstellung" (Klein u. Stutterheim 1992, S. 67) enthält. Erzählen ist ein Rezeptwissen für die Lösung typischer Probleme „dieser Art".

Mit der Beschreibung des Erfahrungsaufbaus als ein Zusammenwirken polythetischer Schritte, d. h. „einzelner Akte", und monothetischer, d. h. einstrahliger Synthesen dieser Schritte nach Schütz (1974, S. 92, 152) läßt sich die Konstruktionsweise des Erzählens als schrittweise Umwandlung polythetischer Konstitutionen in eine Gegenständlichkeit charakterisieren: Der Erlebnisvorgang, der durch den Titel des Erzählens gekennzeichnet wird, angefangen vom Erzählentwurf bis zur vollzogenen Erzählung (die in den rückschauenden Blick gefaßt wird), ist eine sich in gegliederten polythetischen Akten, d. h. propositionalen Teilsätzen, konstituierende synthetische Gegenständlichkeit und kann daher nach seinem Ablauf in einem einstrahligen Blick, monothetisch, erfaßt werden (vgl. die folgende Abbildung).

Erzählintention →
polythetischer Aufbau   a („der Ball sprang auf die Straße")
mittels narrativer   b („das Kind hinterher")
Teilsätze   c („die Reifen quietschten")
    d monothetische, d. h. ‚einstrahlige'
    Synthese von a, b, c (z. B. evaluativ als
    „gefährlich", kategorial als Handlungs-
    folge „dieser Vorfall" oder allgemeiner
    als „Geschichte")

und durch Gesprächseinbindung: argumentativer Zusammenhang, Interpretation, Problematisierung und Theoriebildung.

Abb.: Konstruktionsprozeß des Erzählens und Konstitution der Erzählung

Die polythetischen Akte gliedern den einen synthetischen Akt höherer Stufe, die Erzählung. Für diese gilt mithin, was nach Schütz die Sinnhaftigkeit unserer sinnvollen Erlebnisse zuwege bringt: daß „sich die Erlebnisse in polythetisch gegliederten Akten zu einer Synthesis höherer Ordnung konstituieren und wir auf sie in einem monothetischen Blickstrahl als auf eine konstituierte Einheit hinzublicken vermögen" (Schütz 1974, S. 101). Da Erzählen über mehrere satzähnliche Propositionen hinweg erfolgt, ist es verstehensnotwendig, die Erzählkohärenz sowohl zwischen den jeweiligen Segmenten herzustellen als auch – über die jeweiligen Übergänge hinausgreifend – die Struktur als Ganzes in den Blick zu nehmen. Die polythetischen Schritte sind *lokal* kohärent, wenn z. B. zwei aufeinanderfolgende Abläufe mit *und dann* verbunden werden:

(cl)   Ich weiß nur, daß ich irgendwann aus dem Aufzug rauskam,
(cm)   *und dann* war ich im fünften Stock.

Der monothetische Blick erzeugt *globale* Kohärenz; da auf Serien polythetisch aufbauender Akte jederzeit in einem Blickstrahl hingeschaut werden kann (Schütz 1974, S. 308), werden solche Synthesen auch im Erzählverlauf vollzogen:

(av) Also *das* war jedenfalls dieses *zentrale Ereignis von diesem Traum* ...
(ay) Also das hat mich wirklich sehr beeindruckt *dieser . dieser <u>Traum</u>*.

Beides wirkt zusammen; z. B. muß der Hörer hinsichtlich seines eigenen Gesprächsverhaltens an jeder Satzgrenze zur Entscheidung der Frage "What to do next?"– weiterhin zuhören oder selbst zu reden beginnen – darüber befinden, ob eine Erzählung beendet ist oder ob vielleicht nur eine Episode mit einer Pointe abgeschlossen wurde und die Erzählung weitergeführt wird. Das erfordert parallel zu der „Verarbeitung" der Polythesen den steten monothetischen Blick auf den gesamten Sinnzusammenhang.

4.3 Kokonstruktion

Das Gespräch in unmittelbarer Wir-Beziehung, der „Sphäre des leibhaftigen Vorgegebenseins eines Alter ego in der Umwelt", ist die Matrix für die Entwicklung von Sprache, Kultur und Sinnbildung ("the primordial locus for the development of language, culture, and sense-making" (Jacoby a. Ochs 1995, S. 172). Daß auch Erzählungen dialogische Konstruktionen sind, die sich in einem Gesprächskontext, d. h. unter interaktiver Mitwirkung von Rezipienten, vollziehen (Stichwort „Zuhöreraktivitäten während des scheinbar monologischen Erzählens", vgl. z. B. Bergmann 1987, S. 56), gilt in der Erzählforschung als gesichert, so daß von der "co-constructed nature of ... storytelling" gesprochen wird (Taylor 1995, S. 285). Es erfordert nicht nur die Fertigkeit, Ereignisse einer Welt in Rede zu fassen, sondern auch, dies in einer Gesprächssituation zu plazieren ("to *turn the world's events into talkaboutables*, and to know where to put them in a conversation" (Sacks 18. 4. 1972, S. 19). Mit Kokonstruktion wird Erzählen als dialogisches Handeln bestimmt, das neben einem Sprecher einen Hörer voraussetzt, an den sich das Erzählen richtet, und eine konkrete Kommunikationssituation, in der dieses Handeln vollzogen wird. Außer durch sprachliche Typisierung vollzieht sich die Ordnung der Dinge durch Einbettung in das Thema des Gesprächs und den jeweiligen Gesprächskontext, durch den die Erzählung eine argumentative Einbindung erhält. Zu der internen Kohärenz tritt eine externe der Stellung im Argumentschema (Exposition, Konklusion, Exempel), denn die von der Rhetorik beschriebenen Schlußverfahren ("modes of reasoning") werden auch in der Alltagskommunikation und beim Erzählen durchgeführt. Zudem kann nach ihrer Konstituierung auf die Erzählung als Ganzes hingesehen und diese Gegenstand von Interpretationen und Theoriebildungen werden.

5. Erzählen: Operation in zwei Welten ...

In der Regel wird als Definitionskriterium einer Erzählung deren Referenz auf eine „Geschichte" angeführt, eine Serie realer oder fiktionaler Handlungen oder Ereignisse, die – vom Zeitpunkt des Erzählens aus gesehen – meist in der Vergangenheit zu lokalisieren und räumlich entfernt sind; und Erzählen von zeitlich Vergangenem und räumlich Entferntem erfordert Zeichengebrauch und die Fähigkeit zur Re-Präsentation (von Glasersfeld 1996, S. 165). Es verläuft auf den zwei Zeitebenen des zu berichtenden Handlungs- und Erzählzusammenhangs ("tale" oder "story world") und der aktuellen Sprechsituation (aktuelle Erzählkommunikation, "story realm"), wobei es sich um zwei „Wirklichkeitssphären" (Berger u. Luckmann 1969, S. 42) handelt, die des sprachlichen Handlungsvollzuges im Diskurs und die der Welt, die durch die Erzählung appräsentiert wird.

Die erzählte Welt besteht aus Protagonisten und Erzählereignissen, die Sprechsituation besteht aus dem Gesprächspartner und allgemeiner aus der Gesprächssituation. Der erste Erzählschritt ist die Versetzung des Hörers (und auch der Erzähler ist zugleich Hörer seiner selbst) aus der Sprechsituation in die erzählte Welt. Diese Versetzung erfordert die Konstitution eines vom *hic et nunc* der Gesprächssituation verschobenen Zeitpunktes und verschobenen Ortes (Auer u. di Luzio 1988, S. 165), während die Gesprächsebene der sozialen Umwelt („Wir-Beziehung") gerade durch zeitliche und räumliche Koexistenz der Akteure bestimmt ist (Schütz 1974, S. 227). Diese Versetzung in einen imaginären Zeit-Raum, von der Gesprächssituation in die sprachlich konstituierte, „erzählte Welt" (Weinrich 1964, S. 49), ist eine kommunikative Steuerungsleistung, die orientierend am Erzählbeginn steht; sie markiert damit den zeitlich-räumlichen Bezugsrahmen des Geschehens, in das der Erzähler involviert war (Bühlers „2. Hauptfall der Versetzung", Bühler 1982, S. 124 f.).

6. ... und im fremden Bewußtsein

Die sprachliche Erzählung kann metaphorisch als sichtbarer Teil eines Eisbergs bezeichnet werden; Produktion und Verstehen „in einem fundierten Akt des signitiven Verstehens" erfordern unter der Oberfläche befindliche allgemeine sprachliche und nichtsprachliche Fähigkeiten ("higher-order psychological skills"), wie *Gedächtnis* (denn Erzählen verläuft in Koordination mit der Attention auf das zu rekonstruierende „Ereignis"), die *Fähigkeit zur Zeichensetzung und Zeichendeutung* (wie Sprache; und die Fähigkeit zur Interpretation objektiver wie subjektiver Sinnzusammenhänge), *logisches Schließen* und ein *Weltwissen*, das die sinnvolle Verknüpfung von Teilsätzen, das Entdecken von Widersprüchen oder Verstehensdefiziten erlaubt sowie die Handhabung thematischer Relevanz. Hierzu ist auch ein *Diskursgedächtnis* vorauszusetzen, das Wissen über zurückliegende Gesprächsphasen speichert.

IV. Geschichte(n), Interpretation und Hermeneutik

Kommunikation erfordert darüber hinaus bei den Beteiligten ein auf Selbstauslegung beruhendes Wissen über die Disposition des nicht direkt zugänglichen fremden Bewußtseins derer, mit denen sie kommunizieren; was als "theory of mind" bezeichnet wird (nach Astington et al. 1988, vgl. Perkins 1998, S. 303, sowie Roth in diesem Band), ist mit „Theorie" oder, präziser, „Wissensbestand des Bewußtseins" zu übersetzen, denn es handelt sich um implizites Gebrauchswissen, das aufgrund mangelnder Explizitheit gerade nicht als „Theorie" bezeichnet werden sollte.

Ein solcher Wissensbestand ermöglicht „soziale Kognition" ("social cognition"), die routinemäßige Fähigkeit, sich ein Bild von den Absichten und Erwartungen des anderen zu machen. „Soziale Kognition" beinhaltet eine gemeinsam geteilte Aufmerksamkeit (Attention), die Beherrschung des Turn-taking-Prozesses und der Beeinflussung des Verhaltens anderer durch eigene Handlungen (Perkins 1998, S. 302); sie ist allgemeiner definiert als die Fähigkeit, soziale Schlüsse abzuleiten ("to make social inferences") über Handlungen, Einstellungen und Absichten anderer Personen, um darüber ihr Verhalten zu verstehen und das eigene daraufhin auszurichten. Der Wissensbestand des Bewußtseins ermöglicht die für das Erzählen notwendige Perspektivenübernahme („Personenvertauschung" nach Schütz 1974, S. 159): Der Erzähler muß sich in die Rolle des Zuhörers versetzen können, um seine Erzählung zwischen dem Hörerwissen, dem eigenen Wissensvorrat und der Gesprächsebene zu koordinieren. Erzählungen zu produzieren und zu verstehen erfordert daher Repräsentationsfähigkeit, d. h. die Fähigkeit, Repräsentationen *als* Repräsentationen zu verstehen (vgl. Astington 1990, S. 157 sowie Lucariello 1990; Pellegrini a. Galda 1990), und u. a. das Vermögen, eine Repräsentation einer Welt bei einer anderen Person als *deren* Repräsentation, die verschieden von der eigenen sein kann, zu erkennen, womit die egozentrische Perspektive durch eine Perspektivenübernahme erweitert wird, die das narrative Prozedieren dann erst ermöglicht.

Ein solcher Wissensbestand ist auch eine Voraussetzung für die notwendige vor-wissenschaftliche Analyse, die die Teilnehmer zur Durchführung ihrer Gespräche an diesen vornehmen müssen, und zwar *reflektiv, parallel und antizipativ*. Die *parallele* Analyse erfolgt gleichzeitig zu den Kommunikationshandlungen, unterliegen diese doch einer permanenten Kontrolle hinsichtlich ihrer Ausführung; auch muß die intendierte Bedeutung des Sprechens permanent mit den ausgeführten akustischen Wirkhandlungen abgeglichen werden. *Antizipativ* werden Chancen und Risiken kalkuliert, die je nach Situationsdefinition und -einschätzung zur Eröffnung von Kommunikationsversuchen Anlaß geben (Kann ich ihm das *jetzt* sagen? *Ihm? Ich?* Usw.). Die Auswertung dieser Kalkulationen erfolgt *reflektiv*, ebenso wie das Verstehen einer Äußerung, das zunächst eine Analyse ihres Bedeutungsgehalts verlangt. Auch die Beurteilung der thematischen Relevanz einer Erzählung, einer von anderen geleisteten oder geplanten eigenen, erfordert eine Interpretation und Analyse, die ihrerseits auf der Ebene alltagsweltlicher Konstruktionen liegt.

Literatur

Ammann, H. (1925): Die menschliche Rede. Sprachphilosophische Untersuchungen. 1. Teil: Die Idee der Sprache und das Wesen der Wortbedeutung. Lahr i. Br. (Schauenburg).
Ammann, H. (1928): Die menschliche Rede. Sprachphilosophische Untersuchungen. 2. Teil: Der Satz. Lebensformen und Lebensfunktionen der Rede – das Wesen der Satzform – Satz und Urteil. Lahr i. Br. (Schauenburg).
Astington, J. (1990): Narrative and the child´s theory of mind. In: B. Britton a. A. D. Pellegrini (eds.): Narrative thought and narrative language. Hillsdale NJ (Erlbaum), S. 151–171.
Auer, P. u. A. di Luzio (1988): Diskurssemantische Eigenschaften der Sprache italienischer Migrantenkinder. In: A. von Stechow u. M.-T. Schepping (Hrsg.): Fortschritte in der Semantik. (Ergebnisse aus dem Sonderforschungsbereich 99 „Grammatik und sprachliche Prozesse" der Universität Konstanz.) Weinheim (VCH), S. 159–199.
Battacchi, M. W., T. Suslow u. M. Renna (1969): Emotion und Sprache. Zur Definition der Emotion und ihren Beziehungen zu kognitiven Prozessen, dem Gedächtnis und der Sprache. Frankfurt a. M. (Lang).
Berger, P. a. T. Luckmann (1966): The social construction of reality. Garden City, NY (Doubleday). [dt. (1969): Die gesellschaftliche Konstruktion der Wirklichkeit. Eine Theorie der Wissenssoziologie. Mit einer Einleitung v. H. Plessner. Frankfurt a. M. (Fischer)]
Bergmann, J. (1987): Klatsch. Zur Sozialform der diskreten Indiskretion. Berlin (de Gruyter).
Britton, B. a. A. D. Pellegrini (eds.): Narrative thought and narrative language. Hillsdale NJ (Erlbaum).
Bruner, J. (1991): The narrative construction of reality. *Critical Inquiry* 18: 1–21.
Bühler, K. (1982): Sprachtheorie. Die Darstellungsfunktion der Sprache. Stuttgart (Fischer).
Eco, U. (1972): Einführung in die Semiotik. München (Fink).
Eco, U. (1989): Im Labyrinth der Vernunft. Texte über Kunst und Zeichen. Leipzig (Reclam).
Giora, R. (1998): Discourse coherence is an independent notion: A reply to Deirdre Wilson. *Journal of Pragmatics* 29: 75–86.
Glasersfeld, E. von (1996): Radikaler Konstruktivismus. Ideen, Ergebnisse, Probleme. Frankfurt a. M. (Suhrkamp).
Goodman, N. (1978): Ways of worldmaking. Indianapolis (Hackett). [dt. (1990): Weisen der Welterzeugung. Frankfurt a. M. (Suhrkamp).]
Hanke, M. (i. Vorb.): Kommunikation und Erzählung. Zur narrativen Vergemeinschaftungspraxis am Beispiel konversationellen Traumerzählens. Würzburg (Königshausen und Neumann).
Jacoby, S. a. E. Ochs (1995): Co-construction: An introduction. *Research on Language and Social Interaction* 28: 171–183.
Klein, W. u. C. von Stutterheim (1992): Textstruktur und referentielle Bewegung. *Zeitschrift für Literaturwissenschaft und Linguistik* 86: 67–92.
Külpe, O. (1912): Die Realisierung. Ein Beitrag zur Grundlegung der Realwissenschaften. Bd. I. Leipzig (Hirzel).
Labov, W. a. J. Waletzky (1967): Narrative analysis: oral versions of personal experience. In: J. Helm (ed.): Essays on the verbal and visual arts. Seattle (Univ. of Washington), S. 12–44. [dt. (1973): Erzählanalyse. Mündliche Versionen persönlicher Erfahrungen. In: J. Ihwe (Hrsg.): Literaturwissenschaft und Linguistik. Bd. II. Frankfurt a. M. (Athenäum-Fischer), S. 78–126.]
Lucariello, J. (1990): Canonicality and consciousness in child narrative. In: B. Britton a. A. D. Pellegrini (eds.): Narrative thought and narrative language. Hillsdale NJ (Erlbaum), S. 131–149.
Luckmann, T. (1986): Grundformen der gesellschaftlichen Vermittlung des Wissens: Kommunikative Gattungen. In: F. Neidhardt, M. R. Lepsius, J. Weiß (Hrsg.): Kultur und Gesellschaft. (Sonderheft 27 der *Kölner Zeitschrift für Soziologie und Sozialpsychologie*). Opladen (Westdeutscher Verlag), S. 191–211.

Ochs, E., C. Taylor, D. Rudolph a. R. Smith (1992): Storytelling as a theory-building activity. *Discourse Processes* 15: 37–72.
Pellegrini, A. D. a. L. Galda (1990): The joint construction of stories by preschool children and an experimenter. In: B. Britton a. A. D. Pellegrini (eds.): Narrative thought and narrative language. Hillsdale, NJ (Erlbaum), S. 113–130.
Perkins, M. R. (1998): Is pragmatics epiphenomenal? Evidence from communication disorders. *Journal of Pragmatics* 29: 291–311.
Sacks, H. (1967–1972): Lecture notes. Department of Sociology, University of California, Irvine (Mimeo).
Sacks, H. (1971): Das Erzählen von Geschichten innerhalb von Unterhaltungen. In: R. Kjolseth u. F. Sack (Hrsg.): Zur Soziologie der Sprache. Opladen (Westdeutscher Verlag), S. 306–314.
Schutz, A.* (1964): Collected papers. II: Studies in social theory. Hrsg. u. eingeleitet v. A. Brodersen. Den Haag (Nijhoff).
Schutz, A. (1966): Collected papers. III: Studies in phenomenological philosophy. Hrsg. v. I. Schutz. Mit einer Einleitung v. A. Gurwitsch. Den Haag (Nijhoff).
Schutz, A. (1967): Collected papers. I: The problem of social reality. Hrsg. u. eingeleitet v. M. Natanson. Mit einem Vorwort v. H. L. Van Breda. (2. Aufl.) Den Haag (Nijhoff).
Schütz, A. (1971): Gesammelte Aufsätze. Bd. I. Das Problem der sozialen Wirklichkeit. Den Haag (Nijhoff).
Schütz, A. (1972): Gesammelte Aufsätze. Bd. II. Studien zur soziologischen Theorie. Den Haag (Nijhoff).
Schütz, A. (1974): Der sinnhafte Aufbau der sozialen Welt: Eine Einleitung in die verstehende Soziologie (1932). (3. Aufl.) Frankfurt a. M. (Suhrkamp).
Schütz, A. u. T. Luckmann (1979): Strukturen der Lebenswelt. Bd. I. Frankfurt a. M. (Suhrkamp).
Schütz, A. u. T. Luckmann (1984): Strukturen der Lebenswelt. Bd. II. Frankfurt a. M. (Suhrkamp).
Soeffner, H.-G. u. T. Luckmann (1987): Die Objektivität des Subjektiven – Nachwort zu G. Ungeheuers Entwurf einer Theorie kommunikativen Handelns. In: G. Ungeheuer: Kommunikationstheoretische Schriften I: Sprechen, Mitteilen, Verstehen. Hrsg. v. J. G. Juchem. Aachen (Rader), S. 339–357.
Sperber, D. a. D. Wilson (1986): Relevance. Communication and cognition. Oxford (Blackwell).
Taylor, C. E. (1995): "You think it was a *fight*?" Co-constructing (the struggle for) meaning, face, and family in everyday narrative activity. *Research on Language and Social Interaction* 28: 283–317.
Ungeheuer, G. (1972): Sprache und Kommunikation. Hamburg (Buske).
Weinrich, H. (1964): Tempus. Besprochene und erzählte Welt. Stuttgart (Kohlhammer).
Wilson, D. (1998): Discourse, coherence, and relevance: A reply to Rachel Giora. *Journal of Pragmatics* 29: 57–74.

* Siehe Fußnote 1

Literaturkritik als Konstruktionsakt zwischen literarischem Feld und politischer Kultur
Ludgera Vogt und Andreas Dörner

1. Einleitung

Literaturkritiker sind eine Spezies mit ambivalentem Ruf. Auf der einen Seite werden sie geachtet. Sie gelten als oberste Richter im Reich der Poesie, die man immer dann anruft, wenn es gilt, die Legitimität eines bestimmten Werks oder Autors gleichsam amtlich feststellen zu lassen. Den Großen der Zunft kommt dabei mitunter eine Benennungsmacht zu, die dem Status des Bundesverfassungsgerichts in der gegenwärtigen deutschen Politik gleicht. Dem steht jedoch auf der anderen Seite eine demonstrative Geringschätzung gegenüber. Wie können sich jene, die doch selbst zu keinerlei künstlerischer Tätigkeit befähigt scheinen, erdreisten, über anderer Leute Werke kritisch zu befinden?

Die Literaturkritik erscheint hier als eine parasitäre Kommunikationsteilnahme, die angesichts der Urteilsfähigkeit mündiger Leser ausgesprochen überflüssig ist. Und die Kritiker werden mit jenem Verdikt konfrontiert, das der einflußreiche Soziologe Helmut Schelsky schon Mitte der 70er Jahre gegen alle Intellektuellen gerichtet hatte: „Die Arbeit tun die anderen." Ohne einen funktionalistischen Fehlschluß zu begehen, wird man jedoch sagen dürfen, daß die beharrliche Präsenz literaturkritischer Profis über die Jahrhunderte hinweg auf einen gewissen Bedarf hindeutet, der durch die Kritiker bedient wird. Daher scheint ein sozialwissenschaftlicher Blick auf diese Praxis sinnvoll.

Wir haben bereits an anderer Stelle auf umfangreicher empirischer Grundlage anhand der Fälle Heinrich von Kleist und Johannes Mario Simmel, also an einem historischen und einem aktuellen Beispiel, nachgewiesen, daß literarische Werke und Autorenidentitäten konstruiert werden. Die vielfältigen ästhetischen Anknüpfungspunkte, die jeweils vorhanden waren, wurden je nach Interesse selektiv herangezogen, ausgeblendet oder umgewertet. Kleist erfuhr seinen Aufstieg vom Sonderling zum Klassiker in der zweiten Hälfte des 19. Jahrhunderts vor allem als politischer Autor, der als Prophet der kleindeutschen Reichsgründung unter preußischer Hegemonie instrumentalisiert wurde. Was bei den gleichen Werken einst als exaltiert und pathologisch galt, wurde nun zum Ausweis realpolitischer Weitsicht (vgl. Dörner 1996, S. 201 ff.). Und Simmel durchlief im Jahre 1987 eine wundersame Wandlung vom Trivialautor zum Literaten. Anlaß war der Roman *Doch mit den Clowns kamen die Tränen*, ein Text, der sich mit dem Thema der Gentechnologie auseinandersetzt. Hatte man vorher Simmels politische Romane als unliterarische Kolportage abgelehnt, so wurden die gleichen Objektmerkmale nun als Ausweis einer engagierten literarischen Praxis ins Feld geführt. Durch einen einfachen Wechsel im zugrunde gelegten Literaturbegriff machte der magische Konstruktionsakt der Kritiker aus einem minderwertigen Vielschreiber einen listigen Aufklärer in der Nachfolge Bertolt Brechts (vgl. Dörner/Vogt 1994, S. 204 ff.).

Im folgenden nun wollen wir einen bestimmten Aspekt dieser literaturkritischen Konstruktionsakte näher beleuchten. Legen die Kritiker bei ihrer Tätigkeit tatsächlich genuin literarische Bewertungsmaßstäbe an, oder sind hier nicht oft auch Kriterien der sozialen Paßförmigkeit und der politischen Korrektheit am Werk, wenn ein Text öffentlich konstruiert wird? Anders formuliert geht es darum, ob die Konstruktionen gemäß der Logik funktionaler Ausdifferenzierung sozialer Systeme der autonomen Logik literaturspezifischer Kommunikation folgen, oder ob sie einer Logik der Interpenetration verschiedener Wertsphären unterliegen. Wir wollen diese Frage zunächst auf der theoretischen Ebene und dann anhand eines Fallbeispiels behandeln. Unser Befund, der sich durch viele weitere Belege aus Geschichte und Gegenwart stützen ließe, lautet, daß tatsächlich eine starke Interpenetration von ästhetischen und politischen Werten, von literarischem Feld und politischer Kultur feststellbar ist.

2. Struktur und Funktion literaturkritischer Konstruktionen

Literaturkritiker nehmen in erster Linie eine Selektion vor. Sie wählen Bücher aus, die es wert sind, besprochen zu werden, und fokussieren somit das knappe Gut der Aufmerksamkeit. Für die *FAZ*, die den größten Literaturteil in der deutschen Presselandschaft hat, gilt, daß von ca. 68 000 Neuerscheinungen in einem Jahr nur ca. 2100 Bücher besprochen werden, das entspricht gerade einmal 3 Prozent. Die Wahl der Kritiker ist oft gesteuert durch den Namen des Autors und das damit verbundene Prestige sowie durch weitere Paratexte (d. h. Buchklappentexte, Vorankündigungen des Verlages, Titel und Vorworte).

Die Selektion findet manchmal indirekt auch durch andere Kritiker statt. Wenn die Konkurrenz ein Buch bespricht, kann daraus ein Zugzwang entstehen. Auch die Nähe zu bestimmten Verlagen durch persönliche Bekanntschaften fokussiert Aufmerksamkeit.

Nach der Entscheidung darüber, welches Buch überhaupt besprochen werden soll, wird es zunächst vorgestellt (Genre, Thema, Titel, Handlung). Dabei fließen – allein durch Benennungs- und somit Konstruktionsakte – immer schon Interpretationen mit ein. Das Buch wird verortet im Gesamtwerk und in der Biographie des Autors (Erstling oder Spätwerk), in Richtungen und Moden, Schulen und Traditionen. Literaturkritiker urteilen schließlich vor allem darüber, ob ein Buch gelungen oder mißlungen ist, literarisch wichtig oder unwichtig. Selten legen sie dabei offen, mit welchen Maßstäben und für welche Publikumsgruppen sie diese Wertung vornehmen.

Was sind nun die gesellschaftlichen Funktionen dieser Praxis? Erstens kann Literaturkritik den Verkauf von Büchern fördern. Dies ist zwar kein Automatismus – nicht jedes Buch, das gut besprochen wird, wird auch gut verkauft. Aber die Chance auf gute Umsatzzahlen steigt (vgl. Drews 1990). Zweitens sind Kritiken, vor allem dann, wenn sie gut geschrieben sind, mit einem eigenen Unterhaltungswert versehen. Drittens fördern sie Kommunikation. Wenn bestimmte Bücher als relevant herausgefiltert und somit viel gelesen werden, kann sich an ihnen das Gespräch der Menschen entfalten. Bücher setzen Themen; Anspielungen und Zitate können in der Alltagskommunikation verwendet werden. Diese „synchrone Kanonisierung" ist wiederum – viertens – eine Weichenstellung für die diachrone Kanonisierung, denn literaturkritische Aufmerksamkeit ist oft eine gute Voraussetzung dafür, daß ein Buch in den literarischen Kanon der Gesellschaft eingeht. Es steigt somit die Wahrscheinlichkeit für eine Behandlung im Schulunterricht und in Universitätsvorlesungen sowie für die Aufnahme in Curricula, in Anthologien und Lesebücher.

Kanonisierungsprozesse sind wichtig für die kollektive Identität einer Gesellschaft, für Wertvermittlung, Sinnentwürfe und Selbstbeschreibungen. Daraus entsteht wiederum das kulturelle Gedächtnis. In den USA beispielsweise wurden Kanonisierungsdiskussionen kürzlich auch im Zusammenhang mit gesamtgesellschaftlichen Fragen von Integration diskutiert: Gemeinsame Werke, so die Argumentation, generieren auch gemeinsame Werte (vgl. Berman 1992).

Literaturkritik kann fünftens als eine Deutungsinstitution verstanden werden, deren Aufgabe darin besteht, öffentliche Konstruktionen von Werken und Autoren vorzunehmen. Die Kritiker sagen uns, *als was* wir einen Text, ein Œuvre oder einen Autor zu sehen haben, und sie ordnen diesen Konstruktionen negative oder positive Wertetiketten zu. Eine sechste Funktion von Literaturkritik ist die, zwischen hoher und niederer Literatur, Kunst und Kitsch zu unterscheiden. Damit versorgt sie gesellschaftliche Gruppen, Milieus und Schichten mit Distinktionsmaterialien (vgl. Vogt 1994). Die Gebildeten werden von den Ungebildeten geschieden. Kritiker sind Hüter der ästhetischen Differenzen und somit auch Hüter der sozialen Grenzen – die laut Pierre Bourdieu (1982) homolog verlaufen. In den Vorlieben für bestimmte Werke spiegelt sich somit auch die soziale Zugehörigkeit wider. Als letztes lassen sich autopoietische Funktionen, d. h. Selbsterhaltungsfunktionen, festhalten. Das System Literatur wird durch Kritiken stets aufrechterhalten, denn sie bieten immer wieder neue Anlässe zur literarischen Kommunikation.

3. Ausdifferenzierung und Interpenetration

Moderne Gesellschaften weisen einen hohen Grad an funktionaler Differenzierung auf. Diese Einsicht findet sich schon bei den soziologischen

Klassikern Durkheim, Simmel und Weber – und ist somit keineswegs ein Bielefelder Privileg. Dennoch hat Niklas Luhmann dieses Differenzierungsphänomen in seiner Theorie autopoietischer Systeme besonders radikal durchdekliniert (vgl. jetzt Luhmann 1997). Die Gesellschaft stellt sich demnach als ein Konglomerat relativ autonomer Teilsysteme mit je eigenen Funktionslogiken und Medien dar. Im Rechtssystem, um nur ein Beispiel zu nennen, geht es um binäre Entscheidungen zwischen Recht und Unrecht. Andere Kriterien wie Moral, ökonomische Effizienz und Schönheit spielen demzufolge keine oder nur nachgeordnete Rollen. Die anderen Teilsysteme sind lediglich als Umwelten relevant.

Im Licht dieser Theorie hat sich im Modernisierungsprozeß auch ein System Kunst mit einem Teilsystem Literatur herausgebildet, dessen Kommunikationen von Fremdkriterien wie Moralität, religiöse Bindung oder politische Opportunität freigesetzt und somit durch spezifisch literarische Kriterien gesteuert werden. Siegfried Schmidt (1989), Gerhard Plumpe (1993) und andere haben dies historisch beschrieben.

Die Theorie sozialer Felder von Pierre Bourdieu bearbeitet ebenfalls das Differenzierungsproblem, allerdings stärker die dennoch verbleibenden Gemeinsamkeiten und Strukturhomologien betonend: Alle Felder, so Bourdieu, sind durch Machtrelationen strukturiert, und zwischen den verschiedenen Feldern gibt es Homologien, d. h., eine hohe Position im einen Feld macht eine hohe in einem anderen wahrscheinlich. Im literarischen Feld geht es daher nicht nur um Literatur, sondern immer auch um Macht, um ökonomisches, soziales und symbolisches Kapital (Bourdieu 1998). Richard Münch (1995) schließlich hat beharrlich immer wieder darauf hingewiesen, daß es ein Fehlschluß sei, aus den Differenzierungsprozessen eine Autonomie und Abgeschlossenheit der einzelnen Subsysteme zu folgern. Statt dessen seien vielfältige Interpenetrationsprozesse zu beobachten: Politische Kommunikationen werden *auch* durch Geld gesteuert, juristische Entscheidungen *auch* durch Macht, ästhetische *auch* durch Moral.

Blickt man in den Bereich des literarischen Feldes, dann wird deutlich, daß hier Interpenetrationsphänomene beobachtbar sind: Bücher werden ebenso im Hinblick auf ökonomischen Erfolg produziert wie aus moralischen Gründen abgelehnt und verurteilt. Autoren lancieren Texte mit didaktischen Absichten, und sie haben sich dabei gleichzeitig politisch-juristischen Rahmenbedingungen zu fügen, die in Form von gesatzten (es gibt noch eine Zensur) und auch von ungeschriebenen Regeln (politische Korrektheit) vorhanden sind.

Konkret bedeutet dies für unseren Zusammenhang, daß literarisches Feld und politische Kultur, ästhetische und politische Werte in den Konstruktionsakten literarischer Wertung sehr viel enger miteinander verknüpft sind, als es das radikal differenzierungstheoretische Szenario zunächst nahelegt. Dies wollen wir in der folgenden kurzen Fallstudie exemplarisch veranschaulichen.

4. Der Fall Grass

Im Sommer des Jahres 1995 wurde die deutsche Öffentlichkeit Zeuge eines großen Medienereignisses, im Zuge dessen die Diskussion über eine literarische Neuerscheinung zum Forum heftiger politischer Debatten wurde. Der Autor Günter Grass hatte sich bereits seit Jahren mit Reden, Aufsätzen und polemischen Stellungnahmen kritisch zum Prozeß der deutschen Einigung geäußert. Bereits ein Jahr vor dem Erscheinen des zeithistorischen Romans „Ein weites Feld" wurden Pressemeldungen lanciert, in denen das Werk eine Ankündigung als Opus magnum und als bedeutender Deutschlandroman erfuhr. Öffentliche Lesungen, Interviews mit dem Autor, Vorabdrucke und Vorabrezensionen schürten schließlich das Feuer, das dann im August 1995 in einer Welle von Verrissen in der deutschen Presselandschaft auflodderte (vgl. die Textdokumentationen bei Oberhammer 1995 und Negt 1996).

Die Auseinandersetzung um den Roman und seinen Autor geriet zum Lehrstück über die Interpenetration zwischen literarischem Feld und politischer Kultur. Die Konstruktionsakte wurden also nicht mit feldimmanenten Bausteinen vorgenommen, sondern mit einer Montage aus ästhetischen und politischen Wertungen, die sich ebenso vermengten wie die Rollen der Akteure, die in der Diskussion auftraten: Politiker betrieben Literaturkritik, Kritiker nahmen zur Politik der deutschen Einheit Stellung, und nur wenige Stimmen blieben bemüht, die Sphären getrennt zu halten. Das Buch polarisierte in der Öffentlichkeit die Konfliktlinien zwischen links und rechts ebenso wie die zwischen Ost und West.

Den Anfang der Diskussion markiert Andreas Isenschmid in der Züricher *Weltwoche* am 17. August. In dieser Rezension ist das Ineinander von Literatur und Politik schon exemplarisch vorgeführt. Das Buch wird als „bleischwerer Wenderoman" bezeichnet, der in epischer Breite all das wiederhole, was aus Presse und Fernsehen längst bekannt sei. Die entscheidende Bemerkung bezieht sich auf die Romanfigur des Spitzels Tallhover/Hoftaller, die der Autor aus einem Buch von Hans Joachim Schädlich entlehnt hatte: „Grass hat ... aus der witzigen Hauptrolle eines kurzen Romans eine öde Nebenhauptrolle in Schwartenlänge gemacht, bei der man nur nicht weiss, ob man sich über sie mehr aus politischen oder aus literarischen Gründen ärgern soll. Denn politisch ist dieser Hoftaller und mit ihm der ganze Roman eine Katastrophe."

Der Tenor dieser Kritik bleibt in vielen weiteren Rezensionen konstant. Teilweise wird der Akzent stärker auf die ästhetischen Unzulänglichkeiten gesetzt wie bei Gustav Seibt in der *FAZ* (19. 8. 1995), der das Buch als „politische Allegorie mit ideologischen Vorgaben" kategorisiert und einräumt, Grass möge seine politischen Ansichten ruhig behalten; als Essenz eines Kunstwerks seien sie jedoch zu dünn. Hier setzt die Kritik also am übergeordneten Literaturbegriff und nicht an den konkreten Inhalten an: Die Schwäche des Romans wird darin gesehen, daß die politischen Stel-

IV. Geschichte(n), Interpretation und Hermeneutik

lungnahmen und Erklärungen die ästhetische Dimension zu stark überwuchern. Teilweise jedoch polemisieren die Kritiker auch direkt gegen die Inhalte wie Iris Radisch in der *Zeit* (25. 8. 1995). Sie wirft dem „enttäuschten Sozialdemokraten Grass" – der Autor wird hier also direkt als Parteirepräsentant verortet – einen „leutseligen Geschichtsrelativismus" vor, der all jene Mythen fortschreibe, die Grass schon in seinen außerliterarischen Stellungnahmen verbreitet habe. Dem Intellektuellen Grass wird vorgeworfen, daß er die Spezifik des literarischen Diskurses verkenne und damit nahezu zwangsläufig bei einer mißlungenen Ästhetik ende: „Die Rolle des großen Geschichtsinterpretators, der weiß, was das Volk zu essen und zu wählen hat, und der ihm den ‚dritten Weg' des Reformsozialismus am liebsten genau so verordnet hätte wie die Bonzen zuvor den Staatssozialismus, mag ihre skurrilen Meriten haben – als Erzählposition eines großen epischen Werkes ist sie nur mehr eine Bitterfelder Sackgasse."

Wie sehr die politischen Konfliktlinien die öffentliche Rezeption des Buches steuerten, wird auch daraus ersichtlich, daß die eifrigsten Verteidigungen des Romans tatsächlich von Ostlern vorgebracht wurden, etwa von Fritz Rudolf Fries im *Neuen Deutschland* (21. 8. 1995) oder von Hermann Kant im Magazin *Facts* (24. 8. 1995).

Den Höhepunkt erreichte die Auseinandersetzung aber ohne Zweifel durch die Intervention von „Kritikerpapst" Marcel Reich-Ranicki. Zunächst publizierte er einen „offenen Brief" an Grass im *Spiegel* (21. 8. 1995). Der Inhalt dieser Polemik wurde auf dem Titelbild des Magazins eindrücklich visualisiert: Reich-Ranicki zerreißt ein Buch. Das gleiche Bild hatte vorher schon als Werbeaufnahme für das *Literarische Quartett* gedient und markiert nun auch hier den Modus der Kommunikation: Es handelt sich um Medienunterhaltung, bei der es mehr um die spitze Pointe und das Lachen des Publikums als um die differenzierte Auseinandersetzung mit einem literarischen Text geht. In der Kritik wird dann sowohl ästhetisch als auch politisch geurteilt. Der Roman sei „ganz und gar mißraten", weise ständige Wiederholungen auf und zeige in den auf Fontane bezogenen Passagen nicht einen Satz, der originell oder geistreich wäre.

Vor allem aber wird die politische Inkorrektheit des Autors gerügt. Grass' Charakterisierung der Stasi sei „Blödsinn", seine Deutschenverachtung nationalistisch verblendet, und die Hauptfigur Fonty ein „Wirrkopf, der von der historischen Entwicklung in den letzten zehn Jahren nichts kapiert hat". Die Dummheit dieser Figur wiederum habe „das Ganze infiziert". Die Schönfärberei der DDR hält der Kritiker für empörend, die Verurteilung der Bundesrepublik für „ungeheuerlich": „Sie wissen nicht, wovon Sie reden." Entscheidend schließlich, daß der Fehlschlag des literarischen Projekts unmittelbar auf die politische Verbitterung des Autors Grass zurückgeführt wird. Die implizite Hypothese lautet hier: Wer nicht politisch richtig denkt, der kann auch keinen gelungenen Roman schreiben. Schlechte Politik färbt ab auf die Ästhetik.

Dieser Diskurs der Aburteilung wird dann konsequenterweise fortgesetzt in jener Fernsehsendung, die mustergültig Literaturkritik und Medienunterhaltung verbindet: im *Literarischen Quartett* (Sendung August 1995). Das *Quartett* führt seit einigen Jahren die Maxime des Dezisionismus, wie sie Carl Schmitt für das Staatsrecht formuliert hatte, im Reich der Poesie fort. Wichtig ist, daß es souveräne Entscheider gibt, auch wenn die Entscheidungen völlig willkürlich und inkonsequent erscheinen (vgl. Vogt 1995). Im Fall Grass allerdings verbindet sich der Diskurs der ästhetischen Grenzgötter mit einem politisch-kulturellen Grenzkampf, in dem es um die „richtige" Sicht der Dinge im deutschen Vereinigungsprozeß geht.

Gleich zu Beginn der Sendung beginnt Gastkritiker Karl Corino mit der Feststellung, der Roman werde der historischen Wirklichkeit nicht gerecht – eine semantische Konstruktion, die von Reich-Ranicki sofort bestätigt und später noch mit der Aussage gestützt wird, Grass kenne die DDR gar nicht. Ständig werfen die Kritiker dem Autor vor, seine Figuren nur als Verlautbarungsinstrumente für jene eigenen Meinungen zu mißbrauchen, die schon aus den Reden und Essays bekannt sind. Die Aussagen des Hoftaller zur Rolle der Stasi seien eine „ungeheure Infamie" gegen die friedliche Revolution der Bürger in der DDR. Obwohl Sigrid Löffler immer wieder darauf hinweist, daß man Figurenäußerungen nicht mit Autorenintentionen verwechseln und insgesamt an Romane nicht das Kriterium der Political Correctness herantragen dürfe – sie fordert hier gleichsam die feldspezifische Professionalität der Kritiker ein –, bleiben die anderen bei ihrer interpenetrierten Konstruktion. Die politischen Urteile werden dann vor allem im zweiten Teil der Diskussion mit ästhetischen Verurteilungen beglaubigt. Das Buch sei unlesbar und langweilig, schlecht konstruiert und künstlerisch völlig wertlos. Dies habe im übrigen auch nahezu die gesamte Kritikerzunft in den Zeitungen bestätigt.

Entscheidend aber ist letztlich der politische Kampf um die Deutungsmacht in der Medienöffentlichkeit. Hier führt Reich-Ranicki zwei Attacken, die zunächst die professionelle und dann die politisch-kulturelle Legitimität des Autors Grass destruieren sollen. Erstens habe sich nach einigen negativen Rezensionen der Vorsitzende der IG Medien zu Wort gemeldet, um das Mitglied Grass gegen seine Kritiker in Schutz zu nehmen – wie tief müsse ein Autor sinken, um sich von einem Gewerkschaftssekretär öffentlich verteidigen zu lassen? Schließlich aber wird noch ein rhetorischer Holzhammer gezückt. Grass habe kürzlich gesagt, so leitet Reich-Ranicki genüßlich ein, die deutsche Literaturkritik sei schlecht, weil sie nicht informiere, sondern nur bewerte. „Das wollte Goebbels auch!" Mit diesem Vergleich, der in der bundesrepublikanischen Kultur eine lange Tradition hat, wird Grass ins politische Abseits gestellt. Die Ablehnung von Nationalsozialismus und Antisemitismus ist der Konsenskern unserer politischen Kultur, wie noch neueste Untersuchungen von Werner Bergmann (1994) eindrucksvoll bestätigt haben. Gelingt es, die Identität des Gegners so zu konstruieren, daß sie im Jenseits dieser Grenze der politischen Korrektheit plaziert wird, dann ist die Benennungsmacht gesichert, und der beschuldigten Person wird jegliche Anerkennung entzogen. Die *Konstruktion* des Autors Grass in diesem Prozeß ist also zugleich eine *Destruktion*. Zerstört werden sowohl das innerliterarische Prestige des Autors als auch seine Legitimität als engagierter Intellektueller. Ästhetische und politische Wertung interpenetrieren sich und beglaubigen so einander.

Was hier am exponierten Beispiel Grass aufgezeigt wurde, läßt sich mit vielen weniger spektakulären Beispielen weiter belegen. Literaturkritisches Werten ist ein professionalisierter Konstruktionsakt. Dabei werden jedoch keinesfalls nur feldspezifische, d. h. literarische Kriterien verwendet, sondern es findet eine weitreichende Interpenetration zwischen literarischen und politischen Wertsphären statt.

Literatur

Berman, P. (ed.) (1992): Debating PC. The Controversy over Political Correctness on College Campuses. New York (Harper & Row).
Bergmann, W. (1994): Effekte öffentlicher Meinung auf die Bevölkerungsmeinung. Der Rückgang antisemitischer Einstellungen als kollektiver Lernprozeß. In: F. Neidhardt (Hrsg.): Öffentlichkeit, öffentliche Meinung, soziale Bewegungen. (Kölner Zeitschrift für Soziologie und Sozialpsychologie. Sonderheft 34.) Opladen (Westdeutscher Verlag), S. 296–319.
Bourdieu, P. (1982): Die feinen Unterschiede. Kritik der gesellschaftlichen Urteilskraft. Frankfurt a. M. (Suhrkamp).
Bourdieu, P. (1998): Die Regeln der Kunst. Genese und Struktur des literarischen Feldes. Frankfurt a. M. (Suhrkamp).
Dörner, A. (1996): Politischer Mythos und symbolische Politik. Der Hermannmythos: zur Entstehung des Nationalbewußtseins der Deutschen. Reinbek (Rowohlt).
Dörner, A. u. L. Vogt (1994): Literatursoziologie. Literatur, Gesellschaft, Politische Kultur. Opladen (Westdeutscher Verlag).
Drews, J. (1990): Über den Einfluß von Buchkritiken in Zeitungen auf den Verkauf belletristischer Titel in den achtziger Jahren. In: W. Barner (Hrsg.): Literaturkritik – Anspruch und Wirklichkeit. DFG-Symposion 1989. Stuttgart (Metzler), S. 460–473.
Luhmann, N. (1997): Die Gesellschaft der Gesellschaft. Frankfurt a. M. (Suhrkamp).
Münch, R. (1995): Elemente einer Theorie der Integration moderner Gesellschaften. Eine Bestandsaufnahme. *Berliner Journal für Soziologie* 5: 5–25.
Negt, O. (Hrsg.) (1996): Der Fall Fonty. „Ein weites Feld" von Günter Grass im Spiegel der Kritik. Göttingen (Steidl).
Oberhammer, G. (Hrsg.) (1995): Zerreißprobe. Der neue Roman von Günter Grass „Ein weites Feld" und die Literaturkritik. Eine Dokumentation. Innsbruck (Innsbrucker Zeitungsarchiv).
Plumpe, G. (1993): Ästhetische Kommunikation der Moderne. Bd. 1: Von Kant bis Hegel. Bd. 2: Von Nietzsche bis zur Gegenwart. Opladen (Westdeutscher Verlag).
Schmidt, S. J. (1989): Die Selbstorganisation des Sozialsystems Literatur im 18. Jahrhundert. Frankfurt a. M. (Suhrkamp).
Vogt, L. (1994): „Kunst" oder „Kitsch" – ein „feiner Unterschied"? Zur Soziologie ästhetischer Wertung. *Soziale Welt* 45: 363–384.
Vogt, L. (1995): Die Hüter der Differenz. Über televisionäre Literaturkritik. *Merkur* 49: 942–948.

Pluralismus der Wirklichkeitskonstruktionen: Chancen und Risiken für ein demokratisches Zusammenleben. Sprachmacht, Gesellschaftsmacht, Glaubensmacht

Helm Stierlin

Wir können sagen: Mit Hilfe unserer Wirklichkeitskonstruktionen verwirklichen wir uns in unserer Lebenswelt. Das schließt Prozesse ein, die wir als Weltwahrnehmen, Welterfühlen und Weltdeuten bezeichnen können.

Diese Prozesse kommen schon früh, ja zum Teil schon vor der Geburt des Individuums in Gang. Mit seinem Wachstum und seiner Ausdifferenzierung erwachsen ihm dann immer neue neurophysiologische Strukturen und damit auch neue Möglichkeiten, seine Lebenswelt differenzierend wahrzunehmen, differenzierend zu erfühlen, differenzierend zu deuten und so eben auch seine Wirklichkeit differenzierend zu konstruieren. Zugleich sieht sich dieses Individuum ständig Anregungen oder nun auch Verstörungen ausgesetzt, die von seiner Umgebung ausgehen. Diese wiederum bewirken laufend Veränderungen in des Individuums Strukturen und Möglichkeiten für die Konstruktion seiner Wirklichkeit, und dies in einem sich spiralförmig vorantreibenden Prozeß.

So können schon im Mutterleib kleine Veränderungen in der Nahrungszufuhr, im Metabolismus und im Schlaf-wach-Rhythmus der Mutter dazu führen, daß selbst eineiige Geschwister sich mit Blick auf ihr Weltwahrnehmen, Welterfühlen, Weltdeuten und damit das Konstruieren ihrer Wirklichkeiten unterschiedlich entwickeln.

Davon konnte ich mich selbst überzeugen, als ich vor einigen Jahrzehnten in den USA die Möglichkeit hatte, eine junge Frau, die ein monozygoter Vierling war, zwei Jahre lang sowohl einmal pro Woche zu therapieren als auch mit ihren drei erbgleichen Vierlingsgeschwistern zu vergleichen. Alle Vierlinge – sie kamen innerhalb von fünf Minuten zur Welt – hatten eine als Schizophrenie diagnostizierte Störung entwickelt, gaben damit also Hinweise auf eine gemeinsame genetische Informationsvorlage, die ihren Wirklichkeitskonstruktionen die Richtung wies. Aber ihre Temperamente und Reaktionsweisen und die ihnen daraus erwachsenden Lebensläufe und Schicksale ließen auch auf Unterschiede in den Wirklichkeitskonstruktionen schließen, die sich schon vom Augenblick der Geburt an bemerkbar machten: Die am meisten begünstigte Schwester war nur einmal kurz in einer psychiatrischen Klinik hospitalisiert. Sie heiratete, gründete eine Familie und hatte einen Sohn. Ihre am wenigsten begünstigte Schwester dämmerte dagegen schon früh als Dauerpatientin in einem psychiatrischen Spital dahin, ohne dieses jemals verlassen zu können – und diese Unterschiede in der Wirklichkeits- und Lebensgestaltung zeigten sich, obschon die Schwestern dieselbe geneti-

IV. Geschichte(n), Interpretation und Hermeneutik

sche Ausstattung mitbrachten und in derselben Familie aufgewachsen waren.

Es läßt sich also bereits hier von einer – nun so oder so angestoßenen – Tendenz zur Differenzierung bzw. Pluralisierung der Wirklichkeitskonstruktionen innerhalb nur einer Familie sprechen – obschon auf den ersten Blick gerade diese Familie alles andere als einen guten Nährboden für solche Pluralisierung abzugeben schien.

Die Tendenz zur Pluralisierung zeigt sich uns hier als Ausdruck und Folge einer Dynamik der sich zwischen dem einzelnen und seiner menschlichen Umwelt spiralförmig vorantreibenden Interaktionen. Dabei können möglicherweise winzig anmutende aus der Umwelt kommende Anregungen und Verstörungen infolge von abweichungsverstärkenden Rückkopplungen zu unterschiedlichen Wirklichkeitskonstruktionen und damit auch unterschiedlichen Lebensschicksalen, wie ich sie soeben anzudeuten versuchte, Anlaß geben. Zur Zeit gehen viele Forscher, unter ihnen David Reiss und Robert Plomin und ihre Teams, in den USA der Frage nach, wie es zu solchen Entwicklungen oder nun eben auch zur Pluralität von Wirklichkeitskonstruktionen bei genetisch gleich (oder nur wenig verschieden) ausgestatteten Individuen kommen (oder auch nicht kommen) kann und wie sich dabei die so ungemein komplexe Interaktion von genetischer Anlage und der dieser begegnenden Umwelt, von *nature* and *nurture*, erforschen und modellieren läßt.

Aus dem Obigen ergibt sich nun für mein Thema – die Auswirkung der Pluralisierung von Wirklichkeitskonstruktionen auf unser Zusammenleben – als zentrale Frage: Was bringt Menschen überhaupt dazu, sich solch starken und gleichsam natürlichen Pluralisierungstendenzen oder, wenn man so will: solchem Pluralisierungsdruck zu widersetzen, ja sich trotz solchem Druck recht oder schlecht auf allgemein verbindliche Wirklichkeitskonstruktionen oder nun meinetwegen auch Konsensfiktionen zu einigen, die es möglich machen, sich in einer gemeinsamen Lebenswelt zu erleben, gegenseitig Bedürfnisse zu befriedigen, gemeinsam Handlungen zu planen und gemeinsam Ziele zu verfolgen, die allen Beteiligten zu dienen vermögen?

Auf der Suche nach einer Antwort stoßen wir nun auf eine Reihe von eher unpersönlichen Kräften oder Mächten, die – sei dies in Mikrosystemen wie Paaren und Familien, sei dies in größeren menschlichen Gemeinschaften – miteinander in Wechselwirkung treten und sich gegenseitig verstärken. Dies sind die Macht der jeweiligen Sprache, die Macht der gesellschaftlich gestützten Institutionen und Traditionen und die Macht der herrschenden Glaubenssysteme. In ihrem Zusammenwirken stülpen sie gleichsam den individuellen Wirklichkeitskonstruktionen eine kollektiv abgesegnete Superkonstruktion über. Und diese Mächte nähren sich wiederum von dem Grundverlangen der Menschen, einer für sie existentiell wichtigen Gruppe – wie einer Familie, einem Clan, einer Nation, einer sich so oder so definierenden Kommunikationsgemeinschaft – anzugehören.

Unterschiedliche Entfaltungsräume der Individuation

Mit der Sprachmacht beginnend, läßt sich sagen: Die von den Mitgliedern einer Kommunikationsgemeinschaft gesprochene Sprache und die dabei benutzte Grammatik wirken dem angedeuteten Pluralisierungsdruck entgegen, indem sie in ihren inneren Landkarten bzw. in ihren Skripten – den Bauplänen ihrer Wirklichkeitskonstruktionen sozusagen – bestimmte von den Mitgliedern geteilte und zu teilende Grundannahmen und Leitunterscheidungen durch ständigen Gebrauch gleichsam einhämmern. Damit gibt diese Sprache auch weitgehend vor, welche Einflüsse aus der Umwelt überhaupt Aufmerksamkeit erregen, also überhaupt bemerkt und benannt werden und damit überhaupt verstörend wirken können, und welche ausgeblendet bleiben. Die Sprache steckt damit den Rahmen aus, innerhalb dessen mehr oder weniger stimmige Beschreibungen, Erklärungen und Bewertungen von Phänomenen und ihren Zusammenhängen möglich werden, die sich alle Mitglieder der Kommunikationsgemeinschaft, wollen sie darin überleben, zu eigen machen müssen.

Solch sprachliches Einigungswerk erscheint allerdings – und damit komme ich zu der zweiten einer Pluralisierung der Wirklichkeitskonstruktionen entgegenwirkenden Macht: der Gesellschaftsmacht – nur dann von Erfolg gekrönt, wenn auch die Kultur bzw. die Gesellschaft mitspielt, also diese mit Hilfe ihrer Institutionen – wie sich diese etwa in ihrem Rechts-, Wirtschafts- und Erziehungswesen zum Ausdruck bringen – und der dort vorwaltenden Traditionen den jeweils versprachlichten inneren Landkarten, d. h. den darin vorgebahnten Erklärungssträngen, Bedeutungsgebungen und Wertschätzungen, den nötigen Rückhalt verschafft. Dabei spielen dann kulturell, gesellschaftlich wie auch religiös abgesegnete Rituale eine oft wichtige Rolle.

Denn typischerweise verbindet sich Gesellschaftsmacht nun auch jeweils mit Glaubensmacht: der Macht, die von den vorhandenen und nicht mehr hinterfragten Glaubenssystemen ausgeht. Die drei genannten, sich synergistisch verstärkenden und im Einzelfall auch nur schwer voneinander zu trennenden Mächte – Sprachmacht, Gesellschaftsmacht und Glaubensmacht – stimmen sich dann gleichsam auf das menschliche Grundverlangen nach Zugehörigkeit ein. Sie kanalisieren dieses Verlangen, dämmen es ein und befriedigen es zugleich, wobei dann solche Befriedigung allerdings nur begrenzt gelingen kann: Einige oder alle Mitglieder müssen einen Preis zahlen, einen Preis an Selbstverscheuklappung sozusagen – eben als Preis dafür, daß die angedeuteten Tendenzen zur Pluralisierung der Wirklichkeitskonstruktionen wirksam in Schach gehalten werden und damit den Mitgliedern der Kommunikationsgemeinschaft – den einen mehr, den anderen weniger – Verunsicherung und möglicherweise Einbußen an traditionsverklärten Privilegien erspart bleiben.

Wir können sagen: An der Weise, wie und wie weit einerseits eine Individualisierung der Wirklichkeitskonstruktionen ermöglicht und/oder

IV. Geschichte(n), Interpretation und Hermeneutik

gefördert, diese andererseits durch Sprachmacht, Gesellschaftsmacht und Glaubensmacht gebahnt wie auch begrenzt wird, zeigt sich uns der jeweils mögliche Entfaltungsraum für das ausgesteckt, was ich als die Dialektik der bezogenen Individuation beschrieben habe.

Unterschiedliche Entfaltungsräume der Individuation

Und dieser Entfaltungsraum stellt sich auch in unserer heutigen, durch Kommunikation und Touristik immer enger vernetzten Welt noch höchst unterschiedlich dar – unterschiedlich nicht zuletzt auch für Frauen und Männer. Ein Beispiel dafür, wie dieser Entfaltungsraum für Individuation gerade für Frauen – in einem fast wörtlich zu nehmenden Sinn – beschnitten werden kann, liefern uns Kommunikationsgemeinschaften, in denen die Kliterodektomie, die Beschneidung junger Mädchen, üblich ist.

Solche Beschneidung wird derzeit noch in großen Teilen der moslemischen Welt jährlich millionenfach an kleinen Kindern vorgenommen. Oft hat sie den Charakter eines Rituals. Sprachmacht, Gesellschaftsmacht, Glaubensmacht und Zugehörigkeitsverlangen wirken sich hier vor allem darauf aus, wie weibliche Natur und weibliche Sexualität beschrieben, erklärt, bewertet und so auch gesteuert werden. Erklärungen und Begründungen dieser Praxis lauten etwa in den Worten eines ägyptischen moslemischen, vor einiger Zeit im *Time Magazine* zitierten Geistlichen: Was da weggeschnitten wird, riecht schlecht, ist überflüssig, die Beschneidung hilft der Frau, sich sexuell zu beherrschen, macht sie für einen Ehemann attraktiv und hilft ihr auch, ihrer durch den Koran vorgezeichneten Frauen- und Mutterrolle gerecht zu werden.

Wir brauchen aber nicht ins ferne (und uns heute doch so nah gerückte) Afrika zu blicken, um zu erkennen, wie weit sich jeweils im Zusammenspiel der genannten Mächte ein sozusagen synergistischer Kohärenzeffekt ergibt, sich dadurch also Denkweisen, Verhaltensmuster und rituelle Praktiken stimmig zu einer von allen Kommunikationsteilnehmern geteilten Weltsicht oder nun auch Wirklichkeitskonstruktion zusammenfügen oder ob sich hier Risse und Widersprüche bemerkbar machen, die zu Verunsicherung und Desorientierung Anlaß geben können. Risse und Widersprüche, die nun aber auch dazu herausfordern könnten, den jeweils für das Einigungswerk gezahlten Preis erkennbarer zu machen, die dabei Begünstigten und Benachteiligten herauszufinden und der Frage nachzugehen, ob und wie weit mehr Pluralisierung der Wirklichkeitskonstruktionen möglich und für alle Betroffenen wünschenswert ist, aber auch, welcher Preis auch *dafür* womöglich von einzelnen oder allen Betroffenen zu zahlen wäre. Um dieser Frage nachzugehen, können wir uns in der Bundesrepublik Deutschland zwei Szenarien für Wirklichkeitskonstruktionen vorstellen, die sich mit Blick auf ihre Kohärenz bzw. auf darin beobachtbare Risse und Widersprüche unterscheiden.

Pluralismus der Wirklichkeitskonstruktionen

Das erste Szenarium liefert uns ein vergleichsweise abgeschiedenes Dorf in – sagen wir einmal – Oberbayern, das wir uns als eine Bastion der CSU denken können. Die meisten seiner Bewohner und Bewohnerinnen dürften – um wieder nur ein Beispiel herauszugreifen – wenig Anlaß haben, die Tatsache der jungfräulichen Geburt und der leiblichen Himmelfahrt der Jungfrau Maria – diese wurde noch in unserem Jahrhundert durch päpstliches Dogma zu einem von Katholiken nicht länger anzuzweifelnden Faktum erklärt – nicht zu akzeptieren und nicht mehr oder weniger nahtlos in ihre Wirklichkeitskonstruktionen hineinzuintegrieren. (Noch im Jahre 1870 wurde im Vatikan verfügt, daß sich der Papst, wenn er ein Dogma verkündet, nicht irren kann.) Anders wäre es dagegen wohl in der Alternativszene einer deutschen Großstadt. Hier dürfte die Erwähnung des päpstlich abgesegneten Dogmas von der jungfräulichen Geburt und der Himmelfahrt Mariä bei den meisten Zuhörern wohl nur noch Schmunzeln und Kopfschütteln auslösen – Ausdruck und Folge der Tatsache, daß Sprache, Gesellschaft und Glauben hier bereits weitgehend die Macht verloren haben, dieses Dogma noch in irgendeiner Form in akzeptable Wirklichkeitskonstruktionen einzubinden.

Denn das Wort „Alternativszene" deutet bereits an: Hier geht ein Experimentieren mit alternativen Lebens- und Beziehungsstilen auch mit einem Experimentieren mit alternativen Wirklichkeitskonstruktionen einher. Allerdings wirken diese nun nicht selten wie „Patchwork", und häufig lassen gerade sie Widersprüche und Risse erkennen, die sich nun auch, geht es um die Befriedigung des menschlichen Grundbedürfnisses nach Zugehörigkeit, als verunsichernd erweisen können.

Und doch, ob wir wollen oder nicht: In solchen Alternativszenen bringen sich heute Entwicklungen zum Ausdruck, die unser Leben und unsere Zukunft als Bewohner der westlichen Welt zunehmend prägen. Denn diese Welt ist einem sich beschleunigenden Wandel ausgesetzt – so einem Wandel der Beschäftigungs-, der politischen und ökonomischen Verhältnisse, der Kommunikationsmittel und Kommunikationsformen, der Erlebnisangebote und Erlebnismöglichkeiten und damit auch der Beziehungsformen –, durch die wir lebenswichtige Bedürfnisse, und darunter wieder das Grundbedürfnis nach Zugehörigkeit, zu befriedigen suchen. Und damit wächst auch das Angebot der Wirklichkeitskonstruktionen, wächst der Trend zu ihrer Pluralisierung, zu dem nun auch, wie ich im folgenden andeuten werde, gerade systemische Therapeuten ihren Teil beitragen.

Innerhalb solcher Pluralisierungstrends lassen sich wieder mehrere miteinander in Wechselwirkung tretende und sich in verschiedensten Bereichen abspielende Prozesse unterscheiden, die jeweils Synergieeffekte hervorbringen. Ich möchte nur einige dieser Prozesse im Bereich der Paar- und Familienbeziehungen, die aus systemisch-therapeutischer Sicht wichtig erscheinen, kurz andeuten.

IV. Geschichte(n), Interpretation und Hermeneutik

Zum intergenerationellen Transfer der Wirklichkeitskonstruktionen

Sie kommen in den Blick, betrachten wir, was sich zwischen den Mitgliedern miteinander verwandter, aber durch ihr historisch geprägtes Zeiterleben getrennter Generationen abspielt. Wir fragen hier, wie und wie weit Wirklichkeitskonstruktionen der Eltern- und möglicherweise der Großelterngeneration an die Nachfolgegeneration weitergegeben werden, also wie weit hier Kontinuitäten oder Diskontinuitäten zu beobachten sind oder, noch anders ausgedrückt: wie weit hier noch Traditionsmacht zum Zuge kommt. Wobei davon auszugehen ist, daß bei diesem intergenerationellen Transfer der Wirklichkeitskonstruktionen im Laufe der Menschheitsgeschichte stets sehr komplexe und z. T. noch wenig verstandene Prozesse ins Spiel kamen und noch kommen. Wir haben uns indessen zu fragen, ob, im geschichtlichen Vergleich betrachtet, insbesondere die angedeuteten sich derzeit beschleunigenden gesellschaftlichen Veränderungen dazu angetan sind, ungewöhnliche Brüche und Komplikationen bei dem Transfer der Wirklichkeitskonstruktionen der Eltern an ihre Kinder in den Blick zu bringen.

Und ich meine, das ist der Fall. Das läßt sich verdeutlichen, erinnern wir uns, daß Wirklichkeitskonstruktionen auch immer Leitunterscheidungen und Wertsetzungen beinhalten, die sich unmittelbar auf den Umgang der Familienmitglieder und Partner miteinander auswirken. Dazu gehören nicht zuletzt Leitunterscheidungen und Wertsetzungen, die die Rolle von Mann und Frau in Familie und Paarbeziehung festlegen und die etwa vorgeben, wie eine gerechte Arbeitsteilung zwischen diesen aussieht, überhaupt mit welcher Verdienstwährung hier gehandelt wird. Und da – so wissen wir heute – hat sich innerhalb der Folge nur weniger Generationen in der Tat Entscheidendes gewandelt. Und das bedeutet nun auch: Vieles an den Modellen der Beziehungsgestaltung, der Funktions- und Rollenteilung, der Verdienstkontenführung, die die Eltern ihren Kindern vorlebten bzw. vorrechneten, vieles von deren Wirklichkeitskonstruktionen ist für die letzteren nicht mehr brauchbar. Sie müssen sich durch Versuch und Irrtum, müssen möglicherweise in einem sehr zeit- und energieaufwendigen Prozeß des Ausprobierens, des Aushandelns, wenn nicht des Sichzusammenraufens zu dem ihnen gemäßen Konsens bzw. zu ihren Konsensfiktionen finden. Und dieser Prozeß ist dann auch dazu angetan, eine Ausdifferenzierung und Pluralität dieser Wirklichkeitskonstruktionen noch weiter zu befördern.

Im Deutschland der Jahre nach dem Zweiten Weltkrieg komplizierte ein zusätzliches Moment den intergenerationellen Transfer der Wirklichkeitskonstruktionen. Das war die Verstrickung einer ganzen Elterngeneration in die Verbrechen des Naziregimes. Dies bedingte in vielen Fällen Vertrauens- und Kommunikationsbrüche zwischen den Generationen, die sich dramatisch nicht zuletzt in dem zum Ausdruck brachten, was sich während der 68er Jahre in Deutschland abspielte. Diese Vertrauens- und Kommunikationsbrüche wirken sich aber noch bis heute auf vielerlei Weise auf die Beziehungsgestaltung und Wirklichkeitskonstruktionen der nachfolgenden Generationen aus.

So kann man sagen: Die genannten und noch andere Faktoren wirkten und wirken hier so zusammen, daß die Sprachmacht, die Gesellschaftsmacht und die Glaubensmacht, die sich Heranwachsenden durch ihre Eltern vermittelt, sich zunehmend hinterfragen lassen mußten, sich dabei abschwächten und somit einer weiteren Differenzierung und Pluralisierung der Wirklichkeitskonstruktionen Vorschub geleistet wurde – wobei sich allerdings bis heute erhebliche regionale Unterschiede zeigen. Denken wir nur an die vorhergehend skizzierten Szenarien eines oberbayrischen Dorfmilieus und eines großstädtischen Alternativmilieus.

Betrachten wir nun aber solch Alternativmilieu sozusagen als Speerspitze von gesamtgesellschaftlichen Trends, in deren Sog wir *nolens volens* geraten, dann zeigt sich hier auch am deutlichsten, wie sich eine zunehmende Pluralität von Wirklichkeitskonstruktionen auf die Gestaltung und Entwicklung von Paar- und Familienbeziehungen auswirken kann und welche Chancen und Risiken sich damit verbinden.

Denn solche Pluralität der Wirklichkeitskonstruktionen geht gerade hier mit einer Pluralität oder nun auch Individualisierung der Familien- und Beziehungsformen einher. Scheidungen und Trennungen, so wissen wir, nehmen dabei zu. Mehr und mehr Menschen leben, sei dies aus freiem Entschluß, sei dies der Not gehorchend, als Singles. Mehr und mehr Menschen lassen sich auf Beziehungen mit sich periodisch ablösenden „Lebensphasenpartnern" ein, und mehr und mehr Paare bleiben, gewollt, ungewollt oder halbgewollt, kinderlos. Die Zahl der Alleinerziehenden und der Stieffamilien nimmt zu. „Beziehungskisten" komplizieren sich.

Aber wie immer Partner auch ihre Beziehungskisten gestalten, sie sehen sich zunehmend herausgefordert, unterschiedliche Wirklichkeitskonstruktionen in ihrer Paar- oder Familienbeziehung so zusammenzuführen oder sich damit so zu arrangieren, daß sich auf Dauer die existentiell wichtigen Bedürfnisse aller Beteiligten befriedigen lassen – Bedürfnisse, zu denen angesichts des sich beschleunigenden gesellschaftlichen Wandels auch immer mehr das Bedürfnis nach Zugehörigkeit bzw. nach verläßlicher, anhaltender und erfüllender Bezogenheit gehört – und zugleich gemeinsames, koordiniertes und zielgerichtetes Handeln möglich wird.

Integrationsprobleme

Doch wie schwer das sein kann, zeigt sich, sobald wir den Blick darauf richten, wie nunmehr Mitglieder nicht miteinander verwandter, aber zeitgleich heranwachsender Generationen Beziehungen anknüpfen und gestalten. Und dabei zeigt sich, daß sich in unserer immer schneller verändernden und kommunikativ immer enger vernetzten Welt auch immer

IV. Geschichte(n), Interpretation und Hermeneutik

mehr Menschen mit durch unterschiedliche Sprachen, durch unterschiedliche kulturelle und gesellschaftliche Traditionen und durch unterschiedliche Glaubenssysteme geprägten Wirklichkeitskonstruktionen sich immer schneller und immer häufiger begegnen, sich dann auch immer häufiger auf längere oder kürzere Beziehungen einlassen, möglicherweise Familien gründen, dabei Kinder hervorbringen und diese großziehen.

Wir brauchen uns hier – um wieder mit einem extremen Beispiel zu beginnen – nur auszumalen, welche Integrations- und Koordinationsprobleme entstehen würden, fänden sich Partner zusammen, von denen der oder die eine aus dem angedeuteten Alternativmilieu, der oder die andere dagegen aus einem Milieu stammt, in dem die Klitorisbeschneidung noch üblich ist. Und doch: Nicht wenige Fälle, die uns in unserer paar- und familientherapeutischen Praxis begegnen, nähern sich solchem Szenarium schon an.

Um nur zwei Beispiele aus meiner Praxis zu erwähnen: Ein junger deutscher Ingenieur, der Entwicklungshilfe in einem afrikanischen Land leistet, fühlt sich zu einer jungen Afrikanerin hingezogen, heiratet diese und läßt sie nach Deutschland nachkommen. Und hier stellt sich heraus, daß ihrer beider Wirklichkeitskonstruktionen und die sich damit verbindenden Erwartungen an die Beziehung durch Welten getrennt sind. Aber es stellt sich ebenfalls heraus, daß sie sich in Afrika – höchstwahrscheinlich infolge eines von ihm gewollten und unter primitiven hygienischen Bedingungen durchgeführten Schwangerschaftsabbruchs – eine HIV-Infektion zugezogen hat. Als deren Folge verlor sie in kurzer Zeit 15 Kilogramm. Aus einer blühenden und attraktiven jungen Frau verwandelte sie sich in ein hohlwangiges, mitleiderregendes Elendsgeschöpf. Beide erstrebten eine „gute Trennung", aber sie erschwerte sich. Unter anderem war die Frau wegen der teuren Aids-Behandlung auf des Mannes deutsche Krankenversicherung angewiesen.

Oder ein anderer Fall: Eine aus einfachen bäuerlichen Verhältnissen stammende Koreanerin und ein deutscher Akademiker lernen sich bei den Zusammenkünften einer Sekte kennen. Auch hier kommt es zu einer – von den Sektenoberen forcierten – Heirat. Und auch hier führt die nach der Geburt mehrerer Kinder durchgeführte Bilanzierung ihrer zwanzigjährigen Ehe zu der Erkenntnis, daß sie sich im Grund fremd geblieben waren. (In beiden Fällen hatte ursprünglich nicht nur der exotische Reiz der Andersartigkeit die Partner zusammengeführt, sondern auch, wie sich im Verlauf der Therapie herausstellte, das Verlangen nach einem möglichst radikalen Bruch mit dem Elternhaus und dessen als einengend erlebten Wirklichkeitskonstruktionen.)

Dies sind zugegebenermaßen extreme Beispiele. Aber sie verdeutlichen etwas, was heute in stärkerem oder geringerem Maße mehr und mehr Paarbeziehungen und daraus hervorgehende Familiengründungen kennzeichnet: Die Partner entstammen, selbst wenn sie im selben Lande wohnen und die gleiche Sprache sprechen, unterschiedlichen Familienkulturen, die auch unterschiedliche Wirklichkeitskonstruktionen hervorbrachten oder prägten. Und früher oder später läßt das dann eine Erkenntnis dämmern, die eine schon viele Jahre verheiratete Klientin angesichts des Scherbenhaufens, als der sich ihr ihre Ehe zeigte, wie folgt formulierte: „Wir waren uns zwar nah wie Sardinen in einer Dose, aber was unsere tiefen Bedürfnisse und Werte anbelangte, waren wir durch Welten getrennt. Kein Wunder also, daß wir uns total zerstritten haben." Kurzum, es prallen zunehmend Unterschiede der Wirklichkeitskonstruktionen aufeinander, die die Befriedigung von als überlebenswichtig empfundenen Bedürfnissen, ein koordiniertes Handeln und damit auch die Verfolgung gemeinsamer Ziele erschweren, wenn nicht unmöglich erscheinen lassen.

Diesen Tatbestand haben wir uns vor Augen zu halten, wenden wir uns nun einem für unser Thema relevanten Befund der vergleichenden Familienforschung zu, die der Frage nachgeht: Was kennzeichnet funktionierende oder meinetwegen auch gesunde Familien, und was unterscheidet diese Familien von Familien, die nicht funktionieren und bei deren Mitgliedern gehäuft psychosomatische und psychische Symptome auftreten? Und die Antwort darauf, die uns etwa die amerikanischen Familienforscher Beavers und Hampson geben, lautet: Diese funktionierenden Familien kennzeichnet nicht zuletzt ein gemeinsames Wertesystem oder, vielleicht genauer: der Raster einer gemeinsamen Wirklichkeitskonstruktion, der nicht mehr hinterfragt wird und der den Mitgliedern im großen und ganzen vorgibt, was jeweils erlaubt und nicht erlaubt ist, was sich gehört und nicht gehört, was fair und gerecht, was unfair und ungerecht, was moralisch und was unmoralisch ist. Dieser Raster der Wirklichkeitskonstruktion kann religiös fundiert sein oder auch nicht. Aber so oder so erleichtert er den Mitgliedern das mühsame Geschäft einer sonst immer wieder fälligen Arbeit der Beziehungs-, Grundannahmen- und Werteklärung. Er schafft damit eine von allen akzeptierte Basis für gegenseitiges Verstehen und ein Miteinanderauskommen. Verständlich aber auch, daß überall dort, wo diese Basis fehlt, der Boden nur zu oft für bitterste Enttäuschungen, Mißverständnisse und Konflikte bereitet ist – und dies nun um so eher, als in unserer sich so schnell wandelnden Welt die vorgehend angedeuteten Faktoren in ihrem Zusammenwirken zunehmend eine Pluralität der Wirklichkeitskonstruktionen hervorbringen, die nun zunehmend auch die individuellen bzw. Familienwerteraster zu erschüttern vermag.

Demokratie und Pluralität der Wirklichkeitskonstruktionen

Gehen wir aber der Frage nach, ob und wie weit sich solche Mißverständnisse und Konflikte überhaupt vermeiden lassen und ob und wie sich überhaupt damit konstruktiv umgehen läßt, dann liegt es nahe, unseren Blick noch einmal auszuweiten und den Bereich des politischen Lebens mit einzubeziehen, der sich uns Heutigen mit dem Begriff „Demokratie" verbin-

IV. Geschichte(n), Interpretation und Hermeneutik

det. Denn wir können nun sagen: Demokratische Gemeinwesen liefern wohl am ehesten die Rahmenbedingungen, unter denen Sprachmacht, Gesellschaftsmacht und Glaubensmacht in einer Weise zusammenspielen können, die mehr Pluralisierung der Wirklichkeitskonstruktionen sowohl erlaubt, gesellschaftlich tragfähig macht als auch das Zusammenleben der Bürger bereichert.

Um das zu verdeutlichen, läßt sich bei der ersten Demokratie überhaupt ansetzen – der Demokratie des antiken Athens. Diese stellte bekanntlich in der Menschheitsgeschichte etwas unerhört Neues dar, das nicht nur im politischen Geschäft, sondern auch in den Beziehungen der Bürger zueinander tiefgreifende Veränderungen sowohl widerspiegelte als auch anregte.

„Es ist kaum zu ermessen", schreibt dazu der Historiker Christian Meier, „wie tief die Kluft zwischen Herkommen und Gegenwart damals war ... Die Verfassung wurde umgestürzt, und es kam etwas ganz Unerhörtes zustande. In dieser Stadt, der wichtigsten Griechenlands, wurde eine konsequente Demokratie eingeführt. Alle bedeutenden (und viele andere) Regierungsentscheidungen wurden künftig von kleinen, unerfahrenen, ungebildeten Leuten, die die Mehrheit der Volksversammlung ausmachten, wesentlich mitbestimmt." Und was dabei für die Athener nicht zuletzt an Lebens- und Beziehungsqualität herauskam, bringt sich vielleicht bis heute am eindrucksvollsten in der Rede des Perikles zum Ausdruck, die dieser den Gefallenen des Peloponnesischen Krieges widmete. Der Historiker Thukydides hat sie uns überliefert. Wir lesen bei ihm:

> „Mit derselben Sorgfalt widmen wir uns dem Haus, wie dem Staatswesen, und ist auch jeder von uns seinen eigenen Arbeiten zugewandt, so zeigt er doch im staatlichen Leben ein gesundes Urteil. Einzig und allein heißt bei uns doch jemand, der nicht daran teilnimmt, nicht untätig, sondern unnütz; und nur wir entscheiden in Staatsgeschäften selber oder denken sie doch richtig durch, denn nicht schaden nach unserer Meinung Worte den Taten, sondern vielmehr, sich nicht durch das Wort vorher belehren zu lassen, ehe man an die nötige Tat herangeht. Aber auch dadurch zeichnen wir uns aus, daß wir kühnen Mut und kühne Überlegung bei allem, was wir anfassen, in uns vereinen, während die anderen Unkenntnis verwegen, Überlegung bedenklich macht. Die größte Seelenstärke sprechen wir mit Recht denen zu, die das Furchtbare und das Angenehme am klarsten erkennen und gerade deshalb keiner Gefahr ausweichen ... Wir allein sind gewohnt, nicht aus Berechnung des Vorteils, sondern in sicherem Vertrauen auf unsere Freiheit jemandem zu helfen ... Zusammenfassend sage ich, daß unsere Stadt im ganzen die Schule von Hellas sei und daß jeder einzelne Bürger, wie ich glaube, bei uns in vielseitigster Weise und in spielerischer Anmut seine eigenpersönliche Art entfalte."

Pluralismus der Wirklichkeitskonstruktionen

Wir können sagen: Hier wurde unterschiedlichen Meinungen, unterschiedlichen Sichten und, so dürfen wir wohl auch sagen: unterschiedlichen Wirklichkeitskonstruktionen in einer bislang unbekannten Weise und einem bislang unbekannten Ausmaß Raum gegeben. Oder, anders ausgedrückt: Während sich sonst überall in der Welt Sprachmacht, Gesellschaftsmacht und Glaubensmacht in bürokratischen und/oder Herrschaftsstrukturen zu einem Unterschiede einebnenden Zwangskorsett verfestigt hatten, erzwangen nunmehr die demokratische Regierungsform und die sich damit verbindende demokratische Kultur eine Lockerung, wenn nicht ein Aufbrechen dieses Korsetts. Und dies nun mit dem Resultat, daß viele einzelne „in vielseitigster Weise und in spielerischer Anmut ihre eigenpersönliche Art (zu) entfalte(n)" vermochten – und doch, so läßt sich hinzufügen, trotzdem oder gerade deswegen, vergleichsweise gut miteinander zurechtkamen.

Ich könnte mir kaum eine bessere Beschreibung auch von dem vorstellen, was gelingende Paar- und Familienbeziehungen kennzeichnet, und auch kaum eine bessere Beschreibung von dem, auf das eine systemische Therapie hinarbeiten sollte. Kein Wunder daher, daß die Worte „Demokratie" und „demokratisch" bei nicht wenigen systemischen Therapeuten derzeit so hoch im Kurs stehen – so z. B. im Sinne einer „demokratisch funktionierenden Paarbeziehung." Aber dies ist nun auch ein Grund mehr, die Grundlagen, Chancen und Risiken einer demokratischen Regierungsform, einer demokratischen Kultur und einer sich daran ausrichtenden und darin einbettenden systemischen Therapie im Lichte des bereits Gesagten etwas näher zu betrachten.

Und da zeigt sich nun: Diese Grundlagen waren bereits im antiken Athen alles andere als stabil. Und dies nicht nur deshalb, weil nur ein kleiner Teil (ca. 25 000) der etwa insgesamt 315 000 Menschen umfassenden athenischen Gesamtbevölkerung am demokratischen Regierungsgeschäft teilnehmen durfte – Frauen, Sklaven und Metöken waren davon ausgeschlossen –, sondern weil auch schon in dieser ersten Demokratie kühner Mut und kühne Überlegung sich in der Praxis, und das heißt nun, bei der Führung des Peloponnesischen Krieges nicht lange durchhalten ließen – mit der Folge, daß Athen schließlich diesen Krieg gegen Sparta verlor. Im Rückblick läßt sich sagen: Was die attische Demokratie anfangs so stark machte – das Tolerieren und Nutzen von Unterschieden der Meinungen und Sichten –, geriet ihr zunehmend zur Schwäche. Aus Meinungsvielfalt wurde ein zäher, jedes überlegte und koordinierte Handeln lähmender und zugleich schriller Meinungsbrei, den dann nur noch Demagogen aufzurühren vermochten – mit, wie wir seither wissen, katastrophalen Folgen für Athen und seine Demokratie und möglicherweise sogar das Abendland.

Allerdings: In den bald zweieinhalbtausend Jahren, die seither vergangen sind, erwiesen sich demokratische Regierungs- und Lebensformen und die sich darin vermittelnden Werte – wie Anerkennung der Würde und des Rechtes Andersdenkender, Gewaltentrennung, Bemühen um Gerechtigkeit im Kontext von Rechtssicherheit und (im Rahmen meines Themas besonders wichtig) ein gewaltvermeidendes Konfliktmanagement, das Unterschiede der Interessen und Wirklichkeitskonstruktionen zuläßt, ja als bereichernd empfindet und zu nutzen weiß –, erwiesen sich diese Regierungs- und Lebensformen auch als immer wieder durchsetzungs- und entwicklungsfähig.

Und doch: Gerade wir Deutschen – und das gilt nun besonders für Angehörige meiner Generation – haben allen Grund, uns in Zeiten sich beschleunigender gesellschaftlicher Veränderungen und der sich damit verbindenden Verunsicherung von mehr und mehr Menschen um diese Werte, vielleicht genauer: ihre Viabilität, zu sorgen. Denn Tatsache ist: In einer viele deutsche Menschen ähnlich verunsichernden Zeit erschlich sich ein Hitler vor nunmehr ca. 65 Jahren mit Hilfe des Ermächtigungsgesetzes – d. h. unter Befolgung seinerzeitiger demokratischer Spielregeln – die Alleinherrschaft. Man kann aber auch sagen, er erkämpfte sich diese Alleinherrschaft in einem Kampf, in dem es darum ging, Sprachmacht, Gesellschaftsmacht und Glaubensmacht so zu bündeln und das Verlangen nach Zugehörigkeit so zu polen, daß nun Unterschiede in den Wirklichkeitskonstruktionen der Deutschen wie von einer Dampfwalze eingeebnet wurden – wozu es dann einer gewaltigen, von dem Diktator zu leistenden Kraftanstrengung bedurfte. „Sobald die schwankende Masse", schrieb er dazu etwa in *Mein Kampf*, „sich im Kampf gegen zu viele Feinde sieht, wird sich sofort die Objektivität herstellen und die Frage aufwerfen, ob wirklich alle anderen unrecht haben und nur das eigene Volk oder die eigene Bewegung sich im Rechte befinde? Damit kommt aber auch schon die erste Lähmung der eigenen Kraft." „Hier muß daher", schreibt er dann an anderer Stelle in *Mein Kampf*, „aus dem Heer von oft Millionen Menschen ... *einer* hervortreten, um mit apodiktischer Kraft aus der schwankenden Vorstellungswelt der breiten Masse granitene Grundsätze zu formen und so lange den Kampf für ihre alleinige Richtigkeit aufzunehmen, bis sich aus dem Wellenspiel einer freien Gedankenwelt ein eherner Fels einheitlicher glaubens- und willensmäßiger Verbundenheit erhebt."

Diese Zitate – es ließen sich noch viele ähnliche aus Hitlers Reden und aus *Mein Kampf* anführen – bringen nun auch gleichsam ein demokratisches Kontrastprogramm in den Blick. Wir werden dafür sensibilisiert, was eine Demokratie, die diesen Namen verdient, auszeichnet, ja stark macht: Sie fördert und verlangt von ihren Bürgern gerade jene Art von Seelenstärke, die das Wellenspiel einer freien Gedankenwelt zuläßt, die unterschiedliche Wirklichkeitskonstruktionen ermöglicht und zugleich ein hohes Maß von Ambivalenz, Unsicherheit, wenn nicht Ironie toleriert, eine Seelenstärke, die – um noch einmal Perikles zu Wort kommen zu lassen – im Vertrauen auf die eigene innere Freiheit uns „das Furchtbare und das Angenehme am klarsten erkennen und gerade deshalb keiner Gefahr ausweichen" läßt.

Zum systemisch-therapeutischen Ansatz

Zugleich verdeutlicht sich nun, wie ein systemisch-therapeutischer Ansatz sowohl demokratischer Rahmenbedingungen bedarf als auch solche Rahmenbedingungen zu stärken vermag. So ist beispielsweise das zirkuläre bzw. das systemische Fragen dazu angetan, Unterschiede der Wirklichkeitskonstruktionen und der damit verbundenen Werte – also Unterschiede, die im Zusammenleben der Partner der Kommunikationsgemeinschaft einen Unterschied machen – immer feiner zu differenzieren, wenn nicht zu kreieren. Aber – und das erscheint nicht weniger wichtig – der systemische Ansatz weicht auch nicht der Frage aus, wie man trotz und wegen solcher Unterschiede miteinander auskommen, ja wie man sowohl die eigenen als auch Handlungsoptionen der Partner vermehren, wie man Gerechtigkeit zum Zuge kommen lassen kann, also wie man etwa miteinander in fairer Weise die Arbeit teilen, möglicherweise miteinander einen Haushalt führen und Kindern Sicherheit in einer sich immer schneller verändernden Welt vermitteln kann. Und schließlich: Das Setting einer systemischen Therapie bietet sich als ein Laboratorium an, in dem sich ein konstruktives Konfliktmanagement erlernen und ausprobieren läßt, so etwa, wenn Betroffene lernen, sich nicht in eskalierende Machtkämpfe zu verstricken, oder wenn sie im Kontext einer Mediation zwischenmenschliche Fertigkeiten erwerben, die ihnen helfen, zu einer guten, fairen und alle Betroffenen möglichst wenig belastenden Trennung zu gelangen. So läßt sich sagen: Gerade die systemische Therapie und Beratung vermögen ihren Teil dazu beizutragen, daß ein Pluralismus der Wirklichkeitskonstruktionen auch und gerade unter modernen bzw. postmodernen Bedingungen sich mit einem demokratischen Zusammenleben zu vertragen vermag, ja, solch Zusammenleben noch befördert. Die Frage bleibt indessen: Wie groß sind dabei ihre Erfolgschancen?

Natürlich weiß auch ich darauf keine Antwort. Denn der sich weiter beschleunigende Wandel der ökonomischen, gesellschaftlichen und politischen Verhältnisse macht Zukunftsprognosen riskant. Doch läßt sich wohl soviel sagen:

Es läßt sich erwarten, daß in einer immer enger vernetzten, sich weiterhin rapide vermehrenden und die Umwelt zunehmend strapazierenden Menschheit auch mehr und mehr Faktoren zusammenspielen werden, die im Endeffekt auch zu mehr existentieller Verunsicherung von mehr und mehr Menschen führen. Ressourcen wie sich nicht erneuernde Energien, Wasser und Nahrung werden sich verknappen, die Kluft zwischen (vergleichsweise vielen) Armen und (vergleichsweise wenigen) Reichen wird sich – sowohl innerhalb einzelner Regionen als auch zwischen diesen – vergrößern, die wahrgenommenen Ungerechtigkeiten und – im Rahmen meines Themas am wichtigsten – der Zusammenprall wie auch die Erosion sinnstiftender und handlungsanleitender Wirklichkeitskonstruktionen dürften ein gefährliches Gewalt- und Konfliktpotential erzeugen.

Diese Überlegungen gelten für den gesellschaftlichen Makrokosmos wie für den Mikrokosmos der Familien- und Paarbeziehungen. Die multikulturellen Gesellschaften der einstigen Habsburger Monarchie und die des ehemaligen Jugoslawien liefern hier warnende Beispiele. Selbst ein jahrzehntelanges friedliches Zusammenleben der durch unterschiedliche Sprachmächte, Gesellschaftsmächte und Glaubensmächte geprägten Menschen vermochte nicht zu verhindern, daß, war erst einmal ein erhöhter Pegel existentieller Verunsicherung gegeben, alle Chancen für ein demokratisches Zusammenleben sich in einem nationalen bzw. ethnischen Vereinigungs- wie auch Abgrenzungstaumel verflüchtigten. Und ähnliches ist zu befürchten, wenn sich im Umgang von Familienmitgliedern und Partnern miteinander die Unterschiede der Wirklichkeitskonstruktionen in fundamentalistischer Unversöhnlichkeit zuspitzen und verhärten.

Das heißt, sowohl die Sucher nach einem – um noch einmal Hitlers Terminologie zu verwenden – „ehernen Fels glaubens- und willensmäßiger Verbundenheit" als auch die Anbieter eines solchen Felsens werden voraussichtlich zunehmen. Es kommen also auf die demokratisch Gesinnten unter uns – und dazu rechne ich nun auch in vorderster Front systemische Psychotherapeuten und Berater – einige Herausforderungen zu.

Literatur

Beavers, W. R. a. R. B. Hampson (1990): Successful Families: Assessment and Intervention. New York (Norton).
Hitler, Adolf (1935): Mein Kampf. Ungekürzte Volksausgabe. München (Franz Eher).
Meier, Ch. (1996): Warum verteidigte sich Sokrates so unglücklich? *Frankfurter Allgemeine Zeitung/Magazin* Nr. 834/23.2.1996 [ausführlich in: Ch. Meier (1995): Athen. Ein Neubeginn der Weltgeschichte. München (Goldmann].
Plomin, R. (1994): Genes and experience. The interplay between nature and nurture. Thousand Oaks, CA (Sage).
Plomin, R., H. H. Chipeur a. J. Neiderhiser (1993): Behavioral genetic evidence for the importance of the nonshared environment. In: E. M. Hetherington, D. Reiss a. R. Plomin (eds.): Separate social world of siblings: Impact of the nonshared environment on development. Hillsdale, NJ (Lawrence Erlbaum), S. 1–32.
Plomin, R. a. D. Daniels (1987): Why are children in the same family so different from one another? *Behavior and Brain Science* 10: 1–16.
Plomin, R., J. C. DeFries a. D. W. Fulker (1988): Nature and nurture during infancy and early childhood. Cambridge (Cambridge University Press).
Reiss, D. (1993): Genes and the environment: Siblings and synthesis. In: R. Plomin a. G. E. McClearn (eds.): Nature, nurture, and psychology. Washington, DC (American Psychological Association), S. 415–430.
Reiss, D., R. Plomin a. E. M. Hetherington (1991): Genetics and psychiatry: An unheralded window on the environment. *American Journal of Psychiatry* 148: 283–291.
Stierlin, H. (1972): The impact of relational vicissitudes on the life course of one schizophrenic quadruplet. In: A. R. Kaplan (ed.): Genetic Factors in „Schizophrenia". Springfield, IL (Charles C. Thomas), S. 451–463.
Stierlin, H. (1995): Adolf Hitler – Familienperspektiven. (2. Aufl.) Frankfurt a. M. (Suhrkamp).
Stierlin, H. (1997): Haltsuche in Haltlosigkeit. Grundfragen der systemischen Therapie. Frankfurt a. M. (Suhrkamp).
Thukydides (1996): Der Peloponnesische Krieg. Stuttgart (Reclam).

Über Nelson Goodman[1]
Robert Schwartz

Nelson Goodman wurde 1906 in Massachusetts geboren. Studium und Abschlüsse an der Harvard University, danach Lehre an der University of Pennsylvania, der Brandeis University und schließlich an der Harvard University. Vor Beginn seiner akademischen Tätigkeit betrieb Goodman eine Kunstgalerie. Die ernsthafte Auseinandersetzung mit der Kunst war für ihn ein lebenslanges Anliegen. Nelson Goodman war Präsident der *American Philosophical Association* und erhielt viele weitere herausragende Berufungen, Auszeichnungen und Ehrentitel. Goodmans philosophische Arbeiten sind vielfältig, beschäftigen sich u. a. mit Fragen der Erkenntnistheorie, der Wissenschaftstheorie, der Sprachphilosophie und der Ästhetik. Obwohl fast alle seiner Bücher und Aufsätze für sich sprechen können, sind ihnen doch bestimmte Argumentationsgänge ebenso gemeinsam wie Bekenntnisse zum Nominalismus, zum Konstruktivismus und zu einer Spielart des Relativismus. Goodmans Auffassungen treffen sich vielfach mit zentralen empiristischen Doktrinen. So verwirft Goodman jedes Apriori, bestreitet, daß es jemals sicheres Wissen geben könne, und insistiert darauf, daß unsere Hypothesen durch die Erfahrungen begrenzt werden, die sie organisieren helfen. Er weist im besonderen mit Locke angeborene Ideen zurück, verteidigt Berkeleys *New Theory of Vision* und sieht sich als nahen Verwandten Humes, was das Problem der Induktion betrifft. Goodman tritt allerdings an Quines Seite, um zwei „Dogmen des Empirismus" zu attackieren: die Analytisch-synthetisch-Unterscheidung und reduktionistisch-fundamentalistische Erkenntnistheorien. Für Goodman gibt es auch keine strenge erkenntnistheoretische Scheidelinie zwischen dem, was in der Erfahrung gegeben ist, und dem, was der Erfahrung entnommen wird. Goodmans Betonung der entscheidenden Rolle der uns eigenen Kategorien und Begriffe in der Ordnung unserer Welt rückt ihn in die Nähe Kants, allerdings hält er es im Gegensatz zu Kant weder für zulässig noch für notwendig, ein Ding an sich zu postulieren. Und besonders wichtig ist, daß die Interpretationsschemata, die unseren Beitrag verkörpern, weder fixiert noch endgültig sind, daß sie sich vielmehr fortwährend entwickeln, um neue Probleme zu lösen und unseren geistigen Horizont zu erweitern. Viele Themen Goodmans lassen sich mit Themen der Pragmatisten verbinden. In seinen späteren Arbeiten faßt Goodman seine Gedanken in der Tat in Begriffe, die denen von James und Dewey sehr nahe kommen. Erkennen ist immer Rekonstruktion – wir müssen das aus- und weiterbauen, was gegebene Theorien und Organisationsschemata bieten.

---

1 Überarbeitung eines Artikels aus: D. Garrett a. E. Barbanell (eds.) (1977): The encyclopedia of empiricism. Westport, CT (Greenwood Press).

Dabei gibt es keinerlei reine Erfahrungselemente, auf die wir uns zur Begrenzung unserer Hypothesen stützen können. Wahrheit kann nicht produktiv erklärt werden als die Übereinstimmung von Gedanken und Realität, denn es gibt keinen kohärenten Begriff „der Welt" unabhängig von den von uns entwickelten und verwendeten Konstruktionen. In diesem Sinne läßt sich sagen, daß wir unsere Welten „machen". Der Plural „Welten" ist hier zu unterstreichen, denn es kann keine einzige beste oder vollständige Darstellung und Erklärung der Realität geben. Wir entwickeln verschiedene Theorien für verschiedene Bereiche und können sogar verschiedene gleichermaßen akzeptable Theorien für denselben Bereich entwickeln. Der Relativismus herrscht, aber ein Relativismus mit strengen Einschränkungen. Unsere Theorien müssen funktionieren. Und dieses Funktionieren ist wie das Funktionieren eines Autos keine subjektive, nach Laune oder auf Befehl zu bewerkstelligende Angelegenheit. Goodmans erstes Buch, *The Structure of Appearance*, hervorgegangen aus seiner Doktorarbeit, *A Study of Qualities*, ist eine Kritik und Weiterentwicklung des Aufbauprojekts von Carnap. Es zeigt die Lösung einer großen Zahl von Problemen, die vorausgegangene phänomenalistische Programme zu Fall gebracht hatten. Es bietet darüber hinaus einen Entwurf für eine Philosophie aus konstruktivistischer Perspektive. Strukturelle Isomorphie wird als das angemessene Kriterium für Definitionen eingeführt. Die zentralen Elemente dieser Arbeit weisen auf Gedanken voraus, die sich in späteren philosophischen Erörterungen der wissenschaftlichen Reduktion, der Unbestimmtheit der Übersetzung und des ontologischen Status von Zahlen wiederfinden. Andere Abschnitte des Buches behandeln: einen Individuenkalkül als Formalismus für den Goodmanschen Nominalismus, einen Einfachheitskalkül zur Messung der Einfachheit formaler Systeme und ein neues psychophysisches Skalierungssystem. Goodmans Aufsatz *The Problem of Counterfactual Conditionals* (zusammen mit anderen bedeutenden frühen Aufsätzen nachgedruckt in *Problems and Projects*) bietet eine klassische Darstellung der Problematik und ist zur Basis eines Großteils der nachfolgenden Literatur zum Thema geworden. Die behandelten Probleme dienten auch als Sprungbrett für Goodmans eigene Überlegungen zu Fragen der Gesetzesartigkeit und Vorhersagbarkeit, die in seinem Buch *Fact, Fiction, and Forecast* abgehandelt wurden. Dieses revolutionäre Werk ist die Vollendung der früheren Ideen Goodmans zum Problem der Induktion und kulminiert in der Ausarbeitung eines „neuen Rätsels der Induktion". Goodman zeigte, daß es zu jedem akzeptabel scheinenden induktiven Schluß ebensogut begründete gegensätzliche Hypothesen gibt. Er zeigte außerdem, daß es kein semantisches oder syntaktisches Verfahren gibt, die Konkurrenten voneinander zu unterscheiden. Die Auswahl von Hypothesen hängt von der vorgängigen Verwendung oder Einpfählung der eingesetzten Prädikate ab. Im Grunde beruht die Gültigkeit der Induktion auf Gewohnheiten und damit verknüpften pragmatischen Aspekten wie etwa Einfachheit. Das Buch löste einen wahren Feuersturm an Kontroversen aus, aber auch die meisten seiner Kritiker erkennen inzwischen an, daß die von Goodman formulierten Probleme und die von ihm angebotenen Lösungen nicht ohneweiters beiseite gewischt werden können. Mit *Languages of Art* widmete sich Goodman stärker Problemen der Ästhetik, und zwar im Rahmen seiner eigenen allgemeinen Symboltheorie. Dieses Werk läßt sich mit gutem Grund als der wichtigste Versuch nach Peirce bezeichnen, eine allgemeine Symboltheorie aufzubauen. Außerdem sind die behandelten Probleme sowie die angebotenen Lösungen von Bedeutung für eine Fülle von Fragen der Erkenntnistheorie, der kognitiven Psychologie, der Kunst und der Erziehung. Sie dienten als Leuchtfeuer für das *Project Zero*, ein Forschungsprojekt, das Goodman an der Harvard University organisierte. Ein alle ästhetischen Arbeiten Goodmans durchziehendes Thema ist die kognitive Natur der Kunst. Goodmans spätere Arbeiten, versammelt in *Of Mind and Other Matters* und *Ways of Worldmaking*, haben folgerichtig frühere Auffassungen ergänzt und weiter ausgearbeitet. Bilder, Skulpturen, Tanz, Musik etc. bereichern und gestalten unsere Ideen und Erfahrungen. Sprachliche und logische Darstellungsweisen sind daher nur einige wenige unter vielen anderen Weisen, unsere Welt zu beschreiben. Der Pluralismus akzeptabler Schemata und Theorien wird also immer größer. Korrespondenztheorien der Wahrheit werden immer stärker unterhöhlt, Metapher und Exempel spielen in der Wissenschaft eine herausragende Rolle, und der Irrealismus wird als Mittel angeboten, den bankrotten Schmeicheleien des Realismus und des Idealismus gegenüber unempfänglich zu bleiben. Unser Begriff des „Verstehens" muß neu und breiter gefaßt werden, um nichtsprachliche Symbole und nichtlogische Denkweisen einzuschließen. Schließlich, und das zeigt *Reconceptions in Philosophy*, treten konstruktive Analysen dieser vielfältigen und unterschiedlichen Formen des Verstehens an die Stelle traditioneller erkenntnistheoretischer Fragen. Goodmans Arbeiten haben die zentralen Probleme, die Betrachtungsweisen, Beurteilungen und Verpflichtungen – unser Verstehen – jedes von ihm bearbeiteten Bereichs umgestaltet. Alle künftige Arbeit zu diesen Themen muß notwendig bei seinen Pionierleistungen ansetzen.

1941: A Study of Qualities. Harvard University, Cambridge, MA (Dissertation) [Nachdruck (1990): New York (Garland Press).].
1951: The Structure of Appearance. Cambridge, MA (Harvard University Press).
1968: Languages of Art. Indianapolis (Bobbs-Merrill). [dt. (1997): Sprachen der Kunst: Entwurf einer Symboltheorie. Übers. von B. Philippi. Frankfurt a. M. (Suhrkamp).]
1973: Fact, fiction, and forecast (3rd ed.). Indianapolis (Bobbs-Merrill) [dt. 1988: Tatsache, Fiktion, Voraussage. Übers. von H. Vetter. Frankfurt a. M. (Suhrkamp).]
1978: Ways of Worldmaking. Indianapolis (Hackett Publishing). [dt. (1995): Weisen der Welterzeugung. Übers. von M. Looser. Frankfurt a. M. (Suhrkamp).]
1984: Of Mind and Other Matters. Cambridge, MA (Harvard University Press). [dt. (1987): Vom Denken und anderen Dingen. Übers. von B. Philippi. Frankfurt a. M. (Suhrkamp).]
1988 (mit C. Z. Elgin): Reconceptions in Philosophy and Other Arts and Sciences. Indianapolis (Hackett). [dt. (1993): Revisionen: Philosophie und andere Künste und Wissenschaften. Übers. von B. Philippi. Frankfurt a. M. (Suhrkamp).]

Deutsche Fassung: Wolfram Karl Köck

Gebhard Rusch (Hrsg.)

Wissen und Wirklichkeit

Beiträge zum
Konstruktivismus
Eine Hommage an
Ernst von Glasersfeld

„Habe den Mut, dich deines
eigenen Verstandes zu bedienen."

Gebhard Rusch (Hrsg.)
➔ **Wissen und Wirklichkeit**
Beiträge zum Konstruktivismus
Eine Hommage an
Ernst von Glasersfeld
265 Seiten, Kt, 1999
ISBN 3-89670-126-6

Hans Rudi Fischer (Hrsg.)

Die Wirklichkeit des Konstruktivismus

Zur Auseinandersetzung
um ein neues Paradigma

Hans Rudi Fischer (Hrsg.)
➔ **Die Wirklichkeit
des Konstruktivismus**
Zur Auseinandersetzung
um ein neues Paradigma
406 Seiten, Kt, 2. Aufl. 1998
ISBN 3-927809-25-X

Carl-Auer-Systeme Verlag
Der Verlag für Systemisches!
www.carl-auer.de